郑振铎传

叶圣陶

陈福康 著

郑振铎传
（修订本）

上海外语教育出版社
SHANGHAI FOREIGN LANGUAGE EDUCATION PRESS
外教社

目　录

第一章　瓯海之滨
　　一　瓯江流过这里 / 10
　　二　家世之谜 / 15
　　三　坠入困顿的家 / 22
　　四　峥嵘头角 / 27

第二章　负笈京师
　　五　新的天地 / 37
　　六　赵家楼的火 / 43
　　七　《新社会》《人道》 / 50
　　八　向光明走去 / 57
　　九　事业的发端 / 65
　　一〇　惆怅初恋时 / 75

第三章　春申江畔
　　一一　放弃"铁饭碗" / 81
　　一二　在商务编译所 / 90
　　一三　他关心朋友 / 100
　　一四　同道的发难 / 112
　　一五　寻求爱之源 / 126
　　一六　无辜者的血 / 139
　　一七　生活就是工作 / 152

第四章　暂别祖国
　　一八　不得不出走 / 166
　　一九　"阿托士"船上 / 176
　　二〇　在法国巴黎 / 183

二一　在英国伦敦 / 191

第五章　归来赤子
　　二二　重整旗鼓 / 199
　　二三　赤者嫌其白 / 207
　　二四　在研究室里 / 223
　　二五　工会的抗争 / 228

第六章　北平任教
　　二六　"南迅北锋" / 237
　　二七　开拓文学阵地 / 252
　　二八　丰厚的呈献 / 265
　　二九　刻的丰碑 / 279
　　三〇　平绥沿线之旅 / 287
　　三一　遭忌与被排斥 / 296

第七章　再返上海
　　三二　文学院院长 / 305
　　三三　文坛最高努力 / 312
　　三四　"大度与宽容" / 324
　　三五　为了团结御侮 / 337

第八章　抗战八年
　　三六　国魂的再生 / 348
　　三七　"孤岛"砥柱 / 358
　　三八　唯有一腔正气 / 374
　　三九　一部奇书 / 381

四〇　一个同志会 / 394
　　四一　最后一课 / 412
　　四二　虎窟之旁 / 421
　　四三　丹实耀寒枝 / 430
　　四四　长夜盍旦 / 443

第九章　民主斗士
　　四五　胜利！胜利！/ 456
　　四六　别无选择 / 465
　　四七　白热化的斗争 / 474
　　四八　转入另一线 / 489
　　四九　全生命贡献 / 499
　　五〇　乘风破浪行 / 511

第十章　火中凤凰
　　五一　新生的太阳 / 526
　　五二　投身开国大业 / 533
　　五三　一展平生志 / 544
　　五四　化私为公 / 559
　　五五　国宝的回归 / 578
　　五六　南北奔波 / 594
　　五七　中外交流 / 612
　　五八　漫步书林 / 635
　　五九　"白色大旗"？/ 650
　　六〇　灿烂的结笔 / 666

跋《郑振铎传》（郑尔康）/ 687

著者修订说明 / 693

第一章　瓯海之滨

一　瓯江流过这里

瓯江，一条十分清澈而美丽，名字又十分好看好听的江，曲折蜿蜒，在浙江省南部群山叠峦中奔腾跳跃而下。它一路汇集了无数条支流，当临近大海时，眼看地势渐趋平坦，江面骤然开阔，于是它便轻快地流过那块被穹隆般的蓝空笼罩着的冲积平原。每天的潮涨潮落，就像它袒露着的胸膛的均匀的呼吸，似乎在消除着一路奔波的疲劳；同时，又怀着无限的憧憬，不停步地投向那思念已久的万顷东海的怀抱。

在这东海之滨，瓯江南岸，是一座屋宇栉比、人烟稠密、历史悠久的城市——温州。就像它的名字所表示的，这里是四季温润的地方。它最早即称"瓯"，因为汉初东瓯王受封、建都于此。古又称"永嘉"，那是"水长而美"的意思。从唐朝以后，改名"温州"。宋、元、明、清以来，"永嘉"与"温州"是同一地理概念（但现今的永嘉县，则移置于瓯江之北）。民国成立后，这里属"瓯海道"；后来道制取消了，但提到温州，人们仍旧必然想起瓯江与东海。宋代温州太守、苏东坡的诗友杨蟠，曾这样歌咏它：

一片繁荣海上头，从来唤着小杭州。
水如棋局分街陌，山似屏帏绕画楼。

是处有花迎我笑,何时无月逐人游。

西湖宴赏争标日,多少珠帘不下钩。

诗写得不算太好,但我们可以从中看到温州历史上的风貌。如今,城里"水如棋局"的景观已有变化,"山似屏帏"则依然如故。且不说温州城外西北群山,就是在城里也有七座山:正东为华盖山,气势独壮,遥望似华盖,故名,"道书"上甚至称其为"第十八洞天";东南名积谷山,因其山形圆正,有如谷仓;西南为松台山,山上多松;西北为郭公山,据说为纪念晋朝郭璞而名;东北为海坛山,南宋遗民诗人郑思肖(本书传主故乡的宗祠的楹联中也写到这位郑氏先贤)所著《心史》中记有古谶云"海坛沙涨,温州出相",可知海坛山原是海边沙丘;海坛之南为慈山;城中又有小阜名曰中山。诸山错立,如同七斗,为整座城市平添了佳景,故温州又称"斗城"。这个佳称,不由得令人想起郭沫若的名诗《天上的街市》。传说晋朝时永嘉太守郭璞,就曾对照北斗星座位置,组织当地民工建筑城墙于诸山之上。又传说在筑城时,有白鹿衔花从城中穿过,花吐在城墙上,便化作了彩云,鹿跑过的地方到处鸟语花香。因此,温州又有一个美丽的名称叫"白鹿城"或"鹿城"。旧时华盖山下,就有一座白鹿庵,庵内供一白鹿塑像,昂首奔跑的姿势十分优美。

温州既为东瓯故国,古迹名胜自然是所在皆有。像"吹笙台(传为王子晋吹笙处)""戏彩堂""一镜池""浣纱潭"这类故址,现在的一些老人大概仍能指点依稀吧?温州古代最有名的太守,是晋代大书法家王羲之和南朝大诗人谢灵运,于是,有关他俩的古迹就更是特别多。史载王羲之治尚慈祥,民安讼息,平时庭列五马,金勒绣鞍,出即乘之,郡人慕其风采,竞携壶相候。至今城内仍有"五马坊"地名。还有"墨池坊",乃羲之在此临水作书,洗砚于池,宋代米芾曾书"墨池"两大字镌于池边石上。史又载谢灵运恺悌化民,不事鞭扑,罢郡时吏民送于北亭,赋诗叙别,父老无不攀衣泣下云。城内有"竹马坊""童子坊",即为当年谢灵运出游时,儿童们纷纷骑竹马相接,故名。千百年来,能够在民间留下这样美好的故事的书家、诗人,确实是非常难得的。而这里山水之美妙闻名于世,也与谢灵运任太守后创作了许多著名的诗文播传四方分是不开的。例如,他的名句"池塘生春草,园柳变鸣禽",千古流传,从而当地的"池上楼""春草池"等都因此出名,附近的坊巷也就被称为"谢池巷"了。

要说温州风景最美妙、古迹最集中的地方,无疑当是城北瓯江江心中的一座小岛。那好像是这座古城的冠上明珠。江心孤屿历来有"蓬莱仙岛"之称。往昔,那里有"春城烟雨""塔院筠风""瓯江月色""罗浮雪影""海淀朝阳""翠微残照""孟楼潮韵""海眼泉香""沙汀渔火""远浦归帆"等十景之说。即使没去过,仅仅从这些名称上,也可以想象其美了。历代骚人墨客在那儿留下了许多不朽的诗篇。如谢灵运便写过《登江中孤屿》:

江南倦历览,江北旷周旋。
怀杂道转迥,寻异景不延。
乱流趋孤屿,孤屿媚中川。
云日相辉映,空水共澄鲜。
表灵物莫赏,蕴真谁为传。
想象昆山姿,缅邈区中缘。
始信安期术,得尽养生年。

北宋时,岛上建有"澄鲜阁",即取名于此诗。岛上还建有纪念谢灵运的"谢公亭",唐代韩愈题咏谢灵运之《孤屿》曰:"朝游孤屿南,暮嬉孤屿北;所以孤屿鸟,尽与公相识。"写尽了谢公在此流连忘返的情景。此外,唐代大诗人李白写过:"江亭有孤屿,千载迹犹存。"杜甫写过:"孤屿亭何处,天涯水气中。"孟浩然写过:"众山遥对酒,孤屿共题诗。"他们虽未必来过永嘉,却为此孤屿美景写下了千古佳句。而南宋时陆游、王十朋、文天祥,明末顾锡畴、钱肃乐,清代朱彝尊、阮元等等著名人物,都曾涉足于此。后人为了纪念文天祥这位不屈不挠的民族英雄,在他就义二百周年的明成化十八年,特在此为他建立了祠宇"宋文信国公祠",至今保存完好,被列为重点文物保护单位。

山水钟秀,地灵人杰,温州历代产生过一些著名文人学者。北宋时,这里就有王景山提倡儒学,著有《儒志编》一书,学者翕然从之。当时,伊洛诸儒未作,此书或可视为宋代理学之先驱。元丰年间,又有周行己等九人在此讲学,为一时之盛。到南宋时,叶适、薛季宣等人又起而振兴学术,发挥先人哲理精华,蔚成一家之说,世称"永嘉学派"。因此,当时温州便有"小邹鲁"之嘉称。降至晚近,温州还出现了陈虬、宋恕、陈介石这样的改良派学者,人称"东瓯三先生",又称"温州三杰";还有孙诒让、黄绍箕等著名的学者和教育家。孙诒让曾主编《永嘉丛书》,便收辑当地历代学者的二百余种著作。可知弦歌之声不绝,温州一直是浙南的学术文化中心。另外,温州的民间文艺也向来十分兴盛。例如,我国最早的成熟的戏剧——宋元南戏,发源地即在这里。而明清以来流行于温州地区的永嘉昆剧,与宋元南戏一脉相承,并有其独特风格。当代著名昆曲大家俞振飞说:"南昆北昆,不如永昆。"元末最有名的南戏《琵琶记》的作者高明,便是温州人。

当然,温州也历来不是一个仙境般的世外桃源。这里有美丽的风景,高尚的文明,也有过黑暗的统治,血腥的杀戮。甚至连谢灵运这样的太守也在此受过难。前面提到他的名句"池塘生春草,园柳变鸣禽",居然当时就有宵小向朝廷诬告说前一句是影射"王泽竭也",后一句是暗示"候将变也"。后来,谢灵运被迫离开这里,最终在统治阶级的内部斗争中被杀,年仅四十九岁,未能做到自己诗中说的"得尽养生年"。前面提到的文天祥,来到江心屿更不是为了游赏山水之胜,而是在家国覆亡之际,从元蒙军拘囚之中脱逃南来,寻找赵宋宗室,以图抗元复兴。文天祥在温州留下的踪迹,是沾满了血与泪的。前面提到的钱肃乐、顾锡畴,他们到温州也是与抗清救国有关。至于温州普通劳动人民,历来所受封建统治阶级的压迫和剥削之苦,那就更不用多说了。因此,温州地区城乡人民的起义斗争,史不绝书。例如,太平天国时期,温州地区连续发生响应太平军的农民起义;而太平军也一连六次攻到温州城郊,并在乐清县建立过政权,先后在温州地区转战达半年之久。再如,1898年5月,温州城内民众为抗议米价暴涨和荒年征收新税,愤然集会,喝令各店关门罢市,搜查奸商囤积之粮食,还捣毁了道台、知府和知县的衙署。最后,镇台衙门士兵开枪镇压,死伤群众数人。事情闹大后,当局被迫撤换县令。

由于温州东临大海,这里的人民还最早遭受外国海盗和帝国主义的侵掠。早在明朝年间,倭寇就经常侵犯我东南沿海,著名爱国英雄戚继光就曾在温州一带领导过抗倭斗争。尤其是十八世纪后,帝国主义更将其魔爪伸向这座美丽富饶的城市。外国传教士也很早就在温州活动,建于一百多年前大南门外花柳塘巷(两年后迁至周宅祠巷)的天主教堂,为浙南教堂之首。很多传教士都欺骗和鱼肉百姓。同治七年(1868),英帝国即企图以交还在咸丰八年(1858)订立的《中英天津条约》中被规定的"通商口岸"之一的琼州为条件,想换取开放温州为商埠。光绪二年(1876),英国便借口"马嘉理案件",以武力胁迫清政府签订了《中英烟台条约》,从此,温州与宜昌、芜湖、北海等地一起,成为新辟"通商口岸"之一,并作为外国领事官员驻扎之地。各帝国主义国家的官吏、间谍、奸商、流氓等等,更纷纷拥入温州。这里成为他们冒险、掠夺和横行的地方。但是,温州人民才是这里的主人,岂容外来强盗为非作歹!十九世纪末,这里就爆发过两次声势浩大的反帝斗争。1884年,愤怒的老百姓曾烧毁了帝国主义者设在城里的教堂,吓坏了那些作恶的洋人和清政府。1898年夏,温州地区兴起了更大规模的"神拳会"反帝运动,号召"除教灭洋",与中国北方的"义和拳"相互呼应配合,并在义和团运动失败后仍继续进行了斗争。这些斗争虽然最后都惨遭失败,但是却在温州这块古老的土地上播下了永不屈服的反抗的种子!

滔滔瓯江啊,你从这里流过,日夜不息。在你的河床里,曾经流淌过多少温州百姓的泪水、汗水、血水!你是这一切欺凌和反抗的见证者!你滋润了这里的土地,你哺育了这里的儿女;那么,你的儿女又怎能不报答你,怎能不为你的尊严和纯洁而斗争呢!滔滔瓯江啊,你一定记得,就在温州民众闹荒毁衙的那一年,就在"神拳会"高举义旗的那一年,你的又一个日后可以骄傲的儿子,呱呱啼哭着诞生在你的身边。

他,就是本书传主——郑振铎。

二 家世之谜

我们的传主,1898年12月19日(清光绪二十四年十一月初七)出生在浙江温州,但他一直称自己是福建长乐人。他在写文章时,常常特意署名"长乐郑振铎";有一部他编印的书,就叫《长乐郑氏汇印传奇》;他还有几枚图章,刻着"长乐郑振铎""长乐郑振铎西谛藏书"等;直至他遇难前十天,在中国科学院文学研究所作的"最后一次讲话"中,还说:"我是生长在温州的福建人。"那是因为,他始终不忘记他的故乡是福建长乐县(1994年撤县设市)的首占村。

长乐设县始于唐武德六年(623),"地名长乐,居者安之"。据记载,春秋战国时期吴王夫差和三国时期吴主孙皓都曾在此屯兵造船,故长乐又别名"吴航",简称"航"。明代伟大的航海家郑和七下西洋,庞大船队"累驻于斯,伺风开洋",随航中就有不少长乐人。其后,长乐移居海外的人越来越多,"尤以操舟行船居多",成了我国著名的侨乡。首占位于长乐县治西南约十里,临东海,襟闽江,坐北朝南,四周沃野葱翠。东南有起伏连绵的董奉山,该山是长乐的主峰之一,三国时期"建安三神医"之一的董奉曾经在这里结庐行医,并留下"杏林春暖"的人文佳话。因此,董奉山历来被看作福山宝地。登山西眺,鼓峰高耸云表，马江奔流不息。鼓峰即传说中少年林则徐吟联"海到无边天作岸，山登绝顶我为峰"的地方（但据考，其实乃福建无名诗人甘少潭之句）；马江则是甲申（1884）中法海战的古战场，中国海军将士曾在此牺牲七百余人。南宋景炎年间，首占就形成了村镇。最初称"洲店"，后来音讹为"酒店"。明嘉靖年间改名"首占"，取地灵人杰、出类拔萃之嘉意。这当然比"酒店"好听多了。而小小的首占村，历史上确实出了不少名人。明清时代进士就有六名，举人二十名，还有众多贡生、附学生、太学生、庠生、监生等；民国以后也出了博士、教授、院士多名。现在，全村在籍人口三四千，几乎全都姓郑。而分布在世界各国的首占乡亲竟也有两千多人，真是名不虚传的侨乡。

我们知道，有许多著名人物，他们的故居被后人保护下来，精心维修，成为文化胜迹，为乡梓增光。不管是简陋的农舍，还是考究的楼房，都吸引了一批又一批、一代又一代的参观者。至今，在首占郑氏宗祠右侧，还有着一座不算宽敞的据说是本书传主的祖居。几百年风雨侵袭，梁柱斑驳，已十分破败。经有关行家鉴定是明代的建筑。近年，也有一些人士因为仰慕本书传主的大名，而去那里参观；但要道一声遗憾，那座古老的房屋是不能称作"郑振铎故居"的。因为据一些史料推算，大概在他出生前三年，他祖父便已率领全家搬迁到了温州。他长大后，我们仅知在1921年他葬祖的时候回首占去过一次，也不知道是不是住过这屋子。

那么，在本书传主的出生地温州，在那个至今有着"五马坊""墨池坊""谢池巷"等令人生发无穷之思古遐情的地名的古城，哪里是他的故居呢？遗憾！不得不再说一次遗憾：由于年代的久远，更由于以前一些人对他的忽视，没有及时调查，如今悔之晚矣，居然连他诞生的具体地方也不很清楚。本书传主的亲属说，他们老家在温州的"盐官塘"（一说为"盐公堂"）；而当地人士则听老辈说，他诞生在"乘凉桥"（一说为"蝉街"）的一间名叫"炮丁"（一作"炮厅"）的旧屋子里。那到底是哪里呢？如今，传主的童年友人几乎都已过世，这个谜也就永远没人能解答了吧？我们只是从保存至今的1913年印行的《浙江第十中学校同学录》中,得知他读中学时家住在"瓦市殿巷";又从1918年8月印行的《永嘉新学会会员录》中,得知那时他家住"沧河巷"。可知也曾几度搬迁。茫茫遗迹,何处可寻?

还有更令人遗憾,或者更令人难以相信的事呢。那就是这位后来享誉中外文化界又突然去世的大名人,很长时期以来,人们(甚至包括他的遗属)都不知道他的父亲和祖父等人的名字,也不知道他们确切的生卒年月。仅仅知道他的三叔叫郑庆豫(莲蕃),早在1940年代就已逝世;他的母亲叫郭宝娟,一名葆贞。(他后来曾取笔名"郭源新",大概是想到了母亲的姓吧。)这位在旧中国吃过不少苦的母亲,后来又不幸过早地失去了最心爱的长子,但她安度晚岁,颐养天年,直到1968年10月,在她儿子为国光荣牺牲十年之后,才以近九十高龄辞别人世。那么,在她健在的时候,为什么没有人向她问一下呢?

我们的传主,一生留下了那么多文字,其中包括对很多同时代人的回忆文章,对很多历史人物的研究考证文章;但是,唯独很少谈到自己和自己的家世。这当然体现了他的美德,然而却给后来的研究者带来了莫大的缺憾。本书作者曾千里迢迢找到位于北京西山的中央档案馆,怀着很大的希望,通过非常严格的手续,调阅了传主的人事档案,本以为可以解开他的家世之谜,但最后还是失望。于是,只能寄希望于首占的父老乡亲和福建当地的研究者了。

当地父老乡亲和研究者终于给了我们多年等待的欣喜。

最初,1988年,福建的研究者陈松溪在首占读到并撰文介绍了手抄的明嘉靖年间郑世威(环浦)所修《岱阳郑氏族谱》,和清末郑用权所修《义福房谱》等珍贵文献。所谓"岱阳",就是首占,因为首占位于当地一座名叫岱山的小山之南。据族谱所载和当地老人所述,岱阳郑氏从元皇庆延佑(公元十四世纪一二十年代)时起,以二十四字排辈:"子、孔、淑、德、汝、世、昌、大、崇、学、师、善、惟、道、用、宏、允、中、克、守、于、祖、友、光"。而"子"字辈郑子悦有五个儿子,又分为"仁、义、礼、智、信"五房;各房后又再分若干房,如"义"房又分为"福、禄、寿"三房。《义福房谱》即记岱阳郑氏之一支。当地长者对陈松溪说,本书传主就应属"义福"一房,可能是"克"字一辈。他们并初步推测传主的父亲应叫郑庆咸,祖父应叫郑允屏(承晟)。只因族谱编修时间太早,房谱也只记到清光绪年间的"中"字辈,又没有出现已知传主叔父郑庆豫的名字,所以仍然无法确认他们的推测到底对不对。

又过了好几年,首占的父老乡亲又发掘出两件与本书传主有关的十分重要的文献。一件是至少八九十年以前首占某位郑氏老人逝世时,族里办丧事用的类似治丧人名册的印刷品(当地人称为"承服帖")。虽已残破不全,但正好能看到其中有"功服侄孙庆咸、庆晋、庆豫、中谦、中礼[按,以下字缺,但可肯定是"抆泪顿首"四字];缌服侄曾孙振铎抆泪顿首[按,此四字残缺,但可确认]"诸语。由此,就可以确定无疑地判断传主的父亲就是郑庆咸,正是"中"字辈。另一件是《郑兆祺家谱》,也是印刷品。郑兆祺是"允"字辈,属"礼"房;但该家谱对岱阳郑氏各先祖及堂兄弟、堂侄等亦简明列出,若有功名者还扼要加以注明,其中便记有"承晟,浙江试用从九品"。由此,我们知道了本书传主的祖父曾当过小得不能再小的官。

对上述文献和其他资料进行综合对照研究后,本书传主原先像谜一样的家世就基本上搞清楚了。这里作一点简述。

本书传主的父亲郑庆咸,家中长子,光绪辛巳年四月十七日(1881年5月14日)生,约1909年卒。母亲郭宝娟(葆贞),约1880年生,1968年10月卒。

祖父郑允屏,名承晟,号绍平,家中次子,行六,咸丰己未年正月初七日(1859年2月9日)生,约1911年卒。祖母陈氏,咸丰乙卯年十二月二十二日(1856年1月29日)生,1943年3月卒。

曾祖父郑宏溥,名景渊,号星海,家中三子,庶出,行八,道光乙未年六月初五日(1835年6月30日)生,同治己巳年六月初四日(1869年7月12日)

卒。曾祖母郭仲年,字敏斋,道光丙申年十二月二十九日(1837 年 2 月 4 日)生,光绪丁丑年十一月初一日(1877 年 12 月 5 日)卒。

高祖父郑用苍,又名元璧,号锡侯,家中三子,行三,嘉庆丙寅年三月初八日(1806 年 4 月 26 日)生,同治甲子年九月二十九日(1864 年 10 月 29 日)卒。高祖母陈氏,嘉庆丁卯年九月十八日(1807 年 10 月 18 日)生,道光己丑年五月二十三日(1829 年 6 月 24 日)卒;王氏,嘉庆壬申年七月二十三日(1812 年 8 月 29 日)生,卒年不详。

本书传主的祖父母以上的前辈,他不可能接触过;但他一生酷爱历史,本族祖先艰苦创业的精神和家族史上一些著名人物的遗训和业绩,对他不可能没有影响。这里也择要作一点介绍。

相传,首占郑氏是南宋嘉泰甲子年(1204)从长乐福湖(今北湖村)迁来的。再上溯,其先祖是唐末从河南来到福建的。郑氏刚到首占村时,根基浅薄,只是靠帮人家看管鸭子为业。由于地位低下,加上年代久远,首占郑氏始迁祖的名字在明初时已无从查考,于是姑称其为"了公",意为"不了了之"。自了公而下,到元代的郑以志,不知几传,中叶无考。于是首占郑氏后人便把郑以志称为第一世祖。郑以志以下,便按"子、孔、淑、德……"排行了。传至明初第四世("淑"字辈)郑淑敦,名崇,出任山东平原县学教谕,其门生孙贤高中状元。后来孙贤巡抚闽疆时,特意赠匾一方致谢,文曰"郑老夫子视学山东/邹鲁文衡/门生孙贤敬书"。这是首占郑氏历史上第一件自豪的大事情。自此郑氏在首占站稳脚跟,开始繁荣。该匾保存至今,为宗祠中第一块大匾。此事当然也极大地激励了郑氏子孙发愤向学,本书传主只要去过宗祠,一定见过此匾。

此后,首占郑氏族史上出现过不少杰出人物,如七世祖郑世威(1503~1584),名钺,字中孚,号环浦,又号岱阳山人,是首占出的第一名进士,也是一代名臣。清《古今图书集成·官常典》中有传。《明史·艺文志》著录了他的著作。据明宰相叶向高为郑世威写的墓志铭等记述,嘉靖己丑年

(1529)高中进士那年,正好台省空缺官员,别的进士都抢着想去,世威却说:"才脱章句,遂蹴司耳目,毋论躁,且虞旷也!"(刚刚摆脱完考试作文,就争先恐后打探钻营,不说太急吼吼,实在也怕太浪费时间了吧!)世威为人耿直,为官清正。许多官员去拜谒相国夏言,都由边门进,世威却对看门的说:"相国诚尊,然奈何使邦大夫踽踽旁趋?还吾刺,去耳!"(相国固然十分尊贵,但为什么让国家官员畏畏缩缩从边门进去呢?还我名片,我回去了!)看门人大惊,赶紧把正门打开,世威这才不亢不卑地进去。巡抚汪元锡和相国夏言说要参拜上清宫为国祈福,诸官员都跟去,世威看到"祝辞"上写的却是为相国祈子,愤然对同僚说:"吾侪非相国私昵,胡为乎来!"(我们又不是相国家里人,干什么来呢!)拂袖而去。焚烧符箓时,要他署名,他又拒绝。夏言自然怀恨在心。后来严嵩掌权时,暴虐过于夏言。严嵩族党、副使熊楫欲抑价收买寺田千亩,世威则估以平值,鬻田以赈饥民。熊楫拿了严嵩写的条子给世威看,可他就是不予理睬。严嵩更对他恨之入骨。

世威一生两次辞官还乡。一次就是考虑到严嵩父子会报复,故辞官回首占,教授生徒,并写出了《四书答问》《诗经答问》等书。十年后,严嵩倒台,朝廷诸官力荐,世威再度出山,"一岁四迁其官",官至南京吏部右侍郎,改北刑部。他曾经向皇帝上《举真儒崇正学以隆圣治》疏,条分缕析,至为周全。而当皇上下诏大采珍珠宝石时,世威上疏谏止,不听,于是他再一次谢病辞归。世威居家简朴,回乡后喜欢与村民话桑麻农事,时常下田耕作。一天,一位访客在田间遇到世威,说:"请通报你家老爷,有客人拜访。"世威应允而入屋,不久穿戴整齐来见,客人才知道就是先前田间劳动的那位老者。

世威去世后,万历皇帝特颁旨赠其刑部尚书,并赐谥"恭介"。"御制"中称赞他:"宠辱不惊,朝野尚留清誉;初终一节,士林共仰高标。"至今在福州,还多处遗存世威的字迹,如"晦翁岩"、"洞天山斗"以及朱熹的"读书处"等。在首占郑氏宗祠里,更至今保存着出自八十老翁世威手书的四个大字"世培忠厚"的大匾,笔迹遒劲淳朴,力透人心,体现其一生孜孜以求的道德境界与学养。本书传主如果去宗祠，也一定会看到此匾，并听到有关这位先祖的故事的。

上面写到的传主的高祖郑用苍(元璧)，则是首占出的第二名进士，时在清道光庚子年(1840)。他也是一位美誉度很高的郑氏先贤。据民国时《长乐县志》载，他成进士后，改庶吉士，因生母病故而回首占。"时夷氛正炽，全闽震动"，即帝国主义正发动鸦片战争，元璧"偕当事密筹方略，众以无恐"。庚戌年(1850)他当陕西道御史时，一上任"即弹劾夷务，不避权贵"。后又因嫡母病故而回首占，"主讲凤池书院，训士有方"。其时"土匪不靖，会同地方官，劝办捐输团练"。己未年(1859)，他被授湖南长宝道，大修水堤，"民利赖之"。"楚省求忠书院少藏书，特捐购群籍，以资诸生讨论"。辛酉年(1861)，主持粮道，"改办漕折，严禁浮勒"；后主管司法，"用法持平，所获匪党，必悉心审鞫，从不株连，全活甚重"。后又升任山东盐运使司，并钦加按察使衔，赏二品顶戴。然而，他还未及赴任，便因操劳过度而在官寓过世。他病重时，一位姓恽的抚军曾亲自到他病榻前问视，"见敝帏布被，不异寒素，出语人曰：'吾不意其清俭若此！'"(我没想到他廉洁到这样!)元璧过世时年仅五十九岁。诰授资政大夫，入祀凤池名师祠。至今首占还保存着元璧的四轴中堂诗幅，诗字俱佳。在福州鼓山涌泉寺藏经殿，还有元璧书写的《增置鼓山寺田碑》，本书传主也是有可能看到过的。

还可一提的是元璧的儿媳、本书传主的曾祖母郭仲年(敏斋)，首占郑氏族谱称她"简默能文，精于试帖、杂体"。民国《长乐县志》有传："宏溥公妻郭氏，闽县柏荫女也。年三十而寡，事姑曲尽孝道。抚诸孤成立，躬课之读。长子承晟，浙江永绥县丞；孙庆豫，毕业译学馆，以中书用，后任外交部主事。氏博览群书，工诗，著《继声楼诗集》二卷，其父柏荫为之序。"(按，县志对本书传主祖父的官职所述不确，浙江亦无永绥县。)郭柏荫是清代的大人物，他为女儿作序刻行的《继声楼帖体诗存》二卷、《继声楼古今体诗》一卷，共收诗二七八首，多清雅可读。如帖体诗《万里重山绕福州》中写到"乌石天何小，螺江水自流。会须攀岇崶,指点话琉球",表达了女诗人的开阔胸怀。古今体诗《文士多妄戒儿子》说"聪明天所贻,文人愧不羁",不赞成大人"妄戒"和压抑孩子的天性,"吾为汝曹忧,一夜生鬓丝。"本书传主对这位曾祖母当然是知道的。我们从他的藏书目录(《西谛书目》)中,就看到有《继声楼古今体诗》。

三　坠入困顿的家

有关本书传主的童年和少年生活的材料也非常之少,这一点也与许多同时代、同层次人物(鲁迅、郭沫若、茅盾等)大不相同。现在,我们只能根据极少的文献材料,和传主生前在文章与讲话中偶尔涉及童年的回忆,以及他的一些亲友的回忆与传闻,来简单地勾勒描述他的童年和少年。

他的祖父郑允屏在少年时便双亲相继亡故,而且前面讲过郑用苍一生那么廉洁,因此祖父少年时的生活大概也是比较艰苦的。大约在1895年,祖父为投靠表亲而从福州迁到了温州。据传主遗属说,有一位表亲(当姓郭,名不详)在温州当道台。这是一个省以下、府以上的级别不低的官儿。祖父便在道台手下当幕友,平时在衙门内做做文书工作。又据说,后来祖父还曾被委派为铜山岛的海防小官。但据查铜山岛位于福建省南部诏安县东海中,距温州甚远。那么,岛名是否有误记,也就不得而知了。反正其官职只是"浙江试用从九品"。

祖父共生有三男三女。长男即本书传主的父亲郑庆咸,生于1881年5月14日。二男郑庆晋生于翌年,可能较早就死了。三男即郑庆豫,字莲蕃,光绪三十四年(1908)毕业于京师译学馆,在毕业生清册上登录为二十三岁,因此约1886年出生,后赴西班牙留学。今知福州郭家有人留学比利时(郭则寿,字舜卿,1883年生),郑庆豫留学不知是否与此有关?庆豫归国后在北京外交部任签事等职。祖父的三个女儿则均不知其名。据说长女后嫁福州陈家,陈父在云南大理府任知府云。二女后嫁福州李家。三女生下不久即送给人家当养女。从长女的婚配和三男的留洋来看,早先这个家庭的景况应该还是很不错的;但是不知什么原因,又很快就落破了,竟至将小女儿也送了人。

据说,本书传主的父母亲是由双方大人"指腹为亲"的。所以,当郭宝娟十六岁那年,她母亲去世,夫家又将从福州去温州时,她便随出嫁而跟夫家到温州定居。本书传主出生时,母亲仅十八、九岁,父亲的年龄也相仿,因此,家里的一切是由祖父作主的。

祖父为长孙取了个小名,叫"木官"。那是因为算命先生根据他的"八字"算下来"五行缺木"。这当然是民间迷信。但是,祖父为他正式取名"振铎",则是有寓意的。"铎"是古代的一种大铃,盛行于春秋至汉代;"振铎",即是摇铃发出号召的意思。《周礼·夏官·大司马》载:"司马振铎,群吏作旗。"注曰:"振铎以作众。"《史记·周本纪》上说:"武王弟叔振铎奉阵常车。"《淮南子·时则训》说:"振铎以令于兆民。"郑振铎又字"警民"(一作"铎民"),与名相应,都有"唤醒民众"的积极意思。他出生于"戊戌变法"那一年,长大后曾回忆自己从小就在家里看过《新民丛报》《黄帝魂》等书刊。可以猜想到,他的祖父应该是一位具有维新救国思想的知识分子。

他出生两年后,大妹郑绮绣出世。再过六年,又有了小妹郑文英。他本来还有一个小弟弟,可惜不幸在襁褓中夭亡。多年以后,他在一首《死了的小弟弟》的小诗中沉痛地写道:"虽然我们只见了五六面,/但是这初生婴孩的最后的哑而不扬的哭声,/至今还使我负着悲哀的重担。"

1945年,他在为自己购藏的一部清人贺君召的《扬州东园题咏》题跋时,曾写道:"余幼客扬州二载,尝游法海寺。"他童年时,怎么又会到离温州有千里之远的扬州去客居二年呢?根据他的大妹绮绣的回忆,再结合他小妹文英的印象,我们才得知在这则题跋的短短一句话中,正隐含着一个十分悲惨的不为人知的故事。

原来,他的父亲年轻时也与祖父一样,为了生活,千里迢迢离家去扬州当幕友。有一天,偶然在县衙门的后花园中,看到知县的小妾,觉得长相很像自己的小妹妹,心里便产生疑问。后经打听,证实果然正是家里早先送给人家当养女的小妹妹。顿时,他父亲思想上受到巨大刺激,悲愤难言,精神便有些错乱。后来越来越严重,家人接回温州,治疗无效而病逝。父亲得病那年,大概是1906年,因为他小妹便是这一年生于扬州的。据她说,她虚龄四岁那年,父亲便死了;那么,那时他也只有十一、二岁,而他母亲只有三十来岁!

父亲病逝后,家庭沉重的负担便几乎全压在祖父一人肩上了。大概是为了摆脱愁闷吧,祖父常常喝酒。一把锡制的酒壶,将黄色的酒倒在白磁小杯里,一个人慢慢地喝着。渐渐地,祖父的脸上泛出了微红,便常常会叫道:"孩子们,来!"于是,孙儿孙女们便围到他的跟前。祖父夹了一筷只有他独享的菜,放在他们的小嘴里,亲切地问:"好吃么?"孩子们便瞪大眼睛,点头作答。在孙儿孙女中,祖父特别喜欢木官,叫他前去的时候最多。祖父有时还喜欢用留着短髭的嘴来亲吻木官,使他感到微微的刺痛。而祖父口鼻中冒出的酒气,又使他感到难闻。二十年后,当他写散文《宴之趣》时,还回想起童年时的这些情景。这时,他已明白祖父当年喝酒主要是为了陶醉自己,"为快乐的雾所围着,似乎他的沉重的忧郁都从心上移开了,这里便是他的全个世界,而全个世界也便是他的。"

但是,祖父这种浅盏独酌、借酒浇愁的日子也未能维持多久。大概在木官十七、八岁时,祖父也郁郁而亡了。这样一来,家里就更为贫困了。三十几岁的寡母,上要侍候同样守寡的婆婆,下要拉扯三个未成年的孩子,其艰难是可想而知的!这是一位坚强的母亲,她凭着自己的双手帮人家缝缝洗洗,来挣点微薄的收入。逢年过节,还亲手做些玩具拿出去卖。好在木官的三叔这时留学已回国,在外交部当个小京官,有时寄点钱来帮助寡母及寡嫂的生活。多年以后,我们的传主在他的一部未写完的长篇小说《向光明去》

中,塑造了一个参加五四运动的进步青年刘仲芳的人物形象,其中就融化进自己童年的生活,并描写了一位"中年的因焦愁与苦作而早老的母亲":

  他父亲死得很早,……他之能由小学而中学而大学地一步步上去读书,其费用完全由他母亲东借西挪,卖田集会来的。他母亲对他属望极深,差不多全个性命都寄托在他的身上。他因此也很能刻苦用功。有一次,他坐在方桌上读《赤壁赋》,他母亲在旁一针一针地把零碎的花缎,做成各式各样的禽鸟野兽,或青蛙之类,这是他母亲最擅长的手工艺,许多咸串都极赞许她。针篮中已经有十几只了,她还在不停不息地做着。他问道:"妈呀,今年做这许多香袋有什么用?"他母亲抬起憔悴的双眼,脸色青白得可怕,颧骨高高地突出,凝视着他,良久地才答道:"你七姨要几只,还要送几只给你五姊的保官、清官。"
  "但是还有那许多呢?他们两家只要七八只够了。"
  他母亲踌躇地缓慢地说道:"那几只是拿出来卖给洋货店的。叶妈说,他们要买,可出两角小洋一只。"
  仲芳想不到他母亲要如此地工作着度日,不禁得放下了书,走到他母亲膝前,把头伏在她膝上哽咽地哭了。良久,觉得头发上有冰凉的水点滴着,他抬头看他母亲,她的泪水也如两行珠串般地不自禁地落下。
  "只要你好好地读书上进,我受什么苦都可以。"她把仲芳抱在胸前,如她在十几年前之抱他一样,柔和而感动地说。

  这段催人泪下的描写,谁都可以看出,不是完全虚构的,而正是作者自己的经历。此外,他在后来写的《压岁钱》等小说中,也反映了自己童年时家庭的艰苦的生活状况。鲁迅在《呐喊》一书的《自序》中说得好:"有谁从小康人家而坠入困顿的么,我以为在这途中,大概可以看见世人的真面目。"童年的木官,不正是经历了这样的生活道路吗?鲁迅小时候,因为避难,曾到乡下外婆家住过一段时间,使他有机会接触到更贫困的底层农民的悲苦生活,留下毕生难忘的印象。不知为了什么原因,童年的木官也曾一度生活在农民中。他在1930年代写的论文《玄鸟篇》中,就有这样一段自述:

  著者童年时,那时已经是在民国初元了——曾有一个时期居住在农民之间。农民们常苦于横征暴赋,叹息于兵戈的扰乱不息。当夏天,夕阳下了山,群星熠熠地明灭于天空,农民们吃过了晚饭,端了木凳,坐在谷场上,嘴里衔着旱烟管,眼望在茫茫无际的天空时,他们便往往若有所思地指点着格外明亮的一颗星道:"喏喏,皇帝星出来了,听说落在西方呢。真命天子出来,天下便有救了。"

于是,小木官便随着他们的手指,仰望那灿灿的星空,憧憬着将来的比现在好一点的生活。"皇帝星",那当然是迷信之言;但农民们真切地盼望救星的心情,深深地感染了他。

在他1932年写的长篇宏文《宋金元诸宫调考》中,也提到童年的往事:

  南方的夏月,天空是蓝得像刚从染缸中拖出来的蓝布,有几粒星在上面眨着它们的小眼,还有一二抹的轻纱似的微云在怡静地懒散地躺着。银河是唯一的有生气的走动的东西,在这一切都静默不动的空气之中。除了黑夜的来临而同到的是若有若无的凉飔。白日的烦躁已经被洗涤得干净。女人们厨房里最后的工作已经完毕了。街头巷尾的广场上,有一个高出膝盖头的板台,台上是一桌一椅,一茶壶一茶杯,一个盲目的说唱者,执着三弦或鼓板,在叮叮咚咚地做场。台下是一排一排的板凳,坐着那条街上各宅里出来的妇孺。除了说唱者的说话声歌唱声和三弦声外,静悄悄地仿佛没有其他人在。各人的脸色在黑暗中辨不清楚,但就其身形,各知其为某嫂某婶。只有小小的火点,间时地闪出红光,那是从某某婆的水烟袋口上放射出来的。孩子们倚靠在母亲或祖母、或奶娘的怀里,默默地一声不作。方卿、杨延昭、罗通诸民间熟知的英雄们便这样地一一出现于童年的回忆之中。

而在同年10月他在北京大学作的一次学术报告中,又提到:"回想儿时居乡,合村公请一盲者宣卷,远近咸至,返家竞相转述,当时情绪之激涨,今犹历历如在目前。"这不仅反映了民间讲唱文学对于童年木官的熏陶和影响,同时也可作为他从小就与乡下农民或城镇贫民喜怒哀乐相交流的证明吧。

四 峥嵘头角

母亲最大的心愿,是要木官"好好读书上进"。在极度拮据的情况下,她宁愿自己饿肚子,熬夜做工,也要让木官得到求学的机会。她觉得只有这样,才对得起已经逝世的丈夫。木官呢,他也暗暗发誓:不能辜负慈母的期望!为了母亲将来能过好一点的生活,为了谋求将来自己有出头的一天,他必须发愤读书!

据说,他最初是在县城隍潭(今公园路)一家私塾里读书。不久,转入三官殿巷的永嘉高等小学。小学的校长兼教师黄筱泉,是一位勤勤恳恳、任劳任怨地教书育人的老师,他的儿子炎甫,也是木官的同学。同学中还有一位比木官小一、二岁的夏承焘(瞿禅),后来成为我国著名的词学专家。黄老师原是旧式科举出身,但却不是三家村冬烘先生,而是很注意吸收新思想,更新自己的知识和教育方式。当时,在温州这样的小城里,看报的人还很少,读杂志的人更少；但木官却看到黄老师在经济并不宽裕的景况下，订阅了一份新式的教育杂志。黄老师是教"国文"的。国文本来就很难教，尤其在清末到民初的高等小学里的国文更难教。因为在这个过渡时期，既不能过"新"，放弃旧的"四书五经"不讲；同时也不能太"旧"，无视社会上已出现的新事物新思想。在木官原先就读过的私塾里，那先生就只知道拖长了声音，板正了脸孔，教他们读《古文观止》。这使他一辈子都不喜欢这部无聊的选本。而黄老师却能给学生以新鲜的材料，并循循善诱。他也教他们读《左传》，但却能用新的方法，使木官对这部艰深的史籍感到有兴味。而且，黄老师从不把小学生看作是无知的小孩子，而是像对待自己的儿子炎甫一样，把他们当作小朋友，出之以至诚，发之于心坎。木官从来没有见过黄老师对学生有过疾言厉声的训斥，即使有学生犯了过错，黄老师也总是和蔼地劝告。

高小读完，预备考中学。这时大概在1911年初，木官和炎甫等几个同学在一所庙宇里天天补习迎考，又由筱泉老师亲自辅导。木官觉得在这些强化补习的日子里，他的语文水平进步得最快。他第一次认真地学习着新式作文。这些日子虽然十分紧张，却感到分外快乐。他一直记忆着这段难忘的时光。二十年后，当他已成为著名教授时，在一次外出旅游的火车上，还为新创刊的《太白》杂志第一期，写了一篇《记黄筱泉先生》。他回忆起这些往事，深情地说："我永远不能忘记了黄筱泉先生。他是那样的和蔼，忠厚，热心，善诱。""我第一次有了一位不可怕而可爱的老师。这对于我爱读书的癖性的养成是很有关系的"，"假如我对于文章有什么一得之见的话，筱泉先生便是我的真正的'启蒙先生'，真正的指导者"。而当年与木官同学的瞿禅，在1978年写的一首悼念他的《减字木兰花》中，也曾温馨地回忆起小学时一同跟从筱泉老师学习的难忘的往事：

　　峥嵘头角，犹记黄门初放学。池草飞霞，梦路还应绕永嘉。

"池草"指春草池,"飞霞"指飞霞洞,均为温州著名古迹。而"峥嵘头角",则是说小木官当时已经显示出他的聪明才气了。

大概是为了省一点学费,或者是为了今后能早一点找一份工作以帮助家里吧,他在1911年春考取了一所职业中学——温州府官立中等农业学堂。这件事情,他本人及其亲友从未说起过,湮没达七十多年之久。直到1987年,温州鹿城区政协出版的《鹿城文史资料》上,发表了冯举千写于1960年代的《我所知道的温州蚕桑学堂》,其中偶然提到了郑振铎的名字,才使我们略知这件佚事。

原来,温州蚕桑学堂是在1902年由温处道尹童兆蓉创办的,主要传授中西育蚕新法。继任道尹郭则沄好大喜功,打算扩大范围,培养农业技术人员,便于1911年春将蚕桑学堂改成温州府官立中等农业学堂。木官便成了第一批招收的新生。当时,该校校董是吕文起,监督施震泽,监学潘宣丞。预科第一年级教学内容有修身(品行)、文学、历史、地理、经学、英文、算术、物理、化学、植物、图画、体操等十二门课,与普通中学大致相同。育蚕另设技术课,由蔡冠群担任。但该校缺乏必要的师资及设备,教师上课又不得法,学生们反映读了一年没有学到什么。因此,部分学生自动转学,如同学陈经转温州师范,包容、夏铣转法政学校,而我们的传主后来则转考入温州的浙江第十中学校去了。(辛亥革命后,温州中等农业学堂便停止招生;后来,又恢复为蚕桑学校。这些就一笔带过了。)

从今存《浙江第十中学校同学录》上看,木官大概是1913年秋考入该校的。这所学校,在当地很有点名气(今改名温州中学,仍是浙江省名牌中学)。它是在光绪二十八年(1902)由著名教育家孙诒让创办的。孙诒让做第一任校长,亲自培养了不少人才。当木官进校时,校长是黄人望(伯珣)。黄是金华人,日本早稻田大学的师范专科毕业生,还是浙江省的视学员,在当地的身份是很高的。未久,改换何敬煌(酉生)任校长。何是绍兴人,浙江高等学校毕业生。木官那一届学生,共有122名,可见该校规模实在不小。

该校条件要比原先那所农业学堂好多了,所以求知欲极强的木官才转到了这里。但这时他家里的经济状况则更窘迫了,据说有好几次因为交不起学费,校方竟不准他参加考试。

这时的同班同学中,后来成为著名学者的,有高觉敷(心理学家)。而他当时最要好的同学,当是陈闳憩(召南)。召南的三哥闳慧(仲陶),也是他们的高年级同学。而仲陶、召南的父亲陈寿宸(子万),号意园老人,原是清末举人,博学多才,工诗词,擅书法,辞官家居,课徒为生,辛亥革命后即应聘任第十中学国文教习。因此,他与陈家父子为师友之交,特别亲近。

陈家是书香门第,藏书甚富。他这时已爱书如命,但无钱买书,好在他家这时住瓦市殿巷,与陈家所在的倪衙巷甚近,每当放学后与节假日,常去陈家借书看,或倚立书橱旁翻阅。有时到了吃饭时间还舍不得离开,于是陈师母便留他吃便饭。但他觉得他更需要的是精神上的粮食——书。有一次,他坐在陈家的竹榻上看书,全神贯注,站起来时长衫被竹篾钩破了一个洞也没注意到。第二天,他又去看书,师母见他的长衫的破洞还未补好,大概他的妈妈这几天做活太忙,也没有注意到,于是师母便亲自帮他缝好。后来,师母多次将这件事告诉她的孙儿女们,赞扬他好读不倦、不讲究衣着。

他借到一本好书后,常常作详细的笔记。有时甚至还整本整本地抄录下来。他在四十年后写的《中国历史参考图谱》的跋里说:"我在念中学的时候,就喜欢念历史。"这不仅是筱泉老师最早引起了他对于史籍的爱好,更因为他在知道了很多遥远的过去的往事后,会更深地对照和思考当今的事情。他喜欢沉浸在这种悠悠的遐思中。在后来写的一篇未刊稿中,他还说过:"余素喜治流略之学。童稚时,即手录《汉书艺文志》及《隋书经籍志》,时自省览。"他渴望继承先人创造的文化遗产,向往在精神上与前贤对话。

他更爱读文学作品,尤其是洋溢着爱国思想的优秀作品。例如,他特别喜欢清人孔尚任的《桃花扇》。十多年后,当他撰写巨著《文学大纲》时,便回忆起少年时代是怎样如痴如醉地读这部作品的:

……剧中随处沁染着亡国的余痛。读至诸镇之争,权奸之误国,史可法之死,都要使读者,悲而零涕,怒而奋拳击案;到了《余韵》一出,则无不废书而叹,而深长思者。它虽然以侯、李为贯珠的串绳,然全剧直是一部明亡之痛史,……慷慨激昂,蕴着一腔悲愤之气,足以使人低徊忧叹,不能自已。我少时尝读之,一再读之,至鄙夷《西厢》《拜月》,不欲再看;至于《燕子笺》,则直抛掷之庭下而已。这些书的气氛与《桃花扇》完全不同,任怎样好,所引起的读者的情绪,总远不如《桃花扇》之崇高,之伟大,之能博得热情少年的狂爱!

在进中学前后,他已开始尝试文学创作。据他后来为自己的《中国文学论集》写的序言中说:

年十三四时,读《聊斋志异》,便习写狐鬼之事。记得尝作笔记盈半册,皆灯前月下闻之于前辈长者的记载。迄未敢出示友朋。人亦无知之者。几经播迁,皆荡为云烟矣。后随长者们作诗钟。方解平仄,乃亦喜赋咏物小词。随作随弃,也不复存稿。

陈寿宸老师是有功力的老诗人。他"随长者们作诗钟",主要就是跟寿宸老师吧?可惜这些作品都没有保存下来。

他还开始注意研究古代文学理论。据他在一篇未刊手稿中说,在中学时代,"曾向一位同学那里,借过一部《文心雕龙》,在暑假里抄了一遍"。《文心雕龙》是我国古代最辉煌而有体系的一部文艺理论专著,共五十篇,约五、六万字;如果加上注释,字数就更多。抄录一遍,实在是一种刻苦的学习。还有一部卷帙远为浩瀚的《古今文综》,他当时也作过大量抄录。1957年,已经是中央文化部副部长的他,在北京旧书店里忽然见到这部书,当即

购下,携归家中后激动地写下一段跋识:

> 一九一五年予在温州十中肄业,此书方出,一陈姓同学购得之。予健羡无已,乃假得之,穷一暑天之力,尽录其中论文之作,集为二册,题曰《论文集要》,殆是我从事纂集工作之始。今经四十余年矣,此二册钞本尚存行箧。顷过中国书店,见架上有此书,乃购之归,因追记少年时代一段艰苦求书之事实。

这段题跋中说的年份,当是1916年。因为这部书上印着"丙辰孟春中华书局锓版",丙辰乃1916年。"一陈姓同学",当即是召南,或是仲陶。这部书装成四大函,共四十册,售价十元(这对当时的他来说,是一笔大数目),为当时成立没几年的中华书局的编辑张相所编。其性质与前人所编的《文选》《文粹》等相类。书前《缀言》说:"兹书凡六部十二类。曰论著序录,推阐发明,是其帜志,为第一部。曰书牍赠序,所以敦伦好,寄情愫,为第二部。曰碑文墓铭,伐石镌辞,垂诸不朽,体则异,旨则同,为第三部。曰传状志记,表章人物,亦碑文墓铭类也,为第四部。曰诏令表奏,庙堂之制,高文典册,别成一体,为第五部。曰辞赋杂文,捴张之作,统记于此,为第六部。"今天来看,此书分类析目并非尽善,但搜罗颇广,蔚为大观,编者所附的论述各种文体的原委、流变诸语,对于初学者也是有参考价值的。特别是有关文论方面,收入了曹丕《典论·论文》、曹植《与杨德祖书》、萧统《文选序》、萧纲《答湘东王书》、徐陵玉《玉台新咏序》、苏洵《诗论》等等名篇,可说是相当丰富。他在1916年花一暑假之力抄录的,就是这类文章吧。这不仅是他"从事纂集工作之始",而且也可视作他将来要成为著名文学评论家的预示。

更应该提到的是,小小年纪的他,已经开始关心国家和民族的大事了。在少年时,他先是怀着好奇之心,偷偷翻看家中祖父购藏的《黄帝魂》《浙江潮》《新民丛报》等宣传民族革命的书刊。虽然,有的已是几年前出版的,但他仍然越看越激动,读过不止一遍。上中学后,陈老师家里所藏的几部梁启超的书等,他都曾仔细地读过,并与仲陶等同学交流过读后感。他只觉得有一股澎湃的热血在他的心胸中震荡。章太炎、邹容、孙中山、梁启超、谭嗣同、陈天华等等,还有索子(鲁迅当时的笔名),这些作者的名字对他有着强烈的吸引力。

  呜呼,中国人之为戮民久矣!天戮之,人戮之,暴君戮之,污吏戮之,异族戮之。其所以戮之之具,则饥戮之,寒戮之,夭戮之,疠戮之,刑狱戮之,盗贼戮之,干戈戮之。……草薙耳,禽狝耳,虽日死千人焉,万人焉,其谁知之!其谁殣之!……自今以往,十数国之饥鹰饿虎,张牙舞爪,呐喊蹴踏,以入我闼,而择我肉;数年数十年后,能使我将以口中未下咽之饭,挖而献之,犹不足以偿债主;能使我日日行三跪九叩,首礼于他族之膝下,乃仅得半腹之饱。不知爱惜民命者,何以待之!何以救之!……(梁启超)

  呜呼,我中国今日不可不革命!我中国今日欲脱满洲人之羁缚,不可不革命!我中国欲独立,不可不革命!我中国欲与世界列强并雄,不可不革命!我中国欲长存于二十世纪新世界上,不可不革命!我中国欲为地球上名国,地球上主人翁,不可不革命!革命哉,革命哉!我同胞中老年、中年、壮年、少年、幼年,无量男女,其有言革命而实行革命者乎!……(邹容)

  沃野好土,任人割取;灵苗智种,任人践踏。此所以陷于悲境而无可如何也!方今世界文明,日益增进,国皆自主,人尽独立。独我汉种,每况愈下,濒于死亡!丁斯时也,苟非凉血部之动物,安忍坐圈此三等奴隶之狱,以与终古?是以仆不自量,欲乘变乱,推翻逆胡,力图自主;徒以时机未至,横遭蹉跌,以至于斯,悲矣!……(孙中山)

> 况吾中国,亦为孤儿,人得而挞楚鱼肉之;……况当强种鳞鳞,蔓我四周,伸手如箕,垂涎成雨,造图列说,奔走相议,非左操刃右握算,吾不知将何以生活也。……(索子)

像上面这样一些慷慨激昂的警句,他几乎都能整段整段地背诵出来。直到1946年,他在与国民党当局摧残民主运动的倒行逆施作坚决斗争的时候,还自豪而深情地回忆说:"我们在少年时候,便以读《黄帝魂》《浙江潮》一类的书为乐。'雪夜读禁书',公认为'人生一乐'。"

这类书之被视为"禁书",当然是在辛亥革命之前的事了。1911年10月10日,武昌起义爆发。不久,各省纷纷响应,终于推翻了清政府的统治。12月4日,浙江省府杭州发生新军起义,当夜通电全省,次日成立浙江省军政府。7日,温州各界也在道司前的第十师范学校操场,举行了庆祝光复大会,并发表了拥护革命的通电。温州也宣布独立了。当时,刚上中学的他,也跟着大人们兴奋了好一阵子。似乎邹容在《革命军》中提到的革命,已经胜利了。三十五年后,他在《双十节感言》一文中,还说到当时的情景"永远留在记忆里,那份童稚似的凑热闹的心境,及今念之,就有点自己脸红"。但是,老百姓不久就感到,一切是换汤不换药。就像新任温州临时军政分府兼温处警备司令的,就是原先的清军防营统领梅占魁,不过换了一个官名而已。1912年阳历元旦,孙中山先生在南京就任临时大总统,宣告中华民国成立。但这个"临时"大总统之职,只"临时"了一个半月便让给了窃国大盗袁世凯。辛亥革命以妥协而告终,实际上是失败了。

这些政治上的大问题,我们的传主当然还得等到以后才能认识清楚。当时,他只看到民国成立的第二年,孙中山先生又从日本回国,发动讨伐袁世凯的"二次革命",兵戈再起;他只看到袁世凯通令各地尊孔祭孔,为复辟帝制大造舆论;他只看到在民国成立第三年,帝国主义列强发动第一次世界大战,日本乘机取代德国攫取了我国山东的一切权益;他只看到在民国第四年,袁世凯终于自推自戴,悍然龙袍加身。……不仅内政、外交方面如此,而且天灾不断。就在民国元年的夏天,一场罕见的强台风猛烈袭击浙南,温、处两府十多个县暴雨成灾,海塘被毁,山洪暴发,人死畜亡,房毁田淹。灾民数十万,呼号震野,惨不忍睹。……他当然更看到年轻守寡的母亲,头上竟生出了缕缕白发,脸色更憔悴了。……

  目睹这一切,这位早慧的少年的脸上,不能不失去无忧无虑的笑容。他思索,他找书报看。《黄帝魂》一类书,已经渐渐失去了吸引力。他要看更新的书,要寻觅有新的思想的刊物。他需要哪怕很微弱的新思想的火花,来照亮自己孤寂的心。他需要拼命看书,来摆脱思想上的苦闷。他经常看当时上海商务印书馆出版的《学生杂志》,那上面常刊登一些学生的"课艺",有时讨论一些教育方法问题等等,也没有什么太好看的;不过,他注意到那上面有一个叫杨贤江的少年常常发表文章,特别是1915年杨贤江的一篇征文《我之学校生活》被该刊评为第一。这篇文章提出必须主动、刻苦地学习,并且强调必须德、智、体三育兼备。他觉得写得真好,因为他也正是一个苦学的少年。从那以后,他更注意刻苦自修,甚至还把《五种遗规》《程氏家塾读书分年日程》之类书拿来作为参考,加强自律,简直弄得很像有点"道学"气了。

  与此同时,他更爱看上海群益书社出版的《青年杂志》。他后来在1930年代曾回忆说:"当陈独秀主持的《青年杂志》于1915年左右在上海出版时,——那时我已是一个读者……"他感到,这份杂志虽然很多文章也与用文言写的提倡"德智体"三育的《学生杂志》没有什么两样,但陈独秀(仲甫)的《敬告青年》《法兰西人与近代文明》等文,似乎与自己以前崇拜的梁启超等人的文章的味道是不同的。到第二年,该刊改名为《新青年》,一开始虽然仍以文言文为主,但在思想上和主张上却开始又有一点变化,如李大钊(守常)先生的《青年》等文,虽然短,却是比梁启超的《少年中国说》要耐读。这里面有新的东西。那是什么呢?他说不出,只是如饥似渴地读着,读着。在

1917年的头上,他又连续读到了胡适的《文学改良刍议》、陈独秀的《文学革命论》等文,更觉得新鲜、兴奋和心折。他感到胡适的文章是一个"发难"的信号,更为陈独秀那种不动摇、不退缩、冲锋陷阵的精神所感动。他朦朦胧胧地感到,这些似乎像一个新的时代的"前夜"的光景。他似乎听到在自己心灵的内部宇宙中,有一种深沉的呼唤。他当时当然不会想到,不久自己也会成为这"文学革命"的"第二梯队"的一个冲锋陷阵的战士。

就在这年春天,他读完了中学,终于毕业了。他想马上找一份工作,以减轻可怜的母亲的负担;当然,他也很想继续上学,求取更多的知识和思想上的光明。他在犹豫着,不料,他的母亲早已想好了。这真是一位平凡而又非凡的母亲,她宁愿自己咬咬牙再多吃几年苦,也要让自己心爱的木官继续读书上进。她牢牢记着丈夫和公公生前的遗愿,她知道自己的木官是个刻苦好学、将来有出息的孩子。

"木官,上北京去读书,去找你三叔……"

"妈妈,那么你……,还有奶奶和妹妹……"

"放心去吧,只要你争气……"

在含着眼泪仰望着同样热泪盈眶的母亲的眼睛时,他仿佛听见来自燕山脚下的古老京城的一种遥远的召唤;同时,又分明听到近在身边的瓯江的亲切慈祥的劝勉……

他又一次独自登上华盖山顶,在大观亭上远眺,俯瞰那瓯江上极为熟悉的片片帆影,遥望那江北岸青翠的峰峦,默默地想着,想着。有好些极伶俐的小燕子,乌黑的一身羽毛,光滑漂亮,尾巴像一双剪刀,在微风细雨中翱翔着,飞窜着,为春光平添了许多的生趣。他看到其中的一只尤其矫健俊劲,只见它在宽阔的江面上斜掠着,盘旋着,似乎在对滔滔瓯江低声诉述着自己的衷肠;然后,又毅然扬起双翅,搏击着,扶摇而上,向着瓯江的出海口渐渐远去了,是去领略那更壮观的大海的景色吧?

他看着,看着,出了神……

第二章 负笈京师

五 新的天地

　　当他背着简单得不能再简单的行李，手中拎着一捆他在上海买的书，瞪大着眼睛，走出熙熙攘攘的火车站时，幸亏个子长得高，很快就被等候着的三叔发现了。多年不见叔叔的面，如今在这远离故乡的地方听见叔叔的亲切呼唤，感到分外激动。坐上叔叔叫来的"洋车"，一面用家乡话亲热地交谈着，一面忍不住东张西望。高高的城墙与牌楼，低矮的平房与土墙，乱纷纷的人和车，还有马，甚至还有高大的骆驼缓缓地走过，带着一串丁当丁当的铃声……古都北京的一切，似乎都与南方滨海城市温州不同，使这个十九岁的南方青年觉得新鲜。七转八弯，没多久，车子便拉到了东城的西石槽胡同六号。

　　这就是叔叔的家吗？与一路上看到的一些破败民宅相比，体面多了。叔叔毕竟是在外交部里做事的，他心想。其实，三叔比他的年龄只大十来岁。叔叔原先在温州是娶过亲的，留学归国当了个小京官，在北京又娶了第二个妻子。他还是第一次见到这位年轻的新婶婶。婶婶穿戴得十分讲究，笑嘻嘻地迎接远来的侄儿。打量着他身上洗得已经褪了色的夏布衫，婶婶似乎皱了皱眉头，随即又唤老妈子拧了把湿毛巾让他擦脸。

　　7月中旬的北京，可真热！本来，他在月初就可以到北京的。上个月，他乘船到上海,在虹口的外公家住了几天——这时外公家已从福州搬到上海。他不知道,就在这时,堕落为清朝复辟势力代表人物的康有为,已从上海坐火车,乔装潜入北京,为封建军阀张勋密谋复辟的具体方案去了。6月30日,张勋率领三千"辫子军"进入北京,全城戒严;接着,废帝溥仪便又坐了"龙庭";又接着,北京和全国各种"讨逆军"蜂起,动刀动枪,去北京的火车就停开了。他自然买不到车票,也就只好焦急地住在外公家里等。上一次,袁世凯的"洪宪"皇帝梦,做了百来天;想不到这次的复辟丑剧,却只闹了短短的十二天便收场了。这说明"皇帝"的时代毕竟已过去了。事态平息后,他才买到了车票。他的这次进京,恰巧与这一历史事件碰上了,也算是一种"缘份"吧。此时他还不认识的周作人(启明),是在张勋复辟前一个月到北京的,后来多次谈到这一事件在自己思想上产生的震动:"我来到北京,正值复辟的前夜,这是很不幸的事情,但也可以说是一件幸事,因为经历这次事变,深深感觉中国改革之尚未成功,有思想革命之必要。""无论大小事情,都是在眼前演出,看得较近较真,影响也就要深远得多;所以复辟一案虽然时间不长,实际的害处也不及帝制大,可是给人的刺激却大得多,这便是我在北京亲身经历的结果了。"另一位后来成为他最亲密朋友的瞿秋白,是4月到京的(后入外交部主办的俄文专修馆读书),也一定看到了这一切。而还有一位他此时也不认识的郁达夫,事变时正从日本回上海,写有《过龙华闻北京政变》的诗,第一句是:"干戈满地客还家,望里河山镜里花。"他没有目睹北京发生的事变,但他比郁达夫更看到了"干戈满地"的情景,这对他也一定是很有刺激的吧?

　　他于盛夏时来到北京,直到年底,12月16日至19日,才在风饕雪虐之中参加了交通部北京铁路管理学校(今北京交通大学的前身)高等科的招生考试。那么,在这以前的五个月中,他又做了些什么呢?是暑期招生考试没考上?(根据他的学习成绩,似乎不大可能。)是误了时间没能赶上暑期考试?还是没有合适的报名学校?这些,我们现在已无从知道了。不过,有一点是可以肯定的:他不会白白浪费这五个月。在后来写的一篇未刊稿中,他说:"在北京念书的时候,常托家叔莲蕖先生向外交部图书馆借些古书来看。刘知几的《史通》,便曾花了整整一个暑假的工夫把它全部抄录下来。"抄录《史通》一书,应是他刚到北京后的事。这部唐代史学名著,共二十卷,四十九篇,少说也有十来万字;如果是注释本,字数更得多出几倍。这是继抄写《文心雕龙》之后,所知他整部抄录的第二种书。由此不仅可见他的苦学精神,同时也可见他当时的兴趣实在是在文史方面。

那么,为什么不去考文科大学呢? 原来,他的三叔虽然官儿不大,但这时已经开始染上官场中的一些坏习气(另娶妻子就是一个证明),对这位远道而来的穷侄儿,这位叔叔,尤其是新婶婶,缺少慷慨大度的心肠,只是碍于寡母和寡嫂的千里相托,才收留了他。当时,文科院校的费用都很昂贵,读完大学需花去一笔相当可观的钱。所以叔叔主张他报考铁路管理学校,因为这所学校不仅学费低,而且毕业后的职业又有保证,被人称为"铁饭碗"。就这样,最初读过农业中学的他,这回又考工科大学了。

铁路管理学校是清政府于 1909 年设立的最早出现在中国大地上的十所高校之一,初名铁路管理传习所,后改称交通传习所。一年前(1916 年 12 月)传习所分为铁路管理学校和邮电学校两所学校,各级学生都是以前传习所留下来的。1917 年冬,铁路管理学校校长俞人凤决定新添"英文高等科乙班",招收六十名学生,增聘教员十余名,专授铁路管理课程,大多用英文教授,学制三年。这实际是铁路管理学校改名后自招新生的第一班。当时,报考的人很多,竞争相当激烈。1 月 5 日公布录取名单,共五十八名,他考上了!

就在他参加考试的前夕,世界上发生了一起非常重大的事件,那就是 1917 年 11 月 7 日俄国十月社会主义革命在列宁的领导下取得了伟大的胜利。这件大事,当时在中国的报纸上就有所反映;然而,此刻也许并没有引起他的注意。不过,由于这一历史性事件的发生,改变了整个世界包括中国的发展的方向,当然不久也在实际上深深地影响到他的一生,尽管他在一开始不可能觉察到这一点。

1918年1月14日,这是他大学生活的第一天。课程甚多,有铁路工程学、测量学、机械学、铁路行政、商业簿记、会计学、商品学、旅客运输、电学原理、法学通论、商业通论、捷算法、珠算、经济学、国文、日文、体操等等。其中,国文教师是广东人黄节,字晦闻。当时四十四岁,是一位参与"南社"发起的著名爱国诗人,学问很渊博。可惜,不久又被北京大学聘为教授,所以只教了一年古文就辞职了。据他后来回忆,黄节没有给他什么大的影响。日文教师则还是一位日本人,叫原冈武,但也只教了一年。到第二年春便改学俄文了。后来,他在介绍和研究外国文学时,也许用上了一点俄文或日文,但真正派上用场的还只是从中学就开始学的英文。

学校在西城的李阁老胡同,从叔叔家到学校,要横穿半个北京城。不论冬夏,无分晴雨,他总是早晚徒步往还。中午就只吃一些从家里带去的饼之类食品。他不抽烟,不喝酒,身上老是穿着一件母亲给他缝的布长衫,过着极为艰苦的生活。时间一长,叔叔婶婶对他越来越显得冷淡了。他们只顾自己吃好的,穿好的,对侄儿漠不关心。甚至到了冬天,他只有外面一件棉袍,里面贴身穿的还是夏天的那件布褂衫。有亲友从北京回温州,把情况告诉了他的祖母。老人家十分心痛,去信把这位当叔叔的痛骂了一顿。不过,他自己倒也并不怎么怪怨叔叔。他常常想到可怜的母亲和祖母。母亲真苦,她常常拖着两个妹妹到上海的外公家去住上一段时间,并打些零工。但她托人写来的信中从不说苦,只是嘱咐他好好读书。

他在生活上不怕苦,但课堂上教的专业技术知识,远远不能满足他的求知欲,这使他十分苦恼,总觉得精神上得不到满足。晚上在家里,他便常常翻看从上海四马路(福州路之俗称)旧书店里买的一部小字石印本《九通》。每当摩挲着这部书时,他总要回想起当时是如何咬紧牙关摸出身边仅有的钱来买下它的,又是如何捧着这样一大堆书好容易从四马路走回在虹口的外公的家的,后来又是如何受到外公轻轻的责备的。这部书虽然已经是自己的了,但他还是亲手抄录了其中郑樵《通志》中的《校雠略》和《艺文略》。他觉得抄书是一种很好的学习方法,抄过的东西不容易忘记。直到他后来成为著名的学者和藏书家时,他还在一篇未刊稿中温馨地回忆说:当时买下这部书,"心里觉得饱满,觉得痛快,这是我收集线装书的开始"。

但是,一部书老是翻看,终将感到乏味。没办法,他又请叔叔向外交部的图书馆借些书来看。叔叔在这件事上,倒是尽可能满足他的要求的。例如,叔叔借来的清人章实斋的史学名著《文史通义》,他读后曾十分心折。如能省下一点零用钱,他也总是拿去买书。他在一篇未刊稿中回忆说,有一次他忽买得一部较便宜的清人张寿荣辑刻的《八史经籍志》,"乃大喜,类贫儿暴富"。

一到晚上,他总是避开叔叔家里灯红酒绿、笙歌喧哗的人们,悄悄地拿一盏小油灯,躲到后院堆放杂物的小阁楼上去读书。寒冬腊月,小阁楼四面透风,他衣衫单薄,手脚都长满了冻疮。有一次,他正聚精会神地读着,一只小老鼠碰翻了油灯,烧着了桌旁的一床破棉絮,险些酿成火灾。这当然遭到了叔叔婶婶的责骂。从此,他晚上便不能再爬到小阁楼上去看书了。

就在这时,他找到了一个新的好去处——离叔叔家不远,在热闹的米市大街金鱼胡同口的新造好没几年的北京基督教青年会会所。宣统元年(1909)春,美国人格林(R.Gailey 1870~1948)与张佩之、袁子香等人筹创北京基督教青年会,翌年夏组成第一届董事会,格林自任总干事。1911年春举行会所奠基礼,历三年之久这座富有西方建筑特色的红楼始竣工。他常去那里并不是参加基督教的活动,而是因为里面有一个小小的图书馆,馆里有七八个玻璃橱的书,其中以社会学方面的书,和俄国文学名著的英译本为最多。他虽然不是教徒,也不是会员,但也可以看书。他觉得好像发现了一个新天地。(这个青年会故址,一直保存到1988年;后来被拆除,盖起了辉煌的大饭店。主其事的人压根儿就不知道,原先那座楼房曾经是瞿秋白、郑振铎等人最初从事革命活动的地方。)

他几乎天天去那里。最初,他主要读那些西方有关社会学的原版书。例如,吉丁斯的《社会学原理》、白拉克麦的《社会学要义》、海士的《社会学》、爱尔和特的《社会学与近代社会问题》等等。他也不知道这些书在西方有没有名气,他都拿来翻读。这些书中提到的种种社会问题和种种解决方法,都引起他深深的思考。

青年会干事、美国人步济时(J.Burgess 1883~1949)立即注意到这位眼睛大大的、有着一个希腊式鼻子的青年人。因为步济时不只是一般的教会人士,而且还是一位社会学学者。他于1909年来华,后于1919年被燕京大学社会学系聘为教授,并一度任该系主任。

"你还可以读读这些俄国文学名著,"有一次步济时和蔼地向他推荐,"俄罗斯的小说,所描写的不少地方与中国太相似了。"果然,托尔斯泰的长篇小说,高尔基的短篇小说,契诃夫、安特列夫的戏曲与小说等等的英译本,一下子深深地吸引了他。

俄罗斯文学,真是形象的社会学著作。这个在深沉地思索、坚韧地斗争着的伟大民族的文学作品,震撼了他的心灵。在他眼前,好像新开了一扇面向大海的窗,由那窗口看到了美丽的朝晖、蔚蓝的海天、澎湃壮阔的波涛、风云变幻的奇景。这是他从来没有梦见的新的天地。正如鲁迅后来在《祝中俄文字之交》中说的:"那时就知道了俄国文学是我们的导师和朋友。因为从那里面,看见了被压迫者的善良的灵魂,的酸辛,的挣扎;还和四十年代的作品一同烧起希望,和六十年代的作品一同感到悲哀。我们岂不知道那时的大俄罗斯帝国也正在侵略中国,然而从文学里明白了一件大事,是世界上有两种人:压迫者和被压迫者!"

差不多同时,他又在《新青年》杂志上读到了鲁迅先生的第一篇白话小说《狂人日记》,灵魂更是受到了巨大的震颤。他的耳朵边整天嗡嗡地响着"狂人"的话:"……我翻开历史一查,这历史没有年代,歪歪斜斜的每叶上都写着'仁义道德'几个字。我横竖睡不着,仔细看了半夜,才从字缝里看出字来,满本都写着两个字是'吃人'!"啊,真是"从顶上直冷到脚跟"!鲁迅巧妙地通过"狂人"的疯话,用象征、隐喻的手法,一语双关地寄寓了他完全能够领略的战斗的深意。他想大声跟着鲁迅喊:"救救孩子!"他要加入到踹翻那四千年"吃人"的"陈年流水簿子"的战士的队伍中去!他同时也为鲁迅的白话新文学作品的艺术魅力所深深吸引。

在这个小小的阅览室的新天地中,他还经常碰到也来看书的一位脸色白白的、手指因吸烟而熏得黄黄的青年,叫瞿秋白。还有一位是矮矮胖胖的耿匡(济之)。另外还有面容清瘦的瞿世英(菊农)。他们也都住在附近,因常常来看书也就互相认识了。秋白和济之都是俄文专修学校的学生,都只比他小一二个月。菊农要比他小二岁,但排起"辈分"来却是秋白的远房"堂叔"。菊农是汇文学校(一所教会大学,后与他校合并组成燕京大学)的学生。他们都不是教徒,又不是同一个学校的学生;但都爱好文学,又都关心国是,因此谈起来十分投机。他们一起阅读俄国文学,一起议论十月革命,一起体味《狂人日记》,一起分析林琴南的"小说"《荆生》《妖梦》和蔡元培的《答林琴南书》……

特别是,当时正在开所谓"巴黎和会",他们最关心的是能否真的"公理战胜"?既然德国被打败了,中国也算是参战胜利国之一,那么,以前被德国强"租"去、后又被日本占领的我国山东领土,该可以收回了吧?

他们几乎天天见面,关系越来越亲密了。然而,真正的友谊,总是要在共同的斗争中建成的,是要经过暴风骤雨的考验的。而这时,正是暴风雨的前夜,北方隆隆的雷声已经传了过来,空气已经沉闷得令人难受了。

六 赵家楼的火

"失火了!""赵家楼失火了!"

1919年5月4日,这一天是星期天。午饭后,他在家里略为阖眼休息了一会,便被外面一片叫喊声惊醒了。急忙翻身下床,到外面一个空场上去看。只见东面近处的上空,正翻腾着浓黑的烟,夹着血红的火焰,突突地向上冒着。

"是哪一家失火呢?"他正这么想着,忽见一个头上受了伤、裹着白纱布的巡警,由两个同伴搀扶着,进了空场上那个"巡警格子"——空场的一角有一个警察派出所的小屋,他称之为"巡警格子"。又过了一会,看见一个弱小的学生模样的人,穿着蓝布大褂,慌张地逃过来,几个凶神恶煞般的巡警在后面追着,追到空场上,像老鹰抓鸡一样抓着了那个青年。

他不知道发生了什么事,但心想一定是件大事。他当时自然不会知道,正是这一天,点燃了"五四运动"的伟炬,中国现代革命史的第一页从此开启了!

第二天到学校,几个同学在激动地议论这件事,他又看了报纸,才得知其详。原来,北京大学等校学生因得悉在"巴黎和会"上中国外交失败的消息,有三千名学生去天安门前集会,高呼"外争国权,内惩国贼"、"取消二十一条"、"拒绝和约签字"等口号。会后,他们打算去外国使馆所在的东交民巷游行抗议,因受军警阻拦,便转到赵家楼曹汝霖(曾任外交次长,参与"二十一条"谈判)家。曹氏不肯出来见学生,紧紧关闭了门,于是他们便冲了进去。曹氏已从后门溜走,但他们却抓住了躲进附近小铺子的章宗祥(时任驻日公使,亲日派),把章氏揍了一顿。此时大批警察赶到,而曹宅却起了火,三十余名学生被军警逮捕。

他了解了事情的原委,深深地为爱国运动的爆发而激奋;同时,又为自己学校因为较"小"而未被通知参加昨天的活动而感到遗憾。他与同学们商量后,便立即赶到马神庙的北京大学第二院,参加了当天组织起来的"北京中等以上学校学生联合会"。他作为铁路管理学校的学生代表,积极参加了发表宣言、援救被捕同学等活动的讨论会。

他们打听到一些在天安门广场演说的同学,被军警关押在天安门的两个门洞中,便去送食物和铺盖,但被阻挡了。那天晚上,他回到叔叔家,已经是中夜了。好久,好久,才敲开了门。"老爷、太太好不着急呢!您怎么到这时候才回来?"老妈子睡眼蒙眬地问。他一句话也没说,摸进自己的房间,点亮了如豆的油灯,默默地回想这一天的事,心里充满了激动和义愤。

第二天一早,叔叔便跑来责问他为什么那么晚才回家,并再三要他"不要多管闲事"。吃早饭时,婶婶又要他今天别出去,千万不要和"闹事"的学生混在一起。他们还郑重地说:"木官,你要想想你妈妈,千辛万苦抚养你成人,又再三托我们照管你。要是你出了事,你妈妈将怎样……?"

他低着头,一声不吭。但他眼前却浮现了他的因忧愁和苦作而早老的母亲的面容。他心想:啊,亲爱的妈妈,我怎么会忘了您呢?我平时发奋读书,并不大想为自己将来如何如何,倒是常常想为了让您将来不再过冻饿的生活。他默默地听着叔叔和婶婶的唠叨,很快地吃完了早饭。他的胸中沸腾着青年的勇敢和自觉。这种勇敢和自觉曾经时时因他的母亲而燃起;而现在,却为着另一个更大的目的而燃起了。啊,请原谅您的儿子吧,亲爱的妈妈!如今,他真的要暂时忘记他的妈妈,忘记他以前的个人目的了。此刻他所记得的,只有一个更伟大的责任,更伟大的目的。乘着叔叔婶婶不注意,他又一溜烟地跑出门外,到北大去了。

事态越来越扩大了。北洋政府拒不接受爱国学生的要求。5月9日,北大校长蔡元培(孑民)先生辞职离京,学界震动。各校学生相约于11日一致罢课,组织讲演团赴各处讲演。听讲的市民,有的流泪了。人们的血,被学生运动的火烧得沸腾起来了。

学生代表天天开会。他特别高兴的是秋白、济之、菊农等人,也都分别做了各自学校的代表。当然,在这个大运动中,青年学生们的思想和态度,也不是自始至终完全一致的。他后来回忆说:"我们有辩论,有斗争,有说服,有打击,有协商,我们的政治工作是复杂而严肃的。其中也显得出有'封建性'的'门户',像在'学生联合会'里,北京大学和高师就是两'派'。不过反帝、反封建的主题,却是以万钧之力领导着大家向前走,总的方向和总的口号是一致的,是能泯灭了一切不同的意见的。我们几个人代表的都是小单位,而且在那些单位里,做工作十分困难,群众意见多,领导不起来,特别是我几乎成了'单干'。我们这一群代表着'俄专'、'汇文'和'铁路管理'的便在一起,成了一个小单位,主要的原因是平常见面多,比较熟悉,因之,在开会、活动时也就常常在一起了。"在他们这无形中形成的"小集团"中,秋白显得最老练,常常一边抽烟一边说出比其他人成熟、深刻的话。虽然秋白的年龄并不比他大,他却觉得秋白是他们的"老大哥"。而他自己,则无疑是他们之间最热情、最积极,而且最善于做组织、联系工作的一个。

开会的地方常常变换。为了防备反动当局的迫害,他们常常选在几个教会学校,如汇文学校等处开会,时间总是在晚上。一个个地溜进去,开完会后,又一个个地溜出来,还要看看背后有没有"狗"跟踪。那些军阀的走狗变得更狡猾了,有时候埋伏在暗处,叫一声名字,如果回头一答应,就会被他们抓去。有一次,秋白就被一个侦探盯梢了好久,但秋白转弯抹角地兜圈子走,终于甩掉了那只"狗"。事后,他们都为秋白的机警而佩服。大家也都尽心尽力地为学生运动的发展做工作。他后来回忆说:"我们都是第一次从事于学生运动和组织工作的,所以一切都很生疏。但是,议决了,便去做,谁也不推诿,谁也不躲避。虽然行动很谨慎小心,却绝对不故意的躲避危险。"

这时,交通部和铁路管理学校的当局却十分害怕学生"闹事"。先是下令全体学生于6月3日分赴京汉、京奉、津浦三路旅行参观;后又宣布取消学期考试,提前放暑假,要学生在6月4日回家,可以免费乘火车。他本来是不愿意回家的,但叔叔婶婶却巴不得他回温州,哪怕是暂时离开也好,免得"闯祸"而牵连到他们。而他因为没钱买车票而已有两年没回家了,心中也实在压抑不住对母亲和祖母的想念之情。于是,他便利用这次不用买票的机会,回温州了。

这时,他家已搬到了沧河巷,房屋比以前小了。在他回来之前,北京爱国学生运动的巨浪也已经激荡到了这个边远的东瓯古城。5月中旬,温州学生成立了"东瓯中等学校学生联合救国会";20日,温州各校学生团上街游行;22日,发表了抵制日货宣言;6月4日,实行罢课;接着,印刷和织布工人也举行罢工和示威游行……他在这时回到老家,童年的伙伴,中学的同学,都围住了这位从北京回来的大学生,向他问长问短;而他,当然少不了慷慨激昂地讲述赵家楼的火、天安门的演讲……

他积极地参加了家乡的爱国运动。除了出席各种会议,发表演讲,介绍北京学生运动的情况与经验外,主要做了两件事:一是参与创办了《救国讲演周刊》,二是参与发起了"永嘉新学会"。

《救国讲演周刊》是由他和老同学仲陶等人组织的"救国讲演周报社"在6月创办的。编辑部设在华盖山上资福寺内的双忠祠。参加该社的社员,主要是温州各学校的教师和学生。经费由各校和社会人士资助。给该刊写稿的还有李荫芳、李景贤、莫邪、痴生、声素等等,其中有几个显然用的是笔名。这样,久违了整整两年的华盖山上,又经常出现他的身影。在他和仲陶等人的努力下,该刊的思想性和战斗性都很强,勇敢地反对帝国主义和封建主义;在形式上也很生动活泼,有言论、时评、记载、讲演稿、调查、艺文、杂俎、别录、插图、来信等栏目。在《征文启事》中,他们激动而恳切地说:"强邻逼处,疆土日蹙,外交失败,丧亡旦夕,民智未启,酣嬉如故。同人有鉴于此,刊发兹报,藉谋普及。惟是学植肤陋,才不逮志,绝脰之讥,知所难免。吾瓯江山雄杰,人文蔚然,凡耆儒英俊,名媛闺秀,其有杜陵忧时之什,贾生痛哭之书,幸惠然见遗,以光篇幅,同人当削简以待。嘤求之诚,祈鉴詧之!"这是一篇笔意颇为老到的文言文。而它发表的演讲稿则是白话文,这当然是为了深入浅出、通俗易懂。它还经常报道工人农民深明大义抵制日货的爱国行为。温州百姓看到了这份石印出版、红黑二色套印、二十四开、售价五枚铜板的小刊物,无不受到教育和鼓舞。该刊颇受欢迎,曾推销到八百多份。不少读者热情地为它写"祝词"。有一段"祝词"这样说:"翳维贵报,应运生朝。雄声摇岳,热血涌潮。外为戈盾,内作刍荛。提倡国货,抵制苛条。导善锄恶,义薄云霄。"

他自己也为该刊写稿。由于该刊今存者已不全,所刊文章又大多使用笔名,因此我们今天已不能确知哪些是他写的,一共写了多少篇。但至少,发表在7月出版的该刊第4期上署名"铎"的短讯《私进日货被获》,可以肯定是他写的。这是迄今我们能见到的他最早发表的文字了:

前日广济船到,学生会前往检查,于水手私货中搜获日本草帽、皮鞋扣等物,当即立予扣留。访系城内元大及广源两店之物,因前往质问,议定将各货烧毁,后并罚银若干,以为设立"提倡国货"木牌之用云。

该刊大概只出了六七期,就被温州当局扼杀了。起因是该刊登载了一则《漏海道尹黄庆澜》的消息,揭露了"瓯海道尹"黄某(民国成立后,温州隶属瓯海道,1926年取消道制),特用一"漏"字便是讽刺他破坏抵制仇货运动的行为。这当然触痛了他。而该刊还故意在下一期上再登载一则《漏海道尹乃瓯海道尹之误》的"更正",这就更富有讽刺意味了。黄某老羞成怒,便派兵到华盖山上搜查一番,把刊物都抢走,并查封了编辑部。幸而他们都闻风逃走,没有受到伤害(当然,黄某鉴于当时的革命形势,也不敢将事情闹大)。这是他第一次从事报刊编辑的尝试,也是第一次尝到被查封的"滋味"。他当然没有想到,这辈子还将有更多、更严峻的斗争、查封、迫害在后头等着他呢。

"永嘉新学会"是温州第一个新文化团体,成立于7月20日下午。成立大会的地点,就是他的母校——浙江第十中学校的礼堂。当他又一次踏进母校的礼堂时,心里自然是十分激动的。参加会议的有四十多人,大多数是熟面孔,年龄很少超过三十岁的。这些青年人的思想并不完全一致,但他们有一个共同点,就是"以为今日世界思潮,日进不已,墨守成法,决不能适应于新时代之要求";因此,他们决心"收世界种种新智识,为集思广益之助;其于我永嘉诸先哲有用之学说,益发挥而表彰之,使新旧学术,融化于一炉"。后来他们发表的《〈新学报〉发刊词》中的这些话,就是他们组织这一新学术团体的宗旨。

从现存资料来看,会员中从北京诸大学(如北大、清华)毕业后回温州的就有七人,在北京肄业的(包括他在内)有十一人,还有毕业或肄业于其他各地的大学生,可谓人才济济了。他虽然不是该会主要发起人,但他却作出了特殊的贡献。8月1日下午,他们又在十中礼堂召开永嘉新学会第一次常年大会,会上讨论通过了该会《宣言书》后,他便站起来提议:"应该创立出版部,筹备出版会刊。"这一富有远见的提议受到与会会员的一致通过,当场决定其刊名叫《新学报》,初步拟定为半年刊。但是,作为提议人的他,这次却未被推选为编辑委员。这显然是因为那些大学先毕业的,或者那些现正在名牌大学肄业的会员,有点看不起他这个工科学生。

但他毫不介意。8月中旬回到北京以后,在紧张的社会活动及补考、上课之余,他就为即将创刊的《新学报》撰写了一篇长达一万六千余字的论文《中国妇女解放问题》,副标题为《中国妇女解放的必要——道德、社会心理、教育、职业、政治各方面解放的方法》。他指出,妇女解放是当今世界上的一个大问题,今后的社会将是男女协力合作、互助进行的社会,这将是人类的大觉悟、德莫克拉西(民主)的大进步。但是,现在的中国妇女,仍处在"九渊之下",黑魆魆地不见天日。这位二十来岁的青年大声地疾呼:"咳!这是人类全体的耻辱!这是中国人洗涤不去的污点!解放!解放!二万万的中国妇女,快起来要求解放!"他分别从副标题中所说的五个方面,详细地论述了妇女如何解放的问题。该文是他多年思索和认真学习西方社会学著作后写出的,同时也包含着他对包括自己母亲在内的中国劳动妇女艰辛生活的同情和思索。这是他发表的第一篇社会学论文,也是我国妇女解放运动史上的早期重要文献之一。他将它投寄《新学报》，是对该刊的重大支持。

就这样，1919年夏他回到温州虽然只有短短两个月，却做出了不小的成绩。他在翌年写的一篇文章中也提到："去年夏天，北京学生回他们的家时，有几个人很做了些成绩，把新文化带了归去，传播到他们的乡里去。"文章举出的"最显著的例"之一，就是"温州的永嘉新学会之产生"。

《新学报》至1920年1月方才出版，在北京印刷。这时，他已在北京与秋白等人创办了《新社会》旬刊。《新学报》创刊号的要目，就登在《新社会》上；而《新学报》的印刷出版及发行，主要也得力于他的奔走联络。他后来还继续为该刊写了不少重要文章。由于他的工作和贡献，赢得了新学会同人的拥戴，后来，在1920年8月召开的该会第二次年会上，他虽然未能回温州出席，却被大家一致推选为该会的编辑委员。

七　《新社会》《人道》

他从温州回到北京后，仍旧一下课便往青年会图书馆跑，往北大、汇文等学生运动领袖和积极分子经常碰头、开会的地方跑。他又与秋白、济之、菊农等人几乎天天相聚。

一天，青年会一个姓孔的干事兴冲冲地来找他，说青年会方面想出资出版一个专供青年阅读的杂志，希望请他和秋白等人来编。原来，北京基督教青年会早在1913年11月间就成立了一个群众性的组织"社会实进会"，成员基本是中学以上的学生，也有少数青年教职员。该会的宗旨是举办一些社会服务性事业，改良旧风俗，同时以此来扩大青年会的影响。该会并在去年(1918)秋天成立了一个编辑部，不过却未能编出多少书来；偶尔出了一点宣传品，又因宗教气息太重，不受一般青年人的欢迎。这时，他们眼看学生运动风起云涌，也很想有一番作为，又想乘机扩大青年会的影响，便打算"招聘"经常来青年会看书、而且在当时学潮中崭露头角的他和秋白等人来专门办一个刊物。

这当然是可以考虑的。他跃跃欲试,立即与秋白、济之、菊农商量。大家一拍即合。经过几次研究后,决定由他们四人组成一个编辑部,合编一份旬刊,定名为《新社会》。由那位孔君担任经理,负责经济方面的事;而编辑部部长,他推给济之担任,但实际编务后来主要由他负责,所以后来他又由编辑部副部长改为部长。大家还推定由他起草一篇《发刊词》。

10月29日,上海著名的《时事新报》副刊《学灯》上,刊出了《〈新社会〉出版宣言》(即《发刊词》)。这里摘录如下:

> 中国旧社会的黑暗,是到了极点了!它的应该改造,是大家知道的了!但是我们应该向哪一方面改造?改造的目的是什么?我们应该怎样改造?改造的方法和态度,是怎么样的呢?这都是改造的先决问题,主张改造的人所不可不明白解答的;在现在改造的动机方在萌芽的时代,尤不可不慎重地决定的。为什么呢?因为这些问题,就是表明改造的目的和手段的。凡作一件事,要没有预定的目的和手段,是决不能成功的。目的稍有偏向,可以贻将来的弊害的。……手段略有差误,也足以使改造的事业生阻碍的。所以我们不可不仔细地研究,慎重地决定,取最精密、最有效的手段,向最好的方面去改造。我们……现在创刊这个小小的期刊——《新社会》——的意思就是想尽力于社会改造的事业。所以在未发表一切言论之先,不可不先把我们所仔细研究、慎重决定的所自以为最精密、最有效力的手段和所自以为最好的改造目的写下来,作我们一切言论的方针。
>
> 什么是我们改造的目的呢?我们向哪一方面改造?我们是向着德莫克拉西一方面以改造中国的旧社会的。我们改造的目的就

是想创造德莫克拉西的新社会——自由平等、没有一切阶级一切战争的和平幸福的新社会。

什么是我们改造的手段——态度和方法——呢？我们的改造的方法，是向下的——把大多数中下级的平民的生活、思想、习俗改造起来；是渐进的——以普及教育作和平的改造运动；是切实的——一边启发他们的解放心理，一边增加他们的知识，提高他们的道德观念。

我们的改造的态度，是研究的——根据社会科学的原理，参考世界的改造经验；是彻底的——切实地述写批评旧社会的坏处，不作囫囵的新旧调和论；是慎重的——实地调查一切社会上情况，不凭虚发论，不无的放矢；是诚恳的——以博爱的精神、恳切的言论为感化之具。

概括起来说，我们的改造的目的和手段就是：考察旧社会的坏处，以和平的、实践的方法，从事于改造的运动，以期实现德莫克拉西的新社会。

这篇《发刊词》虽然后来是署他的名字发表的，但无疑也是代表了秋白等人当时共同的认识和态度。这样一种热烈追求民主和科学的精神，是充分地代表了五四运动的时代精神的，尽管其中有些说法带有空想社会主义的色彩。当时，毛泽东的老师(后又成为毛泽东的岳父)杨昌济先生就非常重视这篇文章，从报上读到后曾在《达化斋日记》中作了详细的摘录。

《新社会》于1919年11月1日正式出版，为四开一张的小报纸型。每份售铜元三枚，外地邮购大洋三分。创刊号头版除发表他署名的《发刊词》外，还在《本报简章》中说明它的主要内容是："(一)提倡社会服务(二)讨论社会问题(三)介绍社会学说(四)研究平民教育(五)记载社会事情(六)批评社会缺点(七)述写社会实况(八)报告本会消息"。这些几乎都紧紧扣着

"社会"两字,该刊实际上可以说是我国最早的一份社会学专刊。为办好此刊,他不仅钻研社会学,还做了不少社会调查工作。例如,他在创刊号上菊农的《中国人的劣点》一文中,以"记者"的名义加了按语,便提到他曾调查了好些人力车工人和小贩的情形。在这一期的"社会实况"栏,还发表了他的调查报告《北京的女佣》。

在《新社会》问世后的第一个星期天,他与济之一起,携带创刊号,找到箭竿胡同陈独秀(仲甫)先生的家,去访问这位新文化运动的领袖人物,并征询关于该刊的意见。仲甫认为,现在很需要有专门给劳动界和商界看的周刊和日报,以灌输新知识于工商界。仲甫还希望他们考虑将《新社会》的内容略作调整,变成这样的一种通俗的报纸。仲甫并就社会改革问题发表了很精彩的论述。

他听了以后,深受启发和感动。回来后他仔细想了一下,觉得调整刊物方针一层不宜照办。因为,第一,国人素来不重视社会学,第二,国内还将出现更多的社会服务团体,所以,不如仍维持原先的办刊方针,让《新社会》登载社会研究的文章,传播社会学,同时发表各种工作报告,使大家有所参考;至于通俗报刊,打算在将来另行编辑。但仲甫关于社会改革的意见,却是很深刻的。于是,他便根据仲甫的观点,写了一篇论文《我们今后的社会改造运动》,发表在第三期上。他指出,当时的社会改造运动有三个缺点,一是仍局限于知识阶级,二是没有切实去做工作,三是范围过于宽泛。因此,他提出了今后必须"(一)着眼于社会的全体,(二)实地去做改造的工作,(三)从小区域做起"。这篇文章后又被《民国日报·觉悟》转载。

他自己就是脚踏实地地在工作着。每天在课余起早摸黑地为刊物操劳,从亲自撰稿,到约稿、编稿、校对、跑印刷厂等等,什么都干。刊物很受欢迎,发行量逐期增加,他们从第四期起,便主动降低售价(每期铜元二枚,外地二分大洋)。刊物更及时地讨论当时社会上的热点问题。例如,10月,北京女子高等师范学校女生李超,因封建家庭包办婚姻,忧郁而死;11月,北京大学男生林德扬,又因对社会失望而自杀。这两件事引起社会震动,李大钊(守常)先生也写了文章。他也非常悲愤,先在《新社会》第四期上发表一则随感录《万恶的社会》,大呼:"咳!万恶的社会!你不改造,中国纯洁的青年,个个都要被你磨折死了!"接着,他又在第五期上连发三篇文章(其中一篇是他写的),来讨论这个问题,并在前面加了按语。

《新社会》的影响越来越大,他们又决定从1920年元旦的第七期起改为十六开,这样便可以增加刊物的容量。但是,他们(尤其是他)又实在太忙了,于是决定增加编辑部人员。元旦那天,他们四人加上许赞堃(地山),在他的住所召开编辑会议。地山是菊农的同学,新由菊农介绍加入编辑部。其实这位长发垂耳、说话沉缓的地山,也积极参加了学生运动,因此他们早就认识了。地山祖籍台湾,父亲是一位爱国诗人。地山从小在福建长大,所以用福建话与他交谈,倍感亲切。同月,他又邀请北大学生、《奋斗》周刊编辑郭弼藩(梦良)、徐其湘(六几)二位加入编辑部。这二位也是他在福建同乡会认识的老乡,同时他俩对社会学也颇有研究。刊物扩大后,经费自然也要增加,他们便特邀社会实进会副干事萧元恩担任该刊广告主任。由于刊物影响较大,不少银行、公司等愿意在它上面刊登广告,如美国友华银行、北京花旗银行、美商茂生洋行、英国邓禄普橡皮厂等等,就都到该刊登过广告,这样便有一笔可观的收入,解决了经费问题。

他们决定提高刊物的学术性,注重社会学的介绍,登载的论文必须具有较严密的科学性。从第十一期起,他新辟了《书报介绍(关于社会科学及社会问题的)》专栏,每期发表他撰写的有关西方社会学著作的提要。与此同时,《新社会》的斗争锋芒也越来越尖锐,尤其是他和秋白的文章,倾向最激进。例如,他在第十一期上发表的《现代的社会改造运动》,便指出:"资本主义支配下的社会,已经没有存在的余地了!"高度评价了"信奉马克思的国家主义"的俄国布尔什维克,认为"这种主义,实在是社会改造的第一步。有许多人称他们为过激派,确是不对","实在是神经过敏"。尤其是为了纪念国际劳动节三十周年,他特地把《新社会》第十七至十九期(分别于1920年4月11日、21日和5月1日出版)连续三期都办成"劳动号"。他并写了好几篇有关"劳动问题"的重要论文。在《什么是劳动问题?》一文中,他得出了"雇佣制度的推翻"的革命结论。在《中国劳动问题杂谈》中,他说:"我很希望各业工人,能够组织工会,互相联络,做欧洲式的大规模的罢工。不然,……怎样能同资本家反抗呢?"在中国工人阶级的政党还没诞生之前,一个青年学生能这样提出问题,真可谓石破天惊!

连出三期"劳动号"后,北洋军阀政府惊恐万分,再也坐不住了,便于5月上旬派出武装警察,以"主张反对政府"的罪名把《新社会》扼杀了。那位孔经理,被抓去关了好几天。其实,早在该刊刚刚创刊二、三期时,远在南方的浙江"督军"和"省长"就在1919年11月27日密电"大总统""国务院""内务部""教育部"等处,提及:"如《新社会》《解放与改造》《少年中国》等书以及上海《时事新报》,无不以改造新社会、推翻旧道德为标帜,掇拾外人过激言论,迎合少年浮动心理,将使一旦信从,终身迷惘。"而所谓的"国务院",在12月2日即密令各省"督军""省长""都统""护军使"等:"此种书报,宗旨背谬,足为人心世道之忧。……应即随时严密查察。"在这些当时他和秋白等人绝不可能见到的密电中,《新社会》被列于许多刊物之首。而这,正是它的光荣!

《新社会》被查封了,几个青年人都聚集到他那儿开会商量。"真是岂有此理!岂有此理!"他连声地叫着。秋白则低着头不住地抽烟。济之与菊农愤愤地说:"听青年会方面讲,当局见到'社会'二字,就想到'社会主义',如同见了洪水猛兽;更何况还加上一个'新'字,怎不让他们惊恐万分!"

"这真是一种奇异的现象,"秋白抬起头,深思着说,"社会思想的变态——一方面走得极前,一方面落得极后。"

"我们还是要继续办一个刊物!"他大声地喊出了大家的心声,"既然'新社会'他们感到害怕,那么改叫'人道'——法语的 Humanité——怎么样?"他瞪大眼睛,征询大家的意见。地山、菊农等人都点了点头,但秋白还有点犹豫。秋白隐隐感到这个名称,与当时严酷的社会现实是不和谐的;不过,也还说不清自己的想法。又看到他的态度比较坚决,秋白便不响了。再说,取这个名称,也许便于刊物的生存。

他去与青年会方面谈了。在他的力争下,他们勉强答允考虑,但又说旬刊绝对不行,太快太尖锐,要么就出一个月刊。"好吧!"像以前一样,他捋起袖管就干了起来。他果断地提出了《人道》创刊号的编辑设想。以前《新社会》的积稿,先选用一些;他自己,再来一篇《人道主义》的专论;另外,向守常、仲甫、启明等先生发函,请求支援。刊物,定在7月1日问世!他觉得,这是对反动当局的一种对抗。

他在6月8日给启明的信中,就已经约《人道》第二期的稿子了。他说,第二期打算出一个"新村号",希望启明来一篇关于日本空想社会主义者的"新村运动"的研究文章。

13日晚上,青年会召开社会实进会新董事的茶话会。在这个会上,青年会方面总算正式通过了继办《人道》月刊的事。但是,青年会方面的态度实际并不那么积极,《人道》的问世也不很顺利。7月1日未能出刊。8日,直皖军阀战乱爆发。15日在京郊大战,18日皖军溃败企图窜入北京,引起市民大恐慌。19日,皖系段祺瑞通电辞职后,停战。当时,铁路管理学校正要举行考试,也因战事而暂停。

《人道》拖了一个月才出来。8月2日,他手持新出的刊物去启明家。这是他第一次去周家访问,他知道鲁迅先生就住在隔壁,但出于对先生的尊敬,他未敢随便去打扰。又过了不久,《新青年》杂志上刊出了《人道》第一、二期的要目广告。第二期预定有守常先生的《美洲的新村运动》、秋白的《新村运动与社会主义》等文。但是,这第二期却更是难产了。因为尽管刊物改了名,又改为月刊,尽管他在《人道主义》这篇长文中大力提倡"行于人类间的,无论人种、国家或阶级之异同,尊重人类人格的平等,博爱一切人类"的人道主义,但青年会方面还是心有余悸,十分害怕。他们借口经济方面有困难,便让它一直搁着。

一拖拖到9月底,还没有消息。这时,他又与六几及其他几位北大学生罗敦伟、周长宪、张邦铭、缪金源等,组织了一个"批评社",准备创刊《批评》半月刊,附于上海《民国日报》发行。10月1日,青年会召开会议商量《人道》之事,启明也参加了,但仍无进展。20日,《批评》倒创刊了,他在上面发表了打头文章《人的批评》,文中尖锐地抨击了帝国主义对苏俄的污蔑。直到29日,青年会方面才最后通知:《人道》不再出了。当天晚上,他便赶到启明家里,气愤地告知此事。

漫漫长夜,孤灯一盏。他在灯下一个人沉思着。

《人道》的再次被迫停刊,是不是象征着自己大声呼吁的"人道主义"在中国的命运呢?呵,秋白当初的保留态度,看来是有道理的!——可惜,秋白在两个星期前已经离开北京,登上去遥远的苏俄的漫漫道路了。秋白还不知道《人道》最后停刊的事呢。是的,前几天他还收到秋白在途中寄来的一封信和一首诗,那封信的题目就是《致 Humanité(人道)》。他读了以后,便将此信加上按语发表在25日的《晨报》上了。直到1921年2月,秋白在《共产国际远东书记处公报》第一期上发表《中国工人的状况和他们对俄国的期望》一文时,还充满感情地向国际工人阶级的战友们介绍中国的这本进步刊物《人道》呢!因此,后来有人说什么秋白是反对《人道》的,郑振铎编《人道》是他思想上的倒退云云,那才是胡说呢。

八 向光明走去

啊,最知心的朋友秋白,你现在已到了哪里呢?他眼前浮现出那飞转着远去的车轮,又默默地想起在半个多月前依依不舍地送别秋白的那一幕幕情景。

那几天,秋风已起,黄叶片片飘落,院子里的树吹得簌簌作响。他匆匆来到今年刚结识的中国大学学生、"曙光社"社员王统照(剑三)的家,然后又一起去找地山,最早告诉他俩:秋白马上要去当时人人视为畏途的苏维埃俄罗斯了,同行的有俞颂华和李仲武。

"铎兄,"不知什么时候起,朋友们都这样叫他,"秋白非去不可吗?那可是酷寒、动乱的地方啊!"剑三和地山都非常吃惊,而他则沉重而意味深长地说:"秋白这一走是肯定了!……他为什么走?他决心要往这条路上走!他的心意的罗盘针,与他的四周的环境氛围,使他下决心走这条路!……他这一走,是抱着满腹人生的痛苦走的。是从艰辛与烦闷的人生中,找出一条死路,也可以说是一条生路……"

这是具有深刻人生哲理的话,这也是只有最知心的朋友才能说得的话。剑三和地山都沉默了,大家都觉得对于人生,谁也要为它去领受些酸苦的味道。

两天后的晚上,他与济之、地山、剑三、梦良、绍虞(郭希汾,北京大学旁听生,"新潮社"社员)等六七个朋友,大家凑了点钱买了一点糕点糖果,在万宝盖胡同的济之家里为秋白开送别会。但被送的秋白,这时却因去北京饭店找苏俄远东共和国的驻华代表优林办理护照而还没有来。眼看各位朋友都为秋白要远走而怅然若有所失,提不起精神,他便问起济之近来翻译屠格涅夫《猎人日记》的进度,并由此而谈起屠格涅夫与托尔斯泰所走的不一样的人生道路。这样,大家渐渐恢复了以往高谈阔论的兴致,并由此联想到秋白所选择的新的道路。

等了好久,已经十一二点钟了,秋白才从夜风中匆匆冲进来,一身西装上沾满了尘土。秋白高声宣布:明天一早六点半,天不亮就离开北京。大家围着他问长问短,尤其是担心他羸弱的身体。"不要说现在的莫斯科,一到哈尔滨就冷得够受。你虽有皮大衣,可是身子骨……"

一位朋友的话还没说完,他却激动地说:"冷?我看北京也够冷。——

到更冷可也更热的地方去重新锻炼一下,秋白这把瘦骨头准会有抗冷的本领!怕冷的还能去?——要找热的他才能去!"

听了这话,秋白紧紧地握住他的手。还是铎兄最了解自己。他们互相注视了好久,然后,秋白又深情地环顾身边的朋友,缓缓地说:"思想不能尽是这样紊乱下去的。我们对社会虽无责任可负,但对自己心灵的要求是负绝对的责任的。唯实的理论在人类生活的各方面安排了几千万年的基础。——用不着我和你们辩论。我们各自照着自己能力的限度,适应自己心灵的要求,破弃一切去着手进行。……"

大家静静地听,只觉得这些话很深奥,需要好好想一想。而秋白又提高声音说:"清代的管异之,称伯夷叔齐的首阳山为'饿乡'——他们实际心理上的要求,胜过爱吃'周粟'的物质欲望。现在,我也有自己的'饿乡'——苏维埃俄国!俄国怎样没有吃,没有穿,饥饿,寒冷,我都不管!她毕竟是世界上第一个社会革命的国家,世界革命的中心点,东西文化的接触地啊!……我认定'思想'是不能私有的,我已决定去那里,一切都已预备妥帖,明天就动身,……诸位同志各自勉励,努力前进呵!"

尽管秋白再三说谁也不必去送行,但第二天10月16日一早,他与济之等人还是去了车站。回来后,他怅惘无已,当晚便提笔写了一首诗,后来以他与济之的名义在《时事新报》和《晨报》上发表:

  汽笛一声声地吹着,
  车轮慢慢地转着;
  你们走了——
    走向红光里去了!

  新世界的生活,
  我们羡慕你们受着。

但是——

我们呢?仍旧是陈旧,黑暗;

更加了孤寂。

松柏依旧青着,

秋花依旧笑着。

旧游——几时再续?

惜别——谁忍记起!

汽笛吹碎我们的心,

我们的心,随着车轮转了。

秋风起了,

黄叶落了,

西比利亚的草原还青着么?

高加索山的寒气已重么?

别离——一日,两日,

相隔——千里,万里!

鱼雁呀!你们能把我们的心事带着去么?

汽笛吹着,

车轮转着,

灰色的国,远了,看不见了!

红光,近了,更近了!

汽笛呀!你把我们的心吹碎了,

我们的心随着车轮转了!

诗歌寄托了他的深情。他佩服秋白，羡慕秋白；但同时，又自知没有秋白那样的一股勇气。他明白自己的思想，确实还是紊乱的，有很多问题没有搞通。不过，他心灵上分明也感到了饥饿。他也热烈地向往苏维埃俄国那红光照耀的地方。"各自勉励，努力前进呵！"是的，他将永远记住秋白的这句话，继续向着光明的所在，走去。

与秋白一起编辑《新社会》及《人道》的这一年多来的日日夜夜，对他来说，是多么难忘啊！而在办这些刊物的同时，他还参加了一系列社会活动。1919 年 11 月，他不断听到从祖籍福建传来的消息：15 日，日本驻福州领事馆派出日本浪人和便衣警察，殴打正在表演抵制日货的爱国戏剧的学生。次日，日本浪人竟悍然开枪，打死打伤我学生、市民多人。18 日，日本领事向日本政府要求派军舰。23 日，日舰"嵯峨号"杀气腾腾地开进我福州港。26 日，日军全副武装登岸挑衅威胁……。这就是后来史称的"福州事件"。

真是欺人太甚！作为一个中国人，尤其作为一个福建人，他能不义愤填膺吗？他作为学生代表，与其他学校的代表一起，向北洋政府的教育部、外交部等请愿，责问详情。27 日下午，北京数千学生在北大法科集会，听取代表的交涉情况。由于政府的暧昧态度，北京学生于 28 日晚通电全国：明日起罢课游行！

天安门广场又一次沸腾了！数万名学生在游行、讲演，救国的传单像雪片般地飞扬着。他是其中特别积极的一个。他参与发起了旅京福建学生抗日联合会，该联合会的主任干事就是他的首尚宗亲、后来成为著名史学家的北大学生郑庆甡(天挺)。天挺年龄要比他小一岁，但按辈分他却是天挺的侄子。他们经常在福建会馆开会，还创办了该会的油印会刊《闽潮》周刊，他并亲自写稿(可惜该刊未能保存下来)。他们还组织了一个名叫 S. R.(Social Reformation)的学会，研究社会改革理论。他在当时写给上海《时事新报》的张东荪的信中，说自己"奔走忙碌得了不得"。当时北京协和女子大学学生谢婉莹(冰心)也参加了一些活动，数十年后她还记得他慷慨激昂发言的情景。12月7日,北京各界群众万余人在天安门召开国民大会,提出八条对日宣言。日本帝国主义慑于中国人民的悲昂民气,方才不敢肆意扩大事态,暂时收敛了一点。

在这样火热的斗争生活中,他更是如饥似渴地阅读了从各种渠道借来的各种政治理论书籍。有无政府主义的,有基尔特社会主义的,有人道主义的;当然,也有马克思主义的、布尔什维克主义的书。而且,后者对他的吸引力,还更大一点。在他发表于《新社会》的文章中,我们已经可以看到这一点。而更值得一提的,是他在1919年12月15日《新中国》杂志上,发表了从英文杂志《俄罗斯》上翻译的列宁的《俄罗斯之政党》及《对于战争之解释》二文。他在附记中说:"此篇所载,于世界问题之广义派主义[按,即布尔什维克主义]亦可因此略见一斑。文末所附《对于战争之解释》一篇尤足见广义派之精神,实当今研究俄事者之最好的参考资料也。"这两篇文章不仅内容十分重要,而且是列宁著作中最早被译成中文的,不数第一,也是第二。因此这实在是他的一件光荣的事(后来,他至少还在1921年11月5日发表了列宁的一篇告全世界工农书的译文)。

1920年8月,他又从英文杂志《苏俄》上翻译了介绍苏俄军事、生产、文化等方面情况的三篇文章,发表在他已加入的"曙光社"的《曙光》杂志上。其中《我们从什么着手呢?》一文,还是托洛茨基写的。托氏虽然后来被打成"反党集团"的头子,在当时可是苏维埃著名的领袖人物之一。正当胡适到处不满地嚷嚷"《新青年》差不多成了《苏俄》的汉译本"的时候,他却从《苏俄》上一口气连译了三篇文章。这就鲜明地显示了他的政治倾向。

他更曾明确地号召参加新文化运动的人们,向马克思和列宁学习。1920年4月,他写了一篇重要的论文《新文化运动者的精神与态度》,后发表于他倡议创办的《新学报》第二期上。文中认为新文化运动者是新文化运动的"原动力",所以第一必须有"实践的精神",要学习列宁刻苦实践的精神;还必须有"彻底坚决的态度",要学习马克思以数十年功夫写作《资本论》的精神。在他的笔下,二位无产阶级革命导师的名字,就与中国的新文化运动紧紧地联系了起来。

他与中国的一些早期共产主义者建立了较密切的联系。仲甫先生,前面已经说过,他在《新社会》创刊之初就去拜访过。申府(张崧年)先生,这位后来周恩来和朱德的入党介绍人,他也常常去请教与借书。尤其是守常先生,他也早就认识了。因为常去北大图书馆开会,守常先生的办公室几乎成了进步青年的俱乐部。当时,这间办公室还有一个秘密的称呼:"亢慕义斋"。所谓"亢慕义"就是 Communism——共产主义。来这儿的人,都是仰慕这个主义的。他和秋白还参加了守常先生主持的一个秘密组织,他后来记得好像叫"社会主义研究会",秋白则回忆说是"马克思主义研究会"或"俄罗斯研究会"。总之,他后来在文中说"这是一个社会主义者们的联合阵线","经常地在北大图书馆和教室里开会。相当地秘密。守常先生尤其谨慎小心。在开会之前,必须到室外巡视一周,看看有没有什么可疑的人在附近。但这个'会',很快地就结束了,一来是,为了环境更恶劣下去的关系,二来是,联合阵线显得不太联合,而共产党需要一个更严密的组织"。

其实当时中国还没有共产党,而他却可能最早参加过北京社会主义青年团。因为在1921年3月30日,有一个叫关谦的内奸给北洋政府写了一份秘密报告(这份报告现在还可以在历史档案馆查到),内中提到他的名字,并记载他与守常先生在社会主义青年团的第四次大会上被推选为团的出版委员。创办团的出版事业,本来就是守常先生在会上提出来的,因此,他的被选,看来就是守常先生提的名。而他当时已办过《新社会》《人道》《批评》等刊物,确实是最合适的出版委员人选。不过,这时他已经离开北京到上海去了,他不可能参加这次在北大第二院召开的会议。那么,他是在缺席的情况下被推选为出版委员的。

他在京时,还曾同周恩来、邓颖超等人开过几次会。那是1920年8月,天津的"觉悟社"召开年会,周恩来提出只有把"五四"以后诞生的各进步团体联合起来,才能改造中国。于是,周恩来带领十名社员去北京,请守常先生指导和帮助。守常先生很赞成恩来的意见,便建议以"觉悟社"的名义,邀请北京几个进步社团一起开会讨论。守常先生并亲自开了一张团体名单,其中有自己领导的"少年中国学会",有郑振铎负责的"人道社"及他参加的"曙光社",还有"青年工读互助团",共四个团体。16日上午,这五个社团的主要骨干在陶然亭开会,守常先生在会上作了指导,鼓励大家要有一个共同的主义,才好团结一致;否则,主义不明,对内既不能整齐步伐,对外尤不能联合行动。会后,各团体又推派代表继续商量联合的办法。最后,在18日下午,在北大通信图书馆开会,正式成立了一个名叫"改造联合"的社团联盟,发表了《宣言》与《约章》。《宣言》的第一句话就说:"我们集合在'改造'赤旗下的青年同志,认今日的人类必须基于相爱互助的精神,组织一个打破一切界限的联合。"接着,又提出了"到民间去"的口号,说:"我们这次联合,……是要组织起来去切切实实的做点事。"这些观点,也与他在《新社会》上发表的言论是一致的。

改造中国,改造社会,改造人生。一切向着光明。

我们不禁又想起了他在《新社会》创刊号上发表的他的诗《我是少年》:

> 我是少年! 我是少年!
> 我有如炬的眼,
> 我有思想如泉。
> 我有牺牲的精神,
> 我有自由不可捐。
> 我过不惯偶像似的流年,
> 我看不惯奴隶的苟安。
> 我起! 我起!
> 我欲打破一切的威权。

我是少年！我是少年！

我有澎腾的热血和活泼进取的气象。

我欲进前！进前！进前！

我有同胞的情感，

我有博爱的心田。

我看见前面的光明，

我欲驶破浪的大船，

满载可怜的同胞，

进前！进前！进前！

不管它浊浪排空，狂飙肆虐，

我只向光明的所在，

进前！进前！进前！

九　事业的发端

人生的船，破浪进前，选择着航向。

时代的海，惊涛拍岸，淘洗着金沙。

一位革命先哲说过这样意思的话：伟大的变革的时代，必然需要英雄人物，而且，必然会挑选、培养出英雄人物的。这些人物都处在时代运动中，在实际斗争中生活着和活动着，站在这一方面或那一方面进行斗争。一些人用舌和笔，一些人用剑和枪，一些人则两者并用。

不是吗？就说秋白吧，用其自己的话来说，最初不过是以菩萨行的人生观、无常的社会观来指导自己的（这一点与我们的传主不甚相同）；五四运动爆发，于是卷入漩涡，孤寂的生活打破了，与本书传主等人一起参加学潮，创办刊物，讨论问题；而同时，又显示出与众不同的特点，更趋重于哲学真理的思索，于是更勇敢地跨出一步，离中国，入饿乡，秉着刻苦的人生观，去追求满足"内的要求"了。时代需要秋白成为一个剑与笔并用的政治革命家，秋白后来终于成为中国共产党的一代领袖人物、国际共产主义运动的著名战士。秋白牺牲前说过，这是身不由己、是"历史的误会"之类的话；但其实，秋白是分明认识历史的偶然性与必然性的关系的，不会后悔自己的人生道路的选择，更不会埋怨时代对自己的选择的。

这是一种双向选择。我们的传主也逃脱不了这种选择。时代的呼唤，历史的机遇，个人的天赋和爱好，一切必然与偶然、内与外的要求，使他成为一位与众不同的文学家、学者，一位具有杰出个性的文化战士。

周恩来曾经这样评说郭沫若："……一出手他就已经在'五四'前后。他的创作生活，是同着新文化运动一道起来的，他的事业的发端，是从'五四'运动中孕育出来的。"这段精辟的话，如果移在本书传主身上，也是非常合适的。他也正是从那时起，开始成为文学家、学者和文化战士的。

前面说了，那青年会图书馆的几大玻璃橱里的英译俄国文学书籍，在"五四"前夕开始吸引了他。意味深长的是，学生运动猛烈开展后，紧张的火热的斗争生活也没有转移或减弱他对这个北方大邻国的文学作品的兴趣，反而愈加增强了。他甚至还常常把这些书带到会场上去看。秋白、济之等人看见后，往往相视一笑，因为他们也常常这样带俄国文学作品到会场上去看。由看书而互相讨论，进而又产生了翻译、介绍的欲望。他读的是英译本，秋白、济之却是直接从俄文读原作。不过，在当时的中国，俄文原版作品远不如英译本好找。有时候，他们读了作品后，很想了解其写作背景和在文学史上的影响和地位，很想了解有过些什么评论等等。如要翻译介绍的话，也很有必要了解这些。但这方面的俄文版文学史、文学批评著作就更难找了。于是，秋白、济之等人便请他在英文书籍中寻这类材料。这促使他进而研读了一些有关俄苏的文学史、文学理论书籍。积累到一定程度的数量，便会转化为质量。他因此竟实际成为我国最早、最系统地研究俄国文学史和文学理论的专家了。

后来，他亲切地回忆说，最初，1915年英文版《家庭大学丛书》中的巴宁写的一本小小的绿皮的《俄国文学史略》，就简直成了他的怀中之宝。接着，他又千方百计地搜读其他有关书籍和文章。1920年3月20日，他为济之、沈颖（也是俄文专修学校学生）等人翻译的《俄罗斯名家短篇小说》第一集写了一篇序。这本书，后来由新中国杂志社出版，是我国最早的、而且是直接从俄文翻译的俄国优秀短篇小说选集。秋白也写了一篇序。可惜后来的研究者，大多只提秋白的那篇序，很少提到他的序。他的这篇序，不仅也是我国较早正确论述俄国文学的重要文献，而且他的那篇序还可算作他最早的一篇文学论文。他在这篇序中指出：俄罗斯文学体现了"世界的、近代的文学真价"，介绍进来可以作为建立中国新文学的基础；俄罗斯文学在反映人的感情和社会现状上都是"真"的，介绍进来可以改掉中国旧文学虚假的毛病；俄罗斯文学是"切于人生关系的文学"，介绍进来可以除掉中国的"非人的文学"；俄罗斯文学是"平民的文学"，介绍进来可以治疗中国旧文学与平民无关的病体；俄罗斯文学"独长于悲痛的描写"，介绍进来可以打破中国旧文学的"团圆主义"。这样的论述，在当时是非常杰出，非常难得的。我们可以从中看出他受到当时周作人的"人的文学""平民的文学"的论述的影响，并有所发展、提高；同样的，周作人也从他这篇序论得到启发，周作人在翌年1月发表的著名论文《文学上的俄国与中国》，就明显地可以看出受到本书传主这篇序的影响。

这本俄国小说"第一集"出版后，虽然没有接着出第二、第三集；但他与他的朋友们仍继续翻译了很多俄国文学作品，发表于各种报刊上。他还在1920年代初发表了一系列的关于俄国文学的长篇论文，如《俄罗斯文学底特质与其略史》《写实主义时代之俄罗斯文学》《高尔基〈文学与现在的俄罗斯〉译后记》《俄国文学发达的原因与影响》《托尔斯泰〈艺术论〉序言》《俄国文学中的翻译家》《俄国文学的启源时代》等等。文章数量之多、水平之高，在当时整个中国，是没有第二个人可比的。这也可见他为这个北方大邻国的文学感染、浸润之深。

其他国家的一些优秀文学作品,他当然也读,只是总的说来吸引力不如俄国文学来得大而已。而其中比较引起他较大兴趣的,是印度大诗人泰戈尔的诗。那是与俄国文学作品不同的另外一种风味的作品。俄国文学作品是他在青年会图书馆阅读严肃的社会学著作之时发现的新天地,是可以在慷慨激昂的学生代表会议的间隙偷空读几页的;而泰戈尔的诗则是由有着传奇般经历和浪漫色彩的朋友地山介绍给他读的,是需要在静谧的氛围中才能好好鉴赏体味的作品。

他不会忘记,1920年春天的一个晚上,地山来到他的住所,长发披垂在双肩上,在夕阳的余辉中,用梦幻般的似乎带有神秘的表情,向他介绍泰戈尔。说在缅甸游历的时候,看到泰戈尔的画像,又听人讲泰戈尔的故事,便买了泰戈尔的诗集来读,一读就入了迷。真的吗?他有点将信将疑。隔了几天的一个傍晚,他到地山的宿舍去,地山拿出一本绿纸面的日本人选印的泰戈尔英文诗集送给他。他站在窗前,借着夕阳的余晖读了起来。四周静悄悄的,只有小池里喷泉的潺潺声。他体验到了一种从未有过的诗意境界。泰戈尔的诗把他从忙扰的人世间,带到美丽和平的花的世界,使他暂时忘却了艰苦的境遇,随着老诗人走进有着一池绿水、有着五彩弧虹的天国中去了。那天夜里,他破例坐了人力车回家,为的是在车上借着明月和街灯的微光,急不可待地先读为快。那以后,他便搜读了泰戈尔的所有用英文写的诗集以及英译诗集。他像地山一样入了迷。每读一遍,便愈加感受到泰戈尔的超脱和飘逸。虽然他并不怎么受其神秘的快乐主义的影响,但他的有时会产生莫可名状的忧郁与烦闷的心灵,则时时受到泰戈尔诗的慰藉。

与此同时,菊农也由地山的介绍而沉醉于泰戈尔的诗。1920年的夏天,他与菊农便常常在中央公园(今中山公园)后门的柏树的绿荫下讨论泰戈尔。在宁谧的心境中,静静地聆听高树上的蝉鸣,忘却了四周的炎热。在地山的怂恿下,他们又开始翻译泰戈尔的作品。这一年,他选译的《偈檀伽利》便发表在《人道》杂志上。那以后,他又曾翻译了《飞鸟集》《新月集》,还专门写了一本《太戈尔传》出版。当然,那是后话,这里便不说了。

但并不能认为他只喜欢泰戈尔那样的歌颂自然、儿童、生命、静谧、优美的诗歌。不,他同样也喜欢俄苏的革命诗歌。同是在1920年夏天,他从友人处得到一本海参崴出版的"全俄劳工党"(即列宁领导的俄国共产党)第十四种出版物《赤色的诗歌》,其中共有二十五首,大多是俄国各地革命工人中流传的诗。他与济之略读了一遍,深受感动。由于他的俄文水平不高,于是便约济之一起翻译。第一天便译了该书中的第一首《第三国际党颂歌》。第二天本来约好再译,忽为他事所牵而止。后来,预定发表它们的《人道》又停刊了,便未能译下去。这译好的一首,后于1921年发表于5月27日的《民国日报·觉悟》和9月出版的《小说月报》号外《俄国文学研究》上。值得重视的是,这首《第三国际党颂歌》实际上不是俄国诗歌,而是著名的《国际歌》的俄译!也就是说,他与济之在无意中完成了这首全世界无产阶级的战歌的歌词的中译。(虽然,1920年10月至12月,北大毕业生列悲更早在广州《劳动者》月刊上发表了《国际歌》的另一种汉译;但是,从有确凿的文字记载来看,最早着手翻译的还是他与济之的这一首,而且发表后影响也是最大的。)在发表这首译诗时,他还写了几段充满激情的话,评价了苏俄革命诗歌:

> 其中所有的诗,都很不错,音节极响朗,虽然仍旧都是用旧诗体,没有一首是未来派的作品,然而精神却是与旧的诗歌完全不同。它们里面,充满着极雄迈、极充实的革命的精神,声势浩荡,如大锣大鼓之锤击,声满天地,而深中乎人人的心中。虽然也许不如彼细管哀弦之凄美,然而浩气贯乎中,其精彩自有不可掩者,真可称为赤化的革命的声音。不惟可以藉此见苏维埃的革命的精神,并且也可以窥见赤色的文学的一斑。所以不惟是研究赤色革命的

人的好材料,也是研究赤色文学的人所必要看的。

俄国文学与印度泰戈尔诗,是最早滋润他心灵的两种外国文学。当然,这二者似乎并不能等同视之:前者是指整个俄罗斯民族一个世纪以来的文学家的优秀创作,主要是小说和戏剧;而后者是一个国家的一位有世界影响的当代作家的个人作品,主要是诗。而且,这二者对于他的影响力也不是等同的:前者不仅是作品反映的社会生活、思想,作品的艺术创造方法,而且还有俄国作家的为人生的文学理论倾向,对他产生了重大影响;而后者对他的影响,则主要是诗的美感、意境、生活哲理、童心等等,几乎不涉及文学理论。前者厚重,后者清新。前者是阳刚之美,后者是阴柔之丽。正因为这样,我们可以把它们视作相济相克的一对矛盾。他的文学的精神世界,从一开始就是丰富、复杂、多彩的……

好吧,我们不多谈理论,继续讲他的故事。

在阅读、讨论、翻译之余,他又萌生了创作的欲望。他记得自己在中小学时代,曾尝试写过笔记体小说、咏物小词之类。但那充其量只能算是"旧文学"。如今,他想闯一闯"新文学"创作的领域。

他先是写诗。本书前一节最后所引的那首《我是少年》,便是他发表的第一首新诗。这在当时可以说是"一炮打响"的。它发表后不久,就被我国新文学史上第一本新诗选集《新诗集》收入;后来,又博得著名语言学家、时任美国哈佛大学汉语教授的赵元任的喜爱,被选作教材,赵先生并亲自朗诵,灌制成唱片,在海内外广泛流传,朱自清(佩弦)就曾经听到过唱片。叶绍钧(圣陶)后来还回忆说:"振铎兄的这首《我是少年》发表在五四运动之后不久,可以说是当时年轻一代人觉醒的呼声。这首诗曾经有人给谱上曲,成为当时青年学生普遍爱唱的一支歌。"此诗谱曲可唱确是事实,我们在1929年的报纸所载中国播音协会的节目单上,就看到这支歌。圣陶的儿子至善直到晚年,还记得唱法呢!我们的传主发表的第二首诗《灯光》(刊于

《新社会》第二期),则是一首典型的散文诗,意境、语言、节奏、章法都是很完美的。

这时,他也尝试写小说。1920年9、10月的《晨报》上,发表了他最早的小说《惊悸》《平凡的毁了一生》。前者描写看到押送死犯去处刑时的惊悸心情,后者描写一个青年学生平凡而早夭的一生。在当时他参与编辑的《北京铁路管理学校高等科乙班毕业纪念册》上,他还发表了一篇《一个不幸的车夫》,描写人力车夫被汽车撞倒的悲惨故事。另外,当时《新青年》所刊的《人道》第二期要目中,有他的小说《兵》。可惜《人道》夭折,这篇小说至今未能发现。与诗歌创作相比,他最早的小说的艺术水平较低,在当时也没有产生较大反响。他自己也不满意,所以便暂停了小说的创作。而这些作品也未曾收集,时间一长就被人忘记了。只有《一个不幸的车夫》,因为他后来又化名发表于《小说月报》改革后的第一期上,近七十年后被人发掘出来,"考证"说是茅盾(沈雁冰)的作品(并被收入《茅盾全集》),因而获得了一点好评。

他这时也开始了文学书籍的编辑工作,并就编辑学方面的问题开始了探索。那本《俄罗斯名家短篇小说集》,便是他与济之等人编的。1920年1月1日的《新社会》上,发表过他的评论《一九一九年的中国出版界》。7月初的《晨报》和《民国日报》上,还发表了他的《我对于编译丛书底几个意见》。就在这时,有人介绍他与"共学社"的蒋方震(百里)相认识。百里陪同梁启超(任公)游历欧洲,于3月回国,与上海商务印书馆谈妥了出版《共学社丛书》。百里见了他的上述论文后,大为赏识,便邀请他组织朋友译些俄国文学书加入这个丛书中。他答应了。例如济之译的托尔斯泰《艺术论》,便是由他作序后交给百里的。后来,百里索性请他主编了《俄罗斯文学丛书》和《俄国戏曲集》两部丛书,收入《共学社丛书》中出版。

当时,《人道》已经出不下去,《批评》主要由北大几个朋友在编,他则很想创办一个文学刊物。正在这时,上海商务印书馆的总经理张元济(菊生)、编辑部主任高凤谦(梦旦),为了使这个中国近代最早最大的出版社能在新文化运动中获得新的动力,便于10月到当时新文化运动中心北京来寻求支援。他们先去拜访了胡适、任公、百里等名流。百里便向菊生、梦旦提到了本书传主等一批青年,并转达了他们想办一个文学刊物的意愿。

10月22日,他与济之去访菊生先生,可惜未遇。第二天一早,他又一个人去拜访,见到了这位比他年长三十一岁的出版家和老学者,谈了自己的一些打算。同时,他也拜访了梦旦先生。梦旦比他年长二十九岁,也是福建长乐人。梦旦的家乡龙门村与首占村而且是紧邻。他们便用方言交谈,更感亲切。梦旦还请他在西四牌楼附近的沙锅居吃了一顿饭。张、高二位对他很有好感,但是关于出文学刊物一事,他们考虑到商务已有《小说月报》,且已创办十多年,所以便不想再出新的了。当然,他们也已经感到《小说月报》赶不上新的时代要求,所以希望本书传主等人写稿,并表示可以将该刊全面革新。

然而他却坚持希望自编刊物以交商务出版,哪怕双月刊也可以。菊生便答应回上海后再考虑考虑。而他也表示支持《小说月报》全面改革,答应以后一定积极投稿和组稿。据当时已在商务编译所工作的胡愈之后来回忆说,此时梦旦请振铎推荐一位新文学作者来编《小说月报》,振铎说:"你们编译所里就有这样的人,沈雁冰。"可是梦旦却不知道雁冰,大概因为雁冰在编译所用的是沈德鸿的名字。其实,菊生此前已经对雁冰开始注意,曾让编译所事务部部长江经畲专门考察雁冰的工作情况,并已让雁冰在《小说月报》编辑部工作。雁冰则已开始在自己负责的"小说新潮"栏作了一点局部的改革。

眼看自己办文学刊物的计划一时难以实现,心中不免怅怅;忽然,他又想到:何不先成立一个文学会,以后可由这个文学会出面办刊物,这样,一来可以基础更为稳固,二来同各书局联系时也便于洽谈。他的这个想法获得了济之等人的支持。于是,在张、高二位离京后,北京的这些青年便开始酝酿成立一个文学会了。

11月23日,在济之家里开第一次筹备会。原《新社会》同人除了秋白已赴苏俄外,他和济之、菊农、地山等都出席。把启明和百里二位也请来了。还有绍虞和伏园(孙伏园也是"新潮社"社员,当时在编《晨报》的副刊)。剑三因事未能来。会上决定取名"文学研究会",这好像只是一个学术团体的名称,与创作、翻译等无缘似的;但这出于他的主张,他喜欢"研究"一词,大家便同意了。随后推定启明起草宣言,他起草会章。

话分两头。正当文学会开始筹备之时,剑三却忽然收到上海雁冰的来信,急忙拿来给他看。原来,雁冰早在1916年8月即进商务工作,从今年1月起编辑《小说月报》的"小说新潮"栏,使该刊开始发表新文学作品。当时,他与剑三欣喜地注意到这个原为旧文人独占的刊物出现的这点变化,剑三便寄了一篇作品去,后发表在该刊10月号上。另外,绍虞以前曾在商务工作过,认识雁冰,也曾向他提起过雁冰。所以,当张、高二位北上"访贤"时,他曾向他们提起过雁冰。他不知道,原来百里也认识雁冰,雁冰还参加了共学社,百里也曾向张、高二人推荐雁冰是难得的新文学人才。张、高二人回商务后,就决定立即提升雁冰为《小说月报》编辑主任,从明年1921年起让雁冰对该刊全面改革。然而,雁冰却不了解这一决定的上述背景,时间又这么紧迫,离发稿只有个把月,但可用的新文学创作稿手头一篇也没有。怎么办?可把雁冰急坏了,即使巧妇也难为无米之炊啊!急切之中,雁冰便想起了刚发表其稿子的北京作者剑三,于是急忙再向剑三邀稿求援,并说明《小说月报》将全部改革,由他主编。

他和剑三等人研究了雁冰的信后,觉得这是好事,应该予以支持。再说,文学会暂时也出不了自己的刊物,倒不如充分利用改革后的《小说月报》作为代用会刊。于是,便由他写了一封信给雁冰,说明筹创文学会的经过和宗旨,并热情邀请雁冰也作为发起人参加,同时答应立即筹集稿子寄到上海。雁冰收到此信,真是完全出乎意料,大惊大喜!虽然不曾见过面,但郑振铎这个名字则早就在报刊上知道了,也可说雅慕已久。这样一来,雁冰不仅吃了"定心丸",而且大受鼓舞。

而雁冰的来信,也鼓舞了他和济之、剑三等人。11月29日,他们又借北大图书馆守常先生的办公室开会,决定加速筹备。他又给在日本的田汉写信,邀请他与郭沫若作为发起人参加。(不料收信人后来做了"洪乔",非但不回信,连给沫若的信也未转去。)他还自告奋勇地要去请鲁迅先生参加,但鲁迅当时任职于教育部,受"文官法"的限制,不能随便参加民间团体。不过,鲁迅还是很关心、支持文学会的,启明起草的该会宣言,便经过鲁迅的审阅。他还打算请北大的胡适、康白情等人参加,不过也没成功。

他同时又开始积极为《小说月报》改革号筹稿。他通过地山,请刚从日本回国,也在商务印书馆工作的地山的哥哥许敦谷,为改革号画了封面画和扉页插图。封面画的是一个可爱的婴儿正睡在摇篮里,象征着中国新文学如同新生儿一样必将茁壮成长。这幅画作于11月28日。他还约了即将正式成立的文学会的各位会员赶紧写稿。启明便于12月5日托伏园给他带去所作《圣书与中国文学》及所译日本作家加藤武雄的《乡愁》。他自己则把为毕业纪念册所作的那篇小说略作修改,改题为《不幸的人》,并换署笔名"慕之";又赶写了几则《文艺丛谈》《书报介绍》,翻译了三首泰戈尔的诗。另外,冰心、圣陶、地山、菊农、剑三等人都将自己新创作的小说交给了他,济之、伏园、剑三等人又交来了译作。他认真审阅后,即分批寄往上海。正当雁冰焦急万分时,一批批编好的稿子从天而降,加上雁冰与他通信商酌后写的《改革宣言》,以及雁冰与其弟泽民赶写、赶译的几篇稿子,改革号很快就编好了。而到临付印前,雁冰又收到了他寄去的刚刚通过的《文学研究会宣言》和《文学研究会简章》。这样,在我国新文学史上具有重大意义的《小说月报》的全面改革,虽然是由雁冰在前台任主编,实际上他却是更重要的一位幕后的无名英雄。第一期的约十分之七的内容,是他编好了寄去的。

宣言和简章是12月4日在济之家里开会通过的,并决定以他和启明、朱希祖(北大教授,启明的同事、鲁迅的留日同学)、百里、济之、菊农、绍虞、伏园、雁冰、圣陶、地山、剑三等十二人的名义发起。13日,北京《晨报》上刊出宣言等,接着《民国日报》《新青年》《小说月报》等报刊都刊登了,在社会上、文坛上造成了很大的影响。要求报名参加的便不少。于是,30日他们又在济之家里开会,决定了第一批会员的名单,并决定在新年的1月4日,在中央公园的来今雨轩正式召开成立大会。

成立大会如期举行,到会共二十一人。发起人中,启明因病,绍虞正好离京,雁冰与圣陶则在外地,故未出席。其他发起人都出席了,另外还有梦良、庐隐等会员也出席了。会由百里主持。首先由他报告发起经过,并再次讨论并通过他起草的会章。接着,以无记名投票方式选举职员。他因众望所归,被选为书记干事,主管会务,并决定以他的住处作为接洽一切会务之所。济之则被选为会计干事。选举完毕,又摄影留念。继而再讨论会务,决定成立读书会,推希祖、百里、他和地山四人起草读书会简章,并分为小说、诗歌、戏剧、杂文四组。另外,又讨论了募集基金、办图书馆、编会报、编丛书、开讲演会等问题。至六时始散。就这样,中国新文学有史以来最大的文学团体、后来作出重大贡献的文学研究会正式成立了!他为此付出了辛勤的劳动。毫无疑义,他是这个团体的核心。但是,在那张成立大会所摄的照片上,我们却只见他谦虚地站在后排的一个不引人注目的地方。

一〇 惆怅初恋时

就在文学研究会紧锣密鼓地筹备之时,他还得准备铁路管理学校的毕业考试。1920年12月16日,考试开始,交通部还专门派了一个参事关赓麟来监考。一直考到23日结束。尽管他因当时各种社会活动而忙得不可开交,无法全力备考,但最后还是得了个"乙等"的总成绩。考试后,立即就是年假休业,他被分到的"铁饭碗"是上海的沪杭甬铁路管理局,先当实习生。但是,他没有立即去报到,一直拖了三个月,才去上海。这除了因为文学会等工作一时走不开的原因以外,还有一个重要的原因,那是只有很少几位知心朋友才知道的。

事情要回溯到一年多以前。"福州事件"发生后,北京的福建籍学生组织抗日联合会,经常聚集开会。他自然是每会必到,到则必慷慨陈词。当时,全国最著名的女子高等学府——北京女子高等师范学校——的国文部,共有六名福建籍女学生。她们是黄英、王世瑛、程俊英、陈璧如、刘婉姿、钱丞。她们也勇敢地冲破了校方的阻挠,参加了福建籍学生的抗日联合活动。当时,女学生参加政治活动还是很新鲜的事,很受人注意和钦佩。大家都是福建人,叽叽呱呱的福建话一说,加上同仇敌忾,就自然而然地更加亲近了。

在这六个女学生中,黄英、俊英和世瑛又最要好,且最有反抗精神。她们三位,加上非福建籍的定秀,以春秋战国时的孟尝君、信陵君、平原君、春申君自居,号称女高师的"四公子"。黄英最豪爽直率,便自封为"孟尝君",她就是上面已经提到的女作家庐隐。她与本书传主的年龄差不多,也从小失去父亲,又遭家庭嫌恶,所以与他最谈得拢。而世瑛则比他略小,出身于有钱人家,家里既有恒产,又代代做官。她的父亲此时正任教育部的主事。像她这样的娇骄小姐,居然也参加爱国活动,而且还担任了校学生自治会主席,自然也不能不令他佩服。世瑛又长得漂亮,身材苗条挺拔,亭亭玉立,说起话来既文雅又有条理,不失大家闺秀的风度。在爱国学生运动中,他和世瑛互相对对方都产生了好感。

不知从什么时候开始,他觉得只要几天不见到世瑛,便仿佛定不下心来。有时,他正好有有关学生运动的事,便闯进位于西单石驸马大街的女高师的红楼去。当时,虽然因五四运动的冲击,女高师当局已被迫放宽了原先如同监狱看守般的门卫制度;但他每次去时,总还有一些女学监、男工役用异样的眼光看着他。因此,有的时候,他会身不由己地在校门外徘徊,希望世瑛正好从里面出来,可以见上一面,随便聊聊。然而这样的机会几乎从来没碰到过。

　　这个二十岁刚出头的小伙子困惑了。他想在心中排除这种"杂念",便写了一篇《反对"自由恋爱"!》的短文,交给福建老乡梦良、六几,发表于1920年3月10日的《奋斗》杂志上。几位朋友看了题目大吃一惊:怎么?难道铎兄主张维护"父母之命,媒妁之言"?然而,他的文章只是说:"我们是要为全社会的人而牺牲的,我们是要为无穷的将来而牺牲的!""我们现在只有实行纯洁的独身主义,决不可轻惹情丝!"直到这年8月,他还写了一篇《对于青年的一个忠告》,也是告诫青年,当然也包括自己:不要光沉湎于谈情说爱之中!他这时开始耽读泰戈尔的诗,其中一个原因,也是想通过这些诗来"净化"自己的心灵,以摆脱烦恼。

　　然而,话是这样说,但他的那颗似乎被无形的金箭射中的心,却仍然平静不下来。不管他的各种工作、学习活动多么忙,眼前却老是浮现起世瑛对他的微笑。他相信这微笑绝对不是没有意思的,他知道自己的判断有根据。

　　怎么办呢?他想了好久,决定还是先和黄英谈一下。因为黄英早已自作主张订了婚,人又热情大方,可以请她帮忙。他终于吞吞吐吐地将自己的意思告诉了黄英,爽直的黄英当然一口答应从中试探与传递消息。而且,她感到世瑛对铎兄也是有好感的。然而,过后她仔细想想,又觉得此事似乎不容易。她对世瑛当然是比较了解的。虽然世瑛被选为校学生会主席,但她总觉得世瑛是个性格很矛盾的人,理智比感情更强。世瑛实际上为人极圆和,无论对什么事都不肯吃亏,而且又很拘谨。同级里每次开级友会,或是参加爱国活动,世瑛虽然热心帮忙,但如果要叫她出头露面,她总是不答应。她常用的推辞理由是:"家里不肯。"同学中能原谅她的,就说她家庭太顽固,她太可怜。不能原谅的呢,就嘲笑她"真正是个薛宝钗"。再说,王家极有钱,有钱人家往往势利,而铎兄家可是极为贫寒的。想到这里,黄英决定找个时间好好跟世瑛个别谈谈。

　　黄英还没机会找世瑛说呢,他却又匆匆寄来了一信。正巧,那时"四公子"正聚在校园的葡萄架下闲谈,一收到信,便凑在一起读开了。信中说:"最近心绪恶劣,常常感到无聊甚至痛苦。一身一心都觉得无所着落,如像在黑夜中,独驾扁舟,漂泊于四无涯际、深不见底的大海汪洋里,彷徨到了极点。日前所托事曾否进行?有希望否?极盼早得消息,以慰自己不安定的心……"

俊英在一旁笑着说:"这位铎兄,真有趣。上次在公园里遇见他,竟抱着一大捆书睡在椅子上看,……黄英,他托你什么事?"

黄英赶紧用别的话支吾开了。乘俊英、定秀走开之机,她唤住了世瑛,一起坐到一处柳荫底下,问世瑛:"铎兄的信你也看了,觉得怎样?"

"什么怎样?我不懂你的意思。"世瑛慌慌地说。黄英从世瑛的神色中,知道世瑛心中是明白的,便说:"其实也没有什么,……我说了你也不会生气吧?"世瑛说:"什么事?你快说就是了。"于是黄英便说:"他信里说他十分苦闷,你猜是为什么?……就是精神无所寄托,打算找一个志同道合的女朋友,安慰他灵魂的孤寂。他对你十分好感,曾几次向我说过。最近,他要我向你转达爱慕之情,我怕碰钉子,还不曾对你说,可他却来信催问了。……我想,铎兄的人品,你也是知道的,作个朋友,当然不是大问题,是不是?"

世瑛脸红了,沉默了半晌,才说:"作朋友自然不成问题,……不过,不知道我父母的意思怎样,等我回去问问再说吧。"黄英想了想说:"那也好。但……,最好快点告诉我啊!"她们谈到这里,听见俊英在叫她们,便结束了谈话。

这以后,世瑛便变得心事重重。见了黄英,总是有点想躲开的样子。黄英心中明白,有一次,借着谈起因反对兄嫂包办婚姻而郁郁病逝的同级学友李超的事来暗示世瑛。不料这似乎更增加了世瑛的心理矛盾和痛苦。这样一来,使得大刀阔斧的黄英也感到为难了。

黄英只得如实将情况向他说了。不过,世瑛也从来没有明白地表示过拒绝的意思。在一些会议上,他和她仍然像往常一样交谈。他还请她和黄英一起参加文学研究会。他向黄英表示,他愿意等待。他一次也没有冒昧地上过世瑛的家。拿到了毕业分配的报到证后,他还想等待她的一个比较明确的答复。他预感,如果就这样离开北京,这件事就更没有希望了。但是,世瑛却一直没有明白的表示。少数几位知情的朋友便劝他,先到上海去再说。

是的,不能再等下去了。他想起辛苦劳作的母亲带着两位妹妹,正日思夜想地盼望着他早日参加工作。他又想起上海的雁冰也等着他去,因为文学会的不少工作,如出版丛书、会报等等,均需要他去进行。

1921年3月21日下午,借石达子庙的欧美同学会礼堂,他主持召开了一次文学会的临时会。他首先宣布:前次本会议决的丛书契约,已获商务印书馆同意。大家非常高兴,接着又初步讨论了《文学研究会丛书》的选目等。接着,他又站起来说:他要于本月底离京去上海,因此,书记干事一职,必须请大家另举一人代理。于是当即投票,结果由菊农当选。大家听说他终于决定要去上海了,不免依依不舍;同时又希望他到上海后,能将会报办起来。这时,朱希祖又提议以后大家对于读书会,应该更加重视。大家都非常赞成。会散后,小说组的人就集中开了一次会。他和黄英、世瑛都是小说组的,坐在一起讨论,大家心里都有别的话,但是也不必说出了。

他把工作都妥善地安排和交待了。晚上,他坐在灯下沉思,他仿佛听见遥远的东方大都市、中国近代工业的中心上海,在深沉地呼唤着他。新的工作、事业在呼唤着他!他能感到,自己在事业的发端上,可以说是基本顺利和成功的;但是,在另一方面,在个人问题上,是并不成功的。想到此,一股酸楚的激流又涌上了心头。

但是,他强忍住了。他深深感到自己必须振作起来。前面,有那么多工作在等待着他去做。人生的路,还长得很。他再次给黄英写了一封信,珍重告别,并请代向世瑛等人致意。他表示,愿意在上海继续等待世瑛的选择和决定。写完这封信,他觉得精神上似乎轻松了一点。接着,他又想起远在莫斯科的秋白,便也给秋白写了一封信。告诉有关文学研究会的种种情况,并告诉秋白他已决定去上海工作了。他似乎又分明听见了那来自上海黄浦江上的汽笛召唤……

第三章　春申江畔

一　放弃"铁饭碗"

　　虽然在四年前,他上北京读书前就曾来过上海,还住了一段时间;可是这次一下火车,却又一次感受到与京城很不相同的"十里洋场"的气氛。

　　"租界"里,洋车横冲直撞,好像比四年前更多了一些。那些外国巡捕,彪形大汉,挎着枪,有的还骑着马,似乎更耀武扬威了。大马路(今南京东路)、霞飞路(今淮海中路)这些地方,依然是那么繁华,商店橱窗里陈列着比以前更多的花花绿绿的洋货,一些大腹便便的老爷或西装革履的少爷携着浓妆艳抹的女人进进出出,更多的中国人则只是在路上栖栖惶惶走着,连看都不看一眼。而就在这些热闹的马路的旁边,依然是那些狭窄、肮脏的小路和弄堂,而且比以前更脏乱。如果再到"华界",或到工厂区去看看,那就更明白绝大多数的上海人过的是一种怎样的生活。那就和北京市民没有什么差别了。这里的棚户区,是绝不亚于北京的大杂院的。

　　我们的年轻的主人公,除了怀里揣着一张铁路学校的毕业文凭外,依然是一无所有。他仍旧带着那点简单得不能再简单的行李,还有一大堆书,来到这块充满嘈杂、脏乱、倾轧、争斗的春申江畔的土地上,要开始他新的人生了。

　　回顾在北京近四年的学生生活,他感到有一点是幸运的,那就是他赶上了以北京为中心的具有伟大历史意义的五四运动。在后两年里,他几乎是全身心地投入于这一运动的中心漩涡之中,从而完全改变了自己的人生道路的方向。然而,此刻他还不知道,就在他刚刚到达的这座中国工业中心的东方大都市里,正在暗暗地聚集着力量。再过四个多月,中国共产党就要在这里诞生。他的神交多时而未谋面的朋友雁冰,便已经参加了上海的共产党小组,他们已经创办了一个《共产党》杂志。这里,又将成为全国新的政治、文化、思想斗争的中心,他又将幸运地赶上一系列的同样具有伟大历史意义的斗争。但在此刻,他不可能预见到这些。他只是一面怀念着前几年的沸腾的生活,一面心情怅惘地到上海铁路局去报到。

他被分到铁路南站见习,让他先从车厢挂钩的活儿干起。以后呢,据师傅悄悄地对他说,那站长的位置也将是他的。因为他毕竟是当时国内唯一的铁路管理学校的首届毕业生,是凤毛麟角般的专业技术人才啊!然而,他听了只是淡淡一笑。他知道铁路工作也很重要,但觉得这已不合乎自己的志趣。上班后没几天,他便去宝山路的商务印书馆编译所找雁冰了。

互慕已久、通信已四个月的两位年轻人,第一次紧紧地握了手,彼此都非常高兴。雁冰要比他大二岁,但个子比他矮,斯斯文文的样子。当问到他的工作,得知他不很称心时,雁冰立即直爽地说:"振铎兄,我看你到这里来吧!我编《小说月报》,也需要兄的帮助。我去与梦旦先生说说,怎么样?不过,你可不要舍不得铁路局那被人眼红的'铁饭碗'哟!""哪里,"他笑了起来,"我是觉得自己更适合于从事文化工作。""那就说定了!我去与梦旦先生谈!"雁冰很有把握地说。他微笑着点了点头,心想,如果能与这样热情而志同道合的雁冰在一起,大干一番事业,那多有劲!他们又热烈地商量了文学会的工作以及打算出版的丛书等事。

他也去访问了位于四马路上的《时事新报》社的主编张东荪。东荪曾做过孙中山临时大总统府的秘书,是以梁启超为首的研究系的重要成员。一年多前,《新社会》问世前的那份《出版宣言》(发刊词)便是寄给东荪发表在

《时事新报》上的。而后他又经常与东荪通信,东荪还把这些信也都发表在该报副刊《学灯》上。东荪很器重这位比自己小十二岁的意气风发的青年,有意请他进报社工作。但因为已经答应由雁冰联系进商务编译所工作,所以他便谢绝了。然而东荪却仍坚持要他即使不入报社也来参加编《学灯》。

《学灯》是《时事新报》上最受知识界欢迎的副刊。它与上海《民国日报》的《觉悟》以及北京《晨报》的《副镌》,是新文化运动前期最有名的副刊。《学灯》曾发表了郭沫若的很多新诗,在新文坛上形成强烈的冲击波。现正由李石岑主编。石岑主编后,外界反映办得平平。东荪明白石岑的水平、能力比不上振铎,所以不肯放过他。他没法推辞,便答应帮忙,不过他也乘机提出要报纸为文学研究会出一个专刊。东荪满口答应了下来,因为在这以前振铎和百里已经写信提过此事。

于是,他白天在铁路上挂钩,晚上便编《学灯》的稿子,并开始筹备起文学会会刊《文学旬刊》来了。4月23日,《时事新报》在头版刊载《本报特别启事》,郑重宣告将推出副刊《文学旬刊》的消息;同版,又发表了他起草的《文学旬刊宣言》及《文学旬刊体例》。在这篇《宣言》中,他代表文学研究会表达了他们的文学观和办刊的宗旨。《宣言》说:"我们确信文学的重要与能力。我们以为文学不仅是一个时代,一个地方,或是一个人的反映,并且也是超于时与地与人的;是常常立在时代的前面,为人与地的改造的原动力的。"又说:"人们的最高精神的联锁,惟文学可以实现之。"然而,"我们很惭愧:惟有我们说中国话的人们,与世界的文学界相隔得最窎远;不惟无所与,而且也无所取。因此,不惟我们的最高精神不能使世界上说别种语言的人的了解,而且我们也完全不能了解他们。与世界的文学界断绝关系,就是与人们的最高精神断绝关系了。这实在是我们的非常大的羞辱与损失,——我们全体的非常大的羞辱与损失!"在这样尖锐地提出问题之后,又发出了如下坚定的誓言:

在此寂寞的文学墟坟中，我们愿意加入当代作者译者之林，为中国文学的再生而奋斗，一面努力介绍世界文学到中国，一面努力创造中国的文学，以贡献于世界的文学界中。虽然我们自知我们的能力非常薄弱，这个小小的旬刊，也决不能大有助于我们的目的；然而"登高自卑"，悬鹄自不能不远而且大。

总之，我们存在一天，我们总要继续奋斗一天。结果如何，是非我们所顾及的。如能因我们的努力，而中国的文学界能稍有一线的曙光露出，我们虽牺牲一切——全部的心和身——也是不顾恤的！

这其实也正是他准备正式转入文学阵线的一篇宣言。

就在这时，雁冰向梦旦谈了请他进商务工作的事。一说就成，梦旦正求之不得呢。因为他们不仅半年前在北京见过面，而且自那以后他便以极其干练的工作能力为商务编了好些书。如《俄罗斯文学丛书》，就已在二三个月前开始出版；《俄国戏曲集》共十种（其中二种为他亲自所译），从1月至这个月已全部出齐。本月出版的第十种《六月》的书末，还附有他写的整套戏曲集的作者介绍和《俄国名剧一览》。如果没有作过认真研究，谁能写得出来？鲁迅先生对这两套丛书极为赞赏，后来称之为当时介绍俄国文学的"大书"。梦旦作为最后签发付印的编辑部长，早就在心中暗暗为这位青年学者喝彩了。

5月10日，《文学旬刊》经过半个多月的紧张筹备，正式出版了。除了再次刊出《宣言》与《体例》外，还发表了他以"西谛"笔名、雁冰以"玄珠"笔名、圣陶以"谌陶"笔名写的文章。（这是有象征意义的，这三个人就是文学会的最重要的代表作家。）这一天，他给在北京的鲁迅先生写了一封信，除了向鲁迅约稿外，更告诉鲁迅他将在人生道路上跨出重要的一步。因为，第二天他便正式告别铁路局，到商务印书馆编译所向所长梦旦报到了。

那一天,梦旦刚刚读过《文学旬刊》创刊号,正求贤似渴地盼望着他来呢。当谈完具体工作安排,梦旦问到薪金问题时,他朴实地笑笑说:"只要工作合乎志趣,一定努力工作。薪水么,一个月六十元就够了。"其实,他当时并不了解商务编译所的薪水标准(他大概只知道雁冰此时月薪已有百元),否则就不会这样说了。因为当时新来的编辑一般只发二十四元,有的熬上十年也不过五十来元。像雁冰,当初进馆时就只有月薪二十四元,五个月后作为破格提升,也才三十元。可是,爱才如渴的梦旦竟毫不见怪,笑着答应了。

在到商务报到之前,他还和雁冰一起会见过两位神交已久的朋友,使他感到分外地高兴。一位是通过好几次信,又一同作为文学研究会发起人的圣陶。圣陶长他四岁,当时正在故乡苏州的甪直镇某小学任教。他没想到圣陶长得这样秀美,湖色的长衫加上青缎马褂,态度又非常谦和。这次,圣陶是特地从苏州赶来看他和雁冰的。正巧,雁冰的弟弟泽民也正在上海(泽民当时在南京河海工程专门学校读书,但也热爱文学,也加入了文学会,《小说月报》改革号上便有他的译作)。于是,四位青年人便一起去南市郊外的半淞园玩。那里有池塘,有亭子,有假山,草木葱茏,游客不多,便于畅谈。他们谈理想,谈文学,又一起商量了文学会成立以来同人向往已久的会刊《文学旬刊》的筹备工作。圣陶的诚挚,给他留下了深刻的印象。后来他写过一首题为《赤子之心》的诗赠给圣陶。诗说:"我们不过是穷乏的小孩子。/偶然想假装富有,/脸便先红了。"而圣陶也极喜爱他的真率爽直,后来回忆说:"我记得最初遇见他的时候,他很快活,谈了几句话以后,上排的牙齿咬着下唇,似乎带着地微笑。……这不是娇憨的孩子的常态么?"这一天,他们还在草坪上合了影。他坐在当中,雁冰坐在左侧,而圣陶、泽民分立两旁,留下了具有纪念意义的一张照片。

会见的另一位朋友是沫若。当时他在编《学灯》的稿子时,欣喜地读到了沫若寄来的《归国吟》等诗稿,知道沫若最近从日本回国了。他早就十分佩服沫若的新诗,在筹备发起文学会时,便曾特地写信请在日本的田汉转邀沫若一同参加发起,但没有回音。他与雁冰商量,这次可得与沫若好好谈谈。因为互相不认识,他便请认识沫若的《时事新报》副刊《青光》的编辑柯一岑为之先容(一岑后亦加入文学会)。地点仍定在半淞园,时间是4月24日星期天上午。那天,他与雁冰仍是布长衫一件,一岑是一身学生装;而沫若则西装笔挺,显得气概不凡。中午,由他出钱在园内临池的餐馆吃了饭。饭后,他和沫若坐在池塘边的栏杆上,一面欣赏池里的荷花,一面谈起了即将问世的《文学旬刊》。他当面再次郑重邀请沫若参加文学会,但沫若说,今后可以好好合作,但文学会就不参加了,因为半年前田汉收到他的邀请信后并未转送,说明田汉不愿加入,而现在自己又来参加,将使田汉觉得难堪。听沫若这样说,他才知道原来田汉扮演了《世说新语》中"不为致书邮"的洪乔的角色。不过,他又感到沫若推辞加入的理由也有点儿费解。但是,既然沫若不愿加入,又答应在会外相助,那么也就不好再勉强了。那天回家时,他还怕沫若不熟悉路,尽管自己也才到上海不久,却执意陪送了好长一程。对于他的热忱坦直,沫若十分感动。

自从他离开北京后,文学会的总会虽然仍旧设在北京,但实际上其中心已经无形中转到了上海。而他、雁冰和圣陶的见面,我们正可看作是文学会新的核心人物的首次会面。(圣陶在他与雁冰的怂恿下,不久便也到商务来工作了。商务另有一位编辑胡愈之,后来也是文学会的核心人物。)至于他、雁冰和沫若的见面,那更是文学会与创造社(当时正在筹备中)两大新文学社团的负责人的第一次友好交往。世间沧桑,半淞园因为日本侵略军1937年炮轰上海,已被炸毁。现在除了半淞园路这个路名外,这个公园已在上海地图上消失了。但是,它却将永留在民国时期文学史上,因为新文学的几颗耀眼的巨星曾经在这里首次相聚!

到商务编译所后,馆方安排他的工作是编小学教科书,但他以主要精力抓的却是《文学研究会丛书》的编辑。他是几重身份:既是丛书的主编和著译者代表,又是责任编辑。5月25日,在《民国日报·觉悟》上发表了他起草的《文学研究会丛书缘起》;翌日,又在该报发表该丛书的《编例》。这些,当然都是与雁冰、圣陶等人商量过的。这些《缘起》与《编例》以及《目录》,又在《时事新报·学灯》《东方杂志》《小说月报》等大报刊上发表,真是声势浩大,轰动文坛。

《缘起》中,再次表达了他和同人们对于文学事业的意义的认识:文学不是献媚之物、进身之阶,也不是游戏消遣之品,而是人们的最高精神的表现,是人生的镜子。他还指出:"我们在文学研究会的名义底下,出版这个丛书,就是一方面想打破这种对于文学的谬误与轻视的因袭的见解,一方面想介绍世界的文学,创造中国的新文学,以谋我们与人们全体的最高精神与情绪的流通。""中国文学界方在垦殖之期,我们研究文学的人对于它的努力,是义不容辞的。如能一日有我们为中国文学界尽力的机会,我们是必要尽力的。"从公布的目录来看,丛书除了打算发表会员的著作外,更重视翻译;而在这些拟出版的著译中,除了文学创作外,特别引人注目的是列有一大批文学理论和文学史方面的书。这充分显示了主编者的远见卓识。这样对创作、翻译、理论并重的文学丛书,在整个新文学史上都是十分罕见的。

丛书的第一本,在当年10月就出版了。为菊农翻译、他校译的泰戈尔的剧本《春之循环》。他写了序,书中有不少诗歌还是他亲自译的。从此,该丛书,包括该丛书的子丛书如《世界文学丛书》《文学研究会创作丛书》《文学研究会世界文学名著丛书》《文学研究会通俗戏曲丛书》等等,都顺顺当当地问世了。先后总计在一百五十种以上,为新文学史上之最!而全部由商务印书馆出版,其中大部分是由他当编辑的,这也可说是一个奇迹。

他进商务后不久,便有胡适来商务"视察"之事。先是在4月下旬,梦旦又一次到北京,再找胡适,力劝胡适辞去北京大学教职,到商务编译所工作。梦旦还诚恳地表示愿意将自己的所长职位让给胡适。梦旦觉得自己的水平、能力已不能胜任新文化运动开展以来的出版事业发展的需要,因而希望胡适去当商务的"眼睛"。胡适虽然也看到商务在中国文化界的重要作用，但是又自忖已是三十岁的人了，有自己的"事业"要做，并自信在北大这个地方能出更大的风头，而不愿"为他人做嫁衣裳"，不能"去办那完全为人的事"。这是胡适在日记中直言不讳地写的话。胡适推辞不愿去。但梦旦还是热情地邀请胡适在暑假时到上海去玩三个月，费用全部由商务负责，只是请胡适去馆里看看、谈谈。还真诚地请胡适把家眷也一起带去。但胡适暗想这可能是一种"骗计"，最后只答应自己一个人去。

7月16日，穿着绸长衫、西式裤、黑丝袜、黄皮鞋的"中西合璧"打扮的胡适终于来了。商务的头头奉之如神明，给予极高的礼遇，并希望胡适即使最后仍不愿来商务工作，也至少请给商务提示一个改良的计划。两天后，胡适去商务"视察"，便见到了振铎、雁冰、圣陶、石岑等一批年轻的编辑。

胡适比他大八岁，他们早就认识了。他办《新社会》杂志时，举办讲演会，最先请的就是胡适。"商务编译所应该进行较大的改革，"他直率地对胡适说，"我们几个新进来的人，本来想对这问题写一份意见书，但后来看看没有什么希望，便没写。"胡适正在担心自己无法向商务当局交差，听了他的这番话，不觉暗暗大喜，忙说："你快把它写出来交给我吧，我可以用作参考。"他便爽快地答应了。

又过四天，胡适在编译所见到他，他便将自己撰写的改革编译所的意见书交给了胡适。据胡适日记，他主要提了这样几条：

（一）应设图书审查会（十一人或九人）。

  （1）审查何书应编辑，何书应出版。

  （2）审查外来稿件。

（二）应设中小学教科书编辑会议。

（三）时间应减少。

（四）暑假应改为全日——除各杂志主任外。

（五）薪金应按年递加。

（六）每年划出纯收入一部分,派遣编译员到欧美考察或留学。

　　胡适被商务招待了两个半月,也玩够了,仍执意要回去,不愿在商务干。临走前,胡适参考了本书传主和编译所其他编辑提供的意见,写了一份给商务当局的报告,分"设备""待遇""政策""组织"四个部分谈了有关改良编译所的事。商务当局又慨然拿出一千元钱作为酬金。胡适觉得不好意思,就退了五百。为了脱身,胡适又向商务当局转荐王云五以自代。商务几位当局者大为惊诧,因为在学术圈子内从未听说过有王氏其人啊。而胡适借着王氏十几年前曾经教过自己几天英文的由头,口口声声称王氏是自己的"老师",商务当局不敢怠慢,惊诧之余也就以为王氏非等闲之辈了。不知道为什么这么巧,此时又有一人推荐王氏担任总务处机要科长,加上梦旦又是极相信胡适的,爱屋及乌,于是商务当局便决定聘请王氏为编译所副所长。不料王氏从胡适大摆架子这一点上受到了"启发",也向商务提出先要"考察"三个月。三个月后,王氏当上的是梦旦主动"让贤"的编译所所长。

　　说实话,商务印书馆的菊生、梦旦等先生,勇于迎接新潮,重视人才,是令人佩服的;但如此相信胡适,以至言听计从,并进而相信胡适推荐的王氏,则实在大可不必。王氏虽比本书传主大了十岁,但在才学上根本无法可比。王氏当时只是买了一批西文特价书籍,摆在家中的书橱里装装门面。又借亲信之口吹嘘自己如何如何兼通理、工科,擅长英、法、德、日四国文字,《大英百科全书》从头至尾读过一遍等等,其实大多是骗人的鬼话。如果有什么人真的把《大英百科全书》从头至尾读一遍,那么,这个人也只能是连读书方法都不懂的弱智。雁冰晚年在回忆录中对此作有深刻的揭露。然而,时至今日竟还有人试图将王氏捧为"大学者"。无奈的是,王氏一辈子没有什么像样的真正的学术论著,这毕竟是谁也无法否认的事实。称为"学者"都未必够格,还说什么"大学者"！至于王氏后来在商务管理、经营上的功过,人们自可研究,作出适当的评价。但现在又有人试图把王氏捧为最伟大的出版家,还说什么菊生先生是学者,王氏则是实干家(怎么不说是"大学者"了?),他们两人珠联璧合,就好像后来的邹韬奋和胡愈之的极佳组合。但这是一种违背历史事实的一厢情愿的想当然的说法。正是愈之,在晚年强调指出,王氏成为商务负责人后,"商务的情况可说是一落千丈"。又有一位1920年代商务的馆外编辑、1930年代开明书店的著名编辑宋云彬认为,"伧夫王云五进商务后粗制滥造"。有人愿意相信王氏的话,那是他的自由;我们则根据事实,独立思考,更相信雁冰、愈之、云彬和本传传主的话,这也是我们的自由。

其实,当时已经崭露头角的我们的传主,后来的历史可以证明,他才是真正有才学、有见识、有能力的百科全书式的编辑出版家。他和愈之、雁冰中的任何一位,虽然稍许年轻一点,却都远远比王氏有资格当编译所负责人。但是,商务的历史已经是那样写就了,那是后人无可奈何的。

一二 在商务编译所

商务老人陈叔通,在晚年《回忆商务印书馆》一文中说:"商务发财主要是靠教科书。教科书的起源是由高梦旦去日本考察,回来后搞的。"因此,本书传主到商务编译所报到后,梦旦安排他编小学教科书,并不是梦旦不器重他的一种表现。但是,当时所谓的"编",不过是主要将以前的文言课本改为白话而已。他编了一段时间后,觉得不对劲。

他感到,就像整个文化界、文学界需要开展一场启蒙运动一样,在儿童教育领域也必须进行一场改革。以前的儿童教育是注入式的,只是把种种死知识、死教训装入儿童的头脑里,就以为可以了。现在已有一些人虽然知道那样是不对的,虽然也想尽力地启发儿童的兴趣,但小学教育仍然不能十分吸引儿童。这种教育仍旧是被动的,不是自动的。刻板正经的教科书,就是当时儿童的唯一读物,儿童自发地喜爱的读物几乎一本也没有。即使当时商务印书馆出有《少年杂志》,中华书局也有《中华童子军》,但它们都是文字古旧,老气横秋,内容驳杂,毫无文学性,而其思想性则常常更糟糕。因此,他便向梦旦提出,能否让他来尝试编一本能吸引孩子们的全新的儿童刊物,以弥补儿童教育中的这一重大缺憾。梦旦觉得这一提议有理有据,而且创办这样一本刊物也许对商务在经济上也是有利的,经过慎重考虑,便同意了他的计划。他将刊物定名为《儿童世界》,计划办成周刊。

7月17日,他正式接替石岑,兼任《时事新报》副刊《学灯》的主编。而从24日起,他在《学灯》上新辟《儿童文学》专栏,主要发表他主持的文学会的会员的有关翻译作品。这是我国现代报刊史上第一个儿童文学专栏,同时也是他为将来创办《儿童世界》而先作的尝试。

9月22日,他起草了《儿童世界宣言》,12月起发表于《时事新报》《晨报》《妇女杂志》等南北各大报刊上。他老是喜欢用"宣言"这个颇有气派的词,而实际上这篇文章也确实可看作是我国现代儿童文学即将正式诞生的宣言。当然,随后创刊的这本小刊物不只是登载文学作品。《宣言》中把该刊内容分为十类:插图、歌谱、诗歌童谣、故事、童话、戏剧、寓言、小说、格言、滑稽画,其他还有杂载、通信等等,但无疑是以儿童文学为主的。《宣言》中还指出,"近来有许多人对于儿童文学很有怀疑",而他则认为儿童文学是适应人类儿童期心理、为儿童所爱好的文学。无可怀疑,该刊实际上就是我国最早的真正的儿童文学专刊。

《儿童世界》周刊直到1922年1月7日正式问世。开头几期的内容,几乎全是他一个人写的。从北京新到上海的地山帮他写了一些儿童歌曲,地山的哥哥敦谷又帮他画了一些插图。在当时文化落后的中国,这算是最漂亮的儿童读物了。在他的大力鼓动下,叶圣陶、赵景深、顾颉刚、胡天月等一批文学会会员都纷纷为该刊写稿。刊物越来越受小读者的欢迎,甚至远销到日本、新加坡、香港、澳门等地。尤其是圣陶,在他的频频催促下,越写越多,越写越好,后来结集为《稻草人》一书,被鲁迅称赞为:"给中国的童话开了一条自己创作的路。"他自己也创作了一些童话、图画故事和儿童诗等等;更改写、引进了很多外国儿童文学作品,如欧洲古代的《伊索寓言》,欧洲中世纪的《列那狐的故事》,日本民间故事《竹取物语》,印度、阿拉伯、奥地利、匈牙利、高加索等地的民间故事,以及丹麦安徒生、英国王尔德写的童话等等。这在当时的中国,真是极为难得的。

《儿童世界》取得了很大的成功,也为商务印书馆在经济上盈了利。中华书局立即起而仿效,也出了《小朋友》周刊。正是在他的开拓和引领下,我国儿童读物的出版有了新的气象。在他编满了一年后,因被调去接替雁冰主编《小说月报》,于是他编了厚厚的一本1923年"新年特大号"后,就交给继任编辑了。这时,这本小小的刊物早已在社会上站稳了脚跟,但商务当局却在本来只印他一个编辑名字的小刊物上印了十四人的编辑名单(其中仍然列有他的名字),可见商务当局这时对此刊的重视。

他创办的这份小周刊,确实影响深远。后来,到1931年10月24日,当该刊出至五百期时,该刊编辑沈百英便虚构了一篇《儿童世界庆祝大会纪盛》,"会场"为"儿童世界乐园","会员"有"约三十万人"(指小读者),"主席"为商务总经理,而第一个"演讲者"就是本书传主。该文作者让他回顾十年前该刊创办的历史,真是意味深长。直到1947年,著名儿童文学家贺宜在《新儿童世界》创刊号上,还撰文回忆自己童年时读了该刊和他"所介绍的印度童话和安徒生的作品,竟跑到另外一个世界里去了"。著名学者夏鼐等人,也深情地回忆过童年时读该刊的难忘印象,如戈宝权1982年在《我怎样走上翻译和研究外国文学的道路》中说:"童年时……我最喜欢的儿童读物,就是商务印书馆出版的由郑振铎主编的《儿童世界》。……一直到今天我都无法把它们遗忘!"此外,他当时还继孙毓修和沈雁冰之后,为商务主编了《童话》小丛书第三集,收入了雁冰、景深等人的作品;但也因为调动工作,只编好四本,就也没有再编下去。

他为什么会被调去编《小说月报》呢？事情又得从头说起。自从《小说月报》由雁冰主编并全面改革后，丢失了这一"世袭领地"的所谓"鸳鸯蝴蝶派"或称"礼拜六"派的旧式文人自然很不甘心，便不断地在小报小刊上攻击改革后的该刊和雁冰个人。商务当局中的顽固派（这是雁冰对他们的称呼），也对改革后的该刊看不顺眼。例如，上面提到过的陈叔通，是总管理处的一个势力很大的人物，当时便站在保守立场，当编译所送去该刊改革号时，竟原封退回以示"抗议"。但改革后的该刊备受读者欢迎，印数大增，各地分馆又纷纷来电要求多发。这样，馆内的顽固派也无可奈何。1922年7月，雁冰又在该刊发表了长文《自然主义与中国现代小说》，从理论上批判了《礼拜六》等刊物上的作品倾向，这便更引起他们的嫉恨。这时，王云五已当上编译所长，便代表顽固派对雁冰施加压力，借口雁冰那篇文章点了《礼拜六》的名，说什么对方要提出诉讼，告《小说月报》破坏它的名誉，妄图压雁冰撰文"道歉"。雁冰针锋相对，表示要诉诸全国舆论，将在各大报刊上公开揭露此事，这才使他们不得不收敛了气焰。然而他们仍不死心，竟暗中检查雁冰编发的稿子。雁冰忍无可忍，向王氏强烈抗议，并提出辞职。商务当局经过研究，同意雁冰辞去该刊主编（但仍挽留在编译所工作），并由本书传主从1923年起接任。这自然是商务当局中顽固派与开明派妥协的结果。他们一方面让雁冰辞职，给"礼拜六"派出一口恶气；另一方面让同为文学研究会核心的他来当主编，以表示该刊宗旨不变，以免影响销路，同时雁冰也可以接受。

由他来接编《小说月报》，雁冰自然很高兴。不仅如前所述，该刊改革号他就出了最大的力；而且他到上海后，雁冰一直是同他商量着编的。因此，可以一点不夸张地说，他其实一直是该刊一位不挂名的副主编，只不过外人（包括后来的研究者）都不知道这点而已。而且，雁冰当时还秘密担任中共中央的联络员，工作很忙，有关该刊组稿的事早就大多拜托他去做了。

他与雁冰是亲密无间的朋友，不过，在兴趣爱好、个别见解上也会有一点不同甚至矛盾的。例如,有一次雁冰在《小说月报》上出题悬赏征文,他对这种做法有怀疑,两人还曾公开撰文商榷过呢。现在,既然让他来接编,那么他不仅要继续保持两年来的进步方向和优点,而且也要办出他个人的特点来。

  这一个人特点,从他接编的第一期上便可看出来。这一期的封面,他也是请敦谷画的。那是一位青年农夫迎着东方的太阳在辛勤地执铲耘土。整个画面充满着劳动、创造的动感。其色彩基调是金黄,似乎已透露了一个辉煌的收获的季节必将到来的信息。当时他经常在文章中喜欢用农夫垦荒、开拓、耕耘的精神来激励新文学工作者,因此这幅画很可能是他亲自构思的。在这一期上,他新辟了《整理国故与新文学运动》的讨论专栏,并发表了自己的长篇论文《读毛诗序》等,这表明他比雁冰更重视发表有关整理中国古典文学遗产的理论探索和研究成果方面的文章。这一期上还发表了他的《关于文学原理的重要书籍介绍》等长文,表明该刊将更加重视发表有关文学理论的文章。后来,他还在该刊连载发表所撰《文学大纲》《俄国文学史略》等专著,以及他与雁冰合作的《现代世界文学者略传》等等,表明他注意发表有关中外文学史方面的论著与资料。至于继续发表大量优秀的创作和译作,那就更不用说了。该刊一开始就只有他一个人编;一年后,一位比他小二岁的徐调孚调来做他的助手。调孚也是文学研究会会员。

  且说王云五与商务其他顽固派人士虽然把雁冰气得辞去了《小说月报》主编的职位;但该刊由他接编,性质并无变化,顽固派们仍然还是不满意的。为了给封建旧文学招魂,他们又偷偷策划了一本《小说世界》周刊,赶在他接编的第一期《小说月报》的同一天创刊。本来,早在1922年夏初,王氏就向他和雁冰放过口风,说想办一种"通俗"刊物,拟取名《小说》。并特地解释:《小说月报》现在的方针不错,万无改回来之理,不过上面常有学术性文章,一般人看不懂,现在办这个通俗刊物,一方面是为吸引爱看《礼拜六》一类刊物的读者,一方面也是为《小说月报》做个梯子。他和雁冰当时听了这番话,觉得也还在理，而且想起在和启明先生通信中，启明也说过要打倒"礼拜六"派不能光靠口诛笔伐，最好还要有一个文字浅近、倾向进步的小杂志，既可慢慢提高底层读者的思想，也可把那些低劣刊物的读者吸引过来。只是他们忙不过来，一直没法办这样的小刊物。现在王氏所谈，似乎与启明的建议相近，他们便觉得可以让商务去做，也就没有反对。王氏并希望他们提供稿子，以便"开张大吉"。雁冰便把手头的一篇剑三的《夜谈》以及自己译的裴多菲的《私奔》等稿子交给了王氏。然而，当时王氏主要还只是试探和准备，这个刊物久久未见动静，雁冰与他也差不多忘了此事。

等到《小说月报》即将由他接编时，顽固派抓紧了动作。他偶尔听到一些风声，说商务将出《礼拜六》一样性质的刊物，便当即询问王氏，王氏还装作不知，矢口否认。等到他主编的第一期《小说月报》问世之际，忽见到《小说世界》在市面上发行，内容大多是"礼拜六"派"著名"作家的"大作"，不禁大吃一惊。而且，半年前雁冰交给王氏的剑三的《夜谈》及雁冰的译文也夹在那里头作陪衬，尤使他们感到气愤。想不到王氏及其同伙竟如此卑劣！

《小说世界》发行后，在文学界引起轩然大波，钱玄同首先提出抗议，在1月10日的北京《晨报》上，以笔名"疑古"发表了一篇杂文《"出人意表之外"的事》，猛烈批判了封建旧文人和商务顽固派的倒行逆施。而更愤怒的是被《小说世界》"发表"了作品的剑三，在13日《晨报》上刊出《答疑古君》，并给雁冰来信了解情况。鲁迅也在11日以"唐俟"笔名，给《晨报》写了一封信，指出《小说世界》的出现是旧势力的照例有的"一种异样的挣扎"，鼓励"新的年轻的文学家的第一件事是创作或介绍，蝇飞鸟乱，可以什么都不理"。雁冰与他商量后，决定把王氏等人的黑暗伎俩暴露于光天化日之下。同时，为了不让对方抓到一点把柄，他们决定不在《文学旬刊》上而是在他此时已不担任主编的《学灯》上，于15日发表了一组《〈小说世界〉与新文学者》的文章，其中转载了玄同与剑三的文章，还有剑三给雁冰的信以及雁冰的《我的说明》。玄同的文章，不但把《小说世界》第一期出现的那些"礼拜六"派"名家"骂了个狗血淋头,而且还冷嘲热讽了商务当局,说他们刚做了几件像人做的事,就不舒服了,"天下竟有不敢一心向善,非同时兼做一些恶事不可的人"!

正在暗暗得意的王氏之流,没料到他们会来这一手。这一下真相大白,充分曝光,使广大读者知道了:什么《小说世界》,原来只是新长出来的杂草而已。商务当局中的顽固派恼羞成怒,但是又拿他们没办法。尽管恨不得立即解雇他们,但又不敢,怕他们出去后就办一个刊物专门批判自己;更怕他们出去后像当年出去的陆费伯鸿另办中华书局那样,也再办一个出版社,那就更吃不消了。(再说,比较开明的菊生、梦旦,虽然此时均已辞去直接的职务,但仍有发言权,也不会赞成解雇这两位难得的人才的。)

说起自办出版社,其实他还真的有了这样的想法。当时,他和一批文学研究会会员、商务编译所同人沈雁冰、胡愈之、叶圣陶、周予同、王伯祥、谢六逸、顾颉刚、俞平伯等人,差不多每隔一二天就要聚餐或闲谈。他们轮流做东,有时在饭店,有时在家里。他召集的时候最多。1月6日那天,他便向大家提出:"我们替商务编教科书和各种刊物,辛辛苦苦不算,还常常要受某些家伙的气。出一本书,他们可以赚几十万,我们替资本家赚钱太多了,还不如自己来办一个书社的好。"大家一听,齐声赞成。可是又都是穷知识分子,没有资金怎么办?他便提议每人每月交十元钱,十个人共一百元,存在银行里生息,积到一定的数目,就可以用来出书了。于是,他们便称这叫"朴社"。这个名称是予同提出的。予同毕业于北京高等师范,听过玄同先生关于清代"朴学"的课,十分心折,所以提了这个名字。他也很喜欢朴素、朴质的"朴",便同意了。于是他与予同、颉刚、愈之、雁冰、伯祥、圣陶、六逸、陈达夫、常乃惪(燕生)等十人为发起人,大家集资出版书籍。由颉刚任会计。3月底,颉刚起草朴社宣言、社约;4月开会,将宣言、社约改定;9月底,刻印之;10月初,分寄各地。年内又有平伯、绍虞、济之、佩弦、乃乾、吴维清、潘家洵(介泉)、吴颂皋(缉熙)、陈万里等人入社。但颉刚去北京工作后,与上海同人之间在社务问题上发生了矛盾,1924年9月上海同人一度宣布该社解散,但还维持印书。后来,颉刚与平伯等人又照原来的办法,再联络北京的吴淮清、范文澜、冯友兰、潘家洵等十人,合资存钱,重办朴社,一年后还开了一家"景山书社"。他在上海仍然支持重办的朴社,他后来的名著《插图本中国文学史》就是交给朴社出版的。这是后话,按下不提。

再说当时商务还有一份《妇女杂志》,此时由章锡琛(雪村)主编,周建人(乔峰)协助。雪村长他九岁,乔峰长他十岁,乃鲁迅之三弟,二位亦文学研究会同人。《妇女杂志》以前也大量刊登"礼拜六"派的稿件,此时多被拒收,因此也常遭受上海滩上各小报的攻击。该刊提倡妇女解放和恋爱自由,有一次出了一期《离婚问题专号》,买者甚多,破例重版两次。可是馆内外顽固派却大为不满。王云五对该刊也感到头痛,然而因销数增加,王氏也没什么表示。但是,1925年1月,雪村办了个《新性道德专号》,并发表自己写的《新性道德是甚么》和乔峰的《性道德的科学标准》两篇学理性的文章,竟招来社会上的封建卫道者的强烈反对,"礼拜六"派集中的《晶报》《时事新报·青光》等,都发表了攻击性文章。不久,北京大学的陈大齐教授也在《现代评论》杂志上发表反对文章,并得到胡适的吹捧。雪村和乔峰不得不撰文答复,但《现代评论》又不予发表。于是,他们便在鲁迅主编的《莽原》杂志上,发表了反驳文章。不料,王氏这次以此事为借口,气势汹汹,要该刊每期将清样送审,大加干涉;随后在"五卅"运动中,雪村与乔峰组织的"妇女问题研究会"又积极参加以本书传主为首的"上海学术团体对外联合会"的活动,更使王氏不满。于是,王氏便免去了雪村该刊主编的职务,调到国文部;乔峰也被他调。该刊换了主编后,经常刊登一些荒唐的、封建的东西,还有女人应该怎样喂奶、怎样做蛋糕之类,使刊物销路一落千丈。他与愈之、圣陶等人,以及馆外友人吴觉农等,都十分愤慨,经过研究,决定帮助雪村另外自行筹办一个《新女性》杂志(后于1926年1月创刊),社址就设在商务附近的觉农家里,并由觉农出面当编辑发行人。此事为王氏等人侦知,便于年底悍然将雪村解雇了。这样一来,更激起他与愈之等人的义愤。他就介绍雪村到神州女校去教书,并把《文学周报》(即原来的《文学旬刊》改为周刊)和《文学周报社丛书》交给雪村的"妇女问题研究会"刊行。正是在他和其他友人的大力支持下,雪村于1926年8月1日正式挂出了"开明书店"的牌子。开明书店日后成为著名的出版社,这是王氏所始料不及的。正是因为有以上这样一段因缘,所以后来的开明书店与他、愈之、圣陶、雁冰等人的关系,就像一家人一样。这又是后话了。

这时,他一方面与商务当局中的顽固派时常处于尖锐对立的地位,并要不断地排除、抵制那些无理的干扰;另一方面,他又十分重视商务编译所这一重要的有影响的文化单位,更珍视与所里一批志同道合的友人的团结,共同为新文化事业辛勤地耕耘、锄草,也为商务的发展作出贡献。他主编《小说月报》后,仍然在繁忙的工作中继续期期亲自撰稿。刊物办得很出色,印数也有所上升。他在给启明的信中就曾说过刊物发行量大,"如欲鼓吹什么,倒是很好的地盘"。

当然,更重要的言论阵地,还是他以文学研究会名义主编的《文学旬刊》。该刊从1923年7月30日起改为《文学》周刊,至1925年5月10日创刊四周年时,脱离《时事新报》独立发行,改名为《文学周报》。后又归开明书店发行。该刊不是商务出版的,但主要编辑人与撰稿人都是商务编译所的同人、文学研究会会员。该刊出版周期短,反应快,又不必像《小说月报》那样受商务当局的掣肘,所以更尖锐,战斗性更强。自从他接编《小说月报》后,忙得焦头烂额,便请六逸担任《文学旬刊》的"主任编辑",后又公布他与雁冰、愈之、圣陶、六逸、伯祥、予同、平伯、颉刚等同人,以及刚从苏联回国的秋白为"责任编辑人";但实际主持人一直仍是他。直到1923年底,他在该刊发表了《郑振铎特别启事》,说明实在太忙,将主编的事交给了圣陶;但他仍然参与指导和具体工作。

在这前后,《文学研究会丛书》也继续由他主编,并在商务出版。他亲自编选了文学会早期主要诗人——佩弦、启明、平伯、徐玉诺、绍虞、圣陶、刘延陵和他自己——的诗歌选集《雪朝》，并作了序言，收入丛书中出版。此书深受读者欢迎，多次重版。他编的文学会会刊第一期《星海》，也作为丛书之一出版。后未见继续编下去，可能因为《文学旬刊》早已具有会刊性质的缘故吧。在丛书中，他编入了鲁迅的译著《工人绥惠略夫》《一个青年的梦》《爱罗先珂童话集》，秋白的《饿乡纪程》(书名被改为《新俄国游记》)《赤都心史》，还有圣陶、剑三、冰心、地山、雁冰、庐隐、老舍等人的最早的几本创作集以及翻译。他自己的著译收入丛书的有《飞鸟集》《新月集》《灰色马》《俄国文学史略》《太戈尔传》《印度寓言》《莱森寓言》等等，还有他和别人合作、或由他校阅并作序的《天鹅》《阿那托尔》《将来之花园》《人之一生》《诗之研究》等等。

这样，他几乎同时主持着当时国内最著名的文学刊物和文学丛书。在这些刊物上又常常以醒目的地位发表他的具有指导性的文学理论文章，或是批判封建旧文学和各种错误文学观的文章，产生广泛的影响。例如，有一个叫池田桃川的日本人，便在1921年8月15、16日的《读卖新闻》上发表的文章中，介绍了"批评家郑振铎"的有关评论，表示"深有同感"。这是我们看到的外国人最早对他的介绍。他在9月3日致启明的信中也提到了日本人的这篇文章，想来鲁迅和启明也一定是注意到了这篇东西的。

最值得一提的是，他在1921年6、7月发表的《血和泪的文学》《文学与革命》《光明运动的开始》等文。在这些文章中，他提出了一个1920年代初有名的革命文学口号——"血和泪的文学"。他说：在当时到处是榛棘，是悲惨，是枪声炮影的世界上，最需要的是"血和泪的文学"，而不是满口的纯艺术，剽窃几个新名词的东西，不是"雍容尔雅""吟风啸月"的冷血的产品。当时，他在"五四"时认识的朋友、《评论之评论》的主编费觉民从北京给他写来一封信，说："当今日一般青年沉闷时代，最需要的是产生出几位革命的文学家，激刺他们的感情，激刺大众的冷心，使其发狂，浮动，然后才有革命之可言。"对觉民这种不无幼稚的见解，他很理解和同情，并指出"革命之歌消沉,革命之帜不扬",而"只有文学,才能担任""引起一般青年的憎恶旧秽的感情的任务"。他认为"革命就是需要这种感情,就是需要这种憎恶与涕泣不禁的感情的。所以文学与革命是有非常大的关系的"。"把现在中国青年的革命之火燃着,正是现在的中国文学家最主要最伟大的责任"。他把自己从事的文学事业,看作是"点火"的工作,是从事"光明运动"。他认为文学家的责任有两重:一重是改造旧文学,一重是改造旧社会。他说:"光明的制造者,应该牢牢地记住这句话,不要把自己的使命忘了。"他的这些文章,在当时是极为难得的。他与觉民等人讨论"革命文学"的文章,又曾在《评论之评论》上发表,并在《晨报》上大登广告达三个多月,造成了相当大的影响和声势(觉民此时亦加入文学研究会)。

在倡导用新的观点进行文学研究方面,他有两篇论文最具有开创意义。一篇是1922年8月在《小说月报》上发表的《文学的统一观》,实为我国现代第一篇大力提倡、系统阐述广义的比较文学的专论,其眼界之宽阔、气魄之雄伟、理论之完整,在当时中国无出其右者。另一篇是同年10月1日《文学旬刊》上发表的《整理中国文学的提议》,这是我国新文学史上提倡用新观点、新途径整理研究文学遗产的一篇开山之论,既务虚又务实,涉及方法、手段、对象、目的各个方面,而且明白晓畅,要言不烦,目光远大,高屋建瓴,一扫以前文学研究中划地为牢的饾饤之风。这样的论文,就是在今天读起来,仍令人感奋不已。

在商务印书馆编译所工作的这位年轻人,已经成为国内最有影响的文学理论家了。

一三 他关心朋友

巴金后来在《悼振铎》一文中这样说:"他关心朋友,也能毫无顾忌地批评朋友，而且更喜欢毫无保留地帮助朋友。他为人正直，热情，喜欢帮助年轻人，鼓励人走新的前进的道路。三十几年来有不少的人得过他的帮助，受过他的鼓舞，我也是其中之一。"绍虞也说他"是我们一班年轻小伙子中最有生气最有魄力的人"，"是爱友若命的"。顾颉刚在1921年刚认识他的时候，就在日记中感动地记道："振铎好客，未见其比。在上海，租屋四十余元，自用不过两间，余悉借与人；买棕垫七付，备客来。"这几乎比古人的"陈遵投辖""陈蕃置榻"这样的典故还要生动。他一生帮助了很多热爱文学的青年走上了文学之路，这里我们主要说说1920年代前期的几则故事，因为那时候正是新文学发展最关键的阶段。而1920年代他本身也是一位青年。

我们先说郁达夫。郁达夫也是在他帮助下走上文坛的，这一定会有不少人感到惊讶！因为达夫不仅长他二岁，而且是与文学研究会齐名的创造社的元老。再说，本书下面还要讲到，正是达夫，在1921年9月起草发表的《纯文学季刊〈创造〉出版预告》和翌年5月创刊的《创造》上发表的《艺术私见》等文中，暗射本书传主等人"垄断文坛"、"压制天才"呢。但是，达夫的这些话，不仅是偏激的，而且是严重误会的。达夫在1921年7月30日写的《〈沉沦〉自序》中说："《银灰色的死》是我的试作，便是我的第一篇创作，是今年正月初二脱稿的"，"寄稿的时候我是不写名字寄去的，《学灯》栏的主持者，好像把它当作了小孩儿的痴话看，竟把它丢弃了；后来不知什么缘故，过了半年，突然把它揭载了出来。我也很觉得奇怪，但是半年的中间，还不曾把那原稿销毁，却是他的盛意……"达夫当时知道他正在编《学灯》，这段话便是针对他的。然而这却是冤枉了他。达夫不知道，最初投稿去时，他还没有从北京到上海来工作呢（当时的《学灯》主编是石岑，石岑当时还没有参加文学研究会）。只是后来当他从沫若那儿得知此事后，才立即从《学灯》的积稿中找出达夫此稿，并将它连载发表于7月7日至13日的《学灯》上（此事我们下面还将提到），而达夫却还感到不满和"奇怪"。这篇处女作"是不写名字"的，署的是"TDY"；不久，达夫又以颠倒过来的"YDT"笔名寄来第一首新诗《最后的慰安也被夺去!》,这次他立即将它发表于7月27、29日的《学灯》上。达夫的第一篇文学评论《〈茵梦湖〉的序引》,也是由他发表于同年10月1日的《文学旬刊》上。达夫的第一篇散文《芜城日记》,又是由他发表在同年11月3日《学灯》上的。这四个"第一篇",有力地说明了他决没有对达夫这样的"天才"做过什么"倾轧嫉妒"和"压制"的事;相反的,可以毫不夸张地说,达夫在刚刚跨上新文坛的最初几步,是得力于他的扶助的。

在文学研究会中,更有许多最早的会员,得到他的大力帮助。就说发起人之一的地山吧,也是在他的怂恿、促进下走上创作之路的。《小说月报》改革号上发表的地山第一篇小说《命命鸟》,就是他催促地山根据平时讲过的故事写成的,并把它推荐给雁冰发表。他还专门写了"附注",称地山"我的许哥哥","小时就在缅甸念书,对于缅甸的风土,非常地熟悉。这篇小说是写他在那里的时候亲见的一段故事"。后来,他又推荐地山的《商人妇》《换巢鸾凤》《缀网劳蛛》等小说在该刊发表。其中《换巢鸾凤》一篇,他还以笔名"慕之"写了一段附记,称赞它的"真"和"带有极浓厚的地方色彩",并指出:"中国现在小说界的大毛病,就在于没有'写实'的精神;上海有一班人自命是写实派,可是他们所做的小说的叙述,都是臆造的。只有《新青年》上的鲁迅先生的几篇创作确是'真'气扑鼻。本报上的《命命鸟》与此篇我读之也有此感。"这是对地山创作的最早的评价和最大的鼓励。(顺便提及,后来有不少研究者误把这段附记当作雁冰所作。)地山最初创作的新诗《看我》《情节》《邮筒》《做诗》《月泪》等等,也都是他拿去发表在他接编的《小说月报》上的。再如文学会另一发起人圣陶的儿童文学创作,也是因为他的促进和帮助而取得巨大成就。这在前面已经提到过了。圣陶的那本有名的童话集《稻草人》,就由他亲自作序,第一次从理论上深刻地阐述了圣陶儿童文学作品的价值。地山与圣陶的最初的作品,又都由他收入《文学研究会丛书》内出版。

第一批参加文学会的女学生庐隐,也是在他的推动下走上创作之路的。《小说月报》改革后,他即鼓励庐隐写稿,庐隐写了一篇小说处女作《一个著作家》交给他,他把它寄给雁冰,编入了第二期。后来,庐隐回忆说:"当然我没有敢希望一定可以刊登,所以心情也很紧张,直等了一个多月,我看见《小说月报》居然把它登了出来,这一喜,真正等于'金榜题名时',从此我对于创作的兴趣浓厚了,对于创作的自信力也增加了。"可见这对于她当时成为新文学第一代女作家,具有多么强大的促进力。从此她不断发表作品,而最使她出名的那篇《海滨故人》,也是由他亲手发表在他接编的《小说月报》上,以后又将以这篇小说为书名的她的第一本小说集,收入他主编的《文学研究会丛书》之中。在这篇小说发表之前,他在该刊发表了自己的一篇小说《淡漠》,把庐隐的恋爱故事暗暗写了进去;而庐隐则在《海滨故人》中也把他与世瑛的一段恋爱故事写了进去,这无疑是对他的一种"报应"。(关于这,我们以后还会谈到。)总之,庐隐的成名是与他大有关系的。

　　文学研究会会员王任叔之登上文坛,更是他一手提拔。1922年5月2日,身为浙东农村小学教员的任叔,给上海《文学旬刊》主编的他寄来一篇题为《对于一个散文诗作者表一些敬意!》的文章,评论了诗人徐玉诺的作品。该文立即被他刊登在同月11日该刊上,并在文后加了一段有力的按语:"我对介绍玉诺兄的任叔先生也表示十分的敬意。玉诺的诗已出现了半年多,却不曾有谁批评他。一直到了现在,才有一个任叔先生留意到。"这篇文章是任叔首次发表的文字,极大地鼓舞了这位比他小三岁的农家子弟。6月1日该刊上,他又发表任叔的来信,信中说写了一本诗《恶魔》,"鼓足勇气"寄给他,希望能帮助出版或择优发表。因为任叔没有写回信地址,他就在刊物上答复任叔,说:"我们虽不曾见面,但我却在《恶魔》中看见一个较见过面的更袒露更真切的一个你了。"他认为《恶魔》至少在"个性的真实表现"上很成功,因此他表示:"此集我必尽力为谋出版。现在且先在旬刊上陆续选登出来。"任叔见到这一答复以及选登的诗后,又激动地来信说:"承你的厚爱,奖励到我要哭了。"不久,7月30日,他与雁冰应宁波教育、学术团体的邀请,赴宁波讲学,与任叔首次见面,又给任叔很多鼓励。8月21日,《文学旬刊》上发表了任叔最初的小说。特别是10月10日该刊发表了任叔的《吃惊的心》和《大树》;并同时发表他自己的《杂谭》,指出:"中国的小说,向来少有真实的生活描写。所以'农民小说',中国是没有的",而任叔的这两篇小说,他认为"在中国可以说是创始之作"。这一评价是否准确,尚可斟酌(因为鲁迅已发表了"农民小说");但他充分肯定了任叔真实描写农民的现实主义创作,无疑是对作者的极大激励。他接编《小说月报》的第一期上,还一口气发表任叔的四篇小说和六首诗。在这前后,又吸收任叔加入了文学研究会。几十年后,任叔在《悼念振铎》一文中说:"我从事于文学事业,他无疑是我的导师和益友。"在任叔写的自传中也说:"一生中,文学事业上给我以最大帮助和影响的是郑振铎。"

任叔的第一篇文章中评价的玉诺,也是由本书传主发现并大力培养的诗人和小说家。说起来,玉诺其实还比他大五岁,不过玉诺在河南,他们当时没见过面。在玉诺的心里,他无疑是一位老师。1921年7月30日,他在《文学旬刊》上发表了玉诺最早的散文诗《冲动》,以后又陆续发表不少诗;8月30日,他又在该刊上发表玉诺最早的小说《遗民》,以后又推荐玉诺的小说发表于《小说月报》。接着,他便把这位没见过面的文学青年吸收进了文学研究会。前面已提到过,1922年1月他亲自编选了文学研究会主要作家的集体诗选《雪朝》,其中便选了玉诺;而且选了四十八首,为书中数量最多的一位。这年8月,他又将玉诺的第一本诗集《将来的花园》收入《文学研究会丛书》中,并亲自作序,给予很高评价。在1923年5月2日《文学旬刊》上,他发表《我们的杂记》,指出玉诺是一个很有希望的文学新人,"渴望"他能够"有伟大的感人的作品出来",并"很慎重地"推荐了玉诺的一篇小说《一只破鞋》。这篇小说便由他发表于《小说月报》。雁冰在1930年代还把它选入《中国新文学大系》中,并在导言中称赞了它。鲁迅先生对他发现的这位作家也很重视,曾打算编集出版玉诺的小说,并撰序评介呢!

文学研究会作家许杰,在晚年写的回忆文中提到:"我在《小说月报》上最早刊出来的便是一篇读后感,其次是一篇类于诗又不像诗、是散文又不像散文的抒情文章《祈祷》。以后引起大家注意的,而且得到茅盾在《中国新文学大系·小说一集》的导言里特别提起的,就是《惨雾》。"许杰在这里提到的这些作品,便都是在他主编《小说月报》时发表的。《惨雾》刊载于1924年8月号,而且正是在该刊6月号《最后一页》他提出要出"非战文学"专号后,许杰才赶写出来的。他在《最后一页》中说:"中国虽是一个以和平之国著称的国家,……然而,这不过一种很好听的饰词,在实际上,中国的内地,哪一处没有战争——残酷无比的战争……我们几乎每一天都有听见最恐怖的战争新闻。我们虽没有大力量,去直接阻止他们的行动,却愿以文字的感化力,来向国民为反对战争的宣传!"这段话感动和启发了比他小三岁的许杰,使许杰创作了第一篇小说、也是成名作《惨雾》。而长期以来,一些研究者对它的分析评论仅局限于所谓"乡土文学"一面,未能充分注意到它是"非战文学",尤其没有注意到本书传主与这篇小说的关系。因此,许杰特地指出这一点,并说:"这篇作品对我影响是比较大的。因为以前我发表的是读后感或抒情散文之类,真正的通过故事与人物的遭际来体现主题思想的小说创作,就从这一篇《惨雾》开始。""郑振铎对这篇小说还比较满意,于是引起我毕生从事文学创作的决心。"

文学研究会内还有很多作家得到过他的巨大帮助。如赵景深在1920年代初还是一个棉业专门学校的学生时,便与他通信,并创作《稻草煤炭和蚕豆》《樱桃树》等童话,发表在他主编的《儿童世界》上。景深最早翻译的安徒生的《小松树》,收入他主编的《童话》小丛书。景深最初创作的小说《红肿的手》,也由他发表在《小说月报》上,后也被茅盾选入《中国新文学大系·小说一集》中。景深后来多次说,在文学事业上"是他的忠实的追随者"。再如,诗人朱湘,与他"相交最深"(景深语),他也曾给朱湘以有力的帮助。广东文学青年梁宗岱、刘思慕等人参加文学研究会，组成广州分会，并在创作上取得成就，也都是与他的大力帮助分不开的。这些例子太多，这里就不一一记述了。而文学研究会著名小说家舒舍予（老舍）之登上文坛，更出于他的帮助；但因为这是1920年代后半期的事了，这里暂且不说。

文学研究会内还有两位"特殊"（因为他们后来成为中共高级领导人）的会员陈毅与张闻天，他们早期的文学活动也曾得到他的帮助。例如，陈毅曾以自己的经历为素材，写了一篇描写一个离家多年在外参加革命的青年回家探望老母的小说《归来的儿子》，就是由他发表于《小说月报》上的。陈毅在抗日战争年代军旅倥偬中，还向人回忆起此事，感谢本书传主的帮助呢（关于这篇小说，我们以后在有机会时还会提到它）。张闻天更曾在他主编的《小说月报》上发表大量的创作与译作及论文。例如，闻天曾与他一起讨论泰戈尔的文学与思想；闻天翻译的西班牙戏曲家倍那文德的《热情之花》，在1923年的《小说月报》上连载时，他还特地加了按语，表示"很感谢张闻天兄"，予以鼓励。

至于非文学研究会作家，除了前面提到的达夫外，还有很多人得到过他的重大帮助。例如丁玲，她的小说处女作和成名作是在本书传主1927年被迫出国后由叶圣陶代他主编的《小说月报》上发表的，因此，丁玲十分感谢圣陶对她的提携和帮助。但是，圣陶一共只发了丁玲四篇短篇小说。而本书传主从1928年9月恢复《小说月报》主编后，发表她的短篇小说有六七篇，其中包括丁玲在胡也频为革命牺牲后用马克思主义观点写作的第一篇小说《田家冲》；另外还在该刊连载五期发表了她的第一部长篇小说《韦护》。1930年他主编的十二期《小说月报》上，竟有九期发表了丁玲的小说。如此推荐的力度，是十分巨大的。现在那些评论者只说叶圣陶对丁玲的帮助，对本书传主却连提也不提一下，真是令人难以理解。其实，更难理解的事还有呢。

巴金比丁玲在文坛上晚出名，但巴金比丁玲更多次地强调自己是由叶圣陶"送进了文艺界"的。巴金晚年还专门写了一篇《我的责任编辑》，第一句话就是："我和丁玲同志一样，我的第一本小说也是由叶圣陶老人介绍给读者的。"至于那些巴金研究者，更是百口一辞、津津乐道地强调这一点。但这其实是完全不符合史实的！巴金最初在文坛露面，正是在本书传主主编的《文学旬刊》上。1922年7月21日，巴金以"佩竿"笔名在该刊发表了最初的创作《被虐者底哭声》（诗），正是响应本书传主的"血和泪的文学"的号召的作品。随后又陆续在他帮助下发表一些诗文。9月11日，该刊还发表巴金的来信，表示热烈拥护本书传主的关于文学"应该与这腐败的社会争斗"的思想，并对他的诗《悲鸣之鸟》表示极为佩服，说："我读这篇时已陪了不少的眼泪了。"巴金信中还请求他"常通信教导我"。1923年5月，巴金在成都《孤吟》杂志上发表一首诗《报复》，也是在本书传主《死者》一诗的启发下写成的。然而巴金在晚年却又表示，对这些诗文"没有承认它们是文学作品"。巴金想强调的是"我的第一本小说"，即其成名作《灭亡》，是由叶圣陶发表的。但事实是，《灭亡》也并非由别人，而正是由郑振铎连载发表在他早已恢复主编的1929年1至4月的《小说月报》上的。这时叶圣陶早已不编《小说月报》了。小说载完后，他在该刊《最后一页》中说："曾有好些人来信问巴金是谁，这连我们也不能知道。他是一位完全不为人认识的作家，从前似也不曾写过小说。然这篇《灭亡》却是很可使我们注意的。其后半部写得尤为紧张。"在这一年最后一期该刊的《最后一页》中，他还特地提到《灭亡》，说它"将来当更有受到热烈的评赞的机会的"。权威刊物的这些编者按，对这位比他小六岁的文坛新秀的鼓励有多大，可想而知。巴金自己也多次说过："在发表《灭亡》之前，我做梦也想不到我会成为'作家'。"随后，巴金第一篇问世的短篇小说，也是由他给发表的。

值得指出的是，巴金关于早年投稿的记忆似乎并不模糊，因为巴金还好几次提到本书传主退过其稿子。如1982年春，巴金在回答某研究生的提问时，就讲到"1924年，我还写过一个反战题材的短篇，投给《小说月报》，给退了回来。当时的编辑也是郑振铎,没有采用。"巴金这里讲的,就正是其对我们前面写到的本书传主在《小说月报》上所发"非战文学"启事的应征稿。当时,许杰的应征稿《惨雾》获得发表,激励了许杰一辈子;巴金的这篇不知题目的小说没有被采用(当是本书传主觉得未够发表水平),看来也对巴金很有刺激。后来,在本书传主发表了《灭亡》以后,巴金又于1930年春寄去了第二部长篇小说《死去的太阳》,他却作了退稿处理。巴金当时很不服气,在已经一举成名的情况下,比较方便地再找一个地方发表了。不过,巴金毕竟是巴金,很多年后他经过反思,还是诚恳地说:"编者的处理是很公平的。""为了退稿,我至今还感激《小说月报》的编者。一个人不论通过什么样的道路走进'文坛',他需要的总是辛勤的劳动、刻苦的锻炼和认真的督促。任何的'捧场'都只能助长一个人的骄傲而促成他不断地后退"。由此足见,本书传主退巴金的稿子,也是他对巴金的另一种形式的帮助。这以后,巴金仍继续受到他的帮助,这里就不多写了。

1923年6月,他从读者来信中看到题为《深夜的烦闷》的三首小诗。写得比较幼稚,但真实地反映了一个贫困青年在重压下的烦闷心理。他就将它发表于7月号《小说月报》上。不料,该期出版后第二天,诗的作者顾仲起便跑到编辑室来找他了。这位蓬首垢面的青年向他哭着诉说了与旧家庭及旧社会奋斗的经过。原来,仲起是江苏如皋白蒲乡人,比他小五岁,从小过嗣给伯父。继父家生活也不宽裕,而自从继父有了自己的孩子后,对仲起就十分冷淡了。从小在孤独与贫困中长大的仲起,好容易进了南通一个师范学校读书,却又因参加进步活动而被学校借故开除。遭到父亲和继父的大骂,便一气离家出走,到上海流浪。曾到码头、工厂当过工人,也做过出版社的校对等工作。仲起自述爱好文学,对他尊敬得近乎崇拜。以前曾向别处投过好几次稿,均未获发表;想不到这次竟被大刊物刊用,而且采用者又是自己最敬重的振铎先生!仲起的脸上泛起一丝感激的笑容,但不久又恢复了悲戚,从怀中掏出新写的小说《最后一封信》交给他。他立即匆匆扫读了一下,描写的是在黑暗社会的压迫下一个走投无路的青年要去自杀前写了一封悲哀的遗书。仲起并感伤地说:"我的希望好像永远陷入黑暗的阱中。那么,也只有向自杀之路走去而已!"他赶紧宽慰说:"不要太悲观,轻生不能解决问题。一起来想想办法,我一定尽力帮助你!"他又从身边拿出几元钱,说是他先垫上的稿费。仲起含着眼泪离去了。

他更没料到,第二天上班,又收到仲起的信,说是已经乘船离沪,准备跳海自杀!他惊愕了。当他昨天听仲起哭诉时,真的没想到仲起会真的就走上这条路的!唉,眼看着一个有才华的青年走上绝路,而自己竟没能伸手拦住,那是多么痛心啊!他又仔细地读了一遍《最后一封信》,并将它立即插入下一期《小说月报》发表,还写了一段附记,说明上述情况,最后写道:"我只希望他能收回这个可怕的决定,平安地再回来!"刊物出版后,立即引起社会轰动,读者纷纷来信来稿,关切地打听仲起的下落。还好,这次仲起经过激烈的思想斗争,没有真的自杀,回到上海,并根据这次经历又写了一篇《归来》。他又为它写了附记,发表于9月号《小说月报》上。此后几期《小说月报》上,他还发表仲起的《风波之后》《碧海青天》等作品。仲起就这样登上了文坛,成为当时一位引人注目的作家。

回到上海的仲起,最亲的人就是他。仲起当时写了一首诗《园丁——示郑西谛》,感激他对自己的栽培:"园里的花儿,/虽然长了深浓的绿叶,/现了几枝花朵,/但是园丁不来灌溉培栽,/花儿也许不能放开,/朵儿也许要萎衰!/……唉!园丁呀!/你为什么还不来?"(这首诗后发表于一年后的《时事新报·学灯》)这时仲起身体很不好,他就让仲起住到自己家,并帮他医治。仲起后来在自传体小说《残骸》中写道:"他进了书店C先生[按,指在商务工作的本书传主]的家庭以后,他发热,两眼发花,他病起来了。叶子[按,指顾仲起]病复原的时期是在九月的天气,……由编辑C的怜爱,将他送在G医院中诊治。……叶子出院以后,正是C君结婚的期间,C君将他寄在一个朋友家内居处,C君和他的新夫人到杭州度蜜月了。"

故事还没有结束。他不仅发表仲起的作品,无微不至地照顾仲起,他还要尽更大的努力帮助仲起。他找商务当局,希望能让仲起进编译所工作,但商务当局未同意。他又去找雁冰,他知道雁冰是中共中央联络员,提议索性送仲起去参加革命。在这里,我们得插叙一下他如何知道雁冰这一秘密身份的经过。

当然,他本来就知道雁冰的思想很进步、很深刻,与仲甫等人交往密切,甚至要超过他和仲甫的关系。但他最初并不知道雁冰在党内的情况。从本年起,他接替雁冰主编《小说月报》,但雁冰特别关照:凡寄自己的信都请他注意收转。不久,他接连发现写着"沈雁冰先生转钟英小姐收"的信,不免有点好奇:这位"钟英小姐"是谁?怎么没听雁冰说起过?难道雁冰瞒着我在外面还有个相好的不成?反正自己与雁冰是亲密无间的朋友,有一次,他也没有多加考虑,在好奇心的驱使下,竟拆开来看了。不看不知道,一看吓一跳!原来,那是共产党地方组织给中央的信。"钟英"者,"中央"也!他赶紧将它收藏好,等雁冰回来后,马上承认了拆信事。好在雁冰是信任他的,只是叮嘱他绝对不可外传。

这时,他与雁冰商量:广东的黄埔军官学校正在招生,那是在中共和苏联帮助下以培养北伐革命人才为目的的军校,能否把仲起推荐去呢?雁冰便写了介绍信。他俩还凑了一点钱给仲起作路费。1925年1月,这个青年含着激动的泪花南下,成为黄埔军校第三期学员。不久,仲起便在军校加入了中国共产党,还参加了"血花剧社"(领导人周恩来,成员有陈赓等)。1925年10月,他在自己主编的《鉴赏周刊》上发表了仲起寄来的《革命文学论》,文章提出:"打倒军阀,打倒帝国主义的口号,便是我们的文学家创作之材料了。""同志们,时候到了,再等一会儿就要亡国,就要被高鼻子,大胖子,来奴隶我们,牛马我们,我们快起来,做革命文学的工作吧!"仲起参加了东征和北伐,曾任排长、连长。随军抵达武汉后,参加了雁冰发起的"上游社"。大革命失败后,仲起回上海并参加"太阳社",继续从事革命文艺工作,还担任中共南通特委军事委员,领导了 1928 年如皋"五一"农民暴动。次年春,由于女友被当局杀害等因,在极度悲痛与困苦之中竟自沉黄浦江……

　　本书传主帮助燕志儁的故事也是非常感人的。1924 年初,他收到从山东泰山脚下寄来的一封信,内中夹着两首小诗。从那幼稚的笔迹和那粗糙的土纸来看,那是一位贫穷的山村少年的处女作。他没猜错,志儁当时只有十六、七岁。他读了这两首诗,觉得有点泰戈尔诗的清新味,虽然还显得很稚嫩,但为了鼓励和培养文学新人,他决定刊用。他不知道,志儁的这两首诗,正是读了他在《小说月报》上发表的泰戈尔的译诗而模仿着创作的。《小说月报》2 月号发表了这两首诗后,使这位因病休学在家的山村少年兴奋得睡不着觉。于是,又不断地给他寄稿子去。除了诗以外,又有散文和小说。他不仅在《小说月报》上陆续发表,还拿到《文学周报》上去发表,还经常一期就刊登二、三篇。这样,一位山村少年便成了 1920 年代产量甚丰的作家了。随后,《语丝》《莽原》《北新》《一般》《开明》等新文学刊物上,也都发表了志儁的作品。他还写信去给予热情鼓励和指点,并邀请志儁参加文学研究会;可惜这位少年作家当时还很幼稚,不知道文学研究会是干什么的,竟没有回信答应参加。

　　到 1930 年代后,这位作家的名字很少在刊物上见到了。他也许有点纳闷,但这样的事是常有的。他只知继续为新文学事业埋头工作,继续帮助青年作者;他不知道,原来这位他发现和培养的文学青年,已经参加了实际的革命斗争。1932 年加入中国共产党,曾任地下党农村支部书记、区委书记、县委委员。1938 年参加山东徂徕山起义抗击日寇,后历任中共泰安县委宣传部长、地委宣传部长等职。可见在拿起枪杆子的同时,也没有丢掉笔杆子。解放后,任中共青岛市委宣传部副部长、山东省委文教部副部长,以及山东省文联副主席等。照理说,这时志儁常去北京开会,又与剑三一起在山东工作,而他也去山东作过视察,但他们却从未见过面。而此时志儁已改名为燕遇明,当然即使见了面,他也不会想起那就是几十年前的那位山村少年作家了。

然而，故事还有一个动人的结尾。1982年的春节，这时我们的传主已经逝世二十多年，燕遇明也已是七十五岁的老人了，正躺在病榻上，却向家人口述了一篇《忆振铎老师》。第一句话就是："振铎老师虽然没给我上过课，甚而是没会过面，互不认识，但我仍要称他为老师，而且是影响到我一生的道路的许多老师之一。"文章深情地回忆了最初在他帮助下发表文学作品的往事，深深后悔当时没有回信参加文学研究会，并说："以后，我才认识到是振铎老师引导我走向新文学这条道路的，对我的一生来说是很重要的。当时有些青年，往往是首先接触了进步文艺书籍而后转向革命的。从这一点来说，进步文艺是引导青年走向共产主义世界观的桥梁之一。我个人也是这样，从热爱进步文艺，又进一步读了一些马列主义的书籍，而后参加了中国共产党。我受到振铎老师的培育，虽然在文学创作上没有多少成就，没有成就的原因之一，恐怕正是没和他主动联系，求得一些可贵的帮助。……但总起来说我还是当了一个几十年的革命文艺工作者。这件事当然有各方面的原因，但振铎老师在我青年时期把我引向进步文艺这一点，确实是其中的重要原因。我认为这些就是生活发展的辩证法，很值得深思的。"非常非常可惜，这样的肺腑之言，我们的传主是永远听不到了！同样非常可惜的是，当这篇文章于1982年7月21日发表于《柳泉》杂志时，其作者却已于6月19日病逝了！多么感人啊，这位老人在临终前回顾自己光荣的一生，这样深切地感谢一位不曾见过一面的"老师"！难道这不是人间最动人的故事吗？

一四　同道的发难

要是文坛上都是这样动人的故事，那有多好；然而不，文坛历来是"是非之地"，风波时起。新文学工作者与旧文人之间的斗争，当然不可免。可是同属新文坛的,有时也会闹一点内讧。那也大多并不是无谓的误会,而是不同理论倾向、思想方法、人生态度和为人作风的碰撞。有的人特别忌讳谈文坛论争。如果论争的双方都是进步人士,他们便或者避而不谈(隐瞒),或者把吵架说成拥抱(自欺欺人),或者各打五十大板,以显示其公正(昏庸)。然而,我们认为写传记必须真实,必须反映或恢复历史的本来面目。

1920年代前期,我们的传主身不由己地卷入过两次较大的文坛论争。一次是与"觉悟"的人们争,一次是与"创造"的人们争。而前一次论争,久已为人忘却,甚至被人与后一次论争混为一谈,还编入了有关文学研究会资料的工具书里。

所谓"觉悟"的人们,指的是上海《民国日报·觉悟》上的G.D.、汉胄(刘大白)、力子(邵力子)等人。力子是《觉悟》的主编,要比他大十六岁;大白是该刊主要撰稿人,又是有名的新诗作者,比他大十八岁。这二位他都是认识的。至于G.D.是谁,下面将有交代。

《觉悟》是当时新文化运动中著名的副刊之一。该刊本来对他的文章十分重视。当他还在北京读书时,该刊便常常主动转载他的文章。而且,他也曾将文学研究会的《宣言》《简章》,《文学研究会丛书》的《缘起》等,交给《觉悟》发表。他到上海工作后,也曾几次向该刊投稿,并得到发表。可以说,该刊本来与他非但没有任何矛盾,而且还是十分相得的。1921年4月,他开始参加上海另一大报《时事新报》副刊《学灯》的编辑工作。至7月17日,《学灯》主编李石岑发表启事,宣布由本书传主继任主编;他也同时发表《西谛启事》,表示将有所改革。仅隔一天,《觉悟》上就借故对他突然发难。

7月19日,《觉悟》发表化名G.D.的《什么是两性问题?——质问〈时事新报〉西谛君!》,针对着16日他在《时事新报》发表的《性的问题》一文。他的那篇文章的中心思想是:青年人应该首先投身于革命事业,不应沉湎于谈情说爱中,"牺牲全部精神,日扰扰于这个问题,未免有些不价值,并且有些不应该吧!"他指出:"在俄国革命潮汹涌澎湃的时候,性的问题,也常常地扰扰于革命青年的心中;但他们决不为这个问题所拘束,他们同时向他们底目标——革命——努力进行"。可以看出,这篇文章是与本书前一章提到过的他在北京时发表的《反对"自由恋爱"!》《对于青年的一个忠告》的观点是完全一致的;而且,《对于青年的一个忠告》一文,当时的《觉悟》还特地转载过呢。

但是,这一次《觉悟》可就吹毛求疵,大做文章了。然而G.D.又提不出什么正当的理由来反对他的观点,只不过抓住他文章的标题不放,指责他谈的不是"性的问题",而是"恋爱问题"。是的,"性"和"恋爱"不是同一概念;但看文章得看其内容与观点,仅仅抓住非本质的微不足道的东西而大兴"质问",又有什么意义呢?不料第二天,《觉悟》又发表汉胄(大白)的《对于西谛先生〈性的问题〉的疑问》,继续提出这样的"疑问";第三天,该刊又发表汉胄的《性的问题真小吗?》。真不知他们想干什么。

为此,他在21日写了一封信给大白,诚恳地解释了自己的观点,并指出:"我总以为食的问题是比两性问题要紧得多。""我们现在所应讨论的,乃是:用什么方法去打破现代的经济制度。Bolshevism[布尔什维主义]或是Guild socialism[基尔特社会主义]或是Anarchism[无政府主义]?革命主义,或是无抵抗主义?这是我们急需讨论的。""比较恋爱问题更要讨论的事,实是非常的多。中国的军阀,如何可以斩除;应该用什么方法来传播社会主义;……这些不都是比恋爱更重要的问题么?比较恋爱更要做的事有多少呀!学问的研究,民间的宣传,……这不都又比恋爱要紧么?一天到晚只谈爱情,这种人你知道现在有多少呀!"谁知他寄出这封信后,大白却又在24日《觉悟》上发表《太说不过去了!》,文中甚至使用了骂人的话。他觉得太气人,于是在27日《学灯》上发表了《我想谁也是不配骂人的罢!》。至于那位首先发难的G.D.,他怀疑可能是戴季陶(G.D.正是"季陶"的拼音缩写)。他本来对戴氏就颇有反感,于是在28日《学灯》上发表了一篇《变节》,点名揭露戴氏"向以社会主义者著称",现在却"被举为神州信托公司的董事"。"以前很有些变节的人,在天下易主的时候。现在也正当社会主义与资本主义争斗的时候,变节的人自然也不少。不过以前的变节的人却很识时务,看看风色不对就赶快归命新主。现在戴先生却是由'新主'而归命于'旧主',归命于末日将至之'旧主'。也未免有些太不识时务了吧!""没有确实的坚信心,只是穷极无聊,姑标社会主义之帜以自慰,以欺人,以图利用的人,迟早总是不免要变节的吧!"最后,他强调指出:"这不是小事,第四阶级的人也应该小心小心。提防那些变节的利用的社会主义者。"30日,他又发表《言行合一》一文,又一次揭露戴氏言行不一。

这样一来,《觉悟》上可热闹了。29日,力子发表《总不至于堕落到那样地步罢!》《只有他配骂人罢!》。8月1日,大白发表《站在"不配骂人"的地位上的骂人声》《"正当的辞正义严的谩骂"》。2日,大白发表《我和郑振铎君底"麻烦"》《请看西谛君底"言行合一"!》。4日,大白又发表《问西谛君》。这些文章均没有任何理论价值,只是纠缠不休,刺激甚至骂人。对此,他只在7月30日的《文学旬刊》上发表了一则"杂谭"《问汉胄君》,指出:"有理的谩骂也不应该常出口,何况自己没有立足地而张口就骂呢!这真是'太说不过去了!'"他的文章中没有一点"骂人"的话。他只是在批戴氏的文章中语调尖锐一点,便引起对方如此恼火,他更加怀疑G.D.就是戴氏了。然而,他批戴氏言行不一,有什么错?如果这也算"骂人"的话,那么,他骂得有理,骂得及时,骂对了!戴氏不久便更公开地"变节","卖了自己,反戈向第四阶级进攻"。他是最早揭露戴氏"变节"的人,这一点即使在今天的革命史上,也是应该记一笔的。

然而,8月7日,G.D.却又在《觉悟》上发表了《和郑振铎君的麻烦》,甚至扯到他的翻译作品的错误,以及"抄袭"(当然,这是无中生有的诬蔑)上去了,还骂什么"简直是'鼠窃狗盗'者的行径"等等,那就更全是人身攻击了。于是他写一信给《觉悟》转G.D.,要求不要骂人,并希望亮出真名来。但《觉悟》在9日发表"衡石"的《辩论中的奇闻》,认为他的正当要求是奇谈怪论。而G.D.非但不敢亮名,反而又于11日发表《复西谛信》,再次无理挖苦嘲笑。当时,张东荪在一旁说了几句劝解的话,《学灯》又在8日发表力子《"将错就错铸成大错"的东荪君》,说东荪与他是"物以类聚"。而大白更在11日发表《不知"性的问题"的东、西说什么东西》,把东荪与他的名字(西谛)连在一起嘲弄了一番。

总之,这是他一生中遇到的第一场笔墨官司,也是一次很无聊又颇奇怪的发难。说它无聊,是因为发难者未提出什么学理上的问题;说它奇怪,因为一直关系不错,却不早不晚在他刚编接《学灯》时突然发难,而且延续近一个月,发表了十几篇攻击他的文章,好像是有组织的行为。再说,G.D.究竟是不是戴氏?这其中似乎有什么背景?连他当时也不完全明白。8月4日,他给北京的启明写信,提到此事:

> 《学灯》我把它答应下来编辑,实是大大的失计,许多有党见的人都尽力地来攻击,这种举动,真使我吃惊而且悲哀。我是刚入世做事的,对于他们这种行为真有些不解。人类到现在还是没有觉悟,国界种界的界限已经把人类隔离到如此,还要再用党界来隔离自己,真是可以痛哭不已!我因此痛苦了好几天,打算把它辞掉不干。后来想想还是干下去,我只尽我的能力,本我的良心做去,别人的能够了解不能了解,可以不用管他,我也不愿意同他们作无谓的辩论,无论他们是如何的人,趋向总是相同的。我们要注全力来对付近来的反动——《礼拜六》一派人的反动——呢,自己人打架,不惟给他们笑,而且也减少效力不少。

人类总是要分党分派的,这本身倒不能说是"没有觉悟"的事;但不管为了什么动机去"攻击"对方,至少是必须讲道理,不能无理取闹。他已感到这场风波是因为他接编《学灯》而来的,看来这一点是猜对了的。他又于9月

3日致信启明,说:"在现在黑雾弥漫的时候,走一条路的人自然应当结合坚固,共同奋斗。察现在的形势,却谈不到此,简直没有法子去联合他们,真是极可痛心。我想,对于走一条路的人,如果意见稍有不同,只应讨论,而不应谩骂。"可见,他始终把大白、力子等人与戴氏、与"礼拜六"派区别对待,认前者为同道之人(顺便提及,后来他终于与他们搞好了团结,大白还加入了文学研究会)。他认为同道不应"打架",意见不同不应谩骂。这一原则,无疑是正确的。他也正是这样做的。

然而,他又没料到,紧接着一场更大的论争已悄悄地向他逼来了。那就是创造社的郭沫若、郁达夫、成仿吾等人对他和雁冰的发难。

9月29日,《时事新报》第一版,发表了创造社全体同人署名的《纯文学季刊〈创造〉出版预告》。那是达夫起草的。其中锋芒毕露地说:"自新文化运动发生后,我国新文艺为一二偶像所垄断,以致艺术之新兴气运,澌灭将尽。创造社同仁奋然兴起打破社会因袭,主张艺术独立,愿与天下之无名作家,共兴起而造成中国未来之国民文学。"当时,他正好为祖父迁葬之事到福州去了,一个月后回到上海,雁冰等人才把这则出版预告给他看。朋友中有点纳闷的是:所谓"垄断"新文艺并使其"澌灭将尽"的"一二偶像",究竟指谁呢?他记起,年初1月15日《学灯》上,曾发表沫若从日本寄来的致石岑信,其中指责"国内人士只注重媒婆,而不注重处子;只注重翻译,而不注重产生",同时就提及"当打破偶像崇拜"。当时,他不赞成将翻译比作"媒婆"的说法,曾发一则短文表示商榷,沫若还来过信,说"虽然彼此意见有些不同,但是你那堂堂正正的批评的态度是我所十分欢迎的"。据沫若后来说,当时给石岑信中发这通牢骚,起因是对1920年双十节出版的《学灯》增刊的编排顺序有意见。今查那期增刊,依次发表了启明翻译的波兰作家的《世界的霉》、鲁迅创作的《头发的故事》、沫若创作的《棠棣之花》和本书传主翻译的俄国作家的《神人》。沫若解释说,当时看到鲁迅的创作被"屈居"于启明的翻译之后,令人"不平",因而说了"媒婆""处子"一番话。但沫若忘了自己在其他文章中发表过对鲁迅这篇小说的微辞；而且，本书传主的翻译，不正排在沫若的创作之后吗？可见，真正使沫若不满的，并不是因为鲁迅创作排在了启明翻译之后，而是自己的作品"屈居"于"偶像"之后的缘故吧？

现在，以创造社全体的名义，又提出了"偶像垄断"的问题，这究竟是何所指？他是一个直性子的人，沫若又正在上海，他便去当面问了。沫若说也不知道，他也就相信了沫若的话。11月3日，他给启明的信中说："郭沫若、田汉登的《创造》的广告，实未免太为可笑了。郭君人极诚实，究不知此广告为何人所做。"其实他自己才是太诚实了。

由于他和雁冰都木木然未察知这些"偶像""垄断"的话已从最初暗指周氏兄弟而扩而大之针对文学研究会，因此，他们也就未作出什么反应。而《创造》又迟迟出不来，直到1922年5月1日才正式发行。在未读到它之前，他还怀着高兴的心情在同一天出版的《文学旬刊》的"新刊介绍"栏中，作为兄弟刊物向读者作了推荐。

然而，当读到《创造》创刊号上沫若、达夫的文章后，他和雁冰就不能不都感到惊异了。达夫在《艺术私见》中说："文艺是天才的创造物"，而"天才的作品……以常人的眼光来看，终究是不能理解的"。文中甚至用了骂人的话说："现在那些在新闻杂志上主持文艺的假批评家，都要到清水粪坑里去和蛆虫争食去。那些被他们压下的天才，都要从地狱里升到白羊宫里去呢！"沫若在《海外归鸿》中也说："我国的批评家——或许可以说是没有——也太无聊，党同伐异的劣等精神，和卑鄙的政党者流不相上下"，"简直视文艺批评为广告用具"，还"爱以死板的主义规范活体的人心"，"简直可以说是狂妄了"。他们这样嫉恨的主持文艺报刊的"假批评家"，除了暗射他与雁冰外，还能指谁呢？而且，《海外归鸿》中的第一封信，是1921年10月6日沫若写给达夫的，其中透露了达夫在当年9月26日就写信告诉沫若关于《创造》的出版预告事，沫若并说看到报上刊出这则预告后"感得快意"，还说"我们旗鼓既张，当然要奋斗到底"。那么，沫若绝不是"不知此广告为何人所做",而是商量好了要突然向他和雁冰为首的文学会发难,以反对他们所谓的"党同伐异"、"压制天才"。

原来如此!

可是,他实在想不出自己和雁冰在什么时候压制过创造社的什么"天才",有过什么"卑鄙""狂妄"的劣行。就说沫若、田汉,他不是一开始就曾邀请他们一起做文学会的发起人吗?至于没邀请达夫、仿吾,那是因为当时他们还未走上文坛,当然他也不知道他们的名字。去年半淞园相聚,虽然沫若谢绝参加文学会,但他后来又再次通过石岑等人劝过沫若两次。至于沫若投给《学灯》的诗稿等,他总是尽快刊出。如诗集《女神》的序诗以及《孤寂的儿子》等诗,还是他亲自到沫若那里拿去发表的。郑伯奇也是创造社发起人,写的第一篇评价《女神》的论文,也是由他拿去发表在1921年8月21日《学灯》上的。伯奇在三十多年后公正地说:"那时候,评价作品的文章似乎还不大流行,我的文章虽然很浅薄,居然受到振铎的称赞和鼓励。由此可以看出,创造社和文学研究会当时似乎是并无芥蒂的。"另外,就在半个月前,他还曾在《文学旬刊》上发表了创造社另一位发起人张资平的评《女神》的文章呢!

对于沫若的创作和译作,他和雁冰一直都很赞赏,并且都曾在文章中作过高度评价。雁冰称《女神》是"空谷足音",他称沫若的翻译是"晨鸡偶唱"。这又怎么能说是"党同伐异"?至于达夫,我们在前面已经讲过他发表达夫四个"第一篇"的事了。而且达夫的第一篇文学批评,还是在《创造》出版预告发表以后投寄给《文学旬刊》的。而达夫的《沉沦》出书后,最早比较公正地写了评论的正是雁冰,肯定它基本是成功的,同时也指出了它的缺点。而当《沉沦》受到封建卫道者攻击时,又是被暗射为"偶像"的启明站出来作了权威性的评论,保护了达夫。这又怎么能说是"假批评家"呢?更令他和雁冰伤心的是,他们严肃认真地倡导"为人生的文学",竟被诬为"以死板的主义规范活体的人心"!

他们百思不解的是,达夫这样一位性情真率的同龄人(与雁冰同岁,比他大二岁),为什么会这样怨恨他们,并且骂这样难听的话呢?原来,从达夫1921年6月14日脱稿的纪实作品《友情和胃病》中可以看到,这年5月底沫若从上海回日本,于6月5日见到达夫,当达夫问及上海文坛情况时,沫若曾大发感慨说:"再不要提起!上海的文氓文丐,懂什么文学!……一些谈新文学的人,把文学团体来作工具,好和政治团体相接近,文坛上的生存竞争非常险恶,他们那党同伐异、倾轧嫉妒的卑劣心理,比以前的政客们还要厉害,简直是些Hysteria[歇斯底里]的患者!"这篇作品是与沫若见面后不久写的,又经沫若看过。而这里所谓的"新文学团体",当时除了文学会还有哪家呢?沫若不是刚刚在半淞园与郑、沈二位友好地见过面吗?怎么又这样说呢?而这番话对达夫来说,不啻火上浇油。因为他多年未回国,不了解国内文坛情况,年初寄给《学灯》的处女作《银灰色的死》,又杳无音信。达夫从沫若处了解到振铎是《学灯》的主编,因而自然便把一腔怨怒都记在了他的头上,并将整个文学会视作了"假想敌"。达夫要沫若回国后便向他索回那篇稿子。然而,关于此稿耽搁未发是完全不能怪他的,这一点本书上一节已经说过了。

面对创造社的发难和谩骂,雁冰忍不住了。他们商量后,由雁冰出马,用笔名"损",在5月11日至6月1日,分三次在《文学旬刊》上发表了《〈创造〉给我的印象》,逐篇评论了该刊创刊号上的作品,以表示他们并不是像沫若《海外归鸿》中说的对"团体外的作品……便一概加以冷遇而不理";同时,并对达夫和沫若文中的攻击作了反批评。雁冰文中虽然表示了对自称"天才"者的不满语气,但绝没有对方那种污言秽语。应该说,这是正常的文学批评。除此以外,他们也没有发表什么"反击"文章。

然而对方却更恼怒了。沫若在6月24日写《批判〈意门湖〉译本及其他》,便骂雁冰是"鸡鸣狗盗式的批评家""丑态""白描空吠"等等。又在7月11日为《创造》第二期写的《编辑余谈》中,骂文学会是"依恃人多势众可以无怪不作"的"暴力"集团。他们还把7月号《小说月报》上雁冰完全是批判"礼拜六"派的《自然主义与中国现代小说》，看作是针对达夫的小说和他们的文学主张的；甚至把一年以前《文学旬刊》上本书传主提倡"血和泪的文学"和批评某些"盲目的翻译家"的文章，都当作是针对他们的文学主张和沫若的翻译的。这除了表明他们过于敏感外，也表明了他们的文学主张确实与他和雁冰有所不同。

文学思想上的不同见解，本是可以争鸣的。沫若便在7月27日《学灯》上发表《论文学的研究与介绍》，8月4日又在《学灯》上发表《论国内的评坛及我对于创作上的态度》。这两篇文章明白地提出了自己的文学观点，正确与否这里不作评价(不过可以一提的是，几年后沫若本人对这些观点都作了自我否定)；但两篇文章都反而指责文学会"骂人"，这却不合乎事实。对此，雁冰在8月1日《文学旬刊》发表《介绍外国文学作品的目的》，从理论上与沫若商榷；他则在11日《文学旬刊》上发表一则《杂谭》，平心静气地解释去年自己发表《盲目的翻译家》一文的目的，并将原文附录于后，请广大读者看看他有没有"骂人"。这是很坦诚的。

这时，达夫忽感到这样闹矛盾没有意思，便想出一个主意：在8月2日《学灯》上发表一篇《〈女神〉之生日》，建议趁《女神》出版周年之际，邀请文学会作家与创造社作家一起开个纪念会，双方沟通、缓和一下。虽然，达夫在文中仍然安下了诸如"只知党同伐异，不知开诚布公""骂人的机关"等钉子；但在开会的前一天晚上，达夫硬拉着沫若来找他，请他们参加。他高兴地答应了，并说要多多邀些文学会同人出席，还建议可借这个机会商量一下组织作家协会的事。第二天晚上，他拉雁冰、六逸、剑三、庐隐等人应邀出席了在一品香饭店举行的这次聚会。据应修人日记："晚静[汪静之]来，六点半，同到'《女神》生日纪念会'。到者约三四十人。上海知名的，大概都到。沫若、达夫都诚挚而和蔼。王统照、郑振铎、王怡庵、滕固都好。十点摄影，散。"气氛好像很好。但雁冰那天其实不很高兴，因为就在昨天4日的《学灯》上,沫若的文章还在说雁冰"隐姓匿名,含沙射影"呢。雁冰有点情绪是可以理解的。难以理解的倒是达夫,就在自己拉沫若来找他的这天(4日),竟还"创作"了一篇"小说"《血泪》,生造了一个所谓"人生艺术主唱者",来丑化、嘲笑他和雁冰很严肃地提倡的"血和泪的文学"。这篇小说发表于8日至13日《学灯》上,不过当时本书传主因为太忙并没有注意到。他只是在9月1日《文学旬刊》上发表给沫若一信,说:"你往往误会我们'伐异'以及其他一切,其实我们决没有这种心思。"

到11月初,他忽收到一位读者汪馥泉寄来的《"中国文学史研究会"底提议》,其中谈到创造社和文学会的争吵,还提到达夫的这篇小说,认为是"故意别解"了他提出的"血和泪的文学"这个口号。他和雁冰都在汪氏此文后加了附言,发表于11月10日《文学旬刊》上。他生气地说,本来倒没有注意这篇《血泪》,但"我不知达夫一个很直爽的人却这样地会疑心。……当面嘻嘻笑,背后却在讥骂,这种人我是不屑为的。如果是要骂人,索性连见面也不招呼,倒真是'直爽'!我虽是文学研究会的会员,但我对于创造社的诸位,向来是绝无恶感……"不久,25日出版的《创造》第三期上,沫若在《反响之反响》一文中又说什么中国"原只是'睚眦必报'的世界,'一分颦笑见恩仇'的世界"。他和雁冰商量了一下,觉得对方敌忾气太强,决定不去惹他们,还是只顾做自己的工作,随他们去。

这样,1923年2月《创造》第四期仿吾发表长文《创造社与文学研究会》,对文学会颇有攻击,但他们没有理会。仿吾在这以前没有参加论争,是因为人不在上海,而这时却越骂越凶了。随便举些例子:5月1日《创造》上的《雅典主义》一文,仿吾抓住雁冰翻译中的一个差错,大事挖苦。5月13日《创造周报》创刊号上,仿吾的《诗之防御战》,批了文学会很多诗人,并用了"令人作呕""浅薄无聊""鄙陋的嘈音"这类话。9月2日,仿吾在《创造周报》上发表"小说"《牧夫》,说什么"无知的群小所盘踞的文学界,万恶的政界一般的文艺界","朋比为奸,利用政党式的组织,欲以离奇的介绍与错误的翻译书来垄断一个时代"。还骂什么"鸡鹜般的争逐,与狐狸般的欺狡"等等。11月2日,仿吾在《创造日》发表《终刊感言》,骂人家是"败类""一知半解之徒""市井无聊之辈"等等。12月2日《创造周报》上,仿吾《郑译〈新月集〉正误》更骂他"诬人欺世","胸中作呕非吐出不行","郑君的译书资格已经自行取消了"。1924年2月28日《创造》上,仿吾《批评的建设》影射文学会为"狐群狗党互相称誉,非我族类便任情暗刺明讥"等。4月13日《创造周报》上,仿吾《江南的春讯》《矮丑的说道者》二文,也是影射、骂人。4月27日《创造周报》上,仿吾《文学界的现形》,骂得更厉害,什么"利用丰厚的资本,拉人组织研究会,以人生主义相标榜,而以颓废派的名称加在别人头上",什么"他们是一些政客,他们专事植党营利,以利相诱,他们的目的不在新文学的建设而在像把持政权一般把持文学界的势利",并又使用了"狐群狗党"之类骂人话。5月29日《创造周报》上,仿吾《批评与批评家》《一年的回顾》中,又骂文学会是"不义的以利相结的文学团体","一群妖鬼","利用他们的财力与机关,专门假造一些时人所深忌的名称加在别人的头上","托荫在资本家的高墙下的他们,依然在肆行无忌,在暗咒而静待我们的疲惫而死"等等。

沫若也继续在1923年10月28日《创造周报》上的《批评——欣赏——检查》中,暗射雁冰和他是"指鹿为马的赵高,剧秦美新的扬雄,化媸为妍的毛延寿,投清于浊的李振"等等。达夫则在7月14日《创造周报》发表《批评与道德》,虽未必全是针对文学会(同时也是针对当时批评过达夫的胡适等人),但极为难听,骂人家"不学无术,天良昧尽","也许有人来铸你们的铁像,但到后来怕终不免化成溺器呢"等等。

创造社一方不仅无休无止地攻击漫骂,而且正是他们自己,才真的干出"党同伐异"的事来了。当时有一位青年作者顾毓琇(一樵),本来已有一篇作品在《创造》上预定要发表,只因本书传主在1923年3月号《小说月报》上发表了一樵的另一篇作品,仿吾便亲自写信给一樵说《创造》不能用那篇稿子了。一樵在1940年代写的《我的父亲·自序》和1980年代写的《戏剧与我》等文中，都提到了此事，可见气愤之深。（而这位一樵，后来不仅参加了文学研究会，成为著名的诗人、戏剧家，而且后来还成为世界著名的物理学家、教育家、音乐家；一樵后来的学生中，不仅有曹禺这样的作家，而且还有钱学森、钱伟长、吴健雄，和江泽民、朱镕基、蒋纬国这样著名的人物！）

　　创造社当时的骂人态度，在社会上引起普遍的不良印象。然而仿吾却反而迁怒于群众，说什么"不辨黑白的群众对于我们的诬枉倒使我们要作呕三日了"。而值得称道的是，文学会一方，除了本书传主在给启明的信（未刊）中表示对创造社的无理谩骂十分愤慨外，在1923年一年中，任凭攻击，没有回敬过一声。这是非常难能可贵的。不仅如此，而且在他主编的《小说月报》上还经常公正地介绍、评价创造社作家的作品。如1923年1月号的《选录》栏，选载了沫若译诗八首，并在《文学杂志介绍》栏介绍了《创造》。在3月号的《国内文坛消息》栏，他将创造社和文学会并提，作为努力于研究中国文学的代表；并报告沫若即将选译《诗经》的消息。同期卷末还介绍了沫若翻译的《少年维特之烦恼》。4月号的《国内文坛消息》栏，他又报道了沫若译《浮士德》已完成的消息。5月号《国内文坛消息》栏报道创造社将出《创造周报》。6月号报道《创造周报》已出二期。9月号报道沫若《卷耳集》已出版。10月号他在《通信》栏中回答读者提问初学新文学的人应买何书时，在提到《文学研究会丛书》的同时推荐了《创造社丛书》。11月号的《国内文坛消息》栏介绍了达夫的小说集《茑萝集》和沫若的诗集《星空》，认为"都是很能感人的"。在7月30日《文学旬刊》改为周刊时他发表的《本刊改革宣言》中，还表示："对于'敌'，我们保持严正的批评态度，对于'友'，我们保持友谊的批评态度。"显然，他是把创造社当成"友"的。

　　照这样情况，一方虽不断进攻，一方却主动修好，该也形不成大争吵了吧。然而，1924年5月12日《文学》周刊上发表了读者梁俊青的《评郭沫若译的〈少年维特之烦恼〉》，批评了郭译中的错误，这一下可就捅了马蜂窝。

创造社一方认为这是文学会"借刀杀人"(其实,此时他因为太忙,已不直接管该刊的编辑了,该文也未必是他经手发表的)。然而,这以前创造社的刊物上是经常发表读者对文学会出版物的批评的。例如1923年7月7日《创造周报》上就发表过另一位姓梁的读者(梁实秋)批评本书传主翻译的《飞鸟集》的文章。那算不算"借刀杀人"呢?然而这一回,沫若气冲冲给梁俊青写信,仿吾则给本书传主写信责问,两信均被文学会发表于6月9日《文学》上,编者又加了跋语:"郭君!成君!且平心静气地与在同路相见,不必一闻逆耳之言即忘了自己前途的'事业',而悻悻然欲与言者拼命。"16日,该刊又发表俊青致振铎、致沫若、致仿吾的三封信。23日,又发表仿吾致俊青信。7月7日,又发表俊青致仿吾信。直至21日,《文学》发表了沫若致编辑诸君信,而他与雁冰以编辑名义发表了一封回信,最后指出:"本刊同人与笔墨周旋,素限于学理范围以内,凡涉及事实方面,同人皆不愿置辩,待第三者自取证于事实。"今后,"郭君及成君等如以学理相质,我们自当执笔周旋,但若仍旧羌无左证谩骂快意,我们敬谢不敏,不再回答。"这样,他们挂出了"免战牌"。该刊除了又发表一篇俊青的《我对于郭沫若致〈文学〉编辑一封信的意见》以后,就坚持不再刊登与创造社争论的文章了。从而,延续两年多的这场文坛论争总算结束了。

不过,这以后仿吾忍不住还要再骂几句。如1925年10月《洪水》上,仿吾便骂人家是"无聊的分子","外国字母还认不清的低能儿","出风头,学时髦","不成器狡猾的东西","阴险的行为"等等。还说什么"最使人发噱的是他们写了满纸的'血'、'泪',便以'血与泪的文艺'自豪,而封他人的作品为为艺术的艺术","专横而更可使人喷饭"。直到1927年7月出版的《使命》一书的序中,仿吾还在骂文学会是"群鬼"。但此时,创造社已经逐步走上"革命文学"之路,在文学思想上与他和雁冰已经没有什么实质上的矛盾,甚至比后者更为激进了。创造社和文学会争论的双方——严格说起来就是沫若、达夫、仿吾和雁冰、振铎——后来成为亲密战友,并都为人民作出了巨大的贡献。这场"公案",早已过去,鲁迅先生也早已作过明确的定论,似乎可以不必提了。但是,实际上瞒与骗的现象,昏庸而冒充公正的评说,还是大量存在的。甚至还有一些志在"创新"的"勇士",要全盘推翻鲁迅在《上海文艺之一瞥》中对此一"公案"的定论。本书不是理论著作,不想去驳斥这些"新论",只是以大量史料来再现当年的实际情况。

事实本身才是最雄辩的。

一五 寻求爱之源

前面说过,1921年7月他发表一篇文章,提出青年人不应沉湎于谈情说爱,而应将主要精力投于"革命潮"中,有人竟借故发难,取闹了个把月。其实,人们不知道,他自己当时正深深地为恋爱问题所苦恼着。他写这篇文章,也正是一种自拔和自励的努力。

我们谈罢文坛纷纭事,再谈谈传主的个人事吧。

这位还不到二十三岁的小伙子,自从到上海后,仍对那位世瑛小姐不能忘怀。他给她写信,请她为《文学旬刊》写稿。而世瑛则仍旧处在心神不定、犹豫不决的状态。6月10日的《文学旬刊》上,便发表了她寄来的散文《心境》,含蓄又清楚地表白了她的烦恼与忧郁。他理解并尊重对方的意愿,也不常给她写信。再说,他写信也不能尽情倾吐衷肠,对方回信也似乎是应酬敷衍。倒是他常给庐隐写信,从她那儿了解一点世瑛的情况。

6月8日,庐隐与梦良一起从北京来到上海。他高兴极了,便再拉上同在上海的六逸,四位福建老乡、"五四"时结识的好友便一块去杭州旅游了。他们夜游"三潭印月",船夫一桨一桨地把他们由万点灯火的湖滨,送到万点萤火的芦苇中。梦良高兴地唱起歌来,使咯咯的蛙声顿然停止。大家都很愉快。庐隐和梦良就是在这西湖边上,正式商定各自摆脱原先的婚姻枷锁,然后结合。而他也郑重地托庐隐再去问一下世瑛,请她正式表个态度。庐隐后来便给世瑛写了一封信。

这封原信我们今天当然看不到了。但在写实小说《海滨故人》中,庐隐是这样写的("云青"指世瑛,"慰然"则是他):

云青:

　　人间譬如一个荷花缸;人类譬如缸里的小虫,无论怎样聪明,也逃不出人间的束缚,……蔚然对于你陷溺极深,我到上海后,见过他几次,觉得他比从前沉闷多了。每每仰天长叹,好像有无限隐忧似的。我屡次问他,虽不曾明说什么,但对于你的渴慕仍不时流露出来。云青!你究竟怎么对付他呢?你向来是理智胜于感情的,……对于蔚然的诚挚,能始终不为所动吗?况且你对于蔚然的人格曾表示相信,那末你所以拒绝他的,岂另有苦衷吗?……

　　按说我的为人,在学校里,同学都批评我极冷淡寡情,其实人间的虫子,要想作太上的忘情,只是矫情罢了!不过有的人喜欢用情——即世上所谓的多情——有的不喜欢用情,一旦若是用了,更要比多情的深挚得多呢!我相信你不是无情,只是深情,你说是不是?

　　……

世瑛收到这封信后,似乎受到很大的刺激,苦苦想了两天两夜,仍不能决定。于是,她便打电话叫俊英来商量。俊英直率地问她对于振铎本人有没有问题,世瑛吞吞吐吐地回答:"我向来不和男子们交往,我觉得男子可以相信的很少。不过振铎的人格,我却始终是相信的。……我向来理智强于感情。这事的结果,如是很顺当的,那么倒没什么;如果我父母亲以为不行,或者亲戚们有闲话,那我就……""我想,你自身如是没有问题,"俊英沉思着说,"那么,就应该示意振铎,让他托人向你父母提出,岂不妥当吗?"

"大概……也只有这么办了。……唉,真无聊……"世瑛懒懒地说。

那以后,他是否托人向王家提了此事,我们不得而知。但据《海滨故人》所写,她父母至少是知道了此事的。但他们只希望自己的小姐能找一位"门当户对"的少爷,怎么能答应嫁给一个帮人洗衣服的寡妇的儿子呢?她父亲把她叫去训了一顿,还要她好好读外语,以后出洋去深造……。据《海滨故人》的描写,"云青"(即世瑛)在听了父亲的训话后是这样写信回答"露沙"(即庐隐)的:

> ……最后一段,欲不言而不得不言,此即蔚然之事。云自幼即受礼教之熏染,及长已成习惯,纵新文化之狂浪,汩没吾顶,亦难洗前此之遗毒。况父母对云又非恶意,云又安忍与抗乎?乃近闻外来传言,又多误会,以为家庭强制。实则云之自身愿为家庭牺牲,何能委责家庭。愿露沙有以正之!至于蔚然处,亦望露沙随时开导。云诚不愿陷人滋深,且愿终始以友谊相重,其他问题都非所愿闻,否则只得从此休矣!
>
> 思绪不宁,言失其序,不幸!不幸!不知无常之天道,伊于胡底也。
>
> ……

小说毕竟是小说,其中写到的情节与信件等,当然未必全是生活中的原样。但据程俊英等当时人说,基本上是符合事实的。这里,便再引用《海滨故人》中描写蔚然向露沙询问云青回信的一段情景,以想象当时他得到这一信息时的痛苦心情:

> 这时已是黄昏了,西方的艳阳余辉,正射在玻璃窗上,由玻璃窗反折过来,正照在蔚然的脸上,微红而黑的两颊边,似有泪痕。

露沙很奇异的问道:"现在怎么样?"蔚然凄然说:"不知道为什么,这几天心绪恶劣,要想到西湖,或是苏州跑一趟,又苦于走不开。人生真是干燥极了!"露沙只叹了一声,彼此缄默约有五分钟,蔚然才问露沙道:"云青有信吗?"……露沙说:"云青前几天有信来,她曾叫我劝你另外打主意,她恐怕终久叫你失望……她那个人作事十分慎重,很可佩服,不过太把自己牺牲了!……你对她到底怎样呢?"蔚然道:"我对于她当然是始终如一,不过这事也并不是勉强得来的,她若不肯,当然作罢。但请她不要以此介介,始终保持从前的友谊好了。"露沙说:"是呀!这话我也和她谈过,但是她说为避嫌疑起见,她只得暂时和你疏远,便是书信也拟暂时隔绝,等到你婚事已定后,再和你继续前此友谊……我想云青的心也算苦了。她对于你绝非无情,不过她为了父母的意见,宁可牺牲她的一生幸福……云青曾说对于你无论如何,终觉抱歉,因为她固执的缘故,不知使你精神上受多少创痕,……但是她也绝非木石,所以如此的原因,不愿受人訾议罢了……"蔚然点头道:"暂且不提好了。"

……

1922 年 2 月 20 日,他发表了几首诗,可以看出他的真实心情:

小孩子大声地哭,
但是成人的眼泪却是向腹中流的。
可怜的成人呀!

————《成人之哭》

窗外室内,静悄悄地没有一点声响。
抬头只看见一方天井,几棵寒梅。

麻雀飞到窗台上,喳喳地叫了几声,

又飞去了。

我的心,

沉,沉,沉到无底的深渊里去。

唉,

烦闷的霉菌又侵入我的身中,心中,

把我的全部的心灵占领了。

——《静》

2月下旬,他陪俄国盲诗人、童话作家、世界语学者爱罗先珂从上海到北京。他在北京住了十来天,首次见到鲁迅先生,还同许多老朋友见了面。3月3日下午,陪同爱罗先珂到女子高等师范讲演。那是世瑛的母校,他不仅触景生情,而且还看到了她。在一个月后,他发表了一首诗《旅舍中之一夜》,描写的当是见面前一天的心情:"明天便将相见了。/想着,心便紧跳着,切望着。/是郁闷厌倦的长夜;/睡吧,夜很长的。/但是心紧跳着呢!/切望——这把我牵住了。//几回起身向窗外探望,/无边的夜,依旧,依旧。/光亮的只是室内的灯。/睡吧,夜很长的。/但是心紧跳着呢!/切望——这把我牵住了。"但是,这一次见面,却没有给他带来幸福,而是相反。他还发表了一首诗《枫叶》,用象征的手法写道:"枫叶向秋风点头微笑,/秋风淡漠地跑过去了。/枫叶脸红红地站着。/不,它不是愤怒。/'将无限的幽怨自咽。'/这就是它所能做的了。"他一发不可休,又写了《思》:"留着不尽的依恋,/在车中,沉静中思想着。"《往事》:"往事如梦,/梦到凄苦处便醒了。/醒了——/莫再提吧!"还写了《忧闷》《痛苦》《空虚的心》等诗,因为都很长,这里就不再抄引了,光看看题目就可想而知了。

这样的诗,出于一个曾经高唱《我是少年》《生命之火燃了!》等高昂的诗的青年的笔下,可以看到,当时确实是他在精神上处于最低落、最苦闷的时期(虽然他当时在事业上仍然取得很多成就,工作仍然是十分勤奋的)。《海滨故人》中写到:"蔚然……接到云青的信,拒绝他的要求后,苦闷到极点了,每天只是拼命地喝酒。醉后必痛哭,事情更是不能做。而他的家里,因为只有他一个独子,很希望早些结婚,因催促他向他方面进行,究竟怎么样还说不定呢,不过他精神的创伤也就够了。"这完全是写实。他自己后来在几十年后悼念地山和六逸的文章中,便都提到过的。他说:"我那时心绪很恶劣,每每借酒浇愁,酒杯到手便干。常常买了一瓶葡萄酒来,去了瓶塞,一口气咕嘟嘟的全都灌下去。有一天,在外面小酒店里喝得大醉归来,他们俩好不容易地把我扶上电车,扶进家门口。一到门口,我见有一张藤的躺椅放在小院子里,便不由自主地躺了下去,沉沉入睡。第二天醒来,却睡在床上。原来他们俩好不容易地又设法把我抬上楼,替我脱了衣服鞋子。我自己是一点知觉也没有了。"

但是,他毕竟是一个有为的青年,他不能这样毁了自己的精神和身体。他不仅有辛劳的慈母在期盼着他,更有自己的事业在呼唤着他。他是不会就这样消沉下去的。5月21日的《文学旬刊》上,便发表了他的《读了一种小诗集以后》:

> 兄弟们!
> 是鸡鸣风急的黎明!
> 喋喋的语声,
> 漠然的笑,
> 无谓而虚伪的呻吟,
> 寂了吧!
> 心之灯油要停储些,
> 要停储着为这个昧爽的朦胧之用。
> 正是为了兄弟而要擎了灯立着的时候呀!

> 兄弟们！
>
> 是鸡鸣风急的黎明！
>
> 骤雨滴落在荷叶上，
>
> 打落了许多花瓣。
>
> 薄而弥漫的雾笼罩了一切。
>
> 心的火焰跳动着，
>
> 如一盏在暗中独放光明的灯。
>
> 心之灯油要停储些，
>
> 要停储着为这个昧爽的朦胧之用。
>
> 正是为了兄弟而要擎了灯立着的时候呀！

他没有写出他读的是一本什么小诗集,本书作者认为,这本小诗集就是本月初刚由杭州湖畔诗社出版的潘漠华、冯雪峰、应修人、汪静之所作的抒情诗集《湖畔》。就在这天,在上海的修人在日记中写道:"看《文学旬刊》有西谛《读了一种小诗集以后》,为《湖畔》而发,致不满。"23日,修人日记又记雪峰来信极为愤怒:"雪信说,《文学旬刊》底批评无理,西谛提倡革命文学,我们要先革他底命……"24日,修人日记又记漠华来信:"来漠信,说《湖畔》竟这样给人家批评起来,当自由的创作云云。"想不到这些青年朋友当时读到他这首诗会这样生气。但他们如果了解到他当时这样的失恋的痛苦,体会到他决心控制个人的悲戚感伤,节储"心之灯油",以便在那个黑暗的年代,为自己的兄弟们发出一点光热的想法,就决不会那样恨他了。(后来,雪峰、漠华、修人都成了他的好友,而且比他更革命,都参加了共产党。)

六逸与他同岁。当时六逸不仅与他同在商务编译所工作,又同住一幢宿舍楼,而且六逸还主持着神州女中的教务。这所女子中学是商务印书馆出资办的。他业余也去那里兼课。当时雁冰的妻子孔德沚,愈之后来的妻子沈兹九,乔峰后来的妻子王蕴如等,均在神州女学读书。正当他努力以超量的工作来冲淡失恋的痛苦时,一位十分文静、眉清目秀的女孩子,有如一道洁白的圣光,在不知不觉中闯进了他怅惘的眼帘,使他感到眼前似乎明亮了许多。

她就是他的一位学生高君箴。

君箴的英文学得很不错,虽然不是他教的,他教的是国文;而君箴对文学也很感兴趣,尤其喜欢听他讲安徒生的儿童文学。有一次,他看见她带了一本他编的《儿童世界》,心想,她真的还像是一个孩子呢。然而,他觉得在课堂上和课后,她总是用一种十分钦佩又带有同情感的眼光看着他。他似乎有点懂得她的眼光所表达的言语。他好像在广漠无涯的漆黑的夜空中,忽然发现了一颗熠熠发光的星星。他的似乎已经枯萎的心之叶,渴望沐浴到蒙蒙的春雨,而又开始颤动起来……

他展开了激烈的思想斗争。既然世瑛是那种态度,她的父母又是那样的势利,那么,我还有什么可期待的呢?可是,听庐隐说,世瑛也是很苦恼的,也不能全怪她。母亲和祖母,已搬到上海来了,虽然不住在一起,但可怜的母亲不知从哪里听到了一点风声,担心他会受不了打击,特地赶来劝慰了半天。母亲多么希望她唯一的儿子早点成家啊,但她却反复叮嘱:千万不要去攀有钱人家的小姐……

可是,你知道君箴是谁?她就是梦旦先生最小的女儿,家中称"小妹"、仆人称她"十四小姐"(家族中大排行),高老先生的掌上明珠啊!高家在故乡长乐,富甲一方,人称"高百万"。高氏诗礼传家,历代不乏在朝身居高官者。传到梦旦,兄弟三人,长兄凤岐曾官居梧州太守,二兄而谦留学法国,曾任清廷驻意大利公使和北洋政府外交次长;梦旦淡泊名利,不想当官,但作为商务印书馆元老的名声却比两位兄长还要大。我想和梦旦先生女儿谈朋友,行吗?虽然,我并不是因为梦旦先生有地位、有钱而想去高攀他女儿的……

再说,君箴是我的学生,"师生恋爱",是不是太浪漫了?君箴和梦旦先生会不会被人议论?……

他这么左思右想。他不知道,君箴早就从她父亲那里多次听到过对他的赞扬,不知什么时候起,她便喜欢上了这位只比她大三岁的老师和同乡。她佩服他书读得多,知道那么多她闻所未闻的事情。她觉得他那朴实甚至腼腆的笑容也是非常可爱的。她也了解到一点他的家庭情况,甚至仿佛听到过一点关于他的思想上的苦恼,因而一丝怜悯之情油然而生。她了解自己的父亲是非常开通的。她只等待着他勇敢地伸过手来。

他作了试探,对方的反应是令他高兴的。1922年12月8日,他主编的《儿童世界》上发表了君箴译述的童话《怪戒指》。她还说,今后还想再投稿呢。他似乎受到了鼓舞,便去找同在编译所工作的郑贞文(心南)谈心。心南虽然只比他大七岁,但却是日本东京帝大毕业的理学士,时任编译所理化部主任,可以比较随便地去梦旦家里座谈;而且,心南也是长乐人,虽然不是首占人,但还是他的远房"族祖"呢。

他嗫嚅着,把自己想同君箴交朋友的想法告诉了心南。心南微笑着答应去同梦旦说说看。他做梦都没料到,事情竟会这么顺利:梦旦一听心南的话,立即就高兴地同意了;还说,只怕自己的女儿配不上他。什么"门当户对",什么亲戚议论,老先生一概不管。梦旦早就看中了他人品好,有才华,认为如有这样的东床佳婿,将是自己和女儿的幸福。梦旦把君箴叫来,问了她自己的想法,并嘱咐她多与他接触,谈谈书,谈谈文学。过了一段时间,梦旦又让女儿与他一起去杭州旅游,好好谈谈。

1923年4月中旬,春光明媚。在美丽的西子湖畔,一对青年男女相携相依,倾吐着彼此爱慕之情。他在《湖边》一首小诗中写道:"取了一块石,/抛入碧玻璃似的湖水中。/湖水漾荡了一会,/便又平静了。/映着夕阳的红光,/漾荡着的水也好。/总是说不出地美的。"是的,他充分地感受到了生活的美好!他的灵魂的小船,终于找到了荡漾着美的湖水的停靠处。27日,在北京的启明收到了他的信,告诉他已经订了婚。启明高兴地寄给他一册

《比较文学史》,以示祝贺之意。他同时也给庐隐、世瑛写了信,据《海滨故人》,云青接到蔚然的通知后,曾作诗一首:"燕语莺歌,/不是赞美春光娇好,/是贺你们好事成功了!/祝你们前途如花之灿烂!/谢你们释了我的重担!"隔了一年,世瑛与比他大十来岁的有妇之夫张君劢恋爱,介绍人正是庐隐和梦良。当时梦良、六几、瞿世英、胡善恒与张君劢因同情于唯心史观,五人盟约于北京西山灵光寺,关系密切。1925年,君劢与原妻离异,与世瑛结婚。君劢后来成为中国民主社会党党魁。1945年3月,世瑛因难产而在重庆逝世。此是后话。

且说4月29日夜,他一连写了两首情诗,赠给君箴:

爱

每朵春花都爱和暖的日光么?

——是的。

每棵绿草都爱蒙蒙的细雨么?

——是的。

每条游鱼都爱粼粼的碧波么?

——是的。

那末,我呢,我的爱——?

你给了我光,给了我水,给了我生命之源,

我怎能不爱你呢?

云与月

——寄 M[按,君箴在家称"小妹",M 从妹来]

我若是白云呀,我爱,

我便要每天的早晨,在洒满金光的天空,

从远远的青山,浮游到你的门前。

当你提了书囊出门时，

我便要随了你，投我的阴影在你身，为你遮着日光了。

我若是小鸟呀，我爱，

我早已鼓翼飞到你的窗前，

当黄昏时，停在梨树的枝头，

看着你在微光里一针一针地缝你的丝裳。

只要你停针，抬头外望，

我便要唱歌，一只爱的歌给你听了。

我若是月光呀，我爱，

我便当高高的挂在中天，

用我的千万只眼，照进白纱的帏帘，

窥望着你在甜蜜地眠着。

只要你的身向外转侧，

我便要在你的前额，不使你警觉，轻轻地密吻着了。

不料，他与君箴谈恋爱的事让圣陶、愈之等一帮哥儿们知道后，他们却几乎一致地表示不赞成。他们有点担心。他们的担心很简单："铎兄，你如果当了商务资方高梦旦的东床快婿，那今后还怎么带着我们与资方斗争？"他微笑着，又郑重地对朋友们说："女婿归女婿，斗争归斗争。公归公，私归私。我将一如既往。请大家相信我！"后来的事实表明，他是说到做到的。

7月20日，梦旦邀请沫若到家里吃饭，同时还请杨端六、郑心南、何公敢、周颂久等在商务工作的沫若同学作陪。主人除梦旦外，还有君箴和他。梦旦向沫若等人介绍了他与君箴的关系，因此，沫若后来在《创造十年》中认为，这次晚宴也许就是他与君箴的婚约的"披露宴"。

婚礼定在当时的国庆节 10 月 10 日,在一品香饭店举行。一切在紧张地筹备中。他的辛苦操劳了半辈子的母亲,就别提多快慰了。然而,在婚礼前一天,他忽然想起母亲没有现成的图章。这可怎么办?因为按照当时"文明结婚"的仪式,结婚证书上必须盖上主婚人,即男女双方家长、介绍人,以及新娘新郎的图章。他早失父怙,因此母亲的章更是万不可少的。他急中生智,就马上请人送信给秋白,请秋白赶快刻一颗。他当然知道秋白是刻印章的高手。

原来,秋白在这年 1 月从苏联回到祖国,在参加广州举行的中共第三次全国代表大会后,于 6 月底回到上海。老朋友又见面了。在 7 月 30 日《文学旬刊》改为《文学》周刊的第一期上,他便将秋白的名字列入了"本刊特约撰稿者"中,后来又列入"负责编辑者"名单中。不过,秋白忙得不得了。秋白早已不是普通的文学青年,而是冒着生命危险的地下活动的职业革命家了。他当然知道这一点,要不是万不得已,要不是最好的朋友,他也不会冒昧地去请秋白刻章的。

送信的人回来了,带来秋白的一张便条。打开一看,上题"秋白篆刻润格",内开:石章每字二元,七日取件;如属急件,限日取件,润格加倍;边款不计字数,概收二元。牙章、晶章、铜章、银章另议。他知道秋白很幽默,以为秋白写这个"润格"是表示实在太忙,无空刻。怎么办呢?本来,圣陶刻的也挺不错,可惜圣陶恰巧应绍虞之邀,去福州协和大学上课去了。哦,对了,请雁冰刻吧,雁冰也会一手的。

那时已是举行婚礼的前夕,雁冰便连夜赶刻起来。第二天一早,雁冰将新刻的图章送到他家时,忽然秋白派人送来一封红纸包,上面大书"贺仪五十元"。

"啊呀,秋白真是,何必送这样重的礼呢!"他正说着,雁冰便将那纸包打开了。一看,哈哈,却是三方图章,一个是他母亲的,另外两个一对,是他与君箴的。他与君箴的对章上分别刻有边款"长""乐"各一字。这真是巧意双关,一是祝他们白首偕老百年长乐,二是他们两家都是福建长乐人。雁冰和他一算:润格加倍,边款二元,恰好是五十元!秋白这个玩笑,出人意料,他和雁冰都忍不住捧腹大笑,更增添了喜庆气氛。自然,雁冰便将自己刻的那方图章"藏拙"了,因为秋白刻的高明得多。他和君箴本来打算在证书上只签字而不盖章的,现在也用了秋白刻的图章。

10月10日下午,婚礼隆重地举行了。除了两家亲戚外,雁冰、愈之等朋友都来了。胡适也来了。今从当时拍的照片看,小孩子不算,来宾大约有七十来位。但据顾颉刚日记,"振铎喜事,到客三四百人,可谓极一时之盛"。尤其难得的是,秋白也赶来了。婚礼请颉刚为司仪人。据乔峰后来回忆,"司仪请上台讲话的第一个就是瞿秋白。瞿秋白上台讲了,他说:'中国革命需要大批的妇女参加,这是一股很大的力量。结婚是正常的事,但结婚以后,家务事就压上来了,精神负担也很大,使她参加革命时间减少。'然后就大声叫起来:'哎哟,又一个好女子被糟蹋掉了。'听了他最后一句话,大家吓了一跳,但一回味,觉得很风趣,很有鼓动性。可不是吗?"又据雁冰后来回忆,秋白是用了《红楼梦》中"薛宝钗出闺成大礼"这个题目,"讲了又庄严又诙谐的一番话,大意是妇女要解放,恋爱要自由。满堂宾客,有瞠目结舌者,有的则鼓掌欢呼。"使喜庆气氛达到了高潮。晚上酒宴后,没想到朋友们还演了事先偷偷自编的戏《归宿》。据颉刚日记,由"既澄饰振铎,于订婚经过描摹太尽致,真不知在座之新郎新妇何以为情!剧分四节:(1)独身,(2)谒岳,(3)家叙,(4)订婚。"可惜我们今天已经没法知道此剧的详情了。

婚礼以后,他携新妻又去杭州度蜜月。他们曾在美丽的西湖上借舟荡游并摄影留念,后来他将此照片送给君箴的同班好友(自然也是他的学生)刘淑度,并在上面题了词:"民国十二年十月十四日照于杭州三潭印月,时清飔微拂,云影笼山,柔绿的湖波轻拍船声,如坐清幽绝尘之画室里摇篮中。今年四月我们亦曾同游于此,想姊尚能忆之。"新婚给他带来无上的幸福和喜悦,同时,促使他更勤奋地工作。君箴做他的帮手,他开始投入《中国文学者生卒考(附传略)》的研究编纂工作,从第二年 1 月号《小说月报》上开始连载。他也鼓励、帮助君箴写作,她开始在《小说月报》上发表译述和创作的儿童文学作品。后来,他在《文学研究会丛书》中出版了他与君箴合作译述的童话集《天鹅》。君箴因此也成了文学研究会会员。《天鹅》一书由圣陶在 1924 年 11 月写序,序中称他与君箴是富有童心的"两个'大孩子'",并衷心地祝愿他们"永远做一对'大孩子'"。

一六　无辜者的血

当然,现实社会离美好的童心世界实在太遥远了。就像他在为圣陶的童话集《稻草人》写的序中说的:"第一,现代的人生是最足使人伤感的悲剧而不是最美丽的童话;第二,最美丽的人生即使在童话里也不容易找到。"在天真的儿童面前,在真挚的朋友面前,他永远是一个"大孩子";但是,当他直面狐鼠横行、血腥扑鼻的社会人生时,他又永远是一个富有正义感的嫉恶如仇的斗士。

1922 年初,长沙传来湖南工人运动积极分子、社会主义青年团团员黄爱和庞人铨在 1 月 17 日夜,在浏阳门外惨遭反动军阀、省长赵恒惕杀害的消息。黄爱在两年前,曾到北京参加工读互助团,他可能见过面。这次,他听说黄爱牺牲时,被斫数刀,头还未断,刽子手即推到土坑里埋了。天明,有人把黄爱的尸身从土里掘出,装入棺内,这时离受害时已有三四小时了,但黄爱的眼睛还"睁睁而视",两手还握裤作忍痛状⋯⋯

他听到这些,悲愤极了!他想,只要是人,是一个人,怎么能容忍用这样残酷的刑罚加在他的兄弟身上呢?他想写一首诗来追悼黄、庞二位烈士;但是,在悲火燃烧的时候,是什么也写不出来的。他读到了守常先生的《黄庞流血记序》。守常先生悲壮地阐明了:"我们的目的,在废除人类间的阶级,在灭绝人类间的僭擅。但能达到这个目的,流血的事,非所必要,然亦非所敢辞。"是的,他想,我们不愿流血,但也不怕流血!我们应该用赵恒惕所用的方法,来对付赵恒惕。这是应当的。我们本想宽恕一切,但可惜我们的"度量"没有这么"大"。不要让中国工人阶级最初的流血者的鲜红的血无谓地流去啊!泪的河,血的河,继续地,继续地,流去流去。他感到有点怕——这实在是可怕的。但是,为了自己的兄弟,这也是没有办法的。人世间的幕,本来就是由千万年来的"悲惨"与"恐怖"织成的。

过了好久,他才提起笔,写下了一首悲壮的诗:

死 者

谁杀了我们的兄弟呢?
血——亲爱的兄弟们的血呀,
想起,想起,
哽咽了,滚热的泪,滴滴的……

谁杀了我们的兄弟呢?
亲爱的兄弟呀!你的眼闭了吧,不要睁睁的。
悲痛与愤怒,充塞了我们的心腔了。——
但只是悲愤而已么?

谁杀了我们的兄弟呢?
宽恕一切,爱我们的敌,
我们原也知道这种宽大的话,
但是我们竟没有这样的大量呀!

谁杀了我们的兄弟呢?
"以眼还眼,以牙还牙"。

血——亲爱的兄弟呀！

不要目眴眴的。

多着呢，多着呢，

我们的血——

这首诗发表于5月份的《诗》刊上。前面已经提到过，当时远在四川的一位比他小六岁的青年李芾甘(即后来的巴金)读到后，十分激动，就写了一首应和的诗《报复》。诗中写道："我们是量小的人，/一切过去的事都永远印在我们的心上，/一刻也不能忘记呵！/我们的兄弟被冤杀了，/我们能忘记了么？/不，我们的心终究还在，/我们就实在不能忘记呵！/我们是要报复的，/我们的血要为着我们的兄弟而流的，/我们的血原也是我们兄弟的血呵！……"这首在艺术上显得比他稚嫩的诗，同样也是慷慨激昂。它后来发表于成都出版的《孤吟》杂志上，他也一定看到了。那不仅因为芾甘当时已经与他有通信联系，而且当时成都和全国很多地方的文学青年都把他和《文学旬刊》《小说月报》简直当作导师一样，常常把他们办的刊物寄给他。其实，他自己也是一个青年；不过，他除了在文学见解上显然高出于他的同辈人以外，而且爱憎特别分明，并已在共产党人主持的上海大学任教，因而对于流血与革命等问题的认识，也就比一般的青年更为深刻一点。

这时正是国共两党第一次合作，共同反对帝国主义及其军阀走狗。前面说过，1925年初，他和雁冰便曾介绍仲起南下广州，去黄埔军校参加革命。仲起到了那里不久，便来了一封信，说要上前线去与军阀打仗了。正当他与雁冰遥念着这位有着丰富底层生活经历的青年作者如何在血泊中奋斗的时候，他们的身边却发生了新的更大的流血事件。

当时日本利用不平等条约，在上海开设了很多工厂。例如纺织厂，就有三十七家，这些厂资本雄厚，而剥削极重。工人分日夜两班，每班工作十二小时，女工和童工每天平均工资不过一角多钱，而且食宿条件极差。中国工人与日本资本家之间的阶级矛盾、民族矛盾,紧张到一触即发的地步。而这些工厂集中地区,自然成为中共革命活动的重点。秋白和新婚不久的妻子杨之华,邓中夏与向警予等人,就经常出入于沪西工友俱乐部。教书,演讲,在那里播撒着革命的火种。1925年2月,中共领导上海四万多日商纱厂工人举行联合罢工。5月15日,上海内外棉七厂的日本大班竟开枪杀害工人积极分子、共产党员顾正红,伤十多人,激起全市人民极大的愤怒。全市三十几个社团组成了同胞雪耻会,召开烈士追悼大会。中共中央于28日召开会议,决定组织全市罢工、罢市、罢课的斗争。

5月30日那天下午,他坐车到南京路附近大庆里一家书店去访书——这是他平生最爱好的事。车刚到浙江路南京路口,便觉得路上的情形有点异样。虽然电车还是照常开着,汽车、人力车也川流不息地驶走着,路旁商店也照常开着门欢迎顾客,人行道上拥挤着与往日一样多的人;然而他觉察到一种与往日绝不相同的气氛,很多人站立在路上,或者在激愤地说着什么,或者像被什么巨大的惊骇吓得痴呆了,或者带着疑问和不安的神色。他呢,自然也是又惊又疑,不知发生了什么事。车子在南京路上走,忽看见两旁站着很多杀气腾腾、面目狰狞的英国巡捕与不穿制服而带着枪的英国人,有的还横立在马路中央,好像有什么严重的警备。大概发生了火灾,或是什么大盗案吧,他这样地想着。市政厅与云南路口一带,戒备得更严,情形更不对了。好几家商店都关上了铁门,站在那里观看的人也更多。车到大庆里口,他便下了车。

"发生什么事了?"他问。"不得了!打死人,打死人!"人家匆匆告诉他。他也不及细问,便到那一家书店去了。那家店主是他的朋友,告诉他:"学生聚会,巡捕打排枪,不得了!不得了!打死了几十个学生!"就像一个惊天动地的大霹雳,震得他半晌说不出话来。他觉得像在梦中一样。也许真是在做梦吗?南京路?开排枪?打死学生?这几件事怎么会联在一起?他不敢相信,绝不敢相信!

友人继续说:"今天上午,已有许多学生被抓进巡捕房了。下午一时许,他们在先施公司之前,集合大队讲演。哀悼顾正红的白旗满街飘扬,连车子都不能通行。英国巡捕又抓去了好些学生。路人与其余的学生不服,都跟着被捕的学生走。有好几万人,好几万人,都拥在老闸捕房门前。于是巡捕就开枪了……"这时,他才知道,这居然是真实的大事变!不是梦,绝不是梦!他浑身的热血都沸腾了,大叫起来:"就是学生讲演抗议,也不至于被杀死啊!这是在中国的土地上啊!"他悲愤欲绝,便冲出去,到南京路出事地点去了。一切仍和他在车上看到的差不多。有一家店铺正在打扫碎玻璃。那一定是被流弹打碎的,他想。仍然是灰色的马路,并没看见血迹。"血,一大堆,一大堆的,都被冲洗掉了。"有人告诉他。要不是群众如此地惊骇而拥挤着,他几乎不能相信仅仅在一、二小时之前,在这里曾演出过惨绝人寰的大残杀!再走下去,行人渐少,看不到什么紧张气氛,只有几个人靠在店柜上惊恐地低语着。

当天夜里,他又与一位前辈再到南京路去观看。只见灯火依然辉煌,歌声、笑声照旧,店门大开,顾客来来往往,好像什么也没发生过似的。要不是老闸捕房门口戒备森严,要不是巡捕骑在马上,手执着鞭,在驱打着停留在那里的人群,那就和平日没有什么两样了。转了一个弯,看见宁波同乡会门口拥挤着很多人,他们一惊,还以为又出了什么大事。胆战心惊地走近一看,原来是什么单位在那里开游艺会!这些人居然还在寻欢作乐,怎么这样麻木不仁?他的心里真是一股说不出来的滋味!

然而,五卅惨案对于中国爱国知识分子的刺激,却是实在太强烈了!那天,雁冰和妻子孔德沚,还有秋白的妻子杨之华,都加入了上海大学学生的游行示威行列,他们是在巡捕开排枪的时候幸免于难的。沫若那天也与他一样,在开枪后不久经过南京路,被关在先施公司里,观察了惨剧发生处的情景。还有像闻一多,刚刚从美国回来,一跨入国门就遇上了五卅惨案,亲眼看见地上的鲜血,悲愤得话也说不出来。

中共中央迅速领导上海工人成立了总工会,发动组织了二十万工人罢工,五万多学生罢课,绝大多数商人罢市。然而,帝国主义真是太猖狂了,它们简直以屠杀为快活的游戏! 6月1日,工部局悍然宣布戒严,南京路上铁甲车、骑警横冲直撞,不仅用高压水龙冲击手无寸铁的示威与聚会的群众,而且再次向人群开排枪,又死伤二十多人! 他感到无辜者的鲜血,在自己的眼中、脑中,永远是红红的,像红色的帘似的挂在那里。但是,在帝国主义强盗一再逞凶,无辜者的血连续喷洒之时,上海的各种报纸却没有如实报道,有的报纸甚至连罢工罢市的消息也不敢登。各界群众很气愤,纷纷去信去电责问,他们才开会决定在副刊上发表一些反帝爱国运动的消息。但《时报》的副刊《小时报》6月1日头篇登的却是京剧名演员的"起居注"。该报甚至还登了工部局的布告和警告。这实在令他和友人们气愤不已! 他们除了决定在最近的《文学周报》《小说月报》和《东方杂志》(此时为愈之主编)上都办"五卅"专刊或增刊外,还决定自己创办一份报纸。

　　6月1日,他邀请愈之、圣陶、伯祥、修人、适夷等十几位朋友到自己家里开会,决定成立"上海学术团体对外联合会",并以这个联合会的名义创办《公理日报》,直接投入轰轰烈烈的五卅运动。所谓"学术团体",一共有十多个,实际政治态度也不全一致。据雁冰后来分析,有左中右不同情况。首先,当然是以他和雁冰、圣陶、愈之等人为核心的文学研究会,另外还有愈之等人组织的上海世界语学会,雪村、乔峰组织的妇女问题研究会,修人、适夷组织的上海通信图书馆(他不久也与圣陶等人加入"上海通信图书馆共进会")等,这是左派。商务印书馆编译所的心南、陈慎侯等组织的中华学艺社、《孤军》杂志社等,可以算是中间偏左。《太平洋》杂志社、中国科学社上海社友会等,也可归于中间偏左,但他们不敢提打倒帝国主义的口号。至于醒狮社,是国家主义派,可算是右派。其他的也都是中间派。但在"一致对外"的口号下,他们走到一起来了。

　　《公理日报》的名称是他提的,大家同意。圣陶字写得好,报头便是圣陶写的。这个"对外联合会"虽然有十多个团体组成,但其核心人物都是以他为首的文学会会员和商务编译所同事,所以"领导权"无疑在左派手里。该报编辑部就设在宝山路宝兴西里九号他的家里,实际是他主编的。他与愈之、圣陶等人(雁冰因要参加党的活动,来得相对较少)在家里奋战了整整两天。直到6月3日,天还没亮,熬了一夜两眼布满血丝的他们,终于从印刷厂迎来了一车带着油墨香味的《公理日报》。他的母亲忙着为大家烧茶煮稀饭,妻子君箴也手脚不停地参加分发报纸。弄堂里挤满了接到通知赶来领报的小贩。那是为我们中国人伸张正义的报纸,谁不愿意多领几份?有的小贩怕领不到,便登上窗户往里爬,以至把玻璃都挤碎了。天刚亮,报贩们便夹着一叠叠新创刊的报纸,走向上海的大街小巷。"《公理日报》!请看《公理日报》!一只铜板一份,为中国人争公理的《公理日报》!"叫喊声此起彼伏,吸引了无数的市民。当时商务印书馆发行所的青年职工廖陈云,也积极参加了义卖《公理日报》的工作。这位后来成为无产阶级革命家的陈云,后来在向党组织写的自传中,郑重地把此事作为自己早年参加革命活动的一个重要经历。

他不知道,他的挚友,正在从事地下革命工作的中共中央委员秋白,听说他要办《公理日报》,马上联想到从前一起创办的《人道》的名称而莞尔一笑。秋白对身边的郑超麟说:"这个世界有什么'公理'呢?解决问题的,只有热血!我们办个《热血日报》吧!"于是,就在第二天,4日,一张与《公理日报》一样大小(对开),连版式也很相似的《热血日报》就诞生了。真快,真及时啊!而秋白主编的这张《热血日报》,还是中共历史上创办的第一份中央机关报呢。没想到,这第一张中共中央机关报的创办,竟然还与他主编的报纸有关的呢。在第二期的《热血日报》上,有一篇《流血是为的什么?》,说"我们要自由,要生命,要公理,要人道,必得拿血去换来"。这也当是秋白说给他听的话吧。由于地下斗争的危险性,秋白这时不能常常和他见面,但不管怎样,他俩互相看到挚友主编的爱国斗争的报纸时,一定是非常欣慰的。

在创办报纸的同时,6月2日,他与商务同人又发起成立"五卅事件后援会",决议从1日起,每人每天捐出一半工资援助罢工工人,直至事件解决时为止。他们并号召全市各界都照此进行,以作持久的不屈不挠的斗争。秋白在《热血日报》上,立即报道了他们的做法。后来,《热血日报》上还转载了他参加的闸北市民大会的宣言等。《公理日报》与《热血日报》相配合,真实地反映了5月30日及以后的多次屠杀惨案的真相,深刻地揭露了帝国主义的凶恶面目,严正地提出了中国人民的正义要求,扣动了每一个具有爱国心的读者的心弦,当然也使帝国主义和反动派恨得咬牙切齿。

敌人千方百计地威胁、破坏。外面流言四起,颇有遭到意外的危险。但他却意气如常,仍多方鼓励大家坚持下去。当初他们办此报时,只是激于上海各报之懦弱与卑劣,对如此残酷的足以使全人类震惊的大残杀竟不说一句应说的话,因此仓促间创刊的;对于经济问题等,并没有太仔细的计划。除了同人自己捐款外,当时商务印书馆为表示爱国,也曾提供一点钱,暗中支持。菊生、梦旦和王云五每人亦各捐一百元。但商务当局又怕惹事,不肯承印此报,他们只得另找二三家小印刷厂印。但到后来,钱用完了,而且原来承印报纸的印刷厂也因受到反动当局的压力而不敢印了,再加上奉系军阀又开进了上海,这样,《公理日报》只得在6月24日出最后一期,宣布停刊。而《热血日报》,亦随即于27日停刊。

在最后一期《公理日报》上,发表了他写的《停刊宣言》。他总结了三点教训:"第一,我们由这次的事,益明白'公理'是要实力来帮助的。赤手空拳的高叫着'公理''公理',是无用的。……我们并不是说我们因此便不必呼喊了,是说我们由此益可明白我们将来所要走的是哪一条路;益可明白,我们于徒然的振喉大喊'公理'之外,还有什么事要做。""第二,经了这次大事变之后,我们益明了了我们大部分中国人民及一般所谓'绅士'者的态度与性格。……这种为奴为隶,为猪为羊都情愿,只求能暂时苟安的心理,已有四千余年的传统关系了。这个传统的心理不打破,中国民族是永无救的!""第三,我们简直不能相信中国民族中的一部分奸商及报阀、军阀以及其他小人乃如此的无耻,如此的卑鄙! ……他们为了自己的权利,完全不顾到国民全体的利益与光荣。"他后来曾回忆说,这篇宣言在发表时已经把一些激烈的话删掉了。但尽管这样,这篇宣言仍然是十分激昂有力的。同期报纸上还发表了《本刊同人特别启事》,说:"我们还想继续做大规模的筹备,预备在将来建立中国健全的言论机关的基础",重办一张报纸,并号召一切同情者资助,可将款寄到宝山路宝兴西里九号(即他的家里)。后来,这件事虽没有办成,但他这种坚决斗争的精神是永远值得后人钦佩的。

在编《公理日报》的同时,他还撰写了很多反帝爱国诗文,并在7月号《小说月报》的卷首发了十多篇有关五卅惨案的诗文。该期的《卷首语》,便是他写的一首诗:

 沉睡者,起来,起来!
 大雷雨已使你们知道了屋顶的罅漏。
 雨水如急泉似的淋湿了屋内的一切,
 雷声震醒了全个世界。
 是起来,是努力修屋的时候了,
 你们难道还在安睡!?

 沉睡者,起来,起来!
 无辜者的血,如红霞似的挂在大雷雨后的天空;
 被践踏者的泪,如雨后的残水,还在檐角树间点点的滴着。
 复仇女神在翱翔,在拍翼,
 听呀,她正在凄厉的号叫着呢。
 你们难道还忍在安睡!?

该期还发表了佩弦的《血歌》、圣陶的《五月卅一日急雨中》、燕志儁的《枪口的故事》《被枪射的人》、焦菊隐的《我的祖国》。特别值得一提的是，商务编译所同事、史地部主任何炳松（柏丞），本是一位历史学家，平时不参加他们的活动，这次也为该刊撰写了一篇《人类历史上的惨杀案》，将五卅惨案与国外历史上最大的惨杀案作了对比，令人深思。而他自己，则还一口气在该期上发表了《为中国》《街血洗去后》《墙角的创痕》《我们的中国》《泥泽》等激动人心的诗文。其中《墙角的创痕》一诗，是他在6月26日上海商人"茹痛"开市后写的。那天，他怀着复杂的心情又去南京路视察。大屠杀的痕迹似乎已被清扫干净，但他却忽然在老闸捕房对面的墙角发现了当日枪弹打出的小孔！他悲愤地摩抚着，凝视着，仿佛眼前浮现出一幕幕图像：似乎一个个创孔，都在汩汩地流着红色。"这血，这无辜者的红血！／仿佛，这些创孔，又涨大了，涨大了，／每个创孔中似都现出一个无辜者的痛苦的脸。／他们的口在伸诉些什么？／他们的眼在凝望着什么？／后死者呀，后死者呀，／你们将何以慰他们，／将何以使他们安心地瞑目？"

他的这些诗文，有的还同时发表于《文学周报》上，甚至被在日本侵略军占领下的台湾爱国报纸所转载。另外，他还在《文学周报》上发表了《迂缓与麻木》《六月一日》《止水的下层》等与五卅惨案有关的文章。他还在该刊上发表过与俞平伯争论的文章。当时，平伯在北京，发表《雪耻与御侮》一文，认为要反对帝国主义，同时也应反对国内军阀。这话当然是不错的。但平伯针对五卅事件说，这次的耻，"是英国人的，日本人的，推而广之是人类的耻。若我们也引以为耻，未免贤者之过"，又说"被侮之责在人，我之耻小；自侮之责在我，我之耻大；雪耻务其大者，所以必先'克己'。""退一万步说，即使我们认内乱外患是同等的国耻了。然雪耻的步骤，必先从定内乱入手，断断乎无疑。"文中还对上海人民的罢工罢市罢课斗争取嘲笑的态度。他读了之后，略感惊奇，为了帮助朋友，他在《文学周报》上发表了一则《杂谭》，不点名地批评了平伯的观点，指出："如引国内的残杀，以减轻英人的对于这次大残杀案的责任,或叫大家眼光向内,不必向外,则我们虽极知说这话者之心无他,却至少须说他们的话是说得太随便了。"可是,平伯读了他的文章后却不服气,还发表一篇《质西谛君》,进一步说:"与其说对外宣战,不如说对内不许战;与其说抵制外货,不如说振兴内国实业;与其说打倒人家,不如说咱们自己站起。"这样,他不得不又写了一篇《答平伯君》,先寄给平伯看过,再发表。他写道:"平伯是我的好友;但好友尽管是好友,他有错,我们却不能不诤正,这样才算是真的朋友。"他严肃地指出,平伯的"本意原是好的",但"不料口吻乃竟与敌报相类"。针对平伯的话,他指出:"对内不许战,非同时对外不准他们帮助军阀不可;说振兴内国实业,非同时抵制外货不可(因关税的不平等,内国实业,万难与外货竞争,不养成不用外货之习惯,则国货万难振兴);要自己站起,非同时推倒人家不可(因他们本来是压在我们身上,不许我们站起)。"平伯后来认识到自己的话不妥,曾诚恳地说:"当然,他是对的。他已认清了中国的敌人是帝国主义。"

他当时在《文学周报》上发表的《杂谭》中还及时地指出,由于上海、汉口、广州等地连续发生的帝国主义军队枪杀中国人的事件,全国人民心中都熊熊地燃烧着悲愤的火焰,"但是我们却要千万注意,我们所恨怒的只是那些抱着侵略野心的及一般损害我们的人,并不是那黄发绿眼的人的全体"。他说,例如萧伯纳就是我们的朋友。他还指出,排抵英货,也"不是反对英文,反对英国的一切文明,一切科学"。他还借评论林琴南等人的两部传奇,指出在帝国主义侵略面前必须发扬义和团起义的"反抗外力的精神";但却要"避免"当时那种"愚昧行动与见解",如"想依赖超自然势力来破敌"等等,而应该"脚踏实地地一步步做去"。这些看法都是相当正确和深刻的。他多次向"站在指导地位上的人"提出这些建议。他当然知道五卅运动是由中共领导的,因此,这表明他从这时起,便已经较自觉地要当"站在指导地位上的"共产党的诤友。

五卅运动在商务印书馆的影响之一,是成立了工会。6月21日上午,商务工会借虬江路广舞台开成立大会,到会者数千人。会上选出执行委员二十三人。商务工会包括商务的一处(总务处)三所(编译所、发行所、印刷所)。他和雁冰、愈之似乎都没有出面当执行委员,但实际上编译所的同人大多都是听他们的。这一点在后来的大罢工中更显示了出来。

五卅运动以后,统治当局加紧压迫,上海工人运动渐趋低潮。共产党在劳动群众中继续进行工作,准备着迎接新的革命高潮。就在这时,商务馆内忽纷纷传说资方打算裁减职工的消息。本来,商务普通职工的工资就很低,这下大家更愤愤不平。商务的中共地下组织,这时由雁冰和杨贤江负责,编译、发行、印刷三所都有党员。党认为这时是发动罢工、重振五卅运动后上海工人运动的好机会。党中央还派了徐梅坤来组织临时党团,实际领导罢工。雁冰也是临时党团的成员。发行所的陈云,虽然当时还没有加入共产党(已加入国民党,不久,即由恽雨棠、董亦湘介绍加入共产党),但率先于8月22日发起该所职工罢工,提出复工条件、职工会章程草案、罢工宣言等。印刷所、总务处立即起而响应。到24日,编译所全体职工也罢工了。这天下午,资方代表与职工代表在总务处会客室举行第一次谈判。资方出席者有张菊生、鲍咸昌、高翰卿、高梦旦、王显华、王云五;职工代表共十二人,其中编译所代表是他、雁冰和丁晓先。晓先也是党员。

资方提出,先复工,然后再谈条件。职工代表认为岂有此理。这次谈判便毫无结果。第二天,职工代表在俱乐部弹子房开会,讨论组织"罢工中央执行委员会",以统一事权。当场决定该委员会共十三人,其中印刷所代表四人,发行所、编译所、总务处各三人。编译所三人仍是他、雁冰与晓先。他们并决定:以后罢工消息由罢工中央执行委员会写定后送各报馆,谢绝各报记者的采访。撰写文稿和发布消息的工作,均由雁冰负责。随后,经过好几次与资方的交锋、谈判,直至27日晚,资方终于让步,达成了有利于职工方面的复工条件,他和其他罢工中央执行委员会委员都在协议上签了字。28日,罢工胜利结束。

这次罢工的胜利,显示了在党的领导下职工们团结战斗的力量。虽然罢工主要局限于经济斗争,但毕竟检阅了阵容,团结了内部,统一了组织,使商务工会迅速成为上海四大工会之一,并走向政治斗争。他在这场斗争中也深受锻炼。在罢工期间,他与岳父梦旦之间有过这样的"约法":公归公,私归私。离开谈判桌,两人绝对不谈有关罢工的事。他们二人都始终遵守这一"约法",这样就很好地处理了公私关系。商务职工结束罢工后,中华书局全体职工也接着罢工了。继而,又有邮政工人的罢工。这样,党领导的上海工人运动又开始了新的发展阶段。

9月,党领导的中国济难会成立。该会起初本拟定名为"中国解放运动被难者救济会",因字数过多乃缩短为此名。该会的主要任务是运用公开的合法的手段,营救被捕的革命者,并秘密救济被害被捕的革命者的家属。他是发起人之一。10月3日,《中国济难会发起宣言》公开发表于《申报》,他便是五十八位署名者之一。12月17日,五卅运动领导人之一、上海总工会副委员长、中华全国总工会执行委员、原上海大学学生刘华,被反动军阀孙传芳秘密杀害。他闻讯后,悲愤异常,又与雁冰、愈之、沫若、圣陶、乔峰等四十三人签署了《人权保障宣言》,表示最强烈的抗议。

无辜者的血啊,继续流着,流着……

1926年3月18日,北京人民在守常先生带领下,向段祺瑞执政府游行请愿,抗议3月12日日本帝国主义支持奉系军阀出动军舰炮击冯玉祥国民军,抗议3月16日八个帝国主义国家的联合对华通牒。段政府竟下令卫队开枪射击,当场死伤二百余人!是为震惊全国的"三一八"惨案,鲁迅先生称为"民国以来最黑暗的一天"!他的心,又一次锥痛了!他特地赶写了一个活报剧《春的中国》,表达上海工人、学生对于"三一八"惨案的强烈抗议。他通过剧中一个青年的口高呼:

这种的大惨杀事件,非惟不足以阻止我们的前进,且更足以使我们明白我们之益不可不努力。没有无代价的成功,也没有无流血的革命。大残虐的发生,便是预示着大变动的将实现。试看法国,俄国……

是的,无辜者的鲜血,决不是白流的!

一七 生活就是工作

1926年的上海,没有发生像北京"三一八"惨案那样的大的流血事件。除了雁冰于元旦那天乘船去广州参加国民党第二次全国代表大会外(当时国共合作,雁冰作为共产党员,以个人身份加入国民党),他与愈之、圣陶等一批朋友都一直在上海做着文化工作。

3月号的《小说月报》上,他写了一则《卷头语》:"生活就是奋斗,就是工作!只有'前进'和'努力'的铁锤才能在人生的铁砧上击出灿烂的火光。"这一年,他便是在埋头工作中度过的。

3月6日,上海立达学园新学年开学,他被新聘为学园的教师。该学园是由他"五四"时在北京认识的匡互生,以及陶载良、丰子恺、朱孟实(光潜)、夏丏尊、刘熏宇等人创办的。互生是"五四"那天最早冲进"赵家楼"的学生之一,后来,去浙江上虞白马湖的春晖中学当教务长。其他几位朋友都是该校的教师。前年(1924),互生向春晖中学校长经亨颐提出了一些教育改革的建议,不料遭到拒绝,一气之下便辞了职。那几位朋友都同情互生,于是在前年11月集体辞职,还有一批学生也随之退学。他们来到上海,租房子自办了"立达中学",于去年春天开学。到秋天,他们又在江湾租地建校舍,艰苦创业,改名"立达学园"。"立达"二字,出于《论语》:"己欲立而立人,己欲达而达人"。"立"指脚跟站得稳,或立场坚定;"达"指通情达理,行得通。在"立"与"达"两方面,"人"与"己"有互相因依的关系,"成己"而后能"成人",而做到"成人"也才能真正地"成己"。这在某种意义上可以说是"解放全人类才能真正解放自己"这一深刻的辩证思想的一种粗浅的表达。叫"学园"而不叫"学校",也是标新立异,表明与一般的学校不同,使人联想起希腊的"柏拉图学园"的自由讨论的风气。总之,这是当年一批年轻的理想主义者创办的事业,是教育阵线上的新生事物。那时,愈之、圣陶、予同、雪村他们也都参加了,当了学园的教师。他也热情支持,只是因为太忙而一开始没有正式加入。然而,这批年轻人都是他的好友,绝大多数又都是文学研究会的会员,他不参加怎么行呢?所以,这次大家一致敦聘他为学园教师,他便愉快地答应了。

这些朋友中,有的是新认识的。如子恺,最初他是在前年7月由圣陶、平伯、佩弦他们编的《我们的七月》上看到漫画《人散后,一钩新月天如水》,才记住画家子恺的名字的。子恺用疏朗的几笔墨痕,画了一道卷起的芦帘,一张放在廊边的小桌,桌上是一把壶,几个杯,天上是一钩月。他的情思立即被此画带到一个诗的仙境,感到一种说不出的美感。不久,佩弦去白马湖春晖中学任教,他便请佩弦代向子恺致意。又不久,春晖中学闹风潮,子恺等人来上海办立达中学,他便请愈之多次向子恺要漫画,作为《文学周报》的插图。直到去年,他们才第一次见面。子恺与他同年,长得很清秀,态度恳挚而谦虚,朴讷而不善言谈。这使他想起四年前与圣陶初次相见的情景。过了几天,他给子恺写信说:"你的漫画,我们都极欢喜,可以出一个集子么?"子恺回信说:"我这里还有许多,请你来挑选一下。"于是,在一个星期天,他与愈之、圣陶便乘火车赶到江湾的立达学园去看画。只觉美不胜收,当他带着一大捆漫画回家时,真觉得有如发现了一块新大陆。后来,便由他亲自编选并写序,作为他主编的《文学周报社丛书》的第一本,交给雪村(这时"开明书店"还未正式成立)于1925年12月出书。这本《子恺漫画》出版后,深受读者欢迎,从而奠定了子恺在中国美术界的地位,也使"漫画"一词流行了开来。

而他认识光潜,还要略早一点。光潜1922年毕业于香港大学,由同班同学高觉敷介绍,认识了上海吴淞的中国公学校长张东荪,应东荪的邀请到该校任教。而觉敷正是他的温州同乡、中学同学,东荪又是他的朋友。这样,他也就与光潜认识了。光潜矮矮的个子,出身于安徽桐城"古文"气十足的家庭;但光潜不仅古文学得好,又如饥似渴地学习新的知识,与他谈得很投合。光潜英文也很好,文学、艺术以至教育学、心理学等方面的书,无所不读。光潜还长他一岁,然而对他却十分谦恭。因为,在光潜的心目中,他不仅学问深,著作多,而且还是个有名的"左派"。光潜则虽然心向"左派",却以为不问政治才高人一等,但对他还是很佩服的。中国公学在江浙军阀战乱中一度陷于困境,光潜便在丏尊的介绍下去白马湖春晖中学任教。这次回到上海办立达学园,光潜出了不少力。过后不久,光潜又考取安徽省的"官费",去英国留学了。

在前年立达中学成立时,互生、光潜他们还同时成立了一个学术团体"立达学会"。这时,3月23日,立达学会常务委员会开会,也认定他为该会会员。第二天,学会开全体大会,决定为抗议"三一八"惨案,学园停课一天,并发表宣言,主张联合民众作根本改革,反对所谓"法律解决"及依靠旧有任何势力。第三天,他们又在大新街悦宾楼饭店聚会。会上,愈之提出学会应办一份刊物,大家一致赞成。于是,推选愈之和雪村负责筹备印刷发行事项,他与丏尊、石岑、熏宇等负责筹备编辑事项,预定半年内出版(后来,该刊于9月5日创刊,名为《一般》月刊)。5月27日,学园又召开"导师会",他与伯祥、方光焘等首次参加。会上决定添设"文学专门部",并推定他与伯祥、愈之、圣陶、丏尊、石岑、予同、雪村、乔峰、觉敷、光焘、子恺、熏宇等人为筹备员。这么强大的师资力量,办一个大学中文系都绰绰有余了。

约3月底,雁冰从广东回到上海。他立即告诉雁冰当地驻军曾几次派人来商务印书馆打听其行踪,因为香港报纸上说雁冰是"赤化份子",已引起军阀的注意。雁冰觉得自己在商务编译所呆不下去了,又因为要接替恽代英担任国民党上海交通局(即国民党中宣部在上海的秘密机关,办事人员全是中共党员)主任的工作,便托他向商务当局办理辞职事项。他便照办了。从此,雁冰便离开了商务,专门从事革命宣传工作。

转眼间,"五卅"一周年便到了。他在这一天出版的《文学周报》上发表了一篇散文《向光明走去》,充满激情地说:

> 谁都喜爱光明的。虽然也许有些人和动物常要躲在黑暗之中,以便实行他们的阴险计划的。但那是贼,是恶人,是鸱,是蝙蝠,是狐。凡是人,是正直的人或物,总是喜爱光明,总是要向光明走去的。
>
> ……
>
> 是的,是的,现在是黑暗时代。
>
> 政治上,社会上,国际上,家庭上,有多少浓厚的阴影罩着!且不必多说,这许多、许多黑暗的事实,一时也诉说不尽。
>
> 但是"光明"已躲在这些"黑暗"之后了!我们要相信光明一定会到来。我们不仅相信,我们还是要迎着光明走去!……
>
> 我们不彷徨,我们不回顾。人类是永续不断的一条线,人间社会是永续不断的努力的结果。我们虽住在黑暗之中,我们应努力在黑暗中进行,但也许我们自身,是见不到光明的。人类全体永续不断的向着光明走去,光明是终于会到来的。
>
> 走去,走去,向着光明走去。
>
> 光明终于是要到来的!

这时,圣陶为中国济难会主编的半月刊,就叫《光明》,于6月5日创刊。他积极给予支持。从第1期起,就开始连载他翻译的俄国阿志巴绥夫的小说《血痕》。

在商务编译所,他的本职工作仍是主编《小说月报》。这年上半年,他忽收到从英国伦敦寄来的一卷稿子,署名舒庆春。稿子是写在普通的学生作文簿上的,钢笔横书,字迹不甚整齐。他一翻,还是长篇小说,题目叫《老张的哲学》。这个作者名字是从未见过的,从稿本来看,他就猜想可能是初学写作的留学生。稿件中还附了一封信,一看,原来作者是由北京燕京大学某英籍教授的推荐,去伦敦大学东方学院教汉语的,业余写了此部小说。那时地山也来到伦敦,他们住在一起,在聊天聊到没有什么好话题时,作者便掏出这本作文簿念上几段,地山听得哈哈笑,便说,寄到国内去吧,《小说月报》的振铎兄是我的好友。于是,作者便马马虎虎地卷一卷寄来了,也没挂号。地山当时在美国哥伦比亚大学获得文学硕士学位后,又到英国牛津大学研究院研究宗教史和人类学等。在得到牛津的学士学位后,还要去印度研究佛学与梵文。既然是地山推荐来的稿子,他当然更要仔细看一下了。

谁知他一看就被吸引住了。小说通篇用了纯熟的北京方言,其中讽刺幽默的地方使他常常发笑。而更难得的是,作者通过"老张"这个地痞流氓串通乡绅、富商和官府,放高利贷、贩卖人口、欺贫凌弱等坏事的描写,揭示了北洋军阀统治下动荡不安的北京地区的社会现状,而这正是他所十分熟悉的。因此,虽然从艺术上讲这部小说还略嫌粗疏,但他决定在《小说月报》上连载发表。同时,他又立即给作者去了一封快信,通知稿子已被录用,并希望再接再厉创作出更好的作品。

舒庆春收到他的回信,激动得无以形容,也马上给他写去一封信,希望发表时用笔名"老舍"("舍"乃"舒"的字头),以便与"老张"更相协调。不过,《老张的哲学》从7月号上开始发表,已来不及改了;而从8月号起,改作者为老舍。从此,中国著名的长篇小说家老舍,便出现在中国文坛上了。

在6月号的《小说月报》的《最后一页》中,他便郑重预告:"舒庆春君的《老张的哲学》是一部长篇小说,那样的讽刺的情调,是我们的作家们所尚未弹奏过的。"7月号,这篇小说登在首篇。而在该期的《卷头语》中,他又语重心长地写道:"中国小说数量之少,真使人惊诧","且看屠格涅夫一生重要的作品有多少,杜思退益夫斯基有多少,托尔斯泰有多少,佐拉、莫泊桑有多少,史格得、狄更司有多少,'质'的一方面姑不要说,就'量'的一方面而论,已经要使我们愧死了!""我们的作家,我们的新进作家,你们应该如何地努力!"这段话,其实正寄托了他对老舍的期望。因为这一期《小说月报》上,除了翻译小说外,就只发表了老舍一人的小说创作。《老张的哲学》至12期载完,而这时老舍在他的激励下又创作并寄来了第二部长篇小说《赵子曰》。他在12月号该刊的《最后一页》特地指出:"今年所登的创作,《老张的哲学》特别的可以使我们注意。"并预告说:"明年老舍先生还有一部《赵子曰》,一部比《老张的哲学》更重要更可爱的长篇,将在本报发表。"还作了内容简介和评价,认为是"使我们始而发笑,继而感动,终而悲愤"的佳作。他的这些话,是对老舍作品的最早的权威的评论。老舍后来成为我国现代长篇小说创作量最丰的大作家,肯定是与他的这些激励、帮助分不开的。

在这年《小说月报》上,他自己除了发表《失去的兔》等小说,以及一些译作、诗、儿童文学创作外,主要是继续连载巨著《文学大纲》。这里,得补述一下《文学大纲》的撰写过程及其学术意义。

先是在1923年,英国伦敦的佐治·纽奈斯公司从2月起开始出版英国著名戏剧作家约翰·特林瓦特撰写的《文学大纲》,每半月出版一册,预计一年出全。他在刚刚读到该书第一、二册时,觉得这样一种编辑方法很好,而且中国也正缺少一种世界文学通史类的书,因此,他便与雁冰、愈之、六逸,还有一位费鸿年,打算合作将这部书翻译过来出版,并且在同年4月的《小说月报》和《文学周报》上作了预告。但是,当看到此书出到十来册后,他们翻译的热忱却又冷了下来,因为他们发现原书实际是以英美两国为中心的,根本称不上真正的世界文学史。因此,他们便取消了翻译的计划。但是,他又觉得一部真正的世界文学大纲实在是非常需要的,经过慎重考虑,他决定由自己动手,参考原书,脱胎换骨,排除万难,重新撰写一部大书。他从 1923 年下半年起开始撰写，边写边发表，从前年（1924）1 月起开始在《小说月报》上连载，除了去年"五卅"惨案后他因为全力投入政治斗争，无暇撰著，所以《文学大纲》在刊物上停载了半年。此外，几乎期期都未脱过。到今年 7 月，已在《小说月报》上连载了二十九章，超过全书计划的四分之三，计有六十来万字了。7 月 9 日，他重写了全书的《序言》，同时又把最前面的十一章略作修订，约二十万字，再加上很多插图，作为第一册，交给商务印书馆出单行本。全书共分四册共八十余万字，二千几百页，后于 1927 年出齐。这可真正是一部巨著了。

我们知道，早在 1827 年，德国大文豪歌德提出了"世界文学"的思想；但是，一部记述整个世界的文学发展的史书，却是久久未能出世；后来，国外虽然有了很少几本名为"世界文学史"的书，但都是缺少或者几乎没有提到东方文学和中国文学。除了特林瓦特的这本《文学大纲》外，我们还可举一本在本书传主开始发表他的《文学大纲》以后美国出版的玛西的《世界文学史话》为例（此外也实在举不出什么来了）。此书后广泛发行于西方世界，还被译成日文和中文，人称是当时西方最高水平的文学史著作；但原书共五百六十页，叙及东方文学的却只有十六页（不到全书的百分之三），而且仅限于古代；谈到中国文学的地方，竟不足二页！这就是当时国外的世界文学史撰写的实况。一个十分简单的道理就是：一部世界文学史，如果仅仅论述西方文学而大大缺略了东方文学，特别是有意排斥或无知忽视了占世界人口近四分之一、有着四千多年悠久文明的中国的文学，那就再也不能称为"真正的"世界文学史了。

我们的传主花费了四年多心血奋力撰著的这部《文学大纲》，一举突破了外国人撰写的当时极少的这类文学通史的严重弊病与局限，是百年前歌德提出"世界文学"的伟大思想之后的一次破天荒的学术实践。全书记述东西方文学，各占一半篇幅，而中国文学部分则约占全书的四分之一。这样一个总体格局，从宏观上看，是十分科学和合理的。此书彻底破除了陈腐荒谬的"欧洲中心论",我们有充分的理由称它为世界上第一部真正的世界文学通史!此书还有很多优点和特色,此处便不多谈了。

然而,此时全书尚有最后几章尚未写出,而已经发表的部分他也觉得还有修订和补充的必要。例如,第二册的中世纪文学部分,应该补充波斯诗人和印度、阿拉伯文学等几章,才更臻完美。另外,还有其他一些文章要写。但是,天气越来越热了,每天下班后挥汗撰著,实在太辛苦,而且进度加不快,更令他心焦。一着急,连眼睛都发炎红肿了。就在这时,岳父梦旦及心南等人都劝他到莫干山去住几天,一方面避暑,休息休息,一方面也可以在那里写写东西。

莫干山离上海不很远,当天即可到达。在上海西南约四百里,浙江德清县城西北。相传春秋时代,莫邪、干将夫妇为吴王阖闾在此山铸剑,剑成而莫邪被杀,后人为纪念他们而名其山。山多修竹清泉,云雾缭绕。古诗咏其景云:"参差楼阁起高岗,半为烟遮半树藏,百道泉源飞瀑布,四围山色蘸幽篁。"为避暑的好地方。不少上海的有钱人,包括商务印书馆的上层人士,差不多年年夏天去那里。像商务总经理鲍咸昌等,还在那里置了地产。

他从来没去过。这次,因为岳父以及心南、唐钺(擘黄)等人都去,有好同伴,一路上可以谈谈说说;再加上在上海一点也干不出活,几乎有两个星期没有写东西了,心里实在太急,所以便决心与他们一起去。擘黄长他七岁,也是福建人,五年前获美国哈佛大学哲学博士学位后归国,现在在商务编译所专管哲学、心理学著作的编审工作,平时与他也颇谈得来。

7月22日,他很早就起来了。匆匆赶到火车站,恰好岳父与擘黄也已到(心南全家已在前几天先去)。先乘火车到杭州近郊的艮山门,再换小火车到拱宸桥,然后乘汽船就到达莫干山前的三桥埠镇。一路有说有笑,当晚便上了山。呼吸着山野特有的芬芳空气,听到潺潺的流水声,使他产生了一种从尘嚣的都市回归农村大自然的欣悦之情。梦旦与擘黄住铁路饭店,他则住到地方比他们更高的名字很有诗意的"滴翠轩"小旅馆,心南也住在那里。

这家旅馆房钱较便宜，因为设备比铁路饭店差得多，连电灯也没有，晚上要点蜡烛。但他喜欢朴素的山居，只要白天清静可以写东西就行。

第二天上午，他便下山到铁路饭店，接梦旦和擘黄搬上来住。因为铁路饭店虽然设施比较现代化，但地方较低，没有风，不如滴翠轩凉快。下午，他便一个人在山里东跑跑，西看看。他早就听说莫干山有两个瀑布，一个很远，另一个就在这边山下。他喜欢瀑布，小时候曾与十多个同学一起到南雁荡山玩，就看过不少美丽奔放的瀑布，留下美好的记忆。近十多年来，一直在北京、上海两地，不仅没有见到什么瀑布，就连山的影子也不大看得见。他带着寻梦般的憧憬，沿着一路溪声，终于找到那瀑布。虽然其气势远没有少年时看到过的那样壮美，但总算也是瀑布。四周静悄悄的没有其他人，他留连了一会，还洗了一个澡。

第三天一早，他便摊开稿纸和参考书，开始紧张地工作了。同时，他还以《山中通信》为题，开始写一组以莫干山避暑生活为内容的散文。但只写了第一篇寄给《文学周报》后，便中辍了，因为他急于先完成《文学大纲》等书稿的工作，不宜分心旁骛。后来，他回去后，在这年的秋天又根据记忆追写了九篇，先后在《文学周报》上发表；又加上前面的第一篇，编为《山中杂记》一书，于翌年1月由开明书店出版。此是后话。

在上海时，他每天晚上看书写东西，搞得很晚，第二天也起得较迟。可是这次在山上，白天他聚精会神地写作，晚上乘一会凉，便因天黑而早早睡下，第二天一早太阳还未升起就起床了。常常是倚在廊前的红栏杆上，观看东方的太阳在斑斓的彩云中喷薄而出，尽情地呼吸着新鲜的空气，真感到满腔的朝气，满腔的希望，满腔的舒畅，满腔的跃跃欲试的工作干劲。他觉得从来没有这么有规则地生活过，工作效率也很高，差不多每天都寄一卷原稿回上海，令朋友们惊诧而佩服不已。例如，他为《文学大纲》第二册补写的《中世纪的波斯诗人》，便在28日完成，后来便先在立达学园的《一般》杂志上发表了。

在山上,他除了每天勤奋写作外,有时也出去爬爬山,散散步,或逛逛山间小镇。那大多是在清晨早饭前,或下午完成工作以后。晚上,则常常坐在红栏杆前纳凉,与岳父、友人或这里的几个女佣人聊天。他最难忘记的,是其中两个晚上的谈话内容。

那是在山中的第三夜,月光皎洁无比,四周只有蝉声与山间溪水的声音,他们都静静地或坐或躺在东廊的竹椅上休息。忽然,心南的小女孩依真蹦蹦跳跳地跑了过来,唱着一首儿歌:"月光光,照河塘,骑竹马,过横塘。横塘水深不得过,娘子牵船来接郎。问郎长,问郎短,问郎此去何时返。"那清脆的歌声溢漫于朦胧的空中,就像一塘静水中起了一圈一圈的涟漪。梦旦便说:"这是各地流传的儿歌,辜鸿铭还曾选入他的《幼学弦歌》中呢。福州还有一首大家都知道的民歌,也是以月亮为背景的。"他一向对民间文学极有兴趣,当然便全神贯注地听岳父背诵这首民歌:"共哥相约月出来,怎样月出哥未来?莫是奴家月出早?莫是哥家月出迟?不论月出早与迟,恐怕我哥未肯来。当日我哥未娶嫂,三十无月哥也来。"这是一首又真挚又婉转的情歌。他立即拿出笔和纸,请岳父再背念一遍,把它记了下来。

"大概这又成了《山中通信》的资料了吧?"擘黄在旁笑着说,因为今天看见他在写《山中通信》,"我也记得一首呢,你索性也记下吧。"擘黄背诵的是:"七月七夕鹊填桥,牛郎织女渡天河。人人都说神仙好,一年一度算什么?"他刷刷地记着,擘黄又说:"这最后一句真好!以前咏七夕的诗,恐怕不见得有这样透彻的口气吧?"

大家的话匣子一开,沉静的气氛立刻活跃了。每个人都高高兴兴地谈着唱着,忘了皎洁的月光及其他的一切。梦旦又说:"还有一首歌,你们听过没有:'采萍你去问秋英,怎么姑爷跌满身?''她说相公家里回,也无火把也无灯。''既无火把也要灯!她说相公家里回,怎么姑爷跌满身?采萍你去问秋英!'"擘黄说,听是听见过的,只是意思不很明白。梦旦便解释说,那大概是小姐见姑爷夜间回来,跌了一身的泥,不由得起了疑心,便叫身边丫头采萍去问跟班丫头秋英。采萍回来后转述秋英的话,说相公所以跌得一身泥,是因为从家里回来时既无火把又无灯笼。但小姐仍未释疑:相公既从家里回来,如无火把也要有灯,怎么会跌得一身泥?于是叫采萍再去问秋英。这首民歌虽是如连环诗似的,前后意思却很不同,各人的口气也很逼真。经岳父这样一解释,他觉得这首诗真的可以称为一首名作了。

这天晚上,他们还谈了其他一些福建民歌。他觉得这是在山上谈得最舒畅的一夜。第二天晚上,月光也不坏,但他却忙着写稿子;再一夜,天气不佳,而梦旦和擘黄又忙着收拾行囊,预备第二天一早搬走。像这样舒畅而有意思的夜谈,是多么难得啊!

还有一天晚上听到的谈话,则是令他感慨与深思的。那是后来妻子君箴由女佣江妈陪着也从上海来这里以后的事。那天晚上,晚餐吃得较早。江妈与隔壁几家的老婆子,趁着太阳光尚未下山,把盆碗等物都收拾好了,便也上楼靠在红栏杆上聊天。"苦哇!苦哇!"几只黑丑的乌鸦飞来飞去,朝着乘凉的人们这样叫着。

"苦鸦子!我们乡下人总是说它是嫂嫂变的。"汤妈抬头看着乌鸦说。"我们那里也有这话,"江妈接口道,"婆婆很凶,姑姑又会挑拨,弄得嫂嫂常常受婆婆的气,还常常挨打。男人又一年间没有几天在家。有一次,嫂嫂把米饭从后门送了一些给要饭的,被姑姑看见了,马上去告诉她的娘,还说嫂嫂经常这样做。于是婆婆又痛打了她一顿。她气不过,就去投河,却被人救起,把她湿淋淋地送回来。但婆婆和姑姑却还骂她假死吓诈人。当夜,她又用衣带把自己吊死在床前了。她的灵魂便变作乌鸦,天天在屋前树上'苦哇!苦哇!'地叫着……"

他未曾听说过这样的故事,不禁愀然动容。只听汤妈又说:"做人家媳妇实在不容易!前半年在少爷家里用的叶妈还不是苦到无处说?一天到晚打水、烧饭、劈柴、种田……,她婆婆还常常叽里咕噜地骂她。男人又常常赌博,输了,便拿她来出气。打得呀,浑身是伤!有一次她给我看,一身的青肿！好容易出来帮人家,虽然劳碌些,比在家里还好一些。一个月三块半工钱,一个不少都得寄回家。她男人还时时来找她要钱！她说起来常哭。上一次,她不是辞了么？那是他男人为赌钱被人打伤了,定要她回去服侍。这一向都没信来,问她乡里人也不知道……"

又是一个"苦鸦子"的故事！

这时,汤妈又指着在一旁一声不响的刘妈,对江妈说:"她真可怜！人是真好,只是太老实,常常给人家欺侮。她出来帮人家也是没法的。家里倒并不少吃的穿的,只是她婆婆太厉害了,不是打,就是骂。没有一天好日子过。自从她男人死后,婆婆更恨她入骨,说她'克夫'。她到外面来做活,觉得赛如天堂呢！"刘妈默默地听别人这样谈自己的身世,一声不响。栏杆外的乌鸦还是"苦哇！苦哇！"地叫着。夜色已经成了深灰色了。"刘妈！天黑了,怎么还不点灯！天天做的事都会忘了么！"忽然,她的主妇的声音,严厉地从后房传出。"噢,来了！"刘妈连忙答应,慌慌张张地到后面去了。"真作孽,像她这样的人,到处要给人欺侮。"江妈说,"还好她是个呆子,看她整天笑嘻嘻的样子。""不,"汤妈说,"别看她呆头呆脑的。她和我说起来,常常落眼泪呢！有一次,给她主妇大骂一顿之后,她便躲在自己房内哭。到了夜里,我睡时,还听得她在哭呢……"

他想不到刘妈是这样一个人。自从到山上认识她后,他们都以为她是乐天的乡下老婆子,常常拿她来取笑,她也从来没生气过。谁知她原来也是这样一个"苦鸦子"！

这些,后来都成为他创作《山中杂记》的素材。

他在莫干山住了整整一个月,预定要做的工作基本完成,便于8月21日回到上海。而刚回到家,便见到鲁迅16日从北京发出的信。原来,鲁迅为了躲避北方军阀的迫害,向往南方的革命运动,已正式接受厦门大学的聘请,即将南下,去该校担任国文系教授兼国学院研究教授。

29日,鲁迅途经上海,寓孟渊旅社。他闻讯甚喜,第二天便邀请鲁迅到消闲别墅晚餐,为鲁迅洗尘。同时出席的有雁冰、圣陶、愈之、望道、大白、丏尊、予同、伯祥、雪村、熏宇、叔琴及乔峰等人。这些友人全是文学研究会和立达学会的同人,绝大多数(包括雁冰、圣陶)都是第一次见到鲁迅,留下终身难忘的印象。因此,这是一次极为难得的聚会,是他为沟通鲁迅与上海进步文学界的联系而作出的努力。

10月间,他编印了一本《〈文学大纲〉样本》,封面用红、蓝两色套印,内容是即将出版单行本的《文学大纲》的序言、总目、插图选,以及预订方法等。后来,商务印书馆于12月出版了《文学大纲》第一册,他即于20日签名寄赠鲁迅。

11月14日,《文学周报》发表《本报特别启事》,宣布该刊现因订户增多,事务过繁,从下期起委托开明书店发行。同时并扩充篇幅,由十六开改为三十二开本,每期装订成册,并加美丽的封面。该期还发表他写的《"自己动手"之最后一次》,说明该刊自从《时事新报》副刊中独立出来以后,一年半内都"是我们亲自动手折叠,检点打包,写信封,粘邮票,而且寄出的"。现在虽然委托开明书店发行,"然而我们将在本报的文字里永持且扩大了我们的自己动手的精神"。他还庄严地写道:"现在是黑暗的时代,但黑暗的时代正是光明时代的前驱。在为光明而致力的群众中,本报始终是一个,且将永远是一个。"

这年最后一期的《小说月报》上,他发表了这样一段《卷头语》:

谁是人世间的最苦闷者?

是终日辛勤苦作的人?是终日坐在书桌上不停地写或读的人?

不,那不是他们。最苦闷的却是那些闲逸而无事可为的人。

工作,不仅收获时有说不出的成功的喜悦,即当工作时却也有无上的趣味。

农夫很用力的一锄一锄地在翻土,两臂上红铜色的筋肉一颗颗地因用力而坟起。

但他的心,沉没在他的工作中,并不觉得苦楚。黑酱色的泥土,泥土中掘起的一株小草根,一堆虫卵,一只奔逃的小虫,对于他都有兴趣。

倦了,身子依靠在锄柄上憩着。

天是蔚蓝的,太阳是金黄的,轻云是乳白的,乌鸦们忽起忽落地在那片广野中飞着,争啄被翻掘到泥外的蚯蚓。

他不禁微微地笑了。他从不感到工作的苦辛。

工作是并不苦辛的!最感苦闷的却是那些闲逸而无事可为的人。

当时,正处于苦闷和颓伤的心境中的任叔,读了这段《卷头语》感到分外激动,产生了一种得以"自救"的心情。三十多年后,任叔回忆说:"我紧紧记得,我当时读了就立下决心:用工作和劳动来击退我的苦闷、颓伤,并使自己没有一刻的空闲,来赢得心境的安泰。这确实使我一生来养成了爱劳恶逸的习惯。人常有闻一言而受用一生的,振铎用'西谛'的笔名写下的这一段话,对我说来就是如此。显然,振铎在这里没有提出为谁工作和劳动的问题,这在我是以后受到党和革命的教育才明白过来的,但对当时稚气的我却确是敢于直面人生了。"

是的,他坚信生活就是工作。他不以为苦,而感到无上的乐趣。他一生都是如此。然而,这时中国社会的激烈动荡,又将迫使他不得不停止手头正在进行的工作,甚至不得不暂时离开自己工作着的祖国……

第四章 暂别祖国

一八 不得不出走

他倚在法国邮船"阿托士"号高高的栏杆上,看着船慢慢地离岸。船与岸之间的水面,渐渐地扩大了。许多送别的人,其中包括他的亲人和朋友,还在岸上挥着白巾,挥着帽,挥着手。码头上的一片"再见""一路平安"的呼喊声,还夹着噼噼啪啪的鞭炮声,渐渐地远了。他停下了一直挥动着的手,泪水早已夺眶而出,沾湿了眼镜,看出去一片模糊。

他摘下眼镜擦了一下又戴上。突然,他看见了沿江还停着好些灰色的或白色的军舰。啊!它们悬着的不是中国国旗,而是"红日"旗,"蓝白红"旗,或是"红蓝条交叉"的联合旗、"星点红条"的旗,等等。他不禁捏紧了拳头。

两岸是黄土和青草,再看过去是两条青痕,再过去是地平线上的几座小岛。在夕阳的照耀下,浪涛如顽皮的小孩似的跳跃不定,水面上现出一片金光。

啊,我真的离开中国了,离开我全身心热爱着的中国了!——他心中这样喊着。他实在是不愿意离开她,更不愿意在这个大动荡的时代中放弃自己应做的工作,抛开很多认识的与不认识的勇士们而出走的。那些勇士们正在用他们的鲜血缔造着新的中国,正在以纯挚的热诚,斗争着,奋击着。

他责备自己不应该这时离开,他甚至觉得自己这样做是有罪的。

然而,他能不走吗? 他是没办法才离开的啊! 几个月来的情景像电影一样,在他眼前一幕幕显现:

1927年新年开始后没几天,汉口传来了令人震惊的消息。1月3日,武汉人民为国民政府北迁和北伐取得的胜利,在汉口江汉关码头和英"租界"交界的广场上举行庆祝大会。"租界"当局竟调集大批水兵,用刺刀横蛮驱逐聚会群众,并大队冲入华界,当场刺死中国海员一人,刺伤群众数十人。在中国共产党领导下,5日,武汉人民举行示威大会,会后并英勇地驱逐了英帝国主义的巡捕,占领了英"租界"。6日,因英军又在九江枪杀中国工人,群众又占领了九江的英"租界"。这是在中共领导下的中国工人阶级和劳动人民爱国主义的伟大表现,是中国近百年反帝斗争史上空前的壮举。看到帝国主义的凶恶残暴和同胞们的英勇斗争,我们年轻的传主的热血又一次沸腾了。这时,"五卅"时的"上海学术团体对外联合会"早已解体;但他与圣陶、愈之等人,又在短时间内以文学研究会名义,与学术研究会、上海世界语学会、中华农学会、妇女问题研究会、弥洒社、上海通信图书馆等团体一起,在1月24日发表《上海学术团体为汉口事件宣言》。宣言提出:反对英帝国主义当局调集军舰闯入中国国境;英政府应对汉口事件负赔偿、惩凶、道歉等责任;收回各地英"租界"并废除中英间一切不平等条约;正告世界各国勿为英政府宣传政策所蒙蔽,并彻底改变对华政策,以谋国际永久之和平。这是对武汉人民的声援。在中国人民的英勇斗争下,英国政府被迫于2月19日承认将汉口、九江英"租界"的行政事宜交还给中国。

形势在飞速地发展,国民革命在国共合作下取得不少胜利,然而他当时却没能注意到在胜利的背后又潜伏着的严重的危机。2月间,他收到任叔千里迢迢从广州寄来的一封长信,谈的是对《文学周报》上发表的胡适致徐志摩一信的看法。那是去年,胡适因去英国出席中英庚款委员会全体会议,路过苏联莫斯科时作了一番参观,写信给志摩时对苏联说了一些好话;但同时又表示不赞成共产主义和无产阶级专政,鼓吹"避免'阶级斗争'的方法"的所谓"新自由主义"或"自由的社会主义"。他看到了胡适给志摩的这两封信,很感兴趣,便将它们发表于2月12日的《文学周报》上,还亲自加了按语。肯定了胡适前半部分的意见,认为这"可以表示我们的向前走着的知识阶级,已经有些认识他们要走的道路了","我们只祝他能早日上新生活的轨道"。胡适当时是否属于"向前走着的知识阶级",这是可以讨论的;但他自己则无疑是在坚定地"向前走着的",并希望别人也能早日走上新的轨道。他在按语中还指出,国内的情况比胡适出国前已有进步,"有一部分的诗人,竟投下了他们的笔,去做实际的光明工作去了;有一部分政论家却不仅口说而且去实行了;青年界里满现着活泼有为的生气。"他对胡适"避免"阶级斗争的话没有作批评。

任叔的信,就是批评胡适的这些话的。任叔正是他所说的投笔从戎、去做实际革命工作的诗人之一。"五卅"事件发生时,任叔也在上海,目睹了惨案,随后即返回故乡奉化去发动群众进行反帝斗争。北伐战争开始后,任叔收到一位同乡、时任北伐军总司令的蒋介石的亲笔邀请信,后于1926年7月赴广州参加国民革命,在总司令部秘书处机要科工作。但其时任叔已是中共党员,在实际工作中对蒋介石等人的"国民革命"产生了怀疑。任叔曾利用工作之便,将一些重要情报暗中报告中共组织,还曾因此受到周恩来的秘密接见。当任叔看到《文学周报》上胡适的信和他的按语后,便给自己的文学引路人写来了这封长信。

任叔认为,胡适信中表露的思想诚然有所变化,"然而总还脱不了他的温情的色彩",并尖锐地批评了胡适的"新自由主义":"历史的事实告诉我们,在一个阶级统治下,其他被统治的阶级,便绝对无自由之权;就不用神权、君权统治下的如牛如马的人民来作引证,产业发达以后的欧洲,资本主义突兴,资本家握存经济的大权,从而操纵政治与政权,无产阶级的自由,差不多都给他们御用法律所剥夺了。这就是一个近例。在今日之中国,帝国主义者的种种侵略,军阀土豪的剥削,他们早已互相勾结一起向民众进攻,阶级之势早已形成,是否还能够用'比较和平、牺牲小些'的'诗人方法'?"任叔并结合广州的实际情况,指出:"我以为被统治阶级推倒了统治阶级的固有势力时,为自己一阶级的利益,为防止统治阶级的反动——因为统治阶级的自由,一向以剥夺被统治阶级的自由为自由,一旦失却,未有不想恢复的——而有专政的必要。直到反动派屈服了,阶级消灭了。这时,恐怕有全民自由的希望。于此,也可以说一个大多数的阶级的专政,也是消灭阶级的策略。"

他反复读了任叔的这封信后,觉得在这些革命的道理方面,任叔看来已经比自己懂得更深一些了。他便将这封信发表于3月27日的《文学周报》上。

而3月份,正是上海工人在周恩来、罗亦农、赵世炎等人参加的中共中央特别委员会领导下,举行第三次武装起义的关键时刻。为配合北伐进军,上海工人曾在去年10月与本年2月发动过两次武装起义,但均因准备不充分,在军阀孙传芳的镇压下失败。而在第二次起义前夕,他与愈之、圣陶、晓先、予同、石岑、调孚、子恺等人,在2月16日正式成立了"上海著作人公会"。他是执行委员。据愈之后来说,这是以本书传主"为首"的。在《上海著作人公会缘起》中,他们认为"到资本制度形成而且盛大之后","著作人的精神的产品商品化了;著作人的地位一变而为零卖商或受雇者;著作人的被资本家剥削完全与体力劳动者同其命运"。"在这样的情形之下,我们觉得著作人应当组织一个团体,协力来谋改革,为自身也是为文化。"他们还表示今后要进一步组织"全国著作人联合会"。该公会成立后,即积极参加共产党领导的革命活动。当时,中共中央执行委员会号召:"工人及一切革命的市民起来夺取武装,响应北伐军,拥护国民政府!""由市民公会召集全上海市民代表大会,一切政权归市民代表大会,实现国民政府之北伐目的——市民会议的政纲。"上海著作人公会便积极响应这一号召。3月12日,第一次上海市民代表大会召开,该公会便派代表参加。选出的市民代表大会执行委员中,便有该公会的丁晓先和王景云(商务工会委员长,也是中共党员)。20日中午,在四马路某楼举行闸北区市民代表大会成立大会,他被推选为临时执行委员和宣传部主任。

当北伐军进攻上海市郊龙华时,3月21日,上海总工会再次发布总同盟罢工的命令。在周恩来等人领导下,接着举行第三次武装起义。据圣陶的儿子叶至善回忆,有的起义工人的枪支弹药就存放在本书传主的家里。据女作家陈学昭《上海新时代的诞生》记述,那天上午,他到她和孙福熙那里观察,"振铎先生带得望远镜来,他在看:'噫!噫!刚才那些兵们帽上有红布围的,此刻没有了!'……'火车轨道那里有好多兵。'"他虽然已知道要起义,但还是与愈之等人照常到编译所上班。中午放工时,商务印书馆的放工钟一直当当当响个不停,这就是激动人心的起义的信号。他眼看工人们生龙活虎地拿出了武器,在街上筑起了掩体,并向敌人勇猛冲锋。工人手中的枪,一部分是地下党供给的,一部分则是向敌人缴来的。起义工人很快截断了铁路,第二天占领了天通庵车站,最后集中火力攻占北站,到晚上终于取得了胜利。他看到了工人阶级和劳动群众的英勇无畏与伟大力量,兴奋不已。他虽然没有执枪冲锋陷阵,但他和友人们把鞭炮放在煤油筒中放,把铁门关上用锤子拼命敲,以充作枪炮声响,并大呼口号,为起义工人助威。

22日下午,第二次市民代表大会召开,成立"上海特别市临时政府"这一临时革命政权,选出委员十九人,晓先、景云二人仍当选。25日,在西宝兴里商务印书馆同人子弟学校召开闸北区市民代表大会第二次临时执行委员会,他任会议主席,讨论办理接管区政府等事宜。26日上午,上海特别市临时政府召开第二次执行委员会,他作为闸北区代表赴会,并报告了闸北区市民代表大会成立经过和接管工作等。28日下午,闸北市民代表大会执行委员会开第三次会议,他首先发言,介绍前天市里开会的情况,讨论种种事宜……

正当他积极地迎接和参与建设"上海新时代"的时候,事情背后的发展却是出人意料的!

3月26日蒋介石到上海后,即借口"不明上海情形",拒不承认临时革命政权"上海特别市临时政府"。接着,蒋介石与汪精卫、吴稚晖等人连日密商,吴氏等提出"清党""分共",策划反革命政变。消息泄露,社会上传言纷纷。在此危急时刻,仲甫竟以中共领袖身份,与汪氏于4月5日发表《联合宣言》,说蒋介石"决无有驱逐友党摧残工会之事"。这就使得中共党内和革命群众对行将发生的突然事变放松了警觉。我们的传主当然也是如此。6日下午,在宝山路第一区党部召开闸北区市民代表大会,到会团体七十二个,到会人数二百四十人,公推本书传主等三人为主席团,会上决议用区代表大会的名义表示拥护汪精卫,赞成国共宣言,拥护蒋总司令继续北伐;同时,也表示拥护工人纠察队,要求蒋介石表明对工人纠察队的态度。这后两条在当时还是难能可贵的。而临时市政府也于7日发表宣言,说"读国共两党领袖汪陈两先生告两党同志书,披沥肝胆,剀切陈词,使……数日来所积之疑虑,为之涣然冰释"。然而,8日,国民党右派便成立了"上海临时政治委员会",准备取代临时市政府。11日,蒋介石密令:"已克复的各省,一致实行清党。"晚间,上海总工会委员长、共产党员汪寿华被蒋介石指使杜月笙骗去杀害。12日晨,蒋介石利用黄金荣、杜月笙等纠集一帮流氓,从"租界"出动,冒充工人,在闸北、南市、沪西、虹口等区袭击工人纠察队。国民党的反革命军队便借口所谓"调解工人内讧",欺骗或强行收缴工人纠察队的武器,并打死打伤三百余人。当时,上海工人纠察队指挥总部,就设在商务印书馆工厂对面的东方图书馆内。因此,血腥的"四一二政变"的全过程,他几乎都亲眼目睹了。

为了抗议蒋介石的缴械,上海工人进行了英勇的反抗。他们夺回了总工会会所,并宣布全市总罢工。13日上午,上海市总工会在闸北青云路广场召开市民抗议大会,提出惩办祸首,发还枪械,释放被捕工人的要求。午后一时半散会后,十多万工人群众列队游行,准备去设在闸北天德堂的国民党周凤歧师的司令部请愿。他也参加了这次聚会和游行。游行队伍中还有妇女童工,队伍秩序井然,群众手无寸铁。当游行队伍行进到宝山路三德里("上海著作人公会"办事处就设在那里)附近时,即被预先埋伏的反动军队拦住,接着就用机关枪向密集的人群扫射,历时约十五六分钟。群众因大队拥挤,不及退避,尸横遍地,死伤极惨。宝山路一带百余丈之马路,顿时血流成河。群众所持之青天白日旗,弃置满地,遍染鲜血。队伍前不少妇女儿童也都惨遭枪杀。这时,又恰好下了一阵大雨,马路上积了很多水,简直成了血海!他亲身经历了这一场屠杀,要不是工人兄弟的掩护,还险些遇难。当时反动军队的士兵已经抓住了他的衣袖,幸亏几位工友冲上来帮他,他奋力撕掉被抓住的衣袖,才得以脱险。

回到家中,他惊魂未定,即接到愈之的电话。愈之、予同、雪村等人也都目睹了这一惨案。愈之愤怒地提议:应联名写一封给国民党当局的抗议信。他立即表示同意。他们商量了一下,决定写给蔡元培、吴稚晖、李石曾三人。因为蔡、吴、李不仅是所谓国民党内的"三大知识分子",而且是上海政治分会委员。第二天,信由愈之写成。信中说:"自北伐军攻克江浙,上海市民方自庆幸得从奉鲁土匪军队下解放,不图昨日闸北,竟演空前之屠杀惨剧。受三民主义洗礼之军队,竟向徒手群众开枪轰击,伤毙至百余人。三一八案之段祺瑞卫队无此横暴,五卅案之英国刽子手,无此凶残。而我神圣之革命军人,乃竟忍心出之!此次事变,报纸记载,因有所顾忌,语焉不详。弟等寓居闸北,目击其事,敢为先生等述之。"信中叙述了惨杀的经过,指出:"先生等以主持正义人道,负一时物望,且又为上海政治分会委员,负上海治安之最高责任,对于日来闸北军队所演成之恐怖状态,当不能恝然置之。弟等以为对于此次四一三惨案,目前应有下列之措置:(一)国民革命军最高军事当局应立即交出对于此次暴行直接负责之官长兵士,组织人民审判委员会加以裁判。(二)当局应保证以后不向徒手群众开枪,并不干涉集会游行。(三)

在中国国民党统辖下之武装革命同志,应立即宣告不与屠杀民众之军队合作。"

信的尾段,他们悲愤地说:"党国大计,纷纭万端,非弟等所愿过问。惟目睹此率兽食人之惨剧,则万难苟安缄默。弟等诚不忍见闸北数十万居民于遭李宝章、毕庶澄残杀之余,复在青天白日旗下,遭革命军队之屠戮,望先生等鉴而谅之。"最后署名,依次为:郑振铎、冯次行、章锡琛、胡愈之、周予同、吴觉农、李石岑。这是按繁体字的姓氏笔划,从多到少排列。而一般排人名,都是从笔划少到笔划多的。据圣陶回忆,这是我们的传主提出来的排法。因为他知道,此事有很大的风险,他愿意勇敢地站在前头,便当了领衔者。

此信除了寄给三位收信人外,愈之还通过弟弟仲持的关系,将它公开发表于15日《商报》,另外还发表于《时报》等,影响很大。当时,已经被迫紧急转入地下躲避追杀的周恩来看到了,就深为感动和鼓舞,后来曾多次向夏衍等人提起,认为这是中国正直知识分子的大无畏的壮举。此信公开发表后,反动当局恼羞成怒。据雪村后来回忆,"吴稚晖看了大为震怒,通知斯烈(浙江军阀的一个师长)按名搜捕,他们险遭毒手"。

4月18日,双手沾满鲜血的蒋介石在南京建立起"国民政府",并通过"清党"决议。这场史无前例的大屠杀,继续在全国各地进行着。28日,本书传主最崇敬的守常先生,在北京被奉系军阀残酷杀害!这时,蒋介石集团和奉系军阀张作霖等人,虽然在形式上还是作战中的双方,但在反共、屠杀革命者这一点上,却是完全一致的。大江南北,一片腥风血雨……

上海的白色恐怖尤其严重。在4月16日《时事新报》上,就可看到《闸北宝兴西里挨户搜查》:"闸北宝兴西里为商务印书馆工人聚居之处,昨日第二师兵士为铲除祸根起见,特于一时起,将该里逐户搜查。遇有重要文件或商务印书馆工会会员证,即将居户拘捕。风声传播,他里居户,咸以为亦将搜查,因此携箱提笼,迁移租界者甚众。"须知,我们的传主就住在宝兴西里九号。该报又载:"国民社云,闸北自连日发生惨案后,驻在军队于前日起实行严密检查。兹将各项情形汇志于下:(一)商务印书馆总厂自前日起,即由二师军队将前门守卫,禁止民人出入。一面即将各部各间中之箱柜施行检查,闻搜出残留枪械数起。又,东方图书馆亦受检查,馆内名贵之雕刻及价值甚钜之图书,遗失甚多。(二)……"可想而知,曾经签署公开抗议信的他和愈之等人的处境,更是危险。只是反动当局也知道他们都不是共产党,所以一时还顾不上来抓;再加上商务印书馆的上层人士如梦旦等人竭力担保,当局又慑于他们几位在文化界的威望,才迟迟未下毒手。但继续在政变后的上海呆下去,安全显然没有保障。因此,作为岳丈的梦旦,坚决要他非出国避一下不可。圣陶、伯祥等朋友也力劝他走。甚至当初也曾主张"清党"的孑民先生,以及刚刚从国外归来的胡适,也派人带来了让他躲避一下的话。胡适还说,可以到英、法等国去看看流散在那里的中国古籍和敦煌文书,自己刚刚去看过,大有收获,必要的话自己还可以帮助写几封介绍信。但他还是犹豫着,不想走。

秋白、雁冰这时都不在上海(到武汉去了),他便去找愈之商量。愈之也认为出去躲避一下好,减少不必要的牺牲。他便希望愈之与他一起走,但愈之说没有那一大笔旅费。其实他虽然经济景况比愈之好一点,也没有那么多钱。但岳父为他买了船票,又为他从商务预支了那尚未出全的四大册《文学大纲》的稿费。为了省几个钱,买的是邮轮的三等舱。梦旦还到处奔走,求人帮助,办理护照、签证、兑换外币等等。望着老岳父担心而削瘦的面容,他能再说不想走吗?

"呜——",船上的汽笛沉闷地吼了起来,将他从回忆的思绪里拉回到眼前的现实中。

船已进入茫茫大海,天色已开始灰暗了,海浪轻轻地抚拍着船舷,微微作响。他回过身,向同样站在甲板上发呆的陈学昭等四位同船去法国的青年们打招呼。大家都心情怅惘,而他的心情更怅惘。他匆匆决定要走,只是在七天以前。而在五天前,他才赶去告诉亲爱的母亲和老祖母。她们虽然感到非常突然,也很不放心他孤身飘泊海外,但连她们都也已经知道国内政局大变,他有危险,不得不出去避一下。因此,她们竟装出很高兴的样子,反而鼓励他,要他在外面安心读书。他想起十年前离开温州去北京时,她们也是这样鼓励他和叮嘱他的;但这次,他分明感到更带有一种悲怀,一种理解。

最难舍难分的还是君箴。她已好几天吃不下饭了,不止一次地凄声问:"铎,不走不行吗?"这时,他便暗暗地希望护照、签证批不下来,那样就不走了。直到临行前几天,他还是这样地想着。所以,当朋友们在大西洋饭店公饯他时,他还开玩笑地问:"也许不走了呢!如果不走,还要不要我回请你们?"但是,护照之类终于批下来了。他只得百般劝慰妻子,并说好他在外面将每天详细地书写日记,每隔一段时间就寄回上海,以慰她的相思。然而,刚才在码头上,君箴又在暗暗地拭泪。梦旦怕她见到开船更难过,在船还未开的时候就先带她回去了。望着老岳父离去时微驼的背影,很小就失去父亲的他,忽然鼻子酸酸地记起了友人佩弦的名文《背影》。母亲和祖母,是他叮嘱不要来相送的。大妹绮绣、二妹文英则都来了。商务编译所的朋友,他也反复叮嘱不必来送,但圣陶、伯祥、予同、调孚等,仍然在下班后匆匆赶到码头。这时送客已经不能上船了,他只能站在高高的船舷之旁向他们拼命地挥手、点头。

在刚才船渐渐驶出吴淞口的时候,一个庄严的誓言,涌上了他的心头:中国,可爱的中国,我虽然离开了你,我的心却萦系着你,决不会一刻忘记的。我虽然离开你,仍将为你而努力!我希望,当我归来时,这些悬着"红日"的、"蓝白红"的、"星点红条"的、"红蓝条交叉"的一切旗帜的白色、灰色的军舰都已不见了,代替它们的是悬挂着我们的国旗的伟大的舰队。但如果它们那时还没有退出中国海,还没有被我们所赶走,那么,来,勇士们,我将加入你们的队伍中,以更勇猛的力量,去压迫它们,去毁灭它们!这是我的誓言!

他还决心把这一次事实上的被动的逃亡,转变成主动的积极的学习进修。他想:"这次欧行,颇有一点小希望。(一)希望把自己所要研究的文学,作一种专心的正则的研究。(二)希望能在国外清静的环境里做几部久欲动手写而迄因上海环境的纷扰而未写的小说。(三)希望能走遍各国大图书馆,遍阅其中之奇书及中国所罕见的书籍,如小说、戏曲之类。(四)希望多游历欧洲古迹名胜,修养自己的身心。……以上的几种希望,也许是太奢了。至少:(一)多读些英国名著。(二)因了各处图书馆的搜索阅读中国书,可以在中国文学的研究上有些发现。"他当天晚上,便将这段话记在日记里。这一天是5月21日,这个日子,凡学过中国近代史的人很容易记住,因为这也是中国近代史上的一个重要日子:这一天,长沙的许克祥继蒋介石之后背叛革命,大肆屠杀共产党人和革命工农,史称"马日事变"。他就是在这血腥的一天离开祖国的。

一九 "阿托士"船上

"阿托士",凡读过法国大仲马的名著《三个火枪手》(又译作《侠隐记》)的,大概都会记住这个传奇人物的;而现在,则是他们所乘的法国邮船的名字。这艘邮船新造不久,载重二万四千吨。当年好像专门往来于中国和法国。(后来,好几个中国文化名人都乘过这条船,如钱钟书杨绛夫妇、吴作人等等。)在大海中航行,第一天他们并不感到怎么颠簸。晚饭后,他们躺在甲板上放着的藤椅上,望着在墨黑的天空和大海中闪着星星之光的远处的几座灯塔,相互默默无言,都在想着国内的亲友和将来在异国他乡如何奋斗的事吧。

"我们在船上写些东西,怎么样?"忽然,学昭提出这样一个建议。学昭虽然刚刚二十来岁,但她已是一位小有名气的作家了。她与秋白、雁冰、鲁迅、乔峰等人都很熟,与他也早就认识了。本书前面写到过,几个月前上海工人起义时,学昭就常和他一起去观战。此前,学昭本来因秋白夫人之华的建议,打算去苏联的,但他对学昭说:"你是学文学的,不是学政治,学政治到苏联好。"于是她就因此而决定改去法国。

"好啊!太好了!"他对学昭的提议立即高兴地响应。他本来就是再忙也不能不动笔的人,如今在这个很可以写些东西的环境中,还会不写么?他更想起,四年前,当地山、冰心、一樵与实秋四位乘船赴美国留学时,曾在船上合编壁报《海啸》三日刊,并把稿子寄回国来,就是由他在《小说月报》上发表的。现在,阿托士号的三等舱有一个餐厅,可以供他们当书房用,每人用一张餐桌,便如独据了一张书桌。他便回头动员身旁的徐元度、袁中道、魏兆淇三位同船的青年朋友一起来写。这三位青年朋友原先他都不熟悉。元度,不久前刚由朱湘向他介绍过;中道,与他很熟悉的一位明代的文学家的名字完全相同,他觉得挺有趣;兆淇是福州人,与他为老乡,而且兆淇此前是鲁迅在厦门大学的学生,这就更感到亲切了。

"写什么呢?"他略一思索,便提议大家就写在"阿托士"号上的所见所闻所思,什么都可以,而等船每到一地靠岸时,便由他把大家写好的稿子寄到上海的《文学周报》去,让友人们编几个"阿托士专号"。大家都受到他这个主意的鼓舞,便各自去想自己的题目了。

这时,他才悲愤地想起,由于这次被迫匆匆出国,他本来有多少计划要做的工作,要编的书,要写的题目,要译的名著,现在都没法完成了!是的,他费了三四年功夫编成的《小说月报》号外《中国文学研究》上下二册,下个月就要印成出版,仅在这"号外"上他就预告了他要编著的许多书。例如,他与伯祥、予同、圣陶拟编《中国文选》约十大册,"依时代统辖作者,不复分门别类;每册之首,有序言略述本时期文学之大势;每个作家之下,详述其生平及作风;每部作品之后,详载其重要版本",而且"第一二三册已将编竣",其中包括他编的《变文与宝卷选》;但是,这样好的一个计划,因他被迫出国,后来终于没有实现。还有,这期"号外"上发表了他的《〈中国文学者生卒考〉

出版预告》，这本是他在君箴帮助下已基本完成的书稿，只需细加修订一下就可出版的，后来也未问世。"号外"上发表了他的《中国文学年表》，他在上述出版预告中也说要对此年表再加修订补充，作为单行本，但后来也未能如愿。"号外"上还发表他的《〈中国文学名著叙录〉出版预告》，此书也已写出了一部分，也因此而无法完成。另外，他编选的我国第一部收辑范围最广、校勘较精、篇幅甚大的《中国短篇小说集》，已经或即将由商务印书馆出版第一集、第二集及第三集的上册，只差第三集的下册尚未编好，也因此而未成全璧。还有仅完成一部分的《中国小说提要》，也是如此。翻译方面，则有俄国作家安特列夫的名作《红花》、阿志巴绥夫的名作《沙宁》等，他也只译了一部分在《小说月报》上发表……还有，他的巨著《文学大纲》，这时只出了第一册，其他三册虽然已经修订付印，但原拟附在第四册后的中英文索引也就来不及编了，第四册的校对以及编制年表(四)等，他也只得都拜托调孚代办了……

他最牵肠挂肚的，还有那些文学研究会的刊物与丛书。本来，在临走前，他已作了安排：《小说月报》的主编，虽然还挂他的名字，但实际托付给了圣陶，并仍请调孚协助；圣陶原先负责的《文学周报》编务，如来不及做，可转给景深；《文学研究会丛书》的事，则交给愈之与调孚了。现在，他想编几个"阿托士专号"，除了可以告慰那些想念他的亲友外，同时，也算是对那些留守的同人们的尽力的支持。

5 月 24 日，船到香港，靠岸略停，他和元度、兆淇还上岸去玩了一下。这次，他寄出了第一批稿子，计有他写的《我们在 Athos 号上——一篇小小的序文》《离别》，学昭的《法行杂简》(一、二)，兆淇的《游子之音》，元度的《船上的小朋友》；中道没有写文章，但画了好几张画，也随稿子一起寄到上海去了。上海的朋友们正等着他的来信，收到后，高兴极了。从这些稿子上，可以真确地了解他们在船上的生活。本来，自从"四一二"事变以来，《文学周报》脱期甚久；这次，上海的朋友们便于 6 月 12 日出了第一个"阿托士专号"。整个一期的内容,便全由他寄来的稿子包了——他本来就计算好字数的,连封面画及插图都用了中道的画。他写的那篇"小小的序文",说明了他们写这期专号的缘起,并表示今后还有第二次、第三次、第四次……

他写的那篇《离别》,是激动人心的散文,写他向亲爱的祖国告别,向祖母、母亲及其他亲友告别,向妻子告别,极细腻动人。这篇散文后被达夫收入《中国新文学大系·散文二集》,并在该书导言中作了高度评价。他的朋友邹韬奋,六年后也因受国民党反动派的迫害,于1933年7月离国赴欧。韬奋在临行前写的《萍踪寄语·开端》中说,"有一位很知己的好友听见我有出国之行,满腔热诚地赶着写了一封令我十分感动的信来勉励我"。这位"很知己的好友"大概是愈之?这封信中就引了本书传主在《离别》一文中的誓词来激励韬奋。

这次他同时寄回去的稿子,还有他为君箴校译的北欧神话《莱茵河黄金》。君箴收到后一直珍藏着,直到他回国后,才发表在1929年11月的《小说月报》上。

5月27日,海上风雨大作,他第一次感到恶心,想呕吐。好在不久便见到陆地,下午,船便进了越南西贡的港口。在这前几天,他不仅向一个法国军官学法语,而且还为第二期"阿托士专号"写稿和组稿。他写了一篇《浮家泛宅》,又写了一篇《海燕》;加上元度的《"英国人的乐园"》、学昭的《寄吾母》(诗)、《法行短简》(三、四、五),兆淇的《游子之音》,以及中道画的《香港风景》等,从西贡寄往上海。上海的朋友便将6月26日《文学周报》办成第二个"阿托士专号"。他的《浮家泛宅》不知何故未见登载,也许他临时没有寄去。他写的《海燕》,先用细腻的工笔描绘了家乡春天时燕子归来的美妙画图;接着,笔锋一转,传神地描写他在船上看到的在万顷碧波上奋飞的海燕的英姿。通过这种从远而近、由彼及此的移步换景的写法,他不仅在小燕子身上寄托了自己的满腹乡愁,而且又随着海燕的飞翔而抒发了自己迎风搏击的壮怀!

船在西贡停留了三、四天,他们又上岸游玩几次。他第一次领略了热带风物,欣赏了那亭亭的碧绿的棕榈树和顶着极红极红的花或果的他叫不出名的大树等等。他也看到了越南人民在异族统治下的苦难生活。5月30日一早,船又开航,又是风浪大作。6月1日,船到新加坡。这次因为时间太紧,风浪又大,大家来不及写成稿子寄出。在快靠岸前,他看到了一幅奇景:远远的水面上,突然浮出几片如小孩子玩的小木船或纸船一类的东西来。当他们正惊奇于这些东西是从哪里飘来的时候,这几片小艇却已渐渐地靠近了,原来每片小艇上还有一个小孩,各用一支小桨在划着。到了"阿托士"船边,都停住了,这些小孩抬头向观看他们的旅客大声喊着:"A la mer!"他不懂这句话的意思,却见船上有外国人往海里抛下一二个银角子,只见几个小孩像青蛙似的跳入水中,极敏捷地潜入大海,不一会儿又钻出水面,一只手举着已掠到手的银角子!他们将银角子向小艇内一抛,便又抬头高叫:"A la mer!"原来,这是当地马来人小孩的一种求乞的方法。他一方面赞叹这些孩子高超的划船和潜水技术,同时心中却有一种说不出的同情和怜悯。船靠岸后,他们只是稍微上去走了走,下午便开船西行了。从此,便告别了中国海,进入印度洋了。

他连日被印度洋的波浪,颠簸得头昏脑胀,什么事也不能做,甚至连日记也停了好几天。但是他还是坚持写了一篇《A la mer!》,记的就是上述在新加坡海边见到的一幕。直到6月6日下午,船到锡兰岛的科伦坡市,他便将"阿托士专号(三)"的稿子寄出了。除了他的一篇外,还有元度的《赶马车的老人》《一个午餐》,学昭的《法行杂简》(六、七、八),兆淇的《游子之音》和中道的《安南人休矣》(上海的朋友收到后编成整整一期《文学周报》出版,已是7月3日了)。这次,他与元度、兆淇又上岸匆匆玩了一下。第二天一早,船便开航,又是颠簸不已。整天看到的是黑色的海、昏浊的天,真是太单调了。

从6月9日起,他开始写散文《回过头去》,副标题是"献给上海的诸友"。这篇文章他断断续续坚持写了两天。写完后,没有直接寄给圣陶等朋友,而是附在家信中,先请君箴等人看看,由他们决定发表与否。文章先写船上整天看到的"墨蓝色的海水,海水,海水",由这样的"无生趣,无变化"的眼前景色,写到"那末生动,那末有趣的过去"。接着,他一口气分别回忆、描写了在上海的十多位好友。对每个人以寥寥数笔,或写出了其人神态(如面色焦黄的愈之、风度清俊的予同、美秀的圣陶、瘦削的东华、矮小的调孚等等),或写出了其人品格(如老成谦和的伯祥、谦抑而刚强的圣陶、勤奋著译的东华、镇静而足智多谋的雁冰等等),或写了其人带有鲜明个性的琐事细节(如东华的赌瘾、石岑的耳朵会动等等)。十分传神,栩栩如生,充满感情,简直可以与古代散文名作《世说新语》中的某些片断媲美。文章的后半,则回忆、描写了与这班朋友在上海时的生活片断,如喝酒、逛旧书店、通宵达旦的聚谈等等,虽平凡无奇,却令人向往。结尾则与开头呼应,又写到"墨蓝色的海水,海水,海水",令读者更加回味人间友情的至贵。这篇文章寄回上海,家人读后没有拿出去发表。可能因为当时正是白色恐怖时期,怕给文章中提到的那些友人带来意想不到的麻烦。直到 1934 年他在上海良友图书印刷公司出版他的《欧行日记》时,才在《良友》杂志上发表,并附在《欧行日记》中了。此是后话。

  6 月 12 日和 13 日,趁着比较风平浪静,他赶写了一篇《大佛寺》,追记在科伦坡参观一所古寺的经过与观感。14 日,船终于到达印度洋的彼岸,靠上了阿拉伯地区的亚丁港。他便将编好的"阿托士专号(四)"的稿子又寄往上海。除了他自己的《大佛寺》外,还有元度的《一个兜风》《阿多斯号上的人物》及其译作《杨梅》,学昭的《法行杂简》(九、十),兆淇的《游子之音》和中道的画《印度洋的浪》。由于离祖国越来越远,邮寄费时,这一期专号出版时,已是 9 月 4 日了。

  亚丁是亚洲的最西南端。亚丁给他的第一印象便是赤裸的奇形的黄色的山,一棵树也看不到。那山形如刀如剑,如门户,如屏风,排列在这阿拉伯的海滨,令他立即起了一种诡伟之感。他不由得想起了阿拉伯民族的历史。阿拉伯人曾给世界——至少是欧洲——以强大的震栗。那些骑士,跨着阿拉伯种的壮马,执着长枪,曾出现于无边无际的平原高原上。他们曾建立了横跨亚、非、欧三洲的阿拉伯帝国——我国史称"大食国"。然而,后来便受奥斯曼帝国的统治达数百年之久。近百年来则一直遭受英、法帝国主义的侵略和殖民统治。但是,他相信阿拉伯人的国土虽然被掠夺,阿拉伯人却仍不减当年的勇鸷。不久,船进入红海。船向北开,左面是非洲,右面是亚洲。他几乎每天饱看日出与日落的壮景。18日,他赶写了一篇《阿拉伯人》,写了他在亚丁所看到的和善可亲、坚卓耐劳又备受亡国之苦的阿拉伯人。他写到看见阿拉伯人被殖民主义者殴打,"心中突感着一种难名的苦楚和悲戚"。这是被压迫民族之间的伟大同情,是他的高尚的爱国感情和民族意识在海外的流露!

19日,船进入苏伊士运河。他第一次看见了一片金黄色的沙漠。第二天,船靠波赛,他曾上岸一走。他所编的"阿托士专号(五)"便于此时寄往上海,除了他的《阿拉伯人》外,还有学昭的《法行杂简》和《红海月》(诗),元度的《亚丁的上岸》和译作《我的邻人雅各布布》,兆淇的《游子之音》等(这一期,到9月11日才出版)。船接着便进入地中海了。21日下午,他正睡着做梦,在梦中"雁冰,雁冰"地叫着,忽为人所惊醒。他一想,这时离他告别祖国,已整整一个月了。23日和24日,他写了一篇《同舟者》,描写了船上的各色人等。此刻,人们都欣欣然有喜色,船上充满了即将要到岸的气氛。25日,终于到达终点——法国马赛。历时一月余,行程一万六千多公里的海上旅行,终于结束了!他便将所编好的最后一期"阿托士专号(六)"寄往上海。有他的《同舟者》,元度的《别同行的军官》和译作《铁匠》,兆淇的《要到马赛了!》和学昭的《法行杂简》。等这期刊出时,已是9月18日了。

就这样,他几乎在轮船每靠岸一次时,便往上海寄一期《文学周报》的稿子。一路上一个来月,他共写散文近十篇,共编刊物六期。试想,在整个中国的报刊编辑史上,还有过第二个这样的编辑吗?而且,他同时还写了非常详尽的日记和许多书信呢。

二〇 在法国巴黎

船近马赛时,浪头特别大。只见高山耸立,蓝水汹涌,一开始他们还不知道这就是马赛。等到明白过来,心情是又激动,又怅惘,简直有点不知所措。一个完全陌生的世界。他觉得远比自己初到上海或初到北京那一刻的心情,要彷徨、踌躇得多。然而,也只好挺直了腰杆,去迎接那不可预知的一切。他永远不会忘记这一天——1927年6月25日。

他们去头等舱取回护照。头等舱与他们坐的三等舱相比,简直有皇宫与草舍的差别。那些阔佬真会享受!一个瘦弱的检查官坐在那里,一个个地唱名去领。轮到他们了,似乎也没有比西方人多问点什么;但是,瘦检查官又另外拿出一个长方形的印章,加盖在"允许上岸"的印章之后,他拿过来一看,那长方形外文章上刻的是:保证到法国后不靠打工为生。啊,为什么只对中国人才盖这个章?虽然,他是不用靠打工为生的;但他感到只对他们盖这个章,明显地含有一种污辱!他很气愤,按照他的性格,真想大喊一声:"不准盖!如果非盖这个章不可,我宁愿不上岸!"然而,他捏紧拳头,终于还是忍耐住了。有什么道理可讲呢?中国人被人家看不起,已经不知多少年了……他很难过!这是临踏上欧洲大陆之前给他的一个刺激。

上岸后,他首先就设法买了一份伦敦出的《泰晤士报》。船上一个多月未曾看报,也没有无线电广播,他多么想了解祖国的情况啊!可是,在报上只找到几条实在太简单的消息,说国民党的军队已经快打到济南了。他们在马赛街上略为逛了一下,他还抓紧时间参观了郎香博物院。他对美术、雕塑、文物等极为醉心，到欧洲来的一个重要计划便是参观博物院，而这是他的第一次参观。接着，他们买了去巴黎的火车票。他不舍得买卧铺票，是坐三等车去的。整整一夜，倦了直想躺下睡觉，但却只能东歪西靠、时睡时醒地硬熬。那种滋味，他觉得比在船上颠簸还要难受。

好容易坚持到了巴黎，岳父家的两个留学的亲戚高冈、高元已经接到他在船上发来的电报，在车站等着了。于是，他和几位同船来的青年朋友便分了手。高冈、高元领他去一家已经联系好了的普通旅馆，在沙尔彭街，叫加尔孙旅馆，每日房租十五法郎，算是比较便宜的。然后，他们去一家广东人开的饭店吃饭。这家饭店的名字，与他很熟悉的我国清代一部小说的书名一样，叫"万花楼"。他感到很有趣。菜虽然烧得并不怎么好，但这毕竟是一个多月没吃到的中国式饭菜啊！他很高兴。回旅馆躺在床上，连衣服也没脱就迷迷糊糊地睡着了。就这样，他在巴黎度过了第一天。

第二天上午，他便发了一个给上海家里的电报，报告平安到达的消息。同时，又给在英国伦敦的老舍等人写了信。在路上，他又忽然遇到了创造社社员敬隐渔和文学研究会会员梁宗岱二人。宗岱还是他和雁冰亲自发展的广东地区第一个会员。在这遥远的异国他乡能遇到文学界朋友，这太令他兴奋了。他忙拉他们到旅馆来坐谈了一会。下午，他匆匆理了发以后，便赶到巴比伦大街的中国公使馆去了。因为他心上牵挂着的一件重要事情，便是要开一封去巴黎国家图书馆看书的介绍信。使馆人员马上就给他办了。

第三天想去找人打听学昭小姐的住处，不料学昭却带着正在法国考察的著名记者、新闻学家戈公振来看他了。公振比他大八岁，他们在上海时便认识，这次他乘船来法国时还带着公振的《欧游通信》一书，一路上津津有味地读呢。现在在这里见面，当然分外高兴。公振还请他在万花楼吃了饭。下午，他领取了托运的行李后，便急不可待地赶到国家图书馆去了。遗憾的是，他匆忙间竟忘了带使馆的介绍信，只好颓然而回。

巴黎这么大，有那么多好玩的地方；但他首先就只记挂着图书馆。他实在是一个真正的读书人！第四天，他又去国家图书馆了。可是，据工作人员说，还须另外再补办申请手续，现在仅有一封介绍信还得不到长期阅览证。这样，他只好翻阅了一下馆藏中文图书目录，了解了大致情况，尤其是有关中国古代小说、戏剧方面的藏书情况。从图书馆出来，他又赶去使馆，请他们补办有关阅览申请书等手续。下午，他便去参观了第一百四十届的美术沙龙。从这以后，他在巴黎除了上图书馆外，参观博物馆、美术馆等，也是经常的一项活动。当他回到旅馆时，不料他在上海立达学园的朋友、正在英国爱丁堡大学留学的光潜已经等在那儿了。光潜这时学习的兴趣已由哲学、文学、心理学等集中到美学上了。日后，光潜成了我国最著名的美学大师，然而光潜却说自己思想上受到"左派"朋友振铎的影响。这是后话。此时光潜对他说，现在英国已经开始放暑假了，不必急着去；而他也正好想在巴黎的国家图书馆查些书，于是便说定过了暑假再去伦敦。

第五天上午，他收到老舍从伦敦转寄来的地山的来信。这是他到欧洲后第一次接到的国内的来信，极为喜悦。下午，到国家图书馆，终于办妥了一张长期阅览证。接着，他便先借出一本敦煌抄本《太子五更转》来看。当他轻抚着这本书时，手都颤抖了！要知道，这原是我国的稀世文物，是一千多年前我们先民的手写本，每一页都是无价之宝啊！清朝末年，在敦煌莫高窟发现了藏经洞后，由于政府昏庸腐败，乡民无知，内外奸人窃盗，使这批国宝大量毁坏流失。其中法国人伯希和、英籍匈牙利人斯坦因骗取携走的最多。现在在他手里拿着的，就是伯希和弄来的。他真感到悲喜交集，眼泪都差一点掉了下来。他老远地跑到欧洲来，其中有一个宿愿就是要查阅和研究这一批文献。

第六天，第七天，……他在巴黎度过了紧张而有意义的一天又一天。在巴黎他共住了两个多月。他所做的事，无非就是他在临别祖国时打算做的那四件事：一、在图书馆遍阅有关中国文学的罕见之书，二、参观各博物院、美术馆及古迹名胜，三、研究中国文学史并撰写论文，四、创作自己久欲创作的小说。

法国国家图书馆是每天上午九时至下午五时开放,星期天关门。他总是很早就动身,准时赶到那里等开门,直到他们要关门了,才恋恋不舍地离开。开始,他乘电车来回。后来,为了节省用钱,同时也是为了活动身体,便徒步来回。从旅馆到图书馆,先沿着圣米萧街来到塞纳河边,然后再沿着河岸到洛夫,穿过洛夫而到皇宫,皇宫之旁便是李查留街,图书馆便到了。大约需走半个多小时。这一路上,时而是僻静的林荫马路,时而是热闹的商场货摊,时而是宏伟的博物院,时而是嵯峨的皇宫。他走走看看,觉得是一种非常好的领略异国情调的机会。巴黎的夏天多阴雨,时常冒着雨丝风片来去,他非但不觉得讨厌,反觉得添了几分情趣。

他坐在窗明几净的阅览室里,专心致志地看书。有好几次,竟然错过了吃午饭的时间。但即使是饿一顿也无所谓,因为他觉得自己饱享了精神食粮。在国内时工作太忙,很少有整天看书的机会。而且,当时国内公共图书馆少得可怜,而所藏又大多只有普通书籍;如要专门研究某一方面的学术问题,反不如几位私人藏书家收藏宏富。有关古代小说、戏曲的书,更是当时国内各图书馆所缺乏的。因此,他在国内想靠图书馆来研究小说、戏曲,便常常感到失望。前些年,他想看看明代文学家冯梦龙编撰的著名的"三言"——《醒世恒言》《警世通言》《喻世名言》,竟到处借不到。没办法,只得写信向北京的鲁迅先生请教;不料连鲁迅当时也只看过其中的一种《醒世恒言》。一位朋友家藏有此书,鲁迅便特地借来,亲自抄下该书全目寄给他。还有一次,他很想看看《西湖二集》,又写信给鲁迅,鲁迅便把自己珍藏的半部明版《西湖二集》寄来送给了他。这曾使他激动得热泪盈眶。从其他一些朋友处,他也曾得到过一些帮助。这些都是他永远不会忘记的,同时,也使他痛感研究资料的来之不易。

去年8月底,鲁迅路过上海,他在消闲别墅设宴为鲁迅洗尘。席上,鲁迅曾向他谈到日本学者盐谷温,最近在日本内阁文库中发现了中国元刊本平话小说,自《武王伐纣平话》至《三国志平话》,共五种;且每页都有图,上半页为图,下半页为文字。鲁迅又说,盐谷已将《三国志平话》一种影印了一百部。当时,他就非常激动,因为这是中国本土久佚的最早的讲史类小说,而且即使从版画史的角度来看也是很重要的资料。盐谷还曾在日本发现过吴昌龄的《西游记杂剧》六卷,以及"三言"中的《喻世明言》《醒世恒言》等,也是他亟思一睹而不可得的。后来,董康到日本去了一次,抄来一些小说书目,他在中国书店陈乃乾那儿看到后,也曾欣喜不已。这以前,他还听说在莫斯科图书馆中,也藏有宋刊本《刘知远传》等,他即托济之去打听,但没有消息。(按,其实是列宁格勒冬宫博物馆中藏有金刻本《刘知远诸宫调》。)因此,他一直希望有机会遍访外国各大图书馆,去查阅这些书籍。这次,在巴黎国家图书馆的目录中,果然查到不少未曾见过的小说、戏曲书目。于是,他在这儿便将主要的精力放在查阅这些书上。除了国家图书馆外,他还曾到巴黎东方语言学校等处去看过书。

看书中,常常有欣喜的发现,但也常常有失望。例如,他从书目上查到《觉世恒言》一书,觉得很惊异——难道"三言"之外还有一"言"?待拿到书一看,却原来就是清代文学家李渔的《十二楼》,也不知是什么人乱取了这样一个书名。过几天,他又查到一本《觉世名言》,满怀疑惑地拿来一看,原来内容又是那本《十二楼》!当然,更重要的是他从这些灰尘蒙积的书里面,找到了不少在当时国内难以看到的、甚至已经失传的中国古代小说、戏曲。

他花了一个多月时间,便把国家图书馆里的中国小说与戏曲书,大致地看了一遍。从7月26日开始,撰写《巴黎国家图书馆中的中国小说与戏曲》的长篇研究报告,至8月12日写毕。他在日记中写道:"总算将五十天以来在巴黎所孜孜搜读的东西,作一个结束,作一个报告。其中颇有些重要的材料在内,虽然文章写得质朴无华,而其内容则甚可注意。预料发表后,当可引起许多人的研究与讨论。"这篇文章中介绍了四十几种书籍,对每一种均详记其版本、目录、内容和自己的研究心得。寄回国后,发表于11月号的

《小说月报》上，果然大受研究者重视。连日本学者长泽规矩也等人也常称引此文。他的这样一种域外研究报告的形式，对后人也很有启示，如后来孙楷第撰写《日本东京所见小说书目提要》、柳存仁撰写《伦敦所见中国小说书目提要》等，便都是继承他的工作。

在巴黎，他的另一项重要活动，便是参观。对他这样的学者来说，这不是一般的游览，而也是一种重要的学习。巴黎不愧是一座历史文化名城，博物院和古迹名胜之多是令人吃惊的。像卢森堡博物院、洛夫博物院、克鲁尼博物院、罗丹博物院、拿破仑别离宫、巴黎圣母院等等，他大多去过不止一次。每次参观，他都作了详尽的记载，寄回国给家人看。当然，巴黎也有贫穷破烂的工人区，他也曾去看过。

6月28日，他第一次去国家图书馆时忘了带介绍信，于是便转而去参观凯旋门。他在《欧行日记》中写道："远远的看见那伟大的凯旋门站在那里，高出于绿林之外，这是我们久已想瞻仰瞻仰的名胜之一，我很高兴今天能够在它下面徘徊着。沿途绿草红花，间杂于林木之中，可说是巴黎最大最美的街道，……在远处看，还不晓得凯旋门究竟是如何的雄伟，一到了门下，才知道这以战胜者百万人，战败者千万人的红血和白骨所构成的纪念物，果然够得上说它是'伟大'。我在那里，感到一种压迫，感到自己的藐小。无数的小车，无数的人，在这门前来来往往，都是如细蚁似的，如甲虫似的藐小。门下，有一个无名战士墓，这是一个欧战的无名牺牲者，葬在此地的。鲜花摆在墓前，长放它们的清香，墓洞中的火光，长燃着熊熊的红焰。我心里有一种说不出的感动。"这天，他还去游览了巴黎郊区有名的伯龙森林公园，只见绿树，绿树，一望无际的绿树。绿荫柔和地覆盖于路上，太阳光一缕缕地从密叶中通过，一点一点地射在地面，如千万个黄色的小金钱撒在那里。清新的空气中，杂着由无数的松、杨以及不知名的树木发出的清香。他觉得这与当时的中国城市缺少公园、缺少绿化，形成鲜明的对比。

7月3日是星期日，图书馆不开，他便去参观凡尔赛宫。他在《欧行日记》中写道:"……我们在花园中散步。凡尔赛宫留有路易十四时代的古迹最多,而路易十五、十六都生在这里。自1682年后,路易十四便长住于此,指挥着国事与战事。在这个宫中,当然的,曾发生过许多悲惨故事与美丽的恋爱故事。绿林蔽空,林下多有石凳放着,那上面谁知道曾坐过多少对的'英雄美人',谁知道有多少法国的绝世佳人在那里喁喁低语过。这林中小径,又谁知道曾为多少的战士、贵族、夫人、宫女、小姐们的足所践踏。宫前的远处,是一个池,可以在那里划船。在绿波粼粼的池上,又谁知道曾有多少的情人并坐在小艇甜蜜地低语着。即在如今这林中,这池上,这石凳上,还不是时时有恋人们来并肩走着,坐着,谈着。"

当然,他更注意的是博物院中珍藏的艺术品和文物。7月10日,他第一次去参观巴黎有名的卢森堡博物院,里面所陈列的大多是近代艺术家的作品,以图画为主,雕塑也有不少。他进了这个地方,仿佛进入素来熟悉的所在似的。因为其中不少作品都是他在画册和书上见过的,有的他还曾登在《小说月报》上,有的则有复制品挂在他家的墙上,所以觉得非常亲切,流连忘返。这家博物院离他的住处不远,所以他去的次数也最多。他也常去参观个人博物馆。8月21日,他去了大画家恩纳的故居恩纳博物院,那儿离他的住处很远,换了好几次车,好容易才找到。他觉得,在巴黎没有一个博物院比它更冷寂的了,只有一个看门的人,要管这四层楼的所有的事。但他又认为,没有一个博物院比它更亲切更动人的了:这里是大画家生前的遗物,有画家的烟斗、眼镜、铅笔,画家的用了一半的炭笔、粉笔,画家的大大小小的油画笔,还粘着许多未用尽的颜料的调色板,圆规,尺……;这里是画家的客室,画家的画室,画室是按原来的样子陈列着,使人可以想象画家工作时的情状;这里是画家的作品,一幅一幅地陈列在墙壁上,其中更有很多画稿、素描,使人可以依稀看出完成一幅画是要付出多少辛勤的劳动。他记得自己在国内第一次看到的恩纳的作品,是那幅《读书》,那已是六七年前的事了。他本是一个爱读书的人,看到画中读书的这位女子那样静美、那样怡然自得的神情，他便深深地喜欢上恩纳的画了。然而那还只是复制的印片呢。后来，他又在1923年的11月号《小说月报》上再复制一遍，介绍给大家。这次他饱看了恩纳的大量原作，临走时又向看门人买了四十张印制的画片。连那看门人也觉得很诧异，说："先生买得不少！"大概还不曾有人买过这么多呢。他觉得这半天的参观收获很大，连清晨曾感到的浓厚的乡愁也暂时忘却了。

当然，有时候他在参观中，反而更使他想起了自己的祖国。8月18日，他去参观卡纳瓦莱特博物院，这是专门陈列关于巴黎城的历史文物的博物院，例如巴黎以前的招牌、服装、风景照片、钱币等等。他在《欧行日记》中说："其中使我感到兴趣的东西不少，尤其是革命时代史一部分，十六世纪至十八世纪的遗物与图像一部分，及十九世纪的巴黎一部分。革命时代史使我们重历了那个无比的恐怖的时代；自路易十六的家庭生活，以至他上断头台的情形；巴斯底狱的遗物，革命的英雄的图像；路易十六的头发，袜子；他的皇后马丽安东尼的手巾，鞋子，等等，在在都足以使我们起无穷的感慨。还有，革命时代的巷战情形，那发狂似的民众的暴动情形，尤使我忆起了今年三月间上海的一个大时代——虽然没有那末大的影响与结果，然其情形却是一样。"这年3月间的上海，就是周恩来等人领导上海工人举行第三次武装起义的难忘的日子！他只是少许参加了一些与此有关的活动，便被迫流亡到这异国他乡来了。

在这异国他乡，他时时萦念着祖国与亲人。他用自己裁制的小本本，记简单的日记，并在每天的日期前记上离开祖国的天数。隔一段时间，他便根据这简单的原始日记，改写成详细、生动的日记，寄给妻子君箴。——后来出版的《欧行日记》就是其中保存下来的四分之一，其余四分之三不幸遗失了。他在巴黎，如同在船上时一样，经常在睡梦中回到亲爱的祖国。他常梦见亲密的朋友秋白，好像见到秋白的肺病非常可怕的样子。他又梦见雁冰忽然从苏联来到巴黎，正在激动地交谈时却醒了，才想起听说雁冰正在江西,他从心底祝雁冰平安。他更经常梦见母亲、祖母、妻子、岳父……

只有当他在图书馆看书的时候,或者在博物院鉴赏文物、艺术品的时候,他才得以暂时排遣胸中的离情别绪。而在其他时候,则往往逃不了思念之苦。他写了大量的致亲友的书信,又写了详尽的日记给妻子,但只要他一静下来,祖国、故乡、亲戚、朋友,各种各样的人和事,就像电影一样,一幕一幕或清晰或模糊地在他眼前放映。这样,他便怀着浓重的思乡情,从8月1日起,陆陆续续创作了十来篇描写中国旧家庭里的故事的小说。这些小说大多取材于作者自己的生活,又经过了虚构。把曾经与自己关系最切近,而此刻又恰恰是相隔最遥远的一部分人生经验,通过文学的形式表现出来。因此,这是他的一种精神寄托。这些作品大多寄回国,在《小说月报》上发表了。其中《三年》《五老爹》等篇,写得比较动人。后来,在他回国后编成小说集《家庭的故事》出版。

他后来发表的《欧行日记》,只记到这年的8月31日。还有九个多月的旅外日记,因为他的家后来屡经搬迁而都遗失了。而且他那极为简单的原始记事本,也大多未保存下来,今仅见幸存的像豆腐干大小的十二页散纸,上面只记了两、三个月的事情。据说他曾写有未刊的《意大利游记》,但今亦未见。因此,1927年9月以后他在欧洲的具体行踪与活动,我们就远不如他在巴黎最初的两个多月知道得那样详细了。我们只知道,8月15日他与光潜曾约定:9月23日同去英国伦敦。后来,他大概就是在9月下旬去伦敦的吧。

二一 在英国伦敦

伦敦和巴黎一样,是国际共产主义理论和事业的创始人马克思和恩格斯居住过的地方,到处留下了他们战斗、工作、生活过的印迹。而且,马、恩二位晚年更主要是住在伦敦,并且都是在这里逝世的。我们的传主在1920

年代初便号召"新文化运动者"向马克思学习,他又是一个对近代文化史迹极为关心的人,因此,他在伦敦一定拜谒过城北海格特公墓的马克思的墓,和离伦敦三十公里的沃金罕松林里的曾经火化恩格斯遗体的那间房子吧?但是,由于缺乏传记资料,我们在此也只是作一番想象和推测而已。

不过,他在相当长一段时间里,几乎天天去的不列颠博物馆的阅览室,也就是以前马克思在好几年内几乎天天去的地方。半个世纪以前,从早上十时到下午七时,马克思便是在这里孜孜不倦地查阅各种文字的蓝皮书、议会文件、经济学著作、哲学著作、社会学著作,甚至自然科学类著作。马克思博览之广、之深,令当时博物馆的工作人员都惊讶得不可思议。而夜里,马克思还要在家里通宵达旦地继续工作。马克思曾对人说:"我们在为争取八小时工作制而斗争,可是我们自己的工作时间却往往两倍于此。"马克思能写出那不朽的巨著《资本论》,主要就是在这里勤奋攻读而搜集资料的。马克思当时有固定的座位,那张桌子和那把椅子后来就一直保存着。传说,马克思坐着看书久了,有时便将双脚在水泥地上磨蹭几下。长年累月,久而久之,居然磨出了印痕,人称"马克思的脚印"。——关于这些故事,我们的传主早就熟知了。他不会不去瞻仰这些遗迹。无疑地,马克思当年的事迹和刻苦学习的精神,对他是一种巨大的激励。

他在伦敦,如在巴黎一样,也将主要精力用于看书、研究。英国最大的不列颠博物馆,同时也是英国最大的国家图书馆,因为它是由博物馆和图书馆两部分组成的。它创立于1753年,世界闻名。分埃及艺术、希腊罗马艺术、西亚艺术、欧洲中世纪艺术、东方艺术、民族学等部门,有大量珍贵藏品,又有大量藏书。斯坦因从我国窃走的大批敦煌石窟经卷、佛教艺术珍品,英国侵略军从北京清朝皇宫中抢去的晋顾恺之的赫赫名作《女史箴图》等,均藏于此。多年来,他一直就渴望着来这里参观和查阅有关书籍,尤其是调查被劫敦煌文书中的"变文"等我国古代讲唱文学史料。他刚到伦敦,便一头扎进不列颠博物馆查看"变文"及其他罕见汉籍了。而他因天天去看书,也有了固定的座位。

所谓"变文",又省称"变",是在佛教僧侣所谓"唱导"的影响下,继承汉魏六朝乐府诗、志怪小说、杂赋等文学传统,而在唐代发展成熟的一种通俗文学形式。这一文学样式长期湮没无闻,直到敦煌藏经洞发现大批手抄写本变文以后,才逐渐为人们所认识和重视。而我们的传主,是对它最重视、研究最用力的学者之一。按照他的解释,"变文"的意思是和"演义"差不多的。就是说,把古典的故事,包括佛经故事和一部分世俗故事,重新再演说一遍,"变"化一番,使人们容易明白。他认为,变文对后代的诸宫调、宝卷、弹词、鼓词等讲唱文学,对杂剧、南戏等戏曲文学,都有直接的巨大的影响。然而,敦煌石窟中的变文的精华,大部分都被劫持到伦敦、巴黎来了。这就是为什么我国学者、他的朋友刘半农、胡适、向达、王重民、姜亮夫等人和他自己,都必须先后来伦敦、巴黎查阅变文的道理。据说,当时不列颠博物馆的善本部还有一条规定,就是只准看,不准抄录。这可苦了他,只好默默地背熟一段,然后走到外面吸烟室里再记下来。一个人干太慢了,他又动员老舍、光潜等友人来帮忙,轮流背诵与默写。

他与老舍通信联系,已有一年多了。直到这次来伦敦,才第一次见面。他只比老舍的年龄大一个半月,但老舍一直把他看作亦师亦兄的不平凡的朋友。他俩在伦敦一定有很多故事可写,可惜他俩都没有留下什么回忆文章。我们只在他的残存的原始日记中,看到他好几次请老舍吃饭的记载。

二三个月住下来,伦敦开始了大雾季节。这时,变文看得已差不多了,再说,老看这类书,有时也会感到单调和乏味。于是,他便想换一换脑筋,去看看别的书。当时,他白天在不列颠博物馆看书,五点多钟从那里出来后,又必到附近的几家专售旧书和"东方书"的铺子里去走走,随便翻翻,有时会遇到意想不到的好书。他这"淘书迷"淘到外国来了,只是手头的钱比在国内淘旧书时要少得多。一次,他淘到了一部弗雷泽译注的阿波罗多洛斯的《神话集》,很感兴趣,价钱也不算贵,就买了下来。每当雾夜无事,他便在昏黄的灯下读几页。渐渐地,他被弗氏的渊博无比的注释所迷住了。阿氏的本文,原不过是一种古代希腊神话的枯燥的节录而已;而弗氏的注释却引人入胜,就像我国北魏时郦道元对《水经》的注释一样,处处诱导他向纵深而美妙的境地走去。于是,他便根据弗氏注释所提供的线索,陆续地在不列颠博物馆的阅览室里借阅一本又一本有关这一类古希腊文学的书了。尤其是弗氏注释的另一部六大册的《波赛尼亚斯的希腊纪事》,便天天放在他的固定书桌上,不时地随手翻翻。

弗雷泽是当时英国著名的古典文学研究家和人类学家,而且正是不列颠博物馆的研究员。只是因为年已古稀,不常到馆里来。弗氏除了对古希腊、罗马文学有着精湛的造诣外,还对古代祭祀、魔术、巫术、宗教、民俗等等,有独到的研究。弗氏最著名的巨著《金枝》,我们的传主也是在英国时开始读的。弗氏的治学方法和理论对他大有启示,他后来在三四十年代曾写过《汤祷篇》《玄鸟篇》《黄鸟篇》《释讳篇》《伐檀篇》《作俑篇》等一系列"古史新辨"论文,便是试图凭借自己对中国古典文学和希腊神话学的修养,应用弗氏倡导的民俗学、人类学方法,为中国古史研究另辟一门户,使中国古史学更接近于真理之门。(从他残存的日记看,他在1928年2月9日、11日就在预备写《讳辨》,当即是后来他发表的《释讳篇》的初稿。)这是后话。

他本来对于古希腊文学,尤其是神话,就有点偏嗜。在1924年3月的《文学》周刊上,他就译述过《阿波罗与姹芬》,并介绍说:"我近来对于神话,很感到兴趣,它们不惟是研究初民的思想及其他所必须注意的,而在文学上也有极高的价值,尤其是希腊的神话。"他还说:"希腊的神话具有永永不磨的美丽与趣味,它们的故事,常常为欧洲许多最好的诗人、画家、雕刻家、论文家、小说家等等的最好的原料。它们的血液,已倾注入欧洲文学的脉管里;我们如非知道它们,则对于欧洲诸诗人、诸画家、诸雕刻家等等的作品,必有难以领解之苦。"与那同时,他在撰著《文学大纲》时,也列有专章介绍希腊、罗马的神话与传说。现在,通过读弗雷泽的书,更燃起了他对于希腊神话的探求愿望。于是,他便暂时撇开了几个月来专心进行的中国古代变文及戏曲、小说之类的研究,又正式一头扎进了一大堆希腊神话书中。

他时而为风驰电掣般的古代英雄的冒险与争斗的雄健奔放的描写所激动,时而又沉浸在缠绵悱恻、哀艳感伤的恋爱故事之中。当然,他不只是为消遣、欣赏而看这些书的,因为他再次深深感到,希腊神话是整个欧洲文化史上的最宏伟的一大成就,也是欧洲文学艺术最常取材的渊薮,是文学研究者必读的。然而,到当时为止,希腊神话在中国虽然也有所介绍,但不够完整与全面。因此,他便在胸中形成了一个宏大的计划:向中国读者系统而详尽地译介希腊神话。他打算在《希腊罗马的神话与传说》的总题下,共编译成三部书。一是《神谱》,二是《英雄传说》,三是《恋爱的故事》。他不取直接翻译的方法,而是用"译述"。那是因为希腊神话本身就有各种不同的"版本",互有详略,甚至有异说,他要在博览群书的基础上放出自己的眼光来加以选择与组织。他又决定先译述有关恋爱的故事,那是因为他孤身海外,非常思恋祖国,也忆念亲友,特别是怀想他的也爱好神话传说的妻子。他译述这些故事,也是寄托自己的相思之情。

他在连白天也得开着灯的灰蒙蒙的雾伦敦不断地译述着,并随时寄给圣陶和调孚。从1928年3月号起,《小说月报》开始每期连载他写的《希腊罗马神话传说中的恋爱故事》。多的时候,一期连发四篇。直至年底第12期止(这时他已回国了),共译述发表了二十六篇。1929年3月,以《恋爱的故事》为书名出版时,扉页上印着:"本书献给我的妻,君箴,她是我的一位重要的合作者。本书是在怀念她的情怀里写成的。"有人认为,即此数语,足见他与妻子爱情之笃,已抵《欧行日记》全部矣。

至于"英雄传说",是他回国以后才着手译述的;但其总体结构和资料,也是在伦敦准备好了的。而原计划中拟译述的《神谱》,却终于没有完成。这大概是因为这一部分本是希腊神话中文学意味最不足的,再加上他回国后又实在太忙,所以无暇译述了。应该说,这对于介绍希腊文学也不算什么太大的缺失。倒是《伊利亚特》和《奥特赛》两大史诗,也是希腊文学的瑰宝,而他在伦敦时也已译述成稿。回国后他已交给商务印书馆,可惜在1932年"一二八"战事中,被日本的侵略炮火烧为灰烬!

就这样,大约从1927年11月起,他渐渐地把研究和写作的重点转到古希腊文学上。11月30日,是我国阴历十一月初七,按照旧时传统算法,这一天是他的三十岁生日。在他的残存的原始日记小本上,他在这天写下了这样的话:

今日乃我三十生辰也。"人生半途",一事无成,不自愧欤?自今日后,宜立志:

(一) 读书毋草率;每读一书必一页页读过。随有所见,即作札记。

(二) 当日事当日即做。

(三) 毋游惰费时。

(四) 毋逞妄想。

(五) 做事读书,须有秩序。

(六) 每天须用功言语,英、法或德。

(七) 做文须先熟思。做毕要改。

(八) 不做非本行之文。

这一天,他便在寓所里孜孜不倦地做着中国古代剧作家的索引。在12月31日,他又在日记中写道:

今天是今年最后的一天也。旧的一切,皆成过去,新的一切,正待创造!低了头工作着:谨慎、深入、有恒!

他虽然把主要精力转到古希腊罗马文学的研究、译述方面,但他同时仍从事其他文学课题的研究。如上述他在写"三十立志"的那天,便在编写剧作家索引。12月29日,他又开始写论文《论北剧的楔子》,后发表于《留欧学生季报》上。在伦敦期间,他还撰写了《近百年古城古墓发掘史》,这是我国第一部介绍近百年来国外重要的田野考古发现的专著。在1928年2月12日他写的序言中指出:"我们中国的古物,始终没有经过专门发掘者的有意发掘过,除了几次的农夫农妇偶然的发见之外,一切宝物都是废弃于地,不知拾取。""所以,为了我们的学问界计,我们应该赶快联合起来,做有系统的,有意的,有方法的发掘工作。"他并且还热烈地呼唤:"谁要是有意于这种的工作,我愿执锹铲以从之!"(他当然没有想到,再过二十几年,全中国的田野考古工作将全由他亲自来领导。)此书后于1931年8月由商务印书馆出版。

在伦敦期间,他还翻译了英国著名民俗学家柯克士女士的《民俗学浅说》一书,后于1934年4月由商务印书馆出版。另外,差不多同时,他又编译了一部《民俗学概论》,因为要想再补充一点材料,所以回国后也一直没交给商务出版,而是放在编译所他的编辑室的书桌的抽屉里。1932年的"一二八"之役,也和其他许多原稿和珍贵的书籍一样,同时成为日本飞机炸弹下的牺牲品了。

他就是这样勤奋地在伦敦工作着,创作着;同时,他当然也游玩,也参观。伦敦也有那么多的博物院、美术馆、名胜古迹等等,是少不了他的足迹的。只是因为缺少文字记载,我们不能凭虚描写。他也肯定去过伦敦以外的地方,我们确切知道的,是他去过在英格兰西岸的英国第二大商港利物浦,观赏过爱尔兰海的美丽风光。因为这个地名是他在文章中提到过的。我们还知道他曾去过英国北部苏格兰的古都爱丁堡,因为那是光潜读书的地方。他曾和光潜等人参观过那儿的古天文台。那是一个比较寒冷的日子,他和光潜等七个人都穿着大衣、戴着帽子,在古天文台前留下了一张合影。

　　他还到文艺复兴的发源地意大利去旅行了一次。在那但丁、薄伽丘、达·芬奇、拉斐尔、米开朗基罗等人的故国，他访问了罗马、那不勒斯、佛罗伦萨、威尼斯等古城，参观了很多博物馆、美术馆，凭吊了古罗马帝国遗存的许多古迹，还搜集了不少资料和美术图籍。可惜的是，我们只知道他提到去过的这些地名，至于那具体的旅程、日期及丰富多彩的内容，我们便一点也不了解了。

　　他在国外的日子虽然过得很充实，很有意义，但是，"梁园虽好，不是久恋之家"，他一直想着要回国，真是归心似箭！他的家人，也盼望他早日归来。如残存的他的1928年2月24日日记，就记有"见箴信已来，共两封，皆催我快回者"。他在国内的友人，也无一不在想念着他，如1927年12月28日，他收到妻子的信，日记记载："她信内附有菊生的信一，并述脱险诗稿一。"那是10月间，菊生先生遭歹徒绑架，后以一万元赎回。菊生在盗窟六日，曾吟诗自遣，归后自定为《盗窟十诗》，分寄诸友，连远在伦敦的他也没有忘记寄。

　　大约在1928年的4、5月间，他觉得自己在国外已经快一年了，想看的书反正也是永远看不完的，而国内政局已有了重大变化，家人也估计他回来已经没有什么危险了。于是，他就又从法国搭乘邮轮回国。他不想惊动友朋，更不想引起当局的注意，悄然回到上海。与他离国时的情形相反，他的归来没有留下什么文字，因此，我们以前一直不知道他回国的确切日期，也不知道他是与谁同船回来的。他的挚友圣陶，晚年回忆说他是1929年2月才回国的。本书作者虽然知道圣陶先生说的不对，而且曾在传主的人事档案中看到他自填的干部履历表上写1928年6月回国；但因为他的小说集《家庭的故事》中的《赵太太》文末写有1928年（当是误写，实际是1927年）9月9日于巴黎，所以也曾怀疑6月回国是不是太早了。直到后来有研究者看到了他的挚友伯祥的日记，才确切地知道了他的回国的日子。

　　他是在1928年的6月10日，回到了上海。

第五章 归来赤子

二二 重整旗鼓

在他乘着驶向东方的轮船在大洋上颠簸的时候,一定会想起以前经他的手在《小说月报》上发表的一篇小说《归来的儿子》吧?说他在这时候会想起它,主要倒不是因为它的故事情节,而是它的题目。啊,"归来的儿子",他不就是情切切投向母亲怀抱的"归来的儿子"么!

那是在他出国的前一年收到的一篇小说稿,寄自北京,作者署名"曲秋"。当时他看到这个名字,仿佛曾经见过,但一时也想不起来。反正这篇作品写得很感人,他就将它发表了。其实,"曲秋"这个名字,已在北京剑三主编的《晨报》副刊《文学旬刊》上出现过多次了。作者是当时中法大学的学生,早在1923年便由剑三介绍而加入了文学研究会。曲秋还曾发表过《论劳动文艺》等论文,号召文艺工作者"快用你的心血眼泪点染着你的笔尖,鼓动劳动者的心血向恶魔泼去"。很显然,这是对他当时倡导的"血和泪的文学"的呼应。剑三在给他写信时,不会不报告新发展会员的情况;只是剑三介绍的必是其本名陈世俊,他可能不知道曲秋就是陈世俊。而这位陈世俊,也就是后来赫赫有名的新中国开国元帅陈毅!就在他乘船从法国回国的时候,这位早年也曾到法国勤工俭学的文武双全的陈毅,正与毛泽东、朱德等人一起,在井冈山上领导着艰苦卓绝的斗争!

关于陈毅和井冈山等等这些事情，他因刚刚从国外归来，当然还不知道。他只是挂念着离别一年的祖国，不知现在怎么样了。他挂念着亲人和朋友，也挂念着曾经发表过很多像《归来的儿子》那样的优秀作品的《小说月报》，以及《文学周报》等等。作为"归来的儿子"，他当然要继续为祖国母亲好好做一点工作。

当他突然出现在朋友和同事的面前时，大家可真是又惊又喜！据伯祥日记，6月10日下午二时左右，船抵达上海。四时许，他就与圣陶、伯祥、调孚等友人在冠生园茶楼激动地会晤了。伯祥日记说："盖预先电话约谈者。阔别经年，骤见大喜，但欲言正多，反成无语默对也。铎以初归须访亲戚，未及多坐即起去。"可见他非常"低调"，也没有让友人去码头接，只是电话约了几位密友先在茶楼匆匆见了见面。

当时，只有少数几位友人才知道他回上海的确切日期。至于外地的朋友，就知道得更迟了。例如，近在杭州的章川岛，到年底才刚听到消息，赶紧写信来问鲁迅。鲁迅于12月27日回信说："振铎早回，既编《说报》，又教文学，计三校云。"鲁迅是在他出国后不久的1927年10月3日从南方到上海的，从此开始其最后十年的战斗生活。鲁迅先生是他最敬重的导师。他在仓促出国之时，也没有忘记特地嘱托友人把他即将在商务印书馆出版的第二、三、四册《文学大纲》继续寄送给鲁迅。而鲁迅每次收到他托人寄赠的《文学大纲》后，都郑重地记在日记里。鲁迅也一定非常惦念他在外面的情形。而他回国后，知道鲁迅就在上海，也一定会立即去拜访的。但是不知道为什么，鲁迅日记中却没有他们当时见面的记载。不过，从上引鲁迅致川岛的信来看，鲁迅对他的情况是了解的。说他"既编《说报》"，即指他回到商务印书馆编译所，重新主编《小说月报》；"又教文学，计三校云"，是指他应邀在三家大学里教文学课。"三校"中，主要是复旦大学，查复旦大学当时的教员名录，这年下半学期他在该校中文系任教授，教中国文学史和小说史。同时，他又在吴淞的中国公学兼课，教中国文学史，罗尔纲、林焕平等，都是他的学生。另外一个上课的学校,可能是暨南大学,因为他在一份自传里提到过(今至少确知1929年他在暨大文学院中国语文学系开设过中国小说史课);也可能是在光华大学教中国小说史,因为他后来发表《中国小说的分类及其演化的趋势》一文时,说明是在光华大学的讲稿。

一年前,在他离国后的6月份的《小说月报》和《文学周报》上,曾刊出《郑振铎启事》,其中提到"关于《文学研究会丛书》事,已托胡愈之、徐调孚二君负责,关于《小说月报》事,乞直接与小说月报社接洽,但我虽在请假期内,仍当视力之所及,为《丛书》及《月报》负一点责任。"后来,愈之也因白色恐怖的压迫,于1928年3月24日离沪去了法国,调孚又主要致力于《小说月报》的编务,《文学研究会丛书》在这一年里没有出什么书。而《小说月报》则照常出版,由圣陶代理主编,仍由调孚协助。在这期间,他确如启事中说的,尽力为该刊负了一点责任。除了自己写稿外,还在海外约作者写稿,并时常在信中出主意。圣陶后来回忆说:"他对《小说月报》的系念和关切,只能用不得已远离家乡的父亲对他子女的心情来比拟,不但使我感动,还感染了我。"圣陶也很负责。在他外出期间,该刊发表了雁冰的《幻灭》《动摇》《追求》三部曲,从此使雁冰的笔名"茅盾"名扬天下。圣陶还从来稿中发现了丁玲的《莎菲女士的日记》,发表后使她一举成名。另外还发表了沈从文、戴望舒等新作家的一些优秀作品。这是这一年间该刊值得称道的成绩。他回国后,等把劳顿休息过来,把杂事安排停当后,便接手恢复《小说月报》主编的工作。据9月3日王伯祥日记,"振铎今日复任《小说月报》编辑,圣陶仍回国文部。"不过,《小说月报》明显恢复他的主编风格,是从1929年1月该刊第二十卷第一期开始的。

1929年的第一期是个特大号,篇幅多至三百三十多页,较平时增加到三倍。他以此暗示他恢复主编后重新大干一场的决心。而从这一期上,人们就可以看出有几个重大的变化。一是加强了对封建旧文化的批判。这一期的第一、二篇文章,是柏丞(何炳松)的《论所谓"国学"》和他自己的《且慢谈所谓"国学"》,在柏丞的文章前他还加了千余字的按语。本来,关于所谓"国学"等等,他久有许多意见要发表。有一天,从工厂里出来——他总是把编译所比作"工厂",把自己认同于受资本家剥削的工人——和柏丞同走了一段路。柏丞当时任编译所副所长。柏丞说,有一段意见想发表,那便是关于"国学"。所谓"国学"实在太混淆不清了。根本就不应该有什么"国学",研究中国的学问也根本就不应该全部混杂于一个所谓"国学"的"包罗万象"的名词之下。现在学问注重分工,关于中国的学问,这么繁复,即使专精一门已非易事,怎么可以"胸贯天地人三才"、"学兼九通廿四史"呢?况且"国学"一词,本不该使用,因为欧洲学者将"中国学"(Sinology)与埃及学、巴比伦学、阿速学相提并论,本已十分轻视了我们,我们又何必"过而效之"呢?他听了柏丞的这一番议论,不禁喜欢得要跳起来。那正是他也想说的话。于是,他便极力动员柏丞把这一番话写出来,并说自己也许也要写一篇。柏丞答应了。第二天下班,他们又同路,柏丞告诉他已经开始写了。到了第四天,柏丞便把这篇《论所谓"国学"》交给了他。他觉得近来很少有痛快的文章可读,而读了柏丞此文,真好像大热天一口气喝下一大碗冰冻酸梅汤,有种说不出的痛快舒适的感觉。然而,读了柏丞的文章后,他又觉得有的地方还未把道理说透,有的地方批判还不够有力,因此,他便决定自己再写一篇文章来作补充和发挥。

他觉得近来"国"什么、"国"什么的东西越来越盛行了。特别是自从胡适开列了一份无所不包、杂乱无章的所谓《最低限度的国学书目》后,便有不少人相继来开书目,而且还有人以补正"国学书目"而荣膺大学教授之职的呢。甚至还有"英雄豪杰"乘时而起,"发扬国光于海外"。他在欧洲时,便知道有太虚和尚在伦敦、巴黎、柏林宣传中国的佛学,陈焕章博士则在伦敦朗声背诵"四书"。真是猗欤盛哉!但是,他站在真正的爱国主义的立场上来看问题,便觉得这种盲目地鼓吹封建传统思想,对于我们中华民族,是危害很大的。充其量,当时提倡这种狂热的盲目的"国学"运动,实为饮鸩止渴,无助于我们中华民族的生存与发展。他认为,我们要的是机关枪、大炮,不是百千万"国士""武士";要的是千百个科学家,不是几万万个"国学家";要的是能拯救国民的贫乏与愚昧的人,不是狂热的盲目的"爱国者"。总之,我们要的是科学,是学习西方,以建设新的中国;却不是什么"国学""国技""国故";我们要的是发展,决不仅仅是所谓"保存"。他还尝试运用阶级的历史的观点来分析"国学"和"国学家"产生的根源。他指出,"国学家"的前身,"便是所谓'士大夫'的一个特殊的'帮治者阶级'";而所谓"国学家",就是这一阶级的嫡系子孙。由于有这样深长的历史,所以要它一时消灭是很难的。"然而为了中国民族前途计,我们却希望这一个特殊的阶级,能够早日由没落而趋于死灭——愈快愈好。"他这样运用新的社会科学理论来分析问题,自然就比柏丞要深刻多了。这也是他与柏丞自"五卅"那次一起写文章以来的第二次配合斗争。

从这一期《小说月报》上可以看到的第二个重大变化,是加强了对苏联文学,特别是对其文学理论的介绍。这期上就发表了刚从莫斯科回来的刘穆(刘思慕)翻译的《苏俄革命在戏剧上的反应》,并在该期《最后一页》中指出此文所说当甚确切,同时提到"近来文坛上讨论文学的'普罗'化,很显得活气。但在苏俄的本身是怎样的呢?日本冈泽秀虎君新近发表了《苏俄十年间的文学论研究》一文,颇可使我们注意。陈雪帆君特地译出,将于二月号起陆续刊于本报。耿济之君也答应着供给我们以关于他们的新颖的材料。"所谓"普罗",既英语"无产阶级"一词的音译(普罗列塔利亚)的简写。陈雪帆即友人陈望道。后来,望道所译的这篇长文便在该刊连载。他并在《最后一页》指出此篇是"对于苏俄今日的文学论的极有系统的介绍","是很值得我们的注意与研究的"。至于老友济之,更应他特邀,担任了该刊驻苏通讯员。后来,该刊发表了济之撰译的《社会的定货问题》《苏联的文学杂志》《新俄的文学》等文。他还在《最后一页》中指出"这么直接这么有系统的通讯,可以说是开了一个新纪元"。此外,该刊后来还发表了洛生(恽雨棠)翻译的《苏俄文艺概论》和冯雪峰翻译的普列汉诺夫的《文学及艺术的意义》等文。这两位都是共产党员,他也是了解他们的政治面目的。关于洛生的事,以后我们还会谈到。

他当然仍然极重视发表优秀的创作。如巴金的第一部长篇小说《灭亡》,就是从这一期起开始连载的。后来又连载发表了丁玲的第一部长篇小说(以他的好友秋白和王剑虹的恋爱生活为素材)《韦护》和老舍的第三部长篇小说《二马》等等。在中国文学研究方面,也恢复了他主编的特色,从第一期起,便连载发表老友绍虞的力作《诗话丛话》,以及他自己和友人的很多论文。在发表外国文学方面,除了请济之为驻苏特约通讯员外,还请愈之、伏园等人为驻法特约通信员,雁冰(此时在日本)为驻日特约通讯员等等。他在这年的7、8月份还连出了两期"现代世界文学专号"(上、下),作为该刊创刊二十周年的纪念特刊。他在6月号《最后一页》上郑重介绍说:

> 这一个特刊的名称是:《现代世界文学号》。内容材料极为新颖,多半是未经国人介绍过的。且叙述也极有系统,包括的范围也极广漠,自英、美、德、法、新俄、西班牙、意大利、斯堪德那维亚的三国,东方的日本,以至波兰、斯罗伐克诸国的文学无不有极详细的叙述。其他不能成为专篇者,则皆归入《现代文坛杂话》一栏。其能成为专篇的文字,如《现代法国文坛鸟瞰》,如《新俄的文学》,如《二十年来的德国文学》等,都可自成为一册的专书。对于留心世界文学的人,这一个专号,一定可以给他们以极浓挚的趣味。要晓得现代世界文学的趋势的人,似乎更应该一读这个专号。这个专号的本身便是一部欧洲大战前后,即二十世纪以来的《世界文学史》,一部极详赡的最近的《世界文学史》。像这样的一部弘巨的《最近的世界文学史》的出版,恐怕不仅是中国文坛的第一次的创举吧。

他这样说决不是虚夸。因为仅以他自己写的《现代的斯堪德那维亚文学》一文来说,就有三万多字,详尽地论述了当时国人很不了解的丹麦、挪威、瑞典三国的最近的文学概况与大势,即使在今天也仍有重大参考价值。这样厚厚的两册专号,当时也只有像他这样有魄力、有学识、有组稿能力的人,才编得出来!

文学研究会的机关刊《文学周报》,在他出国以后,从1927年8月7日第五卷第一期开始,由景深任主编,仍由开明书店印行。一年多来,艰苦维持,继续发表了一些较好的创作与翻译。他在船上和国外也为该刊撰写和组织了不少稿子。他回来后,也决定加强该刊的力量。1928年12月30日该刊总第三百五十期上,发表了两则"紧要启事"。一是宣布该刊从下一期(第八卷第一期)起,改由远东图书公司印行;二是宣布充实编辑力量:"本报同人数年来或奔走四方,或困于衣食,无暇为本报执笔,致将本报编辑撰稿之担责之一二人,同人等于心殊有未安。现同人多半复集于上海,聚议之下,佥欲重整旗鼓,分担责任,继续本报历年来在阴霾重雾之中与险恶势力奋斗的精神。因于第三百二十六期起,由耿济之、谢六逸、傅东华、李青崖、樊仲云、徐调孚、郑振铎诸君同负编辑之责。内容较前略有增进,特别趋重于犀利的短评,及新颖的文坛消息。并有论述,随笔,逸话,创作,新兴艺术的介绍,书报评论等栏。总之,很想在尖利的打狗文章之外,插进些有趣味的文字与他处所不易见到的新颖消息……"这里说的"奔走四方",当然指的就是他、雁冰、愈之等人的逃亡;而此时回到上海"聚议"的召集人,显然就是他(雁冰、愈之尚未归来)。所说第三百二十六期,即1928年7月22日出版的第七卷第一期,那时他已回国,这里是把第八卷第一期的总期数算错了,后来该刊作了更正。

确实,从1929年1月1日出版的第八卷第一期起,更显示了该刊恢复直接由他领导后的新的风貌。例如,这一期的打头文章,便是他的《经书的效用》,批判了对封建"经书"的迷信现象。接着,他又编了整整一期《梅兰芳专号》。为什么要编这期专号呢?因为当时梅兰芳刚从北平(1928年6月起,北京被改名为北平)来到上海,上海各日报、各小报上有一批无聊文人和封建遗老遗少天天加以捧场,有的连载着"起居注"式的《梅讯》《梅花谱》,有的写了各色各样的低级趣味的吹嘘文字,真可谓热闹之至。他对这帮以捧梅为生的上海滩封建文人极为反感,同时又认为梅兰芳当时演的旧戏矫揉造作,男扮女装更是反自然的可笑的把戏。他认为,要提倡真正的艺术,便不得不对虚伪的、不合理的、非人的"艺术"作猛烈的攻击,不管它是不是所谓的"国技"或"国艺"。这期专号的第一篇署名"西源"的《打倒男扮女装的旦角——打倒旦角的代表人梅兰芳》,和另一篇同样署名的《没落中的皮黄剧》,可以确认是他亲自写的。他还请岂凡(章克标)、韫松(彭家煌)等友人写了文章。还有不少文章署名"倒霉""掘根"等,则不知是谁的化名了。总之,这是一期很有批判力的专号。为了编好它,他还给远在日本的雁冰写信,雁冰便动员女友秦德君也写来了一篇。近六十年后,秦氏在日本的《野草》杂志上披载的《樱蜃》中也提到此事,说:"郑振铎主编的《文学周报》出专刊骂梅兰芳,因为美国赠送梅兰芳'文学博士'学位而惹起他们这些有红眼病的文人的'醋海风波'。茅盾也要我赶浪头,写一篇骂梅兰芳的文稿寄给郑振铎;可是我并不吃梅兰芳在美国获得文学博士学位的醋。但由于茅盾在我耳边嗡嗡嗡地逼得我非写不可,我也就言不由衷地给梅博士一调羹醋。静言思之,不禁哑然失笑。"读到这里,我们也"不禁哑然失笑",因为当时梅兰芳还没有被美国人赠予博士头衔,因此,他主编这期专号,与所谓"红眼病""吃醋"毫不相干。而且,他的本意也不是为了"打倒"梅兰芳个人,而确实是为了批判封建旧文化。4月23日,他又为《文学周报》写了一篇《评上海各日报的编辑法》的长文,也是激烈批判报纸上的封建东西,指出依附在封建势力之下生存着的旧文学必须继续扫荡。

4月28日出版的《文学周报》第八卷第十四至十八期合刊,是他出了大力编的《苏俄小说专号》。其中有他翻译的作品和他写的说明。这期专号,主要是从英译苏联小说选集《蔚蓝的城》中选译的。他曾在3月号《小说月报》上介绍《蔚蓝的城》,并说:"对于许多想知道这个'共产国'的真实情形的人,这部书确是很重要。只有在文艺的作品里,才能将一个社会,一个崭新的社会,真切无伪地表现出来;……读遍了一切的正面或反面的宣传文字,都敌不过一册两册的文艺作品的能够使人彻底了解或明白他们。"他以五期周报的篇幅,一次推出这个专号,便是出于上述目的。专号出版后,深受读者欢迎,而后来却被国民党当局以"普罗文艺"的罪名查禁。

此外,《文学研究会丛书》在他恢复主编后,也继续出版。如出版了他在赴法时认识、此时已经由他介绍加入文学研究会的元度所译的法国长篇小说《菊子夫人》,老舍的《二马》,圣陶的《未厌集》,剑三的《黄昏》,以及他自己译述的《恋爱的故事》等等。

他的上述文学活动表明,他归国后,不仅立即回到文坛,而且又回到文坛的中心位置,恢复发挥他的重要作用。他痛感大革命失败以来,封建主义有所回潮,因而站在"五四"老战士的立场上,重整旗鼓,继续进行了批判斗争。对当时文坛上的无产阶级革命文学运动,虽然他因为种种原因,没有积极投入,但仍是站在赞同的立场上的。他热心介绍苏联文学及其理论,就是一个证明。由此可见,他仍然是一个进步的前倾的文学家;不过,游学归来,又当上了教授,他似乎更"成型"了,即成为学者型的战士,或战士型的学者。

然而,形势有了重大的变化。上海已成为左翼革命文学的中心。一批新人涌现了。其中不少人是不认识或不了解他的。他们富有激情,憎恶旧的一切,容易冲动,缺乏丰厚的人生经验和学术根底。有的还受到苏联、日本等国的左倾思想的影响,带有盲动主义的倾向。很快,他便感到自己陷入了鲁迅在一封信中说的"赤者嫌其颇白,白者怕其已赤"的境地了。

二三 赤者嫌其白

就在他回国后不久,张崧年(申府)从北京来到上海。申府比他大五岁,

"五四"时他们在北京就认识了。当时,申府是北京大学的学生,不久便留校当了讲师,曾参加创办《每周评论》,并参加《新青年》的编辑工作。1920年9月,他翻译高尔基的《文学与现在的俄罗斯》一文,便是申府供给他有关国外资料的。该文发表于10月号《新青年》上。而那时,守常先生与申府以及张国焘三人便在"亢慕义斋"成立了北京共产党小组,成为中共最早的党员。此后不久,申府随北大前校长孑民先生到法国,被吴稚晖留住,聘为里昂大学中国学院教授,讲授逻辑学。在法国,周恩来由申府介绍加入中共,并组织中共旅法小组。后来,朱德也是由申府和恩来介绍加入中共的。申府在中共党内曾经是这样的"老资格",然而回国后却于1925年因与某些人不合而赌气退出了中共。脱离了组织的申府成了散兵游勇,这时漂流到上海,看到上海新兴的文化出版事业颇有蓬勃气象,便不禁跃跃欲试,想来干一番事业。但申府在上海文化界、出版界都没有什么基础,本人也没有什么号召能力,于是便找了也已退出中共的李达,在商务编译所工作的樊仲云,和不久前从国外回来的他,也找了一些左翼作家,想来组织一个文化团体。

  申府想到找他,算是找对了。因为他正有着比较丰富的社团组织经验,在出国前就曾发起组织过"上海著作人公会",而且还有过进而组织"全国著作人联合会"的设想。虽然,随着大革命的失败,该公会已不复存在;但是,基础还在,大部分会员还在,他回国后也正想重整旗鼓,继续组织起来。因此,当申府来找他商量时,他便高兴地答应参与活动。

  而他还不知道,更重要的是,当时在上海的中共中央,为了更好地开展革命文化运动,已特设了一个直属江苏省委领导的"文化支部"(即上海闸北区第三街道支部),来作为领导文化工作的中心机关;但由于缺少一个公开的文化团体,一时还难以展开工作。因此,当他和申府等人想发起成立这样一个文化团体时,也就正好符合革命事业的需要,因而得到了中共的支持。当时,中共"文化支部"的书记是潘汉年。汉年比他小七岁,曾在中华书局编辑部工作过,又当过创造社的"小伙计",编过《A11》《幻洲》《现代小说》等刊物,因此他也早就认识。汉年亲自来参与讨论与研究,该团体定名为"中国著作者协会"。很显然的,这个协会的名称与他以前与友人创立的著作人公会的名称是十分接近的。

经过约两个月的筹备,该协会于1928年12月30日下午二时,在北四川路广肇公学召开成立大会。由于创造社、太阳社曾错误地批判过鲁迅,此时虽然公开论争的高潮已经过去,但双方的隔阂仍未消除,所以住得很近的鲁迅却没有被请来开会。不过,由于有党的支持,又动员了一些像中华艺术大学的学生那样的进步青年来开会,所以倒也十分热闹。到会者有九十余人,选举结果,他和郑伯奇、沈端先、李初梨、彭康、周予同、樊仲云、潘梓年、章雪村等九人为执行委员,钱杏邨(阿英)、冯乃超、王独清、孙伏园、潘汉年五人为监察委员。最初的动议者申府以及李达没选上。选上的除了汉年、乃超、初梨、彭康、端先等原创造社、太阳社的革命作家外,他与予同、仲云、雪村、伏园均是文学研究会会员。会上还通过了宣言和一些决议等。

该协会的宣言中说:"在现代百凡事物都商品化的世界,既有出卖劳动而生活的劳动者,同时更有出卖知识而生活的著作者","但是出卖知识的著作者却还不能与出卖体力的劳动者相比","因为思想的不同,或论点的殊异,却没有出卖其知识的自由,各种严酷的制限横在四周,若有逾越,生命就会发生危险"。因此,必须要求"言论出版自由",要求"有自由的批评与讨论,创造一种新文化与推促社会的前进"。"我们痛心军阀的内战,我们愤慨帝国主义列强的侵略,当此存亡续绝之交,我们益感觉到自己责任之重大。我们是以出卖劳力为生活的,为维持自己的生存,故有改善经济条件与法律地位之要求;然而同时我们是知识的劳动者,中国文化之发扬与建设,其责任实在我们的两肩。"可以看出,宣言中关于著作者的地位与痛苦的论述,关于著作者为自身与为文化建设的两重责任的论述等等,都是与一年多以前的《上海著作人公会缘起》的论述是一致的。因此,这份宣言他无疑是参与起草的。签署这份宣言共四十三人。属于文学研究会方面的还有济之、景深、伏园的弟弟福熙、愈之的弟弟仲持等人签了名。

会上还通过了一些近期行动计划,如打算集中宣传一下言论自由问题,还打算聘请法律顾问等等。但后来该协会实际上却没有开展什么活动,不久便在无形中自行涣散了。据阿英后来回忆说:"其中原因很多,有一点是,成立大会那天,来了一些太阳社的成员,和中华艺大的青年学生,他们之中有些人在会上发表了一些激烈的意见,很可能使一些朋友起了疑虑,怕又卷入什么论争中去,所以,协会成立不久,甚至连有些发起人也不那么积极参与其事了。"这里说的"激烈的意见",恐怕不是对军阀、对帝国主义、对各种严酷的压迫的激烈反抗的话;因为,这些话在宣言中就已有,大家既然签了名,就不会起"疑虑"的。看来,这些"激烈的意见"一定与当时错误地批鲁迅、批茅盾的文章的言论是相似的,这才把人家吓跑了或气跑了。

不久,国民党的文化专制又更加强了。1929年1月10日,国民党中央常务会议通过《宣传品审查条例》,规定凡"宣传共产主义及阶级斗争者",以及其他"反对或违背本党主义政纲政策及决议案者",均为"反动宣传品",必须"查禁查封或究办之"。2月7日,当局查封了创造社出版部。6月初,国民党中央宣传部召开"全国宣传会议",在5日的第三次会议上通过了"确立本党之文艺政策案",声称要:"一、创造三民主义之文学,二、取缔违反三民主义之一切文艺作品。"强调要取缔"鼓吹阶级斗争等文艺作品"。次日,又召开第四次(最后一次)会议,蒋介石出席并讲话,还通过了一系列"法案"。

然而,就在这样的形势下,有一些左派幼稚青年,却开始把他作为对立面来进行攻击了。7月22日,已由左翼文学青年主编的《语丝》周刊上,发表了署名"学濂"(按,"学濂"后来也是"左联"机关刊《萌芽》的撰稿人)的《"热辣辣的政治"》,点名批评他。这篇文章的加引号的题目,便是出自他的一段话。那是在这年1月他主编的第一期《小说月报》上,新辟了一个《随笔》专栏,他并撰有前记,其中说:"在《随笔》这个标题之下,我们什么都谈,……有庄言,有谐语,有愤激的号呼,有冷隽的清话,有文艺的随记,有生活的零感……,总之,什么都谈,只除了政治。像政治这样热辣辣的东西,我们实在不适宜于去触到它。"批判者认为这是他反对谈政治,"是对于自己底资本主义的生活的满足,对于中国现状的满足,对于什么都满足的表示"。其实,他的这句话有什么错?不过是讲得比较含蓄而已,或者说它本身就是"谐语",是一句讽刺反动政治的反话;也许还包含着为了团结更多的不敢公开谈政治的作者,或者麻痹国民党的文化鹰犬之类的意思在内。难道谁都必须赤膊上阵吗?况且,这段话中提到的"愤激的号呼",不就是对现状的不满足吗?

更何况他在上述这段话后又紧接着说:"我们的人类很杂,思路当然也未能一致。在这样的一个总标题之下,我们实不希望于求同。不过,我们却有一个总趋向。我们是向前走的,不管我们是嬉笑,是怒骂,是嗟叹,是愤激,是绝望,是欢跃,我们却是向前走的,向光明走的;看似冷淡,内里却是热烈的,看似灰心,内里却未免有些光明在着。"这就明确地表明了他希望团结大多数人一起向前走,表明了他的本质是追求光明与进步的。但是,上述"学溓"的文章却硬把他的"向前走"、"向光明走"说成是"走着资本主义的路",还说他"不外是一个卑屈的然而乐观的文学者"(指对"资本主义"乐观)。这样的批判,真正是令人难以理解。再说,一句在半年前讲的话,当时没有反应,为什么在敌我斗争更趋激烈的半年后,却要抓住它大做文章呢?然而,这句话带来的"麻烦"还没有完,后来还有人多次对它批判呢。我们将在下面再谈。

由于斗争更趋激烈,中国著作者协会又早已无形涣散,革命斗争迫切需要再组织一个坚强的文化团体。这时,党中央负责人之一的周恩来、江苏省委宣传部长李富春等领导同志,都指出对鲁迅的批判、围攻是错误的。在党的指示下,创造社、太阳社方面的刊物停止了对鲁迅的攻击。约十、十一月间,汉年要雪峰去同鲁迅商谈成立一个"中国左翼作家联盟"(左联)的事情。当时,汉年是党中央宣传部干事兼新成立的中央文化工作委员会(文委)的书记。汉年指示以创造社、太阳社和鲁迅及其周围的作家这样三方面的人为基础,来成立这个"左联"。大约在年底,产生了十二位发起人,即郑伯奇、冯乃超、彭康、阳翰笙(以上原创造社)、阿英、蒋光慈、戴平万、洪灵菲(以上原太阳社)、鲁迅、柔石、冯雪峰、沈端先(以上其他方面)。汉年代表文委来领导。经过筹备,左联于1930年3月2日下午,在离北四川路不远的窦乐安路的中华艺术大学召开成立大会。会上选出常务委员七人:鲁迅、乃超、阿英、端先、伯奇、田汉、灵菲。

左联的成立具有重大的意义,左联以鲁迅为旗手更是非常正确的。然而,无可讳言,左联也犯过"关门主义"的错误。一个最明显的例子就是:左联几乎排除了以本书传主为首的所有文学研究会的进步作家。只有极少几个例外:任叔当时是因"文化支部"成员的身份加入的;彭家煌(一般人也不知道其为文学研究会会员)是汉年直接发展的;雁冰是后来从国外回来后参加的。他本来是中国著作者协会的主要发起人和理事,现在,新的文坛组织左联的发起人和常委的半数,也正是原先该协会的发起人和执委或监委,而且,这两个组织都是由汉年负责筹备和领导的,为什么现在偏偏把他除外了呢?这是值得深思的。

不仅如此,而且在左联成立前后,与左联有关的刊物上还对他不时有所攻击。例如,当时某报报道了他想办一个研究俄苏文学的杂志,以便作"有步骤"的介绍。然而,在2月1日的《萌芽月刊》上,便有署名"连柱"的《学术和时髦》一文,不点名地指责他这样做是"赶时髦",是俄苏文学的"不幸",并说"希望不要像苍蝇一样,将一切干净的雪白的东西都弄脏"。这算什么话呢?我们知道,他从"五四"时起就热心介绍和研究俄苏文学,1923年便撰写发表我国第一部《俄国文学史略》。他本是我国介绍和研究俄苏文学的一个前驱者,作出过重大的贡献,怎么能说他"赶时髦"呢!

当时,2月1日的《申报》等报上刊出民办"光明大学"的招生广告。该校校长是郭泰祺,副校长李金发,他被聘为文学院院长。该校创办未久,即于19日被国民政府教育部以"办理未合规程,内容极其腐败简陋"为由,勒令停办了。然而,4月1日的《萌芽月刊》(此时已成为新成立的左联的机关刊)上,却仍有署名"穆如"的《大学潮》一文,不点名地指责他参与了这家大学的事;甚至还骂他是"牛溲马勃","骗人的狗子","从外国镀了金回来","和太太吵了架收买了一些线装书的高雅的'学者'","变态地想做'文学院长'"。甚至还说:"其中的一位文学院长,也是我江湾某大学读书时的一位教授,我上他的'中国文学史'课时,可怜得很,只听他讲什么巴黎名胜,意大利的女人等等知识,至于讲义只是念一遍就完了(那讲义骗了钱不算,还要在自己的杂志上发表,拿一大笔稿费,将来再出单行本,抽了版税,洋房又可以增加了)。现在又要过院长的瘾了。"那就完全是人身攻击了。而4月11日创刊的左联刊物《巴尔底山》上,更有署名"王泉"的《悼"光明大学"》一文,指名道姓地攻击他参加了该大学的事情,并说:"难道因为光明大学有非'忠实同志'或'不稳份子'羼进吗?这是鬼也不会相信,教育当局尤其不会相信。郑振铎先生有否党籍我不知道,但我可以'骨头烧成灰'(借用胡适之先生底悲痛语)来担保郑先生是一个最'稳'的'学者',他是一听到'政治'或甚至'政治背景'就目为'热辣辣',敬而远之的……"一年多以前他说过的那句"热辣辣"的话,又被拿出来挖苦了。

　　真是动辄得咎!办刊物(实际未办成)不行,办大学(实际亦未办成)也不行。难道,他成了革命的对象甚或革命的敌人?

　　正在此时,诗人徐志摩积极发起成立一个"笔会",他应邀参加发起。这里,先得插叙一下"笔会"的由来。"笔会"是一个国际性的文学组织,为1921年由著名英国女作家道森·司各特在伦敦发起。原名"P.E.N.Club",为Poets(诗人)、Essayists(散文家)、Novelists(小说家)三个词头组成,而PEN又正好是"笔"的意思。近十年来,很多国家有了国际笔会的分会,志摩也就想在中国也办一个。志摩曾向他报名参加了文学研究会,现在来请他参加笔会的发起,他当然不好推辞。据他在第二年(1931)底写的《悼志摩》一文回忆,志摩"在上海发起笔会。他的主旨,便在'使文人们不要耗废时力于因不谅解而起的争斗之中'。他颇想招致任何派别的文学家,使之聚会于一堂,俾得消泯一切无谓的误会。他很希望上海的'左翼'文人们,也加入这个团体。同时,连久已被人唾弃的'礼拜六'派的通俗文士们,他也想招致(我是最反对他要引入那些通俗文士们的意思的)。虽然结果未必能够尽如他意,然他的心力却已费得不少了。"

5月13日《申报》上有消息《笔会发起人会》,报道了12日他应志摩之邀,与蔡元培、胡适、叶恭绰、杨杏佛、林语堂、戈公振、谢寿康、邵洵美、郭有守、唐腴庐等人在上海华安大厦召开了笔会发起人会。胡适在会上说明了发起经过,会议通过了《会章》和《缘起》,确定了十四位发起人(除上述十二位外,又增曾孟朴和宗白华二位)。在《会章》中说明笔会"在国内则为各地作家的一种友谊结合,在国外则与世界各国笔会联络,为文艺及友谊的协助"。规定"本会会员不得假借本会集会为政治活动或营业性质之宣传",并决定每月聚餐一次,餐费自备等等。7月24、25日《申报》连载他在内的上述十四人署名的《笔会缘起》,说:"我们现在发起组织中国笔会的一个显明的意思,当然是借此我们的作家可以与全世界的作家有一个友谊的联线,并且享到因此得来的种种利便。但我们同时还有一个也许更深切一些的意思,那就是我们看了近年来国内文学界的分裂又分裂,乃至相与敌对、相与寻仇的现象,觉得有些寒心。这笔会的组织,或许可以造成一个中性的调剂的势力。所谓各系各派间的成见与误解,或许可以由此消灭。更正确的文学的任务,或许可以由此提醒。我们但须一看各地笔会的会员录,以及笔会的报告,即可以知道笔会的功用。在他的会席上不仅坐着德奥与法比的作家(在欧战嫌隙尚未消解时),同时欣然相聚首的有在主张上绝不一致的作家。亨利巴比塞不是颇左的一位作家吗?他是笔会的会员。高尔基不是年老而不'落伍'的一个作家吗?他是笔会的会员。在英国萧伯纳与威尔思不是在时代思想的前面站着的吗?他们和保守的或'右'翼的作家一样欣欣的加入笔会的活动。这些例子应得使我们所谓各派的作家放宽一些度量。让我们至少在这一件事上彼此不时有一个友谊的聚晤的机会。至少在这一件事上因此可以把一切的'不同'和'差异'暂时放在一边。这样也许可以节省许多在彼此无谓的斗争中的一些精力,移向更近人情的事业不更好吗?……我们这些日子只感觉到在我们周围黑暗与恐怖一天浓密似一天。这前途尽着去能有光亮吗?难道真的非得一切都陷入了黑暗才能省悟光亮的可贵吗?非得到仇恨与怨毒像剑戟似的插满了人道的营垒才能发生彼此原是同根的觉悟吗?那时候是太迟了!"这份《缘起》应该是志摩起草的。既然《缘起》也承认"周围黑暗与恐怖一天浓密似一天",在这样的社会状况下,志摩的天真而胡涂的愿望当然不可能实现;而且,当时志摩参与主编的《新月》杂志,事实上也正在攻击左联和鲁迅,而左联和鲁迅才是真正与"周围黑暗与恐怖"作斗争的。至11月16日,笔会才在上海华安大厦正式成立,选举子民先生为会长,他与志摩及叶恭绰、邵洵美、戈公振、郭有守为理事。笔会事实上只能办成一个中上层文化界人士为主的"文化沙龙"性质的团体。它成立后活动并不多,也没有什么机关刊物之类。一年后,他离开上海到北平工作,志摩则因飞机失事身亡,他与笔会便没有什么关系了。笔会显然不是一个左翼文化团体,但它也显然不是以反对左翼文艺运动为目的的团体。

然而,他参加笔会发起一事,却遭到了更加激烈的攻击。5月21日,《巴尔底山》上发表署名"戎一"的《笔社与聚餐》,说:"《小说月报》的郑振铎先生有过名论,说不想谈热辣辣的政治。——这在商务印书馆出版的《小说月报》,在作为一商务印书馆当编辑的郑振铎先生,那是不足为奇的。因为商务印书馆是一个资本家,郑先生是资本家豢养的'伙色',在这世界革命高潮到来的时候,不说政治则已,一说政治便马上要牵连到必然地要到来的无产阶级革命问题,这是他们当面的敌人。为避免锋头计,还是不说。"他在一年多前说的那句反话,又被当作所谓"名论"来批判了;并且,他成了"资本家豢养的'伙色'"，成了无产阶级革命的"当面的敌人"了。这真是从何说起！该文还骂笔会是"饭桶集合"，是资本家的"走狗"与"斗争的武器"；骂参加了笔会的他"根本是现在统治者的帮手"，即使"把他划入在'中间阶级'的一类中去"，也是"估量得太高了"。硬是要把他划到敌对阶级中去。这是当时攻击他最厉害、也最荒唐的一篇文章。

同期刊物上，还有署名"狐尾"的《钝刀·安全的一份》一文，其中说："假若我的记忆不曾完全差了的话，我应该记得孙传芳时代郑振铎曾在和一些别的人所起草的保障（？）人权的宣言上署过名。在那个时候，我记得郑振铎是提倡（？）血与泪的文学的。其后，郑振铎也曾反对过钻研在国故的圈子里的人们……"可见，此文作者对他的进步历史还是有所了解的。但是，该文又说："再近，他公然地说：'我们是在研究室里，我们是在做我们的工作，而室内却是安全的。'是的，在大时代的前夜，暴风雨在狂吼着的时候，能躲在安全的研究者里，写些安全的佛曲和弹词的研究文字，超然于现代的社会斗争的漩涡，岂不是比从前提倡血与泪的文学，或起草什么人权宣言，格外来得聪明了么？"这里提到的"再近"他的一句话，其实是三年前他主编的《小说月报》号外《中国文学研究》的第一篇文章《研究中国文学的新途径》的末段说的。原文是这样的："大时代不是一日一夜所能造成，也不是一手一足之烈所能造成。我们有我们的一分工作，我们不能放弃了我们应做的工作。外面是暴风雨雨水如瀑布地由天上倾倒而下，风虎虎地啸着，如千百的魔鬼在叫号，但我们是在研究室里，我们是在做我们的工作，而室内却是安全的！"他在这里说的"大时代"，表面上指的是文学上的大时代，实际当然也是指政治上的大时代。他在一篇学术论文的最后特地写上这段并非"学术"的话，本来正是对黑暗政治的强烈抗议；他说"室内是安全的"，正是为了说明外面是不安全的，是"魔鬼"横行的天下。可惜，我们的左派青年连这样明显的意思都看不懂。他们也不想想：就在他的这篇文章发表之时，他就因为失去"安全"而被迫漂流海外！而我们的左派青年却还要来这样嘲讽他！至于这段话中的另几层深意：新的时代，不是仅靠一次破坏，一次革命，就可以建起来；在革命的大时代中，并不是每个人都要赤膊上阵的，作为一个进步的文化工作者，还有其应做的工作；在苦难的社会中，更应珍惜难得的研究环境而努力工作。——这些，当然更是那些左派青年当时所难以理喻的了。

在主要攻击他的同时，他的一些朋友也遭到了左联刊物不正确的批判。例如，济之被骂成"中国统治阶级走狗学者""国民政府委任的反俄主席"，平伯是"忠勇地为自己的阶级而努力"，丏尊是"遗误青年"的"一只乌老鸦"，福熙是"一只豢养的狗"，等等。总之，在那些左派青年看来，"小资产阶级的智识分子，……时常是有意的或无意的做着反革命的工作"。在这样的言论公开发表于左联刊物的情况下，他的被排斥于左联之外是理所当然的。

然而，他对这一切攻击、谩骂、嘲讽，没有作过一个字的"反击"，就连解释、辩护的文字也没写过，尽管他手头就编着几种刊物。这表明了他的极其难得的宽阔胸襟，也表明了他决不反对左联和左翼文艺运动。他可以忍受委屈，他也能原谅那些激进的革命青年难免的"左派幼稚病"。

但是，过"左"的东西毕竟是危害革命的。就在左联刊物上不断攻击他的时候，他忽然收到了一封自署是"左联复旦大学分会"的警告信，信中除了模仿当时那些左翼幼稚青年攻击他的话以外，还充满了谩骂以至恐吓，例如说什么"先生如再不向无产阶级投降我们就将要了你的命"之类的话。他看了以后，哑然失笑，也不相信这真的会是左联的人干的。而且，他又了解到圣陶、六逸、望道、洪深诸友人都收到了这样的信。这时，雁冰已从日本回国了，并刚刚在乃超的动员下加入了左联。雁冰加入左联后，忽发现他与圣陶没有参加，心中纳闷，便问雪峰。雪峰说是因为多数人不同意。雁冰表示不赞成这种"关门"的做法。雪峰说，鲁迅也反对这样做。这时，他见到雁冰，便交上了这封警告信。雁冰一看，觉得问题很严重，便又转给了乃超。经过调查,证实这确实是敌人伪造的,目的是挑拨离间,对左联作反宣传。于是,左联便于5月11日写了一封"给复旦大学文学系诸教授的信"。

陈望道、洪深、叶绍钧、郑振铎、
谢六逸、傅东华、冯沅君诸先生:
　　本联盟是由思想倾向及对革命有一致态度的作家组织的,它的任务,在国际资本主义日趋崩溃而世界无产阶级起来争求解放的现在,当然是求无产阶级革命的成功;更具体地说,在文学的领域上,时时刻刻为无产阶级的解放而斗争。因此,我们对于文艺现象一切的反动的倾向是不放弃我们斗争的责任的。然而,斗争只是光明正大的理论斗争,绝对不用偷偷摸摸的卑污手段。最近听说有人假冒联盟名义向先生们下警告,这样的事情不但是超出本联盟的工作范围,而且,反乎本联盟的精神。恐诸先生为反宣传所欺骗,谨此通知。

同一天,又以左联的名义给《巴尔底山》编辑部发了一封信,指出自从左联成立、公布纲领以来,敌人在理论上丧失对垒的能力,只能用其他的卑污手段来作斗争,造谣生事地谩骂、挑拨和栽赃。因此,要求《巴尔底山》发表上述左联致复旦诸教授的信,并指出左联在复旦并无分会。左联的这两封信均发表于5月21日《巴尔底山》上,这对敌人的揭露是十分有力的。但这两封信中都没有谈到左联自己的一些刊物、一些成员,在对待郑振铎、陈望道、叶圣陶这样的进步人士的态度上也是有缺点的。例如,就在这同一期《巴尔底山》上,就发表着那篇硬把他打成"敌人"的《笔社与聚餐》。但是,敌人的利用矛盾、挑拨离间的做法,肯定也从反面引起了左联领导人对内部严重的过"左"的错误的警惕。从这以后,在左联杂志上对他或明或暗的攻击文字,便少见了。这当然与雁冰回来后做了一些工作也是有关的。

后来,他又曾收到过敌人冒充左联寄给他的恐吓信。例如第二年(1931)8月,他在《小说月报》编辑部便收到这样一封信:

> 编辑先生:我们以最和平的态度谨致忠告希望贵社能以三分之一的篇幅登载关于苏联的论文及文艺作品并须于最近一期开始否则即以手榴弹投入我们已经到了使用暴力的时代了。
>
> 左联(A3)八,十一

这封信末,故意署用了"A3"这样似乎很神秘的代号,以便让人觉得真的是左联的人干的。但是,他一看便知道了这又是谁的把戏。因为这时,雁冰已担任左联的行政书记;秋白从莫斯科回到上海后,这时也主动参加了指导左联的工作;再加上鲁迅、雪峰、端先等人做了大量工作,已经使左联逐渐摆脱过"左"的毛病。他又从已经回国、并主持《东方杂志》编辑工作的愈之那儿,以及在开明书店主编《中学生》杂志的丏尊、圣陶那儿,得知他们也收到了相同的恐吓信,于是便将此信转给了雁冰。9月1日,左联以秘书处的名义写了一则启事,发表于10月13日左联刊物《文学导报》上,予以揭露:

> ……关于此信,我们从种种方面观察,认为系民族主义文艺派的鬼计,其用意所在,一望即知。兹特在此郑重声明,本联盟绝未发出此项信件,且绝对无此种意思。盖惟理论上不能胜人者,方乞灵于武力;马克思主义文艺理论,今已深入人心,虽因白色恐怖之严厉,并不减其暗中的活跃。反之,民族主义文艺派则常凭藉武力以救其理论上之末路。如本联盟刊物及联盟员之屡受禁止逮捕屠杀,及社会上中间作家之受恫吓,皆其明证。

至于在《小说月报》"登载关于苏联的论文及文艺作品",其实在他回国恢复该刊主编后,便一直注意这样做的;当然,没有如恫吓信说的"以三分之一的篇幅",那在当时的条件下是不可能的。革命同志中,也曾有人要他在该刊更多地发表革命文学作品及理论,但他认为这样做不妥当,也不可能,经他分析、解释,那些革命同志也都同意了他的意见。当他读到这封恫吓信时,便不禁想起了两位已经牺牲了的革命同志。

那是前年(1929)秋天,他收到署名"洛生"翻译的一篇苏联某评论家纪念契诃夫逝世二十五周年的论文的译文,便决定发表于《小说月报》上。不久,又有一位友人送来洛生翻译的一册原稿,题为《苏俄文艺概论》。他问这位友人:"洛生是谁?"但友人说他也不晓得,只知道洛生是去过苏联的,俄文很不错。他便不再追问下去了。他读了这一册共七章的原稿,觉得叙述很有条理,已将人们想了解的俄国大革命后的文坛的历史和现状,说得十分清楚。特别是洛生在附信中明确地说:"这本小册子之异于其他介绍苏俄文艺作品的著作,是在于她不是简单地介绍苏俄文艺;而是介绍苏俄的革命文艺——苏维埃文艺,无产阶级文艺。……无产阶级之应有其自己阶级的文学,在目下的中国文坛上,大约已没有人敢于否认或反对了吧。则这一本小册子译成中文,介绍到中国来并非没有意义的。"他甚至怀疑这册稿子本不是翻译,而是洛生自己撰写的;因为在当时要发表这样的文章,说成是翻译,所担的风险就相对小一点。他便将该稿分两次连载于1930年1月、2月号《小说月报》上,并且将上述附信也作为译后记发表了。

文章发表后,他还想请洛生多写点稿。但他不知其为谁,更不知其所在。有一天,他在成堆的来信中忽见到署名为洛生的信,说约定某天来看他,有稿件事要谈。他很高兴终于能见到这位谜一样的作者了。洛生如约而来,会客单上写的仍是"洛生"二字。那是一位身材高大的人,脸上表现出久经风霜的神色,十分严肃、坚毅,他一看就认定是一位革命同志。客人谈了稿件事就走了,他也没有问他的真实姓名。此后,洛生又来过几次,他们渐渐地熟了。从洛生的言谈中,他更明白他的判断是对的。洛生来时,常常是很神秘的,有时戴着眼镜,有时一顶帽子直压到眉头,有时更有一位穿短衫的工人般的人陪着。他不便问洛生的事,但他很有点担心洛生的安全。

在4月繁花怒放的一天下午,他坐在沉闷的编辑室里,正感到有点怠倦,洛生又来了。他顿时振作和兴奋起来。不料这次洛生的神态更加严肃。原来,洛生是专门来谈"革命文学"问题的。洛生正式询问了他对这个问题的看法,并问了《小说月报》在这方面可以做的工作。虽然他们已经不是很生疏了,但这么严肃地提问颇使他感到窘迫。他只得如实地谈了自己虽然没有参加左联,但对革命文学一贯是支持和同情的;也谈了《小说月报》的性质和地位。《小说月报》在他主编下,可以而且已经适当发表了一些革命文学作品和理论;但它毕竟是受控于商务资方的,色彩不能太红,否则他们随时可以将他调离,反而失去了一个有利的阵地。洛生默默地听着,点点头,便不再问下去了。

但洛生当时的那副严肃的神色,牢牢地留在了他的脑海中。不久,雁冰从日本回来,他便告诉有洛生这样一个神秘的革命者。雁冰说,我去打听打听。不久,雁冰悄悄地对他说:"我已经打听出来了,他就是我们的旧同事,曾在商务印书馆的定书柜上办事的恽雨棠。"说起恽雨棠,他记起很早就曾发表过其作品的,在他的想象中是一个文雅的瘦弱的文人,怎么也想不到高大的洛生就是恽雨棠。自从了解到洛生的真实姓名后,他便再也没见其面。他也没向雁冰打听洛生在党内的职务。他当然更没想到,这位年轻的中共南京市委书记,在1931年的2月7日便壮烈地牺牲在上海的龙华!

同时惨遭国民党杀害的二十几位烈士中,还有一位比他小五岁的福建老乡胡也频,是他很熟悉的一位左联作家,丁玲的丈夫。丁玲,本书前面已经写到过,此时也加入了左联。他最初对也频的印象,是一个十足的"绅士式"文人。1928年底,也频与丁玲、沈从文为创办《红黑》月刊,曾特意请他到静安寺路华安公司楼上吃过一顿饭。也频和丁玲热情地把他当作文坛前辈而招待着。不久,《红黑》杂志的出版却遭到当局的干涉与阻挠,而也频在实际斗争中,在革命者的帮助下,起了一个极大的转变,用本书传主的话来说,是"由'绅士'一跃而成为一个战士","由颓唐的文人的生活,一变而成为一位勇敢的时代的先驱"。后来,他便有好长时间没见到也频。

1929年5月,一个灰暗的下午,也频又在他面前出现了,并带着一包原稿,对他说:"我现在的作风转变了。这是转变后的第一篇小说,比较长,请你看看,能不能在《小说月报》上发表?"他一看那题目,是《到莫斯科去》。又匆匆翻了一下,颇为也频大胆的记述和言论所震动,便说:"等我仔细拜读一下再说。假如没有什么'违碍',发表当然是不成问题的。"其实,他不好意思当面立即对也频说,这个题目便是最"触犯时忌"的。几天后,也频再来时,他已认真读过了,便真心抱歉地对也频说:"实在太对不住了,这部小说确有'违碍',在《月报》上是没法发表的。"也频非常理解他的处境,微笑着说:"没什么,没什么,其实我也知道是有'不便'的。但请你就小说而言,可有什么不妥的地方吗?"他便坦白地提了好几条意见,也频非常感谢。后来,也频化名"白丁",将稿子改题为《到M城去》,发表于自己主编的《红黑》杂志上了。这以后,也频仍常常去他那儿,常常带稿子去,包括丁玲和从文的,仍不时地说穷;但精神却极为焕发,斗志高昂。他知道也频在"工作",但他从来不打听,倒是在也频的作品中看到他们"工作"的情形。再后来,他高兴地听说也频和丁玲有了孩子。

1931年1月18日,一个惊人的消息传来:也频与其他一些同志被国民党军警逮捕。他闻讯后,知道凶多吉少,焦急万分。第二天,急托从文带二百元钱给丁玲,怕丁玲不接受,他说可以以后写稿子来还。同时,他又与望道两人写了一封给邵力子的信,力子当时在南京国民党中央当官,想请力子出面疏通。正当他和丁玲等人千方百计营救之时,2月7日,敌人残酷地将也频、洛生和其他被捕的共产党人全部杀害了!后来,丁玲在晚年还写道:"我回湖南是我向郑振铎预支稿费二百元。后来我没有用稿子还债,是我一生中唯一的欠债。"

仅从他和洛生、也频、丁玲这些青年革命作家的关系来看,他在红白、左右之间是站在哪一边的,还用多说吗?这一点,后来终于为绝大多数左翼作家所认识,从而承认他是"我们的战友";而这时倒也未必一定要请他再加入左联了。因为他是文化界的著名人士,又有一定的社会地位,不参加左联便于以合法身份为革命做更多的工作。

二四　在研究室里

前面提到,他因说了"我们是在研究室里,我们是在做我们的工作,而室内却是安全的"一句话,而多次受到一些左派青年的误会和攻击。然而,他一点也没有"回击"那些青年同志。他仍然努力去做自己应做的工作。除了当编辑、做教授外,他一直没有停止笔墨耕耘。他的"研究室",无非是商务编译所里的一间办公室,和自己家里的一间书房。这与西方一些学者的研究室比起来,其条件实在是很可怜的。不过,他多年节衣缩食,买了大量图书;他还可以比较自由地利用当时上海最大的图书馆——商务印书馆的东方图书馆,以及它专藏线装善本、抄本的涵芬楼。这在当时,的确是令人羡慕的。他充分利用这些条件,力争做出更大的成绩。

他回国后,首先便在圣陶、调孚、老舍等友人的督促下,编了自己的第一本小说集《家庭的故事》,并于1928年10月24日写了《自序》。书中共收了十四篇小说,于12月30日由上海远东图书公司出版;第二年,他又增补了两篇,由开明书店再版。其中,除了《淡漠》《猫》《风波》《书之幸运》《失去的兔》《压岁钱》等六篇外,其余都是创作于法国巴黎的。前六篇,形成了一组风格相近、色彩谐调的画面,主要反映了城市普通知识分子的家庭生活。他通过娓娓动人的描写手法,将这类家庭中的亲爱、矛盾、情趣、愁苦诸相,如实地表现了出来,反映了社会人生之一角。后十篇在国外创作的小说,则是另一种情调,主要叙述封建宗法性大家族内各种不同身份的人物的故事,朴实无华地描写了这类将逝的旧家庭的片影。这本小说集,虽然其中有的作品的艺术水平或思想价值并不太高,但总的说来,在当时的中国文坛上是自成一格的。正如他在序中说的:"在革命与恋爱的两大批出版物中,加上那末一小册略带些怀旧性质的故事集,或者不会为读者所反对吧?"确实,这些风格独特,既平凡朴素又清新可读的小说,颇受读者的欢迎,而且特别能满足一部分具有近似生活经历的知识分子的情感与审美的需要。圣陶、老舍等人极力怂恿他收集出版,这不用说了。早先被鲁迅称为"诗孩",不久前参加中国共产党并参加南昌起义的孙席珍,当时便写了书评,称赞此书"是一部难得的作品"。赵景深也多次在文章中推荐此书,直到1935年《人间世》杂志征求推荐"五十年来百部佳作"时,景深仍推荐了此书。

关于外国文学的研究和介绍,他回国后首先把自己在伦敦已译述好的希腊、罗马神话与传说中的恋爱故事编成《恋爱的故事》一书,于1929年1月15日写了《叙言》。圣陶帮他作了校阅与修改,钱君匋作封面装帧,于这年3月由商务印书馆作为《文学研究会丛书》之一出版。同时,他又按照在伦敦时立下的计划,开始译述《希腊罗马神话与传说中的英雄传说》,从1930年1月起,在《小说月报》上连载发表,共达一年半之久,每期要发表好几万字。共分七部三十八篇。这些英雄的故事与那前一本讲的恋爱的故事颇为不同。那前一本是讲的悱恻哀怨、卿卿我我的故事,而这一本却讲的是金戈铁马、你死我活的故事,然而其中也杂以古英雄恋爱的遭遇,如美狄亚、狄杜等故事,皆足以感人肺腑,似较《恋爱的故事》尤为哀艳。因此,发表后也很受读者欢迎。后于1935年2月由生活书店出版,书名改为《希腊神话》。另外,他还将译述好的《伊利亚特》和《奥特赛》两大史诗修订了一下交给了商务印书馆,可惜原稿被1932年"一二八"之役日军侵略炮火所毁!但尽管如此,他译述的希腊、罗马神话与传说中的恋爱故事与英雄传说,先后在当时中国最大的文学刊物《小说月报》上连载达两年半之久,这对介绍和普及外国古典文学是起了很大作用的。

他更重视的工作,还有对中国古典文学的研究。他回国不久,正好中华学艺社要组织第五次学术视察团访问日本,并出席日本学术协会第四届大会。中华学艺社是一批留日归国学者组织的学术团体,心南是发起人和负责人之一。心南这次也去,而商务元老菊生先生也以该社名誉社员的名义一起东渡,目的是想去搜访和拍摄日本所藏中国古书。他知悉后,极力支持,并积极提供若干线索与书目,请心南等人注意寻访。12月18日,他写了《关于〈游仙窟〉》,论述在国内久佚而在日本文学史上发生过重大影响的唐代小说《游仙窟》。他手头所有的,便是向日本古典保存会借影的元抄本。他当时本准备将此书排印出版,以广流传。但后因得知鲁迅、川岛也已经根据这一版本做了校勘整理工作,即将由李小峰的北新书局出版,于是便作罢了。因为,鲁迅爱护文学遗产的思想是与他一样的。鲁迅后来在1929年3月15日致川岛的信中风趣地说:"郑公……之大讲,一若替李公小峰登广告也者。"

在古籍整理出版方面,他这时做了不少工作。1929年,他拟将自己四年前从书摊上购得的清代浮白山人选编的《挂枝儿》一书,作为自己主编的《鉴赏丛书》之一付印,并写了跋语。此书是浮白山人从明代冯梦龙编撰的《童痴一弄·挂枝儿》中选出来的,这便引起他继续寻访原书以及《童痴二弄》(《山歌》)的兴趣;后来,这两本书终于都被他找到了。1930年3月,他又自费影印了明万历初年蒋氏三径草堂本《新编南九宫词》,作为《西谛景印元明本散曲》之一,由北京大学出版组印行。这年12月至翌年1月,他又编辑了《清人杂剧初集》,写了《序言》《例言》和很多跋语,于1931年3月影印出版,为《西谛所刊杂剧传奇》第一种。共十册一大函,收清人杂剧九家四十种。这年4月,他还为自己辑编多年的《元明杂剧辑逸》书稿写了《例言》。该书积稿盈尺,但因为他坚信还应该将有更新更重要的资料发现,所以一直未拿出来付印。后来,在抗日战争期间,他果然发现了极为重要的《脉望馆抄校本古今杂剧》。此是后话,我们留待后面再讲。

他还以"宾芬"笔名,写了很多《元曲叙录》,从 1930 年 1 月起在《小说月报》上连载,至翌年 10 月中辍。每期少者一、二则,多者十几则。在这个叙录(提要)中,他首先介绍了关汉卿的生平、作品全目,以及当时所见的关氏全部剧本;接着,他又分别介绍了马致远、王实甫、白朴、高文秀等二十多位元代作家的七十多本有代表性的剧作。如果《小说月报》不因日本侵略炮火轰炸而停刊的话,他可能还要写下去的。但是,即使从已发表的这十来万字的《元曲叙录》来看,也已相当全面地把元曲的基本面貌展示了出来,完全可以成为一本专著了。

他这时除了在各大学讲授中国文学史以外,更着手自己来撰写一部《中国文学史》。本来,早在 1922 年,他就在我国新文学运动史上第一个发出"要求一本比较完备些的中国文学史"的呼吁。他所说的"比较完备",一是要求科学,即用新的文学观来指导;二是要求全面,要包括以前被忽视的非"正统"的文学和民间文学等。他在出国前完成的四大册《文学大纲》,其中的中国文学部分就已有二十万字左右。如果把这些独立出来,本身就已是一部比较完备、见解新颖、材料丰富的《中国文学史》,其水平已经远远超过当时国内出版的几部《中国文学史》了。但是,他毫不满足于自己已取得的成绩,而是立志要再撰写一部更宏伟、更精彩、更完备的《中国文学史》。经过多年的构思,他于 1930 年 4 月 22 日夜拟订了《中国文学史草目》,计划分古代卷、中世卷、近代卷三大卷,从上古到西晋末年为古代卷,共分三篇,每篇共一册;从东晋初年到明代中期正德年间为中世卷,共分四篇,每篇各二册;从明代嘉靖初年至"五四"前夕为近代卷,共分三篇,共七册。这样,计划中全书共有十篇,约一百章,共十八册。这是何等气势磅礴、前无古人的文学史撰写计划啊!

他还并不只是作些构想与计划,而是脚踏实地地开始撰写,包括发表一系列带有史料长编性质的论文。例如,1929 年 9 月《小说月报》上发表了他的《水浒传的演化》,10 月该刊又发表他的《三国志演义的演化》,11 月《文学周报》上发表他的《岳传的演化》，同月《学生杂志》上发表他的《中国小说的分类及其演化的趋势》，等等，大多是数万字长文，都是为正式写史作准备的。他并先开始撰著计划的中世卷的第三篇，在1929年3月至年底，先后在《小说月报》上发表了五章。在最早发表的第三章《敦煌的俗文学》的文末，有他于1929年2月写的附记，说明此章是"去年九月间匆促写成"，可知他在回国后不久就已开始撰写这部《中国文学史》了。这五章后来于1930年5月在商务印书馆出版了单行本，取名为《中国文学史(中世卷第三篇上)》。按照这本书的篇幅字数，再对照上述全书草目，可以估算全书若按原计划写出来，当有三百万字左右！这又将是何等辉煌的巨著啊！可惜的是，由于各种原因，他后来未能在上海的研究室里从容地继续按照原计划撰著下去，被迫改变了计划。关于这些，我们留待下一章再讲。

这时，他本来还计划了或答应了很多撰著题目。例如，1928年底，他曾在《小说月报》上预告要撰写一部《西洋艺术史》，供该刊连载。1929年4月1日，商务印书馆公布了《万有文库》第一集一千种书目及预约简章等，其中在《学生国学丛书》中有他拟担任节选、标点、注释的《文心雕龙》，《国学小丛书》中有他拟担任撰写的《小说概论》，《百科小丛书》中有他拟担任撰写的《现代文学》等书。1930年，他开始写《宋元明小说的演进》一书，后在刊物上发表若干章节，也留下一些未刊手稿，最后好像没有写完。1931年1月，他在《新学生》杂志上预告他正在编选《中国文艺批评资料》一书。同年春，上海良友图书印刷公司公布《中国现代史丛书》选目，预告将收有他撰著的《中国现代文学史》，约二十万字。同时，4月6日，《文艺新闻》周刊又报道大江书铺计划出版《大江百科文库》(中学教本)，他也是撰写者之一。同年6月，他在自己主编的《编辑者》杂志上发表消息，预告他将与圣陶、伯祥、调孚等人标点、校勘、翻印《六十种曲》，等等。这些计划，除了重印《六十种曲》一事后来在1935年由圣陶等人完成以外，其余均因为他不久离开商务印书馆，离开上海，再加上"一二八"战事爆发等原因，而未完成。但是，尽管如此，我们从上述的计划书目中，仍然可以强烈地感受到他的极其可贵的勤奋工作的精神。

他归国后短短的三年间，在完成本职的编辑工作和从事不少社会工作之余，在研究室里，仍然取得不小的学术成就。而他本来是可以继续在上海工作下去，并继续完成上述种种计划的；但是，他却决定离开商务印书馆，离开上海。这是为什么呢？请读下一章。

二五 工会的抗争

尽管当时有一些左派青年朋友攻击他是"资本家豢养的'伙色'"；但是，他不仅在大革命期间曾经是商务印书馆职工的"罢工中央执行委员会"的领导成员之一，而且在这时又一次带头同资本家展开了斗争。

1929年9月，王云五辞去商务印书馆编译所所长职务，去当时的中央研究院社会科学研究所当法制组主任兼研究员去了。商务的编译所所长改由原副所长柏丞担任。王氏本来就没有什么"学"，只是颇有"术"，因此，在经营管理方面颇受商务董事会的器重。我们的传主和雁冰、愈之等人，一向对王氏没有什么好感，王氏这一去，对编译所来说倒未尝不是一件好事。而柏丞是一位水平很高的历史学者，人又忠厚宽容，他与柏丞的关系很不错，在一些问题的看法上也比较接近。这从前面提到的他与柏丞一起在《小说月报》上批判"国学"的文章中，也可以看出。在柏丞的手下工作，照理是心情比较舒畅的。

但是，这年11月，商务印书馆总经理鲍咸昌因病去世，董事会物色后继人选，不少董事都推举王氏。他们认为王氏办事有手段，特别在对付劳资争端方面有一套。为了维护资方的利益，决定敦请王氏回商务印书馆担任总经理兼编审部部长。而王氏当时虽然辞去编译所所长职务，但仍兼任着商务印书馆的《万有文库》的总编辑和东方图书馆馆长等名义职务，同时也是商务的大股东。

王氏见不过两个月商务资方就要请他回去,心中自然大为得意;不过脸上不露喜色,相反却大搭架子,乘机提出两个条件:一是要求将原来的合议制的总务处会议取消,改为总经理独断制,总务处下降为总经理的助手机构。也就是说,要更加加强王氏个人的权力。二是在上任之初要由商务出钱,让王氏出国考察半年。也就是说,要周游世界一圈,玩个够,同时也去学学外国资本家如何管理职工的方法。商务董事会居然同意了王氏的条件。

于是,王氏于1930年2月到商务就职,3月初就出国考察,遍游日本、美国、英国、法国、德国、比利时、荷兰、意大利、瑞士等九个国家。在法国时,愈之遇见王氏,问他"考察"得如何。王氏洋洋得意地说,他从英美烟草公司总经理那儿得到管理的"秘诀",那就是只靠一张空荡荡的办公桌,跷跷二郎腿,抽抽雪茄,闭目养神,心中盘算,而不管具体的事情。愈之心想,王氏的所谓"考察",原来如此!

王氏周游了六个月后,于9月间回到商务,便扬言要推行所谓"科学管理法"。先是改订总务处章程,改组总务处,塞进亲信或裙带人物。同时,又成立所谓"科学管理法"的"研究所",自己兼任所长,并任命了八个"研究员"。在10月15日出版的《商务印书馆通信录》上,刊出了王氏关于"科学管理法"的讲演稿,其中有"在各国勾留的日期,以美国最长,约有两个月","曾经在世界最大的美国国会图书馆的研究室内,参阅了关于科学管理法的书籍一千多册"云云。这又是吹牛皮不打草稿,而且以为读者都连小学算术除法也不会。试想,姑且以王氏这两个月全消磨在国会图书馆,其他什么都不干,不玩,那么平均每天也得"参阅"书籍十六七册以上!王氏后来在《岫庐八十自述》中又改称"在图书馆研究十余日,阅书三四百册,搜罗刊物千余种,草成笔记约四十万言"云云。那么,这十余日就算他其它什么都不干,也不玩,刊物也只是"搜罗"而不看,那也平均每天得"阅书"三十来册,还要平均每天至少草写笔记二三万言!而王氏《岫庐八十自述》又引用当年日记称:"合计十一日内,我对于该馆[美国国会图书馆]所藏有关科学管理之书刊约九百种皆曾涉猎。"那么,他平均每天至少要"涉猎"有关书刊八十多种!你能相信吗?连自己读过的书的数字也有三种说法,甚至在同一本书里就有两种说法!你能相信吗?就像王氏以前自吹曾把《大英百科全书》从头至尾读过一样,完全是胡说八道。而且,退一万步而言,即使这是真的,那也只能证明其人的读书方法实在是毫不"科学"而已。

但是,"研究所"在王氏指挥下,费尽心机,闭门造车,忽于1931年1月9日下午公布了所谓《编译所编译工作报酬标准施行章程》,共二十六条,并限于第二天即施行。王氏竟然首先就以编译所开刀,其势汹汹,其意叵测。这个章程试图以一种资本家压榨、控制体力劳动者的拙劣方法,来对付从事高级脑力劳动的编译工作者。这个荒唐的章程一公布,立即就引起编译所同人的强烈反对。

这时,雁冰早已离开商务,愈之在国外还没回来,圣陶则已决定离职到开明书店主编《中学生》杂志去了(而圣陶离开商务的原因之一,就是不满于王氏的骄横)。这样,编译所同人便很自然地团结在他的周围,尽管未必都由他出面。他们经过商议,决定于职工会之外,另组特别委员会,专门与王氏交涉此事。1月14日,编译所职工会召开全体大会,通过了《商务印书馆编译所职工会宣言》,表示一致反对这种绝对不合科学方法的"章程"。据王伯祥日记,这个《宣言》是本书传主所草。

宣言不仅指出这个所谓"章程"事先从未与职工会协商过,同时指出它也未获得党政当局的许可。认为这是王氏"任意变更契约,压迫著作界之举";而这种"团体契约之变更,未经主管官厅批准及敝会同人等同意,依法当然无效"。这体现了他们很高的合法斗争艺术。宣言还体现了较高的理论水平,指出:"自欧美日本发生所谓'产业合理化'运动以来,各国失业者之人数日益增多,社会不景气之现象亦日益显著。可知产业合理化运动,对于劳动者固为一种新的压迫,而对于实业界之危害亦决非浅鲜。各国经济学者于此种运动之利弊,亦既言之綦详"。"产业合理化运动创始于德国,原为 Kartell（即美国所谓托辣斯）之变相,盖资本主义过度发达之结果。中国之产业落后,此种合理化运动,绝非时势所需"。而王氏匆匆走马看花,遂"稗贩此种运动中所谓'科学管理法'之皮毛以归,不问国情,不察实业界之环境,便欲以实施之于有三十余年历史之商务印书馆;更不意首当其冲而供其尝试者,乃为绝不可用科学管理法控御之商务印书馆编译所"!"此种举动,关系中国实业界、劳动界及文化事业之前途,至为巨大,固不仅敝会同人身受其痛而已"。因此,他们决定"披露事实经过,求全国各工会、各团体及各学术机关起而主张正义,为敝会之后援,弭厄运于将来"。

宣言还揭露了王氏的不学无术:"同人等与王君八载共事,深知其学识之何若。而对于彼之所谓科学方法者,更无不深滋疑虑。质言之,彼之行为及言论,实无一合于科学方法者。"而这次抛出的所谓的"章程","其中讹谬凌乱之点,实属举不胜举"。编译工作,原不是像机器那样,可以按时间计产量。搜辑资料,考订异同,唯求精当,遑计晷刻。而在译作之际,有时顺利,有时艰涩。宣言中特引用了陆机《文赋》中的一段话来形容:"方天机之骏利,夫何纷而不理,思风发于胸臆,言泉流于唇齿……;及其六情底滞,志往神留,……理翳翳而愈伏,思乙乙其若抽。"因此,商务编译所以前一直是以一本书或一篇文章为工作标准的,从无计日计时之例。"而王君乃欲推翻成规,独创酷例,非于著作之甘苦,学术之门径,未或身尝,恶得至此?"他们并指出王氏新制"章程","其酷刻菲薄,更有言之令人发指者"。例如,以前以半年时间编一本中学教科书,而现在按此"章程",至少得在两个月内完成。也就是说工作量是原先的三倍!至于分等分级的种种荒谬不经之处,更不能一一列举了。最后,宣言指斥王氏为"同人之公敌""社会之公敌","指鹿为马,欺世售奸";提出"庆父不去,鲁难未已",也就是公开提出了要打倒王氏。

他们又向市政当局呈文,指出王氏"一意孤行,不顾事实,根本上不合于科学管理法之真义",表示"对于此摧残文化、破坏实业、变更契约、无端压迫之举,绝对不能承认",并要求当局"立饬王云五撤消此项通告,并饬其将此剿袭资本主义国家显有流弊之方法,勿再宣传,以免其流毒社会"。不料王氏也向当局呈文,反诬他们"不服管理,违背法令","为此沥情呼吁,仰祈鉴核俯赐依法制裁"云云。王氏的恶劣态度,激起全馆同人的愤怒。国民党市党部社会局害怕工潮扩大,急忙于 17 日召集开会,进行"调解",但却偏袒王氏。他们不服,在 19 日又在四马路的一枝香饭店召开上海各界人士招待会,请求大家主持公道,并广为散发上述宣言。后来各报都发表了。

有理走遍天下。又加上这些编辑不少是社会上有名望的学者,王氏理亏心虚,慌了手脚。商务的董事们也没想到,原来在团结斗争的职工面前,王氏并没有多少"本领"可施。于是,在有关当局的继续"调解"下,王氏不得不收起他那个"章程"。斗争取得了胜利。事后,他自豪地对人说:"由于此次的教训,我们更认识了自己的力量。"这句话,被刊登在左联外围刊物《文艺新闻》周刊上。王氏自然对他恨得牙痒痒的。

但是,"庆父"毕竟未去,王氏还是坐着那把"总经理"的宝座。通过这场风波,王氏对商务编译所工会更加怀有敌意和戒心了。国民党中央曾于去年颁布过所谓的"工会法",因而王氏便与市里的党棍们幕后串联好,由国民党上海市党部社会局的名义下令,要商务印书馆的四个职工会按照这个"工会法"于 2 月以前重新改组,并派人来组织所谓"改组筹备会"。编译所便于 2 月 10 日开全体职工大会,进行选举。11 日开票,有九人当选,他与予同还是被大家选上了。而编译所工会被按"规定"改名为"上海市出版业工会商务印书馆事务所编译处办事处"。14 日,这个"办事处"开预备会,大家一致推定他与予同担任宣传干事,并兼办刊物。

他珍视同人对他的信任,更重视这个难得的办刊物的机会。3 月 20 日,开第一次干事会,正式决定出版内部刊物,由他与予同商定办法、制定预算表等。至 4 月 8 日,开常会通过了他拟定的刊物的名称《编辑者》,并通过了他提出的编刊方法的条文。这样,经过他与予同在业余紧张筹备的这份工会刊物《编辑者》月刊,于 6 月 15 日正式创刊了,每期印六百来份。这大概是我国编辑出版界的第一份工会刊物吧。

创刊号的封面,画着一位戴着近视眼镜的面容瘦削的编辑,坐在堆满书籍的桌前,左手支颐,右手扶笔书写。窗外则一弯残月,搁板上的台钟指在十一点钟上……。这正是编辑工作者辛勤劳动的写照。创刊号的《发刊词》没有署名,其实正是他写的。他写道:"在这个急骤变动着的大时代里,我们的责任是不很轻微的。"文章分析了知识分子阶级地位的历史变化,认为"新兴的资本势力的压迫,使拿笔杆的人们又遇到一个厄运。这个厄运,如今正在开始。要变什么式样,我们实难预料。但有一点,我们是可以明白的,这种新的压迫,只能增加了他们向前奋斗的勇气,与更清楚地认识了自己的真实的力量与责任,并不能丝毫摇撼到他们的自信与生存"。他指出:"编辑者"只是拿笔杆的人们里的很微小的一部分人,但为力虽微却也并不愿放弃了那些重要的责任,更不敢忽视了自己所担负的职务与力量。尤其商务印书馆是全国最大的一个出版机关,所出版的读物具有巨大的影响,因此,编辑者更要尽自己力之所及,督促监视,不让它"利令智昏"而印刷有毒的东西。他还指出:"若有任何无理的新的压迫,凭藉了资本势力而加到我们的身上,则我们更将不惜任何牺牲与之周旋,决不退却,决不反顾。而本刊便是我们的力量之一。"在创刊号的《编后》中,他也写道:"这是我们的喉舌,希望大家继续努力作稿。"这期上,他还发表了《钞本百种传奇的发现》一文。

在 7 月 15 日按期出版的第 2 期上,他又发表了题为《编译方针与编译计划》的编辑学论文。论述一般的入门书籍的刊行,世界文学名著的翻译出版,专门名著的介绍,各学科参考要籍的编辑,中国旧刊要籍与名著的整理与编印,孤本秘籍的翻印与重要佚著的辑存等重要问题。可以看到,他还想把这本刊物办得带有学术性。

《编辑者》更反映了编译所工会所做的工作和斗争。例如,6月22日,编译所工会召开临时会,谈到上海英美租界的行政机关"工部局"的顾问费唐(英国人)近来在各报发表报告书,言论非常荒谬,竟赞扬租界制度,似乎中国非将租界永远交给帝国主义统治不可。然而,当时中国民众对此尚无相应表示,上海各大报纸均不置一词。他们开会讨论后,认为为挽回民族尊严,应该联络各界提出反对,作有力的抗议。此案郑重通过,以全体干事名义提交理事会。7月29日,编译所工会开第十次常会,谈到会员彭家煌以政治嫌疑被捕,其妻孙珊馨要求工会作证。他们已经根据孙珊馨的来信进行了营救活动。但据官厅答复,说这是根据浙江省官厅的密令逮捕的,尚须调查证据云云。这里,得插叙一下彭家煌的情况,以及彭和他的关系。

家煌与他同龄,也是高大的个子,湖南人,与毛泽东的妻子杨开慧家有亲戚关系。家煌原在中华书局参加编《小朋友》周刊,后因妻子珊馨在商务印书馆作校对员,便于1925年也转到商务编译所工作,先后助编《教育杂志》《儿童世界》等。家煌从这时开始尝试文学创作,第一篇小说《Dismeyrer先生》,曾经仔细修改多次,趁他不在《小说月报》编辑室的时候,悄悄放在他的桌子上。不料那时他正好太忙,没有仔细看,一时疏忽,没有采用。于是,家煌便改投北京的《晨报副镌》,于1926年2月25、27日连载发表。他看到报纸后,觉得这篇小说还是很不错的,便主动向家煌道歉,并鼓励家煌继续写作。后来,家煌在《文学周报》《小说月报》上发表了不少优秀作品,他又热情地吸收家煌加入文学研究会,并把家煌的第一本小说集《怂恿》收入自己主编的《文学周报社丛书》,交开明书店出版。在他出国期间,家煌参加了革命活动,还曾在商务工友中秘密为红军募捐。1930年左联成立时,即由汉年亲自介绍加入。后又秘密担任中共中央机关报《红旗日报》的助编和通讯员。这样看来,家煌很可能还参加了共产党。

1931年7月16日清晨,家煌突然被捕。第二天,上海各报都赫然刊出大字标题:《彭家煌因共党嫌疑被捕》,副标题云:《浙省府电公安局谓彭系共党中委,刻下尚在侦察中》。后来,家煌被投入这年2月刚刚杀害过也频、洛生等二十几位共产党人的龙华淞沪警备司令部。家煌经受了非人的刑讯。当军法官得知家煌是湖南人时,便大叫:"啊啊!湖南?!什么地方的人不好做,偏偏要做湖南人?该死,该死!"当军法官问到家煌的姓名时,又大叫:"什么?姓彭?!该死!姓彭的都不是好东西——彭德怀,彭述之!啊啊!该死!全姓彭!姓彭的都不是好东西!"然而,家煌咬紧牙关,没有暴露革命工作人员的身份。家煌在狱中藐视敌人,藐视死亡,留着坚硬的胡子,活脱脱一个驱鬼的钟馗的形象。

当家煌被捕后,他和予同等人立即清理家煌的抽屉书橱,发现重要文件不少,赶紧将它们转移或烧毁。这就有效地保护了家煌。敌人仅从家煌家里抄到几本仲甫编的刊物,没有掌握什么重要证据。经过严刑拷打,问不出什么情况,但家煌原有的胃病被折磨得更厉害了,时常吐血和昏厥过去。敌人既没有什么证据,又看家煌奄奄一息,在家属和商务友人的营救下,在9月底准许交保出狱。而这时,我们的传主已经离开上海到北平去工作了,没能见到家煌的面。而这以后,他也永远见不到这位他帮助过的作家和同事了。因为家煌出狱后,虽然在商务同事顾寿白医生的精心义务治疗下,总算使胃病度过了危险期。但不久,"一二八"日军轰炸,家煌的家被炸毁,王云五又乘机解雇了他们夫妇。家煌被迫到宁波去谋生。阶级恨、民族仇集于一身。1932年底家煌重回上海,与左联恢复了联系,更积极地参加革命活动。但因在狱中被折磨坏了身体,加上生活贫困,这位有才华的作家终于一病不起,于1933年9月4日逝世于上海红十字医院的三等病房,年仅三十五岁!鲁迅在家煌逝世后,曾把家煌同茅盾、周扬、夏衍、郑伯奇、张天翼、沙汀等著名左翼作家一起,介绍给在国外的战友萧三,说:"彭家煌(已病故),是我们这边的"。这可以算是对家煌的盖棺论定之语。

下面,我们回头继续谈提到过营救家煌的那本《编辑者》杂志。在《编辑者》上,不仅发表了他与予同的文章,也发表了乔峰、调孚、觉敷、张世禄、沈百英等同人的文章。还有大量用化名发表的文章，不少现在已经不知是谁所写的了。但署名"化鲁"的文章是愈之写的，愈之当时已经回国了。而署名"蒙生"的文章则是济之写的。济之不是编译所同人，而且又远在苏联赤塔中国领事馆工作，他仍请济之为它写稿。可见他是非常认真地要把这份刊物办得好上加好的。可惜，因为经费支绌等原因，该刊到第3期时，便隔了三个月才出版。更由于他于9月上旬离开了商务印书馆，该刊少了强有力的主编，终于出到第5期便停刊了。

该刊第4期记载，9月2日，编译所工会开第十一次常会，议及"郑振铎辞职，议决给假，不允辞职"（即辞去工会之职）。"郑振铎请假，《编辑者》须添人帮忙，议决：请陈稼轩代郑振铎职务，朱公垂帮同办理；再敦恳前约诸君投稿，备茶点，郑重召集一次集会。"9月7日，他携夫人、幼女离开上海去北平。当时，他向商务印书馆办了请假半年的手续；但事实上，他已决定不再回商务工作了。10月28日，商务编译所工会开第十六次干事会常会，复议他的工会干部辞职问题，决定准予辞职，以次多数票之刘南陔递补（后刘氏坚辞，改由张世禄递补）。

他为什么决心离开已经工作了整整十年的商务印书馆呢？这主要有两个原因。一个是他在晚年最后一次会议讲话中说的："工会提出打倒王云五，没打倒他。他不走，我们就走！圣陶走了，我也离开了。"（后来，愈之、予同等人也离开了。）另一个原因是想换换工作环境和条件，以便专心从事研究和撰写久蓄于心的《中国文学史》等著作。所以，当担任北平燕京大学中文系主任的老友绍虞邀请他去该校任教时，他便毅然离沪北上了。他是去担任燕京大学和清华大学的合聘教授（第二年后，专任燕大教授），主要讲中国小说史、戏曲史以及比较文学史等课程。

新的工作，新的生活，在等待着他。

第六章　北平任教

二六　"南迅北铎"

宽阔的长江上,此时还没有一座飞架南北的大桥。列车被卸成几段,由渡轮缓缓地运过大江,然后再接起来,继续向北奔驰,向着十多年前他读过书的北京。但是,这座古城这时已被改名为"北平"了。那是1928年国民党政府"统一"了全国后,建都南京,便将北京换了名。他知道,历史上在朱元璋进北京时,也曾一度把它改为北平。然而,自从他回国至今,似乎还没有习惯这个被改了的名称。一年后,在他与鲁迅先生合作选印木刻笺纸时,鲁迅提议取书名叫《北平笺谱》,说:"因为'北平'两字,可以限定了时代和地方。"北平是地名,当然可以限定地方;而说它还可以限定时代,岂非先生早已预见国民党统治中国的时代不会很长,北京又将恢复其原名乎?

且说列车从南京摆渡到浦口后,二等车厢又上来了一位也去北平的文质彬彬、脸庞圆圆的男子。他一看,原来是认识的章回小说作家张恨水。张氏笔头甚勤,当时已发表中长篇小说少说也有二三十种;不过,张氏原是有名的"礼拜六"派旧文人,写的大多是"鸳鸯蝴蝶"、滑稽、消遣、武打之类的东西。他对这些一向是反感的,去年志摩发起成立笔会时想招致"礼拜六"派的通俗文士们,他便提出过强烈的反对。当然,他是站在反对旧文学的立场上,并无私仇可言。因此,现在在火车上巧遇恨水,他便客气地打了招呼。

再说,他还想起了雁冰曾向他谈起过对恨水的新作《啼笑因缘》的看法,认为有值得肯定的进步。他想,这倒是值得向恨水说说的。

《啼笑因缘》最初连载于上海《新闻报》副刊《快活林》上,去年年底出单行本。写的是军阀统治时代北京发生的一个恋爱悲剧故事,一定程度上揭露了社会的腐败和封建势力的凶残,情节曲折,很受一般读者欢迎,书出版后很畅销。但是,这时在新文学界对它的否定性批评仍占很大比重。因此,恨水这时虽然名噪一时,虽然从年龄上说比他要长三岁,但在他面前却显得毕恭毕敬。因为,他是"五四"以来著名新文学家,而且还是批判"礼拜六"派的主将之一啊。话头很自然地谈到《啼笑因缘》,恨水没料到他竟说起另一位新文坛主将对此书的评价:"雁冰读了这本书,却有另外一种看法,与其他朋友的批评意见不一样。他说,你在写作技巧方面,有自己的长处。他还认为,对章回小说的写法作些改良,并不是不可以试试的。因为章回小说在通俗教育方面,也还不失为一个可以利用的工具。"

"是吗?沈先生这样说的?"恨水的眼中露出了惊喜的光芒。

"是的,我觉得雁冰兄说的有道理。"他又严肃又诚恳地说,"不过,我认为在今日新出的章回小说中,绝大多数都很难说达到文艺的水平。尤其在思想意识方面,作这类小说的人大多认识不够……"

"嗯,嗯。"恨水虽然还不能一下子完全领会他的这些意见,但很认真地听着。

他没有想到,火车上说的这番话,在这位通俗文士的思想上产生了震动,对其后来的创作道路起了良好的导向。直到十四年后,在重庆文化界庆祝雁冰五十寿辰和创作生涯二十五周年时,恨水还发表了一篇题为《一段旅途的回忆》的文章,叙述这次火车上听了振铎及他传达的雁冰的话,使之终生受益。

这段火车上的小故事,也可以表明:不管在什么场合,不管在什么时候,他,作为"五四"所诞生的一代新文化战士之一,总是自觉地焕发着光和热,总是忠实地履行着历史赋予他的职责的。正因为这样,所以他到北平后,虽然那里的文坛上比起全国左翼文艺运动的中心的上海文坛要沉闷得多,虽然那里有着与上海新兴作家很不一样的被称作"京派"的文人圈子,虽然他的职业身份由"编辑兼教授"而转变为"教授兼编辑",似乎离文学界更远了一些;但是,无形之中,他却渐渐地成为北平文坛的中心人物之一,成为北方文学界与上海的文学界中心所联系的桥梁,成为北方进步文化战线的有威望的领头人物之一。

他到北平后,先是住在海淀的成府,后来便搬到燕京大学校园内的天和厂一号。在北平,绍虞、地山、启明、冰心、平伯等人,都是文学研究会的老会员、老朋友,自然是经常见面。还有佩弦,在他到北平时刚好出国,一年后回来,任清华大学中文系主任,与他也几乎日夕见面。胡适、刘半农、钱玄同、傅斯年等人,也是"五四"以来的老朋友了。还有许寿裳、台静农、范文澜、冯友兰、齐如山、傅惜华、赵万里、刘叔雅、叶公超、余上沅、梁实秋、闻一多、熊佛西、徐志摩等等各色各样的文化界人士,虽然各自的专业爱好、思想倾向并不相同,但都愿意与他交朋友。他刚到北平不久,就接到志摩的电话,就去胡适的家里见了志摩,畅谈了二三个小时。不料只过了一个月,志摩便因飞机失事而死了。而他还曾答应过清华的同学要请志摩去学校讲演呢!还有,当时天津出版的《大公报·文艺》,是北方有影响的文学副刊,此时由杨振声和沈从文编辑,经常到北平来召集文坛名人聚会,他也总是欣然应邀赴会。

当然,对于爱好文学的北平青年和北平大学生来说,他更像一块磁铁一样,大家都乐于紧紧地围绕着他。除了教书以外,他常在课余积极指导学生。例如,他刚到清华大学中文系当兼任教授,便出席了10月28日该系学生的"中国文学会"的本学期第一次常会。据当时的《清华周刊》报道,他还讲了话,"语极恳切,对于同学加以鼓励,略谓清华有优美之环境,稳固之经费,同学应负起创造新文化的责任,努力前进,责无旁贷"。那天,他们还选举了该会的本届执行委员,他这位名教授居然也列名于学生中间而被选为"学术委员"。当时的清华中文系学生吴组缃、林庚等人,都得到过他的很多指点。组缃的小说《一千八百担》受到他的欣赏,发表于《文学季刊》创刊号,一举成名。组缃在1934年从中文系毕业后,继续在清华研究院读研究生,但因得罪了某教授,竟被特意少打分数一分,使之得不到学校津贴。组缃便愤而弃学到南京工作。他不仅安慰鼓励组缃,还介绍组缃认识在南京的王任叔和张天翼,使他们成为知交。

清华还有不少非中文系的学生,也得到他的大力帮助。例如季羡林,当时是清华的西洋文学系学生。冰心当时很年轻,学生中"追星族"很多,羡林就是其中之一。一天,羡林去旁听冰心的课,冰心看到课堂上挤满了这么多学生,知道其中有"诈",于是威仪俨然地下了"逐客令":"凡不选修本课的学生,统统出去!"羡林等人伸伸舌头,只好弃甲曳兵而逃。但旁听他的课,就大获成功。他不仅不赶他们,熟了以后,甚至还邀请羡林到家里做客,而且在他与靳以主编的大型文学刊物《文学季刊》上发表羡林的文章。当羡林看见自己的名字煌煌然印在杂志的封面上时,既受鼓舞,又颇为得意。羡林后来回忆说,他没有半点架子,好像并不觉得比学生长一辈,完全以平等的态度对待学生。有时甚至像一个大孩子,不失赤子之心。他说话非常坦率,亲切和蔼,只要有一技之长的,不管是谁,都一视同仁。因此,学生们背后就常常说他是一个宋江式的人物。羡林后来说:"西谛先生对青年人的爱护,除了鲁迅先生外,恐怕并世无二。说老实话,我们有时候简直感到难以理解,有点受宠若惊了。""在我们眼中,西谛先生简直像长江大河,汪洋浩瀚;泰山华岳,庄严敦厚。当时的某一些名人同他一比,简直如小水洼、小土丘一般,有点微末不足道了。"

吴晗当时是清华历史系的学生,也因旁听他的课而相识。吴晗后来写回忆,谈他对学生的爱护帮助,几乎与羡林说的一样。吴晗说:"他从来没有架子,既没有我们清华某些镀过金的洋教授威风,也没有那时候社会上有些自命为大学者的不可一世的神气。他和蔼可亲,谈话时总是笑。特别对青年人,只要有一长可取的,便加意鼓励,总是说'好极了!好得不得了!'这两句话,后来竟成为他的口头禅。"还有像李长之,当时是清华生物系(后转哲学系)学生,也得到他的赏识和帮助,后来成为知名的文学理论家。当年,羡林、组缃、长之、林庚,号称清华园"四剑客"。"四剑客"都对他十分崇敬。

他在燕京大学中文系,付出的心血更多。为了那些青年学生,不论是后来出了名的还是未出名的,他辛辛苦苦地施教、指导。而且,他也不仅仅帮助中文系的学生。在课后,还参加学生的各种文学社团的活动。例如,燕大学生为赈灾义演,他便热情地担任导演,曾指导过学生们排演英国名作家高尔斯华绥的《战妇》等剧目。英文系的女学生朱兰卿,想英译茅盾的短篇小说,他也认真热情地作了辅导。新闻系学生萧乾,喜欢文学创作,也得到他的热情帮助。萧乾是靠稿费来上学的,毕业论文题目选了《书评研究》,他就把《书评研究》推荐给商务印书馆出版。特别是,萧乾后来曾听信某些人对他的攻击,因而也跟着写了攻击他的文章,而他却仍然在1936年把萧乾的小说《篱下集》,1937年把萧乾的散文《小树叶》,收入他主编的《文学研究会创作丛书》中出版。此是后话,后面再说。当时,新闻系学生办了《现象》杂志,也得到他的关心,并高兴地接受他们的采访。在他的直接精心培养的该校学生中,后来出了吴晓铃、吴世昌这样的知名学者。而他对吴世昌的热心帮助,那更是极为特殊而罕见的,我们将在后面谈他遭到吴世昌无理攻击时再加以补叙。

至于对这两个学校以外的文学青年,他也尽可能地帮助他们。如对靳以、巴金的帮助,在后面讲他编《文学季刊》时还要提到。还有,像山西省立教育学院的青年教师王哲甫,当时为编写《中国新文学运动史》而趁暑假的机会来北平查阅资料,也得到他的热情指导,并为此书的初稿修订了很多地方。素不相识的东北青年学生曹坪(端木蕻良),从天津给他寄来长篇小说《科尔沁旗草原》第一部的原稿,他认真地读了,并给作者写了回信,说:"我是如何地高兴啊！这将是中国十几年来最长的一部小说；且在质上，也极好。我必尽力设法，使之出版！"他并且鼓励说："盼望第二部小说立刻便能动手写"。还说要亲自到天津去看这位青年作者。(后因书稿中有"违碍"国民党统治的内容，书店不敢出版，直至1940年，才在他和雁冰的帮助下，由开明书店出版。)端木后来又写了短篇小说《鹭鹭湖的忧郁》，经他推荐，在著名的《文学》月刊上发表。这是端木在文学刊物上发表的第一篇作品，也是第一次署用端木这个笔名。就在写这篇小说的时候，端木给鲁迅写信，提到在前几年文学青年中就已流传着"对新进作家爱护的有南迅北铎"这样的话。

"南迅北铎"，这是多么崇高的口碑啊！

羡林和端木等青年人，都这样不约而同地将他与鲁迅相提并论，这很令人感动。其实，还不仅仅在帮助、培养青年人方面，他可以与鲁迅相比；而且，在当时中国的政治、思想、文化运动中，他都与鲁迅保持着密切的联系和配合，不愧是鲁迅的同志与战友。这是连敌对阵营里也有人看到了的。鲁迅在1933年出版的杂文集《伪自由书》的《后记》中，便曾抄录了反动刊物上的一篇文章，其中称本书传主是鲁迅领导的文化运动的"台柱"。

他是一位名教授，平时给人的印象，如同羡林说的，是"和蔼可亲，平易近人，光风霁月，菩萨慈眉"；可是，在关系到国家、民族利益的重大事情、原则问题面前，他就成了羡林说的"嫉恶如仇，横眉冷对，疾风迅雷，金刚怒目"了！这就是一种鲁迅精神的体现！

他刚到北平，安顿下来还没几天，一件令全世界震惊的大事件便发生了：9月18日夜间，驻兵我国东北的日本侵略军突然袭击沈阳，并开始向我东北全境大举进犯。短短时间内，在蒋介石的不抵抗政策下，白山黑水尽遭蹂躏，平民百姓尸横遍野！他悲愤极了。在给上海友人的信上，表示真想回上海，再创办一张像"五卅"时《公理日报》那样的报纸，来作严正的抗议和斗争。后来，燕京大学中国教职员组织成立抗日会，他被推举为会长。

前面说过,在他离开上海前,2月7日,反动当局在龙华残酷地秘密杀害了二十几位共产党人,其中有他熟悉的友人也频和洛生。当时,他就想应该写一篇文章,悼念这两位友人。但是,在反动势力控制极严的上海,是没地方公开发表的。就在他准备离开上海之际,他又惊悉一位极亲密的友人、共产党员杨贤江,在反动派的迫害下于8月9日病逝于日本长崎。他悲痛万分。到北平后,他觉得当局的控制比上海略为松弛一点,便于年底写了《纪念几位今年逝去的友人》,发表于清华大学的《文学月刊》上。关于他与贤江的关系,这儿得作一点补叙。

在第一章里我们说过,本书传主早在中学时代,就读过贤江发表在商务印书馆出版的《学生杂志》上的文章,很是佩服。后来,贤江与他竟是同年进商务编译所工作。一见面,原来是那么英俊挺拔的青年。贤江长他三岁,也是贫穷家庭出身,从小苦读,很早就写作卖文。因此,他们很合得来。而且,他俩又同住一楼,贤江住前楼,他则住亭子间。在编译所,两人的座位也很近。不过,贤江不搞文学,写的大多是青年读书问题和修养问题。贤江的生活又极刻苦、极严格。每天按时锻炼身体,做早操,拉扩胸器,练哑铃,洗冷水澡等,所以身体一直很健壮。又每天按时大声朗读英文、看书、写东西等等,无一刻闲空。而他和其他一些爱好文学的朋友的生活却没有这么严格,有时喜欢外出聚会,喝喝酒,聊聊天,甚至到深更半夜。这样,他与贤江虽然交往密切,却没法把贤江也拉来参加到他们文学研究会的圈子里来。他和予同等人经常取笑贤江是一头"牛",贤江也笑而不辩。而更令他佩服的是,当贤江接受了马克思主义后,也就坚定不移地为这个主义而去奋斗了。

他早就知道贤江是共产党员,而且和雁冰一样,是商务印书馆地下党组织的负责人。据圣陶后来回忆,贤江曾希望圣陶入党,有一天还突然要求圣陶晚上就去参加入党宣誓,但圣陶没有去。贤江有没有同样也要求过他,我们就不知道了。只知道发起成立中国济难会、上海著作人公会等组织时,贤江和他都是在一起的。1927年"四一二"大屠杀后,贤江便被迫离开商务印书馆。年底，继雁冰之后去日本避难。而他这时则逃亡在欧洲。然而，他们互相都想念着对方。当他回国后，在《小说月报》发表《且慢谈所谓"国学"》一文批判封建复古思想时，贤江忽然特地从日本寄来一封长信，表示赞成；同时，又恳切地补充指出：西方的东西也不一定全是对的，不宜提全盘西化的口号，在吸收的时候必须有所选择。这封信满满地写了十多页。他非常感谢贤江的箴谏与启发，可惜当时他怕引起当局的注意而没将这封信发表。1929年5月，贤江回国，参加地下党文委的领导工作，发起组织社会科学家联盟。他几次在路上见到贤江：人消瘦了很多，帽子压得低低的，还把大衣的领子也竖了起来，为的是躲避敌人的迫害。他真为贤江担心！不久，听说贤江小便出血，说是肾结核，又到日本去医治，想不到竟一去不返，年仅三十六岁！贤江原来的身体是非常好的，所以十多年后乔峰、云彬等友人写悼文，就都认为贤江虽然不是直接死于反动派的屠刀和子弹，但终究是不外乎被国民党迫害而死的！

他想起这些，便悲愤欲绝！他写《纪念几位今年逝去的友人》一文，一开头便说："当这个'万方多难'的年头，逝去了几位友人，正有如万木森森的树林里，落下了两片三片的黄叶，那又算得什么事！""然而在这个'万方多难'的年头，逝去了的那几位友人，却正是无数的受苦难的民众的缩影。我们为那几位友人而哭，而哀悼，除了为我们的友情之外，也还有些难堪的别的情怀在。"他怒不可遏地揭露反动派摧残民族的"新生的根芽"的滔天罪行："那不全是被'屠杀'——当然那是最重要的一个原因——也还有无数的别的不可说的法术儿，被用来销铄他们，毁亡他们。总之，要使意志坚定的最好的最有希望的青年们，在全国不见了踪迹。"他歌颂也频是"一位勇敢的时代的先驱"，"他的死是一个战士般的牺牲，是值得任何敌与友的致敬的"。他悲痛"洛生和他的妻都已如战士般的同被牺牲了"。他称赞贤江是"一位最好的先驱"，"一位具有真实的伟大的人格"的"圣人"、"英雄"。"他信仰着某一种主义的时候，他便为这主义而献身，而奋斗，一点也不退却,一点也不彷徨","始终是如山岳般地坚定"。在这篇文章中,作为陪衬,他同时也悼念了这年死于飞机失事的友人志摩,他对这位诗人的不幸逝世也是悲哀的;但他写道:"也频洛生的死,是战士般的牺牲,志摩的死,却是何所为的呢?"这轻轻的一问,更突出了共产党人"生的伟大,死的光荣"!

这样旗帜鲜明的一篇文章,公开发表于高等学府的刊物上,足见作者同情革命、主持正义的胆识。这不仅是当时北方文坛上唯一的一篇公开悼念革命烈士的宏文,而且是可以同后来鲁迅发表的《为了忘却的记念》相辉映的名文!

1932年1月,他回上海一次。28日,日本侵略军进攻上海闸北,蔡廷锴等十九路军将士在全国人民爱国精神影响下,违背蒋介石的不抵抗指令,奋起反抗。那天下午,他从闸北湖州会馆走过,便见到拿着上了刺刀的枪,列队准备上前线作战的士兵。他向他们鼓了掌。他避难到沪西某处,当晚躺在帆布床上,在蒙蒙眬眬似睡非睡的时候,突然听到阵阵枪炮声,一时全身的血都似乎凝止了!"果然打了么?"他既忧虑又兴奋,心潮起伏。第二天,商务印书馆总厂被炸。2月1日,东方图书馆与商务编译所全被焚毁,无数书刊被烧!这是人类文明史上的莫大损失!东方图书馆与商务印书馆根本不是军事目标,日寇心里也明明白白,它们就是要毁我文化!他虽已离开商务,但仍然悲愤不已。他在东宝兴路的家,也遭日兵的抄洗和抢掠,书箱被用刀斧劈开,失书数十箱。特别是他多年来从汕头、福州到沈阳、汉口等地收购来的全部的弹词、鼓词、宝卷及小唱本等民间文学资料,都丧失无遗。

待战事略告一段落,他于2月9日返回北平。22日,他便在清华大学全校大会上作了题为《我所见的上海战争》的讲演。他说,此次上海战事的情势,除了欧战,只怕是未尝见过的。终日紫云黑烟,弥布天空,造成非常恐怖的局面。触目惊心,不堪追想。但是,他认为中国自从鸦片战争以后,与外国的战争从未有得胜者;而这次中国军队不多,竟能给敌人以重创,可算是鸦片战争后第一次真正有力的战争。是我国牺牲无数代价,所换得的最光荣的一页。他高度赞扬了上海人民英勇支前的爱国牺牲精神，认为这种精神足以为国人学习。上海为血水冲洗，将会把一个浮华夸耀的万恶渊薮，改造成为一个与前绝不相同的"圣地"。他在讲话中，也揭露了国民党当局屈辱的投降行径。最后，他说："据本人预测，此次战争结果，日人决不退步。所以战区有随时随地扩大的绝对可能性；而或为世界第二次大战的发端。如彼将东三省经营就绪，势必内侵，华北各地必受影响。现在大势如此，无可避免。我们要努力准备着，站在我们面前的是最艰苦最光荣最有希望的一次大战争。我们要迎上去。战，战，战！胜利一定是在我们的一边！"这时，他还发表了不少抗日诗歌。

他在北平各大学经常讲演。3月19日，他又去北京大学作了题为《新文坛的昨日今日与明日》的讲演，回顾历史，说明现在，推论将来。他不仅论述了鲁迅在新文学运动中的伟大作用，而且这一讲演与鲁迅当年在上海作的《上海文艺之一瞥》的讲演一样，都是新文学史研究的重要文献。而且，他在讲演中还巧妙而明确地表达了他的政治立场。如谈到五卅运动"共产党作发动的中枢"，"于是这种运动，蓬蓬勃勃，促成国共合作，广东出师北伐，使中国革命为猛烈的抬头。后国共分家，共产党在前面组织各种民众团体，继来的是蒋介石的军队，实施武力压迫"。寥寥数语，总结了大革命的历史，揭露了国民党背叛革命的罪行，而且还点了蒋介石的名。他的这一讲演的各种记录稿在南北各报刊发表，影响较大。

这年下半年，蒋介石调遣以其侄孙蒋孝先为首的宪兵第三团进入北平。从此，北平白色恐怖加剧。但他还是经常讲演。1933年1月3日，日本侵略军攻占了山海关，进逼华北，平津告急。18日，他作为学校的中国教职员抗日会主席，应燕京大学学生抗日会的邀请，又作了题为《中国的出路》的演讲。他一开头就说："此次榆关失守，或能使中国有更大之出路。"为什么呢？一是国际力量将有新的组合，二是国内力量也将有新的组合。就在这前一天，中共中央以中华苏维埃临时中央政府、中国工农红军革命军事委员会的名义发表声明,披露于《大公报》上,声明在停止进攻苏区、保障人民自由、武装人民抗日的三个条件下,愿和国民党各军停战议和,共同抗日。他听到党的声音,十分激动。他在讲演中提到"中国红军宣言",认为"可知中国已奔向某一出路"。他又精辟地分析了美、苏、中、日之间的种种政治、军事关系,揭露了国民党"中央有宁与日本妥协,不欲与苏俄联合之趋向"。最后,他说:"大战的结果,向左或向右,我们不得知。只知结果是光荣的,乐观的,充满了光明和希望的。只要我们准备,我们必得胜利,得解放,而奔向光明的出路!"

9月19日,佩弦日记记载:"下午访绍虞于燕大国文系,……归途路遇颉刚,同访振铎,……修绠堂耿某在座,现为燕大抗日会在打磨厂开一金利书庄,售抗日会所印鼓词"。可知这时他正以燕大抗日会的名义,印刷出版宣传抗日的鼓词等通俗读物。修绠堂耿老板开的"金利书庄"这一名字,很可能也就是他想出来的。表面上看,好像就是利于发财的意思;但据佩弦日记,这一命名有如下之义:一、金于五行属西,中国在日本西,谓利中国也;二、《周易·系辞》有"二人同心,其利断金"之语,寓团结抗日意;三、有《左传》说的"磨砺以须"之意。这是多么妙的一个书店名啊,完全可以与不久后鲁迅为《太白》杂志所取名的深意媲美!

10月15日,他又以"燕京大学中国教职员抗日会主席"身份,领衔与"燕京大学学生抗日会主席"吴世昌、"三户书社经理"顾颉刚联署《燕京大学中国教职员及学生抗日会上教育部呈文》,为设立通俗读物编刊社请求补助。此前,他们曾"创办三户书社,藉民众思想之方式及其读物之形态,以抗日故事写为唱本剧本,定最低廉之价格出售",现在考虑到"同人目的既不以抗日自限,则三户之名即嫌隘陋,故改为通俗读物编刊社,另立社章。其目标除提倡民族精神外,尤注意于国民道德之培养及现代常识之灌输。"该呈文发表于《燕京大学校刊》。他们的要求,仅仅是"月颁国币二百元"而已。但面对这样一点小小的请求,有关当局的态度也不那么积极。教育部于11

月起"按月补助该社经费银一百元",并"暂以本年度为期"。

这时,他与北方左联建立了密切的联系。如4月23日,北方左联在北海五龙亭举办文艺茶话会,他与佩弦即欣然应邀参加。席上,当他得知北方左联将创办《文学杂志》,非常高兴,并表示要把自己即将在上海创办的同名刊物改名为"《文学》月刊",避免重名,以示支持(关于《文学》月刊,下面将详述)。1933年底,北方左联主要负责人、中共天津市委宣传部长潘漠华被国民党逮捕,他曾设法营救。第二年,漠华在监狱中绝食牺牲,他悲痛万分,又为漠华的翻译遗稿联系出版社,多方帮助烈士遗属。

国民党政府这时继续对红军进行"围剿",同时,在文化战线上也出现新的花招。1934年5月4日,国民政府首都南京的一家杂志《时代公论》上,发表《禁止文言与强令读经》一文,开始公开鼓吹读经复古。他在北平读到后,敏锐地感到这是统治者的一种新的动向。与此同时,鲁迅、望道等上海友人也觉察到这个问题,于是在上海便掀起了一个声势很大的"大众语运动",与之对抗。他遥相呼应,也发表了《论文字的繁简》等文。上海的右翼刊物《新垒》对他这篇文章进行攻击,鲁迅又写了《"大雪纷飞"》一文声援他。后来,他又到上海,向鲁迅等人当面了解有关背景。回到北平后,于11月上旬在清华大学举办的"中国文学讨论会"上作了重要讲话。他深刻指出所谓的"读经运动","完全是一条线下来的,都是统治阶级的希望,欲维持以平和局面,不许人民看天上,只许看地上,看过去的,而对现实不发生兴味,使民'不知不识,舜帝之则'"。同时又预言这种逆流必然"在短时间内即能过去"。在其他人讲话后,他又再次发言,指出:"现在中国惟一的出路,乃在向前看","我们的希望只是在前头,退后是死路"。他就是这样,在国民党统治下的北平各高等学府的讲台上,公开宣传进步的政治观点。

他在北平时,还曾为上海的一些杂志写过征答文章。其中有三篇文章,最能体现他的进步的政治立场,体现"南迅北铎"的心心相印、相互配合。

1932年1月,上海开明书店圣陶主编的《中学生》新年号,提出这样一个问题:"假如先生面前站着一个中学生,处此内忧外患交迫的非常时代,将对他讲怎样的话,作努力的方针?"并发表鲁迅、郑振铎等人的回答。鲁迅的回答很妙:"编辑先生:请先生也许我回问你一句,就是:我们现在有言论的自由么?假如先生说'不',那么我知道一定也不会怪我不作声的。假如先生竟以'面前站着一个中学生'之名,一定要逼我说一点,那么,我说:第一步要努力争取言论的自由。"而他则是从知识青年与民众相结合的角度写的。这是对鲁迅的回答的补充。他指出:

……如今是该轮到民众做主人翁的时候了。我们既然觉醒过来,我们便该尽我们的力以帮助这个大时代的实现。我们要知道,中国是最有希望的国家,因为有无限量的未可知的力量从来不曾表现过;……我们的责任是很伟大的,所以,我们不该枉自悲愤,我们不该以为游行、讲演、抵货,便尽了我们的责任。我们该唤起一般民众,和我们一同工作。民众的工作的力量,我们将会见到,那是几十年来把持着"统治大权"的军阀与官僚所决未梦见的。

同年10月,商务印书馆新复刊的由愈之主编的《东方杂志》,又向全国知名人士遍发通启,提问:"(一)先生梦想的未来中国是怎样(请描写一个轮廓或叙述未来中国的一方面)?(二)先生个人生活中有什么梦想(这梦想当然不一定是能实现的)?"后来,在翌年1月该刊新年号上,他以"燕京大学教授"身份作了答问。他只回答了前一个问题:

我并没有什么梦想,我不相信有什么叫做"梦想"的人[事]。人类的生活是沿了必然的定律走去的。未来的中国,我以为,将是一个伟大的快乐的国土。因了我们的努力,我们将会把若干年帝国主义者们所给予我们的创痕与血迹,医涤得干干净净。我们将不再见什么帝国主义者们的兵舰与军队在中国内地及海边停留着。我们将建设了一个伟大的社会主义的国家;个人为了群众而生存,群众也为了个人而生存。军阀的争斗,饥饿,水灾,以及一切苦难,都将成为过去的一梦。这并不是什么"梦想",我们努力,便没有什么不会实现的!而现在正是我们和一切恶魔苦斗的时候!

鲁迅没有参加这一答问;但是,鲁迅在元旦当天即写了一篇《听说梦》加以评论,还提到愈之的苦心"我是明白的"。鲁迅并且极其深刻地指出:"虽然梦'大家有饭吃'者有人,梦'无阶级社会'者有人,梦'大同世界'者有人,而很少有人梦见建设这样社会以前的阶级斗争、白色恐怖、轰炸、虐杀、鼻子里灌辣椒水、电刑,……倘不梦见这些,好社会是不会来的,无论怎么写得光明,终究是一个梦。"很显然,本书传主就是鲁迅说的"很少"的人之一。他首先清醒地声明他所说的决不是"梦想",而是历史的必然;而且,他写到了好社会到来之前的创痕、血迹、兵舰、军队、帝国主义、军阀、饥饿、水灾等等;最后,他又强调当前需要"努力",要"和一切恶魔苦斗"。这就与鲁迅文章的思想完全一致。他的这一答问,在当时共一百四十多位知名人士的答问中,是极为突出、极为有力的。然而,麻烦来了,王云五对愈之发表这样的"新年的梦想"专栏大为恼火,随后便逼着愈之辞职。这样,雁冰、圣陶、他和愈之便先后都离开了商务。但不久,1933年9月,愈之便秘密地被中共中央组织部直接吸收入党,并作为"特别党员",受中央"特科"单线领导。他与愈之是亲密无间的挚友,对愈之在文化界的巨大贡献了解最深;但对愈之入党一事却长时期并不知道。

1935年1月,上海有十个教授在《文化建设》杂志上发表《中国本位的文化建设宣言》。该刊为国民党CC系(即陈立夫、陈果夫派系)主办的"中国文化建设协会"的机关刊。当时,国民党当局不放一枪便把整个东北拱手让给日本帝国后,又与之签订了《塘沽协定》、《何梅协定》,并进行所谓"察东谈判"等等。全国人民极为愤怒，文化界正掀起爱国救亡运动高潮。就在这时，CC系怂恿发表这篇宣言，显然是为了转移文化界的注意力。该宣言中竟然一个字也没有提到迫在眉睫的民族危机。他敏锐地看到这一点，因此，尽管"十教授"中有着与他关系不浅的友人（如柏丞），他还是针锋相对地写出自己的意见。后被1月27日《申报》和2月10日《文化建设》杂志（加上《郑振铎之意见》的题目）发表：

> 我以为文化问题固然重要，但中国民族本身如何能生存，却是更大的问题。日本的爪牙永远抓住中国，中国便永远没有复兴的可能。现在的问题是如何使中国能脱出日本的爪牙。所以迫切的问题，不是文化的问题，而是生存的问题。我们固然知道，在恶劣的环境下，也能生存。但须用如何的方法谋生存，终是大问题。[中略]在中国旧文化里，是永远找不到出路，譬如国医国术运动之类，都只是亡国的前一幕的把戏。中国民族的生存必须寄托在新的文化、新的组织上。如何组织民众，如何使民众都有自觉的为生存的争斗心，是今日的急务，而恢复旧文化却是死路一条。

这段答问虽然被用"中略"的方式删去了若干也许更"违碍"的文字，但基本观点仍是完整的和清晰的。在当时多篇参加讨论和答问的文字中，属于水平最高的一篇。他所说的寄托中华民族希望的"新的组织"指的是什么，明眼人是一看就知道了。

上述他在北平任教期间发表的三篇答问，不正是他在1930年代激烈复杂的斗争岁月中交出的三份"政治答卷"吗？从这三篇答问所涉及的关于人民群众、关于历史规律、关于帝国主义、关于中国革命等等极其重大的理论问题中，可以清楚地看到他当时的思想达到一个怎样的高度。

二七　开拓文学阵地

他身为北平的高等学府的名教授,却仍然没有离开编辑的岗位。他不仅为燕京大学文学会的《文学年报》、清华大学中国文学会的《文学月刊》等刊物担任编辑顾问;而且先后在上海、北平新创刊并任主编或参与创刊和编辑了几个著名的文学刊物,在当年中国文坛的建设与斗争中,可以说是立下了他人无法替代的殊勋。

最初,他是以"请假半年"的名义离开商务的。到北平后,他把《小说月报》的编务基本交给了调孚,但"主编"的名义仍是他,重要稿件依然由他组织和审定。例如,雁冰正式开始撰写长篇小说《子夜》(初名《夕阳》),是在他去北平以后。稿子还只写出一半时,就被他要去,决定从1932年1月起在《小说月报》上连载。这部稿子当初不是用笔名"茅盾",而用了一个似乎古色古香的署名:"逃墨馆主"。乃取借于《孟子》:"逃墨必归于杨。"杨即杨朱,朱者赤也,暗寓作者是属于赤色(革命)一方的。这一含意当然只有他们极少几位挚友之间才知道的。再如,老舍的长篇小说《大明湖》,也是他拉来的,而且只有他读完了原稿(调孚只读了前半部),原亦决定从1932年1月起在《小说月报》上开始连载。可恨的是,由于"一二八"战事的发生,这期《小说月报》已经付印而被日寇炸毁了!除了雁冰的《子夜》是复写稿以外,老舍的《大明湖》以及其他很多作者的原稿便也都被毁了。而这本从1921年起成为文学研究会代用刊,执全国文坛牛耳的著名文学杂志,从此就没有了!过了好久,商务印书馆陆续恢复了原先所出各种期刊,唯独《小说月报》不予复刊。看来,这是因为该刊以前一直是王云五的眼中钉,现在王氏就正好让它停掉。

1933年3月,他从北平回上海一次,与雁冰专门研究了文学界和文学杂志的一些问题。当时,左联固然办过不少刊物,如《萌芽》《文学导报》《北斗》《文学月报》等,但大多出了几期,有的甚至只出一期,就被当局禁止了。刊物是重要阵地,左联的刊物在当前形势下已经很难较长期地办下去,那么,出路何在呢?采取什么政策、什么方式才能不仅继续战斗,而且扩大战线的范围与影响呢?这正是鲁迅、雁冰及他在思考的问题。另一方面,自"一二八"以来,已有一年多,全国文坛缺少一个占据中心地位的第一流的大型文学刊物。虽然,此时上海的《现代》月刊也比较大型,一些进步作家也在上面发表一些作品,但其主编者中有杜衡这样与左翼文坛不合的"第三种人";另外,南京有《文艺月刊》,则受控于国民党。何况,这些刊物也显然未能具备以前《小说月报》那样左右文坛的力量。

因此,他这次来,就向雁冰建议:"我们把《小说月报》重新办起来,怎么样?""恐怕不容易。虽然,你的丈人是商务元老,但此事怕是他的话也不起作用。商务当局是越来越保守了,王云五对我们又恨又怕。因此,倒不如另找一家出版社来出版。"雁冰沉思着说。

"是啊!"于是,他便与雁冰具体商量,决定要办就办一个比《小说月报》以及《现代》更大的刊物,名称另外取一个,内容则继承他俩以前主编的《小说月报》的传统,以创作为主,同时也重视翻译、批评和研究文章。倾向是革命的,但作者队伍要更广泛,包容各方面的作者,对外要有一层"保护色",以便于长期办下去。雁冰认为,根据这样的条件,老牌的大书店恐怕不敢接手,而名气不大的进步的小书店又承担不起,这怕是最难办的一件事。

他却胸有成竹地说:"找书店出版的事,我来办!刊物的名称,就叫《文学杂志》,怎么样?至于主编这一角色,当然由雁冰兄你来干啰!"对于他提议的这个刊名,雁冰会心地笑了。想当初,他们接编《小说月报》时,就有不少读者来信提出:商务原来的《小说月报》是旧式刊物,不好看,现在既然革新了,所发表的又远远不止"小说"一种,何不改个新名字叫《文学杂志》呢?他们倒愿意接受读者的这个建议,但商务当局却偏不同意。改个名称本不是什么大事,但由此也可看出商务顽固派的小心眼。现在,既然自己来办,倒可以取这个名称了。(后来,他回北平后,得悉北方左联也正打算出一本《文学杂志》,为表示支持,避免同名,他便决定干脆取名叫《文学》。)

不过,关于主编一层,雁冰觉得自己不宜担任。"铎兄,你还不知道我是被戴上了'红帽子'的吗?我当主编的话,也许不出三天,老蒋手下的人就会找上门来的。我看你本来就是《小说月报》的主编,由你来担任比我好,而且名正言顺。"

"可是,我又远在北平教书……"他为难地说,"最多只能挂个名字,帮忙拉拉稿子。实际办事的,总得在上海找一个人。"他们沉思着。他想到了圣陶、愈之、调孚、予同……,但总有这样那样不便不妥的地方。忽然,他想起了瘦瘦的傅东华。

东华原姓黄,比他大五岁,比他晚几年进商务编译所。东华是编译所朋友中最"潇洒"、最"豪迈"的一位。例如,东华今天还穿着最漂亮的一身冬衣,明天却会换成又旧又破的夹衣,冻得瑟瑟发抖。原来,冬衣已被当掉了,东华用这些钱去赌博。赌得精光之后,便回家闷头睡一、二天,然后又上班,除了向朋友们借钱外,便埋头写呀、译呀,连午饭也可不吃,夜里可以写到三四点钟。这样,倒是译著了不少好书。但有了稿费后,不过几个月,老毛病复发,便又去赌场了。那样辛苦得来的钱,可以一掷千金而无悔。朋友们每每又气又好笑。东华这个带周期性的毛病,在友人们的规劝下,近来倒渐渐地不复发了;但这个怪病的名声,对于拉他出来编刊物倒正可作为一层"保护色"。另外,东华在研究和翻译文学理论和外国文学方面,得到过他不少帮助;东华很早就参加了文学研究会,也是由他发展吸收的。因此,东华一直是听从他的。他很了解,东华虽然在政治上无党无派,但暗地里却同情进步方面。东华的哥哥黄人望又是江苏省教育厅长(东华自己也有机会做官,但不愿去),这个条件也是容易使得国民党有关当局"放心"的"保护色"。而且,还有一层关系谁也不知道,那就是东华的哥哥还是他读中学时的校长呢。因此,他提出让东华来编,雁冰沉吟片刻,也觉得这个人选比较合适。

"不过,"雁冰又说,"东华会答应吗?他会舍得丢开商务这只'铁饭碗'吗?"原来,东华当时也是商务的高级编辑了,月薪在百元以上。而如果辞职来编这个刊物,对东华来说,牺牲太大。

"我去同他说说看,"他颇有信心,"你再考虑一下其他事情,譬如要不要组织编委会,请哪些人参加,等等。"雁冰答应了。过了两天,他终于动员东华成功,而商务方面也同意让东华在外兼编刊物,而并不须辞职。因为东华在商务是编教科书的熟手,而教科书是赚钱的,所以商务和东华都不肯轻易辞去。至于出版刊物的书店,经过他的奔波,也联系好了。那就是生活书店。是他拉了愈之一起去找邹韬奋商谈的。

韬奋比他大三岁,是生活书店的负责人。书店的前身是中华职业教育社所属的《生活》周刊社。周刊创办于1925年10月。一年后由韬奋主编,徐伯昕负责发行,刊物办得越来越有生气。特别是1931年"九一八"以后,韬奋在愈之的影响下政治上日益左倾,《生活》周刊为民作喉舌,赢得大众热烈欢迎,影响极大,印数剧增,成为当时中国之最。同时,当然也引起了反动当局的注意和忌恨。周刊后来从职业教育社独立了出来,1932年7月,为防备周刊随时可能遭到扼杀,在愈之的提议下,决定把刊物与出版机构分开,后者另设"生活书店"。书店采用合作社的组织形式,实行民主管理方法。这样,即使周刊被禁,也不至于马上牵涉到书店,书店还可出其他读物。后来的事实证明,愈之的这一建议是非常英明的。

且说雁冰得知生活书店愿意出版文学杂志,不觉大喜。因为,如上所说,生活书店是当时成立不到一年的倾向进步的欣欣向荣的新兴出版社,韬奋又是极有才干和魄力的出版家,又有愈之、伯昕等人为之筹谋协助,是很理想的一个出版单位。另一方面,生活书店又毕竟与民族资产阶级的中华职业教育社有历史因缘,加上韬奋又是出身于美国教会办的圣约翰大学的,有一层较好的"保护色"。想不到原先以为很难的问题,这么顺利就都解决了。雁冰对他的干劲和能力,又一次由衷地感到佩服。

接着,他与雁冰一起研究了编委会的名单,提出了十来个人,都是新文坛著名人士,绝大多数是原文学研究会的骨干(因《小说月报》被炸毁,《文学周刊》停刊,文学会已于无形中消亡了),如鲁迅、雁冰、圣陶、达夫、望道、愈之、东华、调孚和他。又决定分头通知,由他出面请一次客,把这些内定的编委和有关人士请来,正式商定办刊之事。

4月6日晚,他们在会宾楼聚餐。他由乔峰陪同,亲自去接鲁迅到会。鲁迅这天日记:"三弟偕西谛来,即被邀至会宾楼晚饭,同席十五人。"黄源后来说,出席者除上述诸人外,还有洪深、夏丏尊、谢六逸(即写出了十三个人的名字),还特地说明巴金不在上海,故未被邀;雁冰后来的回忆则没有提到丏尊、六逸,但说有黄源(即写出了十二个人的名字)。其实他们都记错了不少。这天到会者并无丏尊、洪深、黄源,而有王伯祥、施蛰存、巴金、樊仲云。因为伯祥有日记:"散班后,晚,赴会宾楼振铎、东华、愈之之宴,到十五人,挤一大圆桌,亦殊有趣也。计主人之外,有乔峰、鲁迅、仲云、达夫、蛰存、巴金、六逸、调孚、雁冰、望道、圣陶及予十二客。纵谈办《文学杂志》事,兼涉谐谑,至十时三刻乃散。"可见记忆有时候是靠不住的。奇怪的是蛰存后来从未提到此事,而巴金则记得糊里糊涂。黄源是个文学青年,当时只有二十七岁,是雁冰和他找来帮东华的。因为他和雁冰都考虑到,要东华这位"大少爷"来处理编辑部的日常事务是不行的,必须另外物色一个年轻人来做实际的编务工作,乃至"跑腿"。

这天,聚餐的人到齐后,先由他介绍了创办这个大型文学刊物的种种设想,大家相继发表意见,都非常支持。会上决定鲁迅不公开列名,并决定由他与东华任主编,但东华要具体负责,黄源为助编。还决定杂志版权页上不署他与东华的名字,而署"文学社",以示由编委会集体负责。杂志定于7月1日由生活书店正式创刊,社址设在拉都路(今襄阳南路)敦和里东华家的隔壁。这次聚餐后不久,他就回北平了,同时负责平津地区的组稿。

在他这次回上海的短短几天里,办成了这样一件大事,充分显示了他在文坛上的活动能力。从聚餐会上甚至还邀请了《现代》月刊的垫存来看,说明他毫无所谓"心机",胸襟是非常宽广的。这次聚餐后,消息就传出去了。有说是《小说月报》要换个书店复刊了,又说是鲁迅、雁冰和振铎等人要新成立一个文学团体了,等等。反动刊物《社会新闻》还有意造谣,以提醒当局严密注意。于是,5月6日的《生活》周刊上便刊出《〈文学〉出版预告》,正式公布:

> ……编行这月刊的目的,在于集中全国作家的力量,期以内容充实而代表最新倾向的读物供给一般文学读者的需求。它为慎重起见,特组九人委员会负责编辑。聘请特约撰稿员数达五十余人,几乎把国内前列作家罗致尽净。内容除刊登名家创作,发表文学理论,批评新旧书报,译载现代名著外,并有对于一般文化现状的批判;同时极力介绍新近作家的处女作,期使本刊逐渐变成未来世代的新园地;又与各国进步的文学刊物常通消息,期能源源供给世界文坛的情报。

《生活》周刊还公布了《文学》月刊编委会九人名单:郁达夫、茅盾、胡愈之、洪深、陈望道、徐调孚、傅东华、叶绍钧、郑振铎,和特约撰稿人四十八人名单。丁玲名列特约撰稿人名单之首(按姓氏笔画)。丁玲在本月14日被国民党当局秘密绑架,这实际也是对丁玲的声援和对国民党的抗议。预告发布后,引起读者热烈的期待。这是生活书店准备出版的第一本文学刊物。对生活书店来说,也是突破原先的出版范围,全面发展出版业务,广泛联系进步作家,使生活书店成为一家能在险恶的政治、文化环境中生存,并与黑暗势力进行斗争的出版社的极重要的一步。

《文学》月刊如期于7月1日创刊。果然气势不凡,一鸣惊人。鲁迅和编委会大多数作家,以及其他一些知名作家都写了文章。作者极一时之盛,内容又非常精彩。创刊号上第一篇文章《一张菜单》实际是一篇发刊词,文中说:"我们这杂志的内容确实是'杂'的。……读者只消一看本杂志负责编辑人和特约撰稿人的名单,便知端的。但是这个'杂',并不就暗示我们这杂志是'第三种人'的杂志。我们只相信人人都是时代的产儿,无论谁的作品,只要是诚实由衷的发抒,只要是生活实感的纪录,就莫不是这时代一部分的反映,因而莫不是值得留下的一个印痕。"我们"当然有一个共同的憧憬——到光明之路。凡是足以障碍到这光明之路的一切,无论是个人,是集团,是制度,是主义,我们都要认作我们的仇敌,……我们要诅咒它,诛伐它,扫除它。"这篇文章未署名,是东华执笔的,实际也代表了编委会同人的意见。其中有不少话,是他以前编《小说月报》等刊物时说过的。

他在这期上发表了论文《谈〈金瓶梅词话〉》,还发表了翻译苏联作家契里加夫的小说《严加管束》。小说描写了沙皇时代一个大学生因参加革命而被捕,最后以自杀作抗议的故事。他在"译者附言"中说明译此小说"献给为光明而争斗的青年勇士们",还发人深思地提问:"我们读了,将有怎样的感想?在我们这边,在此刻,有没有这类的事发生?有没有比这类事更残酷若干倍的事发生?受苦难的青年们所遇到的是怎样的待遇?"他并激励革命青年:"青年的勇士们是扫荡不尽的;明知那是火,那是阱,为了光明,为了群众,却偏要向前走;人类是有那末傻,是有那末勇敢!悲剧,不过造就无数像Prometheus[普罗米修斯]般的伟大的人物而已。"这段话的现实战斗意义,是非常明显的。

不知是受他指示还是受他启发,创刊号"社谈"栏的上端,便印了德国名画家取材于希腊神话的普罗米修斯窃火给人类的画。东华还以"伍实"笔名写了一段补白作介绍,说:"凡想造福人类的就是反抗神权,凡是反抗神权的必遭迫害;但是遭迫害而能始终不妥协,神权必有一天被推倒。"这里的"神权"指什么,当时读者是不难了解的。此外,这期发表的鲁迅的《又论"第三种人"》、雁冰的《枪刺尖上的文化》等文,都是富有战斗精神的。

因此,《文学》一开始就带有战斗的锋芒;然而,刊物全体则又是不拘一格,比较"杂",创作、翻译、研究论文等都有,而且很多无党无派的知名作家都发表了作品,国民党有关当局也就不能随便对它用禁止发行的老办法。《文学》月刊受到读者的热烈欢迎,创刊号初版一万份,不到五天就销售一空,后来竟再版了五六次之多。后面的几期也大受欢迎。使南京国民党王平陵他们主办的《文艺月刊》之类更加相形失色。

国民党当局自然对此极为注意。1933年下半年,配合着对苏区的军事"围剿",他们在文化阵线上也推行类似军事上的碉堡政策——书报检查制度。他们放出风声,要查禁《文学》,但又不敢立即下手。他们通知生活书店,从1934年1月第二卷起,稿子要送审,刊物要署编者名字,不能只印"文学社"。于是,他与东华的名字便印上了版权页。但编好的稿子遭"检查官"大砍大抽,很多左翼作家的作品均未幸免,第二卷第一期脱期半个多月,雁冰与东华只得在该期登了一则启事:"本刊自去年7月创刊以来,每月1日发行,从未脱期,……近以特种原因,致出版延期,重劳读者垂询,至深歉憾!事非得已,尚祈曲谅是幸!"明眼人一看这启事,也就心中明白端的了。

面对如此严峻的形势,雁冰发出急信,请他南下研究对策。1月22日,他匆匆赶到。第二天,与雁冰到东华家里紧急磋商。他们分析了形势,看透了国民党方面色厉内荏的本质,同时商定了一个万全之策,避开对方程咬金三斧头,化被动为主动,决定从3月号起(2月号稿子已送审),连出四期专号,一期为"翻译专号",一期为"创作专号",一期为"弱小民族文学专号",一期为"中国文学研究专号"。并决定立即在各大报刊上大登四期专号的预告。这样做,一方面是认定那些"检查官"都是些不学无术的蠢货,他们对外国文学翻译和中国文学研究之类是嗅不出什么来的;一方面又是为了扰乱敌人的视线,迷惑他们,使他们满以为刊物害怕了,真的"转向"去搞"纯文学"了;同时,大登预告也是表示刊物将继续出版下去的决心,以此争取更多的读者,造成更大影响,迫使敌人更不敢轻易下毒手。雁冰又考虑到他实在太忙，最近又在北方新创刊了另一个大型的《文学季刊》，加上他远在北平，与上海联系起来又不方便，因此可以不做具体编辑《文学》专号的事。但是，他还是主动分担了编"中国文学研究专号"的具体工作。

从东华家里告辞出来，走在街上，雁冰忽对他说："还有一件事专等你回上海来办。自从'休士事件'之后，鲁迅对东华大有意见，对《文学》也取不合作态度，已有半年不给《文学》写稿了。对这次刊物上署东华的名字，他也不满意。我的话，他只听一半。所以要请你去做个'说客'，消除一下误会。"关于"休士事件"，他在以前雁冰、东华给他的信中已了解了一些情况。本来，鲁迅对《文学》是大力支持的，创刊号和第二期上鲁迅各发表两篇文章就是明证。不幸东华在第二期以"伍实"笔名发表《休士在中国》，其中说："萧翁[按，指英国文豪萧伯纳]是名流，自配我们的名流招待，且惟其是名流招待名流，这才使鲁迅先生和梅兰芳博士有千载一时的机会得聚首于一堂。休士[按，是美国黑人作家]呢，不但不是我们名流心目中的名流，且还加上一层肤色上的顾忌……"鲁迅看了极为生气，认为既是"同人"，竟也无端虚构劣迹大加奚落。当即写信给编委会表示抗议，并表示要与《文学》脱离关系，还要求将此信在《文学》上发表。于是，第三期上发表了鲁迅的抗议信；同时发表雁冰起草的编委会向鲁迅道歉的信，并指出东华匆促为文，诚有疏忽，但并非蓄意攻击；还有东华给编委会的信，除表示万分遗憾外，也作了辩解。雁冰还曾为此专门去鲁迅家登门解释。但鲁迅与《文学》的关系还是疏远了。他认为这是《文学》的重大损失，自己当然应该做点工作。而且，他当时正与鲁迅合作编选《北平笺谱》，昨天一到上海，当晚就给鲁迅送去了该书的样本，鲁迅对他的"傻干"实干精神十分赞赏。所以，雁冰便将这个难题托付给他了。他笑笑说："过两天我们一道去鲁迅家吧，免得我完全像个'说客'。"

26日，他与雁冰一同去鲁迅家。先向鲁迅汇报了打算连出四期专号以对付国民党压迫的计划，鲁迅沉思后，也认为是可行的。后来又谈到东华的为人、毛病和政治态度，希望鲁迅释憾。鲁迅虽然未置可否，但还是答应他继续给《文学》写稿。他和雁冰高兴地离开了鲁迅家。29日，他便又匆匆北上了。这次他回上海，与雁冰商定了连出专号的这一招，后来证明果然有效，使《文学》扎稳了阵脚，顺利地度过了危机；另外，又重新争取到鲁迅对《文学》的大力支持。这样，《文学》便在文化"围剿"中的上海，继续顽强地生存和战斗下去。

话分两头。正当《文学》月刊遇到严峻困难时，他却在北平另外又创刊了一个特大型文学专刊《文学季刊》。此事与章靳以有关。靳以是比他小十一岁的文学青年，1929年他在上海复旦大学中文系兼任教授时，靳以是该校商科的学生，即因给《小说月报》投稿而找过他一次，并得到过他的鼓励和帮助，发表过一些作品。1933年，靳以毕业后到北平，由朋友的辗转介绍，一家书店想约靳以编一个文学刊物。靳以觉得自己在资历上和能力上都不能胜任，知道他住在燕京大学，便在8月间去找他商谈，想请他挂帅主编。好像老朋友在异地相见一样，他非常热情地接待了靳以。靳以小心翼翼地说出来意，还怕他会拒绝，不料他高兴地答应了。此事后来好像又有曲折，筹备甚久，直到10月的一天晚上，靳以又去找他谈此事，他说："现在，上海的《文学》月刊的处境越来越困难，有许多文章都被'检查老爷'抽掉。如果我们在北平办个大型刊物，就好比开辟一个新的阵地。这个阵地当局还不注意，可以发挥作用。"他们谈得很热烈，不知不觉就很晚了。靳以甚至忘了陪其一起来的朋友万家宝和陆申还等在外面呢。北平的10月的夜晚是比较凉的，两位朋友抱怨说："差点冻僵了！"后来，他知道了这件事，曾再三责怪靳以为什么不把他们请进来。而靳以当时则认为，自己还只是一个不熟的客人，怎么好再带去更多的生人呢。而这个家宝，是比靳以还小一岁的清华大学西洋文学系的学生，也就是后来大名鼎鼎的戏剧家曹禺。而曹禺之出名，也就是在他与靳以主编的《文学季刊》上。此是后话。

且说靳以请他这位文坛前辈担任主编，而他则坚持与靳以一起署名当主编。他鼓励青年人挑重担,并推荐吴晗、林庚、李长之、李健吾等青年人也参与编辑。当时,巴金作为"北漂青年"刚到北平,就挤住在靳以那儿,主动帮靳以操办刊物。(而巴金与靳以成为至交,就是从有一次他俩在他主编的《小说月报》上同时发表了小说,于是相识结交的。)本书传主与靳以排了一份一百零八人的特约撰稿人名单,里面有唐俟(鲁迅《新青年》时期用过的笔名)这样的老将,也有很多文学新人。当这份名单后来在创刊号上刊出时,人们惊喜地说:"这真有点像《水浒》上的一百零八将啊!"羡林在日记中写道:"郑振铎想成文坛托拉斯,……他的野心,据我想,也真的不小,他想把文学重心移在北平。"其实,他当然明白当年全国文坛的中心是在上海,因为鲁迅、茅盾在上海,他只是想在北方配合他们。《文学季刊》在1934年1月1日创刊,他于6日出面在撷英饭馆请了一次客,把启明、半农、佩弦、平伯等人都请来了,要大家帮忙,把刊物办好。羡林这一天日记写得很风趣:"今天《文学季刊》社请客,我本来不想去,长之劝我去,终于去了。同车者有林庚、俞平伯、吴组缃。……群英济济,三山五岳的英雄好汉群居一堂,约百余人,北平文艺界知名之士差不多全到了,有的像理发匠,有的像流氓,有的像政客,有的像罪囚,有的东招西呼,认识人,有的仰面朝天,一个也不理,三三两两一小组,热烈地谈着话。到会的我知道的有巴金、沈从文、郑振铎、靳以、沈樱、俞平伯、杨丙辰、梁宗岱、刘半农、徐玉诺、徐霞村、蹇先艾、孙伏园、瞿菊农、朱自清、容庚、刘廷芳、朱光潜、郭绍虞、台静农等。"

此前,10月22日,他给鲁迅去信报告了筹备季刊之事。27日,鲁迅复信表示赞成他的办刊设想,说"《季刊》中多关于旧文学之论文,亦很好"。并告诉他:"《文学季刊》一有风声,此间即发生谣言。"为表示对他的支持,鲁迅承诺"当勉力投稿"。11月下旬,他收到鲁迅寄来的署名"唐俟"的文章《选文》,如获至宝。他和靳以捧读之下,即誊抄了一遍,再拿去发排。这不仅是爱惜鲁迅的手稿,同时也是怕让"检查官"看出了笔迹而加以扣留没收。他还亲自出面,给商务、中华、开明等大出版社负责人写信,拉来广告,既为刊物争取了一些收入,又提高了刊物的影响。

《文学季刊》由北平立达书店出版,创刊号的声势也很不凡。厚达三百六十多页(后来还有四百五十多页的),为当时国内最厚的文学刊物。他起草的《发刊词》中一开头就说:"胡适之先生的《文学改良刍议》,开始了文学革命运动,周作人先生的《人的文学》奠定了新文学的建设基础。"他有意不提鲁迅,决不是忽视鲁迅对新文学运动的贡献,而是为了应付和迷惑国民党当局的一种手法。这一点,后来有的研究者居然看不出来。其实,创刊号上即发表鲁迅化名"唐俟"的文章,还有他约来的秋白化名"商霆"的文章,极为难得。后来,鲁迅又寄来了第二篇文章。此外还发表过雁冰、任叔、奚如、胡风、天翼、周文、东平、荒煤等左翼作家的作品。其他也都是倾向进步的、正派的作家的作品。因此,出版后很受读者欢迎,创刊号初版一万份,又再版多次。第二期卷首印有书店的启事,提到"本刊自发行以来,销数至广,虽经再版,供不应求"。

然而,该刊还是受到了敌人的注意。创刊号样本印出后,即硬被"检查官"删去一篇问滔的《戏剧的重要性及其动向》。他将一本未经删文的样本寄给鲁迅留作纪念。鲁迅给他的信中说,没想到在北平出刊物也这样麻烦。鲁迅再次指示可以多发一些研究、评论文章,创作可少发,这样,容易取得成绩,刊物也可以生存。但其实,该刊还是发表了不少优秀创作。曹禺的剧本《雷雨》,在该刊一次载完,使这位青年戏剧家一举成名。代表老舍创作向革命方向转变的第一篇小说《黑白李》,便是发表于该刊创刊号上的。另外,如吴组缃的《一千八百担》,冰心的《冬儿姑娘》,他自己的《神的灭亡》等等,都是优秀创作。特别是,巴金的小说《电》,本来在上海《文学》月刊已经排成校样,却被"检查官"抽掉,后来便改题为《龙眼花开的时候》,并化名"欧阳镜蓉",而在该刊发表。还有,胡风的著名评论《张天翼论》,也是先寄《文学》,被"检查官"禁止,而由黄源转给该刊以"胡丰"笔名发表的。这就说明,《文学季刊》这个阵地确实是在反对文化"围剿"中起了作用。

当时,他还在北平和上海参与创刊、编辑了两个刊物。一个是 1934 年 9 月 20 日创刊于上海的《太白》半月刊。他曾参加 9 月 4 日陈望道在上海东亚酒楼召开的有关《太白》创刊的聚会。《太白》主要是为了对抗当时所谓的"文言复兴运动",提倡大众语,以及对抗林语堂等人当时提倡的逃避现实的小品文,而创办的散文杂志。另一个是同年 10 月 10 日创刊于北平的《水星》月刊,该刊"纯文学"色彩较浓。这两个刊物分别与《文学》月刊和《文学季刊》有密切联系,好比"大餐"与"小点心"的关系。因为这两个刊物都比较小。《太白》也是由生活书店出版的,编委会成员是:艾寒松、傅东华、郑振铎、朱自清、黎烈文、陈望道、徐调孚、徐懋庸、曹聚仁、叶圣陶、郁达夫(该刊按当时罗马拼音字母顺序排列的名单)。半数以上为《文学》的编委,而鲁迅、雁冰、愈之虽未列名,其实也都参与其事。《水星》由文华书局出版,编委会成员是:卞之琳、巴金、沈从文、李健吾、靳以、郑振铎(该刊按当时繁体字姓氏笔划排列的名单)。基本就是《文学季刊》的原套人马,因此可以视作《文学季刊》的一个副刊。

有趣的是,这两个小型刊物的名字,都与"星"有关。《太白》是望道主编的,名刊则由鲁迅最后所定,含意极深,有三点:一、太白金星,即启明星,寓追求光明意;二、太白旗,典出武王伐纣故事,意为革命的旗帜;三、太白即大白话,白而又白,比白话文还白,喻当时的大众语运动。鲁迅对这个刊名很满意,又说:"这只能我们自己道里知道,不能对外讲,防备被审查委员会的老爷们听了去。"《水星》的命名,则颇带有诗意。那是夏秋之际的某个晚上,他们几个人在北海商议创办此刊,在谈到刊名时,因面对湖面星水微茫之景,不知是谁提到了"水星"一词,大家说好,便定了下来。他在这两个刊物上也都写了文章。

上述他参与主编和编辑的四个文学刊物,都是 1930 年代文学运动中的重要阵地。总的说来,由于上海是左翼文坛的中心,是鲁迅、秋白、雁冰战斗的地方,因此,上海的两个刊物更为左倾和革命;但是,北平的两个刊物,无疑也是进步的。卞之琳在几十年后回忆说:"当时北平与上海,学院与文坛,两者之间,有一道无形的鸿沟。尽管一则主要是保守的,一则主要是进步的,一般说来,都是爱国的,正直的,所以搭桥不难。"可以说,本书传主就是两者间的一座桥梁。他分别参与南北这几个刊物的编辑活动,无形中就联结、团聚了南北作家。他在思想上明确倾向于以上海为中心的左翼文坛,而人则在北平就近直接指导两个刊物,对其政治方向的把握是一个重要的保证。同时,他也参与上海两刊的编辑大计。同样的,鲁迅、雁冰也很关怀北平两刊,雁冰还常在《文学》月刊上撰文评介《文学季刊》。南北各两个刊物,大小配套,各自互相调剂,又南北联系,时常交流稿子,做到进退有据,南呼北应,共同演出了1930年代文学运动史上最令人激动、最令人怀想的一幕。他和鲁迅、雁冰等人实际掌握了这些著名文学刊物,令国民党的文艺统管者大伤脑筋,一筹莫展。

二八 丰厚的呈献

在北平任教的三年半时间,是他一生中学术研究与文学创作的黄金时代。

本来,他决心离开商务印书馆而来北平工作的一个重要原因,便是想把久蓄于心的那部《中国文学史》写出来。朋友间都知道他的这一宏愿。在他离开上海之际,左联的外围报刊《文艺新闻》等,就曾多次报道"郑振铎赴燕大授课,并搜集中国文学史材料"等消息,更引起各方的注意与期待。

前已提到,这部大书,他在上海时已出了"中世卷第三篇上册",后因人事倥偬,未能再写下去。刚到北平时,因其他事千头万绪,原书写作计划又过于宏大,所以虽已作了若干准备工作,但一时也未能马上着手。另外,他还急于寻找一位助手。君箴当然一直是帮他抄抄写写的,但为了这么浩大的工程,还必须找一个"专业"的助手,帮他查找资料等等。君箴毕竟最了解丈夫,为帮他分忧,她忽想到自己在上海神州女学时的老同学刘淑度,年前刚从北平女子高等师范毕业,现在师从齐白石先生学习篆刻,尚无正式的工作,能否请她来帮忙呢?他一听妻子的建议,高兴极了。因为淑度不仅是他以前的学生,他知道她中文底子不错;而且,她还是君箴的好友。当年他与君箴师生恋爱时,君箴最早将这秘密悄悄地告诉了淑度,可知交情非同一般。他让君箴马上去找淑度谈谈。

淑度当然很愿意帮老师做助手,以完成这一名山之业;而且,这对自己来说,也是一个学习和锻炼的极好机会。但她和母亲还有一点犹豫,心想,这毕竟不算一个正式的职业。他理解她们的顾虑,想出了一个办法:将来为淑度在燕京大学校刊编辑部补个名字,名义上是那里的编辑,实际上在他家里帮助他工作。这样,淑度就同意了,天天到他家上班。

助手问题刚刚解决,还没开始按原订撰写计划动手撰著,不料上海便发生了"一二八"战事,竟使商务印书馆已经出版的那本"中世卷第三篇上册"的纸版也被日本侵略军的炮火烧毁了!他悲愤极了,同时也觉得自己不能再拖延下去了。好吧,一切重新开始!现在是非常时期,他决定调整原计划,先发愤赶紧写出一部比较简略一点的中国文学史来。至于那原计划要写的详细的中国文学史,将来再说。可见,他这时不仅急于向中国和世界人民献出自己的科研成果,而且,也正是想借此表达对毁灭文明的日本帝国主义的最强烈的反抗!

他在需要完成相当繁重的教学任务、社会活动、及其他写作任务的同时,奋力撰著文学史。他还精选了很多与中国文学史有关的珍贵、精美的古代木刻画、石刻画、绘画等等,打算附印在书里。因此,他将此书定名为《插图本中国文学史》。1932年5月,他写了该书的《例言》;6月,又写了该书的《自序》。随即都发表于《北平晨报》《东方杂志》等大报刊。7月,他又编定了该书的预约样本,由北平朴社出版部印行,公布了预约简章、全书目录,还附印了该书的样张。可见,此书前几册已开始付印。年底即开始出书。翌年2月3日，鲁迅收到他托人送去的该书前三册。9月17日，鲁迅收到他赠送的该书第四册。（按，本来还应该有第五册，但终于因为各种原因，实在太忙，而未写全。新中国成立后，他将第五册已完成的前四章附入第四册中重版。）就这样，他到北平后，在同时完成其他很多工作的情况下，仅仅两年时间，四大册《插图本中国文学史》便出现在读者的面前了。这难道不是奇迹，一个几乎令人不敢相信的奇迹吗？

当然，这是与他作了长时期的准备，包括以前撰著的《文学大纲》中国文学部分和很多论文，以及在各大学讲授中国文学史的讲稿等等有关系的。他在此书《例言》中称它为"简编"，但已有七十万字之巨（如果第五册，即主要是明末与清代部分，也写全的话，全书约有百万字；大致是原先所订计划的篇幅的三分之一）。在当时和后来，仍然是规模最大的一部中国文学通史。

《插图本中国文学史》是继《文学大纲》以后，他一生中最重要的代表著作，为功非易。他自己也说："十余年来，所耗的时力，直接间接，殆皆在本书。"此书的重要特色与学术价值，大致有这样几点：一是此书不只是一般地应用社会学的观点来分析历代文学现象，而是具有初步的唯物史观，注意从社会经济基础来看问题，也体现了初步的阶级论观点。二是此书脉络清晰，根据中国文学本身发展的特点作了独到的分期分段，在论述中较好地处理了作家、作品、文体、流派、思潮、运动等等的关系，做到自成体系，从横的方面反映了各时期文学的总貌与成就，从纵的方面又体现了文学史发展的线索与规律。三是此书在史料发掘方面十分全面，包罗既广，又不流于滥收。首先是"廓清"了许多非文学的著作，使其离开文学史的范围而回到其他学术领域中去；其次则"放大"了纯文学的范围，于诗歌包罗词与散曲，于散文包罗政论文学、策士文学、新闻文学等，特别是于诗歌、散文两大文体外更包罗了他称为中国文学中"最崇高的三大成就"的戏剧、小说与变文。四是此书在具体分析论述中有很多精当的见解，至今令人耳目一新。五是此书开创了在中国文学史著作中进行广博的中西文学比较的先河。这几个方面的大量的例子，这里就不举了。作者自己说，全书大约有三分之一以上的内容，是以前和当时其他人写的文学史所未述及的。一个人能在文学史著作中刷新三分之一以上的内容，是多么了不起啊！

　　正因为此书遥遥领先于当时已出的其他一些同类著作，所以一问世便受到了热烈的好评。例如，1932年10月10日北平图书馆的《读书月刊》就发表王以中的推荐文章，肯定这部书"是中国文化界和史学界上很大的贡献"，并认为此书既是历史的，又是批评的，读后不但中国文学的源流变迁可以知道得比较详细，而且对于各家的文艺的研究也可得相当的门径。赵景深在1934年为《我与文学》一书写的文章中，也称赞此书材料新颖广博，叙述美丽流畅，尤其在小说、戏曲等方面，论述了别人从未曾见过的作品。1935年，《人间世》杂志在学术界与读书界发起推荐"五十年来百部佳作"评选活动，著名作家、学者叶圣陶、夏丏尊、赵景深、陆侃如、冯沅君、章锡琛、王伯祥、徐调孚、周一鸿等人，都热情地推荐了此书。日本著名学者长泽规矩也，则在1933年3月日本的《书志学》杂志上介绍了此书，赞扬他对中国戏曲、小说特别有研究，并认为他所取得的成就已超过著名学者王国维。长泽还认为日本汉学家写的《中国文学史》，与此书不可同日而语，差得太远了。

　　然而，此书问世后，也曾受到吴世昌的异乎寻常的酷评。这个，我们在下面谈到他在北平遭到某种势力的妒忌和排斥时再说。这里，想谈谈鲁迅关于此书的一些议论。其实，鲁迅并没有就此书发表过正式的文章，主要是在私人信件中写到，以及在私下谈话中谈到，在当时本未造成社会影响。但是，保存下来的鲁迅的书信后来均公开发表，鲁迅书信中有关此书的议论常常被人不加分析地引用，以作为对此书的权威评定。另外，听鲁迅谈话的人的回忆文章也已经公开发表。所以，本书著者在这里就不得不谈谈自己的看法了。

　　1932年11月中旬，鲁迅到北平探望母亲。25日，王志之、潘炳皋等第一师范学院学生来邀鲁迅去讲演时,顺便问起鲁迅对刚刚出版了一二册的《插图本中国文学史》的看法。鲁迅说:"不大好,材料太杂。"(王志之《忆北方左联》)"材料很丰富,不过没有什么观点。"(潘炳皋《鲁迅先生访问记》)其实,鲁迅当时还没有细看,最多也只看到一册。据鲁迅日记和鲁迅书帐,鲁迅在10月31日托夫人许广平到上海开明书店去预订此书,"先取第二本";而第一、第三本要到翌年1月15日才得到。(本书传主赠书更在其后,已见前述。)然而在这以前,1932年8月15日,鲁迅在给台静农的信中就写了这样一段话:

> 郑君治学,盖用胡适之法,往往恃孤本秘籍,为惊人之具,此实足以炫耀人目,其为学子所珍赏,宜也。我法稍不同,凡所泛览,皆通行之本,易得之书,故遂孑然于学林之外,……郑君所作《中国文学史》,顷已在上海豫约出版,我曾于《小说月报》上见其关于小说者数章,诚哉滔滔不已,然此乃文学史资料长编,非"史"也。但倘有具史识者,资以为史,亦可用耳。

这段话历来受到人们的重视。这里涉及两个问题,一是本书传主的治学方法,二是此书的学术价值,显然评价都是不高的。关于第一个问题,首先应看到,鲁迅这里说的"用胡适之法",仅指"往往恃孤本秘籍"一点,并没有说他的整个治学方法是与胡适一样的。后来有的评论者却往往扩大这一点。再说,他在治学中是否"往往恃孤本秘籍,为惊人之具"呢?这也必须让事实来检验。我们试翻检他的代表著作《文学大纲》与《插图本中国文学史》两书,看看每一章后所附的详尽的参考书目以及书中的注释中提到的书目,便可清楚地看到极大多数都是铅印本、石印本、流行的坊刻本、丛书本以及影印本。和鲁迅一样,"皆通行之本,易得之书",所谓"孤本秘籍"可以说是极少极少。在此书的《例言》中,他说:"每于所论述的某书之下注明有若干种的不同的版本,以便读者的访求,……其于难得的不经见的珍籍,并就所知,注出收藏者的姓名(或图书馆名)。"而所谓"难得的不经见的珍籍",只是极少几本戏曲、小说,以及诸宫调、变文之类。他也没有故意炫耀之意,而是注出收藏之处。何况后者大多为当时一般学者所蔑视的民间讲唱文学,只有他才把它们视作"珍籍",这正是对历来贬低民间文学、俗文学的传统观念的反拨,有什么可非议的呢?他在版本方面的观点,在很多文章中都曾论述过,其实与鲁迅是完全一致的。他的治学方法,其实也与鲁迅很相似。鲁迅所以会产生一点误会,本传作者认为大概是因为本传传主在此书出版之前发表的预告中,强调了书中材料大有刷新,特别是《例言》中强调了此书的插图十分"珍秘","其中大部分胥为世人所未见的孤本""不常见的珍籍"中采撷来的,这样的宣传可能引起了鲁迅的反感。但这并不是吹牛,本书传主确实是有搜集发掘之功的。后来,鲁迅对他从"孤本秘籍"中发掘古代版画的工作是十分赞赏和支持的。

关于第二个问题,鲁迅强调写文学史不能写成"史料长编",而必须具有"史识",这无疑是非常深刻、非常正确的看法(同时,鲁迅又正确地指出,即使是"史料长编",也是有用的)。但是,《插图本中国文学史》是否只是"史料长编"呢?鲁迅说是从《小说月报》上"见其关于小说者数章",从而得出了这一印象。然而,事实是《小说月报》上从未发表过此书有关小说方面的章节!新版《鲁迅全集》的注释正确地指出,鲁迅在这里指的是本书传主在《小说月报》上发表的《〈水浒传〉的演化》《〈三国志演义〉的演化》《明清二代的平话集》等文。这几篇文章的字数分别在四万、五万、八万以上,难怪鲁迅要说"诚哉滔滔不已"了。但是,这几篇文章却并不是《插图本中国文学史》中的"数章",而正是他为写作此书前所作的"史料长编"。他在此书的有关章节中,也正是在注释中把这几篇文章列为参考资料的。可见,鲁迅在这一点上确实是误会了。因此所谓"史料长编"云云,从根本上不能作为对此书的评价。本来,鲁迅在写这句话时,并没有看过此书(因为还未问世),

有点误会还是可以原谅的；但是，后人借这句话来贬低此书，就太无道理了，而且其错误也不应完全推在鲁迅身上。鲁迅后来在1933年12月给曹靖华的信中推荐了五种文学史著作，其中便有此书，可见鲁迅对它还是很看重的。

我们继续谈他在北平工作期间献出的学术成果。

除了专著《插图本中国文学史》以外，他还发表了好多精彩的单篇论文。如1932年12月2日撰写的《汤祷篇》，便是他试图综合运用西方新的社会科学和研究方法（如人类学、民俗学、神话学等等以至唯物史观）而写的《古史新辨》系列论文的第一篇。他认为，像友人顾颉刚等人撰写的《古史辨》，当时已出了三册，还将继续出下去，但它乃是最后一部表现传统的中国式的怀疑精神与求真理的热忱的书。它重新引起了人们对王充、郑樵、崔述，乃至康有为诸人的怀疑的求真的精神的向往，不少意见很值得重视，或值得钦佩，在青年读者中也有了相当的影响；但是，他认为《古史辨》只是结束，而不是开创。如今，要想走上另一条更近真理的路，那只有另辟门户。他特别提出：像郭沫若那样对于中国古代社会的研究，便是一个好例。而老在旧书堆里翻筋斗，是绝对跳不出如来佛的手掌心的。沫若的《中国古代社会研究》，是我国最早鲜明地将马克思主义应用于古代史研究的第一部专著，刚刚于两年前出版。他在《汤祷篇》中虽然没有明确地使用"马克思主义"这个词（这当然也是受当时政治环境限制），但无疑是将马克思主义作为一种"新的学问"和研究方法来提倡的。他说："我对于古史并不曾用过什么苦功；对于新的学问，也不曾下过一番好好的研究的工夫。但我却有一个愚见，我以为《古史辨》的时代是应该告一个结束了！为了使今人明了古代社会的真实的情形，似有另找一条路走的必要。"

因此，这篇文章的价值，主要还不在于它论述的关于"汤祷"的问题本身，而应该看作是他当时学术思想转变的一篇公开的宣言。而且，由于他的这一学术思想上的转变与号召十分踏实，合情合理，绝无"赶时髦"、哗众取宠之意，因此在当时学术界很有影响。即以颉刚为例，在翌年2月《古史辨》第四册的序中就声明"我自己决不反对唯物史观"，并且诚恳地说"我们的'下学'适以利唯物史观者的'上达'"，"我们正为他们准备着初步工作的坚实的基础呢"。颉刚说的"下学""上达"，显然与他说的"结束""开创"是相通的。这表明颉刚是受到他的启发教育的。

在《汤祷篇》中他还说，他写这类论文还有一个重要原因，那就是他认为在当时的社会里仍能经常看到古代的"蛮性的遗留"的痕迹，他要在文章中随时加以揭露，使读者在哑然一笑的同时瞿然深思。就在这篇文章的最后，他就联系了当时社会上统治阶级的"怪事奇闻"，号召展开"打鬼运动"。同样如此的将文学评论与政论相结合的论文，他在这时还写了不少。如他在1934年4月24日撰写的长篇论文《元代"公案"剧发生的原因及其特质》，就不仅注意从经济和政治方面来探讨元代"公案"剧，论述深刻，而且还以元明之际"中国政治史上最黑暗的时期"来暗示当前，极为尖锐。5月18日，他又写了长篇论文《净与丑》，也是将剧论与政论巧妙结合，矛头直指现实生活舞台上的大大小小的"草头王"和"狗头军师"那些"歹角"，揭露他们"天天地在出现，在择人而噬"，指出"该从根本上铲除了那可以滋生这两个害物之群的净与丑的什么才对!"他后来曾对夏鼐说："这是我的一篇得意之作。那天我听到了章士钊当了上海流氓头子杜月笙的秘书和法律顾问，我压不住一肚子的气，便动笔写了这一篇，以发泄心中的愤慨。这是所谓正义感。"在这前后，他还曾写了长篇论文《元明之际的文坛的概观》，也是寓政论于文学史论的。这三篇论文，后来都发表于这年6月他亲自主编的《文学》月刊的"中国文学研究专号"上。如前所说，这本来是该刊为了对付国民党的压迫而出的四个专号的最后一个，是表面上学术性最浓而离政治最远的，然而其实仍然是具有战斗性的。鲁迅对这期专号评价甚高，说"内容极充实，有许多是可以借此明白中国人的思想的根柢的"。同年10月13日，他又写了长篇论文《论元人所写商人士子妓女间的三角恋爱剧》，此文亦是他运用唯物史观研究文学史现象的代表作,发表后受到鲁迅高度赞赏,誉为"洞察隐密",还多次向国外友人推荐呢!

在北平期间,他在小说创作方面,也达到一生中的高峰。他在完成《插图本中国文学史》四大册和其他写作任务之余,一连创作了四篇取材于希腊神话的小说,三篇取材于中国历史的小说和两篇取材于现实生活的小说。这些小说,在艺术性与思想性上,都是当时第一流的。

前面说过,在他的倡议下于1933年7月创刊的《文学》月刊,从第一期起即在卷首特意印上了德国某名画家关于普罗米修斯取火的油画;而且,在这一期上他发表的译作《严加管束》的译者附言中,也提到了反动派残酷的镇压只能造就普罗米修斯般的伟大人物。而在8月3日,他便创作了取材于普罗米修斯窃火给人类的希腊故事的《取火者的逮捕》,后发表于《文学》第三期上。这是他在停了多年后,在1930年代创作的第一篇小说,署名"郭源新"。小说描写了取火者普罗米修斯被宇宙的统治者宙斯逮捕后,在神厅上慷慨陈词。作者通过神话中英雄人物之口,发出了对现实生活中的反动派的雷鸣电闪般的猛烈控诉和抗议。

为了更深入地表现取火者的英雄意志和更深刻地揭露宙斯的丑恶罪行,他又于10月10日写了《亚凯诺的诱惑》,12月4日写了《埃娥》。这两篇小说也都发表于《文学》月刊。前一篇写取火者对宙斯派来的劝降者的严词痛斥,实际是第一篇《取火者的逮捕》所描写的神厅上的慷慨陈词的继续。后一篇描写受尽宙斯凌辱迫害的埃娥准备投海自杀,而为取火者劝阻,取火者说:"神之族是终于要没落的,代之而兴的是伟大和平的人类","凡一切受难受害者们的仇皆将得报复","被压迫者们将会大联合起来的"。这是再次预言革命人民终将推翻反动派的统治。

这一必然的结局,在三篇小说中已不止一次地提到过。但作者仿佛总像有什么话尚未倾吐尽似的,于是在激情的喷涌下,于1934年3月5日又写了一篇《神的灭亡》,描写人类经过前仆后继的悲壮斗争,终于推翻了恶神的统治,实现了取火者的预言。这一篇,取材于希腊神话中的根据甚少,大多是作者的大胆虚构与发挥;而且,作者还受了北欧神话的启示。就在他开始创作《取火者的逮捕》的半年前,雁冰便根据北欧神话创作了一篇同名小说《神的灭亡》,在文末雁冰点明了与他的小说完全一致的主题思想;不过,从艺术上来看,他的这篇《神的灭亡》是远远超过雁冰的那一篇的。这篇发表于《文学季刊》上。

通观这四篇小说,正如作者自己说的,可以视作是一部长篇(按今天的算法,可称中篇)。作者后来即以《取火者的逮捕》为书名,将这四篇小说合出了单行本。虽然它的每一篇都是一鼓作气写成的,而且每隔二、三个月才写一篇;但作为一个整体,却仍然是一气呵成,浑然天成,互相呼应,张弛有致。整部作品具有壮丽宏伟的交响性构思和戏剧性结构,其语言则是散文诗式的。真如也创作过《解放了的普罗米修斯》的英国十九世纪革命诗人雪莱在《诗辩》中说的:"凡是抱有革命见解的作家必然都是诗人,这不仅因为他们是发明者,也因为他们的语言是以种种形象来参预生命的真理,从而揭露万物之间的永恒相似;也还因为他们的文章既和谐而又有节奏,本身就包含韵文的要素,是永恒的音乐的回响。"

这几篇小说发表后,引起很大反响,《文学》月刊编辑部收到很多来信,"读者佥称气魄雄壮,不可多得"。女作家苏雪林后来说,当时人们不识"郭源新"为谁,"但以天才学力两皆充实的缘故,已引得一般读者刮目相看,一篇刊出,群相传观";"后来秘密揭穿",影响更大。不过,苏氏后来坚持反共立场,认为这些作品是"替共匪呐喊",以至在几十年后她还写了一本《天马集》,"亦以希腊神话做题材,正针对郑氏此书而作"。那就令人啼笑皆非了。

前面说过,1934年1月下旬,为对付国民党当局对《文学》月刊的压迫,他与雁冰等人商定连出几期"专号"的战术。而就在2月28日,他就为4月1日出版的"创作专号"赶写了一篇历史小说《桂公塘》。后作为该期特大号的首篇作品刊出。作品描写在南宋亡国前文天祥毅然赴敌营谈判,被蒙古军扣留,后设计脱逃,历尽艰辛,但却遭到某些国人摒弃的故事。作者写道:"怀疑与猜忌,难道竟已成了他们不可救药的根性了么?""敌人们便利用了这,而实现分化与逐个击破的不战而胜的政策"。这里,对国民党当局的影射、谴责是十分明显的。作品主要根据文天祥的诗集《指南录》而创作的,情节曲折、惊险、凄惨,很多读者激动地给《文学》月刊写信,认为是罕见的佳作。尤其是著名左翼文学批评家王任叔、张香山等人,还写了精彩的评论,我们留待下面再谈。

这里可以一提的是,在一片叫好声中,也有说不好的,甚至还引起了一场奇特的争论。这主要是在《新垒》月刊与《春光》月刊(及《中华日报·动向》)之间进行的。《新垒》的政治背景及其倾向都不好,但它却发表了不少对《桂公塘》的赞誉文章。他们不知道"郭源新"就是郑振铎。他们认为共产党的"普罗文艺"是"没有灵魂的傀儡文艺",国民党的"民族文艺"也是"假冒民族招牌的",而《桂公塘》才是"真正民族国家的文学"。该刊还从艺术角度较详细地分析了小说的成就,驳斥了《春光》和《动向》上的贬评。而《春光》和《动向》倒都是左翼文艺青年主编的,他们也许也不知道"郭源新"是谁,但至少知道作者是一位"老作家"。他们认为老作家"一天一天的逼向坟墓了。其所以不甘没落,而必需卖卖名字者,也不过略示自己的挣扎之意而已"。因此,这篇小说"题材老,见解老,笔法老,不但老,而且有点滥"。他们甚至完全否认历史小说存在的意义,认为《桂公塘》是什么"毒蛇"。

这就出现了他意想不到的怪事:个别政治背景不好的刊物谬托知己,击节赞赏;而个别进步青年的刊物却将其贬得一无是处。这时,鲁迅在给他的信中,作了深刻的分析。鲁迅指出:"《文学》中文,往往得酷评,盖有些人以为此是'老作家'集团所办,故必加以打击。"并说"《新光》[按,当为《春光》]中作者皆少年,往往粗心浮气,傲然凌人,势所难免,如童子初着皮鞋,必故意放重脚步,令其橐橐作声而后快,然亦无大恶意,可以一笑置之。"鲁迅认为那些贬低《桂公塘》的文章是"酷评",也就是肯定了小说的成就。鲁迅形象地批评了当时一些青年易犯的"左派幼稚病",认为可以宽恕。至于《新垒》,鲁迅认为"其意在一面中伤《文学》,侪之民族主义文学,一面又在讥刺所谓民族主义作家,笑其无好作品。此即所谓'左打左派,右打右派',《铁报》以来之老拳法,而实可见其无'垒'也。"鲁迅又说:"例如乡下顽童,常以纸上画一乌龟,贴于人之背上,最好是毫不理睬,若认真与他们辩论自己之非乌龟,岂非空费口舌。"看了鲁迅这样的分析,他豁然开朗,对这二类文章均一笑置之。

　　同年6月3日,他又写了第二篇历史小说《黄公俊之最后》,发表于7月1日《文学》上。写太平天国革命期间,一个小地主家庭出身的知识分子黄公俊,怎样从怀疑革命到参加革命,最后在太平天国失败前夕毅然受命前往敌营谈判,天京城破后拒绝"赦免",慷慨就义。这也是一个悲剧题材,不仅写了民族英雄壮志未酬饮恨千古,也写了轰轰烈烈的农民起义在中外反动派的合力围剿以及内部的腐败倾轧下终于失败。读罢掩卷,令人悲愤不已。小说的艺术构思及描写手法,都是很高妙的。而且,黄公俊历史上实无其人其事,是作者从某篇稗官野记中借用其人名而"凭空"创造的。苏雪林曾说,"历史上黄公俊本有其人,大约与王韬、钱江等同为倾向太平军的知识阶级",那完全是她不懂装懂,想当然耳。这篇小说发表后,也很受人注意,同时也出现过一些酷评,这里便不多说了。

　　9月29日,他又创作了第三篇历史小说《毁灭》,后载11月1日《文学》。《毁灭》写的是控制南明政权的阮大铖在国难之际贪污弄权,排斥异己,最后狼狈逃窜,既毁灭了国家,也毁灭了自己。与前两篇以有民族气节的人物为中心的写法不同,此篇以塑造民族败类典型形象为主;与前两篇悲剧性作品不同,此篇是喜剧性的讽刺小说。《毁灭》技术圆熟,无瑕可击,讽刺辛辣,情伪毕露;同时,对现实生活中的统治者的讽喻、揭露和警告,也是有力的。小说后来多次被选收到一些"佳作集"中,说明很受读者欢迎。上述三篇历史小说,后来以《桂公塘》为书名出过单行本。

  这里须指出一点:中国近代文学史上新的历史讽喻小说(包括神话讽喻小说)的开山作者,无疑是鲁迅。然而鲁迅在1935年以前只发表了《补天》等三篇,其他都发表于1936年。郭沫若是另一位有名的历史讽喻小说作家,当时也只发表过《鹓雏》等二篇,其他作品都发表于1935年以后。此外,郁达夫发表过二篇、茅盾有三四篇等,其后他们也就不写了。而本书传主在当时一口气发表了七篇,并集成两本书,其后还继续有所创作,这对鲁迅开创的这一新的文学品种的发展,是起了很大的作用的。而且,他的历史小说,比起达夫、沫若等人来,又有很大的进步。王任叔当时就指出:"文学作品,以历史为题材,从前不是没有。郭沫若先生的好多剧本,都是取材于历史的,如《三个叛逆的女性》。郁达夫先生也写过《采石矶》等。但自去年来,郭源新先生在《文学》上发表了几篇历史小说以来,其间有个显然的变化。即是前者以个人主义的立场,借古人的尸体,来还自己的灵魂,作为表现自己底思想与性格底一面的。后者,却从社会学的某一个观点,截取历史事件底某一现象,从而反映现实社会的一面的。"张香山也指出:"以历史的题材为题材的文学作品之出现,并不是最近才初有,……可是到了最近,这种文学作品,因为给灌进了浓厚的进步的现代性,所以惹动了许多人的注目,而且是成了一种强固的新倾向。"张香山认为他的历史小说是"以新的意识,方法,给历史以一新的评价"。从这二位左联著名的文艺批评家的话中,人们可以清楚地看出他的这些创作在中国新文学史上的地位与意义。

  他在1935年还创作了两篇取材于当时知识分子生活的小说。其一是发表于3月1日《文学》月刊上的《陈士章传》。描写了一个地主阶级家庭的知识分子陈士章,不从事体力劳动,也不从事脑力劳动,不听从进步知识分子李书怀的劝告,终于成为一个废物,并在农民革命中失去了一切。同年4月15日,他又写了一篇《漩涡》,描写革命教师李书怀虽然被恶势力排挤出学校,但他播下了反抗的火种;小说主人公、另一位教师武克刚,终于从动摇而走向坚定,参加了进步学生运动。这两篇小说中的人物,是有连续性的,甚至后一篇中也提到过陈士章的名字。而且,从时间上看,也是相衔接的。因此,这两篇小说虽然各自独立,但显然有着内在的联系,而且还都留下不少可以接续的线索和伏笔。所以,我认为很可能作者原先是有写一部长篇小说的打算的,可是后来又因工作太忙,无暇写下去了。而如果能写成一部长篇的话,其内容一定是反映知识分子与中国革命的关系的。

后来,我们曾在上海良友图书印刷公司的《良友文学丛书》的广告上,看到有郭源新的《子履先生及其门徒》一书的预告:"这是一部被大时代所淘汰的人们的合传。从一个中学教师和他的学生们的日常生活,写到每一个不同性格的人物,在以后的不同的环境里所遭遇的不同故事。是许多短篇合起来的长篇。"此书后来没见出版。可能上述两篇小说与此书有关。从现在读到的这两篇来看,第二篇胜于第一篇。作者未能继续写下去,实在是很遗憾的。但从这两篇看,他已经为我们描写了两个走不同道路的知识分子的典型:陈士章从懒惰而走向没落,武克刚则从懒惰而走向奋斗。这在1930年代的中国,无疑很有教育意义。

然而,这两篇小说中提到的正面进步人物李书怀,作者还未曾着力描写,而是留下很多悬念。第一篇中写到李书怀"是穷人家的儿子,他父亲做过书办,死得很早。他寡母替人家洗衣服,做针指活,好容易养活大他,还送他入学校。在中学里,书怀是著名的刻苦用功,成绩常冠于一班。教员们都很看重他。"很显然,这与作者自己的家世、经历几乎是相同的。第二篇中描写学校中的恶势力收买学生、造谣生事、排斥异己等等,也是融入了作者自己的生活经验的。因为就在写作这篇小说时,他在燕京大学便不断地受到顽固势力的造谣污蔑。因此,尽管他在北平作出如此丰厚的贡献,仍不得不愤然辞职离开。这些,我们在后面再讲。

二九　刻的丰碑

在谈到他在北平工作期间作出的贡献时，我们还不能忘了他在编印古籍方面的辛勤奉献。例如，1932年1月，他回上海时，与陈乃乾、王伯祥等谈及古书屡遭浩劫，孤本善刻虽间有流传，顾价重连城购藏无力，而以出版为业者又惟利是图，苟非销数确有把握，决不为之印行，因此他便组织了一个"传真社"，专以选印三百年以来绝无仅有未经翻刻之孤本为职志，不拘部类，每种暂印一百部为限。第一次出品为影印明刻绘图《传奇三种》，其中屠隆之《修文记》和沈词隐之《博笑记》都是他提供原本，并附有他4月初在北平写的跋语。尤其是1934年9月，他又自费影印了《清人杂剧二集》，共收清人十三家四十种杂剧。他在题记中说，此书编印历时三年，备尝艰苦，中辍于乱离播迁或无力印刷者不止一次。真是好不容易！他已编好了该书第三集，却终于未能印成。

而这时他在编印书籍方面最值得大书一笔的，是他与鲁迅合作编选重印的中国木刻笺谱。事情得从头说起。

他在少年时代，就因为喜欢读旧小说，从而喜欢看小说书前的"绣像"。1920年代初到上海工作后，开始研究中国古代小说、戏曲时，便留意于刻本之插图。有一天黄昏，他在四马路上一家扬州人开的旧书店中，发现了有全图的李渔《笠翁十种曲》、李卓吾批评《浣纱记》、玉茗堂批评《红梅记》《焚香记》等，不禁怦然心动。店家索价甚高，他犹豫再三，走出店门后又回去，终于购下了这批书。这便成了他收藏插图本明版书的最初的宝库。后来便越收越多。当时，友人中对木刻版画有兴趣的极少，他差不多是孤独地做着这无人顾及的工作。

后来，他撰著《文学大纲》在《小说月报》上连载发表时，附印了很多插图。其中中国文学部分，便使用上了很多古代版画，深受读者欢迎。那时，同事中的周越然,也开始购买带版画的小说戏曲书了。短短数年间,也得到不少精品。他们常常以各自所得相互鉴赏,眼界因以渐广。未久,比他大十四岁的忘年友吴梅(瞿安)编印《奢摩他室曲丛》时,曾以所藏明版曲书移庋涵芬楼上,使他有幸一时获睹《青楼记》《和戎记》等富春堂刊本,及广庆堂、继志斋所刻诸曲,均为插图本,眼界不禁为之大开,对于明刻版画渐渐有了一个全面的认识。这时,他撰写了一篇长文章《插图之话》,发表于1927年1月《小说月报》上,文中附印了很多版画。这不仅是我国近代研究中外书籍插图最早的论文,而且文中也最早论述了中国木刻的发展史。

从那时起,他就暗暗发愿,欲为中国版画编一选集,并进而修一专史。他不仅对版画书有见必收,而且还带了摄影师到越然家,遍阅其所藏,并摄照。又偕这位摄影师到苏州瞿安的家里也拍了整整两天。他还曾到过杭州、南京等地的图书馆去调查并拍照。他的这一浓烈爱好以及搜罗之富,渐渐地被更多的朋友知道了。鲁迅先生对此也有浓厚兴趣。1931年6月9日,鲁迅由雪峰、蒋径三,以及日本青年增田涉陪同,兴致勃勃地来到他家,欣赏他所收藏的明清版书籍插图。这是所知鲁迅第一次上他家做客。27日,他托径三带去一盒印有彩色版画的信笺及一盒信封,送给鲁迅。7月23日,他又寄赠给鲁迅《百华诗笺谱》一函二本,鲁迅随即复信谢之。他为有鲁迅这样的"同好"而感到荣幸。

这时,他认识了更多的热爱古代版画的朋友。其中便有在北平图书馆工作的比他小六七岁的赵万里(斐云)和在北平各大学任教的比他大四五岁的马廉(隅卿)两人。这年8月中旬,斐云突然来上海访书,而隅卿则在前不久刚回故乡宁波。于是他与斐云顿发豪兴,同去宁波访问隅卿。在宁波,他们访问了不少藏书家,见到了不少带版画的古书。而有一天,隅卿拿出他的笔记本,上题《明代版画刻工姓氏录》,并说:"这份东西始创于陈大镫;北平通县王孝慈得之,增补了若干人名;我从孝慈处抄来后,又就自己所知增补若干。"他接过一看,高兴得几乎跳起来。因为他虽然注意于版画的刻工,却因缺乏史料,还不曾对此有过系统的研究。而且,他发现隅卿以前到上海他家访问时所见的几部书,凡版画上有署名的,均已加入其中了。他为隅卿的勤奋与细心而佩服。他问:"我可以抄录一份么?"隅卿笑着说:"当然可以。"于是,在深夜,煤油灯下,隅卿老家古式的西厢房里,四无人声,他匆匆地抄录着这份难得的版画史料,并根据自己记忆所及,又增添了若干人名;而隅卿也赶紧把他增添的几条补入自己的抄本中去了。那几天晚上,他们都睡在这间西厢房,这间老屋的屋顶作半穹形,他觉得很像明代版画中的图式,古趣盎然,便笑着对斐云和隅卿说:"我们成了王伯良校注《西厢记》的版画中的人物了!"

这次宁波访书、读版画,给他留下终生难忘的美好印象。同时,那位较早从事版画史研究的孝慈的名字,也记在了他的心上,渴欲结识为幸。而不久,他便离开上海到北平工作。后来,在北平,他通过斐云向孝慈借来《十竹斋笺谱》进行复刻,并与这位比他大十五岁的忠厚的读书人成了忘年交。孝慈家藏版画甚多,精品尤夥,爱之如性命,轻易不示人,但对他则是例外。在北平,他还认识了比他小八九岁的戏曲专家傅惜华,和比他大十七岁的版本书画鉴定名家徐鸿宝(森玉),都是版画行家,也都与他时常切磋与共赏。

在他刚到北平不久,11月9日,上海的《文艺新闻》周刊上便发布一条消息:"《小说月报》编辑郑振铎到清华及燕大任课后,搜罗了许多佛经的绸面。绸均明织,花纹与颜色极美丽,孙福熙往访,谓可选择描绘,印成专集。"那是北平法源寺"佛脏"里的藏经。这法源寺原是唐代的悯忠寺,为北平市内历史最悠久的名刹,其佛像最晚是明代前期所塑,其中也有金、元两代的。原来,泥胎或木胎的佛像或菩萨像背后,都有一个方孔,当初塑造或后来重修佛像时,便都把经卷、历本等投入方孔,以记年月,以祈福佑。投入的时代越早,便越被埋置在下面。一般僧人也不了解这些文物的价值。"九一八"事件发生后,北平形势岌岌可危,僧人生活困难,便开始把这种深藏于佛像肚子里的旧经卷等偷偷拿出去卖给旧书商,借谋温饱。一旦被识货的书商发现,视为珍品,便互相勾结大量盗卖。而且越挖越深,越是压在下面的经卷等物,年代越久,价值越高。正在这时,被他知道了,赶紧不惜代价进行抢救,购得古刻本佛、道二百多种,近五百册,其时代从宋元到明嘉靖都有。不过,他最感兴趣的,还不是那些佛、道刻本的内容或绸面的花纹图案,而是里面的版画。他多年搜集了大量明、清版画书,但明嘉靖以前的版画几乎未曾收到;而这次得到的"佛脏"之物,适有填补这以前一段空白之物。这真令他兴奋,从而更促使他考虑编选一部反映中国版画历史全貌的图集,和编写一部完整的中国版画史专著了。

然而,连他自己也没想到,他最先编印的版画书,却是时代最近的笺谱。那是鲁迅建议的。而鲁迅的这个建议,则是因为他的赠书而引起的。1933年2月3日,鲁迅收到他托乔峰送去的《插图本中国文学史》前三册,对书中所收的版画插图很感兴趣,加上以前他曾赠送过笺谱,终于引发鲁迅向他提出一个考虑多时的计划。5日,鲁迅给他写信致谢,并正式提出一个建议:

去年冬季回北平,在留黎厂得了一点笺纸,觉得画家和刻印之法,已比《文美斋笺谱》时代更佳。譬如陈师曾齐白石所作诸笺,其刻印法已在日本木刻专家之上,但此事恐不久也将消沉了。

因思倘有人自备佳纸,向各纸铺对于各派择尤各印数十至一百幅,纸为书叶形,彩色亦须更加浓厚,上加序目,订成一书,或先约同人,或成后售之好事,实不独为文房清玩,亦中国木刻史上之一大纪念耳。

不知先生有意于此否?因在地域上,实为最便。……

鲁迅提到的《文美斋笺谱》,就是一年半前他赠送鲁迅的《百华诗笺谱》,清宣统三年(1911)刊刻于天津。鲁迅的这个建议,说在他的心坎上。过了一个多月,他回上海一次,便由乔峰陪同,去北四川路拉摩斯公寓鲁迅的家,一起商量了合作编选笺谱的事。他们商定的分工是:由他负责在北平搜辑各种笺纸,寄到上海由鲁迅负责挑选,然后再寄回北平由他负责请有关店铺刷印。鲁迅说:"这事我们得赶快做,否则,要来不及做,或轮不到我们做。"他们初步商定只印五十部,以分送朋友们。

他回北平后,便到琉璃厂旧书店,先向清秘阁交涉。对方说五十部印数太少,绝对不能开印,若是一百部,也许可以商量。正当他想再向别的店铺相商时,日军侵略热河的战争爆发,接着发生喜峰口、冷口、古北口的争夺战。沿长城线上的炮声、炸弹声震撼得北平古城里的人日夜不安,坐立不宁,当然谁也没心思来印笺谱了。这样一搁就是半年。9月初,战事告一段落,他于4日到上海,便去鲁迅新迁居的施高塔路(今山阴路)大陆新村九号拜访。见面时带着说不出的凄婉的心情。他们又提到印这笺谱的事。这场可怖可耻的战事更刺激了他们,必须抓紧做这一工作,不然可能失去机会。

"就印一百部,总不会没人要的。"鲁迅说。"好,"他点头,"回去就进行!"工作便又开始了。他遍访了淳菁阁、松华斋、松古斋、懿文斋等等店铺,搜购了很多诗笺,然后分批寄到上海。鲁迅回信说,决定承担印费四百元。这在当时可是一个不小的数目。鲁迅还说,以后印制,最好不要和自己商量,因为信件来往费时,还风趣地说:"我是独裁主义信徒也。"但他对鲁迅极为尊重,不敢"独裁",仍不时去信请示商量。而鲁迅则从笺样的选择,印刷用纸的选择,一直到着色深浅、版式大小、序目编排、定价预约、广告写法、请何人题签等等事情,都在一封封信中与他具体商量。

鲁迅决定取名《北平笺谱》,"因为'北平'两字,可以限定了时代与地方"。鲁迅得悉他打算写一篇《访笺杂记》,便在信中说:"《访笺杂记》是极有趣的故事,可以印入谱中。"10月30日,鲁迅作《北平笺谱序》,以极精练的文句,概述了中国版画的历史及画笺的历史,最后说:

> 意者文翰之术将更,则笺素之道随尽;后有作者,必将别辟途

径,力求新生;其临睨夫旧乡,当远俟于暇日也。则此虽短书,所识者小,而一时一地,绘画刻镂盛衰之事,颇寓于中;纵非中国木刻史之丰碑,庶几小品艺术之旧苑;亦将为后之览古者所偶涉欤。

11月7日,他给鲁迅写信,报告经过他不知多少次唇焦舌疲的请托,各家店铺的笺纸印制进展顺利,因而感到"太兴奋"了。鲁迅回信说:"'兴奋'我很赞成,但不要'太','太'即容易疲劳。"鲁迅又说:"这种书籍,真非印行不可。新的文化既幼稚,又受压迫,难以发达;旧的又只受着官私两方的漠视,摧毁,近来我真觉得文艺界会变成白地,由个人留一点东西给好事者及后人,可喜亦可哀也。"鲁迅并同意他请助手淑度为自己刻章,预备用在笺谱上。淑度不愧是齐白石的学生,她所刻"鲁迅"、"旅隼"两印,后来深受鲁迅喜爱。

15日,他写了《访笺杂记》,备述自己搜购画笺、交涉印刷、调查画家和刻工的姓名等经过。而调查姓名一事,体现了鲁迅与他对民间艺人的尊重,鲁迅曾专门指示他应该在《访笺杂记》写上板儿杨、张老西等艺人的名字。接着,他也写好了一篇《北平笺谱序》,寄给鲁迅审阅。鲁迅于12月2日回信说:"序文甚好,内函掌故不少,今惟将觉得可以商榷者数处,记出寄还,希酌夺。"他在序中也论述了诗笺的历史,又提到:"鲁迅先生于木刻画夙具倡导之心,而于诗笺之衰颓,尤与余同有眷恋顾惜之意,尝数与余言之,因有辑印《北平笺谱》之议,自9月始工,迄12月竣事,其间商榷体例,访求笺样,亦颇费苦辛。入选者凡三百四十幅,区为六册。"

六大册《北平笺谱》在1933年底基本印好。鲁迅于12月13日收到他寄来的一百张尾页,即在每页上亲笔署名后寄回,然后他也亲笔署名后,装订成册。正当鲁迅对此书"闭目揣摩而见之",沉浸在与他共同劳动后的幸福之中时,1934年1月1日上海邵洵美主办的《十日谈》杂志上,竟发表文章攻击他们编印《北平笺谱》"真是大开倒车,老将其实老了",还说什么"无论如何,中国尚有如此优游不迫之好奇精神,是十分可贺的"云云。鲁迅随即在给他的信中说:"纸墨更寿于金石。"并痛斥那些攻击他们的人:"这些东西,真是'前不见古人,后不见来者',吃完很多米肉,搽了许多雪花膏后,就什么也不留一点给未来的人们的——最末,是'大出丧'而已。"

他于1月22日到上海,除了为与雁冰等人紧急商议对付国民党当局压迫《文学》月刊一事外,当晚他就给鲁迅送去刚刚装订好的《北平笺谱》样书。直到2月中旬,此书全部装订好。鲁迅收到所订之书后,高兴地给他写信说:"重行展阅,觉得实也不恶,此番成绩,颇在豫想之上也。"接着,鲁迅便将此书按照与他商定的办法分寄苏联、美国、法国、日本等国的图书馆和国内外友人。没想到,此书出版后销路异常之好,很快售罄。于是鲁迅同意再版一百部,又由他在北平操办,于8月印成发行。

在《北平笺谱》初版刚刚印好的时候,他向鲁迅提议重刻《十竹斋笺谱》。《十竹斋笺谱》是1644年胡曰从编印的,时值中国古代木刻艺术最发达的明代,也是明代制作笺谱最鼎盛的时候。该笺谱是极其珍贵的版画典籍。正如该书李克异序文中说的:"十竹诸笺,汇古今之名迹,集艺苑之大成,化旧翻新,穷工极变,无乃太盛乎。"由于当时又值明末大乱,经过近三百年,此书已极为罕见。据他多年访求,仅知存有三部。一为天津陶湘(兰泉)所藏,等他写信去询问,则已经卖给日本文求堂了;而等他写信到日本去求购,文求堂又推说已卖出。又知一为上海狄楚青(平之)所藏,则秘不示人。还有一部即北平通县王孝慈所藏,他通过斐云把它借来,即请荣宝斋翻刻重印。

与《北平笺谱》不同的是,这次是由他倡议的,鲁迅力助其成。鲁迅又拿出了三百元作为刻工工资,并亲撰了《十竹斋笺谱翻印说明》。他还设想不仅仅复活一部旧书,而且要进而编成一套《图版丛刊》。鲁迅十分赞成,认为这"尤为佳事"。鲁迅还建议分别出版"精印本"和"廉价本"两种,并风趣地说:"前者以榨取有钱或藏书者之钱,后者则以减轻学生之负担并助其研究,此于上帝意旨,庶几近之。"

《十竹斋笺谱》还有一点与《北平笺谱》不同的是,这次不只是重印,而是首先得重刻;而且刻印的店铺只有荣宝斋一家,所以进度也就势必缓慢。虽然,《十竹斋笺谱》第一册标明为 1934 年 12 月出版,实际直到 1935 年 3 月才印成。4 月 9 日,鲁迅收到第一册样书后,在给他的信中说"成绩的确不坏",并鼓励他"以全力完成此书",年内争取再出几册。

谁知就在此时,6 月 25 日,上海的《文饭小品》月刊上发表了署名"难知"的《十竹斋的小摆设》一文,嘲讽他和鲁迅的这一工作。文章有意引用鲁迅为该复刻本写的"牌记",以便把"编者鲁迅西谛"的名字揭出;又有意扯到原刻的年代上去,以便联系到"亡国"。然后"图穷匕首现",直言不讳地供认此文的矛头是指向以鲁迅为代表的左翼文人的,并引用了鲁迅批评"小摆设"的话,算是得意的挖苦。他与鲁迅一定看到了这篇文章,不过他们未予理睬。然而他们大概都不知道,此文竟是鲁迅的弟弟、他在北平的老友启明化名写的!又千里迢迢寄到上海发表,来对他们两位射一冷箭!在思想上,启明这时与鲁迅和他,是越来越背离了。

鲁迅急切希望此书早日刻成,还和当时白色恐怖和民族危机日趋严重有关。鲁迅在给日本青年增田涉的信中说:"现在这里,生命是颇危险的,……怕不久连翻刻旧画本的人都没有了。然而只要我还活着,不管刻多少页,做多久,总要做下去。"还说,"如果演出炸弹之类的乱子",刻印工作必将"延期或中止"。果然,不出鲁迅所料,第二册付刻后,工未及半,燕云变色。不久,他又被迫辞去燕京大学教授职位,匆匆南下,又困于资金,复刻工作几至中辍。待第二册即将刻成之际,鲁迅先生却不幸逝世了!其后,故都沦陷,战云翻滚,翻印之事只得停顿。直到 1939 年,他决心继承鲁迅遗志、完成多年夙愿,辑印《中国版画史图录》时,这才继续刻印《十竹斋笺谱》,而至 1941 年 11 月,才最后装订完成,终于合为完璧。此是后话。

他后来在《鲁迅与中国古版画》一文中说:"《北平笺谱》的编印,使我们觉得中国古代版画的生命还没有完全断绝。《十竹斋笺谱》的翻刻,更使我们觉得十分精丽的作品,我们的职业的木刻家还可以愉快胜任。""我们觉得使古代艺术的精品,大量地传播出去,作为新生创作者的'借镜'或'参考',是很重要的事业。"他认为鲁迅先生与他合作编印的这两部笺谱,如称为"刻的丰碑",是当之无愧的。

是的,在这"刻的丰碑"上,镌着两个光辉的名字——鲁迅和西谛!他们都是中国现代木刻运动的导师!

三〇　平绥沿线之旅

整日埋头于书斋或忙于授课的他,在 1934 年夏天,很难得地竟有机会与几位朋友一起,两次出门旅游。——当然,如果称那是一次分为两时段进行的沿着平绥线的社会、文化等方面的综合调查活动,也许更为合适一点。

当时,担任平绥铁路局局长的,正是冰心、吴文藻夫妇八九年前在美国留学时的老同学沈昌。沈昌请冰心夫妇在暑假期间邀几位文化界朋友沿平绥线免费旅行,同时请他们写一点游记、报道及英文导游手册等,以作宣传,扩大影响,吸引更多的旅客。

所谓平绥线,即从北平到绥远(旧省名,今属内蒙古自治区)的铁路干线,也就是今天的京包线。从北平经河北、山西到绥远包头,全长八百三十多公里。该线从 1905 年起,到 1922 年逐段建成。其中从北平到张家口的一段,还是我国最早自己建成的一条铁路呢。

他高兴地接受了老友冰心夫妇的邀请。7 月 7 日一早,他告别家人,坐上汽车去清华园车站。8 点 20 分,火车向西出发。那是一列路局的公事专车,卧铺、书桌等均有,还有餐车与厨师,设备相当整齐、舒适。他们在车上的会客室里开了一个会,根据各人的特长分配了工作。他的主要任务,是注意调查沿线的古迹、故闻。其他，如陈其田调查沿线经济状况，顾颉刚调查民族历史，吴文藻调查蒙古毡房，赵澄则担任摄影；几位女士，雷洁琼调查宗教状况，文国鼐写英文导游，冰心文笔佳，但身体较弱，便安排最轻的工作，写途中印象。但其实，他除了特别注意沿线的古迹之类外，一路以生动的文笔给妻子写了很多长信，详记了旅途中的所见所感。后来，他将这些信整理编集成《西行书简》出版。此书与冰心的《平绥沿线旅行记》，是可以媲美和对读的两本脍炙人口的散文集。

且说当时工作分配完毕，大家便随意谈笑，看书，或倚窗眺望。不多久，火车便穿行于巨壑、悬崖、急湍、峭壁之间。到青龙桥站时，在山谷的丁香花丛里看到了矗立着的詹天佑的铜像。这是他在读大学时就熟知的我国铁路事业的先驱者，不禁肃然起敬。在停车倒车头的几分钟内，他们下车散步，瞻观八达岭一带雄伟的长城奇景。他一边想象着当年城头拒敌、烽火漫天的情景，一面想到：这些昔日的抵抗线现已一无所用，今天将如何阻止日本的侵略呢？不禁感慨万千！

当天晚上，车到唐末李克用"英雄立马起沙陀"的宣化，便在车上过夜。第二天，坐车入城参观，一些破败的庙宇、园林之类，也提不起多少兴致。他看到了患肺痨已到不可救药的"与鬼为邻"的老人，还第一次看到了穷人"穴居"的仅可容坐立的山洞。那是人过的生活吗？他心里感到难受极了。第三天，他们又到张家口市参观，也是处处充满萧条衰败的气氛，还看到英、德等外商在该地所设商店、洋行，每年获利甚巨。而回到车上过夜时，天又下起了大雨。他被雨声惊醒，想到现在正是汛期，不免担忧又不知有多少地方遭了水淹。只是10日午后车到大同，他才高兴起来。

大同，在六朝时做过北魏的都城，历代也都是大邑重镇，遗留的古迹很多，而最闻名于世的，莫过于云冈石窟。那是北魏时代的一个伟大的艺术宝库，他憧憬于此已有多年了。可是，因连日大雨，去云冈的公路被冲坏，正在抢修。于是，第二天他们便先游城内，参观了九龙壁、上下华严寺等处。其中他觉得最好的是下华严寺的佛像,那么多,简直像个博物馆。特别是那几尊菩萨像,那样地美丽。那脸部,那眼睛,那耳朵,那双唇,那手指,那赤裸的双足,那婀娜的细腰,几乎无一处不是最美的典型。他不禁想起几年前在巴黎的洛夫博物院里看到的维纳斯塑像,觉得实在可以比美。那衣服的褶痕、线条,柔和如细软的丝布,简直不像是泥塑的。他看了又看,为古代工匠的艺术而迷醉。

回车吃午饭后,知公路已修好。下午,他们便怀着兴奋和期待,搭乘卡车去拜访那更伟大的一千五百年前的佛教艺术的宝库——云冈石窟了。在云冈他们一共游览了三天,他是全身心地沉酣于和震慑于此了。他写道:

> 云冈石窟的庄严伟大是我们所不能想象得出的。必须到了那个地方,流连徘徊了几天、几月,才能够给你以一个大略的美丽的轮廓。你不能草草地浮光掠影地跑着走着地看。你得仔细地去欣赏。猪八戒吃人参果似地一口吞下去,永远地不会得到云冈的真相。云冈决不会在你一次两次的过访之时,便会把整个的面目对你显示出来的。每一个石窟,每一尊石像,每一个头部,每一个姿态,甚至每一条衣褶,每一部的火轮或图饰,都值得你仔细地流连观赏,仔细远观近察,仔细地分析研究。七十呎、六十呎的大佛,固然给你以弘伟的感觉,即小至一呎二呎、二吋三吋的人物,也并不给你以邈小不足观的缺憾。全部分的结构,固然可称是最大的一个雕刻的博物院,即就一洞、一方、一隅的气分而研究之,也足以得着温腻柔和、慈祥秀丽之感。它们各有一个完整的布局。合之固极繁赜富丽,分之亦能自成一个局面。

冰心也写道:"万亿化身,罗刻满山,鬼斧神工,骇人心目。一如来,一世界,一翼,一蹄,一花,一叶,各具精严,写不胜写,画不胜画。后顾方作无限之留恋，前瞻又引起无量之企求，目不能注，足不能停，如偷儿骤入宝库，神魂丧失，莫知所携，事后追忆亦如梦入天宫，醒后心自知而口不能道，此时方知文字之无用了！"

第一天晚上，他还赶去观看山下农家的婚礼，聆听那民间乐师的奏鸣，他浮想着：在这古窟宝洞之前，在这天黑星稀的时候，在那边便是一千五百年前雕刻的大佛，便是经历了不知多少次的人世浩劫的佛室，听得了这一声声的呜呜托托的乐调，这是怎样的一种情怀呢？凄惋？眷恋？舒畅？忧郁？沉闷？啊，这飘荡着的轻纱似的无端的薄愁呀！啊，就像在罗马斗兽场见到黑衫党聚会，在埃及的金字塔下听到土人们作乐，在雅典处女庙的古址上见旅客们乘汽车而过。是矛盾？是调和？这永古不能分析的轻纱似的薄愁的情怀！

在大同时，还有一趣事。当地有一位接待人员，名叫"屈龙伸"。他笑着对屈氏说："你这个名字有意思。"忽然，他又大笑说："这个名字可以对'张凤举'！"（张氏是北大的一位教授）大家都大笑起来，于是便纷纷把旅行团中朋友的名字和时人或古人的名字对了起来。如雷洁琼便对了左良玉，陈其田便对了张之洞。大家又把他郑振铎对了李鸣钟。李氏曾任绥远都统，于是又提到当时绥远省主席傅作义，把傅作义对了李宗仁，等等。总之，旅行团内因为有他在，大家都感到非常愉快。

当然，他在旅行中也常有感到不高兴的时候。在云冈参观时，他不时看到被奸人偷盗毁坏的斧凿痕迹，以及因保护不善而被自然力破坏的洞窟，便感到一种锥心般的痛楚。13日晚，结束在云冈的游览，回到专车上过夜。他没有想到，第二天的参观将使他的灵魂受到另一种痛苦的刺激。

14日下午，他们去二十公里外的口泉镇参观煤矿。从小上地理课时，他便知道山西的煤，富甲于全球。但他还从未下过矿井，很想了解煤矿工人是怎样在地下工作的。由于山洪暴发，他们连搭车带步行，好容易才到达那里。他了解到，这个煤矿公司成立于1929年。工人的工资每天约一角七分到二角六分，工头则每天四角，大工头每天约一元多。工人为生活所迫，常有每天做两班的,即一天在矿下工作十六小时之多!他还遇见一个小小的童工,是在矿下推煤车、搬东西的,干一天只有一角钱!山那边挖的一个个土窟,便是工人们的住室。大多只是勉强维持着温饱而已。

他们都穿上很厚的蓝布套衣,戴上藤帽,穿上套鞋,手执一灯,还有一根棍子,活像一个个"工头"。他们乘升降机下井,机斗一落,伸手不见五指。各人手中的灯,如豆似的,照不见面目。黑漆漆的,如入了地狱。降下,降下,降下,仿佛无底洞似的,四壁都是黑的煤块,到处都是黑暗,黑暗,一片黑暗。到了这时,害怕也没有用了,只好索性随它降到底。升降机上淅淅沥沥的水,使各人身上都潮了一大片。终于到了离地面四百呎的井下。如果这唯一的升降机一旦出了毛病呢?……那是不能想象的了。

底下仍是一片漆黑,伸手不见五指。手头的灯光,仅够照路之用。路上是纵纵横横的铁索和路轨,还停着不少煤车,遇到狭窄的地方还得侧身而过。有的地方,非得匍匐而进不可,一不小心头便撞在石头上。好在他们戴了藤帽。

"气闷!气闷!"冰心叫了起来。大家都感到确实气闷,而且热。他连内衣都湿透了,但他想,矿工们天天都在底下干八小时,甚至十六小时,他们难道不感到气闷吗?往前走,忽看到熊熊的火光,并听到叮叮当当的打铁的声音。原来那是掘煤器具的临时修理处。他们在高热的火炉旁只站了一会儿,便觉得受不了,赶紧离开,走了好远的一段路,才觉得稍好一点。

又走了约半个小时,才走到正在掘煤的地方。只见很多工人挥动着铁锹,在不停地挖掘着。大多是赤膊,浑身都是汗粘着煤屑。遇到松软的地方,铁锹一下去煤块便纷纷落下;遇到坚硬的地方,便非挖几个洞,放入火药去炸落它不可。那工作是万分危险的。但每天的工资至多还不到四角钱!

他向一位工人借了一把鹤嘴锹,向壁上试挖了几下。煤屑飞溅在脸上,有点痛。甚至还溅入嘴里和眼睛里,很不好受。只好放下锹,向那工人谢谢。那位工人只有两只眼睛的眼白是白的,一脸一身都是墨黑。工人朝他友善地笑笑，他却觉得非常难过。

上得地面来，大家都觉得恍如再履人世。脱去蓝衣时，发现每个人里面的衣服都沾满了黑灰，连鼻孔和耳窍也都充塞着黑垢。"假如这矿下过的生活是人的生活，那么，我们过的实在不是人的生活……"，他轻轻地慨叹了一句。大家的心情都十分沉重。"九渊之下，更有九渊"，他更深刻地体验到人类是分成差距这么大的不同的阶级的。

15日，他们再游大同市。夜十时，火车开动，二小时后到丰镇，在车上过夜。翌日一早，沈局长的快车到此，是去视察前方被洪水冲断的铁路的。他们隔窗匆匆打了招呼。又听说刘半农到百灵庙考察方言，得病回北平，已不幸逝世。大家闻讯一阵惊惜。这时，丰镇站的站长来了，他一看，原来竟是早年在铁路管理学校读书时的老同学郑秉璋！秉璋昨天适值夜班，虽然一宿未睡，但还是热情地领大家去镇上游览。可惜这里没有什么名胜古迹，加上又是一派衰败景象。而最使他触目惊心的，是镇上鸦片烟铺之多，连街头地摊上也公开摆满了烟具！而在车站附近，他们还看到了一片一片的罂粟田！据了解，此地烟民甚多，其中不少是穷人；而穷人买烟不是论斤论两，只是零星地买一小包吸一顿。而且，这里种毒、贩毒竟然都是得到当局默许甚至庇护的，还公开收烟税。他想起了八十多年前的林则徐，心里又是一阵阵地刺痛！

夜里，车又开到平地泉。17日起床后，得知前几天的大雨已将前面的铁路都冲坏了，正在抢修，至少两个星期无法通过。而且，连绥远省政府主席傅作义的专车，也已在此等候好几天了。于是他们商量后，决定暂回北平，等路修好了再来。傅作义听说来了几位文化名人，亲自过来谈了一会；而他们也礼节性地到傅氏行辕作了回拜。下午，他们在附近走了走。在领略了草原上美妙的黄昏景色后，于夜间乘车回返。18日晚上，回到北平。这一次的旅行，到此便告一段落。

过了二十来天，他们于8月8日晨，在清华园站再次登上专车。同行人中,文女士因赴北戴河未偕行,改由容庚加入。这次是直赴绥远,中途不下车游览了。9日近午,到达绥远省城(今呼和浩特市),应傅作义的关照,安顿在绥远公医院内的省府招待处。傅氏公馆就在隔壁。傅氏来谈甚久,他们也回访了傅氏夫人。

第二天上午,参观了城内的四座喇嘛庙。下午,参观了原先是慈禧太后父亲的官署的怪园等地。晚上傅作义设宴招待。席上,傅氏谈到1927年自己在北伐战争中守卫涿州的著名战斗等,尤其谈到了去年的长城抗日和绥远抗日的战斗,大家为之动容。同时又听了三十五军某机关枪连战士张恒顺在去年5月抗日战斗中的故事。张君为山西人,年仅十九,在那次战斗中担任掩护,全班五人均阵亡后,他仍沉着坚持,以孤身奋战,扫敌数百,自晨5时至晚7时,奉命始退,全线赖以保全。连日本的报纸上也报道了张君的英雄事迹。如今张君荣升为少尉。听得大家十分振奋,连平时说话不多的冰心也向傅氏提出,希望与张君见面谈谈。傅氏说:"张君正驻在丰镇平地泉一带,等你们回去经过平地泉时,我可以发电报命他上车相见。"遗憾的是后来他们回去经过平地泉时,张君的长官上车说张君病了,未得见面。

11日一早,他们乘三十五军的军车去绥远西北约二百多公里、阴山北面的百灵庙镇参观。傅氏还特地派了一名蒙语翻译和五名卫兵陪同前去。中午抵武川县,赵澄忽感不适,天又突降大雨,于是暂息,夜住平顶山上的娘娘庙。第二天继续乘车,一路驰过绿海般无边的草原,近晚时,终于到达百灵庙镇,受到内蒙古地方自治政务委员会官员的欢迎。他们住进了两个"蒙古包",大家都感到非常的新奇和兴奋。这时,忽有一阵雹雨袭来,冰颗在草地和包顶上迸跳着,如珠走玉盘。少顷雨止,出包一望,四山如浴,新绿照人。西边是明艳的晚霞,东边有虹影双重,直垂到毡庐门口。百灵庙的白墙红瓦和金色的屋尖,在明净的霞光山色之中,竟如天宫仙阁一般。不久,蒙政会的秘书长德王及几位委员来访,介绍了当地的一些情况。天黑后,他在蒙古包里第一次过夜。半夜醒来,聆听大草原上远处的犬吠声,感到一种异样的凄情。

13日,他们参观百灵庙。晚饭由德王招待,请吃蒙古风俗的"全羊席"。这天早上,他一早出去散步,遇见保安处的军事教官刘建华,便聊了起来。刘君参加过好几次对日军的战斗,说起伤心的往事,悲愤交集;晚上,刘君又来他们住的蒙古包内,谈起火烧敌人机场的故事,慷慨激昂,有目眦皆裂之概。他深深地感到,全国各地人民都是强烈反对日本侵略的。

德王特地为他们召开了赛马和摔跤表演大会。晚上,旅行团设宴答谢德王诸人。双方在致词中,都谈到汉蒙合作,开发草原,巩固国防等。说到沉痛处,声泪俱下,合座默然动容。他又一次深深地感到,蒙汉一家,同气连枝,应当为他们呼号传语,使全国同胞都知道在这穷荒极北的漠漠寒沙中,有这些孤军奋斗的蒙古族兄弟,正在等待着国人的同情与援助⋯⋯

15日,乘了十一小时的汽车,晚上回到绥远。第二天,他与洁琼等人骑马去城南二十里外传说中著名的昭君墓参观。晚上,他请大家在饭店吃饭,然后一起去傅主席家辞行。17日晨,专车继续向西,中午到达包头,为平绥线的终点,亦即这次旅行的末站。他们在包头逗留了几天,参观了一些工厂、农场等,无足多记。其中,访问一个"新村"时,他曾与一位主张"耕者有其田"并向往苏联社会主义的山西人任君作了交谈。他早期也是很赞成"新村"的理想的,后来认识到这是一种空想社会主义。这时他更感到,"新村运动"向为无政府主义者的同志的联合,但这个"新村"却带有官办性质,至少是和当地政府合作的,故其主张很值得研究。不过,他也认为不妨有这样一种试验。另外,19日还参观了黄河边上的民生渠。这条渠落成时,报上吹得厉害,但直到这时还未收点滴灌溉之利。不过,他认识了工程师徐百川(上海复旦大学毕业生)和其妻子(天津北洋工业学院毕业生)。一对青年夫妇远离繁华城市到此埋头实干,是值得称赞的。徐君还向他提到了黄河边上的"土匪",认为他们原是农民,并不以"匪"为业,只是穷不聊生而出此。他同意这一看法,并想起在黄河边上见到许多因水灾而背起包袱外出做工的农民,那种耐苦求食的精神,足以表现出真正的中国人的本色。

接着又是连日大雨。20日火车到麦达召后,他们无法活动,闷坐车中。他最早动了归心,因为学校就要开学了,再说他还要到上海去一次呢。但冰心夫妇最有责任心,坚持主张须将原定旅程全部完成后,才回去。22日,车到旗下营站,绥远段长来看他们,不料又是他早年铁路管理学校的一位老同学,叫李振先。他们相见甚喜。李君说,前方路轨又被冲毁,须三天才能修复。冰心等人拟折回麦达召等处继续参观,而他实在等不及了,决心随工程车先返,于25日回到北平家里;而冰心等人,后来也只比他晚回来一天而已。

此次旅行的意义,据冰心后来的总结,约有四点:一是为保卫边疆,开发西北,了解西北边况;二是宣传第一条中国自己计划、勘测、建造的铁路;三是加强与少数民族之间的团结;四是瞻观祖国辽阔而萧瑟的河山,和珍贵而亟待保护的古迹。另外,本书著者觉得可以加上一点:加深了他们对穷苦地区劳动人民生活情况的了解。

他的《西行书简》,当年就在《文学》月刊和《水星》月刊上陆续发表,书是在1937年6月出版的;而著名文学批评家阿英则在1937年2月的《青年界》月刊上提前发表了书评《一部绥远和山西的游记——郑振铎的〈西行书简〉》。阿英将《西行书简》与冰心同时写的游记相比较,指出:"从这两部游记的对比上,很可以看到由于各个作家对于社会认识的不同,注意点的各别,写作的重心也就自异。冰心游记是强调着景物的描写的,而《西行书简》却把沿途的社会生活和古迹详加叙述、考证。"阿英特别举出有关下矿井的描写,认为郑振铎"具体的写了矿里的空气、生活、工人的生活苦,给予的印象是极明晰的。而作者的思想,和其对劳动的理解,也很明白的写了出来。""归结地说,《西行书简》在写作的态度上,是较之旧的游记更发展的;在社会的意义上,应予以较高的估价。……冰心游记在这些地方是弱于《西行书简》的……"

三一　遭忌与被排斥

就在他第一次外出旅行的前一天，7月6日，远在上海的鲁迅给他写了一封信，其中关切而同情地谈到他在燕京大学与某些人物相处的问题：

> 三根是必显神通的，但至今始显，已算缓慢。此公遍身谋略，凡与接触者，定必麻烦，倘与周旋，本亦不足惧，然别人哪有如许闲工夫。嘴亦本来不吃，其呐呐者，即因虽谈话时，亦在运用阴谋之故。在厦大时，即逢迎校长以驱除异己，异己既尽，而此公亦为校长所鄙，遂至广州，我连忙逃走，不知其何以又不安于粤也。现在所发之狗性，盖与在厦大时相同。最好是不与相涉，否则钩心斗角之事，层出不穷，真使人不胜其忧。其实，他是有破坏而无建设的，……自己也不再有路可走，只好又用老手段了。

这里说的"三根"，是鲁迅对当时燕京大学的一位著名教授私下取的一个讽刺性的绰号。既然鲁迅在致本书传主的私信中也未将这位教授的真名实姓写出，那么，本书也不想在这里揭出这是具体指谁了；再说，此人当时究竟如何对他"运用阴谋"之类，由于当时他致鲁迅的信未见保存，我们几乎一无所知，又无法调查核实。在这里，我们姑且采取瞿秋白提出的读鲁迅杂文的方法：把"三根"抽象化，当作某一类"遍身谋略"、"钩心斗角"的人物的典型来看。可见，这时他在燕京大学已经遇到"麻烦"了。鲁迅在信中还提到老友许寿裳当时已任北平大学女子文理学校的院长，热心地询问他愿不愿意调到该校任教。

而在他即将结束第二次旅行的时候，燕京大学校园里正闹着一起针对他的风潮。有人煽动少数学生贴了他的大字报。8月23日，《北平晨报·

教育界》发表《燕大图书馆购书问题／主管人有滥予高价之嫌》的一则报道,透露了其中的一些消息:

> 燕京大学图书馆,因有哈佛燕京学社关系,每年有指定款项,购藏中文书籍,故该校中文书之收藏,在北平各大图书馆中,堪称丰富。该校原有日本大正新修大藏经一部,去年复购得明正统本大藏经残本若干,此书原由该校教授郑振铎经手购买。据郑振铎云,此书价值一千五百余元,愿以一千五百元让与燕京图书馆云。时该馆经费不多,仅余一千二百元,当即以一千元购之。惟最近该校学生及教职员方面,从北平图书馆某一部分人士得来真实消息,始悉此书原由北平头发胡同某书铺售出,原价仅四百五十元(一说四百七十元),并有目录云云。学生方面当即向该铺查阅,果有此书。惟原有目录则已被扣留,仅有抄本目录一份。该校学生以此事诚属重大不幸事件,即将呈请学校及图书馆当局彻查,以维风纪云。
>
> [又讯]记者昨晤该校熟悉此事之某君,据云:该校图书馆当局,以一千元购买此书,实因该书系明刊本,极可宝贵,且封面系用明代之锦包裹,亦有相当价值,惟一转手间,牟利至五百余元,实属令人遗憾云。

据8月21日顾廷龙(起潜)致顾颉刚信,这篇东西是吴世昌写的:"子臧[按,即吴某]以以中不登其文[按,指王以中不愿意发表吴某攻击郑振铎的文章],格于情势,无可如何,然于振铎,尚不甘心,乃将藏经事撰为新闻,交张德生发表。(已两三日,但尚未见,据云张病。)措词大意谓燕京所得藏经仅千元,殊为便宜,知得于某人,但某人得来只五百元,一转手间牟利五百元之多,并扣留目录全分,现在希望其以五百捐之百万基金[按,是当时一个赈灾的基金会],目录即日交出云云。如果登出,振铎难堪矣。"24日,起潜又致颉刚信道:"西谛藏经事竟于《晨报》登出,地位又特别注目,闻学生方面有请求学校彻查之意。日来平绥路又断,此君遄归已无可收拾,亦可怜矣。"看"振铎难堪矣"、"亦可怜矣"诸语,可知起潜也是同情他的。

本书传主喜爱买书,世人皆知;有时,因经济窘迫或其他原因,又出售一点藏书,那也是正常的。可是,这次别有用心的人显然想借他出让明版《大藏经》一事,来搞臭他。他十分气愤,又对那些人十分蔑视,便写了一封信,说明了事实的真相。此信又为一篇攻击他的文章所引用。因今天的读者很难看到,转抄于此:

《大藏经》为明宣德本,诚然是我由北平购到的,但并非替燕大图书馆买。当时用燕京公共汽车运回,堆在我书房的地上,无力做书架,也没有工夫去整理,便想卖去它。当时曾向北平某君及燕大图书馆接洽。我因急于用款还帐,便以一千元售给燕大图书馆。这完全是买卖行为,根本上不会有所谓"风纪",想不到竟会有人借此中伤!老实话,售出后,我还懊悔了许多时候!其心境的如何惆怅,有经验者是深能领会得到的。前年暑假,我不在北平时,君箴女士编成目录一册,整整的费了一个暑假的工夫。假如不是为了"穷"我是绝对地舍不得售出此书的,单为了这册抄本目录的艰苦编成之故,也不该售!然而终于不能不售!有心肝的人还该说什么风凉话!两年以来,屡次地想向燕大图书馆商量赎出,都不曾开口;一则艰于开口,二则还是为了穷。现在好了,我已决定设法收回。即使图书馆也想同样"牟利",我却也不妨出高过原售价的买价去赎它!我实在对不起"编目录的人",我应该借此"赎罪"!祈将此函作为更正是荷!

此事甚至传到了香港。9月16日香港《天光报》载《燕大图书馆之购书纠纷/大教授郑振铎竟做了书贾》："北平燕京大学,乃美国在远东经营文化事业之大本营,其图书馆因有哈佛燕京学社之关系,每年指定的款,搜罗华文书籍,故该馆图书收藏之富,琳琅满目,为故都各大图书馆之冠。其采购手续,凡新书照章按各书肆最优惠之价购入。此乃通例。惟对一切旧籍,往往无一定之价,乃组有审购委员会斟酌之。前年六月间,曾向教授郑振铎转购得明正统【报纸残缺十几字】一千五百元。嗣经该审购会审核商榷,以该本确极宝贵,且封面亦用明代之锦包裹,亦有相当价值,故结果卒以一千元购得之。两年以来,相安无事。不料最近有一部分学生及教职员,从北平图书馆方面探得真实消息,知悉此书初由郑向头发胡同蔚珍古书铺购来时,仅出价四百五十元,且曾商借燕大公共汽车,分二次载运返寓,连车伕酒力另化二十【报纸残缺十几字】上。在该校主管者固不免有滥予高价之嫌,而在郑大教授亦殊迹近市侩行为。故一部分学生,甚为不满,将对校方呈请彻查。消息传出后,咸认为故都教育界之一不幸事件。经向该校调查真相,据称此书来历去处,均甚确实,惟郑以既非该校采办人员,又非审购委员,仅以廉价购得后,善价而沽,亦属事理之常。该馆虽以一千元购得,而在郑方已减让五百元,诚属格外优待。按之时值估价,亦尚相当云云。现郑已决定设法向校方按价收回云。"

事实毕竟是清楚的。

他写了这番坦荡严正的话后,那些蓄意兴风作浪的人,毕竟也没能捞到什么稻草。而燕大图书馆也没有同意他赎回。8月27日,他还写了《"文人"的面目》一文,指出正直的文人往往要受迫害,但又何损于他们;而那些屈伏、诌谀的"文人",是那样的细弱可怜。稿子交给了李长之等人编辑的《文学评论》杂志。然后,他去了一趟上海。9月2日,他由雁冰陪同,秘密访问因内山书店两位中国店员涉及"共党嫌疑"被捕而正在千爱里避难的鲁迅。他同鲁迅谈了合作刻印版画等事,当然,也谈了北平那些无耻的"文人"

的面目。只是为了文化事业,为了编印古代版画等工作,他暂时还不愿离开北平。

11月8日,鲁迅给他的信中说:"教书固无聊,卖文亦无聊,上海文人,千奇百怪,批评者谓我刻毒,而许多事实,竟出于我的恶意的推测之外,岂不可叹。"可以推测,他一定是感到在燕大教书已经十分无聊,所以向鲁迅诉说了想到上海来"卖文"的意思,因而鲁迅这样回答他。这个月底,他又去了一趟上海,又拜访了鲁迅。

1935年,新年伊始,他于4日夜写了一封信给鲁迅(此信今未见),鲁迅收到后即于8日写了回信,其中有这样长长的一段愤慨不已的话:

营植排挤,本是三根惟一之特长,我曾领教过两回,令人如穿湿布衫,虽不至于气绝,却浑身不舒服,所以避之惟恐不速。但他先前的历史,是排尽异己之后,特长无可施之处,即又以施之他们之同人,所以当他统一之时,亦即倒败之始。但现在既为月光所照,则情形又当不同,大约当更绵长,更恶辣,而三根究非其族类,事成后也非藏则烹的。此公在厦门趋奉校长,颜膝可怜,迫异己去后,而校长又薄其为人,终于不安于位,殊可笑也。现在尚有若干明白学生,固然尚可小住,但与月孽争,学生是一定失败的,他们孜孜不倦,无所不为,我亦曾在北京领教过,觉得他们之凶悍阴险,远在三根先生之上。和此辈相处一两年,即能幸存,也还是有损无益的。因为所见所闻,决不会有有益身心之事,犹之专读《论语》或《人间世》一两年,而欲不变为废料,亦殊不可得也。但萌退志是可以不必的,我亦尚在看看人间世,不过总有一天,是终于要"一走了之"的,现在是这样的世界。

鲁迅信中"为月光所照"云云,当指"三根"与"新月社"一派有关系,但也

"非其族类"。可惜具体详情,我们不得而知。仅知当时反对本书传主的学生中有陈梦家,而梦家倒是"新月派"诗人。(但他对梦家似并无什么反感,1950年代清华大学院系调整时,他接受梦家到他领导的考古所工作,很器重梦家。)鲁迅说"尚有若干明白学生",是指还是有一些进步学生是支持他的,所以他还可以在燕京大学"小住"。被鲁迅称为妖孽的"孜孜不倦,无所不为"、"凶悍阴险,远在三根先生之上"的"新月"人物如何排挤打击他,我们现在也不甚清楚。但不禁想起一年多前《新月》杂志上发表吴世昌攻击他的《插图本中国文学史》的事情,这里作一补叙,并顺便谈谈他对吴某的帮助和培养。

《插图本中国文学史》问世后,全国唯一公开发表贬评文章,而且是全盘否定此书的吴世昌,竟是他在燕大中文系直接施教的一位学生!吴某先是在1933年3月《新月》杂志上发表一文批评此书的第二册,其中涉及一些学术上的不同看法,不管吴某懂不懂,说得对不对,本是可以商榷讨论的。但是,吴某往往抓住一点不及其余,而且往往所抓住的一点恰恰正是自己没搞清楚的。更令人反感的是,其态度与用语都轻浮得惊人。例如,吴某竟说此书连"为中学生作参考书翻一下"的价值也没有,甚至横蛮地教训自己的老师,说他根本就不配写这样的书!且不说传统的尊师之道,这哪里还有一点起码的学术态度?当时,在上海的陈子展教授便在《申报·自由谈》上发表一文,指出吴某"为文态度,似在陵轹他人,轶出讨论学理范围"。吴某究竟出于何种心态写出这样的文章,是可以另作分析的;而一贯标榜"宽容"、"公正"的《新月》,居然会发表这种浅薄狂妄、出口伤人的文章,倒是实在令人吃惊!

但是,他只是在4月22日给《新月》编者叶公超写了一封短信,就有关学术问题略作答辩,并表示"其余的空话,实在没有工夫去一一地分辨"。显示了一个真正的学者的泱泱风度。可是,吴某非但不接受陈子展的批评,却又在《申报·自由谈》上发表一信,说什么郑振铎声辩的五点,"其中只有最后一点的半点有理由(而这最后一点在拙文中是最不重要的一点的五分之一)",并无中生有地说他这最后一点的半点,"据说是请某教授代作的"云云。这样一些刁钻荒诞横蛮的话,即使我们现在读起来,也觉得太刻薄而感到义愤。但他当时却没有再写反驳文章。而在翌年3月,吴某又在《图书评论》上发表两篇批评该书的长文,其中也有不少胡批之语。但总算承认了:"平心而论,郑先生这部巨著在中国文学史中,以言赡博——特别是近代部分——可说是无与伦比。"

吴某在《图书评论》上的文章,比起在《新月》上的那篇来,态度略有转变。这与本书传主的异常难得的学者、师长风范有关。这里再稍许插叙一段他的高风亮节的故事。当时吴某虽然那样无理、无礼地攻击他,但他却仍然认为吴是一个有才气的和爱国的学生(前面提到过,当时吴是燕大学生抗日会负责人之一),因而忍辱负重,继续爱护和帮助吴。在创办《文学季刊》时,他也一视同仁地请吴某写稿。在1934年元旦出版的该刊创刊号上,就发表了吴的论文《诗与语音》,文末写道:"谢谢西谛先生督促我,得以写成此篇。"当时,刘半农看了此文后,给本书传主寄来了表示反对意见的文章,他又把刘文交给吴看,并热情鼓励吴继续发表自己的看法,还表示可以在发表刘文的同时发表吴的答辩文章。吴写成《〈诗与语音〉篇的声明和讨论》后,他就拿去准备刊用,后因故未能刊出,还特地写信向吴解释。他当时已是闻名国内外的大学者、教授,半农也是,而吴某还不过是初出茅庐、而且正在狂妄攻击他的一个普通大学生,他能够这样关怀、帮助吴某,实在是太令人感动了。真可借用吴某后来教训别人的一篇文章中的一句话来说:"这是何等风度,何等胸怀,何等虚心,何等实事求是!"

但是,尽管他这样春风霁月、光明磊落地工作着与生活着;但在燕京大学却仍然横遭妒忌与排斥。就在上述鲁迅写了长信的第二天,鲁迅又给他写信说:

> 昨复一函,想已达。顷得六日信,备悉种种。长于营植排挤者,必大嫉妒,如果不是他们的一伙,则虽闭门不问外事,也还是要

遭嫉视的。阮大铖还会作《燕子笺》,而此辈则并无此种伎俩,退化之状,彰彰明矣。

鲁迅还对他说:"先生如离开北平,亦大可惜,因北平究为文化旧都,继古开今之事,尚大有可为者在也。"鲁迅再次建议他到许寿裳(季茀)主持的北平大学女子文理学院去工作,并于同日给许先生去信,说:"近闻郑君振铎,颇有不欲久居燕大之意,此君热心好学,世所闻知,倘其投闲,至为可惜。因思今年秋起,学院中不知可请其教授文学否?"

此事后未成功。寒假时,一月中旬,他又去了一次上海,住了一个多月,至3月5日离沪。其间,不仅多次访问鲁迅,而且与生活书店谈妥了由他主编大型文学丛刊《世界文库》的规模空前的计划。这样,他虽然仍回北平,但已作好了离开燕大回到上海工作的准备了。他回去后,把家也搬出了燕大东门内天和厂一号的舒适庭院,迁到东城小羊宜宾胡同一号去了。

他4月15日创作的小说《漩涡》,便描写了一个进步教师受到黑暗势力的造谣、妒忌、排挤而被迫离校的故事,寄托了他的悲愤。

4月底,他又回到上海,住了约一个月。这一次,主要与老同事、商务印书馆编译所所长柏丞商量决定了一件重要的事情。当时,上海有所国立暨南大学,是主要为华侨子弟归国求学而设的综合性大学。该校经常闹学潮,因为学生中既有国民党员,甚至有带枪上学的特务学生,同时也有中共地下党员在从事学生运动。因此,闹得不可开交,校长也就不断地"换马"。而一般在学术界或社会上没有一定地位或后台的人,也不敢去该校担任校长。这时,当局看中了柏丞。一方面因为柏丞在学术、声望方面可以压得住;另一方面也因为柏丞不久前积极参与发表了所谓"十教授宣言"(即《中国本位的文化建设宣言》),有关当局很想利用和笼络他。柏丞一直想为国家的教育事业贡献自己的力量,然而,考虑到如果接受当局委派去做校长,那可能要遭到进步人士的白眼,所以很觉得为难。柏丞便来找他商量。在柏丞心目中,他无疑是一位著名的左派人士,同时又不是一个拒人于千里之外的"左"得可畏的人。他经过认真考虑,并与愈之商量,中共秘密党员愈之也认为应该支持柏丞去当校长。柏丞又同他商量学校行政人选等问题。他表示自己正想离开燕京大学,因此也可以来担任一些工作,并可负责联系聘请一批有真才实学的进步教师来校任教。这句话,更给了柏丞极大的鼓舞,促使柏丞最终下决心放弃商务编译所所长这一重要而稳固的地位,而到暨南大学这一是非之地,来为国家的高等教育干一番事业了。

就这样,他终于离开了燕京大学,重返上海工作。后来,他在为《许地山选集》写的序中只说了这样一句话:"我在燕京大学被司徒雷登[按,司徒是燕大的美国人教务长]和他的一派的人强迫离开"。他在1958年最后一次讲话中也说:"我在燕京大学代表进步的一派,校当局就很恨我。司徒雷登是个老狐狸,他唆使一批教员和学生一起排挤我。我提出辞职,有些学生很同情我……"

"豺狼当道,安问狐狸"!在当时的中国,哪一个正直的知识分子,没有遇到过这类遭忌与被排斥的事?(例如,地山不久从印度研究结束后回到燕大,也被司徒雷登解聘,于是去香港大学中文学院任教了。)更何况,他是那样心口如一、嫉恶如仇的人。不过,正如鲁迅说的,他是"世所闻知"的著名学者,因而也是不会"投闲"的。

他怀着愤怒离开北平,又怀着信心重返上海。

第七章　再返上海

三二　文学院院长

"暨大情形复杂,新校长究竟是否到校,尚未可知,倘到校,那么,西谛是也去的。我曾劝他勿往,他不取用此言……"这是 1935 年 7 月 16 日鲁迅致曹靖华信中的话。可以看出,鲁迅一开始是并不赞成他去暨南大学工作的。这可能就是因为担心那里"情形复杂",怕他刚刚从燕京大学饱受了冤气出来,又陷进另一个泥淖里去吧。

然而,他经过慎重考虑,还是去了。因为那里虽然情形复杂,但毕竟是一个重要的阵地,是可以有一番作为的地方。就在鲁迅写上面那封信的这一天,上午 10 时,他身穿笔挺的西装,挎着公文包,与杜佐周、张耀翔、程瀛章、程瑞霖、陈科美、陈中孚等共七人,作为新校长柏丞的代表,前往上海西郊真如的暨南大学,与暨大代理校长沈鹏飞等人办理了学校的移交、接收手续。

可以说,从这一天开始,他又开始在上海工作了。从此,他又连续在上海工作、生活了十四年。先住地丰路(今乌鲁木齐北路)地丰里六号,后迁至静安寺东愚园路庙弄四十四号。

上引鲁迅的信中说,如果柏丞去暨大当校长,那么,他是也去的。可知鲁迅也了解他们两位的关系非同一般。确实,他与柏丞不仅曾经是商务印书馆编译所的同事,而且相互比较了解。虽然柏丞比他大八岁,主要专长是史学理论,与他的主要专长并不完全相同,但他们在思想上还是有不少共同语言的。他们都是严肃认真的学者,在政治上柏丞远没有他那样激进,但在事关国家民族的大事上,他们都是真诚的爱国者。

他不会忘记,十年前,"五卅"惨案发生后,他在《小说月报》上特辟了"五卅事件"专辑,发表了自己写的《卷头语》《为中国》《街血洗去后》《墙角的创痕》《我们的中国》《泥泽》等诗文,以及圣陶、佩弦等友人的慷慨激昂的反帝诗文;柏丞从不为《小说月报》写稿,那次却特地写了一篇《人类史上的惨杀案》,从"五卅"惨案而联系到国外历史上的许多惨杀案,痛斥了帝国主义的野蛮性。这篇文章不仅显示了柏丞作为学者的渊博知识,而且也表明了柏丞是一个坚定的热烈的爱国者。

他也不会忘记,八年前,"四一二"政变以后,他和愈之、予同等人因为公开发表对国民党反动派的抗议信,险遭逮捕。但过了几时,却不见动静。事后才知道,柏丞也极力作了疏释和保护工作。柏丞自己却从不曾和他们谈过此事,一点也不居功,甚至也没有向他们了解过情况。只是凭着一腔同情,热忱地为朋友帮忙,并绝不求别人知道。

他更不会忘记,六年前,他还约柏丞写过一篇《论所谓"国学"》,他自己也写了《且慢谈所谓"国学"》,一起对封建文化的顽固势力发动了批判。当然,今年1月柏丞与其他九位教授发表的《中国本位的文化建设宣言》,他是不大赞成的。但他明白柏丞的本意是好的,是关心国家的文化建设。而他在《申报》和《文化建设》杂志上发表意见,对柏丞也无疑有所教育。至少,在柏丞等人发表的第二次宣言《我们的总答复》的最后,便写上了"反帝反封建"这一"必然使命"。

柏丞虽是美国名牌大学毕业后归来的,但毫无洋架子,相反,倒是"大洋若土"。平时生活朴素,老是一身中式长袍。从不像某些留学回来的"假洋鬼子"那样,嘴上老挂着"兄弟从前在国外如何如何"的话。再说,柏丞从小就考上过秀才,又出身于崇尚程朱理学的旧家庭,但其思想并不顽固保守,否则也写不出《论所谓"国学"》这样的文章了。柏丞归国后,曾多年从事教育工作。1917年,即应北京大学蔡元培(孑民)校长之聘,到北大任教。柏丞不仅受知于孑民先生,而且深受孑民先生那种兼容并包的民主、开明的作风的感染。在主持商务印书馆编译所工作时,柏丞即显示出这样一种作风。

正因为他对柏丞的思想和为人有这样一些基本的认识,所以,当柏丞同他及予同这些原来商务的老同事商量暨南大学去得去不得的时候,他们都作了肯定的回答。而且,此事他还曾同愈之商量过,愈之也认为应该支持柏丞去接管这个大学,对二陈(陈果夫、陈立夫),对社会外面的交际,可由柏丞出面去应付;至于校内的一切事务,可以由进步教师共同协商来管理。中共秘密党员愈之的这一指示,意义深长。当时,国民政府教育部长王世杰向柏丞催促同意时,王云五曾竭力劝说柏丞留在商务印书馆里相助,甚至掉下几滴眼泪,还曾去南京为之代辞。但柏丞还是决定去暨大。这确实是需要一点勇气和事业心的。当时,王世杰对柏丞说:这是给暨大最后一次机会,如果仍整顿不好,就准备停办。国民党要员张群甚至面告柏丞:你接管暨大,要备武器,带卫士。

在这种情况下,柏丞敢于去暨大当校长,除了因为对国家教育事业的真诚热爱外,主要还因为得到了本书传主等人的坚决支持。当时,上海的国立大学一共只有三所,即交通大学、同济大学和暨南大学,而暨大又是特地为侨居海外的华侨子弟归国求学而设的,确实是一个重要的教育阵地。柏丞认为,只要以孑民先生为楷模,民主办校,唯才是举,循循善诱,大量聘请著名教授以满足学生的需求,学校是一定办得好的。柏丞后来在总结自己办校的经验时说:"校务繁杂,似宜多采分层负责制。古语所谓'明主劳于求贤,而逸于任人'(即信任之谓),确是主持公务机关者所宜服膺之格言。……大学同事人多,性情不一,主管者宜取'用人勿疑,疑人勿用'为格言。唯其能任人,故逸,而所劳者仅在求贤之一事。"而柏丞最重要的"求贤"之一,就是请他来暨大担任文学院院长兼中国语文学系主任暨该系专任教授。

这是一个很重要的任命。众所周知,凡综合性大学,一般最活跃的就数文学院;而文学院中,又总是以中文系为首。要是闹起风潮来的话,也往往是文学院或中文系带头。可知他在暨大担任的职务,实在是很要紧的了。而且,当时暨大一共也只有三个院:文学院、理学院、商学院(后来才添设了法学院等),而以文学院人数为最多,包括中文系、外文系、史地系以及稍后添办的教育系等。同时,柏丞还任命他为校务会议、行政会议、教务会议、聘任委员会、训育委员会、课程审查委员会、图书委员会、编译出版委员会、招生委员会、免费暨公费学额委员会等等会议和委员会的委员。有一段时间,他还兼任暨大图书馆馆长。可以说,实际上暨大的近一半担子,是压在他的肩上了。在校庆或开学、毕业的典礼上,柏丞总是让他紧随左右,充分表明了对他的倚重和信任。这与他以前在复旦大学、中国公学等校只当个兼职教授,或者刚到北平时只当燕京大学和清华大学两校的"合聘教授"等比起来,是大为不同了。据说当他在燕大受到排挤时,魏建功曾想介绍他到北京大学任教,不料当时任北大文学院院长兼中文系主任的胡适,虽然是他的老朋友了,竟冷冷地说,他如果来只能做个讲师。

现在,既然这样一个工作的小环境还不错,他也就竭尽全力地工作了。9月12日,是他到暨大后的第一个新学年的开学第一天。在全校大会上,何校长讲话,说:"我们要造成复兴民族之斗士,不要造成争权夺利之政客。况且暨南比其他大学另有其特殊之使命,将来本校毕业同学必须能向海外发展,能在外界立足。"为达到这一办校目的,校长提出了三项方针,即学术标准化,财政合理化,团体生活纪律化。他也讲了话,提到他到上海已两个多月,为帮助何校长接办学校,遇到不少困难,"因为我们的不敷衍,不联络,处处以同学的学业为前提,竟因此得罪了不少的人"。教务长张耀翔(他"五四"时的老友程俊英的丈夫)也代表他们表示:"我们不是为敷衍来的,是抱着改革决心来的。想把这个学校办好,这一点诚意,我们是有的。并且,校内校外明眼正直的人,也相信我们有此诚意。我们肯牺牲,只要对于学校有利。"对于这一新的校领导班子,以及校领导宣布的办校方针,同学们是满意的。接着,23日,在全校大会上,他又作了题为《华侨教育与理想之暨南大学》的讲演,谈了自己的抱负与理想,再次表达了支持何校长办好暨大的决心。

而他为暨大所做的最重要的贡献,便是为文学院网罗了一大批有真才实学的、有名望的进步教师。当时,国民党当局对暨大控制很严,凡聘教员,均须报南京教育部批准。例如,他原拟聘郁达夫来校教日本史,连报纸上都登出了消息,但教育部长王世杰说达夫"生活浪漫,不足为人师",遂未成;鲁迅曾向他推荐台静农来任教,亦未成;甚至他在暨大的教职,也是到8月13日才经教育部"核定批准"的。但是,在他的努力下,还是或长期或临时聘请了胡愈之、周谷城、楚图南、钱亦石、郭绍虞、周予同、王统照、傅东华、许杰、方光焘、张世禄等等著名学者(都是他的好友)来暨大任教。如图南的儿子、后来的中国民主促进会中央副主席楚庄回忆说:"那时父亲还是反动政府缉捕的对象,由郑振铎先生介绍化名楚曾到暨南大学任教。"他请的人真是极一时之选。只要想想,几十年后,愈之、谷城、图南等人都成了中华人民共和国的全国人大常委会副委员长,就可看出他当时组织的这支师资队伍有多么强大了。

他也大胆任聘一些当时还不大知名的学有专长的青年学者。例如,比他小八岁的李健吾,两年前刚从法国留学归来,曾在他主编的《文学季刊》创刊号上发表了第一篇有影响的评论《包法利夫人》的论文,他从这篇论文中看出了健吾的才华,便请这位二十九岁的青年当了暨大文学院的教授。还有一位比他小十四岁的诗人王辛笛,也曾在他主编的刊物上投过稿,1939年从英国留学回来后,他便请辛笛到暨大教英国文学,年仅二十七岁。除此以外,他还曾邀请济之、汉年、任叔、阿英、广平、景深、鲁彦、柯灵(高季琳)等友人到文学院或中文系来讲演或讲课,深受学生欢迎。

还有像耀翔、俊英夫妇,虽然在他和柏丞到校之前他们就已在文学院任教了,但柏丞到校后要请耀翔当教务长,耀翔是一个书生,以研究、讲授心理学为终生使命,不愿担任行政工作,最后,还是他帮助柏丞一起做通耀翔的思想工作的。耀翔是一个重感情的人,与柏丞和他配合得很好。直到抗战开始,他因要全力从事抢救祖国文献的工作,实在忙不过来时,耀翔又帮助他承担了文学院院长的许多工作。

他在暨大的工作十分繁忙,经常要主持或出席校内各种各样的会议。还要在中文系亲自上课,主要开的课程是中国文学史和敦煌俗文学等等。还要花费很多时间为学生课后指导,如某期《暨南校刊》上载《文学院各专任教授指导时间一览》中,就注明有一段时间每星期一至六的上午九时至十二时,星期二至四的下午一至四时,都是他的指导时间。遇到考试,他还要亲自监考,如某期《暨南校刊》上记载,他连续一个星期都在校监考。他还要管学校的招生工作,有时为招生的事还要远赴香港。他对暨大的工作,可谓事无巨细,尽心尽力。鲁迅在1935年7月30日致叶紫的信中说:"郑公正在带兵办学,不能遇见。"这个"带兵"是什么意思?不得而知。《鲁迅全集》的注释者也注不出来。不过,他后来还真的有过一次"带兵"。那是开学以后,当时的教育部要求国立大学搞军训,暨大作为一个"特别大队部",他便被任命为"本大队第一中队长"呢。可能是鲁迅事先知道了他要带学生参加军训,所以这么说的吧。

为提高暨大的学术水平和科研水平,他更是倾注了极大的心血。他参与创刊和主编了《暨南学报》,在他兼任暨大图书馆馆长时又创办了《暨南大学图书馆馆报》,在这些学术刊物上他都带头发表了论文。他还经常在暨大召开各种学术讲座,如1936年2月学校开设《中国现代问题讲座》,他便亲自讲了《中国文化的鸟瞰》。他还组织同学们成立文学研究会,经常开茶话会,并曾亲自给同学们讲鲁迅的思想和作品等。他还支持庄立章、郑金殿等同学成立了世界语学会,并为该会争取到专款资助,还曾请愈之为该会演讲,他亲自主持。为适合华侨教育的特点,他积极参与筹建南洋陈列室,创办有关南洋研究的刊物。还亲自主编了中国人所著关于南洋的著作的目录,并开始调查国外所藏有关南洋的书籍,计划在原有的基础上,逐步添置图书,办成一个南洋书库。他还主持学校的研究委员会的工作,鼓励和提倡教师从事研究著述。如历史系陈高佣教授,便在他经常的支持启发之下,经四年努力,完成了一部《中国历代天灾人祸表》,具有重大的学术价值。高佣在此书《编纂缘起》中,便多次提到他的重要帮助。此书后来受到英国著名学者李约瑟的高度重视,成为李氏名著《中国科学技术史》的重要参考资料之一。

他对暨大的贡献,除了上述工作以外,还在于他本是当时全国著名的进步文化界的核心人士之一,积极参与社会上各种进步政治活动,因而在学校内,也实际上成为暨大进步力量的一面旗帜,团结了广大师生,抵制了右翼势力。例如,他后来曾回忆说,当时大学里经常要搞"总理纪念周","每次纪念周,想不参加都不行。说到蒋介石,大家都得站起来,我却一个人坐在那里"。由于他名望大,学校里的右翼人物拿他也没办法。他还支持和掩护革命学生的政治活动,尤其在抗战开始前后及上海成为"孤岛"时期,他和学生中的中共地下支部负责人周鸿慈(一萍)等人关系非常亲密。关于这些,我们在后面的章节里再谈。

暨大在柏丞掌校以后,在以本书传主为首的进步教师的共同奋斗之下,大力进行整顿,推进各项建设,只在一年时间内面貌便大为改观。1936年8月11日《申报》的"教育新闻"版即报道《暨南大学近闻》:"暨大自何炳松长校以来,适经一年。除曾建附中图书室、理学院工场、及大学校门外,现正建筑教务处及各学院连合办公室、及实验学校校舍。校园方面,现在树木后荫,草圃整洁,俨成一花园。至于内部,闻一年来购置图书及仪器设备等颇多,为历年来所未有。课程亦经详密整理,本年度增设华侨师资训练班,由彭胜天主持其事,现已组织完成,定额为四十名,闻报名者有近百人之多,或将分别逐年训练。至于人员方面,除大学秘书兼总务长杜任周、文学院院长郑振铎、理学院院长程瀛章、商学院院长程瑞霖、训育主任吴修仍旧外,教务长改请吴泽霖祖任。吴原任海外文化事业部主任,所遗该职已改请俞君适代理。他若中学部仍由陈继烈主持,实验学校仍由董任坚主任,刊物除《暨南学报》《南洋研究》,新出《商学季刊》及其他丛书多种。"柏丞在1936年《毕业同学纪念册》前作序亦指出:"至今不特校务渐入正轨,即难能可贵之学术空气,亦复顿形浓厚。融和气象确已弥漫全校。果能锲而不舍,则本大学之前途无量,殆可预卜矣。"而当时交通大学校长黎照寰,在一篇文章中也指出:"广州的中山大学,上海的暨南大学,……都像春花怒放,成绩斐然。"

然而,好景竟然不常。不久,暨大就同我们多灾多难的祖国一起,遭受到日本帝国主义的野蛮蹂躏。这些,我们也将在后面再谈了。总之,这抗战前两年,是暨南大学历史上的黄金时代;而我们的传主,是对此立下了汗马功劳的。

三三　文坛最高努力

在暨大担任繁重的工作的同时,他一如既往地在社会上从事各种进步的文化建设工作。在编辑工作方面,他除了继续参与主编《文学》月刊、《文学季刊》等以外,更耗费巨大心血主编了《世界文库》。

前面已提到过,这是1935年初他从北平回上海时,与鲁迅、雁冰等人商量,并得到他们的支持后开始筹备的。在这以前,鲁迅与雁冰从《文学》月刊所出翻译专号大受读者欢迎这一件事情上得到启发,于1934年9月创办了一个《译文》杂志,专门翻译介绍外国文学,问世后也深受读者喜爱。虽然,他因在北平而未能参与此刊的创刊和编辑,但办这样一个翻译文学专刊,正是他多年的愿望。早在十年前,他就曾与雁冰等人商量过创办一个《世界文学》杂志的计划。在1926年1月号《小说月报》上,他就发表了一则《文坛杂讯》,说:"介绍世界文学给中国,是一件超出于仅止于介绍的工作。我们知道,在一个大转变的开端,至少总有许多外来的鼓激与影响。希腊、罗马作品的介绍,开始了欧洲的文艺复兴。同样的,在如今中国文学史的大转变期内,外来的鼓激与影响,天然是不可少的。几年来,我们的翻译界也零星地出了些译品,……文学研究会近拟出版《世界文学》(季刊),专致力于这个介绍的工作,将于五六年之内,陆续介绍三五十种的世界大著进来。"可惜这个刊物后来没办成。现在,《译文》杂志的成功鼓舞了他,他想进而再创办一个气魄更大的刊物。

《译文》主要是介绍当代外国作品,而他认为有系统有计划地全面介绍经过时间筛选的外国古代及近世名作,也是很重要的;而且,他又一贯重视对中国古典文学的整理介绍工作,认为介绍、研究和继承外国优秀文学与中国古典文学,都是为创造中国新文学所不可缺少的重要工作。这是他从1920年代初起草《文学研究会章程》时就一直坚持的观点。于是,他萌发了编辑这样一本刊物的想法:该刊的一半篇幅用来选载经过整理标点的中国古典文学精品和不易见到的古本、孤本;另一半篇幅则用以翻译介绍外国古典和近代的文学名著。每月出精装一厚册,约四十万字,并附以插图,长篇作品则采用连载形式。这即使在形式上也是一种新颖的创造,可以说是将刊物与丛书两种不同的出版物类型相结合了。这在我国出版史上是首次。早在1920年代前期,他曾看到英国的佐治·纽奈斯公司的每半月出版一册的《文学艺术大纲》,每册前半是约翰·特林瓦特的《文学大纲》,后半是威廉·俄彭的《艺术大纲》,这给他留下深刻印象。看来,《世界文库》的这种出版形式便是从那里得到启发的。

他将自己的这一计划最先同鲁迅、雁冰商量时,他们都很受鼓舞,非常佩服,表示一定全力支持。鲁迅还慨然表示要把自己打算翻译后给《译文》社(成员为鲁迅、雁冰、黄源、黎烈文)出丛书的俄国果戈理的名著《死魂灵》

的译稿交给他。不过,鲁迅内心仍对这样一个庞大的过于理想的计划究竟会不会最后实现有点怀疑。

然而,他一向的作风是,认准了的事便披荆斩棘干起来再说!他找伯昕(韬奋此时在国外),再次说服了生活书店,请他们承担出版。2月17日晚,他在上海设宴招待鲁迅、雁冰等十几位友人,席上正式商妥了创刊《世界文库》的各方面问题,定下了编辑方针与特邀编译者的基本名单——他为此遍邀国内各方面的专家、作者达百余人之多!后来,这被称为"全国作家的总动员"。

3月1日起,全国很多刊物报纸发表了他撰写的《世界文库》的《发刊缘起》及《编例》。这篇《发刊缘起》是一篇极其宏伟的宣言。他认为,文学名著为人类文化的最高的成就。这些想象的创作乃是人类生活的最真实、最活泼的记载。在那里,有比现实的人生更真实的生活的现状,有比哲学更精深的人生的哲理。所以,世界文学名著的介绍和诵读,乃是我们这一时代的人的最大的任务(或权利)和愉快。但在中国,我们虽常谈到"名著",而真实地在读名著的人却不多。名著的介绍便成了今日很迫切的需要。不仅外国名著的介绍,百未得其一二;就是中国本土的名著,我们要得到完善而方便的本子,也是不容易的事。许多文学批评家每执持着极偏窄的批评见解。是古者便非今,崇拜莎士比亚的便蔑视关汉卿。皆缘所知太浅,所见遂不免于偏窄。故欲去其所蔽,必先广其见闻。如果不以广大的心胸去接受先民的伟大的成就,便是自绝于阳光灿烂、花木缤纷的文学园地。广博的诵读,将会给我们以更阔大的成就和见解。因此,《发刊缘起》中说:

> 我们的工作,便是有计划的介绍和整理,将以最便利的方法,呈献世界的名著于一般读者之前。
>
> 我们将从埃及、希伯莱、印度和中国的古代名著开始。《吠陀》《死书》《新旧约》《摩诃巴拉他》《拉马耶那》和《诗经》,一切古代

的经典和史诗、民歌,都将给以同等的注意。

我们对于希腊、罗马的古典著作,尤将特别地加以重视。荷马、魏琪尔的史诗,阿斯克洛士、沙福克里士、优里辟特士的悲剧,阿里斯多芬士的喜剧,赫西俄德、萨福、品得、施蒙尼迪、贺拉斯、奥维德、卡塔拉斯、琉克里细阿斯的诗歌,柏拉图、亚理斯多德、狄摩西尼、恺撒、西赛禄、琉细安的著作,乃至波卢塔的传记,无不想加以系统地介绍。这样,将形成一个比较像样子的古典文库。

在黑暗的中世纪里,从奥古斯丁到但丁、薄伽丘、乔叟、维庸,伟大的名字也不少。各民族的史诗,像北欧的新老二《厄达》,德国的《尼柏龙根之歌》,以至流行于僧侣间的故事集(像《罗马人功勋录》),行吟诗人之作品,都想择其重要的译出。

中世纪的东方,是最光明灿烂的一个大时代。从中国的诗歌、散文、小说、变文、戏曲的成就,到波斯的诗,印度、阿拉伯的戏曲、小说,乃至日本的《万叶集》《源氏物语》,都是不容忽略的。印度的戏曲,像《薄婆菩提》《加梨陀娑》,中国的杂剧,像关汉卿、王实甫之所作,都是不朽的优美之作品。如有可能,《一千零一夜》将谋全译。汉魏至唐的诗,唐宋的词,元的散曲,都将成为全集的式样。宋元话本将有最大的结集。《三国》《水浒》《平妖传》则将力求恢复古本之面目。

在文艺复兴以来的欧洲文学里,伟大的名字实在太多了!塞万提斯、莎士比亚、蒙田、弥尔顿、莫利哀,都是必须介绍的;而班得罗、高乃依、拉辛、拉封丹以至贝洛、培根、马逻、阿利奥斯多诸人也必当在收罗之列。

十八、十九世纪到现在的欧美,诗歌和散文的选译是比较困难的工作。但歌德、海涅、拜伦、济慈、雪莱、波特莱尔、戈蒂叶、魏伦、马拉美、惠特曼、拉穆诸人的作品是必须译出的。小说乃是这两世纪的文学的中心。从斯威夫特、笛福、菲尔丁,到司各特、奥斯汀、狄更斯、萨克雷、艾略特、史蒂文森、斯托夫人、爱伦坡、雨果、巴尔扎克、大仲马、斯汤达、乔治桑、福楼拜、佐拉、莫泊桑、果戈理、屠格涅夫、陀思妥耶夫斯基、托尔斯泰、契诃夫、高尔基、马克吐温、欧亨利、巴比塞、罗曼罗兰诸人都将有其代表作在这文库里。

近代戏曲的发展也是很可惊的,从席勒、博马舍以下,像易卜生、比昂逊、白利欧、霍普特曼、苏德曼、鄂斯加、王尔德、辛格、高尔斯华绥、梅特林克、契诃夫都是要介绍的,至少得包括三十个以上的伟大的名字。

近代的东方是一个堕落的时期。但中国仍显出很进步的情形。《金瓶梅》和《红楼梦》是最可骄傲的两部大著作。戏曲作家们尤多到难以全数收入,但尽有许多伟大的东西在等待着我们去掘发。诗歌和散文是比较地落后,但我们将不受流行观念的影响,而努力于表扬真实的名著。

这样浩瀚的工程,决不是一二年或三五人之时力所能成就的。我们竭诚地欢迎学人们的合作。我们希望能够在五六年之间,将这工作的"第一集"告一个结束。

上面所以不惜篇幅抄录了《发刊缘起》中这几段话,是因为哪怕只要读读这么多名作家和名著的名字(按,原文大多是外文名,为排印和阅读的方便,已改为中文),就可以想象他当初的气魄有多么宏伟!而他计划中的这"第一集"就有六十至八十册之多!

在5月间,他编好并由生活书店出版了一本《世界文库》的样本,收有子民先生的《世界文库序》,他写的《发刊缘起》和《编例》,主编人(即他自己)与编译委员会(共一百二十二人,并注明"尚有多人在接洽中")的名单,文库第一册的部分正文样张、插图样张,众多名家对该《文库》的题词,他拟的

《文库》第一集目录、第一册目录及预定办法等等。子民先生在序中高度赞扬说:"郑振铎先生研究中国文学史,扩而之世界,著有《文学大纲》,对于国内外各时期第一流文学家的作品,纲举目张,已为我们开示途径。近又有《世界文库》的编辑……已足为我们的馈贫粮了。"该序后又载诸《文库》第一册,今颇易见;而那很多名家的精彩题词,因这本样本今已极难找到,现在看得到的人很少,因此摘录一些在下面。

胡愈之:"各民族的文学,就好比花草,只有栽种在广大的花园里,让百花争芳斗妍,才格外显出了芬芳和艳丽。这《世界文库》便是一座广大无比的花园,你在这里面可以随你的爱好,自由欣赏,而且可以详细品评古今中外的名种。"

茅盾:"看了《世界文库》第一集的目录,非常高兴。'中国之部'收了许多'传奇',其中有三十多种罕见的秘本,重要名著又注重最近于原本的钞本或刻本,且加初步的整理。'外国之部'介绍主要的名著。单是这第一集已经称得研究文学的基本书籍的集大成了。这种伟大的计划在现今居然实现了,无论如何可说是极有价值的工作。至于代价低廉(全集约在五年内出齐,每年不过九元光景),能使购买力不大的读者都有购读的机会,也是空前的快事。"

许地山:"我们常听人说要写得好需得多读好文章。在汉旧籍贵得像珠玉一般的现在,研究中国文学底除掉几部人人都读过底流行诗文集和小说传奇以外,简直是没法多读。外国文学书虽然比较容易得着,但用银换金,再向书贾去买,也只限于少数人底力量可以办到。加以各国文字不同,纵然个人能通一二种文字,也不能看为满意。因为我们读书底欲望是无止境的,要能把全世界底著作都读些才好咧。在文化高的城市也许有朋友可以共同钻研,或到公家图书馆去。但在中国,能有这种福分底恐怕不多。如果没有辅助的刊物专门做文学底介绍与整理工夫,恐怕中国底文海便会次第枯竭了。西谛先生近来要编底《文库》正足以应我们底需求。我非常喜欢。我虽不是专研文学底人却愿参加这种工作。希望这刊物日后成为大众底文粮。"

谢六逸:"在文学的园林里,有不少的奇花异卉,为我们从未见过的。有的我们只知道它的名字,如想移植在自己的园地里,真是不容易的事。这部《世界文库》包罗中外的杰作,编排得极有系统,选择也极精当。爱好文学的人,有了这一部书,便可满足鉴赏名作的欲望,不必他求了。"

朱光潜:"《世界文库》的计划中最使我感觉兴趣的是外国之部。年来我们对于翻译事业东打一拳,西踢一脚,不但力量不集中,而且选择得很乱,重其所轻,轻其所重,不能使读者对于外国文学得到一个很正确的认识。《世界文库》是近来翻译事业中第一个有计划有系统的,所以我们应该希望并且赞助它的成功。"

傅东华:"出版家尽管在喊不景气,读书人却像还感到无书可读:这是目前一种似乎矛盾的现象。然而出版家倘使永远在十三经廿四史里翻筋斗,那末人家叫无书可读也就难怪了。《世界文库》偏偏挑着这个沉闷的一个时代来出版,可见它的主持者,赞助者,乃至担任出版者,都是抱着一种冒险和试验的精神来干的。我以赞助人和特约撰稿人的资格,对于它的刊行只能表示两点感想:(一)中国古籍一向都是私家珍藏的秘籍,穷措大享不到眼福,《世界文库》刊行以后,这个局面至少可部分地打破。(二)我自己(并希望同人)要借此机会重新来试验,究竟外国名著是否能够翻成真正'文学的'译本,即从读者的兴味上及持久性上说,究竟能否在本国的名著里占有一个优越的或至少平等的地位。"

陈望道:"刊行《世界文库》在外国也许还不怎么难,因为那边的读者多,在中国却要算是一件大事,无论出版者,编辑者,都要有一点傻劲儿才好干。干得起来,——当然干得起来的,现在就已经干起来了,——是有意思的。一,外国名著,像现在这样至少要弄通一种外国语才读得到,到底不能算是一个好现象。这样,读得到外国名著的,一定只有少数人;其余的许多人差不多都得白地起家,总有许多气力是白费的。二,中国名著,像现在这样,大家都还当作古董藏古董贩,也不能算是一种好现象。一部小小的书,就要几块钱,而且还不容易得到。钱和时间也有好些是白费的。我常戏说:出书要严守三易主义。所谓三易,就是一要一般人容易看,二要一般人容易买,三要大家容易携带。这次刊行的《世界文库》,大体都已经做到。这于节省研究上精力的白费,打破文化上闭塞的风气,应该都不能说是没有意思的傻干。我希望这种工作扩大开去,对于世界美术、世界历史、世界政治经济等等,也有人这样干起来。"

叶圣陶:"系统地介绍外国文学,这句话说了十多年了,直到现在《世界文库》出版,才算走上了实做的路途。我最高兴的是这一点。"

夏丏尊:"系统地把世界文学名著来结集流通,这事在别国早经有人做过;在国内还是破天荒。《世界文库》包罗本国外国重要文学典籍,按月分配刊行。从此,读书的可不费搜求之劳,不出高价,读到重要的中外名著了。这的确是一种功德!"

5月5日,鲁迅给黄源的信中喜悦地说:"《世界文库》好像真的要出版了。"到20日,各方翘盼已久的第一册终于如期问世。这一册上开始连载的长篇名著,中国古典文学有他校勘标点的《金瓶梅词话》和《警世通言》,外国名著有鲁迅译的《死魂灵》、东华译的《吉诃德先生传》、烈文译的《冰岛渔夫》等。短篇的名著就更多了。当天晚上,他便与烈文一起去鲁迅家,送去刚出版的第一册以及稿费,与鲁迅分享初步成功的喜悦。鲁迅在6月10日致日本增田涉的信中赞扬说:"郑振铎君是中国教授中努力学习和工作的人,但今年被燕京大学撵出来了,原因不明。连多出版纯学术的著作,近来似乎也不好了。因为没有出版著作的教授们有气了。他正搜集古今中外(文学上的)古典著作,编为《世界文库》出版,每月一册。"鲁迅还同时给增田寄去了《世界文库》第一册。

为了每月20日按期出版一册《世界文库》,他付出的心血是极为巨大的。虽然,他至少邀请了一百二十几位作家、学者担任编译委员,但当时真正实际参加译撰的只有鲁迅、雁冰等二十来位；而且，这二十来位又全都是做着外国作品的翻译工作。这样，至少每期占一半篇幅的中国古典文学作品的整理、校勘、标点，以及撰写序跋、注释的工作，便全由他一个人亲自担任了。这方面，只有原先他撰著《插图本中国文学史》时的秘书淑度，和他的叔叔连蕃两人，在旁帮助他分做一点具体工作。更不用说，他在编辑这《世界文库》时，正是辅助柏丞初掌暨大校务的最紧忙的时期呢！

《世界文库》问世的时候，声势是很大的。在当时的各大报刊上登载的宣传广告，都称这是"中国文坛的最高努力"，指出它"有伟大名著的翻译，有孤本秘籍的新刊，是文学知识的渊源，是世界文化的总汇"。这是当之无愧的。

然而，在当时的中国，要办成一件事情也真不容易，何况又是这样破天荒的事。鲁迅最初的怀疑，也不是没有道理的。《世界文库》这样出了一年（十二册）以后，却被迫改变形式了。具体原因，猜想起来大概是出版社试行下来，销行效果不是太理想吧（须知当时全国读书界的消费总量，只有那么可怜的一点点），或者，他一个人在集稿、编辑方面实在太紧张？照原来那种形式，中外杂糅，大概不便于有些读者的选购；长篇连载，也可能使部分读者不耐等待，望而却步？反正，他发表了《〈世界文库〉第二年革新计划》，宣布：一、改出单行本，全年出十八卷；二、增多外国文学部分，每月出版外国部分一卷，每隔月出版中国部分一卷；三、加刊近年重要名著，因为"这是最适合这时代与这时代的中国读者需要的。中国部分，也特别注意到这一点。这是选择材料方面的最大优点"；四、附赠《世界文库月报》，"本月刊专载关于本年所刊各种名著的批评论文，及记载作者们的遗闻轶事等等，于每卷出版时附赠读者，更可增加阅读的兴趣，和对作者的认识。"可见，他还是雄心勃勃，干劲十足。而且，工作量和出版数量似乎比原先更多了。但改成单行本后，出版就未能按每月计划进行，共见出了十五种，抗日战争一爆发，就出不下去了（仅在1938年出了《磁力》一书，仍标明是《世界文库》）；那份《世界文库月报》,也未能每月发行,一共也只见出了五期。

这样,原先极其宏伟的计划,远远未能最后完成,显得有点虎头蛇尾。但是,它分前后两种形式一共出版的三十八册书,仍然造成了很大的影响,并收入了不少中外名著。前一年所出的十二册中,收入中国古典名著六十六种,外国文学名著六十一种(均有少许未能载完);后一年多的时间内出的单行本,有十二种外国文学名著,三种中国文学名著。这些中国文学名著,如前所说,基本上都是他一人之力编选校点的。例如《金瓶梅词话》,虽然全书尚未载完,但他对此书的标点、校勘,特别是删节其中不洁文字并标明删去字数等做法,都为后人如何整理出版这部名著作了探索和示范。再如《警世通言》《醒世恒言》等书,也是由他整理而首次排印出版的。《晚清文选》的编选,更耗费了他大量的心血,终于赶在抗战全面爆发前夕问世,成为当时的最后一本,而其内容则正有着现实的借鉴意义。在第一年出版的中国文学部分,他还作了二十多则整理题记;后来出的单行本,也有他写的序及说明。在外国文学方面,最值得提到的当然是《死魂灵》,这是鲁迅一生翻译工作中最后的也是最高的成绩。雁冰翻译的外国作家散文集《回忆・书简・杂记》,其本人在晚年说:"这是我翻译的唯一的一本散文集,在我的所有的译作中,这本散文集是比较难译的,也是我比较满意的。"此外如沫若译的《华伦斯太》、宗岱译的《蒙田散文选》、梵澄译的《苏鲁支语录》、东华译的《吉诃德先生传》、周觅(周扬)等译的《安娜・卡列尼娜》等等,都是名著名译。尤其值得一提的是署名"陈节等"译的《俄国短篇小说集》,而陈节是当时不能公布的秋白烈士的笔名。

当然,《世界文库》在中国近代文学史与出版史上留下永久魅力与佳话的,更在于主编者当时的一番空前宏伟的规划与气魄。他毕竟是作了当时中国文坛的最高努力!几十年后以至几百年后的读者,在读了他当年草定的该《文库》的缘起、编例和拟目,也仍然会为他的高度的事业心、恢宏的目光和旺盛的干劲所深深感动!

不过，《文库》在出版的时候，听到的也并非全是称赞的话，而且还有以极左面貌出现的反对论调。甚至有的人应邀当了编译委员，非但不编不译，反而冷嘲热讽的。关于这些不愉快的事，我们且放在下一节里再说。

《世界文库》出版后，《文学》月刊上曾有一篇《最近的两大工程》的评论文章。文中所说的另一大工程，是指上海良友图书印刷公司出版的十大卷《中国新文学大系》。而该大系的出版，他也是贡献了关键性的重要力量的，这里便附带着简单谈谈。

《中国新文学大系》是良友图书公司的比他小十岁的青年编辑赵家璧在1934年春开始计划编辑的。家璧当时的想法是，新文学运动已经开展十多年了，应该将有关作品、理论和史料整理选编一下，集成一套大书。这个计划得到了伯奇、阿英的赞同。但如何分卷，请哪些人来担任编选等，全未有着落。正在这时，8月末他从北平来到上海，家璧便去找他了。这以前他们还不相识。家璧曾通过巴金，转请他为《良友文学丛书》写稿，这次他便将1927年赴欧游学的部分保存下来的日记整理成《欧行日记》，交给了家璧。而家璧则不失时机地向他请教了关于《大系》的编辑问题。他一听，立即觉得这是一项非常及时、极有意义的工作。他向家璧分析，"五四"时代的知名人士，现已分别走上左、中、右三种不同的道路，因此，把过去的理论、作品作一番整理汇编，对于今天的人们是有很大的借鉴作用的。因此他表示一定大力支持。

原先，家璧准备将理论文章编为一卷，想请他来编选。他沉思了一会儿，认为一卷容纳不下，应分为《建设理论集》和《文学论争集》两卷。前者收新文学运动发难初期的重要理论以及稍后一个时期比较倾向于建设方面的理论文章；后者着重于当时新旧两派对文学改革的论争，以及文学研究会和创造社的论争的文章等。他本是五四新文学运动的过来人和弄潮儿，他的见解是权威性的，家璧自然是茅塞顿开。至于编选人，他觉得他可以编《文学论争集》；而对《建设理论集》，他思索甚久，微笑着问家璧："我看请胡适来编,怎么样?"家璧听了此话,真是又惊又喜。惊的是,他刚才还严肃地批评了胡适已被挤上"三代以上古人"之列,精神衰退,逐渐右倾;喜的是,当时大多数读者(包括家璧自己)限于认识水平,总是把新文学运动看作是胡适发动的,由胡适来编,自然有一定的影响。家璧原先倒也曾想到过胡适;但是,一是担心伯奇、阿英等左翼作家不会同意,二是与高高在上的胡适素无来往,未必请得动。家璧表示了这样的顾虑后,他站起来爽朗地说:"我们尊重历史。对历史上作出过贡献的人,应该肯定他那一部分;这并不排斥我们对他今天的政治观点持不同意见。"他又说:"今天能担任这本集子的编选者,除胡适外,只有找仲甫了;但仲甫是无法找到的。比较之下,胡适还是合适的人选。至于怎样请他的事,可交给我办。我回北平后就去找他。"

这样,整套《大系》的最重要、最敏感的打头两卷理论集的编选方针和人选,就在他的指导下决定了。后来,阿英、伯奇等人听了他的意见,都表示赞同;而非常忙碌的胡适在他的动员下,也居然接受了这家还没有什么名气的小书局的邀请,来编选那本集子了。而且,后来的事实证明,正是由于请了胡适参加,使这套《大系》的出版计划比较顺利地通过了国民党图书杂志审查会的"审查"。另外,他不仅亲自承担了《文学论争集》的编选并为该集撰写了近二万言的导言(曹聚仁认为,这篇导言"是一篇极好的现代新文学小史"),而且对于其他各卷的编辑人选、编辑方法等等,都提出过一系列重要的意见。如史料卷的主编,他认为非阿英莫属。当他得知阿英已把收藏多年的丰富的新文学书刊向家璧开放后,便高兴地对家璧说:"你有了阿英的支援,便事半功倍了。"他还极力主张鲁迅先生必须参加编选。周作人编《散文一集》,也是征得他的同意,并由他在北平代为联系的。特别是《诗卷》本是商定请在日本的沫若编的,但国民党的"审查会"通不过,家璧与他和雁冰商量后,临时决定改换佩弦来编,而这件事也是通过他去力请佩弦承担的。

在《大系》正式出版之前,家璧学习他的编辑出版经验,也编印了一本样本,并请各位编选者及文学界知名人士题词。他题写的《文学论争集》编选感想是：

> 将十几年前的旧帐打开来一看，觉得有无限的感慨。以前许多生龙活虎般的文学战士们，现在多半是沉默无声，想不到我们的文士们会变老得这么快。然而更可怪的是，旧问题却依旧存在（例如"文""白"之争之类），不过旧派的人却由防御战而突然改取攻势了。这本书的出版可以省得许多"旧事重提"，或不为无益的事罢。

这段话，体现了一位永远生龙活虎的"五四"老战士的战斗精神！

三四　"大度与宽容"

就在他如此辛苦勤谨地工作着的时候，也并不是只听到称赞、鼓励的话，而是老有各种攻击、责备以至误会、纠纷之类围绕着他，苦恼着他。孟夫子说过："天将降大任于斯人也，必先苦其心志，劳其筋骨，饿其体肤，空乏其身……"但现在看来还不只如此，而是天既降大任于他，仍必须让他继续不断地受些攻击、诬陷，乃至来自自己人的误会、摩擦、委屈等等。

雁冰在晚年回忆说，就在《世界文库》刊行的当儿，有的朋友便在鼻子里哼一声道："这是什么世界？还干这些不急之务！"7月15日，东京左联杂志（在上海发行）《杂文》月刊上，便发表"勃生"的《从"文学遗产"到"世界文库"》，认为"郑先生是忽略了现阶段的需要"，甚至挖苦和攻击他"把自家的全副蕴蓄、见闻和珍本之类来在'世界文库'的名义之下出售"，还说这"未必是好办法"。勃生是东京左联成员邢桐华，一位非常优秀的青年，不知道是否认识本书传主。勃生对鲁迅先生极为崇敬，作出过精辟的论述；但对本书传主的这些批评则显然不妥。他对这些"左派"朋友，照例未作任何"反击"。倒是雁冰,仗义执言。先是在7月1日的《文学》月刊上,以"扬"的笔名发表了一篇《孟夏草木长》的短文,顺便回答了这种讥刺。雁冰说:"'文艺'的发展固然主要在'创作',可是世界文学之介绍及本国旧有文学之整理亦对于'文艺'的发展尽了帮助。因而像《世界文库》那样的大计划的定期刊,它的意义和作用也就不便估量得太低了。"又说:"对的,我们的急务甚多,然而急务势不能办的时候,'不急之务'犹胜于不务;何况也未必竟是不急之务,至少比'朋友文学'有意义了不知多少!"所谓"朋友文学",是指当时冒出来的一种不为社会所需要的仅为个人小团体写的"文学"。9月1日,雁冰又在《文学》上以笔名"平"发表了一篇《〈庄子〉和〈颜氏家训〉》,文中也从正面阐述了《世界文库》的目的在用最经济的手段使研究文学的人们得备一部不得不读的世界重要文学名著的汇刻",因此指出与某些人特地提倡青年人"必读"《庄子》等二三本古书以学作文方法和词汇,是"两副眼光,两种用意"。这篇文章不仅是反驳某位受到过鲁迅批评的文人的"翻案",同时也意在澄清因《文库》的出版而引起的一些误解,使"左派"朋友不再哼鼻子。

  雁冰这两篇文章发表后,关于《文库》的叽叽喳喳之声一时似乎少了一点。但就在此时,又发生了与本书传主有关的《译文》停刊事件。

  前面提到过,他未参与《译文》的创刊和编辑,是鲁迅与雁冰商量后创办的。另外,当时《申报·自由谈》的主编黎烈文,因受顽固势力的压迫,已向报社辞职,鲁迅担心烈文因此而消沉,便拉烈文也作为《译文》的发起人。鲁迅提出,先问问生活书店愿不愿出版此刊;另外,三个发起人以外,还得找一位能跑跑腿的青年编辑。雁冰便想到了黄源,鲁迅也同意了。前已说过,黄源当时在《文学》月刊当助编,常与生活书店联系,工作也很认真。再说,黄源懂日文,也译过书。韬奋当时在国外,生活书店由经理伯昕总负责。伯昕听说这是鲁迅创办的刊物,表示愿意出版;不过,又提出先试办三期,不给稿费和编辑费,如果销路可以,再订合同并补发稿费等。鲁迅也同意了这显然有点"精明"的条件,并提出刊物虽实际由自己主编,但不公开署名,版权页上印编辑人黄源。伯昕也同意了。

《译文》于1934年9月创刊后,因为它是第一个专门刊登译作的刊物,质量又不错,加上鲁迅是该刊主编一事很快在读者中传开了,所以销路还不错。等到编第三期时,书店便表示可以订合同了。经过磋商,由鲁迅在合同上签了字。鲁迅还对雁冰说:"黄源实习了三个月,可以毕业了。"这样,从第四期起,就由黄源来编,鲁迅负最后审定的责任。刊物便这样顺利地出下去。

1935年3月,在鲁迅提议下,黄源又与伯昕联系,想请生活书店再为译文社出版一套《译文丛书》。此事经口头谈妥,鲁迅开始着手做了一些准备工作。8月底,韬奋从国外回到上海,发现伯昕身体不好,便请伯昕去莫干山休养,而让毕云程代理伯昕的工作。黄源听说伯昕调走了,便直接给韬奋写信,想重新确认《译文丛书》的出书计划。韬奋不认识黄源,自然去和云程商量,但云程也不了解以前伯昕承诺的情况。他们主要从书店的经营方面考虑,想到既已承担了出版大型的《世界文库》,而《译文丛书》的性质似乎又与之相近,书店资金有限,不能在营业上搞自相竞争,因此便不同意出版《译文丛书》。

生活书店既然不愿出了,黄源便在鲁迅的同意下,与巴金、吴朗西主持的文化生活出版社联系。黄源与朗西是老相识,此事一说便妥。于是,9月15日,黄源出面请朗西、巴金在南京饭店吃饭,鲁迅、雁冰、烈文都参加,同时也请了东华。席上,最后谈定了丛书的出版事宜。东华回去后,将此事告诉了生活书店的负责人,不料他们却颇为恼火,认为黄源拿着生活书店的工资,居然为外社编书,而且还是与本社"抢生意"的书。他们不了解黄源近年来在鲁迅、雁冰指导下辛勤工作的情况,只觉得这个青年人很冒失,而且骄傲。黄源似乎还向书店提出过《译文》要增加经费的事,书店问了鲁迅,鲁迅说不知道,书店方面对黄源就更有意见。另外,他们还对《译文》的销量也不大满意,认为这与黄源的"名气"不大有关。

于是,他们决定也请鲁迅吃饭,17日晚上在新亚公司。考虑到本书传主、雁冰同鲁迅关系密切,就要他们两人去鲁迅家,陪鲁迅一起来。那天晚上,同席的还有愈之和东华,共七人。宴会刚刚开始,不料云程便向鲁迅提出:书店方面希望《译文》编辑仍由鲁迅担任,而不是黄源。雁冰和他也都感到有点突然,因为事先他们也不知道今晚吃饭是要谈撤换黄源的事。而鲁迅则更生气了,沉下脸,将手中的筷子一放,说:"这是吃讲茶的做法!"站起来就走了。所谓"吃讲茶",是旧社会上海滩流氓为了强迫对方做某件事情,而预先作了准备,在茶馆请对方来"吃茶",然后突然摊牌的做法。鲁迅后来在给萧军的信上,甚至称生活书店和本书传主等人为"资本家及其帮闲们"。鲁迅的说法当然有点言重;但鲁迅不能容忍这种无缘无故排斥一个积极苦干的青年,而且又是这种背着当事人而突然摊牌的做法。这次聚餐便不欢而散了。

第二天,鲁迅把雁冰和烈文叫去,黄源也在,当着他们的面把自己已签过字的《译文》第二年合同撕碎,并说:"这个合同不算数了。生活书店如果要继续出版《译文》,必须与黄源订合同,由黄源签字!"并要雁冰立即去通知书店。

事情弄得很僵,雁冰不得不来找他商量。这事本来与他没有什么关系,但他一向非常尊重鲁迅,同时又与韬奋是好友,深知生活书店是一家进步的书店。因此,他急于从中调解。他绞尽脑汁,提出一个双方妥协的方案,即合同由黄源签字,但每期稿子仍请鲁迅过目并签字负责。雁冰找鲁迅谈了他的方案,鲁迅原则上同意了。不料,书店方面最后却不同意,仍坚持原来的要求。这样,创办达一年之久的《译文》,就不得不停刊了。而黄源也愤而辞去了《文学》编辑的职务。此事等伯昕知道后,已无挽回的余地。黄源后来最懊悔的,是当时忘了设法与伯昕联系一下。

雁冰晚年在回忆录中坦率地说:"在《译文》停刊的风波中,真正倒了霉的,却是郑振铎。因为鲁迅怀疑这次《译文》事件是振铎在背后捣的鬼,并从此与振铎疏远了,而且拒绝把《死魂灵》第二部的译文继续在《世界文库》上发表。"10月17日,他收到鲁迅来信,说《死魂灵》第一部已译完,第二部不拟再在《世界文库》上发表,而且拒绝生活书店将已发表的第一部汇印出书。他本来是一片热心肠,想调解好双方的矛盾的,而且原先与鲁迅关系非常好,想不到竟落得这样下场。所以雁冰晚年说,"这当然冤枉了振铎"。而更可恶的,是有些文坛小丑幸灾乐祸,乘机在小报上造谣生事、挑拨离间,说什么"郑振铎腰斩《死魂灵》"等等,或者乘机对他横加攻击。后来,鲁迅也严正地指出,这是"恶劣的倾向",是"用谣言来分散文艺界的力量"。

虽然鲁迅因《译文》事件而对他有所误会,但鲁迅还是继续与他一起编辑出版秋白烈士的遗著。这是鲁迅晚年做的最重要的工作之一。事情要从头说起。

1934年10月,中央红军在反第五次"围剿"失利后,被迫开始突围远征。这时,秋白因受党内左倾错误路线的排斥,未能参加长征,被甩在敌占区。后来,又与其他一些老弱病妇干部被护送转移,打算到香港、上海等地养病或潜伏。1935年2月26日,秋白一行转移到福建汀州的水口镇小泾村左近的牛庄岭时,不幸被地主武装"义勇队"发现,经过激战,秋白被捕。但一开始,秋白尚未暴露真实身份,曾在狱中以"林琪祥"的化名,伪装成被红军俘虏的医生,于3月间给在商务印书馆工作的乔峰寄来两封信,托转给鲁迅及妻子之华,暗示设法营救保释。雁冰正好去鲁迅家,立即得知了这一惊人的消息。当时,鲁迅对此存有一线希望,便不顾个人安危,甚至打算变卖家产自己开一家店铺,再以这店铺的名义去保释秋白。这时,秋白被捕的消息只有鲁迅、乔峰、雁冰、之华等极少数人知道。这几位都是他的好友,他们也知道他是秋白交往最早的老友,会不会秘密地告诉他呢?我们不得而知。这时,他还在北平。

正当鲁迅等人焦虑万分、设法营救的时候,4月20日,《福建日报》就透露有叛徒向国民党供出秋白已经被俘虏的消息。5月11日，国民党中央机关报《中央日报》以头版醒目篇幅正式公布了秋白被捕的消息。同日，《大公报》《华侨日报》等也作了报道。这个不幸的消息震撼了每一个同情革命的人。连当时在北平的靖华，也在5月11日前就听到了消息，急忙来信问鲁迅；他在北平，当然也完全可能在5月11日之前知道的。4月底，他匆匆赶到上海，立即与雁冰一起，赶到鲁迅家里，这时他们必然会谈到秋白的事。他们悲痛而清醒地知道，秋白只要一旦暴露在极端残忍的反动派面前，是几无生存的可能的。因此，他们从这时起，便已考虑要搜集、出版秋白的文章了！这从鲁迅书信、日记中也可看出。

5月14日，鲁迅致靖华信中，即用隐语说："闻它兄大病，且甚确，恐怕很难医好的了……""它兄"即秋白。22日信中说："它事极确，……然何能为。这在文化上的损失，无可比喻。"5月25日，他与雁冰、乔峰等人到鲁迅家聚会。6月9日，《大公报》又报道了"瞿秋白将予枪决"的消息。6月10日《中央日报》《申报》等也都刊登了"蒋批示枪决，将就地执行"的消息。6月11日鲁迅致靖华信中说："它兄的事，是已经结束了，此时还有何话可说。"

秋白是6月18日被害的。19日《中央日报》就发布了消息，20日日本人的《上海日日新闻》也报道了。鲁迅当会立即知道的，但鲁迅24日致靖华的信中没有提到这消息，只是说："它兄文稿，很有几个人要把它集起来"。这"几个人"，主要便是鲁迅、雁冰和他。而在18日至24日之间，从鲁迅日记看，他们"几个人"并未碰过头。可见在这以前他们便商议了编辑秋白书稿的事。7月5日的《申报》上，刊载了秋白就义的详细消息，震撼了更多的国人。

在此前后，鲁迅约雁冰一起到他家里去正式商量编印秋白遗著的事。鲁迅说："我们都是秋白的老朋友，就由我们来带个头吧。秋白这本书，书店老板是不敢出的，我们只能自编自印。自编容易，只要确定个编选范围；自印却需要解决两个难题。一个是经费,书的印刷、装帧必须是第一流的,而印数又不可能多,所以成本一定高,目前先得垫出钱来。另一个是印刷,要找个肯印刷的地方。"他一听,立即把这两大难题都揽了过来,说:"经费可以在朋友、熟人中间筹集,将来再还,也可以募捐。此事可让我来做。找印刷厂的事,您更不必担心,就包在我身上。"鲁迅感动地点点头,又说:"一些年轻朋友倒是很热心,但他们口袋里没有钱。"雁冰说:"秋白当年的老朋友不少,现在大多有点名望,也拿得出一点钱。有些人虽然不愿出头露面,但暗中帮助是一定肯的。但也要先估计一下大致的字数以及印刷费用等。"他们一致同意只在老朋友中捐款,并商定由鲁迅负责编选工作,由他负责募款和联系印刷厂,雁冰不负具体责任,只是从中协助和促进。等到两大难题有了着落后,再由他出面设一次家宴,把捐款人请来,一是秘密哀悼秋白烈士,同时也就正式议定编印秋白遗著之事。

8月6日晚,他在家中设便宴。鲁迅与广平都来了,共十二人,据雁冰回忆,还有愈之、圣陶、望道、雪村、调孚、东华等。大家回忆起秋白当年的音容笑貌,不免凄然愤然。大家商量了出书的各方面问题。谈到筹款事,一致推定他做收款人。关于印刷厂,他已通过雪村选定了开明书店的美成印刷所。他考虑到,太小的弄堂印刷厂,排印不了这样考究的书;而大印刷厂(如商务的印刷厂),又怕里面有坏人告密。鲁迅这次到他家,还特地买了四盒玩具,赠给他的八岁的女儿;而他又交给鲁迅《十竹斋笺谱》复刻本第一册五本及数十盒笺纸。不过,在悲伤的心情下,谁也没有心思欣赏版画了。

这次聚会后,鲁迅像怀中揣着一团火似的,扶病为烈士收集整理文稿。而他则到处奔波,进一步落实了筹款与印刷厂的事。今存他手书的一份认捐名单,计开明书店的圣陶、调孚、雪村、云彬、丏尊各捐十元,伯祥、晓先各捐五元;暨南大学的东华、文祺各捐十元;愈之与济之各捐五十元;望道捐二十元。以上共募集二百元。其中的济之,8月间正好因病从苏联回国休息,得知为亡友出书,当然也义不容辞地认捐。他在认捐单的最后写"余款由我担任"。他究竟捐了多少款,我们尚不知道具体数字,反正是最多的一位;从后来鲁迅致雁冰的信中可推知,全部费用的约三分之一是由他捐的。另外,雁冰捐了百元,鲁迅则早在向现代书店赎回秋白遗稿时便付出了二百元。

9月4日,鲁迅约雁冰去家里,捧出经过初步整理的秋白遗稿两大摞。两人商定了先出版秋白的译文部分。这一方面是因为如果全部出版,经费有困难;另一方面,译文部分收集较全,又主要是文艺方面的内容,而著作部分尚未收全,且大量的是违禁的政论,当时还不是出版的时机。另外,鲁迅考虑到其中有部分政论收不收集子,还应该由共产党方面来决定。鲁迅并拟定了书名叫《海上述林》,取述而不作之意,显得相当高雅。鲁迅又提议出版时具名"诸夏怀霜社",也很古奥,"诸夏"即中国,"怀霜"即怀念秋白,因为秋白原名瞿霜,而这是只有秋白的老友才知道的。

11日,鲁迅给他写信,谈了与雁冰商量的结果和自己的考虑,告诉他译文部分的集稿已大体就绪,还须认真看一遍。并将所拟草目请他过目。鲁迅还提出,等将书稿编完后,想约他一起去印刷厂付稿,以便亲自说明排版样式及商定校对方法。可见鲁迅对此书是何等重视。然而就在此时,不幸发生了《译文》停刊事件,鲁迅和他的来往,显然疏了一点。直到11月4日,鲁迅给他写信,说明《海上述林》上册已编好,可以先付排,请他约定个时间,一起去送稿。他立即给鲁迅回信。9日下午,鲁迅到他家,然后两人便怀着亡友的稿子,一起去美成印刷所。后来下册编好,也是由鲁迅亲自送去付排的。为了使书印得更考究,排好版后,又由鲁迅通过日本友人内山完造,把纸型寄到日本去印刷装订。上册于1936年8月下旬已见样书,共两种装帧,一为皮脊精装,一为丝绒面精装,非常精致。一共印五百本。

过了一个月,大批书都运到了。鲁迅在9月26日致雁冰信中说:"《述林》初拟计款分书,但如抽去三分之一交C.T.[按,即郑振铎],则内山老板经售者只三百余本,迹近令他做难事而又克扣其好处,故付与C.T.者,只能是赠送本也。"29日,鲁迅给他写信,也说明印数不多,不能计款分书。他当然同意鲁迅的意见。鲁迅便决定,送给当时来沪的中共中央特派员雪峰一册皮脊本,同时又托雪峰将三册绒面本转到陕北,赠送给中共领袖毛泽东、周恩来、张闻天。其他捐款的友人,凡捐五元者送绒面本一册,捐十元者送皮脊本一册,捐五十元者送皮脊本、绒面本各一册。雁冰得皮脊、绒面各二册,而他则各得五册。此外,季茀、靖华等人,均由鲁迅寄送一册。10月2日,鲁迅给他写信,并寄上十四册书,其中四册托他转交别人。没想到,这竟成了鲁迅给他的最后一封信,再过十几天,鲁迅便逝世了!

在鲁迅临终前耗尽心血编选出版这部《海上述林》时,他显然是鲁迅最主要的合作者。这从他得到的赠送纪念本比任何一位友人都多,就可以看出。鲁迅在1936年9月3日致雁冰的信中,还赞许地说到他在联系排印方面,"成绩还不算坏"。这是《译文》停刊后鲁迅难得的对他作的表扬。

且说《译文》停刊后不过二三个月,他与靳以主编的《文学季刊》也停刊了。在1935年12月16日出版的该刊第二卷第四期上发表的《告别的话》中说,"环境却不许它继续存在下去"。但实际上,除了外部环境的因素外,内部纠纷才是停刊的主要原因。

自从他与靳以在1934年元旦在北平创办了这个大型季刊后,除了一开始他必须手把手地教靳以(如创刊号他还亲自作校对工作)以外,后来他因为其他工作实在太忙,精力有限,所以主要只对它负指导、把关的责任,具体的编辑工作便大多放手让靳以以及巴金等比较年轻的朋友去做了。而他回上海工作后,当然管得就更少了。然而,在这些年轻人中,却时常闹一些矛盾。例如,早在1934年3月25日,佩弦的日记中便记载了:"下午振铎兄见告,靳以、巴金擅于季刊再版时抽去季羡林文,又不收李长之稿。巴金曾讽既成式评家,见《季刊》中,李匿名于《晨报》中骂之云。"长之也是他定下的季刊的编委,长之与羡林都是他的学生,他把他们的名字都列入了该刊"特约撰稿人"中。再版时要抽去他们的稿子,至少事先应征求一下他的意见吧?否则总是不妥当的。所以,佩弦用了一个"擅"字。

同日羡林也有日记:"这几天心里很不高兴——《文学季刊》再版竟然把我的稿子抽了去……不经自己的许可,别人总不能乱抽的。难过的还不只因为这个,里面还有长之的关系。像巴金等看不起我们,当在意料中,但我们又何曾看得起他们呢?"次日,羡林又记:"因为抽稿子的事情,心里极不痛快。今天又听到长之说到几个人又都现了原形,巴金之愚妄浅薄,真令人想都想不到。"4月4日,羡林又记:"前几天……露薇作了一个消息,说到《文学评论》要出版,对《文学季刊》颇为不敬,说其中多为丑怪论(如巴金反对批评)。这很不好。本来《文学评论》早就想出,一直没能成事实。最近因为抽我的稿子和不登长之的稿子,同郑振铎颇有点别扭,正在这个时候,有这样一个消息,显然同《文学季刊》对立,未免有悻悻然小人之态,而且里面又有郑振铎的名字,对郑与巴金的感情颇有不利。昨晚长之去找郑,据说结果不很好。"可见本书传主对张露薇的做法,是不满意的。

后来,据说长之又因为巴金擅改其论文,引起争吵,继而退出该刊。而巴金、靳以也先后离北平南下,该刊也不得不停刊了。但不知为什么,有人却将怨气转到了他的头上。那篇《告别的话》,后来巴金说是自己写的,其中原有这样一段话:"文化的招牌如今还高高地挂在商店的门榜上,而我们这文坛也被操纵在商人的手里,在商店的周围再聚集着一群无文的文人。读者的需要是从来被忽视了的。在文坛上活动的就只有那少数为商人豢养的无文的文人。于是虫蛀的古籍和腐儒的呓语大批地被翻印而流布了,才子佳人的传奇故事之类,也一再地被介绍到青年中间……"这段话,不难看出是影射他主编的《世界文库》,同时又影射了生活书店(当时《文学季刊》在他的联系下也改由生活书店出版)。为了维护文坛的团结,也许是他,也许是生活书店的某位先生,果断地将这段攻击性的话删掉了。其实,即使这段话被删掉了,但这一期上巴金署名"余七"的一篇随笔《一阵春风》中,也仍然有嘲讽"热心整理古籍、翻印古书"的"圣人信徒"的话。而这些话,其实雁冰在几个月前就已经批驳过了。

巴金《告别的话》虽被删节,但原文当时还是传了出去,其中那些富有挑动性的话,激起了一些青年人的"义愤"。如在天津的萧乾,便在1936年2月6日写了《悼〈文学季刊〉》,发表在9日《大公报·文艺》上。文中说,有一个许升君"觅得"了《告别的话》原文,"由他觅得的停刊词里,我们明白这刊物的陨逝,和不久前夭折的《译文》一样,又是委屈的。……由那充满了悲愤的《告别的话》里,我们明白逼它夭折的仍是那一只大手,掐了它的脖项。"萧文也反对《季刊》登"国故文章",并批评刊物发表的书评"芜杂",特别提到"偶尔却有'地理学'一类不相干的书评出现"(按,这指的是瞿秋白以笔名商霆写的《读房龙的地理》)。文中最明显的影射他的话是:"与其做些刀剑短文抨击异己,毋宁倾这份气力在书评一栏的发展上。"因为他在与靳以、巴金等人合编的《水星》月刊创刊号上,曾发表过《〈刀剑集〉序》(《刀剑集》后改名为《短剑集》,1936年1月刚刚出版)。但他当时"抨击"的"异己",是社会上和文坛上的"恶势力"啊;而萧乾的《书评研究》由他帮助而刚刚出版,能说他没有倾气力在书评的发展上吗?

4月5日,一些"左派"青年编的《夜莺》月刊第二期上,又发表了一篇《关于〈世界文库〉》,也是像巴金一样攻击他主编的《世界文库》。而且,此文署名"叶独宰",可能是"一读者"的意思,但也可能是诬蔑他为一独裁。化名者是谁,大致也可猜到几分。4月15日,又一本"左派"青年主编的《作家》月刊创刊,更集中火力对他喷射了几下。如甘奴(聂绀弩)的《关于〈世界文库〉底翻印旧书》,认为这是"无批判地翻印","扰乱新的语文运动底阵容,直接间接为文化复古运动乃至整个复古运动助威,为存文会古教授、一折几扣的书业商服务"。而巴金的《大度与宽容》一文,则专门公布那篇《告别的话》中被删去的那段话,说那段话"触犯了那些有意操纵文坛的人",所以遭到了"藏在大度与宽容后面的刀斧"。文中还说,"虽然和靳以比起来,我为《季刊》尽过的力量是太少了,可是我做过的事却比另一位挂名编辑多"。这"另一位挂名编辑"显然就是指他。这话也许有几分事实;但是,他为《季刊》所起的关键作用,难道是其他什么人可以替代的吗?难道他在这件事上谋了什么私利吗?难道他仅仅是"挂名"而已吗?再说,就算"挂名"吧,那也是靳以一开始非得去请他"挂"的啊!(好在靳以从来没有说这样的话。)

而《作家》第二期上,又发表署名"白燕"的《关于"大度与宽容"》,表示读了巴金的《大度与宽容》后义愤填膺,怒不可遏;并刻薄地说《世界文库》之收入古典名著,"其唯一被翻印的原因:当然是由于死人不会要版税,而活人却可以藉此赚一笔钱。"这些"左"倾又自称崇敬鲁迅的青年朋友,似乎都不知道《世界文库》的编辑方针正是得到鲁迅的同意和支持的?似乎都忘了一年前雁冰的仗义执言?无可讳言,《夜莺》《作家》都是鲁迅支持的杂志,大概正因为这个原因,所以这次雁冰就没有帮他再说话。而那些人口口声声说的"大度与宽容",则是引用鲁迅《〈译文〉复刊词》中的话。另外,当时骂他骂得最恶毒的,还是3月北平《文学导报》创刊号上张露薇的《现代中国文学的总清算》,竟说1933年以来"支配着中国文坛的权势和思潮"的,"第一,是郑振铎的流氓主义","郑振铎本是天字第一号的流氓","他和他的同行们是专以榨取青年们的仅有的饭钱为目的的"。

这时,《译文》已于1936年3月复刊,改由上海杂志公司发行。鲁迅在《复刊词》中特意提到,《译文》最初创刊时,"鸿篇巨制"的《世界文库》尚未诞生。文章最后,鲁迅说:"今年文坛的情形突变,已在宣扬宽容和大度了,我们真希望在这宽容和大度的文坛里,《译文》也能够托庇比较的长生。"查本书传主当时发表的文章,并未见他写过"宽容和大度"这样的话;因此,鲁迅这句话也未必是针对他的。

而《文学季刊》,也由巴金、靳以于6月"复刊",由良友图书印刷公司出版,但却改名为《文季月刊》——一个很稀奇的名字,又有"季"又有"月"。封面大书"巴金靳以合编"。当时,良友编辑家璧考虑到《文学季刊》原先是署本书传主和靳以两人主编的,这次复刊至少应该向他打个招呼,于是便专程去他家说明情况。据家璧后来回忆,他毫无蒂芥,表示完全赞成,并热情地连连说:"这样做,真是好极了!再好也没有了!又从季刊一跃而为月刊,肯定会受读者欢迎的。良友又做了一件好事!"不料,在新的第一期上,以"文学季刊社"(注意,不是"文季月刊社";因此,这至少可以认为是擅用)名义发表的《复刊词》中,却再一次特地公布了上述那段被删去的《告别的话》中的话,并"控诉"说"连这样软弱的话句也遭到了藏在王道精神后面的刀斧。当我们的呼声被窒息的时候,别人甚至不许我们发出一声呻吟"等等。(家璧不了解上述背景,颇感惊异,直到晚年写的回忆靳以的文章中,还提到《复刊词》中所引《告别的话》和《文学季刊》上所刊原文"前后不符"。)

上述这些攻击他的文章,他当然都看到了。但是,他照例没有写过一个字的"反击"。最多只是在《再论翻印古书》等文中,从正面阐述了自己的观点,从理论上批评了那种盲目地把凡是古代的东西全都视为"有毒",把一切整理和翻印古书的工作全都说成是"反动"的极"左"观点。他知道上述那些文章的作者都是"自己人",而且又是年轻人,他不愿意再扩大和加剧矛盾。他相信自己的所作所为,最终会证明他是怎样一个人。他也相信那些找各种借口来讽刺、攻击他的自己人,最终是会感到惭愧的。他更相信一切误会最终都会烟消云散。他就像什么事都没有发生过,与那些青年人继续保持友谊。后来,那些攻击过他的人良心上受到了"报应"。绀弩晚年就在文章中诚恳地承认自己当时说了错话,认为这是"破坏统一战线"。萧乾后来没有写到此事,可能已忘了,但在《我与商务》等文中对本书传主表示了敬意。尤其是巴金,晚年的最后一篇文章《怀念振铎》在深深的自责中竟然断断续续写了十年(当然也因为病重),最后仍未完成,然而在未完稿中诚挚地对自己当年那几篇文章表示了"遗憾"甚至"悔恨"。

他当时虽然没有鼓吹过什么"大度与宽容",但他的做法难道不是真正的"大度与宽容"?另外,他也确实没有时间、没有兴趣把精力放在这些事情上。因为,当时中日间的形势日趋严重,危在旦夕。1935年底,他参加的"上海文化界救国会",已发表了两次《救国运动宣言》,发动了二百八十多位文化界人士签名。而就在此时,中共上海地下党文化工作委员会(文委)的负责人夏衍(沈端先),又来找他商谈成立文艺界抗日联合统一战线的大事了。

三五 为了团结御侮

他认识瘦瘦而精干的端先,已有多年了。早在七年前发起组织中国著作者协会时,他就与这位比他小两岁的端先,同为该协会的执行委员。但互相间更多的接触,还是在1935年夏他重返上海工作以后。而"夏衍"这个名字,还是那以后在他和东华主编的《文学》月刊上诞生的呢。

端先虽然早就参加革命文艺工作,但那以前除了发表一些杂文和报告外,还不曾发表过正式的文学创作。1934年秋,中共中央上海局机关被国民党军警破坏后,作为上海地下党文委成员的端先被迫躲藏在一位朋友家里,那时曾试写了一篇短篇小说《泡》。由于自己信心不足,一直犹豫着没投稿。端先想,如果自己把稿子交给左联的刊物或认识的朋友编的刊物,那肯定会发表的,即使不合格也会照顾他的"面子",但那就没有什么意思了。于是,端先特地请人重抄了一遍(为了不让自己的笔迹给他和东华认出来),署了一个新的笔名"夏衍",又特地请人带到杭州后再寄到他和东华主编的《文学》月刊。端先这样做,就是想试一试自己的创作究竟是否达到了可以发表的水准。结果,《泡》在1936年2月1日的《文学》上发表了。接着,端先又将自己创作的剧本《赛金花》也请别人代抄,又署"夏衍"笔名,托人从北平寄到《文学》月刊,结果又在4月1日出版的该刊上发表了。这样两次一来,端先就完全有了信心,而"夏衍"也就在文坛上成名了。夏衍后来把这"内幕"向他挑明了,两人哈哈大笑。

他早就知道夏衍不是一个普通的作家,对其政治身份是心照不宣的;但他不知道,就在他重返上海后不久,1935年10月,夏衍与周扬、钱亦石等人,在上海地下党组织遭到敌人惨重破坏,并与正在长征中的党中央失去联系的困难情况下,主动地重建了新的"文委",重新积极地开展了在上海文艺界的工作。而夏衍这时与他建立经常的联系,就正是新的"文委"的重要工作之一。周扬,这时也与他开始熟悉起来,他主编的《世界文库》就收入了周扬的译作。而亦石,曾任复旦、暨大等校教授,他本来就是很熟的。(后来,亦石在抗战初期不幸逝世,由他与胡愈之、张宗麟、周宪文、倪文宙等人出面组织治丧委员会。)

"振铎,我带来一份报纸,请你看看!"1935年11月初的一天,夏衍兴冲冲地来到他的家里,从怀中小心地掏出一份从美国记者史沫特莱那里得来的报纸。原来,是中共驻苏联莫斯科代表团主编、10月1日在法国巴黎出版的《救国报》。在这份报纸上,以专载的形式发表了《中华苏维埃政府、中国共产党为抗日救国告全体同胞书》。由于这个文件是8月1日签发的,所以后来便叫作《八一宣言》。这个宣言第一次以党中央的名义提出了停止内战、共同抗日、组织国防政府和抗日联军的主张。夏衍他们已经有九个月与上级党组织失去联系了。他更是从1933年1月在《大公报》上读到中国红军宣言以后,再一次听到党中央的声音。真是如大旱之遇甘霖!他兴奋地读着,衷心地表示拥护,还要求把这份报纸留下,让更多的朋友看看。

不久,周扬、夏衍他们又从一家外国人办的书店里,买到了一份9月出版的第三国际机关报《国际通讯》(英文),读到了共产国际执行委员会总书记季米特洛夫在共产国际第七次代表大会上的政治报告。这个报告中提出了在殖民地、半殖民地国家建立反帝统一战线的方针。他们反复研究了这个报告和中央的《八一宣言》。而在此前,8月11日,左联驻莫斯科代表萧三,在中央驻共产国际代表的指令下,给左联写来了一封信。此信大概在11月底经过内部交通送到上海,由史沫特莱交给鲁迅。鲁迅看后,觉得要好好研究一下,就命许广平抄录一份,然后立即将原信交给了雁冰,雁冰又转给周扬、夏衍(而现在留存在人世间的,便是广平的那份抄件)。

信的一开头就很严肃:"左联的同志们:这封信愿和你们谈一件事,一件很重要的事。"接着,谈了左联成立五年多来在严重的白色恐怖下所作出的成绩,同时也严厉地批评了左联在过去工作中犯有"关门主义——宗派主义","未能广大地应用反帝反封建的联合战线","许多有影响的作家仍然站在共同战线之外"。信中提到,左联去年给"国际革命作家联盟"的报告中,已主动承认了这些问题。接着,信中还特别指出:"其实文学界的郑、陈……,亦何尝不可以作政治组织的宋、蔡……!"以宋庆龄、蔡元培等在中国政治舞台上的地位和工作,来期许郑振铎、陈望道等在文学界的作用,其含意是十分深刻的!这句话分量很重,实不可等闲视之(但事实上历来的研究者差不多都对这句话视若无睹)。这不仅是对他政治上的高度信任,而且也是高度肯定了他在文学界的组织活动能力。而信的最后提出:"我们的工作要有一个大的转变,我们认为:在组织方面——取消左联,发宣言解散它,另外发起、组织一个广大的文学团体,极力争取公开的可能。"

看过这封信的人,都认为这不是萧三个人的意见,萧三也作不了这个主,而是传达党中央方面的指示,或是共产国际方面的意见。因此,雁冰便表示赞成信中所说的。夏衍、周扬更觉得这封信与共产国际七大报告、中共中央《八一宣言》的精神是一致的,毫不迟疑地准备解散左联和文委所属的其他各联,另行组建更广泛的文化、文艺团体。只有鲁迅先生,觉得还应该好好想一想再说。鲁迅当然赞成建立和扩大文艺界统一战线,但他对能否联合某些资产阶级作家颇表示怀疑,更认为不必解散左联。鲁迅考虑到,当时的左翼作家实际上还是很幼稚的,同资产阶级作家去讲统一战线,弄得不好,不但不能把他们"统"过来,也许反而被他们"统"过去,这是很危险的。而如果左联解散了,自己人没有一个可以商量事情的组织,那就更危险。再说,左联是一面旗帜,不能轻易地放弃。

然而,夏衍他们没有料到鲁迅会有不同意见。夏衍先将此信向文艺界的党员传达后,对党外人士便首先找了他和望道谈话。他对解散左联一开始也有点不理解,听了夏衍的解释后,便和望道都表示赞成。不过,他对拉"礼拜六"派旧文人不大赞成,担心这样一来随便什么乌七八糟的人都进来了。

正在这时,北平发生了声势浩大的"一二九运动"。他深感兴奋,认为其意义和勇敢精神超过了当年他亲自参加的"五四运动",认为它是历史上最悲壮的运动。12月12日,上海一批有威望的爱国人士,包括年近百龄的马相伯,以及沈钧儒、陶行知、邹韬奋等二百多人签名发表了《上海文化界救国运动宣言》。他当然也签了名。就在这种形势下,夏衍认为解散左联、成立新组织之事更得抓紧了,便急匆匆地又一次赶到他家里,要他赶紧找到雁冰,有要事相商。第二天(夏衍后来说记得很清楚,是"圣诞节"的前夕,即12月24日),他们三人便在他家具体商谈了解散左联和建立新的组织的问题。夏衍这时才想到要雁冰和他去与鲁迅谈一谈。

当时,鲁迅身体很不好,心情也不好,与周扬、夏衍之间已经很有隔阂。鲁迅与他是十多年的老朋友,但因前些时发生的《译文》停刊事件,也产生了一点误会;再说他又不是左联的负责人。因此,只能由雁冰去谈谈。但是,鲁迅听了雁冰的传达后,即表示不同意解散左联。鲁迅还说,左联是一面旗帜,旗一倒等于向敌人宣布自己失败。雁冰便又通过本书传主将鲁迅的话向夏衍作了转达。由于鲁迅不赞成,关于解散左联和成立新组织之事便暂时搁了下来。

1936年的元旦到了。他在六逸主编的《立报·言林》上,发表了一篇散文《一九三六年》,满怀激情地说:"我们得准备欢迎那通红的曙光,那笑脸迎人的光明女神的出现。我们不要怕那将近黎明的狂风暴雪。我们不要对着那长久的闷人天气发愁。我们要握紧了双拳,以沉着壮烈的决心来欢迎这'多愁的不祥的'一九三六年!"在表达坚定信念的同时,不知怎地,他又预感到1936年将是"多愁的不祥的"一年。

左联方面又经过行政书记、当时与鲁迅关系不错的青年杂文作家徐懋庸,与鲁迅谈了好几次。大概在1月中旬,鲁迅终于表示,既然大家都认为应该解散,自己也只好同意;不过,鲁迅提出了一个起码的要求,就是在解散之前必须发表一个宣言(这本来是萧三来信中也说过的),向世人表示这个战斗的组织是因为形势的需要而自行解散的,并不是溃败。当时,周扬、夏衍听了,都表示照办。于是,从2月起,开始筹备新的"中国文艺家协会"(一开始曾拟取名"作家协会")。受夏衍等人的委托,由他以及当时与他一起编《文学》的东华出面,与各方面的作家联系商谈。

可是,得到鲁迅勉强首肯之后,左联方面的负责人便似乎万事大吉,再也不去找鲁迅汇报与商量了;而且,又一直没有发表一个公开的解散宣言。这使鲁迅极为不快。名义上,鲁迅是左联的盟主和旗手,可是遇到这样重大的问题却不常与鲁迅商量,使鲁迅感到实际上被关在了门外。再加上一个已是肺结核病晚期的老人,本来就容易肝火旺。因此,当有关人员去请鲁迅签名参加新筹建的组织时,便遭到了生气地拒绝。鲁迅在4月5日给王冶秋的信中说:"现此翼[按,指左联]已经解散,别组什么协会之类,我是决不进去了。"不过,鲁迅毕竟是伟大的,信中又说:"但一向做下来的事,自然还是要做的。"

5月2日,鲁迅在答复徐懋庸的信中又写道:"集团要解散,我是听到了的,此后即无下文,亦无通知,似乎守着秘密。这也有必要。但这是同人所决定,还是别人参加了意见呢,倘是前者,是解散,若是后者,那是溃散。这并不很小的关系,我确是一无所闻。"这样重大的事,不与鲁迅好好商量,及时通气,确实是不对的。然而鲁迅说的"参加了意见"的"别人"是指谁呢?冯雪峰后来说是指国民党方面,但那是根本不可能的啊。看来,只能指本书传主和望道这些未正式加入左联的文艺界进步人士了。那么,为什么这样的同志参加了意见就成了"溃散"? 这很难理解。

就在这时,在《夜莺》《作家》《文季月刊》等刊物上,个别青年作家影射、攻击他"独裁","操纵文坛的人",甚至借题发挥地骂他主编《世界文库》是"圣人信徒"等等。鲁迅没有发表过指责他的文章;但在致曹靖华的信中也不止一次地提到对他参与解散左联和筹备新的文坛组织的看法,我们无须避讳:

谛君[按,即郑振铎]曾经"不可一世",但他的阵图,近来崩溃了,许多青年作家,都不满意于他的权术,远而避之。他现在正在从新摆阵图,不知结果怎样。(4月1日)

这里在弄作家协会,先前的友和敌,都站在同一阵图里了,内幕如何,不得而知,指挥的或云是茅[按,指雁冰]与郑,其积极,乃为救《文学》也。(4月28日)

此间莲姊[按,指左联]家已散,化为傅[按,指东华]、郑所主持的大家族,实则借此支持《文学》而已,毛姑[按,指雁冰]似亦在内。……《作家》、《译文》、《文丛》,是和《文学》不洽的,现在亦不合作,故颇为傅郑所嫉妒,令喽罗加以破坏统一之罪名。但谁甘为此辈自私者所统一呢,要弄得一团糟的。(5月3日)

《文学》之求复活,是在依靠一大题目;我因不加入文艺家协会(傅东华是主要的发起人),正在受一批人的攻击,说是破坏联合战线……(5月15日)

从这些信中可以看出,鲁迅确实对"内幕如何,不得而知"。例如,关于这一工作的主持者,先认为是郑,继而听说是茅与郑,后又说是傅与郑主持、茅参加,再后又说主要是傅。实则傅东华并没有起什么重大作用,其地位更从未居于郑振铎之前。关于解散左联、成立新组织的意图,鲁迅以为乃在救《文学》,这也显然是误会。《文学》不过是一个刊物而已,而且也没有到无法办下去的地步,何必如此兴师动众呢?我们要实事求是地指出鲁迅在这方面有误解,可能是有什么人向鲁迅挑拨离间;同时也要强调,当时有关方面的负责人这样不和鲁迅通气,实在也是大不应该的。

不料正在此时,文学界又形成了"国防文学"和"民族革命战争的大众文学"的两个口号的激烈论争。这更是一个说来话长的问题。简单地说,"国防文学"是周扬他们先提出来的,也曾征求过本书传主的意见,他表示同意;"民族革命战争的大众文学"是鲁迅等人提出来的,但由胡风抢先写文章公布,而在表述上又不尽准确。他对两个口号的争论没有太大的兴趣,认为只要是进步的、抗日的口号都可以,关键是要团结起来脚踏实地地实干。由于这场论争,将进步文艺界内部的严重不团结现象完全公开了,为此他忧心忡忡。他没有就口号问题发表过一个字的文章,只是默默地忍辱负重地做着文艺家协会的具体筹备工作。

其实,他对这一工作,一开始也并不是十分积极的。这倒并不是因为他不是党员,也不是左联的成员,可以"事不关己高高挂起"。他是从来不把自己置身于"左翼"之外的。也不是怕受到敌人的暗害而不敢去做工作。而主要是他对为什么一定要解散左联也有点不理解,加上他对文坛上的宗派、矛盾情况有所了解,知道这是"吃力不讨好"的事,很容易被有些自己人误会,而这是最委屈的。在不久前的《译文》事件中,他就觉得像"哑巴吃黄连"。因此,他曾经十分犹豫,不想多管。不过,他又认为应该听从共产党方面的意见。而且,他再想想,也觉得唯有自己出面才是比较合适的。于是,终于义不容辞地挑起了担子。在1958年他不幸牺牲后,雁冰曾写过这样一段话:

> 振铎同志也有迟疑不决的时候,那是当他对于某一形势、某一

问题还不了解或看不明白的时候。抗战前两三年,上海文坛上斗争最激烈的时候,他有过这样的表现。但是,只要开诚布公告诉他:这是党中央的决定,何以要这样决定,这样决定对国家民族又有什么好处,他就会欣然乐从,鼓起精神,来干委托他干的工作。这在当时是要有点牺牲精神的。因为,万一不济,小则坐牢,大则会丢了性命。虽然他对于那时的形势、党的政策,未必全部彻底明了,可是他还是起劲地干了,因为他信任党。

雁冰说的无疑就是解散左联和成立新组织一事,但略去了他当初"迟疑不决"的一个重要原因是顾虑卷入进步文坛内部的矛盾之中。

文艺家协会终于在6月7日下午在福州路大西洋西餐馆召开正式成立大会。到会共有八九十人之多,会上他与雁冰、圣陶、丏尊、剑三、东华、洪深、徐懋庸、沈起予等九人当选为理事,郑伯奇、何家槐、欧阳予倩、沙汀、白薇为候补理事。但是,为这个协会的成立出了大力的他,却并没有出席这次大会。在协会主要发起人中,也只有他未去开会。这是为什么呢?令人纳闷。也许,他为鲁迅先生最终不愿参加,自己的工作没有做到家,因而感到内疚吧?也许,他觉得操心了好几个月的协会终于成立了,因而可以歇一口气吧?也许,他也听说了有人说他在摆什么阵图,玩什么权术,因而便不想抛头露面了吧?总之,他未出席成立大会,是值得我们深思的。

老实说,文艺家协会与左联相比,最主要的实质性变化,就是以他为核心的一大批原文学研究会的主要作家,如圣陶、愈之、剑三、佩弦、丏尊、六逸、冰心、东华、子恺等等,以及后来他所联系的一批青年作家,参加了进去。谁也不能说,协会所团结的作家面比左联小。谁也不能说,协会的成立不是一个团结的会而是一个分裂的会。但是,鲁迅及其周围的部分作家没有参加,这毕竟是极其遗憾的。大家对鲁迅可都是尊敬的啊。成立大会上,便通过了致病中的鲁迅和苏联高尔基的致敬慰问信。

这时，令人想起在七八年前他曾作为核心人员之一，发起成立了左联的前身组织中国著作者协会，文学研究会的主要代表作家几乎全部参加了，但鲁迅未被邀请参加。后来，左联成立了，鲁迅参加了，但他和文学会的几乎全部主要作家都被关在门外。现在，历史走了一大段路程，但从某个角度看，却好像又回到了原地——与七八年前的情形差不多了。这是已经写在历史上的客观事实，我们无法隐讳。在左联的开始与结束，团结问题一直困惑着人们；如今，这已成为留给后人的一面历史的镜子了。

然而，他和其他一些同志，仍然在为进步文坛的最大程度的团结，为尽量挽回历史的缺憾，而不懈努力着。经过艰苦细致的工作，终于迎来了文艺界真正的大团结的通红的曙光，那笑脸迎人的光明女神。9月间，鲁迅与郭沫若、茅盾、郑振铎、叶圣陶、陈望道、郑伯奇、王统照、夏丏尊、冰心、巴金、傅东华、丰子恺、沈起予、洪深、黎烈文、张天翼、林语堂、赵家璧、包天笑、周瘦鹃等二十一人，联名发表了一个《文艺界同人为团结御侮与言论自由宣言》。这个宣言，是文学界真正团结起来的标志。御侮，是对外反对帝国主义的侵略；要求言论自由，是对内反对国民党的独裁统治。夏衍在几十年后回顾说："像我们这些经历过这一事件的人们看来，组织发表这样一个宣言很不容易。"因为这签名的二十一个人，是经过精心选择而代表了全中国一切爱国的作家的。正如夏衍指出的："这个宣言是第二次国内革命战争时期文艺界第一个大联合、大团结的文件，在现代文学史上，应该说是有很重要的意义的。"

这是鲁迅一生签署的最后一个文件。鲁迅毕竟是伟大的，在他生命的最后几天带头发表了这样一个重要的宣言。而据夏衍说，这个宣言文本，是由本书传主和茅盾起草，冯雪峰定稿的。他曾给夏衍看了草稿，还委婉地问夏衍和周扬要不要列名。夏衍能理解他为了团结的一片苦心，便笑笑表示不必列名了。后来，胡风也未列名。夏衍在晚年高度赞扬了他在促成发表这个宣言中的功劳，认为"在坚持联合、反对分裂这个问题上，他表现了难能可贵的高尚品质"。

然而,1936年确实是"多愁的不祥的"一年。6月18日,苏联伟大的革命作家高尔基逝世了! 10月19日,中国伟大的革命作家鲁迅也逝世了!"这是人文界的日蚀!"远在日本的沫若伤心地写道:"方悬四月,叠坠双星,东亚西欧同殒泪……"

得到鲁迅噩耗的当天,他彻夜难眠。第二天,他便赶到万国殡仪馆,瞻仰鲁迅遗容。第三天,他又赶到那里,亲视鲁迅遗体入殓。第四天,他又赶到那里,参加启灵祭,并执绋送殡,一直送到万国公墓,参加了庄重的游行与葬礼。他还含泪一连写了三篇悼念文章。《永在的温情》,记述了自己与鲁迅十多年的交往与友情。《悼鲁迅先生》,是应韬奋之约,为《生活星期刊》写的。鲁迅晚年虽然曾经对他有过一点误会,并有人挑拨鲁迅与他的关系,但他却又写了一篇《鲁迅先生并不偏狭》。他认为鲁迅的心胸是最广阔的,鲁迅的爱憎是最分明的。当然,心胸狭窄的人总是有的。学昭后来就回忆:"出殡那天下午,我和德沚[按,雁冰夫人]姐去万国殡仪馆——当时,沈雁冰先生不在上海——我们两人站在后面,郑振铎先生站在德沚姐旁边,……过后,德沚姐告诉我,郑振铎先生曾感慨地对她说:'老朋友连向鲁迅先生遗体最后告别致敬都不可能!'"(《学习和回忆》)是谁作梗呢? 章乃器后来也回忆:"当时大概是由地下党安排而由许广平大姐出面,指定沈钧儒、邹韬奋、史良和我四人扶柩,……胡风和萧军临时出来反对,认为我们都仅仅是民族主义者,不配为国际主义者又有国际地位的鲁迅扶柩。在许广平大姐的坚持下,仍旧按照原定方案进行。"(《我和救国会》)

鲁迅确实是伟大的。鲁迅的不幸逝世,使整个文学界处在无比悲哀之中,同时却更加强了文学界的团结。就在向鲁迅遗体告别那天,他在万国殡仪馆的灵堂中看到了不久前对他有点误会和疏远了的靳以,便紧紧地抓住靳以的肩膀。靳以后来在他逝世后曾多次激动地回忆过这一幕:"我忽然觉得肩上落下了一只有力的手掌,……我自己那时已经担负不起沉重的悲伤,怎么还能经受得起别人给我的负担?我侧头一望,原来就是西谛,眼镜里的一双眼早已模糊一片,低垂的头,好像再也支持不住了。我就紧紧地握着他的手,一点小小的误解从此冲得没有了,我们之间建立了更深更坚固的友谊。"同样,巴金在一生最后一篇文章中也写到:"鲁迅先生的遗体在万国殡仪馆大厅大殓时,振铎站在我身边用颤抖的手指抓住我的膀子,浑身发抖。不能让先生离开我们! ——我们有共同的感情。"

鲁迅,文艺大军的统帅,逝世了。今后,像他这样的文艺界老战士,肩上的担子便更重了。为团结御侮,为民主自由,他继续默默地工作着。然而,1936年末,惊人的事件不断地发生。

11月23日,全国各界救国联合会的领导人沈钧儒、章乃器、邹韬奋、李公朴、沙千里、史良、王造时七人,被上海市公安局会同租界的英、法捕房秘密逮捕。后来,七人又被国民党当局押解到苏州关押。史称"七君子事件"。这七位爱国君子,他全都认识;其中,最熟悉的是韬奋。七君子爱国有何罪?他与全国人民一样,激愤万分。在全国各界的强烈抗议下,一直到翌年7月31日,七君子始获无罪释放。

12月12日,又发生了震惊中外的"西安事变"。张学良、杨虎城两将军,出于爱国至诚,发动兵谏,逮捕蒋介石,要求团结御侮。后在中国共产党的主张下,事变和平解决,26日蒋介石获得自由,返回南京。但张将军却被蒋介石背信弃义地拘捕软禁。

1936年,这"多愁的不祥的"一年,就这样过去了。他知道,在中国这块土地上,各方面的矛盾都已集中,激化,处于一触即发的状态。在新的一年中,势将有总的爆发。

第八章　抗战八年

三六　国魂的再生

　　1937年7月7日,是农历五月的最后一天。深夜,一弯残月朦胧地照着北平西南宛平城外的卢沟桥。永定河水在古桥下轻轻地流淌。四周寂静。桥旁石栏上精心雕刻的四百八十五只石狮子栩栩如生,神态各异。这是多么美丽、静谧的一幅图画!本来,自金、元以来,"卢沟晓月"便是著名的"燕京八景"之一。但很多人并不知道这取景命名的特殊意义。而他的一名学生吴晓铃,后来在《双椿书屋考藏小品叙录》中介绍从清嘉庆年间署名"云门外史"的一册有关长随制度的抄本中见到:"每月三十日为晦,各处无晓月,惟卢沟桥上有之,是燕京第一景也。"

　　而那一天,正是在这各处所无的燕京第一景的地方,人世间最凶恶的丑类打破了这一宁静的美景。侵驻华北、蓄谋已久的日本军队突然向驻守桥头的中国军队袭击,借口一个日本兵失踪(据说是夜出嫖妓迟归),要强行进宛平城搜查,并首先开枪开炮。在疯狂的炮火面前,目睹同胞和战友饮弹身亡,驻守宛平的第二十九军吉星文团的官兵们实在忍无可忍了。他们本来就暗暗同情中共领导的抗日救亡运动,此时他们终于不顾国民党当局"不准抵抗"的三令五申,射出了神圣的自卫的子弹!

　　人们后来把这一天,作为中国人民抗日战争的纪念日。

卢沟桥的枪炮声，震动了全中国，也震动了全世界。第二天，中共中央和中国红军就通电全国，指出："平津危急！华北危急！中华民族危急！只有全民族实行抗战，才是我们的出路！"而国民党中央也接着在庐山开会，蒋介石终于宣布"不得已应战"。中国人民自"九一八"沈阳事变、"一二八"上海事变等等国耻日以来所积蓄的怒火，将通过一切爱国武装的枪口，向日本帝国主义喷射，直到将他们赶出中国！

他早就盼望着这神圣的一天的到来，他也早就知道这一天不可避免地总是要到来的。去年2月，他曾应江苏省立上海中学校(今上海中学)郑通和校长的邀请，去作讲演，题目为《中国的出路在哪里？》。讲演由该校高中学生周鉴文、朱继清记录，后发表在《江苏省立上海中学校半月刊》上。今年一个月前，他将那份记录稿略作一点修改，发表于6月4日《新闻报》，随后立即被好几家报刊转载，如开明书店的《月报》杂志，还有美国人在上海办的《兴华》周刊和南京的中央广播事业管理处出版的《广播周报》等，可见有较大的影响。他说："对于政治问题没有兴趣的朋友，也许对于这个题目觉得讨厌。然而，人是政治的动物，一切活动均须受'政治'的支配。因此，每人对于政治问题，至少应有深切的认识和稍稍的涉猎。"他认为，"要找寻中国的出路，我们须从历史上鸦片战争看起。须从历史的演变和现代的发展推演出来。我们根据史迹，发现我们民族自己寻求自己出路的经过"。他回顾了中华民族近百年来受尽屈辱和不断斗争的历史，得出这样的结论："我们要拥护完全为民族谋福利的政党与领袖。我们应该无条件地信奉：'大众的力量是最伟大的'。华北义军，此起彼伏，不知有数千百次。然而，我们知道他们究竟有多少军火？由于这一点，我们得以深知中国民族的力量是被压在大众的底下而未发掘出来。所以，现在我们中国的急务，即在'唤起民众'与'共同奋斗'！"他提到"完全为民族谋福利的政党"，又提到"华北义军"，他无条件地拥护的是何方，是非常清楚的了。他最后又充满激情地向进步的知识分子呼吁："我们需要投身于民众，将自己的热情和精力贡献于做民众的'教育者'！解放民众，给民众以真的教育，否定本身所属的阶级来扶助新兴阶级的力量！"

6月28日,他与雁冰、周扬、夏衍、广平、巴金等一百四十余人联名发表《反对日本〈新地〉辱华片宣言》,指出《新地》这部日本电影宣传强盗侵略政策、污蔑中国人民。它在上海公然上演,是对中国人民的严重挑衅和污辱。他们严正要求:"中国政府应即日给民众爱国的机会,结社的自由,言论出版自由,释放一切爱国犯,以与日本帝国主义底文化进攻相抗,直到中国四省的收复。"这样的要求,正是与中国共产党的要求相呼应的。

现在,全面抗战的新阶段终于开始了。但他是一个"文化人",或者说是一个"教育者"。他手中没有枪,只有一枝笔;然而,他手中的笔就是枪。他将在这神圣的抗战中,承担起他应该承担的、而且别人难以替代他的战斗任务。

他参加了7月9日在邓脱摩登饭店举行的一百四十余人的上海文化界人士的聚会,决议组织救国团体,并电请前线将士力保国土。当场公推愈之等人为救国团体的筹备人。18日下午三时,他出席在华安大厦(今华侨饭店)召开的"鲁迅先生纪念委员会"成立大会,到会共四十余人,他是会议主席,并报告鲁迅先生纪念委员会筹备会的工作经过。值得指出的是,九个月前鲁迅逝世时公布的纪念委员会筹备会共有七人:蔡元培、宋庆龄、沈钧儒、内山完造、雁冰、广平、乔峰(有一份日文报纸披露还有毛泽东,那是雪峰提议的),其中并没有本书传主。而现在正式成立时却由他主持会议并作工作报告。可见这一定是他在其中默默地做了大量的实际负责工作,并获得了筹备会成员的推戴。这次会上推举宋庆龄、马相伯、蔡元培、沈钧儒,以及他和雁冰、愈之、圣陶、乔峰、广平等共七十余人为委员会委员。

他又与张志让、张仲实等人创办了宣传抗日的"学术化的综合杂志"《中华公论》月刊。于20日由生活书店出版。创刊号的第一篇打头文章,便是他写的关于抗战问题的短评《战争与和平》,反复指出:"只有与民众相结合的'武力'才能防止战争,才能保卫和平。"同期,还发表了他的学术论文《玄鸟篇》,以及抗日诗歌《我们的伤痕永不在背上——献给抗日烈士之灵》。

这时,各种群众性抗日救亡团体纷纷成立。24日,"民族复兴协会"成立,他是筹备委员会委员,任职于总务股(愈之在组织股,雁冰在宣传股)。25日,"上海编辑人协会"成立,六逸任主席,他与雁冰、愈之、圣陶、乔峰等三十一人为理事。28日,上海文化界五百余人隆重集会,正式成立"上海文化界救亡协会"(简称上海"文救"),他被推举为理事之一。会议通过了收复失地、制裁汉奸、扩大救国宣传等案,并发表了宣言。上海"文救"是一个统一战线的组织,设总务、经济、组织和宣传四个部。总务和经济两部的负责人由国民党选派;组织和宣传两部的负责人由共产党选派,由钱俊瑞和张志让担任。这两个部中设有中共支部,俊瑞是书记。另外,还设有国际宣传委员会,主任是愈之,他则是宣传委员。上海"文救"既然是一个文化救亡团体,那么主要工作便是宣传和组织工作。因此,"文救"的主要领导权是掌握在中共方面的。而且,像他这样的有影响的文化界人士虽然是"无党派",但都是进步人士。

在那几天,他到处奔走呼号,开会筹划,腿跑酸了,喉咙说哑了,眼睛熬红了,非常紧张,非常兴奋。同时,他还抓紧点滴时间,撰写抗日诗文。他写了题为《卢沟桥》的诗,高唱:"卢沟桥——/是我们的第一道防线,/也是我们的墓地。/保卫卢沟桥!/宁死埋于此,但不能退后一寸!/以铁和血来保卫卢沟桥!……"他又写了一首《保卫北平曲》的长诗,高唱:"保卫北平!/保卫北平!/保卫这可爱的古城,/保卫这可爱的文化城!/我们以铁和血来保卫北平!……"但不久,7月30日,北平和天津就轻易地失陷了。他悲愤到了极点,又写了长诗《吊平津》:"保卫北平的歌声正扬着,/北平的古城,/却已被敌人轻易地夺去。/通州的保安队正高举反正之旗,/天津却遭逢着最坏的厄运,成为一片焦土。"他愤怒地责问:"我们还是有国之民呢,还是无保护之民？/……是谁，是谁，/剥夺了卫士的矛戈，/听任他们以肉血和钢铁来相碰？/把忠勇的卫士这样无防御地放置在前线，/为主将者将怎样地宽恕他自己？"他这样尖锐地抨击国民党当局的"轻率的退却放弃"，是一种勇敢的爱国行为。

8月10日，上海"文救"开会。他与"别妇抛雏"刚刚只身回国参加抗日斗争的沫若，及雁冰、愈之、达夫、任叔、望道、阿英、剑三等六十余人致电北平文化界同人，激愤地说："暴日寇夺平津，屠戮民众，而于文化机构，尤狂肆摧残，逮捕我学人，炸毁我学校，屠杀我知识青年，焚烧我图籍。如此兽行，实蛮貊之所不为，人神之所共怒。我北平文化界同人，身居前线，出死入生，心爱宗邦；赴汤蹈火，在诸公自是求仁得仁，在我辈只差先死后死。尚望再接再厉，抗敌到底，维系国脉于不坠。"北平文化界后来除了像周作人这样的绝少数人丧失人格外，绝大多数文化人都没有辜负他们的期望。

8月21日，上海"文救"国际宣传委员会又发表了中国文化界告国际友人书。同一天，适夷从余姚给他和雁冰、愈之发出了一封信。适夷被国民党当局绑架，关囚了近四年，曾被判无期徒刑，因为抗战爆发，当局释放一批政治犯，而在一个月前刚刚从南京的监狱出来。适夷出狱后，即到上海，见了他和雁冰、愈之等人。只是因为长期遭当局迫害，身体实难支持，遂回家乡余姚休息。此时适夷来信，谈自己的思想，请教时局变动和民运开展等问题，打听战友雪峰的近况，更急切地表示希望继续参加革命工作。适夷显然是把他们三人视作自己的领导和战友的。而适夷信的抬头，把他的名字写在最前，充分表达了对他的尊敬和信任。

这时，上海的形势也越来越紧张。日军在上海的兵力已近七千人，并还在不断增派中。9日下午，两名日兵在虹桥机场挑衅被击毙，空气更是窒塞得令人喘不过来。13日上午，日军向闸北宝山路我军阵地挑衅，首先开枪，旋被击退。下午四时起，日军终于发动准备已久的大规模进犯，狂轰滥炸，闸北天空都烧红了！"八一三——日寇在上海打了仗……"，京剧《沙家浜》

中沙奶奶悲愤欲绝的一段唱,激动过多少中国人的感情!中国人是永远不会忘记这一天的!

这天下午,他还在亲自主持暨南大学文学院招生考试的最后一场口试。当时,因真如已处于临战状态,所以暨大已于两天前暂借法租界辣斐德路(今复兴中路)比德小学为临时办事处;而何校长又派人将部分图书资料、文件档案、仪器设备等转移到法租界爱麦虞限路(今绍兴路)的中华学艺社内。这天的考试,便在中华学艺社内进行。在考生中,他特别对一个名叫钱景雪(今昔)的学生比较注意。因为从口试中得知,小钱虽然刚刚高中毕业,却已在报刊上发表过一点诗文。小钱入学后,不久便担任文学院学生会理事、史地系学生会主席,并秘密担任党领导的"学协"的西区交通员,送递文件和资料。和他的关系也较密切。这是后话。

这天夜里,他睡在家中,忽被远远的清晰的枪声惊醒了。他屏息静听着,一声,一声,又一声的枪声,不断地传来。在深夜里,更是听得清楚。他想,无可避免的战争终于是不能避免了。他索性穿了衣服,起床,走到天井里,谛听着越来越激烈的枪炮声。他又一次思考着应该怎样尽力于这个大的生死存亡的民族战争。没有想到躲、逃、撤退和从战区里搬出什么东西之类。当时,学校在真如,他的大部分书籍却藏在虹口的开明书店。他忽然想到了那些心爱的书,心头不免一搐。但马上也就不想了,因为他更担心住在虹口一带的很多友人,以及住在学校的那些学生。他警觉着,在纸上涂写着若干的计划,还写了若干要说的话,便这样度过了这个他永远记得的一夜。

第二天一早,他便上街买报。赫然大字的标题,证实了昨夜我军已与日寇发生战事的消息。枪声反而沉寂了下来,大概被喧哗的市声所遮盖了吧。家里电话铃声不断地响着,传来了许多令人惊愕的消息。许多住在虹口北四川路一带的朋友,都已脱险出来,抛弃了他们所有的东西。他寄存在那里的八十余箱书,近二千种,一万数千册,同时被毁。其中有元版数部,明版二三百部;应用的书,近代的丛书等,所失尤多。最可惜的,是积二十年之力所收集的关于《诗经》及《文选》的专题书籍十余箱,竟全部毁于一旦!在欧洲收集到的许多书(多半是关于艺术的及考古学的),也全都失去。还有清人的手稿数部,未曾刊行过的,也同归于尽!真如的暨大校舍,也毁于炮火,校内师生当夜便紧急逃到法租界的中华学艺社暂避。他站在天井里,看见东边的天空,密布着浓烟。一股焦味儿随风直飘过来。一片片黑色的纸灰,像黑蝴蝶似的,在天空中飘舞着,有不少落在天井里。捡起几片,上面还隐隐有字迹,触手就碎。他痴痴地想,这会不会是自己的心爱的书的精灵,飞来向主人控诉这滔天的兽行和浩劫呢?

饭后,他赶到九江路,去参加上海"文救"的紧急会议。往东的交通车辆很少,路上人群拥挤,外滩人尤多,大家都冒着危险在观看中国空军首次轰炸日军的"出云舰"。"打得好!打得好!"他高声地呼喊着,挥动着拳头。炸弹落在黄浦江里,水花四溅,溅到了他的身上。人们开始向西逃散。华懋饭店(今和平饭店北楼)附近落下了一颗炸弹,炸伤了不少人。他还是从容地走到了开会的地方。会上,决定立刻创办上海"文救"的机关报《救亡日报》。

散会后,他又赶到中华学艺社去开暨大的紧急会议,并看望避难中的师生。经过广慈医院门口时,看到满染着鲜血的大卡车,一辆辆地运送着受伤的人进院。大门口也坐着、躺着很多血淋淋的人。他觉得惨不忍睹,心里难受极了。他永远忘记不了亲眼看见的这战争的残酷的一幕!他痛恨和诅咒那些发动侵略战争的魔鬼!当夜,他写了《我空军炸敌目击记》,后发表于中共地下党主办的《早报》上。

由于"八一三"事变严重威胁到美英在华利益和国民党的统治,国民政府被迫发表自卫声明。同时,进步文化界的救亡群众运动也终于争得了合法的地位。21日,上海"文救"的国际宣传委员会发表了《中国文化界告国际友人书》,是愈之和他几个人一起起草的。24日,《救亡日报》创刊,社长是沫若,实际主编是夏衍。编委会由他和沫若、韬奋、雁冰、愈之、夏衍、阿英、任叔、亦石、伯奇、巴金、仲华、长江、季琳、仲持等三十人组成,读者看到这一串响当当、铁铮铮的名字,自然踊跃购读,所以销量甚多。他差不多天天去设在大陆商场的报社参加工作,并在该报发表了大量抗战诗文。25日,《文学》《文丛》《中流》《译文》四杂志编辑部联合出版的小型抗战刊物《呐喊》周刊(第三期后改名《烽火》),也创刊了,主编是雁冰、巴金等人。创刊号上发表了他的一首抗日诗歌。这以前,19日,韬奋还创办了《抗战》三日刊(后改名为《抵抗》)。这些刊物的创刊,他都参与了筹划商量。9月1日,他又与金仲华、沈兹九、王志莘、杜佐周、张志让、张仲实、钱亦石、谢六逸、王纪元等人创办了《战时联合旬刊》,为《世界知识》《妇女生活》《中华公论》《国民周刊》等刊编辑部联合出版的另一种小型抗战刊物。创刊号上便发表了他的短论《肃清间谍》和《动员全国的人力》。

就在这时,竟发生了"公共租界"工部局扣留《呐喊》《抗战》《救亡日报》等抗战报刊和殴打报童的事。他和雁冰、韬奋、愈之等人去工部局抗议,对方却拿出国民党的上海新闻检查所的公函。原来是国民党当局指使干的,他们气得七窍冒烟。于是,他们四人便联名给国民党中央执行委员会宣传部长邵力子发了一封抗议电,要求查办此事。力子是他们过去的老朋友,其实也不赞成这种显然无理的行为,但因其所处地位,只回了一电说:"已电询新检所饬复,最好办法为速办登记。"又寄来一信,附有上海新闻检查所复电的抄件,抄件狡辩说他们只是给工部局开了一张已登记的报刊名单,嘱其加以保护,岂料工部局却查禁了所开名单以外的报刊云云。这真是"此地无银三百两",明明是他们要工部局查禁刊物,在遭到抗议后却把责任全推得干干净净。力子当然也明白其中的把戏,但在回信仍旧只好说"已得该所复电,核阅所陈辨理尚无谬误",并再次要他们去登记。这样,他们四个人研究后,决定让一步,照力子的意思,走个形式,到社会局去补办了登记手续。这些抗战的报刊,则继续办下去。

转眼间,鲁迅逝世周年的日子到了。10月17日,他在《烽火》周刊的

"鲁迅先生周年祭"专栏里,发表了《忆冲锋的老战士鲁迅先生》。他说,在战场上,许多许多的新兵都依仗着老战士的行动为标的。在这个中华民族生死存亡的大决战的时候,我们更必须依仗着民族的老战士的指导。鲁迅先生是我们民族老战士里最英雄、最爱打冲锋、最乐于指示青年人的一位。鲁迅虽然已逝世一年了,但我们仍要以这位老战士的永不衰退的勇敢为标的! 18日,"上海战时文艺家协会"(本月6日刚成立,他是负责人之一)借女青年会会场召开"鲁迅周年演讲会",他和沫若、雪峰、田汉等人演讲。19日是鲁迅先生祭日,在这天的《救亡日报》"鲁迅先生逝世周年纪念特辑",他又发表《失去了的导师》,指出:"他的热情的呐喊虽然是永远地消失去了,但是他的伟大的精神却永远地在领导着青年们!"在这天的《申报》的"专论"栏里,他还发表《鲁迅先生的治学精神——为鲁迅先生周年纪念作》,论述了"鲁迅先生不仅是一位最热情的战士,也是一位最冷静的学者"。

这天下午,上海市文艺界救亡协会及上海战时文艺家协会在浦东大厦七楼隆重召开"鲁迅先生周年纪念座谈会"。出席者共百余人,推选他和沈钧儒(衡山)、沫若、愈之、望道、巴金、馥泉七人为主席团。由他报告了本次会议的筹备经过。会上决定正式组织"文艺界救亡协会"(去掉"上海市"三字,表明它是一个全国性的组织),并选出他与沫若、剑三、望道、田汉、欧阳予倩、东华、戴平万、巴金、六逸、馥泉等十一人为"文救"临时执行委员。会上并提议:一、由出席者签名,由他出面,催请商务印书馆出版《鲁迅全集》,二、为继承鲁迅谋文艺界大团结之遗志,决定邀请一切文艺作家及团体为"文救"的会员,三、为表示抗战到底的决心,由出席者联名要求国民政府即日宣布对日绝交。

四天后,"文救"举行第一次临时执委会会议,他担任会议主席。会上议决:一、由巴金起草致前方将士的慰问信,二、由田汉起草请各国文艺家援助中国抗战书,三、由东华起草"文救"成立宣言,四、由六逸起草"文救"章程,

五、由他以"鲁迅周年祭座谈会出席者"署名,致函商务印书馆,请从速印行《鲁迅全集》。会上对组织问题也有所决议。

但是,国民党顽固派总想争夺文艺界的领导权。11月3日,上海文艺界在新雅酒楼集会,他去参加了。不料一些国民党党棍和文化特务有预谋地夺取会场,再次成立一个同名的"文艺界救亡协会"。他不愿被利用,愤然离席。当巴金和靳以跑到三楼看见情况不对偷偷跑下来时,只见气得满脸绯红的他和欧阳予倩坐在二楼的茶座里义愤填膺,不断地叫着"真正岂有此理!"于是他们便一起商量了应该怎样对付国民党顽固派。这次被搅乱了的会议,通过了所谓"组织大纲",发表了"成立宣言",还向蒋介石发了"致敬电"。在"推选"出来的该协会理事名单中,排斥了很多进步作家,其中并没有几个人可以算是真正的文艺界人士,但却把他的名字排在"常委"之列。为了揭露这一丑剧,真正的"文救"的十一名临时执委便联名在6日的上海《大公报》上发表了声明。这声明只有一句话,却说明了全部问题:"我们对于本月三日在新雅成立之文艺界救亡协会并未预闻"。这样,国民党顽固派炮制的这个冒牌的"文救"组织,它的降生日也就是它的消亡日。

然而,尽管国民党中的顽固势力和卖国分子总是与人民大众的利益作对,总是处心积虑地阻挠、破坏抗日救亡运动,但中国毕竟走向了全面抗战。他坚信,在抗战的烈火中,国魂必将再生,垃圾必将烧尽。他在10月10日出版的《文学》月刊上,发表了一首长诗《国魂的再生》,再次表达了这一信念。而这一期《文学》的打头文章,也是他以"编者"名义写的,题为《送旧中国入净火》。在文章的末尾,他用诗一般的语句写道:

  这火原是魔王放起的充满硫磺气味的地狱火,但对于罪孽深重的旧中国,却将发生以毒攻毒的效验,而尽着神圣净火的功用了。

  在这净火里,旧中国还未洗尽的许多污垢,都将一扫而光地被澄清。

旧中国的浑浑噩噩，醉生梦死，这净火将把它炼成澄彻清明的理智。

旧中国的懦弱苟偷，贪生怕死，这净火将把它炼成铁样坚强的意志。

旧中国的骄奢淫逸，荒唐无耻，这净火将把它从根烧死。

旧中国充斥着各式各样的欺骗，这净火将把它们的面幕逐一烧穿。

旧中国伏匿着各等各级的汉奸，这净火将使他们的原形一一出现。

这净火硫磺做成，是一服强烈的消毒散，既能驱逐内邪，自然消除外感。这净火能脱胎换骨，能把旧中国的焦土炼成个全新的中国。

三七 "孤岛"砥柱

在苏州河北岸死守"四行仓库"的"八百壮士"（实际只有四百多名官兵），经过四昼夜与日军的激战，完成了掩护任务，于10月30日深夜撤入"公共租界"。上海市民耳中持续了几个月的枪炮声，渐渐稀少了。然而人们的心情则像灌了铅似的更沉重了。因为谁都明白：那并不是打退了敌人，而是国军已经弃守上海。

11月10日，日军在浦东登陆。翌日，侵占人口稠密的南市，杀人放火，浓焰遮蔽了半边天。12日，最后一批国军撤离了上海。接着，除了苏州河以南的所谓英美等国的"公共租界"和法租界暂时未被占领外，其他地方都已沦陷于日军的铁蹄之下。人们开始称这块四周被日军包围的暂未被占领的地方为"孤岛"。

他就生活在这"孤岛"上。那天晚上,他匆匆赶回家,脸色比往日任何时候都要严肃。十岁的女儿,像平时一样欢呼着扑到他的跟前,然而他却没有往常那样的亲热劲,只是轻轻地抚摸了一下孩子的头,便放下挎包,嘱咐君箴赶紧帮他整理一些简单的行装。他自己则匆匆把日记和重要文稿装在一个手提箱里,托一位暨大的工友寄存到一位朋友家中;然后,把记有朋友们的通讯处的本子和他们的来信投进了熊熊燃烧着的壁炉;接着,又用抹布蘸水擦去了横七竖八写在电话机旁墙上的电话号码。

一切收拾停当,在吃晚饭时,他才镇定地对君箴说:下午,"文救"在浦东大楼开了紧急执委会,决定化整为零,转入地下。《救亡日报》也将停刊,然后搬到广州去复刊。很多友人(如雁冰)前几天已撤退到内地去了,沫若、夏衍等也决定马上走,只有阿英和他打算留下。于是,沫若便在会上提议,"文救"今后在上海的工作,就全部委托给他及阿英了。还说,可以根据具体情况,在必要时改换名称,坚持下去……

君箴默默地听着。他停了停,抚摸着依偎在身边的有些懂事的女儿小箴,又回过头看了一下睡在摇篮里的儿子倍倍,眼睛里浮上一丝他人难以觉察的凄楚之光。又说,家里的生活,恐怕立刻要发生问题,要从最坏处预想。而最近几天,局势最混乱,为了防备随时可能发生的意外,他打算出去暂避一段时间。

君箴点点头。最近她常常听他在嘴里念叨着汉代名将霍去病的名言:"匈奴未灭,何以家为!"但她知道,他其实是多么眷恋着这个家啊!这也是他不愿离开上海的一个原因。可是,为了他的安全,她倒很希望他能跟友人们一起撤到内地去。现在既然不走,那躲一躲当然是必要的。

其实,他不走,除了考虑到家人以外,更是因为有许多已做和将做的重要事情需要他留下。反正,总得有人坚持下来,去做那些神圣的工作的。当天夜里,他便提着那只小提箱,到表叔章民家里去借住。大约住了一个多月,看看大概不至于出事,才回到家里去。

白天,他仍到暨大去办公和上课。暨大校舍被日军炸毁后,从10月1日起,暂借公共租界内小沙渡路(今西康路)的侨光中学及附近民房作校舍,继续坚持上课。教室虽然小了,但师生间感到更亲近了。在这样的非常时期、这样艰苦的条件下上课,他更加感到一种神圣感,学生们也更加认真地听他的课。

有的学生参军走了,有的从事着地下工作。在学校里,爱国师生照旧是慷慨激昂地我行我素。学生们常常来告诉他:某某教师有问题,某某人很可疑。但他开始还天真地不愿相信——在整个民族作着生死决斗的时刻,难道作为知识分子的人还会动摇变节么?然而,事实证明了学生们的情报是真确的。董修甲、张素民等几个暨大的败类,曾经也附和着他大骂汉奸,结果却过苏州河桥去当伪官了。

但是,真正的知识分子,毕竟是经得起考验的。12月4日,他与全国各地教育界的著名学者许地山、瞿菊农、林语堂、徐鸿宝(森玉)、袁同礼、汤用彤、贺麟等二十人,发起成立了"中国非常时期高等教育维持会",并发表声明,强烈抗议自卢沟桥事变以来日军摧残我文化教育机关的罪行,庄严地宣布:"现在我国全面自卫抗战之烽火已照彻四方,前线将士在冰天雪地中,为国家民族浴血苦战,吾人身处后方,应思如何就个人力之所及,鞠躬尽瘁,以期无负于国家。同人等平素服务于教育界,深知教育乃国家之命脉,而高等教育尤为国家对外抗战时期之原动力,万不能容许一刻之窒息,故亟需筹谋切实维护之法,岂可坐视任令凶暴摧残,束手而不之救!是以纠集国内外关心教育人士,组织'中国非常时期高等教育维持会'。顾名思义,本会目的在寻求如何维持战时高等教育之生命,不因敌人侵略而停顿,同时在加强战时高等教育效能……"这是一篇在中国近代教育史书上尚未经研究者提及的光辉文献。

在学校里,他对学生的救亡工作给予了坚决的支持和热情的指导。一天,一位说起话来讷讷的商学院的学生周鸿慈来找他了。小周虽然不能暴露自己是暨大的中共地下支部书记;但是,一说自己是某某先生介绍来的,他马上明白了面前这位二十几岁的学生的政治身份。大家心照不宣。他热情的态度,解除了对方的拘谨。从此,小周便经常来找他,随时介绍学校救亡工作的情况,听取他的意见。每次交谈,他总是以十分兴奋的心情仔细地听,并发表自己的意见。一次,一位女同学用笔名"周方",在学协机关刊物《学生生活》上,写了一篇揭露暨大有人压制学生救亡活动的文章,触怒了学校的国民党分子,要对她进行严厉处分,还企图通过这个"突破口",找出中共党组织和"学协"的领导成员。小周受组织的委托,紧急找他求助,他一口答应了。经过他多方面的努力,终于把这件事平息了下来,保护了一批进步学生。

一天,小周又来找他,说起自从租界成为"孤岛"以来,文艺刊物都被迫停刊,现在,他们几位同学打算冲破这个万马齐喑的局面,自己来创办一个《文艺》月刊,并希望得到他的支持与指导。他一听,大声叫好。本来,"孤岛"刚开始时,地下党组织上曾拿出一笔钱,要阿英创办一个文艺刊物。阿英与于伶便去找他商量,他便推荐健吾出面主编。刊物取名为《离骚》,于1937年12月20日创刊。封面画的是屈原仰天长啸,颇有深意。刊物质量也很好。但尽管他一开始就特意请了没有明显政治色彩的健吾来编,但仍然只出一期便被租界当局禁了。那以后,又近乎半年,"孤岛"上海几乎成了文艺沙漠。现在,不是文学院学生的小周,却来提出此事,他自然明白那是地下党方面的一次新的尝试。他不仅与小周仔细商量了各种具体问题,而且在手头并不宽裕的情况下拿出了一笔款子。《文艺》月刊(后改变半月刊)于1938年6月5日创刊,他每一期都认真阅读,提出指导意见。其中鲁迅、高尔基的纪念特辑等,便是他提议编辑的。远在香港的雁冰也看到了这份"孤岛"上的文艺刊物,不禁又惊又喜,曾撰文给予高度评价。雁冰当然能猜到,这本刊物一定浸透着坚守在上海的这位老友的心血。

编《文艺》、写稿子最积极的骨干，都是文学院的学生。其中有两位，与他来往较密切。一位是外文系的孙家晋，刚刚二十岁的一个小伙子，当暨大还在真如时就入校了，曾在梯形大教室里听过他的文学史课。但真正同他熟悉起来，却是在"八一三"后堂堂国立大学变成弄堂学校的时候。他看过小孙的习作与试译，觉得文笔不错，很用功，是一个很有希望的学生。另一位中文系的女学生徐微，比小孙大两岁，是几个月前入校的插班生。那是在学校刚刚又迁到陶尔斐斯路(今南昌路东段)四合里的临时校址后不久，由他亲自批准她转入的。其实，他只看了一下她的一张东北某中学的毕业文凭，便点头同意了，什么手续、考试之类都没办。后来，在熟悉了以后，小徐问他为何对她这么优容，他义形于色地回答："对流亡学生，应该这样！"再后来，他更了解到小徐是一个敢于斗争、敢于反抗的学生。早在东北读中学时，便因参加"学潮"而被开除(原来，她那张文凭也是假的)；到上海复旦大学读书后，又因参加救亡运动，特务要抓她而逃走(暨大教授方光焘曾在复旦任教，知道此事)。而且，别看其貌不扬，她的文笔却十分漂亮。附带一说，当时有名的东北女作家萧红，正是她的小学同班好友呢。

他就是喜欢这样有思想、有才气的学生。为了让他们更好地得到锻炼，他介绍小徐去出席由任叔和梅益(均是地下党文委成员)主持的较大型的定期的"编辑人出版人座谈会"，小孙也由小周通知去参加由林淡秋、王元化(都是党员)等人主持的小型文艺座谈会。当任叔他们知道这是他的学生时，都表示了特别的关照。

《文艺》坚持了一年才停刊。后来，在"孤岛"后期，又以暨大文学院部分进步学生为主，于1941年4月15日创办了《杂文丛刊》。该刊一共出版了九期，前六期都是以一把古代宝剑的名称作为刊名：《鱼藏》《干将》《莫邪》《湛卢》《纯钧》《巨阙》；后三期改名为《棘林蔓草》，每期以一种生命力强韧的植物名作为刊名：《紫荆》《菖蒲》《水莽》。最后一期《水莽》出版于1941年11月16日，离上海"孤岛"沉没只有二十来天，是"孤岛"上战斗到最后的丛刊。据丛刊的主要负责人钱景雪等人回忆,当时他们经常向他汇报、请示,所以有些文章的观点,甚至修辞方面,都曾得到他的指导。当该刊锋芒过露,引起学校国民党方面注意时,他又及时告诉他们,要注意警惕,善于把握当时形势,进行斗争,坚持办下去。良师呵护的深情厚意,极大地鼓舞了他们。

除了在暨大的工作外,他更积极参加了"孤岛"上几乎所有最重大的政治、文化活动。当时,有一个文化界和工商界上层爱国人士的秘密团体,以每星期聚餐的形式活动,互相讨论形势,共商抗日大事。主要联络人是愈之及他,这些聚餐会有时还在他家里举行。参加的有刘湛恩、张似旭、赵朴初、张宗麟、王芸生、萨空了、梁士纯、陈巳生、孙瑞璜、严景耀、许广平、雷洁琼、沈体兰等人。任叔受汉年与雪峰的指派,也参加了。后来人们回忆,有说叫"星一聚餐会"的(如卢广绵);有说叫"星二聚餐会"的(如胡愈之);有说叫"星六聚餐会"的(如王任叔);又有人说叫"星四聚餐会"的(如姚惠泉),还说星四"既指星期四,又有谐音"醒世"之意。看来不止一个(文化界人士和工商界人士可能是分开的)聚餐会也说不定。二十年后,朴初在悼念他的一首词中还充满感情地写道:"廿年往事如潮。风雨夜盘餐见邀。"朴初自注曰:"抗日战争时期,救亡工作同志十余人组织聚餐会,常集君家。"这实际是中共领导的统一战线组织的一种形式,在当时坚持活动了较长时间,发挥了较大的作用。

在这个秘密团体之外,还有一个前已说过的由愈之主持的"国际宣传委员会"。即使在文救转入地下以后,仍然公开活动。他和湛恩等人都参加工作。有一段时间,每天下午在国际饭店楼顶召开茶话会,招待外国记者及上海中文报纸的总编。愈之等人将秘密地从八路军驻沪办事处(八办)得来的消息,特别是中共领导的抗日武装斗争的情况,编译成英文稿,印发给这些记者、总编,为宣传抗日做了很多工作。这个国际宣传委员会,一直坚持到1938年4月湛恩被暗杀、愈之离沪而停止活动。

此外，遵照沫若临走前的意见，他仍经常召集留沪的文学界朋友开座谈会，参加者有十几个人，并于 1938 年下半年成立"上海作者协会"。该会后来主要做了两件事:编辑出版《鲁迅风》和《大时代文艺丛书》。这些，我们留在后面再讲。

且说在上海刚成为"孤岛"时，他以前在燕京大学的同事、美国朋友埃德加·斯诺因为北平沦陷而到上海来了，替英美报刊当记者。斯诺也经常出席愈之主持的新闻发布会，又经他的介绍，很快成为愈之的好朋友。斯诺曾对愈之神秘地说，在一年前访问过陕北苏区，还拿出了很多照片给愈之看。有一天，斯诺说刚刚收到英国伦敦戈兰茨公司航空寄来的自己写的一本《红星照耀中国》的样书。愈之便将这本当时中国唯一的英文新书借回家去看了。一看不得了，原来正是写访问苏区的事，还有与中共领袖毛泽东等人的长时间谈话的记述等。愈之越看越兴奋，并询问了"八办"负责人刘少文，了解了斯诺去陕北的事，打算把此书翻译过来。

愈之又把书给他看了，与他商量翻译之事。他当然极为赞成。自从中央红军长征后，一般群众都不知道共产党的情况，国民党又拼命造谣。现在，把美国记者的客观报道告诉群众，无疑是极有意义的。于是，把此事提到星期聚餐会上议论，大家一致同意，便约人分头翻译起来。他太忙，便不参加具体翻译，主要由愈之的弟弟仲持，和王厂青、吴景崧、邵宗汉、林淡秋、倪文宙、陈仲逸、梅益、章育武、傅东华、冯宾符等十一位朋友分头翻译，其中梅益、淡秋等都是党员，而陈仲逸就是愈之的化名。

为解决纸张和印刷的经费问题，他与愈之、宗麟、乔峰、广平、任叔、仲持、胡咏骐、吴耀宗、沈体兰、冯宾符、黄幼雄、陈鹤琴、孙瑞璜、梁士纯、梅益等十几位聚餐会的朋友，每人捐出了五十元钱。他还回学校，通过小周、小钱等发动广大师生预订此书。

书稿很快译好后，他们又商量了书名。原书用的"红星"二字，色彩过于鲜明，容易引起敌方和国民党的注意。他们忽然想到不久前范长江写的《中国的西北角》,以"西北角"代指陕北苏区,题目取得极妙。于是,他们便将斯诺此书的中译本取名为《西行漫记》。

至于排印问题,更难不倒他们。愈之和他都是从商务印书馆出来的,而当时商务的总管理处已内迁,下面有的印刷厂还没搬走,工人正失业着。工友们一听是这两位他们尊敬的老编辑要出书,自然一定是好书,即使工资要等到出书后才付,他们也义无反顾地干起来了。不过一个来月,到1938年2月,二千本书就整整齐齐地印了出来。封面须印上出版社的名字,他们便临时取了个"复社"的社名,不仅含有"复兴中华"的意思(他当时为梁士纯《中国的抗战》一书作序,便称赞士纯是"一位热忱的复兴中国的代言人");而且,他们想起明末江南就曾有过一个知识分子的英勇抗清的政治社团"复社"。他们以此明志,原先却并没有正式成立过这个"社"。

《西行漫记》公正而生动地记述了中国共产党人传奇般的斗争经历,任何人(甚至包括反共人士)读了都不会无动于衷。于是,出版后在"孤岛"及后方不胫而走,一售而空。其反响之强烈,甚至远远超过了主持人的预料。这样,很快又二印、三印、四印……。这是愈之和他等战友在"孤岛"上海自己组织、自己编印,不以赢利为目的而出版的第一本书。最初下了一点"冒险"的决心,却取得了始料未及的成功。这极大地鼓舞了他们,也启发了他们。这时,他们便自然而然地想起了拖延甚久的《鲁迅全集》出版之事。

本来,在去年,他就作为鲁迅先生纪念委员会的代表和"文救"的代表,多次就此事与商务印书馆负责人商谈。商务本来也表示愿意出版,并已由他与商务签订了契约。但是,国民党政府内政部要对鲁迅遗著"审核登记",刁难甚久;而随着战争的升级,商务颇有损失,总管理处被迫内迁长沙,兵荒马乱,此事便耽搁了下来。这时,也是聚餐会成员和复社成员的广平,正忧心忡忡,生怕鲁迅的很多手稿、版本在这战争环境中遭到不测。鲁迅生前给他的信中说过一句名言:"纸墨更寿于金石"。对鲁迅手稿、著作的最好的保存方法,莫过于尽快出版全集,以便化身千百;同时,鲁迅著作出版后又可以激励全中国人民抗敌的斗志,有伟大的现实意义。广平与愈之和他商量后,决定再接再厉,由复社来承担这一光荣而艰巨的任务!

于是,由他与广平、任叔三人起草了编辑计划,尽可能征求上海文化界人士讨论。计划一经商定,一支由复社成员及志愿参加工作的积极分子组成的队伍便立即形成了。总负责人自然是愈之、他、广平和任叔。由陶行知的生活教育理想的实行家张宗麟任经理,负责调度资金、对外募捐、组织读者网等等,曾使内地、南洋和美国等地都有订户寄钱来。愈之弟弟仲持和曾经做过鲁迅家邻居的黄幼雄二人,负责具体的排印、出版事宜。一位比他小十八岁的年轻的地下党员、原生活书店工作人员陈明(国权)负责发行工作。而具体的编辑工作,难度较大,既须顾及作品年代,又须适合每册字数,过厚则装订为难,过薄则书式不一。为此费心最多的,是他与任叔二人。此外,他还在集稿、标点、发行等方面做了不少工作。例如,鲁迅翻译的《近代美术史潮论》一书,当初北新书店出版时插图印得不甚清晰,他便特地到美术专门学校去借来早已绝版的日文原版,以作翻印插图之用。广平后来在《鲁迅全集编校后记》中说:"得此一书制版,使全集更加灿烂;中心感激,已非笔墨所能形容。"鲁迅早年所编《会稽郡故书杂集》,则是他和吴文祺标点的。他不仅在暨大师生中组织预订,还为远在重庆的圣陶等友人代订了好几部。

《鲁迅全集》皇皇二十大卷,以奇迹般的速度在6月至8月间陆续出齐。这是在中国近代最危急的年头所完成的一项最伟大的出版工程!它的成功,是很多仁人志士的努力,很多社会力量凝聚的结果。这里面,有中共地下组织从政治到经济的各方面的有力支持,还有远在外地甚至国外的蔡元培、宋庆龄、沈钧儒、陶行知、许寿裳、王纪元、茅盾、巴金等人的支持。《鲁迅全集》是以"复社"的名义出版的,但复社究竟有哪几位成员,恐怕并不是十分明确的。他后来的回忆文章说,是各捐五十元的二十个人。而健吾后来回忆说,为使复社能出《鲁迅全集》,他就曾悄悄地问健吾:"你有五十元钱吗?你能约你顶熟的朋友也出五十元钱吗?大家要凑钱出《鲁迅全集》,可是走漏风声,就性命攸关啊!"健吾便立即回家取了五十元钱交给他;然而,健吾却未将自己算作复社成员。还有当时在上海的柳亚子等人也作出过贡献,季琳、端毅(唐弢)、蒯斯曛等年轻人还主动来参加校对工作,还有印刷厂工人的忘我劳动等等,这些都是后来读《鲁迅全集》的人们所不应该忘记的。

《鲁迅全集》出版的伟大意义,可以用他在出书前起草、印行的《鲁迅全集发刊缘起》中的一段话来说:

> 这是一个火炬,照耀着中国未来的伟大前途;也是一个指针,指示我们怎样向这前途走去。在这个民族抗争的期间内,这全集的出版,将发生怎样的作用,是可以想象得到的。

我们还可以看出,主持这一伟大的出版工程的人,本身也正体现出一种鲁迅精神。无怪乎当时就有上海社会科学讲习所的学生们,在背后称他们为"活鲁迅"。

这所社会科学讲习所,是诞生在"孤岛"上的一座革命的学校,实际是由中共的地下党文委直接领导的。主要目的是培养爱国青年学习革命理论和社会科学。是由愈之出面,作为沪江大学(校长刘湛恩)的附属夜校,于1938年2月15日正式开办的。他从一开始便积极参加工作,并亲自授课。3月17日,在香港的友人雁冰、士纯等参加由香港大学教授陈君葆等召开的座谈会,士纯在发言中便介绍了上海的社会科学讲习所。君葆在日记中记道:"每日上课由下午五时至九时。来的学生,不限中学和专门学校的学生,或在商店服务的店员,大学生也不少。学科都是应时下的需要。这讲习所的学员,初始只希望三百人,但现在已增至九百了。由此可知这要求的实在。他们担任讲学的,大声疾呼,愤慨激昂,但也不怕敌人的来拿。虽然刀锯鼎镬,他们是早不存放在心坎里了。"

但讲习所开办不久,便遭到敌方及租界当局的严重压迫。到4月7日,湛恩便被敌人暗杀(此事下面将详谈),讲习所就被迫暂停和转移。据君葆日记,2月20日,愈之便去了香港;而愈之回忆,4月下旬又赴香港请子民先生为《鲁迅全集》题字,并到武汉等地联系发行,因周恩来指示留在后方工作,便没回上海。这样,在上海的星期聚餐会、复社、讲习所等工作,便更主要地落在了他和任叔的肩上。

第二期讲习所,1938年秋开始,便改由任叔全面负责,借四马路世界书局二楼的某中学上课;另外,又在北京路租了个教室,也在那里上课或开展活动。采取分散的方式,以防破坏。他仍继续讲课。讲习所学生方行(鹤亭)后来回忆说:"郑先生每次按时前来授课,走上讲坛,从口袋里取出厚厚一叠讲稿,广征博引,每多新义,听了很有启发,还诲人不倦地解答疑难,就是在寒暑假增设的讲座,他亦常来讲演,因而格外受到同学尊重。"

当时,暨南大学几经搬迁,10月1日,借公共租界福熙路(今延安中路)暨大附中的教室上课,因不敷用,又暂借重庆路新寰中学教室。从11月1日起,又租定了公共租界的康脑脱路(今康定路)两幢房子作为校舍。越是艰苦,他越要坚持天天去上班。11月5日,中法剧艺学校以中法联谊会创办的名义成立于上海,他也被邀主讲中国戏曲史。另外还有其他各种工作。所以,他实在是太忙了。但为了党办的讲习所,他仍然不辞辛劳,每星期去讲一次课。他讲的虽然是中国新文学史、民俗学、元明文学史等与现实政治似乎无关的课,但注意联系现实,讲得生动,深受学生欢迎。他与任叔及景耀、宗麟等人去讲课,不仅是无经济报酬的;而且,当学校经费发生困难时,反而由他们捐款贴补。他还邀请了斯诺、艾黎等国际友人去讲演。

讲习所学生中有不少地下党员,该所培养了不少人才,并为上海郊区及江苏一带的新四军和抗日游击队输送了一批干部。例如,第一期学生会干部王元龙,便是中共党员。不久去江苏启东、崇明地区工作,改名王进,与原中国公学学生瞿犊一起,领导了当地的游击队,英勇抗击日寇。不幸,他们两人于1939年1月10日被当地土顽张能忍用类似"鸿门宴"的阴谋手段诱捕杀害！消息传到上海后，他极为悲痛，便与景耀一起，写了悼文《我们最勇敢的民族战士》，发表于讲学所师生自费印行的《瞿犊王进烈士纪念集》中。(景耀比他小七岁，是获得美国芝加哥大学博士学位的社会学家，当时社会身份是英租界工部局的副典狱长，实际则是一位进步人士。后在1941年7月与雷洁琼成亲，他曾参加这两位好友的结婚仪式。)瞿、王两位烈士牺牲后，党又派参加过复社工作，同时也是讲习所学生会干部的陈明，去继任那里的游击队的政委和崇明县委书记。不幸，陈明后来于1942年1月也英勇牺牲了。

1939年2月18日，他又与任叔、景耀等人一起研究，决定将第三期讲习所改名为"上海社会科学专科学校"，向社会扩大招生。3月中旬，学校开学，任叔为校长，他继续任教，改讲文学理论。但他当时实在忙不过来，一个月后，他的课只好改请光燾、淡秋来代上了。到5月间，因该校一位同学在给昆明的一位朋友写信时，以自豪的心情提到学校的情况，称之为"上海的抗大"，而昆明那位朋友缺乏斗争经验，将此信在《云南日报》上发表了，结果引起敌伪和租界当局的高度警觉。租界工部局立即进行追查，于6月2日找景耀谈话，形势很是严重。另外，国民党当局鉴于"孤岛"上共产党的活动轰轰烈烈，此时特派吴开先潜入租界进行监视和破坏，因此，奉文委的指示，经过任叔与他等人的研究，将学校停办了。而学生骨干则化整为零，继续坚持自学，并由任叔等人辅导。

在开展"孤岛"革命文学运动方面，他和任叔可说是最重要的台柱(阿英则主要在从事戏剧运动)，他们于1938年下半年领导了一个"上海作者协会"。当时，"孤岛"的环境越来越危险，有更多的朋友转移去了内地。他本来也可以走，而且亲戚、朋友都劝他走。暑假时，他还为暨南大学招生的事去了一次香港，住了近一个月，与雁冰多次见面，雁冰在那儿从事抗战文化工作，也很希望他留下来。但他丢不开上海"孤岛"这块阵地。尤其是当他看到李圣五、樊仲云、梅思平、朱朴之这些过去在上海的朋友，此时都在香港算命问卜、消极堕落的情形后,便更坚定了回上海去工作的决心(这几位"朋友",后来都背叛了祖国)。他在香港某处举行的纪念"八一三"周年的会上,作了《历史的教训与我们的工作》的演讲,其中便提到,外边的人只知道上海很恐怖(按,确实是很恐怖,这一点我们在下一节详述),然而各种抗日工作却仍积极地在暗中进行着。并说,工作有许多,我们要从各方面去做,因各种不同的环境而采用多种形式,为国效力。

上海作者协会便是在十分困难的环境下,由他与任叔、另境等人组织的。另境是雁冰夫人孔德沚的弟弟,比他小六岁,1920年代曾在上海大学中文系读书,因此也是他的学生。不过,另境在那时便已参加了共产党。另境对他非常尊敬。另境曾编过两本书,一本请鲁迅写序,一本请他写序。这时,另境正协助姐夫雁冰主编《文艺阵地》半月刊——雁冰在香港编选好稿子后,生活书店派人带往上海"孤岛",由另境在这里编排、付印,然后再将刊物运到香港,转发内地和南洋。另境当时还未结婚,将主要精力都投于抗敌文化工作上,还办了一所华华中学。因此,上海作者协会便常常在四马路上的华华中学里开会。大家互通信息,相濡以沫,坚持斗争。然而,在这样的"孤岛"文坛内,也会起一点风波。事情要从《申报》复刊说起。

先是在1937年底,日军接管了国民党中央宣传部设在南京路哈同大楼的新闻检查所,并下令华文报纸一律须送校样"检查",否则即予取缔。这样《申报》便停刊了。但当时外国人办的报纸可以拒绝送审,于是中国人办的《申报》便于1938年10月10日借美国哥伦比亚出版公司的名义复刊。经理马荫良为吸引读者,又特邀任叔来主编该报副刊《自由谈》。本来,任叔当时正主编着《译报》的副刊《大家谈》。《译报》也是以美国人的名义办的,这是当时斗争的一种策略,因为该报实际上是上海地下党主办的公开的报纸,清一色的由共产党员在负责。任叔创办《大家谈》深受读者欢迎,所以也不舍得离开。但想到《自由谈》曾经是鲁迅战斗过的重要阵地,此次去办《自由谈》又得到组织的同意,任叔便去了。《大家谈》则改由阿英主编。

为了支持任叔,他随即把自己正在撰写中的歌颂我国历史上光荣传统的《民族文话》一书,交给任叔在《自由谈》上逐日连载。很快,10月19日鲁迅逝世二周年的纪念日到了,任叔在《自由谈》上发表了《超越鲁迅》一文,而阿英也在同天的《大家谈》上发表了纪念鲁迅的《守成与发展》。本来,"超越"和"发展"是差不多意思,说明他们想到一块儿了。但是,阿英文章的开头是这样写的:"'鲁迅风'的杂感,现在真是风行一时。鲁迅有《门外文谈》,于是就有人写《扪虱谈》;有《无花的蔷薇》,就有人'抽抽乙乙'地作'碎感';有'怒向刀丛觅小诗'的苍凉悲壮诗文,诸多鲁迅式的杂感,也便染上了六朝的悲凉气概。"阿英在文中对"鲁迅风"杂文的写法不以为然,认为不够明快,缺乏胜利信心。而阿英提到的《扪虱谈》等等,正是任叔以前发表在《大家谈》上的。任叔想不到,在自己亲自创刊、刚刚离开不久的《大家谈》上,竟会出现隐隐约约挖苦自己的文章;更想不通,在纪念鲁迅的日子里,竟有自己人对鲁迅最主要的战绩——杂文,表现出这样轻薄的态度。于是,在第二天的《自由谈》上,任叔便发表了应声而出的文章《"有人",在这里!》。第三天,阿英发表《题外的文章》,表示似乎不知道《扪虱谈》等文章是任叔写的样子,也不承认自己的说法有错。任叔不服,又写了《题内的话》。

正在这时,他连夜给任叔去信,要任叔委屈一下,"千万不要回答,恐为仇者所快"!他自然也是不赞成阿英对鲁迅杂文及"鲁迅风"杂文的看法的,但他认为这是阿英认识上的问题。阿英是革命同志。"鹬蚌相争,渔翁得利"。在当时复杂的"孤岛"文坛上,一切都要从大局出发。

毕竟他的这一见解是深刻的。就在阿英发表《题外的文章》的同一天,《华美晨报》副刊《镀金城》上,便发表了庞朴的《论"鲁迅风"》,随后该刊又一连发表多篇文章,都是否定"鲁迅风"杂文的。在《大晚报》副刊《剪影》上,也有类似文章。这些文章的作者,背景很复杂,后来有的人就是从"党官"而沦落到汉奸的。他们原想乘机起哄,"看白戏";不料却早被他觑穿。

12月4日,"孤岛"文学界四十几人在四马路的开明书店楼上,开了一个座谈会,他与任叔、阿英都出席了。大家交流了看法,表示要以团结为重。后来还一起发表了《我们对于"鲁迅风"杂文的意见》。

任叔是个极有正义感的人,可以听从他的话,忍受委屈,不再与自己人争论;但对《申报》总编辑潘公弼乘机反对他写揭露汪精卫卖国行为的文章,却坚决反抗。11月2日,发表《王任叔声明》,脱离了《自由谈》。这样,本书传主写的《民族文话》也就不再寄到《自由谈》去了。关于"鲁迅风"杂文的争论,虽然暂时结束了,但思想认识问题还不能那样简单地就解决,而且,在当时的情况下更应该旗帜鲜明地倡导"鲁迅风"杂文。于是,他与任叔、另境等人商量,决定创办一个专门的杂文刊物,名称就叫《鲁迅风》。于1939年1月11日创刊,先是周刊,后改为半月刊。他仍将《民族文话》交该刊继续发表,以示支持。

出版《鲁迅风》是上海作者协会办的两大实事之一,另一件事便是主编了一套《大时代文艺丛书》。在1939年1月15日《大美晚报》的《出版界周刊》第一期上,就有人提到当时"孤岛"上海出版的文学书既少又差,"最近听说郑振铎、巴人[按,即王任叔]正在计划一部新锐的文艺丛书,这或许可以填补一点文艺学徒的空虚吧。"《大时代文艺丛书》于这年7月由世界书局出版,共十一本,署郑振铎、王任叔、孔另境主编,他并亲撰了总序,号召:"文艺工作者在这个大时代里必须更勇敢、更强毅地站在自己的岗位上,以如椽的笔,作为刀,作为矛,作为炮弹,为祖国的生存而奋斗。"丛书出版后,都寄往内地,广泛销行于后方,显示了"孤岛"文学的战绩。丛书收入了任叔的《扪虱集》、剑三的《繁辞集》、望道译的《实证美学的基础》、季琳的《掠影集》等等。其第六种是《十人集》,收入了"孤岛"上十位作家的小说,第一篇就是他在6月15日赶写的历史小说《风涛》。这是他隔了多年以后的又一篇小说创作,写的是明代后期东林党人与魏忠贤集团的政治斗争。主人公李应升等人慷慨聚义,联袂上书,拒绝疏解,罢官归隐,直至毅然就捕,义无反顾地走上殉道的征途。小说歌颂了爱国者舍生忘死与权奸斗争的精神,其现实讽喻性是很明显的。

1939年1月8日上午,他应友人张歆海(徐志摩前妻张幼仪的哥哥)的邀请,去光华大学文哲研究组为学生作讲演,题为《现代文学》,讲"十八个月以来的文艺界的变化和趋势"。由歆海主持,奚谷记录。记录稿后发表于光华文哲研究组印行的《文哲》第一卷第二、第三期。他在讲演中批评了战前"民族主义文学代表作"黄震遐的《大上海的毁灭》是"站在'唯武器论'的立场上",已为事实证明是错误的。他指出:"统一战线的完成,更使文化界建立起铁的堡垒。"在坚持办刊物方面他特意表扬了东华;在剧本创作方面他表扬了凌鹤的《夜之歌》、田汉的《最后的胜利》、集体创作的《同心合力打日本》、丁玲的《河田一郎》,及《台儿庄》《横山镇》,认为陈白尘的《魔窟》"犯了一种幻想病";诗歌方面他表扬了任钧;小说方面他表扬了谷斯范的《新水浒》、姚雪垠的《差半车麦秸》、骆宾基的《大上海的一日》,还对张天翼的《华威先生》作了分析。这是他对抗战前期国内文艺创作的小结和指导。

1月12日,他在友人和学生来复、石灵主编的《自学》旬刊"专论"栏,以笔名"源新"发表《"流寇"与"义兵"》一文,指出:"历史,决不会重述一遍的。把过去的史实拿来比喻'今事',一定要铸成大错,闹成笑话。……把'流寇'和'义兵'这样的名词,拿来比喻今日之游击队,根本上是荒唐的。汪精卫口口声声称舍生取义的志士们为'流寇',而他自己却终于不能不做了'秦桧',他的诅咒落了空。陈独秀、陶希圣们将今日的游击队比作了宋明末造的'义兵',而预测其结果的无成。他们的预测也将是一场大笑话。"当时,被国民党从监狱中释放不久的仲甫,竟在香港《星岛日报》发表《论游击队》一文,嘲笑污蔑中共领导的抗日根据地和游击队。时在香港的雁冰,便化名发表《论〈论游击队〉》予以反驳。而我们的传主在"孤岛"上海,不仅痛斥汉奸汪逆,也对仲甫的错误言论表示了义愤。

上面讲的,当然还没有把他在"孤岛"上艰苦卓绝的文化工作全部包括。

例如,1938年5月8日起,他曾为季琳主编的《文汇报·世纪风》副刊不挂名地主编过一个《书评专刊》(周刊)。7月后,剑三主编《大英晚报·七月》副刊,也曾与他商量,得到他的帮助。1939年11月,他又与以前在商务的助手调孚一起,主编了"孤岛"时期最大的综合性文学杂志《文学集林》,由开明书店出版。1940年9月1日,一些青年翻译工作者创办了一本《西洋文学》月刊,他欣然担任"名誉编辑"。同年11月由开明书店出版的《学林》月刊,是他与柏丞为关心守居在"孤岛"上的一批贫困学者的生活,经商量后由柏丞出面打报告给重庆政府,争取到专款而办的学术刊物。他是编委,并负责与开明的伯祥联系出版。另外,他在"孤岛"时期还出版了重要专著《中国俗文学史》,开始编选出版《中国版画史图录》,编选影印了《玄览堂丛书》第一集,参与编选出版《孤本元明杂剧》,参与出版《鲁迅三十年集》,等等。这些,有的有机会在后面还会谈到。另外,他在"孤岛"上还舍生忘死地抢救了不少文献图书,我们将在下面详述。

沧海横流,方显出英雄本色。"孤岛"上海,成了狂澜中的中流砥柱;而他,正是"孤岛"上的砥柱般的人物!

三八　唯有一腔正气

"孤岛"是爱国者坚持战斗的地方,也是群鬼跳梁的场所。日本特务和汉奸的活动越来越猖獗,制造了无数次骇人听闻的血案。他们首先向文化界、新闻界爱国人士开刀。

1938年初,《社会日报》负责人蔡钧徒被日伪杀害,还把钧徒的头颅挂在法租界总巡捕房对面的电线杆上。他亲眼目睹了这一惨景,真是悲愤欲绝!2月22日,《大美晚报》经理张似旭和《华美晚报》经理朱祖同,各收到日伪特务寄来的方盒一个,内各藏一只鲜血淋漓的人手,并各附有恐吓信,说如果继续坚持反日态度,便将有更"佳"的"礼物"相赠。他与似旭等人很熟,闻讯极为愤慨。

友人中最先遇难的是刘湛恩。前已说过,湛恩是沪江大学的校长,同时是"国际宣传委员会"的骨干和秘密的星期聚餐会的成员。湛恩比他大两岁,是美国哥伦比亚大学博士,又是基督教徒,属于上流"绅士"之列;但赤诚爱国,慷慨激昂,嫉恶如仇。因此,他们成了挚友。1938年4月6日晚上,他夹着皮包去社会科学讲习所上课,在快到沪江大学的圆明园路的转角上,遇到湛恩正迎面走来。

"你怎么没坐车呢?"他关切地问湛恩。

"车子已被我卖了,预备就要走。"湛恩这时已打算离开上海去内地。

"你走了,各种事情怎么办呢?"

"已经交代妥当了,随时可以走。"

"感觉到有什么迫切的危险么?"他轻轻地问。

湛恩点点头。于是,他们紧紧地握着手,沉默了。

谁知道,第二天上午,当他坐公共汽车经过静安寺路大华路口(今南京西路南汇路口)时,便听人说早上在那里有一个人被凶手开枪打死;而到傍晚阅报,他猛然看到头版上的赫然大字标题:"沪江大学校长刘湛恩遇刺"!就像一个霹雳,震得他手脚都发麻了。这是"孤岛"上第一个在光天化日的热闹地段死于敌伪行刺的爱国人士。

敌人也到暨南大学来抓人。最先遭难的是他的学生王伍本。一天,几个穿便衣的特务开车到学校来抓王君,王君攀住扶梯不肯走,但终于被穷凶极恶的特务拉走了。校方曾向租界当局报警,但敌人出示证明说王君是"日籍"的台湾人,因此租界当局便乐得袖手旁观了。但台湾本来就是中国的领土啊!王君从此下落不明。他后来听说,王君的被捕,是因为逃避兵役,不愿参加屠杀同胞的战争。他一直深深地怀念这位爱国的好学生。

暨大第二位遭难的是他的同事、训育主任吴中修。中修是一位正直无私的书生,敌方屡次强迫中修加入伪组织,均遭拒绝。一次,中修步行到校办公,忽见校门口停着一辆黑色的汽车,几个彪形大汉站在那里等着。一见中修,便冲上来,要强拖中修进汽车。中修拼命反抗,高声呼救,竟挣脱了他们的绑架,逃入校门。此刻,愤怒的师生和路人已经聚得很多,他们只好开车逃走。据说,当时幸而他们未带手枪,否则中修便性命难保了。

1939年2月,在日本军部直接指使下,叛国投敌的国民党特务李士群、丁默村在上海建立起一支武装特工队伍。后来,命名为"国民党中央执行委员会特务委员会特工总部",由周佛海任特务委员会主任委员,丁默村任副主任委员兼特工总部主任,李士群任秘书长兼特工总部副主任。该总部设在沪西极司非而路(今万航渡路)七十六号,专干杀人绑架之勾当,是上海妇孺皆知的魔窟。自"七十六号"成立后,"孤岛"就更成为恐怖的世界。例如,《大美晚报》副刊《夜光》版编辑朱惺公,不顾敌伪的一再威胁,坚持发表反日爱国文章,表示了视死如归的决心。1939年8月30日,终于被"七十六号"特务暗杀。友人达夫的哥哥郁华,是"孤岛"上唯一的中国政法机关江苏高等法院第二分院的刑庭庭长,在拒绝了敌伪的一切威胁利诱之后,也于11月23日被"七十六号"特务暗杀。他与惺公、郁华二位,可说并无深交;但他对他们的爱国精神极为钦佩!

而惺公的上级张似旭,也终于在1940年7月19日被敌伪刺杀。似旭是秘密聚餐会的成员,也为国际宣传委员会尽过很大的力量。似旭牺牲的地方,是他也常常去的跑马厅(今人民广场)北首的一家德国咖啡馆。那天下午,似旭在那里喝茶,也许是约了什么人,突然有一个凶手走上楼,向似旭开了一枪,似旭便倒在椅子上死了。凶手下楼逃时,谁也不敢追,但在门口,却被一位捷克青年抱住不放。凶手又开了一枪,那位见义勇为的外国青年也被打死了。

从此,他再也不踏进那家咖啡馆,甚至连进其他咖啡馆喝茶的雅兴也没有了,因为这要勾起他对似旭的无限伤感。从此,他也不忍心乘坐双层公共汽车的上层,因为往东开,在车上可以望得见大华路口湛恩成仁的地方,也要经过似旭成仁的那家咖啡馆。真是处处触目伤心啊!

至于他自己,也是一直处于危险之中。由于他是著名学者,有很高的社会声誉,敌伪非常想利用他,拉他下水。夫人君箴后来回忆,"孤岛"刚开始时,有一位已经落水的过去的朋友来看他,说什么日本人很钦佩他,想仰仗他出来,主持某方面的文化工作云云,还拿出了一张数额巨大的支票,说是一个叫"清水"的主管文化工作的日本人送给他的。这简直是瞎了狗眼了!他气得横眉裂眦,怒发冲冠,当场把支票撕个粉碎,痛斥了这位"朋友"。那人狼狈不堪地逃走了,他却气恼了好几天,总是念叨着:"岂有此理!真正岂有此理!""士可杀,不可辱!"

那位"朋友"所说的"清水",名叫清水董山,"来头"可确实不小。时任日本驻上海大使馆的一等书记官,后又是"梅机关"——1939年8月22日日本军部在上海虹口东体育会路七号重光堂设立的特务机关的一名头目。清水也算是个"汉学家",读过他的著作文章,但不认识他。知道他没离开上海,便一直动他的脑筋。其实,他们是有过一次邂逅的。

有一天,他正坐在中国书店翻书,忽然一位伙计悄悄地过来,用极轻的声音对他说:"来了一个日本人,叫清水。"他点点头,转过身继续翻他的书。好几天前他去该书店时,伙计们便告诉过他:日本密探刚刚来过,要搜查编印《救亡日报》的人,而几大本《救亡日报》的合订本那时就放在书店阴暗的后房里,幸而未被发现;更危险的是,《救亡日报》的编委之一汪馥泉,那天也正在书店,日本人问:"他是谁?"伙计便说:"是我店的伙计。"因馥泉衣着朴素,头发未理,也真像个伙计,得以蒙混过去(后来,那一批合订本便由馥泉运到香港去了)。那天伙计们要他当心,他淡然一笑。那天来的几个日本人,带着枪,凶神恶煞一般;今天的这位,却是身着便衣,一副很斯文的样子,一面翻翻古书,一面用流利的汉语与伙计们扯谈,说:"敝人一向很佩服精通于版本之学的郑振铎先生,还有潘博山先生等,很想认识认识郑先生。"一位伙计用眼色探询他:"怎么办?"他连忙摇摇头,并站起来在书架上乱翻着,装作普通读者的样子。伙计便对清水说:"郑先生长久不来了,也不知道他到哪里去了。"等清水走后,他赶紧又到其他各家旧书店,一一叮嘱:今后凡日本人或不明身份的人来打听他,一概回答不知道。那些书店老板、伙计也都认真地点头照办。而他也照旧常去书店。

又有一天晚上,他在四马路棋盘街口,突然遇到了以前的朋友樊仲云,但樊某此时已经落水,在南京当伪官。因伪政府想绑他出任什么"文化工作"的"主委",便派樊某到沪来找他。樊某素知他是"书癖",就往四马路一带守候,还真的碰上了。樊某见他正出神地翻着一本古书,便上去拍拍他的肩膀。他一见是樊某,不作一声,扭头就走。樊某不识相,竟然跟了上去,于是他拔腿就跑。不料樊某竟然还追了上去,于是他狂奔了一段路,才把樊某甩掉。这个故事,是本传著者从战时重庆出版的王平陵主编的一本小杂志《中外春秋》的"新闻"栏里看来的,那篇两百字小文的题目有点"幽默":《郑振铎在四马路赛跑》。

敌人对他利诱不成,便准备下毒手。据君箴后来回忆,某天早晨,天还没亮,他正睡在家里,忽听得一阵急促的敲门声。君箴披衣起床去开门,闯进来一位熟悉的青年,原来是当时重庆方面在上海做地下工作的曹俊。只见曹君身穿睡衣,一只脚穿着拖鞋,另一只却是完全赤脚,蓬松着头发,气喘吁吁地说:"快,快!有情况,叫郑先生快走!外面有车等着呢!"于是他便匆匆穿好衣服,坐上车子,才知道曹君半夜得到情报,"七十六号"要通过租界工部局"引渡"一批爱国文化人士,其中有他,是作为复社嫌疑分子而列入黑名单的。这次他及时转移,躲过了;但曹君后来则作为嫌疑分子被抓去,受了刑,幸因证据不足而获释。

1941年1月4日晚上,友人徐蔚南忽来电话,说"七十六号"要绑架他,请当心。他一笑置之。又过了一会,柏丞先生也以电话通知此事。看来情况严重,他便打电话向一位姓张的朋友询问,也说有此事,列黑名单者共十四位,都是"文救"方面的人。于是,当夜他就紧急转移,到某处借宿。一夜做了无数乱梦。

第二天,他去找老友予同,同去锦江茶室喝茶。"我辈书生,手无缚鸡之力,百无一用啊。"他对予同感慨地说,"但却有一团浩然之气在。一旦横逆临头,当知如何自处!""是呀,"身为历史学家的予同说,"人生历史,找结笔甚难。有好结笔倒也不坏。"两位老友这样互相激励着。他们想到的,是民族气节,是人格国格,是对历史负责。"然果无可避,则亦只好听之而已。身处危乡,手无寸铁,所恃以为宝者,唯有一腔正气耳。"他在当天日记中这样写道。当时,他对文化界的很多朋友,如耀翔、俊英夫妇等,都说过这样的话。

他在外躲了三四天后,于8日上午回家去看看。一推开门,便见家中人声嘈杂,正在纷纷议论。一见他回来,大家争相告诉他说:刚才有巡捕十多人押着一个青年到他家,说曾经住过此地,其实并不认识这人,纷扰数刻,刚刚离去。这是十分可疑的事!于是,他便匆匆拿了一点日常应用的东西,马上又离家了。真是遍地荆棘!他想起一句旧诗"等是有家归未得",好像正是为他写的。而他不知道,这恐怖的一幕有爱国人士(不知何人)看到后,竟当夜就向香港报社发了急电,说是日本宪兵搜查他的家。今查见9日香港《大公报》载有消息《沪暨大教授/郑振铎寓所/被日宪兵搜查》:"【上海九日零时五十九分发专电】沪暨南大学教授郑振铎,住静安寺路庙弄,八日有日本宪兵光顾搜查,结果无所获而去,时郑适不在寓所。"而9日那天,他仍到学校去,君箴来电话,说情形很紧张,少出门,千万别回家。他悲愤不已,饮食起居失常,不慎感冒发了高烧,也没有家人照料。这一次,他在外躲了二十四天,直到28日才回家住。

在"孤岛"的恐怖事件中,还有一些是属于重庆蒋方特工与汪伪特工之间的相互暗杀。这样的事,他也亲身见闻过几次。他有一位青年朋友,平时行为很整饬的;但有一段时期,听说这位青年朋友常和一个女子在一起,又听说这个女子的行为很"浪漫",出入歌台舞榭,还时时与敌伪人士交往。出于对朋友的关心,他劝告过那位青年,但对方只是笑笑。有一天,他在霞飞路(今淮海中路)上的一家咖啡馆里还见到了这位朋友及那个女子。朋友介绍说:"这位是郑女士。"他便点头打了招呼。他装作不注意的样子偷偷打量了一番,只见这位女子气度不俗,但穿着一般,倒也看不出什么"浪漫"的样子。过了一个多月,1939年年底的一天,那位朋友匆匆跑来告诉他:"你见过的那位郑女士,已经殉难了!"他吃了一惊,忙问其故。原来,这位女子的父亲是上海高等法院的首席检查官,她母亲是日本人,所以她的日语说得很好。但她却是一位爱国者。抗战前,她在民光中学读过书,该校校长即丁默村,因此她与丁某有"师生"关系。这个"七十六号"特务头子虽然是个痨病鬼,却还是一个老色鬼,靠吃壮阳药纵欲无度。于是,重庆方面便使用"美人计",指派她去接近丁某,刺探情报,并把丁某干掉。不料暗杀未成,反被拘捕。经过残酷的刑讯后,她从容地就义了。

他一贯厌恶国民党的特工,但对这位女间谍却不禁肃然起敬。他默默地为这位仅见过一面的女子致哀。由于那位青年朋友匆匆告别,不久又去了内地,所以他一直不知道这位女子的名字,但他一直记得她的面容。直到抗战胜利后,他还在《蛰居散记》中为她写了一篇《一个女间谍》,向她表示了敬意。不过,他把她误记成"陈女士"了(在上海话里"郑""陈"发音相同)。其实,她的真实姓名叫郑苹如。

1940年7月,他忽听到比他小四岁的朋友陈定达被"七十六号"特务逮捕的消息,感到非常吃惊。因为定达是一个很循规蹈矩的美国留学生,曾多年担任北极公司经理、通惠机器公司董事,以前似乎不涉足政治活动(我们也不知道他是怎么认识定达的)。而且,汉奸们又一改以往惯用的鬼鬼祟祟的暗杀手段,居然破天荒地公开宣布杀人。关了不到三个月,便于10月2日将定达杀害于南京雨花台。听说,定达是受重庆方面的指派,计划暗杀汪精卫的。但他从定达写于监狱中的英文长信中看,认为定达很可能是在民族生死存亡的斗争中看到了革命者的伟大,思想上有了觉悟,放弃了过去的生活方式,从而投身于爱国斗争之中的。

还有一位曾经在暨南大学与他同过事的平祖仁,是重庆方面的地下工作人员(第三战区特派员)。曾遭受过汉奸的狙击,幸未中子弹。这时也被汉奸抓去了,囚禁在"七十六号"里。经过毒刑拷打,最后于1942年1月8日被枪杀。这是汉奸们公开宣布杀人的第二次。祖仁成仁后,其家属无力料理丧事。朋友和同事也没法帮助,因为汉奸们正在暗中监视,准备"钓大鱼"。这时,有一位可敬的电影女明星英茵挺身而出,只在自己的电影娱乐圈里募集若干钱款,把祖仁的丧事办好,还留下一点钱给祖仁的家属,然后在1月19日,在国际饭店的一间房间里吞服生鸦片从容自杀。第二天,上海各报以大字刊载着她自杀的消息,却没有讲出她所以自杀的原因;然而,他却是知道的。抗战胜利后,他写了《记平祖仁与英茵》,把这件事情披露出来。他认为,"这一出真实的悲剧,可以写成伟大的戏曲或叙事诗的"。而祖仁和英茵杀身成仁的时候,上海连"孤岛"也已完全沉沦了。

他就是在这样危险的环境下,置生死于度外,在"孤岛"上坚持了整整四年,做了大量的、有些已经湮没无闻的工作。

三九 一部奇书

他在"孤岛"上海做的一件极重要的工作,便是抢救收购劫难中的图书文献。这正是他一直冒险坚守在上海的是重要的原因。

世人皆知,他平生最钟情的,莫过于书。如果没有书,他将不知如何生活下去。书,是他魂魄的寄托;而他,简直可称为"书之魂"。但他并不是像古董收藏家那样的藏书家,不是为藏书而藏书,而主要是因为自己研究工作的直接或间接的需要而购书。二十多年来,他节衣缩食,搜购过大量的古书和新书。一部一部地从书店、书摊上挑来,兴冲冲地挟在腋下带回家,日积月累,越堆越高。书箱从几只而至二十几只,而至五十几只,而至一百多只……。即使这样,放在衣箱里的书和堆在地板上的书还有不少。那是因为他研究范围的广阔和搜罗材料的务必求全求备所致。"一二八"之役,他的书受到很大损失;"八一三"之役,损失更为惨重。他痛切地认识到:无国防,即无文化可言。生命都无法保证,遑论图书!已有的书已毁去那么多,而各书店又纷纷关门,所以全面抗战刚开始时,他买书的兴致大减;加上全力投于各种救亡活动,一时也无暇多跑书店。但不久,他常见路边堆着残书,不择价而售,也有以双篮盛书,肩挑而趋,沿街叫卖者。特别是上海成为"孤岛"后,公私藏书遭劫者,颇有渐出于市的。这引起了他的注意。虽然他当时手头窘迫,居处也越来越小,藏书室由四而三,而二;但他想到,大劫之后,文献凌替,如不留意收购,必将毁坏损失,以及流出国境。因此,他又开始经常买书了。

在他着意搜购的书籍中,中国古代戏曲书是一个重要的门类。他尤其最关注元代的杂剧。元剧是我国戏曲史上最光辉的一页。当时,出现了像关汉卿、王实甫这样的可称世界级的戏剧大师。然而,经历了几百年改朝换代,兵火战乱,风风雨雨,留存下来的元剧作品却很少了。长期以来,人们研究元代杂剧的,主要只依赖明代选家臧晋叔所编《元曲选》中保存的一百种剧本(而且其中至少有六种是明人的作品),这几乎就是唯一的宝库了。其他的书,只能作一些零星的补充。例如,他曾在顾曲斋所刻杂剧书中看到关汉卿《绯衣梦》一种,便诧为不世之遇。最大的一次发现,是清末民初罗振玉获得了黄丕烈旧藏《元刻古今杂剧》共三十种,予以刊行,这才又补充了臧氏选本和其他书中所无的十七种元剧。值得注意的是,黄氏在原书上写了"乙编"二字。于是,罗氏的朋友王国维便推测:既有乙编,必有甲编,甚至还可能有丙编、丁编等等。

自那以后,多少元剧爱好者都盼望着有朝一日能发现这个未知的宝藏。他也一样。虽然,他知道黄氏藏书以宋元版分甲乙,甲为宋版,乙为元版;"乙编"可能是元版之意,那就未必还有"甲编"等等的了。不过,他坚信一代元剧决不会仅仅只留存这百来种的,完全可能会有新的发现。因为,他在很多书中都发现过有关元剧的线索,特别是清代常熟著名藏书家钱遵王的《也是园书目》,记载了大量元明杂剧的名目。

他从国外避难、游学回上海后的第二年,1929年10月的一天,偶然从《国立北平图书馆月刊》上读到了常熟藏书家丁祖荫(初我)的一篇《黄荛圃题跋续记》,发现文中引用了黄氏一则《古今杂剧跋》,透露了《古今杂剧》共有六十六册(原注:今缺二册)。丁氏还说,曾借得此书一阅,内包含元明杂剧共二百四十来种云云。当时他看到这一消息,激动得几乎要跳起来! 于是,连忙写信给北平的友人,追查此书的踪迹;同时,又拜托与丁氏相识的友人去直接向丁氏问个究竟。但丁氏却只说已归还原主——常熟旧山楼赵氏了。丁氏文中本来也是这样写的:"赵氏旧山楼藏有此书,假归,极三昼夜之力展阅一遍,……时促不及详录,匆匆归赵。曾题四绝以志眼福。云烟一过,今不知流落何所矣……"他又问赵氏后人,问常熟当地人,再问丁氏,回答都是一个"不知"。而不久,丁氏又死了,线索便全断了。听说,在1924年齐卢军阀战争时,常熟旧山楼驻扎过军队,那些兵士们曾随便拿藏书楼的古书当柴烧。难道这部珍贵的元剧已经被毁了吗?

但他还不灰心。他想,它们可能秘存在某位藏书家的手里。他遇见有关的人,必问此事;每遇人谈及元剧,必提到此书。尤其是在夜晚,当他沉思此书时,便仿佛看见它的精光若隐若现地直冲星汉。他虽然早已编好了一部《元明杂剧辑逸》,并于1931年4月29日写好了书稿的《例言》,但他在《例言》中仍提到这部《古今杂剧》,说:"果此巨藏,犹在人间,则斯书之辑,未免多事。故悬奢望,以俟此藏。此藏若出,斯书即以覆瓿可也。"正因为有此一愿望耿耿于怀,所以他编的书稿终于不曾拿出去出版,而此篇《例言》也从未发表过。

语云:"精诚所至,金石为开。"在"孤岛"初期1938年5月初的一天晚上,中国书店陈乃乾打来的一个电话,差一点使他惊喜得摔坏了眼镜。当时他拜托过上海几乎所有的旧书商人:凡有好书,一定先告诉他,千万不可卖给外国人与汉奸!而这次乃乾来电话,就是告诉他:"听来青阁老板说,苏州某书贾发现了三十几册元明杂剧,其中有刻本,有钞本。刻本有写刻的,像《古名家杂剧选》,还有宋体字的,不知为何人所刻。而更重要的,"乃乾在电话中提高声音说:"那钞本大多有清常道人——赵琦美的题跋!"

他的心怦怦地跳着。难道,这就是"也是园"旧藏之物吗?而乃乾又大声地加了一句:"据说,书是从丁家散出的!"这就更证实了:那就是他盼望了近十年的书!看来,丁氏所谓"匆匆归赵",所谓"云烟一过,今不知流落何所"等等,都是骗人的鬼话。于是,他急忙郑重拜托乃乾:"一定设法替我买下!万不能让别人弄去,更绝不能流出国外!"他又进一步叮嘱:"恐怕还会有三十来册出现!注意:一共应该有六十四册!"

他虽然说要买,但其实当时手头并没有多余的钱。不过,这一国宝既已出现,他是无论如何要设法将它买下的。这天夜里,他翻来覆去,怎么也睡不着。于是,索性披衣而起,匆匆写信,把这件事告诉当时在香港的北平图书馆实际负责人、副馆长(按,馆长由蔡元培挂名)袁同礼(守和),和当时在汉口为教育部干事的原暨南大学同事、词曲专家卢冀野。

第二天,他急急赶到来青阁旧书店,老板杨寿祺证实了这一点,说有三十二册,在书贾唐麘虞那儿。钱呢,大概有一千元就可以购得了。寿祺还说,还有三十二册,则在古董商人孙伯渊处,孙开价较高,大概要一千五至二千。果然就是那六十四册书!他瞪得圆圆的两只眼睛,好像要从那玻璃眼镜后面迸出来似的。"三千就三千!"他一口答应了下来,与寿祺说定:明天下午先拿一千元来,将唐某的半部买下;然后,再设法买孙某的半部。于是,他转身便去暨南大学,设法筹款。最近,为了抢救书籍,他已向不少朋友借了钱,实在有点不好意思再开口。但出乎他的意料,大家听了他兴奋的说明,不能不为他的爱国、爱书的热情所感动,纷纷解囊相助,不多时竟筹到了千金。他感激得快掉下了眼泪。于是,他按时将款交到寿祺处。寿祺说,明天下午,请过来取唐某的那半部书。

可是,不知怎地,在兴奋之余他的"第六感官"却似乎隐隐有这样的直觉:此事怕不会这么顺利就办成!他回到家,又立即给香港的守和寄了一封快信,告诉此书大约三千元可得,询问北图是否可以收购。他认为这样一部宝书,最好是归国家图书馆收藏。他相信他们是一定会答应的。他担心的不是这个,而是怕卖主会有变卦。渴望、兴奋和"万一失之"的恐惧,交战于心。这一夜,他又未能睡好。

隔一天下午,他如约赶到来青阁,他最担心的事竟然真的发生了!只见寿祺尴尬着脸,说去迟了一步,唐某的半部已经以九百元之价被古董商孙某买去。又说,如今书已成全璧,孙某奇货可居,不打算出让……。寿祺显得十分懊丧的样子,将那一千元钱还给了他。

他更呆呆地像出了神。他感到浑身像一块烧红的铁突然间又被抛进了冷水中。向往了十年的东西,眼看就要到手,却一旦失之交臂。这失望,这痛苦,远远超过了青年人的失恋!而且,在这国家大难的年头,如此绝无仅有的文化国宝,如果落入一个没有学识、唯利是图的商人手里,将会有怎样的后果?思念及此,他更焦虑万分。他不记得自己是怎样丢魂落魄地离开书店的。这一个夜晚,他又通宵未眠!翌日一早,他到学校上班,苦笑着把借来的钱还给同事们。大家也都十分失望。而不几天,守和却从香港回了信,说北图决定要买,三千元可以设法筹措。他苦笑着把这封信锁进了抽屉。

不过,他的性格一贯是坚强的,从不肯向命运低头。他相信一个粗浅的哲学:只要肯尽力,天下没有不能成功的事。直觉又告诉他:对方乃是待价而沽,只要不惜代价,必有办法得到。他知道乃乾与寿祺都与孙某相熟,于是,他又拜托他们去找孙某商议,并说一定可以有办法筹款。寿祺笑嘻嘻地答应了。

果然,隔了几天,寿祺来了回音。多少钱?非一万不卖!而且说,那位老板话讲得很"绝"：要快一点决定，不然就要卖给别人了。一万元！真是"狮子大开口"！遇到别人，恐怕就要破口大骂了。但是，他却重新燃起了希望之火。他想，只要对方肯卖，且提出了价钱，此事就又有眉目了。在他心目中，这一人间孤本乃无价之宝，岂是区区金钱可以估算的？于是，他立即发出两个电报，一致北图，一致教育部。他还到守和在上海的代理人孙洪芬那里去说此事，对方被这样突飞猛跳的价钱惊得目瞪口呆，直盯着他看。他觉得心里真不是滋味，不过，自己是问心无愧的。

第二天，北图就有了回电，说无法支付如此巨款，只好"望洋兴叹"。他的心也冷了一半。第三天，同样对元剧狂热爱好的冀野回电，却说教育部有意买下；作为部长的陈立夫也来了电报，要他去再议价。他一下子又上升到了兴奋的极点！这里可以作点插叙，本书传主此前也是认识陈立夫的。1931年2月22日王伯祥日记，就记载那天本书传主与徐悲鸿、王伯祥等人同陈立夫一起吃饭。1936年8月，本书传主与陈立夫一起参加了蔡子民等人发起的"吴越史地研究会"。就在几个月前，1937年1月29日，顾颉刚日记还记载了本书传主出席了陈立夫的一次晚宴。

应该说，陈立夫当时的这一购书决定，是相当明智的。本书传主在抗战胜利后，曾多次在文章中肯定这一点。这件事，也为后来他们的再度成功的合作——郑振铎（联合张菊生、何柏丞、张咏霓等）在上海秘密组织"文献保存同志会"，陈立夫（联合朱家骅等）在重庆争取从中英文教基金（即英国部分退还的庚子赔款）中拨出专款，由郑振铎等人在上海大规模抢救图书——奠定了基础。此事我们在下一节里再详述。

且说当时他接到冀野和陈立夫的电报后，立即兴冲冲地找乃乾、寿祺商量，经过三天艰苦的讨价还价，最后以九千元成交。他立即将这一情况电告教育部。可是钱什么时候能寄来呢？对方却是非要在十几天内交割清楚不可。他只得且喜且惧地答应了下来。同时，仍向同事们先借了一千元，作为定金；并约定二十天以内，将全款付清，不然定金不归还。

他永远不会忘记,那一天是5月30日,天色有些阴沉沉的,春寒还未尽去。他偕乃乾携千元至孙某处,签订契约。在这时,他才第一次见到了原书!他的手颤抖着,眼睛有点湿润了。果然是人间珍宝!他觉得不管多少金钱,在它面前简直都成为一堆废纸。他终于获见了此书,即使自己承担了契约的千金损失,他也觉得是值得的!

可是,两个星期如飞梭一般地过去了,由于战时邮政的困难,重庆方面的汇款还是没有消息。他又急了!这时,他想来想去只有一条路:向程瑞霖借。瑞霖是暨南大学商学院院长,与他这位文学院院长是"平级"同事;但在柏丞校长因事离沪期间,瑞霖是代理校长。瑞霖看着他为难的样子,笑着说:"看来振铎你又有好几天没睡好觉了,我就借给你吧!"他谢了又谢,取过支票,便赶到孙某处。付款,签字,取书。他双手捧着这部书,坐车回家,简直就像骑在战马上得胜而归的一位大将军,兴奋得像收复了一座名城、攻克了一个敌国一样!到家后,他摸了又摸,翻了又翻,悲喜交集,让妻子、老母都来看这宝贝,连饭也不想吃了。后来,他发现自己的帽子和大衣都丢失了,竟不知道是忘在了车上呢,还是在孙家。他什么都顾不得了。他只是庆幸:一件国宝,在国家、民族最危险的时候,历尽曲折,终于经他之手,收归国库了!他沉浸在生命的飞扬的极致的大欢喜之中!

以上,是根据本书传主事后多次自述的情节写成的。作家徐迟的《火中的凤凰》,本书传主的儿子郑尔康的《一座文化宝库的抢救经过》,基本情节也都是这样写的,数十年来并无异议。然而据本传著者所读到的1960年代香港商务印书馆出版的《艺林丛录》上署名"宽予"的《海上书林忆余》,在抢救此件国宝的过程中,还隐藏着比以上所写的更为曲折复杂的过程,甚至连传主本人还不知道呢!

那是在事后二十年左右,有一位姓潘的苏州学者出了一本比较"冷僻"的学术著作,其中收有写于1944年的一篇题跋,无意中披露了一些重要的情节,原文如下:

……此册盖芝孙先生[按，即丁祖荫]手录《古今杂剧校语》，原书为"也是园"故物，辗转流入士礼居、艺芸书舍、旧山楼。芝孙得之赵氏后人，集秘垂三十年，绝不示人；晚年精构别业于城中公园路，殆未数载，骤罹兵祸，遗箧星散。大华书店唐某，先得《杂剧》之下半部，索值二百元，未有问津。适先兄博山，以事返里，诧为秘帙，如值携归沪上，相与赏析者累旬。未几，集宝斋主孙君伯渊，与来青阁主杨君寿祺，亦访得是书之上半部。先兄屡谋剑合，二君居奇不肯让，如是者年余。吾友郑西谛先生为商归公之计，往返集议，久而克谐；先兄度不能剑合，亦以归公为最宜，其后得价九千元，而此书遂成完璧；皆西谛之力也。

弟弟写哥哥之事，自然可信无疑。这里涉及到潘博山，此人比他小六岁，出身苏州世家，从小雅爱古书字画，造诣精深，故与他亦是朋友。他后来秘密发起组织"文献保存同志会"，虽对博山保密，但也曾请其相帮。他曾在1940年日记（1945年修润发表）中写道："保存文献，人同此心。博山为我辈中人，故尤具热忱。""孤岛"被日军占领后，博山于1943年5月7日逝世，他虽然在秘密蛰居中，还是冒着风险赴殡仪馆吊丧。可见关系很好。（我们只是在1941年7月25日他起草的致重庆方面的信中看到，当时他们想收购博山手里的《大元一统志》，不料博山开价极高，他在信中批评博山"'儒'而实'商'"，"实存敲诈，大为不该"。）但是，在他一直到1950年代发表的所有有关抢救《古今杂剧》一书的文章中，都丝毫没有提到博山其人。这是耐人寻味的。而其弟无意中的披露，实乃惊人之笔。因为从中可以知道：

一、唐赓虞的半部书，早在一年多以前就已卖给了潘博山。潘是此书半部得主，但在售书过程中始终在幕后，本书传主毫无所知。

二、杨寿祺也不仅仅是得知此书消息者，而实际早就与孙伯渊二人共为半部得主。但在郑面前，杨装作只是一个中间联系人，郑亦毫不察觉。

三、潘与杨、孙双方,在此之前为此书之合全,私下讨价还价已有年余之久。此事郑也全不知道。

四、潘之半部,仅以二百元得之;想杨、孙二人,也不过付出如此之数。但他们第一次向郑开价,即已是七八倍之值,最后竟涨到二十多倍!

而且,我们简直可以据此写一篇"推理小说"了:首先,杨、孙合伙,很为自然,十分相得。因为孙当时开古玩店,一设于上海嵩山路,一设于苏州护龙街,苏铺平日由其弟看管,孙则经常来往于苏沪之间,猎取奇货。杨非有孙,则不知此书之出现;孙非有杨,则找不到此书合适的主顾。杨、孙先是把目标对准已有半部书的潘,谁知讨价还价一年多,还未出手。于是,消息外漏(也可能是有意放风),郑便闻讯而至,打听此书。于是,杨说半部书在苏贾唐某处而不说在潘处,这一定是因为郑认识潘,怕他直接去找潘。杨先拿了郑的千元钱,也许就是前一年间杨、孙向潘所开的价钱(甚至原先所开的价可能还要低一点);因为这个价钱既然潘不肯出,那么,反过来给潘这个数,想来必可得书吧。那么,杨、孙为自己的半部预留了二千之数。这样的算盘,不可谓不精。然而事后再一核计,又深知郑这个主顾是有名的"书痴",其爱国爱书之痴情足可利用,机不可失时不再来,于是贪火更炽,决心大捞一把。乃诡称向唐某商量未遂(其实唐卖给潘已有一年多了),孙已捷足先得,居奇不售。他们故意不开价钱,"欲擒故纵",借以观察郑的态度,掌握"火候",以决定最后的开价。这真是一个周到圈套!

果然,他寝食不安,焦急万分,于是他们便乘机狠抬价钱。然而,他们毕竟又较心虚,怕被识破,有碍于今后与他的继续交往,且担心书坊中人看见这样大一笔交易,未免眼红,所以便都推在一个读书界以外的古玩商人的头上。这样周密的一个计划,再加上他只顾为国家抢救文献而不顾其他,竟使他一直蒙在鼓里。唐某于1939年初即逝世,他在此时写的一则《劫中得书记》中还说:"唐为经手买得半部清常道人校本杂剧者。几成交而为孙某所得。因此一转手,遂多费不少交涉与金钱。唐在沪设听涛山房,颇可交。不意其竟死于苏州。"因唐某的死,他更难了解此事原委了。1941年2月23日,他在致友人信中还说:"来青阁肆主杨君,人极诚笃,我与之交易二十余年,向来不大讨虚价。"

但杨寿祺后来在其未刊自传稿中说:"是年苏地藏家出售旧书者甚多,交通亦较前便利。苏州古玩业及旧书同行,来申者甚多。大约此时苏州唐耕馀君(大华书店负责人)收到'也是园'藏本明抄本竹纸孤本元明杂剧上半部。索价一千元。我并无许多现款,因之告知了郑振铎先生。郑先生出价一千一百元。我与唐君说明九百元,言明交款取书。因为我知道下半部为集宝斋(古玩碑帖店)孙伯渊所得,所以又同孙君商量,被孙君知道另外半部,在唐耕馀处,所以下一天,郑先生携了一千元支票,托我取书,讵知已为孙伯渊购去矣。其价亦九百元也。此事因为我性太直爽,认为孙君与我有十多年交情,彼此生意,每年总有一二千元,并且他比我有二十倍以上的财力,决不会有此挖根的可耻行为也。此书后来听说郑先生是九千元向他买的。其时我甚艰窘。此二百元之净利,实在需要甚切。因为假使被一经济较为为难之人赚去,我毫无怨言。惟其被孙伯渊所挖夺,我鄙视此人。我真盲目,不识人也。"如此说来,杨好像并没有与孙合伙诈钱,而那另一半的书开始也似乎确实在唐那里,而且好像也是与潘一点不搭界似的。这里暂且按下不说。

此处想插叙一段丁初我为何对此书的介绍如此躲躲闪闪的掌故,而这个原因亦是连我们的传主也不知道的。当时,常熟有一位藏书家徐兆玮,在看了本书传主《跋脉望馆抄校本古今杂剧》后,在日记中写道:"予忆初我得此书之由,当张南祴[常熟藏书家、学者]与旧山楼约往阅书也,已与初我约期,而初我先一日往,携书一轿肚而归。南祴大恚,于茶肆中痛詈初我,但不知轿中所携为何种耳。后睹《北平图书馆月刊》初我《芜圃题跋续记》,即疑乃初我秘藏此书。今则六十四册钞本、刻本的无明杂剧二百四十二种已发现人世,又经郑氏详细考订,于是数百年珍藏之秘本始得暴露于书林,而丁氏亦附骥名彰。当为小记,以补郑氏所未备。"可见当年有些藏书家做事确实不免不够诚实。

不管怎么说,本书传主才是"人极诚笃"。他当时最担心的,只是珍贵古籍落于敌方之手。但他不知道,此书传出消息后,还真有汉奸盯上了它!当他写信告诉袁守和时,袁又写信告诉了在北平的藏书家傅增湘,傅则告诉了此时已堕落为汉奸的董康。董某也精通古籍,本书传主是认识的,十多年前他曾写信向董某讨教过学问,七年前藏书家刘承幹的日记中便有董某请他吃饭的记载。董某当然是"识货朋友",即想将此书占为己有。但知道自己名声已臭,便让傅出面,于5月28日、6月1日、2日、6日又是写信、又是打电报给上海的张菊生,想以三千元购下。后来,得知此书已由郑为国家购下后,傅才写信告诉张说,其实倒并不是自己想买它,只是董康"则殊怏怏也"。暗中觊觎者的悻悻之态,跃然纸上。可见,当时他如不奋力抢救,后果真的不堪设想。

而当时菊生从傅氏处得知这一消息后,马上在上海四处打听,竟让他获知潘处有书。菊生与潘是通家至交,菊生又是前辈著名版本学家,潘其实已经对菊生"保密"了年余,此时则只得让菊生去一睹原书了。今存6月4日菊生致潘信,就是感谢潘让其看到了"奇书","欣幸何极"。(由此可知,确实有半部书在潘那里!上引杨的自传丝毫未提及潘,实不可信也!)菊生信中又提出请求:"书一出国,此后恐不可复见。可否请宽留数日,将不见于《元曲选》中者,许敝馆[按,即商务印书馆]摄照留作底本",并慨允以一千元为酬。可见直到这时,潘仍未将他们已与郑签订了契约的事告诉菊生,并谎称书要"出国";而菊生也是一片爱国心,最怕"奇书"之出国。

菊生又于6月9日复傅氏信,其中提到去潘家看书事。从信中看,博山也对菊生说"一半为一古玩店主所得"。扑朔迷离,不知搞什么鬼!菊生信中写道:"据云两小时后即来取书,不能详细展阅。匆匆一见,不能不谓为奇书。博山自言得价甚廉,古玩店主急欲售去,渠亦正在窘乡,得此聊以疗贫。

询以何价,则云非万元不售。弟闻之不免咋舌。……来示所拟购价,相距过远,无可与之竞争。且云已有购主,即日付定。至购者何人,则潘君亦不知悉,惟全价付清尚需时日。弟最虑其出国,因商请借照。博山允为设法,但不知能否如愿耳。"博山难道真的不知购主是谁吗?如果这样,那么这个圈套主要是杨、孙两人策划的了;不过,至少"非万元不售"的开价,毕竟博山也是知道并参与提出的。身处穷乡,想借此谋财,这种动机也可以理解。博山、寿祺等人在本书传主爱国、爱书精神的感染下,后来多少都为抢救文献做过一些好事。我们在这里也不想过多地指责他们,只是想通过这一曲折的故事,来反映本书传主的大公无私的爱国精神。

我们还要再次说说这部书的价值。这可不是一部普通的戏曲集。要知道,六十四册书中包含二百四十二种杂剧,其中有一半是湮没了几百年的孤本;而这一百多种孤本中,元人所作就有二十九种。诗人徐迟后来用十分生动的语句指出:"你能想象吗?这是多么惊人的发现!仅仅发现了莎士比亚的一个签名,全欧洲为之骚动。如果发现的是莎士比亚的一个从未见过的剧本,你想,又将如何?试想文艺复兴距今不过三四百年。我们的元代,至今却有六七百年之久……"

他自己,在当时便指出了这一抢救工作的意义:

> 这弘伟丰富的宝库的打开,不仅在中国文学史上增添了许多本的名著,不仅在中国戏剧史上是一个奇迹,一个极重要的消息,一个变更了研究的种种传统观念的起点,而且在中国历史、社会史、经济史、文化史上也是一个最惊人的整批重要资料的加入。这发见,在近五十年来,其重要,恐怕是仅次于敦煌石室与西陲的汉简的出世的。

十多年后,他又再次指出:

肯定地,是极重要的一个"发现"。不仅在中国戏剧史和中国文学史的研究者们说来是一个极重要的消息,而且,在中国文学宝库里,或中国的历史文献资料里,也是一个太大的收获。这个收获,不下于"内阁大库"的打开,不下于安阳甲骨文字的出现,不下于敦煌千佛洞旧抄本的发现。

他当时对此书作了深入的研究,定名为《脉望馆抄校本古今杂剧》,并奋力撰写了一篇三万余言长跋。而且,还作了一番整理与挑选,与商务印书馆签订了合同,委托该馆排印出版了其中的精华部分。这就是前面提到过一次的线装三十二册的《孤本元明杂剧》。关于《孤本元明杂剧》的出版,也是颇有波折的。

前面提到,6月4日菊生致潘氏信中,即提出请求"摄照留作底本"。6月9日,本书传主致菊生信,说该书"发现后,几得而复失者再。但此绝世之国宝,万不能听任其流落国外,故几经努力,费尽苦心,始设法代某国家机关购得。……在文化上看来,实较克一城、得一地尤为重要也。"还提到"闻潘博山先生言,先生对于此书,亦至为关切。知保存国宝,实人同此心。不知商务方面有影印此书之意否?因此种孤本书,如不流传,终是危险也。如一时不能承印,则最好用黑白纸晒印数份,分数地保存。"可见,他与菊生完全想到了一处。

6月10日,他又致菊生信,约定时间"趋府领教"。12日,他拜访菊生,商量《脉望馆抄校本古今杂剧》影印之事。7月2日,菊生来信说,影印事"香港[按,当时因战争爆发,商务印书馆在香港设办事处,由王云五负责]尚无复信。此间同人互商,此种罕见之书,际此时艰,自宜藉流通为保存。"7月5日,他与菊生通电话,告知教育部却不同意影印此书。此后,经过他反复做教育部的工作,11月3日,他致菊生信,告以教育部同意由商务印书馆从书中挑选若干剧本排印出版。又不料,翌日菊生复信,说因时局已变,商务印书馆出书范围越缩越小,选印事还得与香港办事处商量。真是好事多磨啊!又经过菊生做王云五的工作,直至 12 月 27 日,菊生来信才说昨得香港办事处回信,总算决定选印之事。于是第二天,他拜访菊生,商量订立借印《脉望馆抄校本古今杂剧》契约。翌年 1 月 24 日,菊生来信,附来商务印书馆借印元明杂剧契约两份,请他签署。3 月 10 日,菊生来信,转来香港寄来的教育部公函,并仔细商谈移交、排印元明杂剧诸事。

  6 月 21 日,他致菊生信,郑重提出排印元明杂剧应竭力保全原本面目的八项意见。人所共知,在整理、出版古籍方面,菊生的"资格"绝对要比他"老"得多,但翌日菊生复信,说"尊意爱护古书,至所钦佩。弟前此为商务印书馆校印古籍千数百部,亦同此意"。8 月 7 日,年逾古稀的菊生亲自来访,取去《脉望馆抄校本古今杂剧》后半部三十二册。后来,商务印书馆在排印时,菊生曾亲自参加校对,做最后的把关。直到三年后的 1941 年 5 月,商务印书馆才克服重重困难正式出版了线装排印本三十二册《孤本元明杂剧》(书上却印着 1939 年版)。1957 年 11 月,中国戏剧出版社又据商务印书馆原纸型重印,改为精装四册。此书成为现在中国戏剧研究者的必读之书。但现在的读者在读《孤本元明杂剧》时,能想象得到其中有过这样曲折的经过吗?

  一直到 1958 年,他在主编《古本戏曲丛刊》时,还将这部《脉望馆抄校本古今杂剧》的原抄校本影印了进去,并在牺牲前两天撰写了丛刊的序言,成为他一生中写的最后一篇文章。他真是与这部"奇书"结下不解之缘了。

  这部奇书,是他用公款为国家抢救古书的第一部。

四〇 一个同志会

  教育部买《脉望馆抄校本古今杂剧》的钱,过了两个多月才汇到上海。而这前后,他又尽自己的力量,购买了不少书。如通过寿祺又买到了丁氏手抄零稿数种及不少明刊戏曲,通过乃乾购得明刊《古今女范》、明刊孙矿朱订《西厢记》等等隽品三十来种。仅《古今女范》一书,就用去他全家半个月的生活费!他后来在《劫中得书记》中说:"于奇穷极窘中有此收获,亦殊自喜。然其间艰苦,绝非纨袴子弟、达官富贾辈,斤斤于全书完阙,及版本整洁与否者,所能梦及。"

到1939年,书市上出现的珍籍更多。合肥李氏藏书、沈氏粹芬阁藏书等又散出。他限于经济力量,只得反复权衡,挑选买下《元名家诗集》、《古诗类苑》、万历版《皇明英烈传》等二十余种。要知道,像这样的书,如在前几年,都是很难见到的善本啊!有一次,他在传新书店看到有明代活字本《诸臣奏议》,索价九百元,他一时拿不出这点钱,便立即被北平来的某书贾买去,运到北平,获利三倍云。这样,北平书贾南来者更多了,每日搜括于旧书店,遇好书必携之以去。而他心里明白:在北方能买得起这样的书的人,大半是汉奸官僚如董康者流,或是敌伪机关如华北交通公司,以及美国人的文化机关如哈佛燕京学社,另外还有流往"满洲国"的。这使他忧心如焚!这时,上海喜欢旧书又较有钱的朋友,如潘明训、谢光甫等人,又相继去世了;其他一些爱书的朋友,又大多像他一样没有钱。眼看着孤本秘籍被散佚,被毁坏,被敌人和外国人攫去,这是何等痛苦的事啊!

此刻,他做梦也希望能有一位爱护珍贵古书而又有力的人士出来,发起一场抢救运动,而挽劫运于万一。他常常想到,明末大乱时,黄宗羲保护藏书于兵火之中,虽然没法讲学、研究,而书则更多了;叶林宗在兵乱中藏书尽失,但到常熟后,重新购藏,又超过先前。他多么希望自己也能这样啊!他更想到,将来战争胜利后,重建国家必然更需要文献资料。因此,他便竭尽全力,遇好书必救,真有点像立志移山的愚公、决心填海的精卫了。

然而,个人的财力毕竟有限。他只好常常做一种令一般人很难理解的事:为抢救一部或一批古书,便将以前抢救下来的书拿去做抵押,借来钱后将要抢救的书买下,然后再设法将抵押出去的书赎回,当然还得付利息。有时无钱赎回，简直顾此失彼，成了挖肉补疮。到了这年夏秋之际，不仅家里越来越困难，当家的妻子屡次因经济问题与他闹矛盾；而且，外面还有种种流言蜚语。有讥笑他是"傻瓜"的，有胡说他买书的钱"来路不正"的，有怀疑他的购书动机的，甚至还有诬蔑他是为坏人买书的。当时在邮局工作的杂文作家端毅，就曾写信告诉他一些流传的"闲话"，他回信说："只好听之而已。所见者远大，则眼前的小麻烦自然会很随便地对付之也。"

不过，有一度他确实悲愤地产生了不如退而"咬菜根读《离骚》"的想法。而且，他抵押在某处的一百二十余种善本书，人家多次来催赎金，连本带利要三千多元。怎么办呢？这批书也是他好不容易收来的，怎么舍得失去呢？但是，家里也快断粮了！在走投无路之际，他忽然想出了一个主意。于是，在这年秋天，他将自己特别心爱的七十种明清刊杂剧传奇，以及十几种明人集，分两批出让给北平图书馆（当时，该馆的善本秘籍运存于上海租界，后又一度运存美国）。由于这类书比较值钱，共得了七千元。他的想法是，卖给图书馆，还是属于国家的，比个人保管反而安全；而且，北图的友人理解他，允许他请人抄录副本后再交去，这样对他研究工作的影响也不大。然而，他的"曲藏"则为之半空！书去之日，心意惘惘。他后来风趣地说："好像李后主之挥泪对宫娥也。"而他又立即将这笔钱中的一半，去赎回了那批押出去的书，整天摩挲，喜而忘忧，就好像多年未见面的老友重逢，秋窗剪烛，娓娓话不休。

手里一有了点钱，他的"旧病"又复发了，于是见书又买。例如，明万历年间彩印本《程氏墨苑》，是我国版画史上极其重要的珍品，原藏天津陶兰泉处，为海内孤本。当年与他合作复刻古代版画的鲁迅先生，便未曾看见过。他则通过菊生先生的介绍，几年前专程去天津看了此书，抄了目录。当时他曾对比他大二十七岁的兰泉说："此书乃国宝，决不可卖予外人！"而此时，兰泉迁居沪上，生活困难，他怕此书不保，又再三托人叮嘱兰泉。于是，兰泉在病榻上将此书交给斐云，转让给了他。书到之日，灿灿有光。他连续几天兴奋得睡不着觉,还专门邀几位知心朋友到家里聚集观赏了半天呢。(而翌年,兰泉便去世了!)这部《程氏墨苑》,和他在这年中又购得的明崇祯彩印本《十竹斋笺谱》,是他一生所收版画书中最珍之品,也是中国版画史上最宝贵的善本。(在他牺牲后,这两部书随着他所有的藏书捐赠给北京图书馆——今改名国家图书馆了。)

这时,他不仅注意买这样的珍籍,而且更着眼于"民族文献",特别是反映我中华民族几千年勤奋、坚韧、反抗、斗争的书。他有见必收,而且都写了题记。由于这类书有的不必讲求"版本",在这时很便宜,所以到1939年冬,他竟收了八、九百种,而剩下的钱也就都花完了。但他似乎并不考虑今后一家子如何生活,却只是焦虑着"孤岛"上散出的那么多珍贵古书怎么办的问题。

在心烦意乱、孤愤莫诉的情况下,他将一部分所购书的题记整理了一下,共八十九则,取了个《劫中得书记》的题目,又写了一篇长序,在12月出版的《文学集林》上发表了。在这篇序文和这些"得书记"中,他记载了自己历尽艰辛抢救民族文献的故事,更不消说其中含有很多精湛的版本鉴定和学术见解,很多人读了,除了增长许多知识外,更为他的爱国精神而激动;同时,他又透露了这次发表的"得书记"只占他劫中所得书的十分之一还不到,因此,友人们便纷纷希望他继续写和继续发表。阿英读了这些"得书记"后,还特地赠送给他好几种明刊王思任、钟伯敬等人的文集,使他感动不已。而此时,有一个感天动地的秘密计划,已经在他胸中酝酿形成了……

他知道,眼前最主要的问题,是缺钱,需要大笔的钱。只靠他个人微薄的财力,或者再加上身边几位知识分子朋友的钱,实在只是杯水车薪。另外,那些书商书贩,特别是从北平来的,人手众多,眼疾手快,利之所趋,终日蟠居在四马路一带,自己如果没有一个组织,单枪匹马很难与之对抗。为了使民族文献的损失减少到最低限度,必须另想办法!他想起,今年4月,蒋介石、孔祥熙等人曾特聘马一浮去四川乐山创立和主持什么"复性书院",研究什么"理学",以"讲明经术"云云;而且,一下子就拨给开办费数万,以后每月经费数千。在国难当头之际,得悉当局还这样耗费民脂民膏,去办这种"书院",曾使他极为不满。他听说友人贺昌群也将去那里,连忙通过别的朋友加以劝阻。现在,他又想到,要是将这样的钱用于抢救民族文献,那有多好!但是,蒋介石、孔祥熙这些人,他怎么说得上话呢?忽然,他又想到了教育部,想到了陈立夫!

对了,一年前为抢救《脉望馆抄校本古今杂剧》,自己不就是通过教育部与陈立夫而得到公款的吗?看来,陈立夫还是懂得一点保护文献的意义的。那么,能不能再走走这条路子呢?他似乎产生了"柳暗花明"的感觉。他又想到,自己从1927年"四一二"以后,政治上一直是站在共产党一边反对国民党的,虽然现在国共合作抗日,但恐怕当局对自己仍有成见。那么,应该联合一些在政治上没有色彩但又爱国的学界著名人士,一起向官方请愿。

经过深思熟虑,他去找了商务印书馆元老、时任董事长的张菊生,私立光华大学校长张咏霓,国立暨南大学校长何柏丞等人一起商量。这几位都是著名文献学家、有威望的大学者。他们年龄都比他大,菊生先生甚至要比他大三十多岁。对于珍本古籍的大量流失,他们也深感痛心,都同意他的想法。于是,在1939年底,由他起草,他们联名给重庆教育部和管理中英庚款董事会等处写了信。翌年1月5日,他们几位又联名给重庆当局拍去了一份长长的电报。他们痛陈江南文献遭劫的危急状态,指出其严重后果,强烈要求当局拨款予以抢救。而1月5日这一天,正是他因为得到敌伪要绑架他而躲避在外的日子。就在这天,他对予同说:"我辈书生,手无缚鸡之力,但却有一团浩然之气在……"

1月10日,他仍一早去暨大上课。那是这一学期的最后一节课了。他恳切地勉励同学们安贫守志,保持身心的清白,以成为将来国家建设的柱石。同学们都很受感动。下课后,他到何校长那里,看到了重庆方面打来的两份回电。一份是朱家骅打来的。朱氏不仅是国民党组织部兼"中统"的负责人,同时也是中英庚款董事会的董事长,其电文曰:"歌[按,即5日]电敬悉。关心文献,无任钦佩,现正遵嘱筹商进行。谨此奉复。"他看完,真有点兴奋。另一份是朱家骅、陈立夫联合署名的,文字较长:"歌电奉悉。诸先生关心文献,创议在沪组织购书委员会,从事搜访遗佚,保存文献,以免落入敌手,流出海外,语重心长,钦佩无既。惟值此抗战时期,筹集巨款,深感不易;而汇划至沪,尤属困难。如由沪上热心文化有力人士共同发起一会,筹募款项,先行搜访,以协助政府目前力所不及,将来当由中央偿还本利,收归国有,未识尊见以为如何?谨此奉复,伫候明教。"他读着读着,不觉双眉渐锁:这不是有点像在"踢皮球"吗?如果我们自己"有力"筹募钱款,还要来求你们干什么?当然,在这年头,当局要筹款、汇款也确实是有困难的。现在,至少他们也肯定这一工作的重要意义,那么,我们就再力争吧。他与其他几位先生相商后,又给重庆发去了电报。

这时,重庆方面也在伤脑筋。朱家骅想到,在抗战前中英庚款董事会曾拨给筹备中的南京中央图书馆一笔建筑费,约法币百余万元,尚未动用,该筹备处即因战乱迁移。于是,朱氏便找该馆筹备处主任蒋复璁(1940年8月1日正式任馆长)相商,谈到长期抗战,币值必将贬落,如等战后回南京建房,则所值无几,不如用这笔钱购置图书,既足以保存文献,又使币尽其用,诚两全之法。中央图书馆(筹)归教育部管,而教育部长陈立夫正好不在,本书传主的老友顾一樵以次长代理部务,亦深韪其议。及陈氏返部,亦力赞其事。蒋氏便奉命于月初先到香港,与叶恭绰(中英庚款董事会董事)面商,决定购书经费以四十万元为限,以三分之二款给上海,三分之一给香港,两地同时采购。(其实,后来在港能购的书并不多,而沪地购书经费又大大增加。详见下述。)接着,蒋氏又冒险到上海"孤岛"来走一趟。

然而,此刻我们的传主因为得不到重庆的下一步回音,正焦心如焚;加上离家躲避,食宿无常,11日他便得了严重的感冒。连续几天发高烧,但他家里却并不知道,没人来照应。他觉得是自己十多年来未曾有过的大病,起初连医生也怀疑是伤寒呢。还吃了蓖麻油,洗清肠胃。13日下午,他忽得柏丞派人送来的信,说是蒋复璁(慰堂)从重庆来到上海,有要事相商。其实,据蔡子民日记,慰堂前几天就到了,7日上午就去了蔡家,居然迟至今日才联系他。他知道一定是购书事有了眉目。但这天他体温仍高达摄氏三十九度以上,实在起不来床,只得勉强给柏丞打一电话,请他们先商量起来。第二天,柏丞亲自赶来看望,并告诉他重庆方面的决定,他深感欣慰,似乎病也好了不少。柏丞又说,他们商量后,打算请菊生先生主其事,但菊生力辞不就。他略一沉思后,建议那就请咏霓先生主持。并再次提出:此事必须严格保密,以防敌伪觉察;同时,经手钱款必须万分谨慎,以免被人说闲话。柏丞深颔其言。见他病体极弱,柏丞便请他好好休息,约好后天一起去菊生家开会商量。但是,第二天他便支撑着去柏丞家商量,又一起去菊生先生家。不料菊生家里人却说老先生身体不好,谢绝会客。张老先生其实不知道,此时站在门外想要见他的本书传主,才真是大病未愈啊!

16日,他感到热度退了一些,便在晚上赶到万宜坊,访问慰堂。慰堂只比他年长一个月,是蒋百里的侄子,而百里则是他二十年前一起发起文学研究会的老友。早在1921年,他在上海主编《文学旬刊》时,慰堂就投过稿,他还发表过慰堂的译作等。所以虽是初次相识,却一见如故。慰堂谈了战争中中央图书馆(筹)的损失、内地购书的不易、重庆当局的决定、将来恢复的计划等;而他则详细介绍了江南藏书损失的情况、平贾南来抢书的动态、他们拟电的经过和今后的计划等,还谈起了个人在劫中所失与所得的书。他强调指出,眼下正是江南图书生死存亡的关键时刻。他谈到九点钟才离去,忽想到连晚饭也忘了吃,便到路边一家小店随便吃了一点。冒雨赶回借住的地方,已经快十一点了,房东非常恐慌,还以为他出事了呢!

19日,在菊生家,他和菊生、咏霓、柏丞、慰堂,加上原北京大学教授张凤举,正式开了一次会。决定对外严格保密,只以暨南大学、光华大学、涵芬楼的名义购书。原则上以收购藏书家的书为主。未售出的,尽量劝其不售;

不能不售的,则收购之,决不听任其分散零售或流落国外。他提出:目前,玉海堂、群碧楼两家,亟待收下,则阴历年内,必须先有一笔款到,否则要坏事。另外,他又提出,也不能拘泥于仅仅收购藏书家的书,凡市上零星所见善本孤本,也不能失收。总之,大家一致同意:自今以后,决不听任江南文献流散他去。有好书,有值得保存的书,必为国家保留之!初步的分工是:他与凤举,负责采访;菊生负责鉴定宋元善本;咏霓和柏丞,负责保管经费。

此愿蓄之已久,眼看就要实现,他兴奋万分。他心中明白,虽然有上述初步分工,但今后主要的工作得由他来干。(实际上,后来凤举似未参与其事,采访工作由他一人负责。同时,他与柏丞、咏霓都参与鉴定。整个工作,是以他为中心进行的。)随后,他便起草了《文献保存同志会办事细则》,共十条,经其他几位先生审阅通过后,刻写蜡纸,用红色油墨印出,密存备案。如其中规定,凡购书每部在五十元以上者,须全体通过;重要的宋元版及抄本等,在决定收购前,尤须同人共作鉴定等等。

他采访的第一家,便是由博山介绍的孙伯渊。他多次去看孙氏购得的原属苏州刘世珩的玉海堂藏书(孙氏此时,已由专售古董、字画的商人,转而经营古书了)。为慎重起见,他甚至请动了七十岁的菊生先生一起去孙氏处看书,确认这批玉海堂藏书确实很有价值后,便与之议价。最初孙氏开价二万五千,经过他艰苦的工作,最后以一万七千拍板成交。当时,慰堂虽已回去,但重庆方面还来不及汇款来,为防夜长梦多,即由他和柏丞商定,先从暨大经费中借用,一举将这批书买下了。

接着,他又把主要精力放在抢救苏州邓氏群碧楼藏书上(邓邦述藏有宋版《群玉诗集》《碧云集》,因号"群碧楼")。最初,北平书贾闻悉群碧楼有出售意,群聚苏州,志在必得;但邓家索价甚昂,众贾不免咋舌。孙伯渊赶去,与平贾合资,约以四万五千至五万之数买下。他又与孙氏商议,要孙氏绝对不可打散分售,但孙氏却开价十万。经过他反复做工作,并晓以大义,最后以五万五千成交。全部共有近四万册,他在给咏霓的信中说"佳本缤纷,应接不暇"。

那些大大小小的书贾们,消息是很灵通的。他们虽然毫不知晓"同志会"的内幕,但眼见这样两笔"大生意"做成功,便大大地震惊了他们。因为这两批书,正是近年江南藏书散出中数量较大、质量较精的,也正是他们苦苦追逐而未得之物。于是,他们感觉到了对方力量之雄厚、气魄之宏伟,觉得难以竞争。特别是平贾们,感到这样一来,在江南一带便没有什么大油水可捞了。于是,他们反过来开始到他这儿来走动了,不时地带来一些很好、很重要的书,请他挑选购下。他便与同志会的友人暗底相商,根据具体情况进行选购。

这样,到这年3月,整个严重的局面便基本扭转。这是没有硝烟的战争！这是多么伟大的胜利！他与同人们暗自高兴,但面上不敢露出一点喜色,只是默默地工作着。这时,他请来一位郭晴湖,帮助做清点图书、注册、装箱等活,每月从经费中支用五十元工资。(而他与其他同人则是分文不支的。)晴湖比他小十一岁,福州人,1933年毕业于光华大学后即任教于该校。他对晴湖严格地规定了保密纪律。又通过在香港的叶恭绰(誉虎),这位他早年在北京铁路管理学校读书时即见过面的当年的铁路总长,借得爱文义路(今北京西路)觉园内的"法宝馆",作为同志会的办事处与书库。

觉园,从前名南园,原是南洋兄弟烟草公司总经理简照南的私人花园。园内西首(今常德路418号)原有佛堂,这时已改建为"上海佛教净业社"。园内南首,刚刚新建了两幢三层楼房,名法宝馆,专藏古代法器法物,以及佛像和佛经等。法宝馆正是誉虎先生捐资建造的,同时誉虎又是佛教净业社的发起人,所以借屋一事很快就办成了。而法宝馆本来就藏有佛教图书,净业社又是居士聚会之地,他认为这可以成为一种很好的掩护。他还去刻了两个印章,都是暗号。一个是"书生本色",用于银行开帐号提款用;一个是"不薄今人爱古人",杜甫名句,用于收购来的书上作为记号用。后一方图章的文字,也表现了他们的立场和态度。因为所购的书,也有部分是今人的铅印本。

而就在这时,他读到了上海各报转载法国哈瓦斯社和英国路透社的美国华盛顿电讯,美国国会图书馆东方部主任赫美尔(汉名恒慕义)在3月7日发表讲话,说:"中国珍贵图书,现正源源流入美国,举凡希世珍本,珍藏秘稿,文史遗著,品类毕备,国会图书馆暨全国各大学图书馆中,均有发现。凡此善本,输入美国者,月以千计,大都索价不昂,……由此种情形观之,该国时局今后数年内,无论如何变化,但其思想文化,必可绵延久远。……自今而后,或将以华盛顿及美国各学府为研究所矣。"他看到赫美尔的这些话,真是又气又恨,又可畏,又可笑。气愤的是,乘人之危,幸灾乐祸,这算"慕"的什么"义"?可畏的是,如果中国人自己再不抢救,古书涓涓不息地外流,那么这个美国人说的将来研究中国文化要到美国去的预言,真的会实现的。可笑的是,这个美国人也得意得太早了。这时,他正在整理《劫中得书记续记》,便顺手将这些外电报道抄在序言中,作为对国人的警戒。当然,他不能把目前形势已经开始扭转的事写出来,因为这是需要保密的;而且,哀兵必胜,因此,他仍旧写道:"余以一人之力欲挽狂澜,诚哉其为愚公移山之业也!杞人忧天,精卫填海,中夜彷徨,每不知涕之何从!"

4月2日,他起草了"文献保存同志会第一号工作报告",由咏霓、柏丞和他联名签署,寄往重庆。报告约二千四百字,提到"中国书店金[祖同]君介绍之甲骨一批,已归中法,同是公家机关,似不必分彼此也。"可知他们还曾顺便为国家抢救过一批甲骨。(后来,他还曾向重庆方面联系过抢救古铜器的事。)他们报告了"自二月初以来,购进各书有可奉告者","正在进行中者","零星在此间各书肆及北平各肆所得者"等,说明"大抵我辈搜访所及,近在苏杭,远至北平,与各地诸贾皆有来往,秘籍孤本,正层出不穷,将来经济方面盼有以继之……。我辈对于民族文献,古书珍籍,视同性命,万分爱护,凡力之所及,若果有关系重要之典籍图册,决不任其外流,而对于国家资力亦极宝重,不能不与商贾辈龈龈论价,搜访之际,或至废寝忘食,然实应尽之责,甘之如饴也。"又附上了他起草的《文献保存同志会办事细则》。

6月24日,他在所起草的文献保存同志会致重庆方面的第三号工作报告中,谈及"大抵我辈购书之目标,凡有五点",一、普通应用书籍,二、特别留意明末以来的史料书,三、明清未刊稿本,四、书院志、山志、抄本方志、重要的家谱,五、有关"文献"之其他著作。强调指出张芹伯、嘉业堂之藏书万不能再任其失去。"皕宋东运,木犀继去,海源之藏将空,江南之库已罄。此区区之仅存者,若再不幸而不复为我有,则将永难弥补终天之憾矣!民族文献,国家典籍,为子子孙孙元气之所系,为千百世祖先精灵之所寄;若在我辈之时,目睹其沦失,而不为一援手,后人其将如何怨怅乎?!幸早日设法救援为荷。"又指出:"我辈有一私愿,颇想多收《四库》存目,及未收诸书。于《四库》所已收者,则凡足以发馆臣删改涂抹之覆者,亦均拟收取之。盖《四库》之纂修,似若提倡我国文化,实则为消灭我国文化,欲使我民族不复知有夷夏之防,不复存一丝一毫之民族意识。……恢复古书面目,还我民族文化之真相,此正其时。故我辈于明抄明刊及清儒校本之与《四库》本不同者,尤为着意访求。"

隔一天,他为雁冰、适夷主编(其实此时雁冰在延安,乃适夷一人主编)的《文阵丛刊》第一期赶写了一篇《保卫民族文化运动》,发表于该刊卷首。他正式提出了这个"保卫民族文化运动"的口号,指出,中国民族文化历经创伤,尤其是当前日本帝国主义的入侵,大江南北的文化损失惨重,为了子孙后代,为了将来中国的复兴,必须开展保卫民族文化运动。适夷在该刊《编后记》中说,这是"向战斗的文化人发出一个似乎迂远而其实是急迫的呼声"。在当时中国,他是第一个,也是几乎唯一一个,发出这样一个急迫的呼声的人!

这时,他除了必须到暨大上课外,其他时间便几乎全扑在抢救古书上了。这里,我们就抄几段他后来的回忆吧:

时时刻刻都有危险,时时刻刻都在恐怖中,时时刻刻都在敌人的魔手的巨影里生活着,然而我不能走。许多朋友们都走了,许多人都劝我走,我心里也想走,而想走不止一次,然而我不能走。我不能逃避我的责任。我有我的自信力。我自信会躲过一切灾难的。我自信对于"狂胪文献"的事稍有一日之长。……

有一个时期,我家里堆满了书,连楼梯旁全都堆得满满的。我闭上了门,一个客人都不见。竟引起不少人的误会与不满。但我不能对他们说出理由来。我所接见的全是些书贾们。从绝早的早晨到上了灯的晚间,除了到暨大授课的时间以外,我的时间全耗于接待他们,和他们应付着,周旋着。我还不曾早餐,他们已经来了。他们带了消息来,他们带了"头本"来,他们来借款,他们来算帐。我为了求书,不能不一一的款待他们。有的来自杭州,有的来自苏州,有的来自徽州,有的来自绍兴、宁波,有的来自平、津,最多的当然是本地的人。我有时简直来不及梳洗。我从心底里欢迎他们的帮助。就是没有铺子的捎包的书客,我也一律地招待着。我深受黄丕烈收书的方法的影响。他曾经说过,他对于书商带着书找上门的时候,即使没有自己想要的东西,也要选购几部,不使他们失望,以后自会于无意中有惊奇的发见的。这是千金买马骨的意思。我实行了这方法,果然有奇效。什么样的书都有送来。但在许多坏书、许多平常书里,往往夹杂着一二种好书、奇书。有时十天八天,没有见到什么,但有时,在一天里却见到十部八部乃至数十百部的奇书,足以偿数十百日的辛勤而有余。我不知道别的人有没有这种经验:摩挲着一部久佚的古书,一部欲见不得的名著,一部重要的未刻的稿本,心里是那末温热,那末兴奋,那末紧张,那末喜悦。这喜悦简直把心腔都塞满了,再也容纳不下别的东西。我觉得饱饱的,饭都吃不下去。有点陶醉之感。感到亲切,感到胜利,感到成功。我是办好了一件事了！我是得到并且保存一部好书了！更兴奋的是，我从劫灰里救全了它，从敌人手里夺下了它！我们的民族文献，历千百劫而不灭失的，这一次也不会灭失。我要把这保全民族文献的一部分担子挑在自己的肩上，一息尚存，决不放下。我做了许多别人认为傻的傻事。但我不灰心，不畏难地做着，默默地躲藏地做着。我在躲藏里所做的事，也许要比公开的访求者更多更重要。每天这样地忙碌着，说句笑话，简直有点像周公的一饭三吐哺，一沐三握发。有时也觉得倦，觉得劳苦，想要安静地休息一下，然而一见到书贾们的上门，便又兴奋起来，高兴起来。

8月24日，他在给慰堂寄出的文献保存同志会第四号工作报告中强调指出："窃谓国家图书馆之收藏，与普通图书馆不同，不仅须在量上包罗万有，以多为胜，且须在质上足成为国际观瞻之目标。百川皆朝宗于海，言版本者必当归依于国立图书馆。凡可称为国宝者，必当集中于此。盖其性质原是博物馆之同流也。……此一大事业能在'抗建'期间完成，则诚是奇迹之奇迹，不仅国际间人士诧异无已，即子孙百代亦将感谢无穷矣！……此种购置，纯为兴国气象，实亦是建国过程中之应行实现之工作也。我辈固极愿为国家文献，'鞠躬尽瘁'，深望骝公[朱家骅]、立公[陈立夫]及先生能力持大计，随时赐以指示及援助。"又提出："近来通信颇感困难。以后通信，拟全用商业信札口气，……以后各人署名，亦均拟用别号，好在先生必能辨别笔迹也。"后来，他写的工作报告便都改题为"营业报告"，又多用商人口吻。他的署名则变为"犀谛"，柏丞则是"如茂"，咏霓则是"子裳"。

在收下玉海堂、群碧楼两大藏书后，那些零星的小的"生意"不算，他们又在8月下旬以三万一千五百元，一举购下了邓氏风雨楼藏书。接着，又购了张氏适园藏书、刘氏嘉业堂藏书等等。尤其是嘉业堂藏书，数量极大，精品较多，如宋、元刊本就各有七、八十种之多，明刊本有二千多种，地方志一千二百多种,诗文集五千多种,还有大量抄本等等。当时,嘉业堂刘承幹因生活困难,有意售书,有日本人出价六十万元。他与同志会的友人们急忙加以劝阻,晓以大义。但这么多书如果全买下来,连存放的地方都没有;再说书价又高,一时也付不出这么多钱。因此,他提出了"少取、精审之一法"。但具体与承幹如何谈判和如何挑选,都很不容易。正在为难的时候,12月17日,重庆又来人了,原来是他早在北平时就熟悉的徐森玉,此时任故宫博物院古物馆馆长。森玉是水平极高的版本学家,此次不是为"古物"而正是为书而来的。于是,森玉、咏霓、柏丞几位便在他家里开会商议(菊生此时生病住院),决定先购承幹藏书中的明版本,由他与森玉去嘉业堂进行精选。此后,他与森玉二人花了很多心血,直至翌年2月27日,共挑选出明本一千二百种,再加上其他一些书,以二十五万巨款成交。

从9月起,因为工作量太大,他又增请了一位施韵秋来帮忙。韵秋是海门人,原先就是嘉业堂的编目人员。韵秋为收购适园、嘉业堂藏书穿针引线,具体联络,又为同志会所购书籍编目。嘉业堂藏书为同志会收购后,他决定致韵秋酬金五千元,原计划从书价中扣除;韵秋因和承幹是世交,有顾忌,后作为同志会的工作人员领取工资。

收下嘉业堂明版藏书后,同志会大规模的购书活动已进行了年余。在他们的辛勤劳动下,以不到百万元之款买下了大量的有用书籍,其中可进入高标准的"善本"之库的,就已有四千种左右,已经抵得上当时苦心经营了几十年的北平图书馆的善本库的总数了。这时,上海书市上的"大生意"已经开始少了,环境又越来越恶劣,越来越危险,于是他便初步决定于1941年4月底基本结束这一工作,他自己并打算也转移到后方去。

重庆方面在不断地收到他们的报告、书单,以及托森玉带去及通过香港转寄去的部分书籍后,对他们取得的成绩惊喜不已。而且,慰堂、森玉也传回去不少信息,如森玉于这年1月20日致慰堂信中,便提到"谛兄爱书如命,此番为铺中网罗遗佚,心专志一,手足胼胝,日无暇晷,确为人所不能;且操守坚正,一丝不苟,凡车船及联络等费,从未动用公款一钱"。因此,重庆方面对他的工作极为满意。在慰堂、森玉等人的建议下,重庆方面打算适当发给他一点"车马费"。他听说后,在2月26日给慰堂去信,坚决谢绝:

> 弟束发读书,尚明义利之辨,一腔热血,爱国不敢后人。一岁以来,弟之所以号呼,废寝忘餐以从事于抢救文物者,纯是一番为国效劳之心。若一谈及报酬,则前功尽弃,大类居功邀赏矣,万万非弟所愿闻问也。……弟自前年中,目睹平贾辈在此专营故家藏书,捆载而北,尝有一日而付邮至千包以上者。目击心伤,截留无力,惟有付之浩叹耳!每中夜起立,彷徨吁叹,哀此民族文化,竟归沦陷,且复流亡海外,无复归来之望。我辈若不急起直追,收拾残余,则将来研究国史朝章者,必有远适海外留学之一日,此实我民族之奇耻大辱也!其重要似尤在丧一城、失一地以上。尝与菊、咏、柏诸公谈及,亦但有相顾踌躇,挽救无方也。故电蒋[介石]、朱[家骅]、陈[立夫]、翁[文灏]诸公陈述愚见,幸赖诸公珍护民族文化,赐以援手,又得吾公主持其间,辛劳备至,乃得有此一岁来之微绩。虽古籍之多亡,幸"补牢"之尚早,江南文化之不至一扫而空者,皆诸公之功也。……我辈得供奔走,略尽微劳,时读异书,多见秘籍,为幸亦以多矣!尚敢自诩其功乎?书生报国,仅能收拾残余,已有惭于前后方人士之喋血杀敌者矣。若竟复以此自诩,而贸然居功取酬,尚能自称为"人"乎?

由此信,可知他还曾经致电过蒋介石呢。4月11日,他致慰堂信中再次表示"弟之负责收书,纯是尽国民应尽之任务之一,决不能以微劳自诩,更不能支取会中分文",甚至说如果收了钱就是"以重罪惩"。

他本已多次向重庆方面报告,决定于4月底基本结束这一工作,自己也打算撤离上海;但重庆却来电信表示愿意增加拨款,希望他们再继续下去,再多购一些书。他在5月21日联名(化名)致慰堂的信中说:"近正办理清结,故零购部分已不再继续。……运货[按,即运书]事,正积极设法。但总须犀[按,即郑振铎]赴港一行,以便决定如何办理。总之,以慎妥为主。俟运货事告一段落,犀当内行[按,即赴重庆]一次,面罄一切。陈股[按,指陈立夫教育部拨款]欲增加股款,扩大营业,闻之甚喜!'中庚'股曾来一'佳'[按,即9日]电,亦有此意。诸股东关怀文献,钦佩无已!……我辈自不敢辞劳,本'保存'之初衷,尽应尽之责也。"翌日,他在致咏霓的信中又说:"诸股东对购书事,意兴似甚浓厚。我辈本为保存文献起见,再辛苦一番,似亦应尽之责。如能将芹伯、瞿氏、潘氏、杨氏诸家一网收之,诚古今未有之盛业也,固不尽收拾'残余'于一时已!"这样,他又加聘原商务印书馆同事沈志坚帮助编目,自己又毅然再次推迟离沪日期,继续为国家抢救劫中的图书了。

但是,战争的形势越来越严酷,坏消息一个又一个地袭来。为了预防万一,7月24日他把最珍贵的八十多种古书装在两个箱子里,乘森玉回重庆之际,托森玉亲自带去。其余的一部分明刊本、抄校本等等,已陆续装箱邮寄到香港大学,请挚友地山负责收下,然后再设法寄往重庆或运到美国暂行庋藏。地山为此也付出了辛勤的劳动。不料,8月4日,地山因心脏病发作,不幸逝世!消息传来,他悲痛异常,不仅失去二十多年的老友,而且也失去了抢救文献的一个重要的助手。

他准备亲自携带一批书去香港,8月6日他在给咏霓的信中谈了预支旅费的事,12日的信中又说大约在20日走。但是,紧张的抢救收购工作,使他又一次义不容辞地留守在上海。然而此时在香港,却有人传言他想去补地山在香港大学的职位。据陈君葆日记,8月15日晚,宋庆龄在香港私邸邀请君葆等人吃饭(商量"保卫中国同盟"之事)时,陈翰笙便对君葆"说郑振铎欲谋这位置也未始不可能,但他若进来,一定会把事闹得不可收拾为止"。

君葆写道:"这样看来,他很反对郑,不晓得甚道理。"这种说法确实毫无道理。11月14日,美国总统罗斯福下令撤退驻华海军陆战队,"孤岛"局势更为危殆。终于,12月8日,太平洋战争猝然爆发,上海"孤岛"即日沉没。他们抢救文献的活动被迫突然停止。

但是,在这不到两年的时间内,他们为国家、为子孙后代做了一件极其了不起的大事。正如他后来说的:"我们创立了整个的国家图书馆。虽然不能说'应有尽有',但在'量'与'质'两方面却是同样的惊人,连自己也不能相信竟会有这末好的成绩!"事实上,在整个国民政府执政期间,也就仅仅创办了这样一个国立图书馆。后来,这批书的大部分精品都被运到台湾去了。(关于这些事,本传将在后面再谈。)慰堂后来也说过,台湾的"中央图书馆"(后又被改名"国家图书馆")的善本,几乎全是由本书传主他们抢救收购的。1953年,胡适在台湾写信给在美国的杨联陞,激动地说:"中央图书馆在抗战初期所买书,甚多宝贝!"台湾现在的"国图",在世界大图书馆里也是排得上号的,其镇库之宝就是这批书。近时,面对岛内越来越猖獗的台独的叫嚣,台湾新党主席郁慕明怒吼:"你们做到把黄金、国宝都还给大陆,……我就带所有认同自己是中国人的同胞,一起带黄金、国回大陆去!"本传著者想请郁先生至少再补充一句:"还有台湾'国图'里的那批善本珍籍,也一起带回大陆去!"

这里还想强调指出,在这一中国近代史上之壮举中,第一功臣无疑是本书传主。这一点,尽管长期无人指出,尽管慰堂生前在文章中不提,但无疑乃是事实,在当今台湾"国图"的研究人员中也已得到了承认。1940年2月23日,在昆明的中央研究院史语所所长傅斯年(孟真)微闻上海购书事后,曾立即致信朱家骅、杭立武(庚款董事会总干事),忧心忡忡提出:"此等事在进行上亦大不易。……上海各人,市侩成性,极易上当。必其人有才、精明认真方可。……办此事者,必须其人有眼力,……慰堂之口于此道,实谈不到",特意推荐徐森玉"道行高卓,故宫、平馆两处古物之得之,其力极大。

若论其知识,则彼在陶斋(端方)时即参与其事,板本之学,实为极峰。积三十余年之经历,国内无人可与之颉颃"。同日,孟真又致杭氏信云:"此事从两面言之:自反面言,慰堂实不胜此任。……此公办此事之才具至有限也(而好支节,且不懂古书);从正面言之,北平图书馆诸人,实无人与之伯仲。"(所谓北图诸人,除森玉外,傅氏还提到赵万里和袁守和。)孟真当时未提及本书传主,可知尚不知他参与负责此事。未久,他就顺便为中研院史语所也购救了一批甲骨、铜器,后来抢救古籍做出了那么大的成绩,想必孟真也得叹服本书传主"其人有才、精明认真"了吧。

由于同志会诸人都是著名学者,又都是著名编辑出版家,所以他在抢救文献的同时,又很自然地想到:何不将这些珍贵的古书挑选一点影印出来呢? 1940年5月3日,他在给咏霓的信中便提到所购的罕见的晚明史籍及抄本,说:"这类史料书,不仅应传抄,实应流布人间也。俟集合数十种后,当汇为一丛书,与商务一商,设法刊行。"9月26日的信中说:"《晚明史料丛书》第一集目录已拟就。"后来,柏丞提出一个意见,认为丛书不必仅限于"晚明",因晚明史料过于凄楚,无"兴国气象",拟多选有"兴国气象"之书加入。他完全同意柏丞的这一意见。因为,他们当时影印古籍,除了为化身千百,保存文献,以击破敌人亡我文化的企图外,同时也是为了发扬中华民族反抗侵略发愤图强的历史传统,来激励国人的抗战斗志。因此,他将丛书定名为《玄览堂丛书》。"玄览"语出《老子》:"涤除玄览",河上公注:"心居玄冥之处,览知万物,故谓之玄览。"可知"玄览"为深刻地观察世界万物的意思。又,陆机《文赋》云:"伫中区以玄览,颐情志于典坟。"他们当时是为"中央图书馆"买书,所以取"伫中区(即"中枢")以玄览"的意思。后来,约在1941年6月,由上海精华印刷公司(当是商务印书馆在沪印刷厂的化名)影印出版了该丛书第一集,共十大函,一百二十册,收有关明史的珍贵古书、抄本共三十四种,前有他化名"玄览居士"写的序。从此,这便成为他的一个笔名,"玄览堂"也成为他的书斋名了。

1941年1月17日,他致咏霓的信中又提到,因为所购古籍多而精,且较专门,可以考虑编纂一部《明史长编》,并重编《全唐诗》。他说:"得书不易,应用尤难。我辈如能在短时期内,尽量应用所得书,则诚不虚此番购置之苦心矣。我辈对于'学问',野心甚大,每苦时力不足以赴之。姑妄言之,未必有成也。然'自古成功在尝试'。此二大工作,安知必不能成为'事实'乎?"他并谈了自己的初步设想,拟分为列传、本纪、表志等,并加关于"倭"、"辽"诸役的史料。可惜在当时那样紧张、艰苦的环境下,这二大工作终于未能成为事实。但他的这种精神,至今令人感动。

四一 最后一课

那一天,是世界历史上的一个重要的日子;对于"孤岛"上的人们来说,是一座新的炼狱的入口。

1941年12月8日,凌晨,天还没大亮,他在睡梦中被一阵急促的电话铃声惊醒。

"听到了炮声和机关枪声没有?"一位友人在电话中气喘吁吁地问。

"没有啊。发生了什么事?"

"听说日本人已开始占领租界,缴了英国兵的枪械。黄浦江上一只英国炮舰被炸沉,一只美国炮舰投降了。"

接着,他又接到几个电话,有的是报社的朋友打来的。情况渐渐地更清楚了。早已预料的这一天,终于来了!

他想起了,就在昨天,一直坚持在"孤岛"上从事抗日话剧运动的地下党员阿英,还派他手下的演员,不久前刚从苏北抗日根据地回来的程绍贤,给他送来几本书。当时,绍贤就同他谈论了目前的局势,传达了苏北方面和阿英等人对他的关心,要他千万注意安全。

而更早在一年前,他在社会科学讲习所的学生、地下党员鹤亭,就在苏北新四军取得黄桥大捷之后,以《学习》杂志记者的名义去盐城采访过新四军第一支队司令员陈毅。当陈毅了解到鹤亭是他的学生,便关切地打听他在"孤岛"上的情形,并温馨地回忆起十多年前给他主编的《小说月报》投寄小说稿《归来的儿子》并获发表一事。陈毅也很关心秋白烈士的遗属在上海的情况,对鹤亭说:你老师是秋白的至交,你回去问他一下,他可能知道。如果烈士遗属有困难,我们一定帮助解决。陈毅还热情地说,欢迎他和"孤岛"上的其他进步朋友到苏北根据地来工作。为了郑重起见,陈毅又用"仲弘"的名字,与"胡服"(刘少奇)一起联名写了一封给他的邀请信,给鹤亭看了;并为了安全,说此信另由地下交通员带到"孤岛"后交鹤亭,再由鹤亭面交他。

鹤亭回到上海后,不久就收到了地下交通员带来的信,便立即给他送去。鹤亭传达了陈毅的话,并介绍了亲眼目睹苏北根据地欣欣向荣的气象,他听得很高兴,看了信后更是激动。这时,忽有客来,不便再说,就约鹤亭明晚详谈。第二天鹤亭去了,他兴奋地说,根据地是多么吸引自己的地方!有了党领导的根据地,抗战胜利就有了保证。不过,眼下正是为保护祖国文化而抢救图书的关键时刻,他有自己认为应该坚守的岗位,他有别人代替不了的秘密工作。他实在不能离开。因此,他只能请鹤亭设法向陈毅、少奇同志说明这一情况,并衷心地表示感谢。后来,地下党的同志传来苏北的回音,说少奇、陈毅都很佩服他的这一想法;但为了预防万一,陈毅又亲自布置上海地下交通站在吴淞口作好准备,如果他一旦发生危险,只要到指定地点以暗号联系,就会有人用船只护送他到苏北去。党的关怀,温暖了他的心。他更激励自己坚守在岗位上。

现在,最后的关头突然降临,那条地下交通线不知是否还在不在?自己要不要考虑撤走呢?这时,他又想到了那些已经购下的成千上万册的书,还来不及整理运出,堆在法宝馆,有的还堆在自己家里。账目也没有全部结算,自己怎么能一走了之呢?

他匆匆赶去康脑脱路的暨南大学,柏丞校长正要召集各部门负责人开紧急应变会议。柏丞老泪横流,大家也两眼汪汪,一致决定:只要看到一个日本兵或一面日本旗经过校门,就立即停课!

会后,他夹着讲义走向教室。那间教室正好临街,他站在讲台上,隔着窗就可以看到街上。只见太阳暖暖地照着,街上依然熙来攘往,与平时没有什么两样。学校照样摇铃上课。

他站在站台上往下看,发现今天的学生没有一个缺席,全都坐得直直的,几十双眼睛齐刷刷地注视着他。他一下子想起了法国作家都德的小说《最后一课》,想不到几乎完全相同的情景,自己也身历了。他压抑着激动,将学校的决定告诉大家,然后打开讲义,开始轻轻地讲课。——他不需要大声,因为今天的教室里格外地肃静。谁都明白这"最后一课"的意义。他只想讲得更多更细一点,而学生们更是只字不漏地认真地记着……

此刻,他的友人剑三、予同等等,也正在其他教室里同样上着"最后一课"。

外面阳光和煦,街上仍旧很平静。他听得见衣袋中的表在嗒嗒地走着。忽然,大家都似乎听到了远远传来的粗硬的车轮辗地的声音。几十秒钟后,有几辆满载着日本兵的军用车,经过大街,由东往西开来。当头的一面太阳旗,血红的一个圆圈,在阳光下得意地抖动着。他掏出表一看,是上午十点半左右。

他立即挺直了身体,沉毅地合上讲义,用坚定的声音宣布:"现在,下课!"学生们一起站立起来,默默地注视着他,几个女学生已经轻轻地哭泣了。

就这样,他告别了讲台,走出了教室。实际上,他从此便结束了教书生涯。——后来,因种种原因,他再也没有重任大学教授。

他回到办公室,以最快的速度仔细清理了各种书信文件,该烧的便赶紧烧了。下午,他与柏丞校长及予同、耀翔等学校各部门的负责人,同车去柏丞家。路上便遭到了日军的盘问。但他们仍然开成了在上海的最后一次校务会议。柏丞可算深谋远虑，早在几个月前便已开始在福建预设分校，准备迁移了。这时，他们研究了校长如何出走，以及他们如何遣送学生的问题。他已决定不去福建。柏丞本是文献保存同志会的同志，当然知道他留在上海不走的原因。一切不必多说，柏丞只是久久地握着他的手，默默地同意了。

第二天，有两个平时一直以国民党CC系自耀的教师投敌告密，使暨南大学成为上海租界所有专科以上的学校中第一个被日军侵入搜查的学校。幸而事先早有准备，敌人未能在办公室搜到什么重要的东西，悻悻而去。后来，虽然有个别教师借口于学生的学业、校产的保全及教师的生活问题等等，提出要维持在上海办学；但柏丞校长已坚决地亲自把光荣的国立暨南大学迁到了福建建阳。

而他，这时已无暇管学校的事了。他结束了讲台上的最后一课，却开始了铁蹄下的新的人生一课。他紧张地转移存放在自己家里的一大批同志会抢救下来的善本书。一部分就近搬运到设法租来的同弄堂的梁俊青家里的空房子。早在1920年代初，当文学研究会与创造社闹论争时，俊青作为一个学医而爱好文学的大学生，曾发表过批评创造社的文章。那时他们便相识了。二十年后的今天，俊青早已是有德国医学博士学位的开业医师，同时夫妻俩又都是医生兼画家，在上海有较高的社会地位。因此，他觉得书存放在梁家是比较保险的。（不料，后来梁家也有了危险，他又不能不把书再转移到森玉的女婿、诗人王辛笛家中。这是后话。）

另外一部分重要的宋、元刊本和抄校本，则分别寄放到张乾若家和王伯祥家。伯祥是他当时已结交二十年的挚友，原商务印书馆同事、文学研究会会员，现在在开明书店工作，与他亲如兄弟。伯祥虽然只长他八岁，但他一直不叫"兄"而开玩笑叫"伯翁"。又是"伯"又是"翁"的，在朋友中叫出了名，大家都这么叫了。至于张乾若（石公），要比他大二十二岁。此老可非等闲之辈,辛亥后曾历任北洋政府的铨叙局局长、国务院秘书长、参政院参政、教育总长、农商总长兼全国水利局总裁、平政院院长、文官高等惩戒委员会委员长等要职。北洋政府垮台后,移居天津,转而从事史地调查研究,在学术上取得巨大成绩,成为中国方志研究的第一流学者。七七事变后,愤而移居上海。石公在日本侵华面前表现出爱国之心,因此,书放在张家也是放心的。

关于石公先生的爱国故事,由于人们知道得不多,这里有必要多说几句。1945年9月28日,即抗战刚刚胜利之际,石公写给在内地的侄儿张传琦的第一封家书中,谈到这样一段重要史实:

> 王克敏初次在平,啖以内务。王将去时,曹汝霖来言,敌方军部转达内阁意,强我担任。一面仍严厉拒绝,一面向其剖明是非,并诫曹不要加入。及汤尔和病重,曹又来言,军部强任教部,兼任王克敏事。复经严拒,故改任王揖唐、周作人。

也就是说,自汉奸王克敏最初在1937年12月担任伪中华民国临时政府行政委员会委员长之时起,王就诱劝石公担任"内务"方面的高官,但遭到石公拒绝。1940年3月,汪伪政府成立后,王克敏改任汪伪华北政务委员会委员长兼内政总督督办,6月辞职,这些职务就由王揖唐继任。而在王克敏辞职前,日方曾通过曹汝霖传达强请石公继任之意,又遭严拒。到1940年秋,伪教育总督汤尔和病重时,他们又一次强迫石公继任,再次遭到失败。可知,在这件事情上,石公曾三次严拒敌方;而石公如果肯接受的话,官儿要比后来周作人担任的教育总督大得多,即一身兼任王揖唐、周作人二人之职。

石公该信中又说:"在津四年,除随时接洽秘密工作人员,消灭敌特,为国尽力外,其间吴佩孚住平,我屡劝其出平,及闻其拟与唐绍仪合作,赶至平为吴陈说利害。多方陈说,尚不决定。吴素以关、岳自命,最后我正色问其:'岳武穆是否站在金人方面,以枪杆向南?'吴赧然,拍案言:'此事誓不参加!'并告其左右,以后拒见日人。"后来,本书传主在战后写《吴佩孚的生与死》一文,高度赞扬了吴氏晚年坚守民族气节的精神。原来,吴氏能做到这一点,还多亏了石公之激以大义!还须指出的是,石公此信原本只是写给晚辈和家里人看的,有教育家人和后代之意,绝无自我标榜之心。石公在信中一再提到:"我因环境关系,不得不绝对秘密,非局中人鲜有知者。我本不求人知也。""我所经历,本不期曝白,从前尤不敢宣露。因在津、沪,未克西行,侄辈或不知底细,故略举大概以告",因此,可能我们的传主也未必全部知道。尤令人感动的是,石公最后说,"此信所云只以告家人,非其人不必与言",因为"此十四年艰苦,本是做人分内的事"。石公有这样的觉悟,所以后来还义不容辞地掩护本书传主,我们在后面再写。

且说他当时还紧急把同志会所有的帐册、书目等,分别密封后寄放在伯祥、石公家中。还有一些比较不重要的帐目与书目,则寄存在来熏阁老板陈济川处。还有一小部分书,则寄存于张芹伯、张葱玉叔侄处。他们本是书香门第,都是书画鉴定家,与他十分熟悉。就这样,他整整忙了一个星期,动员了身边所有的人,包括妻子、小孩,以及几位书店的伙计,大家帮忙包扎、搬运。为了避免引起别人注意,不敢叫汽车搬运,只是一大包袱、一大包袱地运走。因此速度也快不了。

12月12日,为了预防万一,他又将一封厚厚的信,密封后交给伯祥。是日伯祥日记:"振铎寄一部分书籍于余,均为余夙嗜览者,甚感之。铎视余犹昆弟,竟书遗嘱密付余,是其矢志甚坚,甚钦之,谨为缄存(绝未启视作何语),希冀备而不用也。"伯祥后来在本传传主不幸牺牲后又回忆:"他预先写好了一通厚厚的信,密封着交给我,敦托我替他保存,如果一旦有事,就拆看料理。我当时默契是遗嘱,怀着极难过的心情代他严藏着。这一密封,直到1950年我搬家来北京后才当面交还了他。其中究竟写些什么话,至今是

个谜。"(《悼念铎兄》)

正当他提心吊胆地将公家的这些善本书刚刚搬运完,12月15日,他突然得到一个万分紧急的警报——鲁迅夫人许广平在这天凌晨被日本宪兵抓去了!

广平也一直未离开上海,一个最主要的原因,是必须看管和保护鲁迅生前的很多遗物。她一直坚信革命终将获得胜利,到时候她要把这些最珍贵的文物献给人民的政府。同时,也是因为爱子海婴年幼体弱,不便远行。这些原因,他当然是清楚的。他心里一直深深地为广平以全生命保护鲁迅文物的崇高精神所感动。他们在抗战初期一起参加星期聚餐会,又一起组织复社,经常相互激励。只是近一二年来,他一心扑在抢救古书上,连与广平的联系也疏了。他想,广平虽然参加了很多抗日工作,但当时并没有正式的社会职业,表面上只是一名"家庭妇女"而已;那么,敌人为什么首先把魔掌伸向她?看来,他们必是冲着复社来的!

这是一个信号,更严峻的斗争又要开始了!

他心潮起伏,思虑万千。很多朋友都东西南北走了,自己也得避一避吧?可是,上哪里去呢?去后方,或苏北?但敌人封锁得那么严,现在要走就很难了!再有,他老是想,上海总得有人在,那批书还得照管。他在,那批书就有了保障。他拿出一张近时在抢救古书时偶然得到的清代乾隆时的高丽古笺,便用毛笔书写了一首六朝诗人鲍照的《拟行路难》:

泻水置平地,各自东西南北流。人生亦有命,安能行叹复坐愁。 酌酒以自宽,举杯断绝歌路难。心非木石岂无感,吞声踯躅不敢言。

他借此诗抒发自己强烈的悲愤与斗争意志于万一。写完,他又题了款,准备把它送给比他小十四岁的青年友人端毅。因为这位在邮局工作的青年杂文作家,曾帮助他躲避检查往重庆邮寄过不少信件之类,还请过他写字。

他对局势的估计没有错。敌人逮捕广平,正是为了想通过她打开缺口,把在上海从事抗日救亡活动的文化界上层人物一网打尽。在这以前,大家就对时局的恶化有所思想准备。广平曾对他和任叔等说过:"我自己是什么都不怕的;但如果鬼子当着我的面折磨孩子,我可能受不了。"任叔已于3月下旬由党组织派往南洋去工作了。任叔临走前,与夫人王洛华和广平等商量过,一旦广平遭遇不测,就让海婴躲到洛华那里,同时,洛华也可以及时通知大家,免遭株连。果然,小海婴很乖,等敌人走后,便悄悄地溜到"王家姆妈家"。洛华赶紧把这一消息通知了几位重要人士。

广平被捕后,先是被监禁在北四川路日本宪兵司令部,次年2月27日又被押往沪西臭名昭著的"七十六号",直到3月1日才由内山书店出面保释。共在狱中关了七十六天。这期间,她受尽折磨,甚至还被惨无人道地施行了电刑。敌人反复逼她讲出郑振铎等人的去向,但她坚不吐实,拼死保护了同志们。等她被放出来时,满头乌发都变白了,双腿因受过电刑而颤颤巍巍。一次,他在路上忽然遇到她,大吃一惊,觉得她顿时老了十年的样子,简直不认识了。正想上前与她打招呼时,只见她只是微微点了点头,便把脸撇向一旁,装着不认识的样子。他立刻明白了:后面可能有特务跟踪。于是,只得不交一语,擦肩而过。他后来写文章说:"我的得以安全隐藏着,躲过了这悠久的四年,可以说完全是食她之赐!"盛赞广平是"一个典型的中华民族的女战士和女英雄","中华儿女们的最圣洁的实型"。

广平被捕后,各个渠道传来的消息越来越多,气氛越来越恐怖。于是,第二天,12月16日,他被迫再次离家出走。他没有确定的计划,没有可住的地方,也没有敷余的钱款——他所有的钱款只剩下一万不到,而前几天搬书便花去了二千多。从前暂时躲避寄居过的几家亲戚,如章民表叔家等,现在都觉得不大妥,也不愿牵连到他们。他只是随身携带着一包换洗的贴身衣衫和牙刷、毛巾,茫无头绪地在街上走着。他觉得爱多亚路(今延安东路)、福熙路(今延安中路、金陵西路)以南的法租界似乎还比较安静些,便无目的地向南走去。这时,他颇有一种殉道者的感觉,昂着头,心境恓惶,然而却坚定异常。冬天的太阳很可爱地晒着,暖洋洋的,什么都显得光明可喜,房屋、街道、光秃秃的树干、虽经霜而还残存着的绿色的小草,还有街上的大人、小孩、车辆,甚至蹲在人家门口的猫和狗,一切是那么地可以留恋,生命是那么地可贵。谁知道明天或后天,能否再见到这些人物或什么的呢!

他走到金神父路(今瑞金二路),想到了耀翔和俊英的家。他敲门进去,他们非常热情地招待他,坚留他吃饭和住宿。他感动得几乎哭了出来。俊英一面张罗饭菜,一面整理亭子间,换上干净的床单、枕套。耀翔诚恳地说:"你就长住这里吧。晒台上有一堆乱七八糟的东西,上次汉奸某某找我到青年会开会,我就躲在那堆东西里得免。有人敲门,你也躲在那里,较安全。"但他想,耀翔是自己的同事,不能牵连他们。他在那里只借住了一宿,第二天一清早,便跑到石公先生家去商量。石公不愧是当过政治家的人,一口答应下来,说食宿之事由其负责,约定黄昏时再去一次,由石公找一个人带他去汶林路(今宛平路)住下。于是,他又到耀翔家,取了那个小包袱,还借了一部铅印的《杜工部集》,告别了他们。他们还殷勤地坚留他多住几天,但他还是辞谢了,也说不出什么感激的话。

那天下午,他在石公那里,商定了自己改姓易名伪装身份等事,还谈了将来的计划。石公出了许多主意。到了薄暮的时候,汶林路的房主人邓芷灵老先生和夫人一起来了。匆匆地介绍了一下,他们便领他到那里去了(非常遗憾的是,我们至今未能了解这对甘冒危险而掩护了本书传主的可敬的老年夫妇的身份)。马路上已经亮起了路灯,他被带领着走了很多不熟悉的路,仿佛走了很久,才到了他们的家里。只见一间不大的空屋已经收拾好了,床铺和桌椅都干干净净。老夫妇俩殷勤地招呼着,在灯下同他谈了很多话。直到看他连打了好几次呵欠,才请他赶快休息。那一夜,他做了不少可怕的梦,甚至连汽车经过街上,也会为之惊慌起来。

第二天,他躲在屋里读杜诗。杜甫那饱经患难、忧国忧民的诗,令他深为感慨。他随手摘录了好几首,那笔墨纸砚等,也是从耀翔家借来的。过了几天,心里渐渐地安定了下来,又到外面去走走,但不敢随便到朋友家去。只打了一个电话回家,报知"平安",并要家人不必找来看他。就这样,他便和"庙弄"的家不相往来。后来,又搬到其他地方隐居。其间,只有极少几次匆匆地回家去一下,又匆匆地走了,一直在外面住了近四年!

四二　虎窟之旁

他在汶林路住了多久,我们不大清楚。其间他的具体活动情况等,由于没有留下他的日记,其他材料也极少,我们只能根据当时上海敌伪报纸上看到的一些消息,和他后来的点滴回忆等等,来谈谈了。

他住到汶林路后不久,便是1942年的新年。但是,这一个新年,对于上海市民来说,是没有任何喜庆色彩的。前面写到过,1月8日,他的朋友,暨南大学毕业生、国民党地下工作人员平祖仁,就被敌伪特工总部公然宣布枪决。不久,电影女明星英茵料理完祖仁的葬事后,在国际饭店吞服生鸦片自杀。他在报上看到这些消息,悲痛无已。

12日,他化名"犀"给重庆的慰堂写了一封隐语信:"此间八日后,秩序安宁如常,……全家大小,均甚安吉,堪释远念。港地亲友,因消息隔绝,毫无音讯,最为罣念不安。玉老及马季二位,不知近况如何?积存各物,不知已否先期离港?便中尚恳示知一二为荷。弟在此,已失业家居,终日以写字读书为消遣,尚不甚苦闷。近拟笺注季沧苇及汪阆源二家藏书目录,亦消磨岁月之一法也。"这是他在日寇占领上海全市后第一封冒险与重庆方面秘密联系的信。信中说的"八日后",当然就是"一二·八"以后;"全家大小"指文献保存同志会留沪诸人;"玉老"和"马季"则是在香港负责接收和保管他们从上海运去的图书的叶誉虎、马季明;"积存各物"当然就是那批书了。可见他此时最放心不下的是什么。

26日,他又化名"犀"致慰堂隐语信:"前上一函,谅已收到。此间一切安宁,家中大小,自菂翁以下均极健吉,堪释远念。家中用度,因生活高涨,甚为浩大,但尚可勉强维持现状耳。现所念念不释者,惟港地亲友之情况耳。公是一家,是否平安无恙,尤为牵肠,……一家离散至此,存亡莫卜,终夜彷徨,卧不安枕,……致圣翁一函,乞代转致。"这是他在未能得到重庆方面回信时,再次冒险写信联系。信中的"菂翁"当指菊生先生;"公是一家"指为公家所抢救下来的那批善本书;"圣翁"当然就是森玉先生了。他的这些信,都是托当时在邮局工作的端毅设法避免敌伪检查寄出的,慰堂也都是收到的,现今仍保存在台湾的"国家图书馆"里;但慰堂当时似乎没有回信,或者回信了没有寄到。

这年1月13日,日本侵略当局宣布接管租界内一切公共事业,从水、电、煤气到交通、电话。他们又宣布准许被其查封的各书店恢复营业。29日,他们又举行了所谓"中国文化协会上海分会"的"首届年会"。看来,他们自以为从经济到文化都已紧紧地控制住了。但就在这时,上海开始了断粮的大恐慌。敌伪当局采取所谓"限价限卖"的措施,汉奸报纸还鼓吹什么"一次一碗饭运动"。但老百姓连"一碗饭"也吃不上,只能以玉米、山芋、马铃薯之类当主食。我们的传主也是整天以大饼、烘山芋当饭吃。

敌伪当局又借口实行"配给制度",从2月1日起,开始"调查户口",编制以十户为一甲,十甲为一保的"保甲"制度,并宣布这一调查"含有绝对强制性质"。一百年来一直乱丝无绪的"租界"户口,倒居然被它们整理得有条理起来,并于5月间发放了所谓"居住证"。当然,他的户口,也被"调查"了一番。当时他化名叫"陈敬夫"(一说是"陈思训"),伪装身份是某文具商店的职员,居然"蒙混过关"。当局又搞所谓粮食的"计口配给",先是半个月"配给"一次,后来一个月、两个月"配给"一次,直到无形停顿为止。米价逐步飞涨,从一、二千元一担,涨到四千、八千、一万、五万……,到最后竟狂跳到一百万,最高峰甚至达到过二百万元一担!老百姓简直没法活命,乞丐一天天地增多,饿死在路上的人也越来越多。

与此同时,敌伪当局又强制推行"疏散人口"。仅据4月23日汉奸报纸《新中国报》透露,短短几个月,上海已有三十六万居民被强行驱赶到农村。

敌人还在上海设置"封锁线"。这封锁线有大有小,有固定的,又有临时的。大的一圈包括四郊在内,小的一圈就是原先"孤岛"的四周,这都是长期的;临时的更小的封锁线则时时在建立,也不时地撤除。例如,1942年2月14日,农历除夕,日军便对公共租界中心区突然实行封锁达二十五天之久,断粮断煤,饿死病死很多人。3月5日,日军又对药水里一带实行封锁达十五天之久,饿死病死了二百多人。他便亲眼看到过蒲石路(今长乐路)被封锁的情形。还有一次,他到三马路(今汉口路)一家旧书店去,已经可看到店门了,突然地警笛乱吹,一队敌人的宪兵和警察署的汉奸们,把住了路的两头,不准任何人走动。旧书店的人向他招手,他想冲过街去,但被命令站住了。然后是搜身、检查"居住证"之类。如果忘了带,也许还得赔上一条命!

亡国奴的滋味,算是真正地尝到了!

这时,又传说敌人要挨家挨户搜查图书,凡藏有宣传抗日爱国书报的,就要被捕,甚至被杀。为了免祸,几乎家家户户都赶紧烧书。他也不敢例外。但究竟哪些书"有问题",哪些书没关系呢?谁也说不清楚。对于发了疯的敌人,又有什么"理"可讲呢?这样,凡是有可能"惹祸"的书刊,便统统烧掉了。他将汶林路蛰居处的书报"处理"完毕后,又冒险回到自己家里,翻箱倒箧地整整烧了三天!他是最爱书的人,这时却被迫一包包、一本本地撕掉了,抛进火里。7月21日,日本宪兵队又发出通告,勒令缴送所谓"反动书报"。这样纷扰了一个来月,后来却不见有什么正式的举动。又有人说,那是出于误会,日本人并没有要大家烧书的意思云云。于是,烧书的火才渐渐灭了。这真是一场文化的浩劫!

8月11日,日本陆海军防空司令部又发布"告示",宣布从明天起实施所谓的"上海市内灯火准备管制",连大马路上商店的招牌、装饰灯之类,也在禁止之列。从那以后,上海市民的点灯自由也受到种种管制,"不夜之城"成了漆黑一团,还常常深更半夜搞什么"防空演习",鬼哭狼嚎,人心惶惶。

就在这样地狱般的敌占区里,居然还有几个丧失天良的文化人,其中有他以前的朋友,甘心为日寇服务,帮敌人点缀门面。1942年9月,汉奸报纸上登载所谓"华北作家协会"成立的消息。由华北伪教育总署督办周作人担任所谓"评论会主席"。他见报后,既愤怒,又痛心。启明啊启明,你怎么会堕落到这样罪孽的地步?他想起,七年前他离开北平到上海工作时,曾与启明谈过最后一次话。他曾劝启明在必要的时候,应离开北平。但启明不以为然,还说中国抵抗日本是不可能的。他驳斥了这种"必败论",但对方却顾左右而言他。五年前北平沦陷后,启明曾传出话来:"请勿视留北诸人为李陵,却当作苏武看为宜。"他当时着实高兴了一阵。但不久,报载启明出席了日本人召开的所谓"更生中国文化建设座谈会"。所刊照片上,启明穿着长袍马褂,跻身于全副武装的日本军官与华服、西装的汉奸之间,露出一副怡然自得的样子。他大为惊讶。这时,在武汉的雁冰、达夫、老舍、夏衍、伯奇、适夷等友人共十八人,发表了联名致启明的公开信,"希望幡然悔悟,急速离平,间道南来,参加抗敌建国工作"。他虽因人不在武汉而未能署名,但此信也表达了他的心情。又不久,绍虞从北平来信,说已亲自将燕京大学的教授聘书交给启明,启明已接受。他见信甚喜,以为启明这就不会附逆了(燕大是美国人办的)。四年前暑假他赴香港为暨大招生,香港《民族文化》第二期《国内外文化动态》报道:"郑振铎、吴文藻八月初间抵港,据云周作人在北平十分苦闷,一切不如意,但能孤芳自赏,不稍屈服,外传已作汉奸,绝非事实。证以周氏致其友人理庵清水函,实相暗合。"当时他实希望启明能坚持气节,还在香港为启明维护声誉。不料周某最后还是附了逆,当了伪官,燕大的聘书也退了回去。去年初,周某悍然出任伪"华北政务委员会"的常委兼教育总督。不久,4月中即率团赴日"开会",虽然在"百忙"中,而且清明节已过,还不忘特意去靖国神社参拜。4月15日,天津的已堕落为汉奸报纸的《庸报》,便报道了前一天下午周某等人"参拜护国英灵之靖国神社,东亚永久和平之志向相同之一行均誓言真心"。汉奸报纸还报道周某在拜鬼之后,竟然还专门两次赴日军医院,"慰问"在侵华战争中负伤的日军官兵,还两次向他们捐了款!这哪里是"人"能作出来的?

他一直认为,启明作为新文化运动的先驱者之一,其堕落、附逆是极大的一个损失,影响也特别大。他曾与凤举等人经常谈起这一点,还曾设想怎样才能使启明脱离那个汉奸的圈子呢。然而现在,此人是越发丧心病狂了,好几次居然连敌伪的军装也在大庭广众前披挂穿戴起来,还多次到各地奔波视察"治安强化运动"和"清乡"(即推行"三光政策"),多次到伪电台作"动员"讲话。这年5月,周某紧随汪精卫访问"满洲国"并"谒见"伪帝,报刊上就登着其身着军装的照片。

10月25日,上海的金门饭店又召开了汉奸文人的所谓"文学家大会代表"的会议,为去日本东京参加所谓"大东亚文学家大会"作准备。11月3日,这个臭不可闻的大会在东京正式开场。作为一个真正的中国文学家,他看到有关报道后,胸中一阵阵感到泛恶。

大约是1943年1月,他又从汶林路邓老先生那里,搬迁到居尔典路(今湖南路)一条僻静小巷内继续隐居(因今知从2月1日起他开始记日记,故作此推测)。那是一幢挺不错的二层小洋楼,他借住在二层。房子的主人叫高真常,是妻子高家的亲戚。有两间小房间,一作卧室,一作书房,比起原来汶林路的一间要宽舒多了。加上他家里的一部分常用的书,已悄悄地请人运到这里,可读可研究的东西顿时多了几十倍,不像原先地方一共只有两只藤做的书架,而且书还没有放满。

有这样一个小环境,算是非常难得的了。再说,这地方在当时已是靠近郊区,十分冷僻,四周都是菜地,时时可见农民在松土、施肥。他的房间,有一大片窗朝南,一大片窗朝东,一早就能听到外面众雀喧闹,然后是鲜红的朝阳照进房内。因为阳光充足,刚搬去时正是严冬,屋内却不必生火炉。他就常常坐在阳光下看书,写东西;累了,出去在田地上走走,也不必担心会遇见什么认识他的人。他对这个地方十分满意。

不过,为了瞒过楼上楼下的房客,他仍然必须每天夹着皮包装出到外面去上班的样子,以示"有职有业",避免别人的怀疑。他仍然常常到各家书店去走走,尽一切力量再抢救、保存一点文化遗产。他也经常去开明书店,那不仅是因为他一直是该书店的"股东",而且更因为那里有几位最要好的相濡以沫的朋友。虽然,圣陶、洗人、彬然、子恺诸友,这时已在桂林另创开明书店的事业了;但在上海的开明同人还有雪村、丏尊、予同、伯祥、调孚等人,坚持做着编辞书等等工作。尤其是还有几位"五四"时期的老友:济之,当时化名为"耿孟邕",也在开明书店帮忙译点书;绍虞,因北平的燕京大学于1942年被日军封闭,又拒绝伪北京大学的邀请,无以为生,由他介绍到上海的开明书店来编编辞书;剑三,也没有随暨南大学去福建,此时化名"王恂如",也在开明书店当编辑。他与他们常常在开明书店见面,啃啃大饼或烘山芋当午饭,仿佛又恢复了二十多年前在北京学生时代的生活。彼此相视苦笑,但也并不以为苦,而是觉得这苦是应该吃的。

友人中,济之家累较重。为了帮助济之克服困难,又借以掩护身份,他又出主意,凑钱款,帮济之开办了一家兼售旧书的文具商店。他们一起商量了店名,最后取名"蕴华阁",隐含"胸怀祖国"之意;同时,"蕴华"还是他妻子君箴的字。蕴华阁于1943年3月1日正式开张后,第一天生意似乎还可以,后来便没有多少收入了。他化名开这爿小店之事,后来不少人都知道了。例如,1943年11月南京汪伪杂志《出版月报》(伍麟趾编)的《文化出版报道》栏,就报道:"郑振铎近日绝鲜写作,闻在静安寺路开一旧书店,自为老板,日夕研究古书。"因此,其实也是不无危险的。但总算维持到抗战结束。他们便这样"相呴以湿,相濡以沫"地坚持着活下去,等待着日月重光的一天!

偶尔,他们也苦中作乐,几个人一起去小饭店打打牙祭。有一次,他们去宁波路三泰成喝老酒。店老板也许与谁有点认识,也许是看出了这几位落拓的客人决非等闲之辈,竟拿出纸笔来,请他们为小店题字。伯祥应酬性地写了"天之美禄"四字;雪村乃绍兴人,写了"故乡风味";他既是酒豪,又别有伤怀,写了"不醉无归";而予同写了"借酒浇愁",点出了他与同人们心中的情结。老板颇有古风,谢领了题字,复出酒饷客,他们又各尽两盏而告辞。

1943年2月,森玉先生因家事由内地来上海一趟,他又有了一位可以几乎日日请教、交流学问,经常一起跑书肆的老师了。这给他蛰居中的生活带来一点生趣。3月,森玉又去了一趟北平,4月26日回到上海,第二天他的日记云:"十时许,访徐[森玉],谈北事甚久。闵尔昌语,尤可感动。""谈北事甚久",当然是为了了解同是沦陷区但互相隔绝的北平的现状。他们谈到的闵尔昌,字葆之,生于1872年,比森玉还大九岁,清末曾入袁世凯幕,民初又任北洋政府总统府秘书,后任教于辅仁大学。其为学人熟知的是穷十年之力辑录清代八百多人传记而编成《碑传集补》六十卷。这在学术上可谓大功德。此老还著有《雪海楼诗存》《雷塘词》等。这样一位旧文人,说了什么话,竟令他大为感动,还特意记入日记?这本来恐将成为不解之谜,但本书作者在他抗战胜利后写的《吴佩孚的生与死》一文中却"发现"了这一"闵尔昌语":"有一次,一位老年的友人[按,指徐森玉]到北方去,遇到闵葆之先生。他几年来足迹不曾出大门一步。他连到中山公园去也认为是'失节'的事。'但希望中国、美国的飞机能来才好!'葆之先生幻想道。'来炸了,不是你也很危险么?'那位朋友问。'这样的被炸死了,倒是甘心的!'"闵老先生的这句话,确实令人感动!

第二天27日,他又遇森玉先生,日记云:"十时许,至来熏阁,晤森。彼述一近事,云:'故人慷慨多奇节。'"这里说的"故人"就不知道是谁了,更不知道森玉说的"近事"是怎么回事。总之,是在敌占区的爱国友人们坚决不屈服于日寇的故事。这对他当然也是一种鼓舞和慰藉。

汪伪政府于1943年1月9日,宣布"与英美进入战争状态"。接着,他在居尔典路匿居处附近的英、美人的住宅都空了起来——他们全都被关进了集中营。后来,一些日本人便搬了进去,男的大多穿军装,带凶器。另外,也搬来一些汉奸暴发户,如他在3月12日日记中记道:"阴。灰雾弥天,至为闷损。到九时许,方才雾消日出。天尚寒峭。至前面参观张某之新居,布置甚佳,尚未迁入,殆亦一暴发户也。"这些人物搬来前后,对周围又大搞"调查",加上"保甲"的组织,"防空"的演习等等,吵闹得附近住家,人人自危,个个不安。他住的楼房,南面正对着一座深宅大院的后门。开始,这座大宅还空无人住,但四面的高墙上却已装上铁丝网,而且还通了电。这究竟是谁要来住呢?他常常感到纳罕,但也不便去打听。4月15日早上,房东对他说:"到前面房子里去看看好吗?我与那管门人认识。"于是,他和房东及几个小孩一起去了。那是一所英国的乡村别墅式的房子,外墙都用粗石砌成,但现在已被改造得不伦不类。花园很大,也是英国式的,但现在已部分地被改成日本式的了。花草不少,还有一个小池塘,无水,颇显得小巧玲珑,但在小假山上却安置了好些日本产的磁鹅之类的东西。他一望,就知道这是一位汉奸暴发户的新居。走进屋子,布置得很富丽堂皇,但总有一股无形的"触目"的"东洋"气,和触鼻的油漆味。

"这到底是谁的住宅呢?"他忍不住问道。房东说:"我还以为你已经知道了。这是周佛海的新居。"他略吃一惊。周佛海!这个与汪精卫、陈公博齐名的大汉奸,为虎作伥,出卖祖国,不必亲自动手的杀人魔王!中国老百姓,都恨不得食其肉,寝其皮!想不到这家伙要搬到这儿来住。怪不得前些时那帮特务、警察那么紧张地一次次来"调查"附近住民。这样一来,可真的是住在大老虎的身边啊!他不禁想起了唐人张籍的诗句:"共知路旁多虎窟,未出深林不敢歌。"心情不免有点紧张。然而,他又想到秋白、汉年、雪峰、夏衍、任叔,以及史沫特莱等,这些朋友都曾经告诉过他:有时候,越是在敌人鼻子底下,却越是安全。于是,他镇静如故,继续像往常一样潜伏着。只是更小心、警惕了。其实,敌人一直在追寻他的踪迹。12月15日,雪村、丐尊突然被日本宪兵司令部抓去,敌人就曾向他们逼问他的住处和行踪。他们坚不吐实,才使敌人一无所知。

周佛海和他小老婆一家从7月15日搬来,直住到1945年3月19日才搬走。期间周逆虽然常常住在南京,但他的小老婆等人一直住在这里。令他又气又恨的是,周逆搬来后,几乎夜夜灯火辉煌,笙歌达旦,吵闹得住在后面二楼的他没法安睡。他向来喜欢早睡早起,但每到夜里十来点钟,必有拉胡琴和学京剧的怪腔怪调送到他耳边,使他没法入眠,恨得牙痒痒的。而且,他的书房的南窗,正对着周逆家的厨房,他们整天整夜地炒炸煎爆,油烟灰尘便滚滚而来,冲到他的书桌上,害得他连窗也不敢开。但他当然没法去与这恶邻说点什么。

周逆一家荒淫无耻的生活,正是建立在千百万中国老百姓的累累白骨上的。而在抗战胜利后,周逆在监狱中居然还写过《忆上海故居二首》的歪诗,其中一首说:"满园春色竞芳菲,浅草如茵柳似丝。燕子不知人事易,双双犹向旧巢飞。"这个大汉奸在临死前还留恋着这个"故居",还哀叹人间的世事变易呢。

与恶邻相比,他的蛰居生活就更清苦了。他以前从来不碰煤炉、锅勺的,但这时竟然也摸索着学会了生炉子和烧简单的饭菜。但妻子、老母都未能住在一起来照顾他,他又要看书、写东西等,日子不免过得丢三落四。耀翔、俊英夫妇深知这个"单身汉"老友的苦处,便请他常常到家里来,以便招待他吃上一顿家常饭。一天,在耀翔家遇见了以前暨南大学的两个女学生小徐与小罗。小罗原先不熟;矮矮胖胖的小徐可是挺熟的,就是以前编《文艺》杂志的骨干徐微。徐微和孙家晋这两位在写作上颇有才气的学生的毕业论文,都是他亲自担任指导教师的。但小徐后来忙于各种社会活动和到中学代课,论文是临时拼凑应付的;他也忙于抢救文献,没有多去抓,小徐离校后也没有联系,不知她到哪里去干了些什么。如今,在这样忧患离乱的境遇中重逢,自然大家都很感慨。

幸亏遇到了小徐。1943年的夏天特别热,整个夏天他是以面包和冷水为午餐的;只是等到太阳落下去了,才从那蛰居小楼的蒸烤中溜出来,喘一口气,走冷僻的路,兜着圈子到小徐的住处,用他们的话,"吃一顿正式的饭"。小徐原是一位很活跃的学生,在课堂上提问也最多;但现在在忧患中遇见,却变得那么沉默寡言,既不问他为何不去内地,也不问他在上海有什么工作,当然也不问他为何不住在家里,更不问他如今的住处。就好像相互有默契似的,他每晚去她那儿吃饭了。

饭是由在小徐处同住的一位大嫂烧的,还有汤。虽然很简单,但大嫂在中午是从来不为自己弄汤菜的。在那样艰苦的年头,这算是很难得的"享用"了。在那里,他有一种安全的温馨的感觉。直到有一晚,他因故没有去,第二天去时看到她们的脸色是如何地焦急,才知道她们是多么了解他的不安全。那位大嫂手里拿着铲刀,迎着他说:"哎呀,郑先生,您下次不来吃饭最好来关照一声啊,我们还当您……"然而小徐连这个也没说。

这是多么真诚、善良的人与人之间的关系啊!小罗也常常晚上来小徐处。于是,便一起到耀翔或予同等她们以前的老师的家里去走走,或者再往南,在徐家汇路一带较僻静的地方散散步。他们戏称之为魏晋时人的"行散"。这时,他往往仍像在课堂上那样,禁不住大谈什么元曲、变文、希腊神话、文艺复兴等等,而他过去的学生,则仍然怀着钦佩的心情聆听着,不时提出一些问题来请教。在这时候,他才暂时忘却了一切追捕、暗杀、孤独、苦闷……

四三 丹实耀寒枝

还在上海"孤岛"被日军占领前夕,大后方文化界曾在重庆举行了隆重的庆祝郭沫若五十诞辰和创作生涯二十五年的活动。那时,"孤岛"上海也有一百六十八位文化工作者联名写了贺信,他当然是重要的发起签名者之一。不久,友人暗地里传来了中共领袖周恩来在《新华日报》上发表的《我要说的话》,文中充分肯定了沫若在抗战前被迫蛰居日本期间作出的成绩,说沫若是"学术家和革命行动家"兼而为之的人物,"他不但在革命高潮时挺身而出,站在革命行列的前头,他还懂得在革命退潮时怎样保存活力,埋头研究,补充自己,也就是为革命作了新的贡献,准备了新的力量"。

现在,他的处境显然比沫若当年还要艰险;而沫若如何保存活力、补充自己,则是他学习的榜样。他决不能毫无作为地蛰伏着,甚至也不能只是埋头研究,而要尽一切可能为国家、民族做一些自己应该做的工作。

首先,他不能只是消极地暗护着那一大批未及运出的为国家所购的书,而且还想尽一切办法继续抢救文献。今见 1943 年 4 月 16 日他化名"犀"致重庆慰堂的信:"李平记款已收到……兄处日用浩大,未必敷用,而尚能勉拨家用,感激之忱,非言可宣。谢甚,谢甚!此间费用日增,大是不了,幸合家大小均甚安吉,可慰远念!蓝、圣二位老辈亦均健安,乞勿念!……近来有人计画开设旧书肆,……兄处如需手头应用之书,当可陆续寄上矣,然尚未必能否告成也。"信中隐语我们不能全懂,但由此可知他又在极其困难的环境里试图为重庆方面做点事了。"蓝、圣二位老辈"当指菊生和森玉两先生;"开设旧书肆"当指"蕴华阁"。他知道在当时这样的境况下想为国家买书,尚未必能做得成呢。8 月 7 日,他又化名致慰堂隐语信,云:"如为了囤积计,则书籍殆为最冷落、最廉价之物,……似应乘此时多收若干,盖人弃我取,实计之至上者。……对此'滂喜'物,我辈应如何珍视之乎?!与圣翁商谈久之,束手无策,相对长叹。今日之大藏家,南瞿外,便应数到'滂喜''宝礼'二潘矣。'滂喜'如散失,诚不可补救之一大劫也。……我辈日夜思维,无计可施,不得不恳兄向紫阳、颍川二股东处极力设法,筹得此款,以便购入。"可见,他又为如何抢救滂喜斋善本书而万分焦急。信中"紫阳"指朱家骅(从南宋朱熹别号紫阳而来),"颍川"指陈立夫(颍川为历史上陈姓郡望,南宋陈昉有《颍川语小》)。他当时甚至已经先向开明书店借款,垫付了一点钱。在当时那样困难的日伪严密控制的情况下,内地大量汇款似乎也不可能,这件事情最后好像还是没有办成。但是,我们今天读到保存在台湾的他的这些密信,难道不为他的这种精神而深深感动?

这时,他自己手头的钱更是极其有限了,但从他写的题跋中可知,他还是购下了《道光二十六年日月刻度通书》、明嘉靖黑口本《秦词正讹》残卷等书。他还继续动员有力量的友人购书。如他听得葱玉说,藏书家刘晦之的远碧楼余书可全售,价六十万元(按,当时乱发伪币,数目很大,实值很小),他认为不贵,便力劝葱玉设法购下,以免散佚外流。从1942年起,他开始集中收购清代文集。在这以前,他也曾根据研究的需要,选购过清文集二三百种;但是,后来在"八一三"战事中几乎全焚于火。这次,他从头开始,且不加选择,只要是清人的文集而自己没有的,有见必收,尤其注意于嘉庆、道光年间的"朴学家"的文集。他为什么这时专收清文集呢?实在是经过各方面考虑的有"战略眼光"的行动。

第一,清代著作因距今时代较近,一直不为藏书家重视(前几年他们"同志会"抢救图书,当然也着重于宋、元、明版书)。但从学术研究上看,清集自不可忽视(尤其是朴学家的著作);而且,随着时间的推移,特别是战火的摧毁,有时要找一些清人集子,仓促间也往往不可得,而要收罗得较齐全,尤非易事。此事现在不做,将来就更难了。

第二,清版本的售价,自然较元版、明版之类要便宜得多。而此时他已没有了工资、稿费等收入,仅靠存款、借款、开明及商务等处的股票的红利等为生,不可能大量收购元明版书。量力而行,不如志不旁骛,集中抢救清集,可取得突破性成果。

第三,他不取诗集而专收文集,乃因清诗集多不胜收,且优秀之作不多,庸腐之篇不少;文集固然也有滥竽充数的,但大体则较为有用。文集或富史料,或多考订,而治经史诸子、金石文字者,尤多精湛之言,对学术研究大有裨益。晚清诸家文集,又可以考见近百年来之世变。他常常在清集中发现自己在抗战前夕紧张地编辑成的《晚清文选》所应收而漏收的重要文章。他想,今后如有机会续编该书,一定得补进去。

另外,他认为如果把清集收得较齐全了,那么有专治一经一史,或一专门课题者,也可以从中获得莫大的益处。如辑序跋,则可自成一书;辑碑传,则可补钱仪吉、缪荃孙、闵尔昌诸人之缺;收诂经之文,则可成一宏伟的《诂经文钞》;录论史之作,则可成史学史巨著;等等。

他手头有一本北平图书馆编印的《清代文集篇目索引》,总数约四百来种。他知道实际清集数量远远不止此数。而他一开始立下的志愿,是收集一千种! 他知道,凡立一愿,一开始着手往往比较顺利,进展甚速;但越到后来,便越艰难。1943年3月初,上海有一姓孙的散出一批书,他付一千六百元让蕴华阁购下,后陆续用个把月工夫从中挑出清文集一百五十种左右。不久,无锡丁某书散出,他选购了约三千册,花约一万元,其中得清文集仅七十几种。又不久,吴县胡玉缙书售出,他托汉学书店老板郭石麒仅买得清文集二十几种。而修文堂老板孙实君以二千元约得二百种,且已装包北运,他急忙设法拦截,而价又昂数倍,他仍然是咬咬牙买下。因为他知道,劫火方红,旧书日少,如若不收,稍纵即逝。而且,书价越往后越贵。除了这些大批量的清文集外,平时更大量的是一种、两种的费心访购,日积月累,越收越多。

他这样苦心孤诣地搜买清文集,不少人却不能理解他。1943年5月21日他的日记记载,他与开明书店诸友剑三、雪村、予同等到一家小饭店午餐,予同告诉他,外间对他买书,颇有流言。雪村也说,内山书店老板看到他所购之书单,也颇以为怪云云。他听了极不愉快,在日记中写道:"予为嗜书故,已至焦头烂额之境。不意小人辈乃复多方嫉妒,落井下石。呜呼,人有善念,竟亦生魔障乎!? 恶念固不可有,善念竟亦不能有乎!? 偶搜'文集'若干,便即种'流言'之因,可惧可叹也!!!"但是,他又写道:"然如持以定力,谨慎小心,则或亦不妨我行我素也。"这样,他坚持收购清文集,一直到1944年夏,经整理已达八百三十多种,虽然离千种之目标还差百余种,但实在无钱再买,也实在很难再买到了(最后,又因生活所迫,妥善转让他人。这个,我们在下一节再讲)。

他虽然有计划地集中力量收购清人文集,不打算旁骛其他;但是,如果偶尔遇上其他难得的有用的好书,或是想望已久的珍本等,他还是忍不住要买一点。特别是,当他看到很多有用的书被造纸商拖去当废纸回炉时,实在痛心极了,便不顾一切地进行抢救。

收旧书当废纸以作"还魂纸"原料之风,从"孤岛"时期就已开始了;而到1943年春,达到最高峰。开始只收旧报刊,接着渐及所谓"违碍书",最后则不管什么书都投入造纸厂的大熔炉中;开始只是几个收破烂的小贩收旧书当废纸,接着几家小书店也收了,最后则像来青阁、修绠堂、修文堂这样比较有名的书店也都收了;开始书店只是将难销之书、残缺之书称斤售于造纸商,接着就派专人四出收购,最后甚至派人到南京、杭州、北平、天津等地去专门采购旧书卖给造纸厂了。问题的关键是,他发现在这些被当作废纸买来的书中,颇夹杂着一些有用的书。例如有教科书、西文书、滞销的古书等等,甚至有时还夹有善本、珍本!那些书贾不管好歹,只是为了蝇头微利,舍正业而不为,终日孳孳于此,这样长期下去,等于竭泽而渔,社会上可读的书不是要弄完了吗!

4月17日中午,他到来青阁,只见寿祺购得中国书店的"底货",共八十多捆,约五千册书,正打算叫造纸商来称重量卖掉。他粗粗一看,都是普通古书,且大多是有用的。像《五十唐人小集》《两浙輶轩录》《杨升庵全集》等等,共有七八百种。特别是他一眼看到其中《十国春秋》《水道提纲》等,正是老友伯祥久觅不得的书。连这样的古书都要投入纸浆炉中,他觉得只有用"丧心病狂"这样的字眼来批评了。

他提出强烈的反对，力劝书店留着慢慢出售。但寿祺为难地说，最多只有二十来种还可考虑留下，其他都是卖不掉的，还不如论斤称出之得利多而快。又说，如果你要留下，那就照收来原价付六千元吧，不然就只能打电话叫造纸厂来人了。他又气又急，赶忙到其他书店，请他们购下；不料他们都笑着摇头。他跑了整整一个下午，还没找到主顾，而寿祺则已表示等不及了。他一气之下，硬是回去凑了六千元，将这八十多捆书买了下来。

他在日记中写道："今日总算做了一件大功德，殊为兴奋。然款则罄矣。"这六千元，是他一家十来口人几个月的活命钱。以此一掷而救书，不可不谓为"豪举"！看着这一堆书，他觉得自己仿佛救了很多古人的精魄。但是，又一转念，这类事几乎在全市、全国到处都在发生，自己没看到的还多着呢！即使看见了，以自己微薄的力量，又能救得了多少呢？他不敢多想下去了。他实在伤心极了。他还不敢想的是，过几天家里人的吃饭钱从哪里来？谁料到，真是善人有天幸，几天后有朋友知道了此事，周济了他几千元钱，才总算没有让家里人饿肚子。

几天后，他将《十国春秋》一书带到开明书店，送给伯祥。封面上有他的题词："浩劫之后，继以焚毁，古籍之存世者鲜矣！近数月来，纸商复以重值搜罗旧书为制纸原料，各书肆对于巨帙之廉值书皆捆载出售，实图籍之又大厄也。予目击心伤，挽救无力。昨来青阁得中国书店存书八十余札，亦欲售予纸商，予大愤，倾囊悉得之。此《十国春秋》即其中之一也。伯祥兄久欲得此书，谨以贻之，亦大劫中之一小纪念物也。"

隔一天，他又送去《水道提纲》一书，也题了词："此书与《十国春秋》俱为予从纸商熔炉中救出者。伯祥欲得之，因并以奉贻。"伯祥得到此二书后，十分珍视这非常时期受赠的特殊礼物。后来，在本书传主牺牲后，伯祥曾多次撰文记其事，并特地要子女做一只木盒放这两本书，精心保藏。伯祥逝世后，家里所有藏书都遵其遗嘱捐赠给中国社会科学院文学研究所，唯有此二书则由子女留存，作传家之宝。

且说在蛰居期间,他仍然没有放下手中的笔,尽管他当时已不能在上海公开发表文章了。今知在那漫长的四年里,他也曾在外地发表过一篇文章。1943年6月10日,著名翻译家伍光建在贫病交迫中逝世于上海。光建要比他长年三十一岁,他们本来并没有很多的交往。但他很尊敬光建老先生。菊生先生与光建是同年好友,菊生送的挽联写道:"天既生才胡不用?士唯有品乃能贫!"他尊敬光建的,就是"才"与"品"二字,尤其是在敌伪统治下能保持清贫与气节。17日,大雨倾盆而下,他躲在屋内奋笔疾书,写了一篇文情并茂的《悼伍光建先生》。文中这样写道:"一个国家有国格,一个人有人格。国之所以永生者,以有无数有人格之国民前死后继耳。……狐兔虽横行于村落中,但鹰鹗亦高翔于晴空之上。"文章后来发表在由圣陶主编、桂林开明书店复刊的《中学生》杂志上。这是迄今所知他在蛰居期间唯一发表的文章。

当时他写得更多的,是读书札记、题跋、日记、《求书日录》等。他自己在抗战胜利后也说过:"在这悠久的四个年头里,我也曾陆续地整理了不少的古书,写了好些跋尾。我并没有十分浪费这四年的蛰居的时间。"他写的日记,后来保存下来一部分,很有史料价值。《求书日录》是他在"孤岛"时期就开始撰写的一部巨著,开始他把每天访书所得、版本鉴定、内容评价等都记在日记里,后来便独立出来,专写这《求书日录》。可惜,这样一部具有高度学术价值的巨著的原稿,后来大多不知下落。至于他当时撰写的大量古书题跋、札记等等,后来陆续整理发表过一些,但未全部发表。这些题跋、札记、日录等,都具有重要的学术价值,同时也生动地反映了他当时的活动与心情。例如,在一则读《张司业诗集》的札记中,他写道:"初冬午后,日丽风和,晴窗展卷,俗尘尽涤。然诵'共知路旁多虎窟,未出深林不敢歌'句,却憬然悟此身仍在虎窟中也。"又如,在一则题跋的末尾,他写道:"收异书于兵荒马乱之世,守文献于秦火鲁壁之际,其责至重,却亦书生至乐之事也。……大地黑暗,圭月孤悬,蛰居斗室,一灯如豆。披卷吟赏,斗酒自劳,人间何世,斯世何地,均姑不闻问矣。"

他在这时还写了不少诗。少数几首在战后由他自己整理发表,如《小诗十首》;有一些则在他牺牲后由出版社根据所遗手稿收入他的文集,如《铜铃之什》;更有大部分则已散佚。这些诗,大多反映了敌占区人民的痛苦生活,其中包括作者自己的蛰居生活。今在其所遗手稿中尚发现有1944年3月6日写的一首诗,未曾收入文集,抄录如下:

野　狼

野狼在嚎,
　　哀猿在啼,
猫头鹰瞪着圆眼在咕咕的叫,
　　黑暗把天与地涂成一片。
倦了的旅客独自踯躅在莽原,
　　前无村舍后无店。
枯树作势欲扑人,
　　惊窜的狐兔也吓得人一跳。
天边远远的有一颗黄星,
　　是黑漆一片的天地间仅有的光明。
仅这一星星的光亮啊,
　　已足够使旅人慰安了。

更令人感动的是,在这样黑漆一片的环境中,他还念念不忘地想印书、出书。前面提过,他在"孤岛"时期,开始由良友复兴图书印刷公司出版发行《中国版画史图录》。实际上,该图录的印刷、装订等,都是由他自己联系和出资进行的。在租界沦陷前,共出版了四辑十六册。租界沦陷后,良友图书公司即被日军查封,至1942年1月18日启封时,发现已印好而未及寄出或售出的几十函图录均被日军盗窃一空。不久,良友图书公司便迁往内地去了。即使这样,他也仍不甘心让该图录就这样不出了,曾努力争取原先联系的印刷厂继续印下去。1943年4月12日,他便又印成了《诗余画谱》(图录的一种)的印样。只是因为环境实在太恶劣,该图录无法继续印下去,最后还是在抗战胜利后才基本完成的。

当时,他还一直计划编印一部《书目丛刊》。1943年3月28日,他便与来青阁老板寿祺商量,但寿祺不赞成印这个,而考虑印他以前未印完的传奇。5月13日,他又与开明书店的雪村商谈此事,并交了所拟目录,因大致需要有十万元左右的资金,雪村也颇为犹豫。这样,他便打算自己筹资印行。从他的日记中看,直到1944年年底,他还反复修订这部丛刊的卷次内容,并与一位姓陆的先生谈好了印刷事宜。可是,也因为环境太恶劣,这部耗费了他很多心血的具有重要学术价值的丛刊,最终还是未能印出,而且连目录、计划之类也没有留下来。

关于印传奇,他后来在1944年夏间自费编印了《长乐郑氏汇印传奇第一集》,共两大函十二册,收明代传奇六种。序文署"中华民国二十三年七月七日",书中又署"甲戌八月印成",均有意提前十年,为的是迷惑敌伪,掩护自己。有趣的是,后来有很多读者、研究者及图书馆的工作人员也都被"迷惑"了,以为这套书真的是编印于1934年。其实,他在序中一开头就写道:"天时不正,河山如墨,泥泞载道,跬步不得,计唯闭户读书,以自遣耳。"就是以隐晦而形象的话点出了印书的时代背景。

1944年9月12日,他为两部《长乐郑氏汇印传奇第一集》写了题词。一部写道:

予杜门读书,久绝人世间,庆吊之礼,亦不与俗子相往还,所时时高谈阔论,踪迹不断者,仅三数老友耳。微君时能针予过、中予失,过从尤密。予尝欲纂《晚明史修书目考》,思得其助,屡以为言,微君皆不之应。今夏借友力,得以所藏曲六本编为《影印传奇》第一集行世,微君乃欣然有同心,为署签,为写序言,即令墨版者是也。予不善书,尤恶世之以书家相标榜者。然观微君书,则亦未常(尝)不爱好之,殆心有所感,意有所注,遂处处有同嗜欤?秋夜皎洁,繁星在天,满地黄流,惟守孤辙。一灯荧荧,四无人声,相视而笑,不言而喻。但愿以此为始相扶助,以终此生耳。阶前虫声唧唧,亦若奏长笛、吹箫簧以相助也。书成,敬以第一部奉贻微君,开卷睹此,得毋莫逆于心欤?

另一部写道:

叔平先生古道热肠,助人救世,日不暇给。此书之得于乱离之代印成问世,全藉叔平先生之力,固不仅予一人私衷感之也。夫古书之亡佚者多矣,汉唐写本传者绝罕,流沙遗简、敦煌卷子存什一于千万耳。即宋元以来,刊版盛行而不及千载,宋版之存者有几?元版之存者有几?殆皆可屈指计之也。亡于兵燹,亡于水火,亡于无知妇孺之手,亡于商贾与卫道者之手,无时无地不遭厄运。而存之则艰,传之尤难,每有皓首穷经毕生著述,而身没之后遗著荡然者。远者不论,即清代诸朴学大师之作未能传世者,岂在少数。但有有力者能为古人之著述化身千百,其承前启后之功固不在学人专家之下也。叔平先生愿力弘伟,继此必复将有所刊布也欤!书成之日,敬奉贻一部并略抒所见以质高明。

由上引题词一,可知《长乐郑氏汇印传奇第一集》的封面题签和书前影印的序言手写者为徐微;由上引题词二,可知本书《序》中提到"冒雨涉泥商之吾友,终藉吾友之赞,得先成第一集"的"吾友"即张叔平。(叔平为清末思想家、教育家张百熙次子。字子羽,号蜷厂。曾将故家岳云楼藏书四十万册,在上海设圣泽书藏。又为上海国际出版社社长,刊印中英对照书籍。又据张云《潘汉年传奇》说,叔平当时是国民党第三战区司令长官顾祝同的代表,实际是中共情报战线潘汉年领导下的秘密情报人员。他利用早年与周佛海相识的关系,与周联络,获得不少日伪方面的有用情报。1947 年,周被关押于南京老虎桥监狱时,张还代表潘汉年去探视,再次进行策反,但被周拒绝了。)赠给叔平的一部,牌记注明乃"特制赠送本二"。然不知何故,该部书实际并未送出,后仍在本书传主的藏书中。

以上两段重要题跋,均失收于后人所编《西谛书跋》诸书中。

与此差不多同时,他又以"纫秋山馆主人"的化名,印行了《明季史料丛书》,共十二册。在这以前,"孤岛"时期的 1940 年,他曾从书摊上购得一方旧章,印文为"纫秋山馆",篆术颇佳。"纫秋"出于屈原《离骚》"纫秋兰以为佩",有高洁忠贞之意。他当时给咏霓的信上,即说此章"似可利用"。后来就盖在"同志会"抢救下来的善本书上作为记号。现在,这又成为他的一个新的古色古香的笔名了。他用"纫秋山馆主人"署名写了丛书序言,慷慨激昂地说:"语云,亡人国者必亡其史。史亡而后,子孙忘其所自出,昧其以往之光荣,虽世世为奴为婢而不恤。然史果可亡乎?……若夫有史之民族,则终不可亡。盖史,不能亡者也。史不亡,则其民族亦终不可亡矣。……历史昭昭如此,而愚人自愚,乃有亡人国而并欲亡人史,以为果可以树子孙万万世之基业者,亦可哀已。"这些话,都是对欲亡我民族、亡我文化的日本帝国主义的强烈反抗,也说明了影印此书的目的。

该丛书又印着"共和甲戌八月圣泽园印成一百部"的字样,也是为了迷惑敌伪而提前了十年。为了节省经费,该丛书是缩印的,字很小。他在影印说明中写道:"现在工料腾昂异常,本丛书不得不缩小篇幅影印。间有字迹不明处,尚乞鉴原,然细读总可辨也。限于资力,仅印一百部,聊代传钞之劳耳。"该书卷首的序是他请绍虞手写后影印的。从"圣泽园印成"看,此书影印也与叔平有关。在这样艰苦的条件下,他还影印上述两种丛书,真是不简单啊!

至于当时像《书目丛刊》这样拟订好而被迫夭折的出版计划,就更多了。如1943年5月,博山不幸病逝,他便曾与其弟景郑及森玉、玄伯、湖帆等人商议编印博山遗著之事。差不多同时,他还计划为亡友地山编印全集。此外,还曾打算编印《林琴南余集》和《严又陵集》等。7月19日,他还曾与友人商谈影印汉简。连他自己也在这天日记中写道:"穷而好事,不知如何生活得下去?!"这些计划,都因客观条件而未能实现。

而他在当时所拟订的最大的一个撰著出版计划,当是《中国百科全书》。多少年来,他一直深以堂堂中国没有一部大百科全书而感到遗憾。1943年6月,他与予同、济之、绍虞、伯祥、调孚等人相商,并联络了萧宗俊等十位爱国商人,组成了一个"中国百科全书刊行会"。他还亲自起草了《缘起》和《计划书》,还请济之翻译了苏联百科全书的有关资料。但也是因为环境、条件过于恶劣而无法进行。这个宏愿存于其胸中甚久,至抗战胜利后,他又一次尝试进行,仍未成功。但即使这样,他毕竟是很早想在中国撰写大百科全书的先行者!

在这样艰苦的环境下,有一位比他小十一岁的青年文人季琳,接办了别人已经办了两年的一个似乎是以鸳鸯蝴蝶派为主要作者的刊物《万象》,他当然希望能够将它改进为一个比较可看的新文学杂志。季琳接编的第一期,1943年7月1日出版;但在6月28日已经由季琳送给他了。他在这天的日记中评价说:"尚佳,面目一新矣。"可见他还是比较满意的。后来,就再也没有看到他还有过什么评价。可以一提的是,这时上海滩上有一个叫张爱玲的"小女人",开始专写小姐、阔少、富婆等类人物的生活、情欲、人格分裂、心理空虚、变态畸恋、勾心斗角、争风吃醋等等,擅长将鸳鸯蝴蝶派小说和西洋小说的一些写法相结合,文笔细腻妩媚,颇得某些人的喜欢。她在日寇占领下的上海到处投稿,特别是在敌伪的报刊上,成为点缀沦陷区"文坛"的一朵异艳的花。她也在《万象》上发过两三篇小说,她的《心经》,就在季琳接编的第二期上发表。内容可恶心了,是所谓"父女畸恋",竟然描写女儿如何处心积虑地排挤亲生母亲,一点一滴地霸占了她父亲的感情。简直不可思议。据季琳后来回忆,本书传主曾托朋友向张传话,劝她爱惜羽毛,更不要在敌伪的刊物上发表东西,甚至提出可以由开明书店预付稿费,等"河清海晏"后再印行。但对于信奉"出名要趁早"的她来说,他的这些忠告是根本听不进的。她认为这个时代正是她大出风头的好时代。这个"小女人"还公然与高级汉奸、大流氓胡兰成姘居,恬不知耻。他就只能摇头叹气了。人与人之间的差别,就是这么大!当然,他不可能料到,二十年后,这个仅仅发表过二十来篇小说的女人,竟然被人吹嘘为中国文学史上《红楼梦》作者以后的第二个文学大家!他更不可能料到,这个女人竟然还写了一篇小说《色,戒》,用了他写到过的抗日先烈郑苹如的事迹,卑劣地篡改其心迹行事,胡说什么"到女人心里的路通过阴道",硬要让女烈士像她一样也爱上汉奸。又有人据此拍出电影,更变本加厉,以赤裸裸的卑污的色情,凌辱、强暴抗日烈士的志行和名节!(这种公然践踏我民族情感和伦理的举动,对于所有有良知、有血性的中华儿女来说,都是不可容忍的!)

还有一事可一提,1943年4月,重庆的文信书局出版了土纸本《龙与巨怪(史诗的故事)》一书,署著者郑振铎,发行人王君一,印刷者军事委员会政治部印刷所。书中收入了他在1927年3月至7月在《文学周报》上发表的四篇有关西方古代史诗的文章。此书也许不是同他联系后出版的,但在战乱之际将他以前写的这几篇文章首次收集出版,终归是他献给后方读者的一份精神食粮,也说明后方文化界人士没有忘记他。

1944年初,剑三曾书写了两首自作诗赠送给他,其第二首云:

橘柚怀贞历岁时,充庭丹实耀寒枝。
繁霜鸿雁空飞唳,南国芳馨寄梦思。
密语敷阴成碧树,冬喧噀雾佐清卮。

> 枳荆遍植争前路,受命灵根未可移。

确实,在那寒凝大地的最艰苦的年头,他就像一棵坚强的大树,扎根于祖国的泥土中,毫不动摇。而且,竟然照样在"寒枝"上献出了累累"丹实"!这是多么难能可贵啊!

四四 长夜盍旦

他一直力求保持着昂扬的乐观主义精神,十分注意调整自己的心理状态,因为只有这样,才能抵抗那随时可能袭来的危险,以及那无尽的郁闷、愤懑。但是,在蛰居中,他在精神上仍然难以逃脱那难以想象的痛苦,越到蛰居后期,越是如此。他常常在半夜突然醒来,便辗转难眠,思虑万千。他常常会像一个孤独的孩子那样,渴望找一位可以随便聊聊天的友人,游谈无根,以暂时忘却心中的烦闷。他从前最不赞成妻子经常去打麻将牌,甚至在所写的小说里也批评过,但他在这时却也时时去友人家里作一夜的"雀战",甚至有时还玩"赌钱"。他以前就是一个"酒豪",这时因经济紧张喝得不多,但有时也和朋友一起喝得醉醺醺,甚至抱头嚎啕大哭。一次他到开明书店,见伯祥不知何故正在大发脾气。他劝说了几句,并说肝火伤身,要小心。伯祥愤愤地说:"如果变成沉默清静,那便是死期将近了!现在在世上,只有三种'人'——贼、鬼、狗——才活得平安!"他听了后,也深有同感。

他痛惜那些不爱惜自己名节的人,更痛恨那些出卖灵魂、为虎作伥的汉奸。有一次,他与两位做生意的朋友吃饭闲谈。这两位朋友在政治上都是清白的。其中一位说,中国的知识分子多动摇者,还不如他们生意人,并举了两个姓周的——周佛海与周作人——为例子。他听了以后,大不以为然,大声抗辩:"这种人怎么可以代表中国的知识分子呢!"朋友自觉失言,连忙作了解释。又过几天,他到商务印书馆去领股息,正巧,又碰上三位姓周的知识分子朋友:乔峰、颂久、越然。乔峰是复社的战友,他见面倍感亲切;而另外二位真是"动摇"分子,他本不愿多与理睬。但颂久却主动上来攀谈,并对他说想要出卖家里的一批书,因为生活太窘迫了;还说书卖完了,再卖家具,再卖衣服。他不由得感到一丝凄惨,便直言相问:"你不是……在给日本人当翻译吗?"颂久说:"唉,我只是卖嘴,不卖身。"他听了此话,觉得颂久天良未泯,尚未完全堕落,并觉得这句话真可以写进新的《世说新语》中去。他便诚挚地嘱咐颂久好自为之。

他的三叔莲荪,当时在南京"维新政府"做事,担任"外交部第一科代科长"的伪职。他为此十分气愤,深感耻辱,从此不与三叔家来往。1944年4月3日,他忽得到三叔病逝的通知,不由得一惊,因为三叔还不到六十岁。想起自己早年失怙,毕竟得到过三叔的照应;后来自己主编《世界文库》等书时,三叔也在一旁出过力。想想郑家的长辈中,也就数三叔是最亲的了。三叔名节有亏,愧对祖宗;但撒手而去,婶婶和弟妹们又怎么生活呢?他辗转反侧,一个夜里都没睡好。第二天,去邮局发了一个唁电,并汇了一笔钱去,聊表哀思。当然,他自己是不能去赴吊的。

正当他心情抑郁的时候,4月6日下午,暴雨忽降,雷声大作,他躲在房间里翻看汉奸报纸《新中国报》,读到译自日本《大陆新报》的一条消息,题目为《中国文艺协会/将在各地成立/会长将由周作人担任》,内云:"协会会长一职,周作人氏众望所归,或将由周氏担任,会员包括上海方面之陶晶孙、周化人、丘石木、周越然、鲁风……"他觉得启明真是越来越不像话了,甚至比大军阀吴佩孚都不如。吴佩孚还不愿意做汉奸呢。一年前,周某还抛下病中老母,专赴南京就任伪"国府委员"和到处游玩、演讲。就在周某回到北平,写信向"汪主席"等人表示衷心感谢的第二天,其母亲就故世了。周某的这种作为,实在连"作人"之名都不得称之矣!正在他为启明的进一步堕落而深感愤懑,同时对报上这一串认识与不认识的"会员"感到鄙夷时,忽然,他在这所谓"会员"的名单中竟然看见了自己的名字！真正岂有此理！真正无耻之尤！他愤怒到了极点,几乎无法控制,差一点将桌子上的茶杯都震碎了！这是"会长"点的名？还是其他汉奸文人造的谣？不管怎样,作为"卿本佳人"的启明,自己堕为贼人不算,还想拖朋友下水,真是太说不过去了！这一天是这一年第一次听到雷声,但他却不能向这个世界发出雷霆般的大怒,因为他正在匿居中,不能惊动四邻,更不能在报纸上斥问和辟谣。他只能生一肚皮的闷气！

他又想到,内地的朋友们会不会看到这则消息？如果看到,他们会怎样想呢？果然,确实有朋友看到了。例如,远在重庆的靳以就曾听人说到此事,怀疑他可能气节有亏；但靳以是深知他的为人的,立即就脸红耳赤地加以驳斥。当然,其他所有了解他的同志,也都不相信敌伪报纸上的话。他在暨南大学的一个学生徐开垒,战后在《留沪作家苦斗录》中写道:"'树大招风',郑氏的地位困难可想而知。他韬光养晦,什么人都不见。可笑那时一班汉奸文人,还想吃天鹅肉,他们满想利用郑氏炫耀自己,但又苦于郑振铎的决绝,于是又在一堆臭名里写上郑的名字,……而那时的上海正是丑物的世界,郑氏的屈辱可想而知。"

6月7日,他从报上得知英、美军队已在法国登陆,看来世界形势将有大的变化。正当他怀着希望等待着新的消息时,21日上午,一位轻易不来找他的朋友突然来到他的住处(他的日记中未记下这位来人的名字,估计是已在苏北根据地加入中共的徐伯昕)。当时,他因为略患感冒,正躺在床上,看到这位客人,便知道一定有重要消息带给他。不料,客人心情沉重地告诉他:"韬奋先生病危,已到最后时刻了！"

如同五雷轰顶,他一下子怔住了。这怎么可能呢,韬奋只比自己大三岁,一直是那样生龙活虎的一位战友！然而,来人告诉他,韬奋患的是人间绝症——脑癌！去年,陈毅司令就派人护送韬奋秘密潜回上海治病。为了韬奋的安全,必须严格保密,所以也未及时告诉他。同时,为避免敌人的注意,韬奋已换过五六家医院,改过三四次化名了。现在,韬奋病情严重恶化,经常痛得昏厥过去,已经危在旦夕。因此,他们经过研究,认为必须来告诉他,并约好明天下午就去秘密探视韬奋。

他的心情沉重极了!第二天中午,连饭也不想吃,只是买了个面包,便赶到约定地点。接上头后,拐弯抹角经过几条马路,走到一条僻静的街上,进了一家很清静的小医院。里面一点声音也没有,自己可以听见自己的呼吸声。推开病室的门,只是韬奋夫人沈粹缜女士正悄悄地坐在一张椅子上。见到他们进来,忙站起来点点头,轻轻地说:"刚打完麻醉针,睡着了。"

"昨夜的情形怎样?"

"同前两天差不多。"

"今天打过几次针?"

"已经打了三次了。"

这种针本来不能多打,但是,韬奋现在却只能依靠它来减轻剧烈的痛苦。医生不肯这样连续使用这种针,所以粹缜只好自己来打。

他轻轻走近病床,从纱帐外望进去,几乎不认识那躺在里面的病人就是韬奋。面容消瘦,苍白得可怕,胡须长长的。胸部简直一点肉也没有,隔着医院的白单被,能看见根根肋骨。双腿瘦得像两根木棒。闭着双眼,呼吸倒比较匀和。

他看了一阵心酸,不敢说话,静静地等候韬奋的醒来。桌子上的小钟在滴答滴答地走着。窗外是一个灰蒙蒙的天空,没有太阳,也没有雨,没有风。小麻雀在喳喳地叫着,仿佛只有它们在享受着生命的愉快。

等了很久,他觉得等了很久,韬奋在呻吟了,脓水不断地从鼻孔中流出,粹缜用棉花拭着。韬奋睁开了眼睛,那眼光正是他所熟悉的。韬奋忽然看到了他,立刻显出激动的神情,但连手也伸不动,只是以微弱的声音说:"这些日子,过得,还好吧?"几乎是一个字一个字地挣扎着说的。

"还好,只是躲藏着不出来。"他赶紧回答。韬奋睁大了眼睛还想说些什么,但是剧痛又来了。韬奋咬着牙说:"你,不要害怕,我又要,痛了!"经过一阵阵的痉挛,终于大声叫喊起来。

"您好好地养病吧,不要多说话了!"他忍住了眼泪,忍住了那么多想要说的话,赶紧离开韬奋的床前,怕增加韬奋的痛楚。"再给我,打一针吧。"韬奋呻吟地说。粹缜便只好又打了一针。于是隔了一会,韬奋又昏昏睡去,病房里暂时恢复了沉寂。

他这才再次走到病床前,静静地望着韬奋,数着韬奋的呼吸,淌着泪不忍离开。他知道,一离开就可能是永别。当那位朋友说"我们走吧",他才从沉思中醒来,与粹缜紧紧握手,道别。从那位朋友那里,他了解到党和新四军方面,为挽救韬奋的生命,已经尽了最大的努力。他也知道了,韬奋已经写下遗嘱,要求中共中央审查其一生,追认其为中共党员。这是一位多么令他钦敬的友人!他从内心祷求着,但愿会有奇迹发生,能让这位祖国需要的斗士转危为安。他还想再去探望,但为了韬奋及其家人的安全,他忍耐住了,只是时刻记挂在心上。

过了一个月,7月24日,那位朋友又来了,沉痛地告诉他:"韬奋已于今晨七时二十分……"他猛地震颤了一下,久久说不出话来。低下头,默默地为自己最钦佩的友人志哀。他明知道韬奋不久于人世,但总希望他能战胜死神,不会死,不应该死。他在当天的台历背后用铅笔颤抖着手写了一句话:"闻季君逝,为之怅然者久之!"韬奋是秘密地死在敌人鼻子底下的,到死都不能用真名,而是用"季晋卿"的假名办理后事的。而他近在咫尺,也不能自由地去为一位老友的死而抚棺一恸。一直到抗战胜利后,他才拿着鲜花,去墓地凭吊这位战友的英魂。

8月中下旬的一天,他照常到来熏阁等书店走走,又得到一个吃惊的消息:在北平的鲁迅遗属朱安女士,因为生活困难,将鲁迅在北平的中外文藏书的目录三册交给旧书店,委托在南方问价,求售这批书。还听说书目曾送到在南京的大汉奸陈群手里,陈逆起先说全要,后来又提出要剔除一部分,书商不允,这才将书目转到了上海。他急忙托人去核实,竟然真的找来了书目,还看到有的书名上已经打着三角记号。糟了!居然要把鲁迅的藏书卖掉,这怎么行!他不只是因为自己爱书而推己及人,不,更因为他认为鲁迅的一切遗物都是极其珍贵的文物,绝不允许毁坏和出卖!早在鲁迅逝世时,许寿裳(季茀)先生便给广平写信,指出凡鲁迅的"照片画像木刻像等及其生前所用器具文具,无论烟灰缸、茶杯、饭碗、酒杯、筷子及破笔、砚台,亦请妥善保存。所有遗物,万弗任人索散,此为极有意义之纪念品,均足以供后人之兴感者。"广平和他都十分赞同季茀的这一意见。广平坚持留在上海,甚至差一点付出生命的代价,不就是为了保护鲁迅留在上海的那一批遗物吗?

现在糟了!鲁迅在北平的遗书有危险了!他心急如焚,立即托人将此消息通知了广平。他怀疑此事与启明有关,甚至怀疑这是有人有意毁灭鲁迅文物。怎么办才能阻止鲁迅藏书的出售呢?广平可能仍在日本特务的监视下,他也不能公开出面进行抢救活动。然而,8月25日的《海报》、《新中国报》等报纸上,却发表了鲁迅在平藏书将出售的消息。估计这正是他想出的一个主意:让友人找有关报社记者,有意透露这一消息,以引起世人的注意和不满,从而使那些垂涎者在众目睽睽之下不敢轻易伸手。(他后来在抗战胜利后,曾用这样的方法阻止过文物的外流。因此,我们有理由猜测这次鲁迅藏书事见报,也是他出的主意。)同时,广平立即辗转托人向北平方面表示要全部买下,并委托律师在9月10日《申报》发表声明,指出鲁迅的"一切遗物,应由我全体家属妥为保存,以备国人纪念。况就法律言,遗产在未分割前为共同公有物,不得单独处分,否则不能生效,律有明文规定。如鲁迅先生在平家属确有私擅出售遗产事实,广平决不承认,并深恐外界不明真相,予以收买而滋纠纷,为特委请律师代表登报声明"。

采取了这些紧急措施后,他还觉得不放心。他想起,六年前复社出版《鲁迅全集》,完全是非营利性质,广平也没有拿什么稿费;但当时因为时间急迫,也没来得及向朱安作解释。另外,他知道鲁迅逝世后,广平照样按月给北平鲁迅母亲和朱安汇寄生活费用;但自从广平被日本宪兵逮捕后,又加上因战乱南北邮政受阻,汇款就中断了,且鲁迅老母也于去年逝世了。作为复社主要负责人,作为鲁迅生前的友人,他想冒险亲自北上一次,去向朱安解释。有必要时,甚至当面与启明谈谈。友人们听他讲了这些想法,深受感动,也觉得这确实是釜底抽薪之法;但是,又一致认为他的"目标"太大,敌伪正在到处追寻他的下落,这样未免太冒险了。正巧在这时,一家私人钱庄老板刘哲民,有事要到北平去,需要一个人同行;而此时已离开邮局,到一家私人银行当秘书的端毅,与哲民也熟,友人们便一致认为不如让端毅代他去北平。因为端毅是亲受过鲁迅帮助的青年,也酷爱书,对鲁迅藏书的价值也是了解的;而且,在复社出《鲁迅全集》时,端毅曾主动来做过校对工作,对出版情况多少有所了解。这样,他也就同意了友人们的意见。

于是,他便赶紧写了很多信。有给北平的来熏阁、修绠堂等旧书店老板的信,这些人他都很熟,他对他们打招呼,晓以大义;有给北平图书馆的友人斐云的信,因斐云与各书店也很熟,请斐云帮助做工作。广平也写了不少信。都交给端毅随身密带。后来,端毅与哲民于10月中旬到北平,经过与朱安女士的面谈,顺利地完成了这一任务,并了解了不少情况。原来,在那三册鲁迅藏书目录上打了三角记号的,正是周作人!说是这几本书想"买"去,等上海方面议定价钱后,"照价付钱"。好一副公平买卖的面孔!他听了端毅回来后的汇报,对启明的这种行径简直难以理解。不过,朱安女士倒是能明大义的。他的一颗悬着的心,总算放下了。

这时,他在生活上、经济上也越来越陷入困境。面对图书继续不断地流散、毁坏,他先是东借西挪,凑钱抢救;接着是出让一部分自己的书给图书馆或藏书家,拿到钱后再去抢救一部分书;到最后,因为生活所迫,不得不连自己也大批售书。这对于他来说,是何等痛苦的事啊!

1943年5月底,传新书店老板徐绍樵收得《词林摘艳》《人镜阳秋》《玉梧琴谱》等四种书,都是他久欲得之的研究用书。共索价一万元。他拿不出这笔钱,想来想去,只能购下《词林摘艳》一种,付四千八百元。另外,绍樵还说见到有初印的《元曲选》《六十种曲》《元人杂剧》等等,他不免闻之心动,力请其立即收来。但钱又在哪里呢?他在5月30日的日记中写道:"然此次购书,不同于前,以后继无款,购之,便类挖肉补疮也。嗜好所在,却又不能不动购之之心。奈何,奈何?!最好是:'不见可欲,使心不乱'。予固不欲日处穷乡愁城,则自以有打算的生活为是;如以'购'为'售',视'书'为工具,为筹码,则购书亦未始非经商之一道。无奈予购之则不忍复'出',万不得已欲出,则必踌躇万端,徒添一番苦痛。且在窘迫时出之,则又被制于坊贾,受其抑价,大是无聊。何时始能断然割'爱'乎?"这段自白,生动地反映了他的真实心情。

其实,这时他已开始较多地出售藏书了。仅仅在几天前,5月24日,他就刚刚托开明书店老板雪村,将自己的《四部丛刊》初编、二编、三编全部卖出,仅得三万元。当时物价飞涨,纸币贬值。这三万元的一万,即用来还清以前借雪村的钱,此外还须还帐三千多元,所余之款还不够四五个月的家用。《四部丛刊》是菊生先生主编影印的大型丛书。初编共三百五十种,二一一二册(后出缩印本,共四百册);二编八十一种,五百册;三编七十三种,五百册(因抗战而未印全)。这套丛书,具有很高的学术价值,是文史研究工作者必备的。所以,他搬到这里来隐居时,便把这几橱书都托人运来了。可见,他是实在没有办法才忍痛先把它出售的。无非是考虑到这套书将来如想再买,比较地容易到手;另外,它的部数较多,稍许卖得出几个钱。

过了不久,6月19日,他又托雪村卖掉了自己隐居时随身带着的一部《百衲本二十四史》,得一万元。《百衲本二十四史》,也是菊生先生主编影印的大型丛书,上等连史纸精印,六开大本共八百二十册。所收各史都精心挑选了最好或最早的一种版本,其中如有缺损还用其他版本配补。这样收集缀合而成,有如和尚所穿的"百衲衣",故名之为"百衲本"。不用说,这是当时历史研究工作中最基本的资料和标准的本子,为研究者所必备。他咬咬牙先把它卖掉,也是出于与上述出售《四部丛刊》一样的考虑。但一万元钱,只不过可以用作度过两个多月的生活费而已。而就在收到这笔款的同一天,他交还给传新书店的所欠书款,就有一万三千五百元。这真正是"挖肉补疮"啊!

接着令他伤心的,是出售一部《学海类编》。那也是菊生先生主持影印的,是清代曹溶等人编订的一部综合性的丛书,汇辑了唐宋至清初诸书的零篇散帙,分经翼、史参、子类、集余四类,共四三一种,八一五卷。此书他也放在手头,时常要用。好几次书友们见到了,怂恿他出让,他总不舍得。但最后,权衡再三,还是卖了。所得的钱,却还不够半个月的家用。

这些大部头的、相对比较易得的影印书卖出后,到1943年底,他竟不得不考虑出卖一批明版书了。这些书,本来是他一本本、一部部从各书店、各书贾那里费尽心力选购来的;现在,他又得一本本、一部部写出书目,供书贾去看了。他的藏书那么多,以前因为忙,没有工夫好好整理编目;现在为了出让,买者需要先看书目,倒迫使他硬着头皮、咬紧牙关去编写书目。试想,这是多么痛苦而又伤心的事情!

1944年1月8日,那一天又阴又冷,他躲在屋里写了一篇《纫秋山馆行箧书目跋》。所谓"行箧书目",表明这也是他搬往匿居处的一批书。共明刊本二百十八种,元刊本二种,明抄本等十二种。此外,他还有明刊本约二千多种,因非随身所携,所以未入此目。为何他独多明本呢?跋中说明,以前他之收书,颇与众不同,凡于公私藏书处可以借到的,便往往不收,因为没那么多钱。而常用的书,如《二十四史》《十三经》《九通》之类,他又只买近刊本或影印本,而不取古本,因为前者卷帙不多,易于庋藏。因此,他注重访求、每见必收的,主要有两类:一是《四库存目》中著录之书,一是《四库》未收之书。而宋、元以前之书,《四库》所遗无几,独明代书则《四库》存目及未收者特多。所以,他的藏书中也以明代书为独多。可见,这些完全是他研所需的实用书,非不得已,他怎么舍得出售?

　　从今存他写在台历上的简单日记看,1月10日记有"至张宅送书",11日又送书去,13日"送书目至张处",17日"访张,为售书事也",19日又载"遇张,售书事仍未有结果。可见购固不易,售亦甚难也",直到2月7日,"夜,晤张,售书事大约可办妥。"8日,送第一批书去。12日,取得第一批书款。日记中写的这位"张",据了解,就是叔平。

　　他在卖给叔平前特地奋力写的三千余言书目长跋,除了说明这批书的性质外,主要乃表明得来不易,隐含希望得主珍惜,勿使散佚之意。后来,1948年冬,这批书又经过书贾韩士保之手,转售予天津藏书家"荣先阁"李文衡。文衡在1952年又把这批书,连同他写的书目和跋文,完整地捐献给了重庆市图书馆。这则感人的书林佳话,我们在后面再说了。

　　等卖明版书的钱用得差不多了,他又只得考虑出让主要在近年内全力搜集起来的清人文集了。前已说过,他本来是想建立起一个清文集专库,计划买到千种左右。现在,虽然离这个目标还差百余种,但无疑已是当时国内数量最多、相当齐全的收藏了。他是实在没有办法,必须在饿死与卖书这两者间选择其一的情况下,才选择卖这批书的。他去找王辛笛商量,希望能找到一位有力的买主,整批买去,不使其分散。其实,他心里还存有一丝希望,那就是以后如果又有了钱,还想设法赎回。辛笛当时在金城银行当秘书,领会了他的意思后,便去找银行总经理周作民相商。作民比他大十四岁,曾任国民政府财政委员会委员、农产调整委员会主任委员等职。作民久仰他的大名,也有爱国思想,慨然允予相助。那是1944年8月下旬的事。本来,他在8月9日即为编好的清集书目写了一篇《清代文集目录序》,讲述收集的经过与这些书的价值。自决定卖出后,他又于9月3日奋力写了二千余言长跋,再次备述搜集之甘苦,讽示得来之不易。当天,便将书目送到辛笛处。过了二十天,23日,辛笛便送来了第一批书款三十万元。他在台历日记中感慨地写道:"颇有惜意!'钱'何可与'书'比哉!"

三十万元，现在听起来似乎是好大一笔钱。但当时物价飞涨的幅度是现在的人们难以想象的。据他8月11日日记，他仅仅买一个火熨斗便花了一千一百多元（而战前只需八角钱）。他拿到这三十万元后，隔了一天，妻子君箴带了八岁的儿子倍倍来看他，只见倍倍人很瘦，他心疼极了，于是带母子俩上街去买了一点吃的，又为倍倍买了几件衣服，便花去了三千多元！可见这点卖书钱，实在不经花。所幸作民深受他的爱国精神的感染，很讲信义，一直将这批书妥善保藏。作民1955年逝世后，其家人遵照遗嘱把这八百四十七种书全部献给了北京图书馆！这又是一则佳话，我们也在后面再写了。

值得提到的是，即使他在这样靠卖书为生的窘况下，如果看到有好书可能要失散时，仍会不顾一切地买下来。这真是一般人难以理解的事。例如，当他刚刚卖出了全部的清人文集后，竟然在9月27日又买进清人诗文总集五种，29日又买进总集十来种。10月4日，他在日记中记道："晨至汉学、来青各肆，得总集十许种。此间殆将网罗尽矣。"5日，又买了十来种。27、28日，也买了不少。原来，这时他又萌生了收集清代诗文总集的志愿。不过，钱实在不够，所以这次比以前搜集清代文集的志愿要小得多了。他在5日日记中写道："半月来，连旧有者，已积有百种以上矣。拟以三百种为限，尚可得也。"由于他的日记有缺失，这三百种的目标，不知最后究竟达到没有。反正据他后来写的《售书记》一文，"好几百种的清代总集及其他杂书"，最后也被迫又出让了。到1944年底，据他日记所载，他在银行的存款只剩下几百元了！

1945年前五个月他记有日记的台历，今已遗失，我们无法较多了解这几个月他的具体生活的情况。2月5日，他为自撰的《清代总集书目》题跋："去岁秋冬之间，既尽斥清人文集以易米，心灰意懒，不复有收书之兴，乃庋总集于一室，编为此目，以自省览。此皆应用之书也，有此一目，殊便检索。惟天寒岁暮，粮储将空，室人、孺子不能一日无食；此目成后，此百许种之总集势或将继文集之后而被斥去,则此目者或将为待鬻之目矣。呜呼!"果然,据当时中华书局负责人舒新城日记,和后来中华书局图书馆工作人员包楠生的回忆,这年4月,本传传主又将他丝丝缕缕收集拢来的五千五百册古书,卖给了该图书馆,其中既包括上述清人诗文总集,还有名人年谱五十来种,《楚辞》各家评注本四十来种等等。当时,他又为手写目录写一跋,再次痛述聚书之不易和被迫售书之痛苦,希望这批比较齐全的资料能好好保存,不致散失。正是为了这个目的,他才让售于中华书局的。所幸这批书也保存了下来,今在上海辞书出版社图书馆。(只是那本书目和跋文,现在却找不到了。但我们在其遗物中,尚见一份抄稿。)

从今存1945年他的台历日记看,上面经常记着购买食物、用品的价钱,充满了"可怕也!不知如何活下去!?"这样的话。而且,他这样一位举世闻名的大学者、大作家,从6月11日起,却因生活所迫,几乎天天奔波于银行和宁波路的证券交易市场,开始尝试借债做股票生意了!6月15日日记中记道:"晨出,至银行、市场,奔波甚苦,无非为'利'而已。瞬息万变,人声鼎沸,一上一落,心亦随之,可怕也!只可偶一为之耳。"19日,又记:"晨出,至市场,无甚变化,闷损之至。借债还债,不胜其烦,此事诚不可为也!'可少休矣'。"至27日,"至市场,接洽还款事,大约可告一结束,尚不至亏本。碌碌奔走者十余日,仅得此结果,精神上痛苦殊甚。"但他觉得也算是长了点见识。当天下午,他赶紧"取善本书若干,以资'欣赏',以涤尘心,当可有助于修养。"他毕竟是个读书种子,如非生活所逼,怎么会去赶这种热闹呢?然而,只隔了一天,没办法,他又几乎天天碌碌奔走于银行和股票市场之间;而且,还亏损了好几次,他在日记中大叹:"船破更遇顶头风!"

7月13日,他在日记中写:"与友谈,叹生活之艰难,已至极顶,再有两三个月,决难维持下去。"16日,原"文献保存同志会"的亲密同志、光华大学校长咏霓先生不幸病故。第二天大殓,他因环境关系,亦未能赴吊,心中极为难过!

7月22日中午,他奔波于外,忽然警报声大作,飞机大批而至,爆炸声四起。有几声极近,路人吓得脸色灰白。24日上午,他在股票市场看牌价时,又忽闻警报声,马上股市关闭。他忙去四马路,中途躲进一小弄堂,只听得飞机机枪扫射如在头顶。麦家圈(今山东路中段)落下一颗炸弹,一阵热风卷到他的身上。他赶紧逃到了开明书店。连日警报声不断,他知道形势越来越紧张,但胜利的日子也许不远了吧。

8月9日,他得到一个重大消息:苏联昨日已对日宣战,今晨零点红军开始进军"满洲"。他当时还不知道,就在这一天,美国又匆匆忙忙在日本长崎丢下了第二颗杀伤力极大的原子弹,几十万日本平民当场死亡。日本帝国主义的败局,早已定了。但在巨大的历史进程面前,个人是渺小的。他不可能准确地预计最后胜利何日到来。他这时只想到了市场上必然更是一阵大乱。他为老母妻儿如何生活而焦虑。现在,凡是身边可以卖的书,差不多都卖了。所万万不忍割爱的,便是那批目录书、词曲书、小说书和版画书了。想来想去,实在不行的话,只得再把那批版画书卖掉了!然而,那可是自己几十年搜集起来的宝贝啊!他想起十四年前,鲁迅先生曾与雪峰、径三诸友,以及日本朋友增田涉,兴致勃勃地到他家来鉴赏他珍藏的版画书。鲁迅不住地啧啧称赞,鼓励他继续搜藏,有条件时整理影印问世。这以后,他呕心沥血地继续积累。这不仅是国内最丰富的一批版画书,当然也就是全世界最丰富的一个版画艺术的宝库啊!想到这里,他心如刀绞,泪流满面。这天夜里,因防空而不准点灯,远处不时传来阵阵爆炸声,他翻来复去,似睡非睡,乱梦如云。

正当他准备把版画书目送出去时,11日上午他刚起床,一位在他日记中也不写名字的友人(估计是伯昕),像一阵风似的闯进了他的房间,用激动无比的声音告诉他:

"日本鬼子,投降了!"

第九章　民主斗士

四五　胜利！胜利！

他兴奋得热泪盈眶！他用大概是从外国电影上看来的"洋礼节"，把那位来报告他日本已投降的朋友一下子抱了起来，然后互相捶击，像是要哭，又像是笑。早饭也不吃了，立即一起奔了出去。消息已经满城皆知，但马路上也没有什么混乱的景象。只见一堆一堆的人聚在一起，激动地说着话。只怪他住的地方太偏僻了，据说昨天夜里市中心就有人欢呼游行，狂欢终夜，而他却不知道，只做了一夜的乱梦。他又到证券交易所去看了一下，已经停止交易了。看来，他手头的一堆股票也许会变成废纸，心里不免有些着急。但转念一想，这又算得了什么！八年了，不就是盼着这一天吗？漫漫长夜，终于天亮了。他想，现在已经不怕冻馁了，没有钱也不要紧了。

中午回居尔典路，国旗已满街飘扬。听说下午又有游行。那些往日不可一世的鬼子、汉奸，对于狂欢的中国百姓，已经不敢怎么样了。报上已经详载日本降服的消息。又听说重庆来接受的官员已到上海，明晨正规军也可到。真的会这么快吗？他洗了一个澡，换了一身较新的衣服，然后又外出了。先到老友济之的家里，共同庆祝这伟大的历史性的胜利。然后，回到那四年来只是提心吊胆地偷偷"潜"回去过几次的庙弄老家。老母、妻子、儿女，正等待着他的归来，一家人欢声雷动！

这是全中国人民,全东南亚人民,和全世界爱好和平的人民欢欣鼓舞的一天!中国人民可歌可泣、前仆后继、付出了千百万生命和巨大财产损失的抗日战争,终于获得了伟大的胜利!

全国人民都流泪了,都拍手欢呼了!他激动得几乎像发疯。能笑话他当时那种如痴如醉的狂态吗?他是中国人民的一分子,他又是中国有觉悟、有知识的少数先进分子中的一个。他在战争年代里英勇斗争了,并且幸存了下来。但他身受了多少苦难啊!

八年了!不,从1931年"九一八"沈阳事件、翌年"一二八"上海事件以来,十四年了!日本帝国主义及其走狗,杀害了多少中华儿女!毁灭了多少中国人的财产!多少人妻离子散、家破人亡!他又一次想起了被暗杀的湛恩、似旭等友人和壮烈牺牲的王进、陈明等青年朋友。还有,比自己小十岁的文化生活出版社编辑、散文作家陆蠡,因为出版社遭日军查抄而向法租界巡捕房交涉,不料巡捕房竟将陆蠡押送日本宪兵队,于是受刑至死,年仅三十四岁!还有,比自己小七岁的以前的同事、文献学家姚名达,在江西带领一批学生上前线作抗日宣传,不幸遭日军包围,名达掩护学生,赤手空拳与敌人搏斗,当场牺牲,他听说是被敌人乱刀捅死的,年仅三十七岁!还有……,一张张熟悉的亡友的面孔,浮现在他的眼前。他又一次想起了,他工作过的商务印书馆编译所,还有他非常留恋的东方图书馆和涵芬楼,都被日军炸毁!他工作过的暨南大学的在真如的校舍,也被炸毁!……日本帝国主义在中国犯下的罪行,真是罄竹难书!

这天晚上,他浮想联翩,几乎没有睡着。

第二天(12日),他四点钟就起床,匆匆外出访友。在他的日记中未记这位友人的名字,看来又是一位需要保密的人士。等他回到住处,房东告诉他已有好几个人来找过他了。接着,他日记中记载有一位姓赵的朋友,又有一位姓沈的朋友,先后来看他。大概其中一位,就是当时化名为赵锡庆的伯昕。友人告诉他,外面情形尚未平定,因为投降文件尚未正式签字。当局宣布昨天市中有的地方发生"骚乱",今日"戒严"。仍须保持警惕。下午他索性睡了一觉,因为昨夜太兴奋了,实在有点困。

到15日中午,电台播送消息:日本天皇已正式宣布无条件投降。他在日记中写道:"'和平'已实现矣!今后当可安生乐业,不愁饥寒了!"这天夜里,终于取消了灯火管制,通宵有电了。16日一早,他赶到市中心去,一下子买了四种报纸,上面都登载着日本正式投降的经过。又买了几个面包,带回住处,就一面啃面包,一面仔细读报。然后,他感到有一股强烈的写作欲望。于是,坐到窗下,铺开纸,提起笔,开始写他在抗战胜利后的第一篇文章。他用淋漓奔放的大字写下了题目——《论新中国的建设》。

这是一个大题目。他越写越兴奋;同时,又越觉得需要再冷静想想。于是,他搁下笔又出去访友。晚上,到景耀、洁琼家吃饭,商谈,又在他们家一起收听了无线电广播。沦陷时期,家里有收音机的还必须登记。他为免除敌人的注意,在蛰居屋里没有收音机。17日,他又一早出去买报。只见中国飞机在市区上空低飞盘桓,他情不自禁地同市民们一起拍手欢呼。还有人放起了鞭炮。下午,他继续写文章,仍没写完。他觉得这个大题目还得再想想,让心情平静一点再修改,便暂时放下了。

他想起近四年前离家避难的第二天,在走投无路时得到过石公先生的有力帮助与指点。后来,在蛰中也常去张府看望,得到过石公的照应。因此,他在20日特地去拜访老先生,并带去一部《长乐郑氏汇印传奇第一集》。他在书上题了这样一段话:

数年以来,予流离迁徙,不遑宁居,幸藉前辈先生与友人之力,得免罹难。石公先生肝胆照人,高义云天,维持尤多,感恩独深。今四海升平,光明重睹,劫后余生,欣歌欢唱。敬献此帙,以表微忱,不足云谢,略志同庆。

大难未死，痛定思痛，他又想到应该把这几年来自己经历过的和听说过的事实写下来。这可以教育后代，也可以为今后的史家们作参考。于是，他怀着一种庄严的历史责任感，开始撰写一本《蛰居散记》，这天先写了一篇《自序》。

他这样想问题，显然已比当时其他一些朋友要深刻。然而，他毕竟还是一个"文化人"，而政治斗争的错综复杂、云谲波诡，是善良的人们想象不到的。当日本政府刚表示要投降，蒋介石便于11日连下三道密令，要"国军"抢夺胜利果实，阻止抗战有奇功的八路军、新四军受降(其实"八路军"、"新四军"，已经是"国军"的番号)！12日，美国将军麦克阿瑟以远东盟军总司令名义，对日本政府和侵华日军下令，只能向蒋军投降，不得向共军缴械。而14日、20日、23日，蒋介石又三次电邀毛泽东到重庆"共商国是"。蒋是料定毛泽东不敢去的，以为这样便赢得了主动。22日下午，他到贝勒路(今黄坡南路)某处，忽见《中华日报》上刊载了朱德、毛泽东致蒋介石的电报。电报揭露了蒋介石的阴险面目，表达了中国共产党争取和平民主的坚定不移的立场。他看了以后，怦然心惊，觉得"政治"这东西实在太复杂，甚至太可怕，很多事出乎自己的意料。他想，今后还是得离"政治"远一点，只做自己的"本行"吧。尽管他从"五四"以来，几乎没有脱离过政治活动；但他这时确实产生了这样不想多管政治的念头，并把这些想法写进了自己的日记。这便使那篇《论新中国的建设》的大文章，也一时不拿出去发表了。

他的"本行"是什么呢？无非是图书文物，编辑出版，学术研究，教书育人等等。搞这些能脱离政治吗？现实政治会允许他只埋头搞这些"本行"吗？这些，他当时还来不及多想。23日，图书文物专家森玉先生到上海，这是最早从后方来的朋友。几年不见，自然十分高兴。但森玉给他带来许多不愉快的消息。特别是"孤岛"时期他们为国家冒着危险抢救下来，又辛辛苦苦地整理、包装后运到香港的一大批珍本图书，已经被日军抢去，而且现在下落不明。对此事，这里得作些补述和插叙。

"文献保存同志会"在上海所购的图书,大致从1941年6月起,开始分批寄往香港,请他的老友许地山及马季明代为收下保存;又有一些最珍贵的善本,则曾分别请森玉先生及西南联大教授李宝堂等人赴港时随身带去。又因为香港也不安全,便决定再从香港运到美国保存。他非常担心这样辗转长途寄运托藏会不会丢失,所以强烈提议必须在每本书上盖章。5月21日他们给重庆蒋复璁的密信中便提到:"'善本书'所用印鉴,已请森公[森玉]托王福庵刻'玄览中区'四字,甚佳。兹附上印样,乞存案备查。"据陈君葆回忆,这批书"由叶恭绰、徐信符、冼玉清等十多人负责整理",约三万册,分装一百十一箱,原打算以"中英文化协会香港分会秘书陈君葆"的名义,寄往美国华盛顿中国大使馆胡适收。又据陈立夫回忆,在沪托王福庵刊刻一章外,还在港复刻六个章。除了有的书在沪就盖了章以外,大量的书是在港盖的章。"历时三月,方克竣事"。12月4日,叶恭绰从香港向重庆报告:"沪来各书赶办盖章,连同港购各书盖会章,赶于上月26号办竣。一面办理请港政府检查、定船、封箱等事,一切完妥,本定12月4号格兰总统船运出,与通运公司书面订实。不料国际情势紧张,航运因之演变……"

正当香港同人再次联系海运时,8日,香港与上海同日遭日军进攻!正由于他坚持这批书必须盖上章再运出,因而拖延了时间,未能赶上格兰总统号轮船,竟躲过了一劫!因为该轮一出港就被日军飞机炸沉了!不过,这批古籍不久就又悉数被驻港日寇劫去。1942年7月20日,杭立武致蒋复璁的信中,提到陈寅恪已离开香港,行抵桂林。顷接陈寅恪6月20日来信,述及日军抢夺寄存香港之书:"英庚款会所购善本书,多为日本'波部队'运至东京,其运去之书目,无意中发现,存于马季明先生处,将来胜利之后,可以按目索还或索赔损失。"这是有关日军盗运上海寄存香港善本书的最早的报告。又据袁同礼后来给教育部的报告,说是听说当时"由日人竹藤峰治带引日军调查班宫本博少佐及肥田木近中尉,将此批善本书强行劫取,每箱上写'东京参谋本部御中'字样……运往东京"。(直到1947年初,我国驻日军事代表团才在东京上野帝国图书馆的地下室查找到这批书,捉贼捉赃,并看到上面还都盖有同志会的图章。后来,共一〇七箱善本由王世襄等押运,于1947年2月10日运回上海,本书传主派学生孙家晋等到码头迎接。这是后话,这里先交待过。)

这时,他还完全不知道这批书的下落,极为焦虑不安。8月23日下午,他听说森玉已经回到上海,马上打电话去问,果然是,于是晚上就赶去森玉家,与森玉商量了当年因"孤岛"突然沦陷而未及整理的那些图书的处理办法,敌伪图书、文化机关的接收办法等事情。森玉还告诉他,早在今年4月1日,重庆的教育部便组织了一个"战时文物保存委员会",其中还写上了他的名字。既然这样,他觉得自己更可以堂堂正正地为保护国家的图书文物而出力了。第二天,他便冒暑到法宝馆藏书处等地方去看了一下。

25日,他到宗俊家吃晚饭,又忽遇刚从后方归来的吴大琨,更是又惊又喜。大琨比他小十八岁,九年前他就认识了。当时大琨是"救国会"的宣传部总干事,后来又以钻研马克思主义经济学而闻名学界。"孤岛"时期,他们一起战斗,见面更多。1939年2月,大琨受上海各界抗日团体的委托,去皖南慰问新四军。不料,后来听说大琨被国民党逮捕,从此他们便失去联系。现在,听大琨讲别后情况,原来大琨在上饶集中营被关了三年半,与雪峰等人是难友。后被保释,去了建阳。柏丞先生不避嫌疑,聘请大琨到暨南大学,仍旧教经济学。后来,大琨又在中共地下组织的指示下,去昆明美国空军地面联络司令部做事。这次,大琨便是搭乘第一班美军飞机回上海的。过两天,他又遇到了大琨。从大琨处,他听到了内地的许多消息,也了解了柏丞的一些近况。

四年前为公家购下而未及寄出的大批图书,现在到了重新整理的时候了。当年"同志会"的同志咏霓先生,已经作古;菊生先生年纪又太大了。他与森玉商量几次后,28日给柏丞发了一个电报,谈了那批书的事。恰好,这天他又收到以前暨大的学生孙家晋的来信。家晋除了向他亲切问候外,还希望老师帮助找份工作做。他立即给家晋回信,请他速来。整理图书正缺人手,而家晋是很合适的人员。

他多次访问菊生、石公、誉虎等老先生,又常与森玉、仲章、凤举、以中等人在设于霞飞路1661号通园的教育部战区文物保存委员会上海办事处开会。不久,9月10日,慰堂也从后方来到上海。当时,教育部委任慰堂为"京沪特派员",组织"京沪区教育复员辅导委员会",由慰堂为主任委员。慰堂便请他和森玉、夷初(马叙伦,后亦为主任委员)、誉虎、凤举、潜夫(许炳堃)等人为委员,并聘他为特派员秘书。后来该会办事处就在他家附近的愚园路40号。他虽然觉得这些个"委员""秘书"的名义颇为无聊;但慰堂已是老朋友了,而他又很愿意为清理图书文物工作出点力,于是便没有推辞。这个委员会其实在上海对"教育"倒似乎没做什么事。我们只知道他曾出面与书店商谈"国定本教科书"的定价等事情,这该是属于该会做的与教育有关的工作。而该会对接受、清理图书文物方面,倒确实做了不少工作。该委员会平均三五天开一次会,列席者有王醒吾、周予同、厉家祥,除慰堂有几次缺席外,他与很多成员基本每次都签到。已知该会于12月27日开第二十七次会后便结束了。

11月1日,教育部"战时文物保存委员会"改名为"清理战时文物损失委员会"。主任委员杭立武,副主任委员李济、梁思成,本传传主仍为委员。11月29日《申报》报道教育部"上海区甄审委员会"即将成立,主任委员柏丞,副主任委员一樵,顾问为潜夫、夷初,委员十三人中也有他。该会至1947年2月13日才结束。1946年3月7日,教育部又成立了一个"上海区清点接受封存文物委员会",由誉虎为会长,森玉负责主持,他和柏丞、一樵、俞塺等人为委员,起潜(顾廷龙)也参加,至6月25日该会结束。

他积极地投身于这些工作,曾多次出面到市公安局、陆军第三方面军司令部这些他本来不愿意去的机关,去联系办理有关清点、接收图书文物的手续。他又亲自参加了接收东亚同文书院、自然科学研究所、近代科学图书馆等等原属敌伪的文化单位。他还曾积极支持和参与森玉、起潜所主持的为准备索还被日本掠夺去的中国文物而编的《甲午以后流入日本文物之目录》。更不用说他还带领了友人王以中和家晋、徐微这两位以前的学生,以及其他人,紧张地整理、清点堆藏在法宝馆等处的以前同志会收购的大量图书了。

那是 9 月底的一个阳光灿烂的日子,他带着以中、家晋、徐微三人,走进赫德路(今常德路)418 号一个挂着"佛教净业社"牌子的大门。门房间有个人寂寞地枯坐着,一见是他带人来,便微微一笑,点点头,连问也没问就放他们进去了。里面,有假山、树木、池塘、曲桥,还有一个佛殿,环境十分幽静,似乎能听到敲木鱼的声音,还能闻到檀香的淡淡的馥郁之气。大殿的前面,有一座方方正正的洋楼,好像与佛殿建筑不很协调,但那就是"法宝馆"。在那里,便秘密地堆藏着"孤岛"时期"同志会"所购下来的大量的图书。敌伪时期,附近楼房均被日军占为军营;而这批珍贵图书,正是靠着这样一个佛教宝地的掩护,才在敌人的鼻子底下安然无恙地保存了下来!

从口袋里掏出钥匙的他的大手,似乎有一点颤抖。门一打开,多时不透风、不见阳光的满屋子古旧书籍的气味,便扑面而来。只见又高又大的房间,一半被重重叠叠的书箱堆满了,还有不少书是一捆一捆地散乱地堆放着,有的已堆到了屋顶。这些书,大多还未经过登记。他们搬来三张书桌,挤进这座楼房。放在东窗下的单人桌,是他的;西窗下的两张双人桌,则是以中他们三人的。另外,还有一个佛教净业社所办净业教养院收养大的孤儿李云章,也被他请来帮忙搬搬书、装装箱。他带领他们马上就开始了整理、登记的工作。

在光线不够明亮的房间里,给蒙上灰尘的古色古香的线装书整理编目,两个青年人也许会感到枯燥乏味吧?他便常常神情严肃地给他们讲述当时抢救它们的必要性和艰辛过程,还常常手把手教他们辨认各种版本和抄校本。他按捺不住喜悦的心情,指着一本书说:"这可是黄荛圃的手校本,瞧瞧这笔迹!"或者,双手捧过来一大叠地方志,告诉他们这是抢救回来的大批地方志中的"最名贵的一部",那神情就像捧着祖国失而复得的一块领土一样。有时,他又向他们介绍书的纸墨和刻工,或培养他们鉴赏古代版画的能力。几乎每一本书他都能讲出一段独特的来历。特别是,当他的一些爱书的好友,如伯祥、绍虞、默存(钱钟书)等人到法宝馆来看望他的时候,那可就热闹了,他会像孩子拿出心爱的玩具来"献宝"似的,捧出一叠叠他最费心血得来的好书,让朋友们摩挲把玩,相对赞叹。

默存他早就认识。十多年前,当他在清华大学中文系兼任教授时,默存与吴晗、夏鼐、曹禺等人都是清华文学院学生中的尖子。虽然,比他小十二岁的默存对他十分尊敬,但他却毫不以师长自居。这不只是因为当年默存似乎没有听过他的课(默存是外文系学生),还因为早在当时才二十多岁的这位清华才子,就曾被吴宓教授誉为"人中之龙",现在又过了十多年,默存的学识造诣更达到新的高度,他早就视作"畏友"了。默存博闻强记,出语诙谐,引经据典,滔滔不绝,与他有多方面相似的爱好,不仅有极高的古文修养,而且精熟多种外语。1941年夏,默存从湘南回沪探亲,因"孤岛"沦陷而羁留上海,靠教书为生,同时埋头撰著《谈艺录》。此书虽尚未问世,但他已传闻、传观过部分内容,极为赞赏,并深知此书"虽赏析之作,实忧患之书也"(默存自序中语)。默存夫人季康(杨绛),亦一才女,1943年曾创作喜剧《称心如意》,公演颇获成功,他也去看过。而他知道默存此时正在创作一部长篇小说《围城》,对此更寄予热烈的希望。

在法宝馆常见面的,还有赵朴初居士。朴初比他小九岁,这时就住在法宝馆后面的大殿的楼上。朴初是净业社的总务部主任,又是教养院的副院长。朴初也是他的老朋友了,当年"孤岛"上举办的星期聚餐会,朴初便是重要成员。这位宗教界上层人士,不仅从事慈善事业,而且还担任着一般人不知道的秘密的崇高的使命。现在,他们近在咫尺,有时园子里相遇,便小声商谈一些事情。但在青年人面前,他从不多谈赵居士的事。朴初其实对古书、名迹是非常有兴趣也是有研究的,但是也从来不随便踅进法宝馆来欣赏。

慰堂当然不时来沪,还聘他为国立中央图书馆的顾问兼编纂。这样,他也就有个名义可支取一份工资。其他如家晋等人,也由中央图书馆支付劳务费。他的这个"编纂",可并非是挂空名的。早在"孤岛"时期,他就为中央图书馆主编影印了《玄览堂丛书》;现在,参照原订计划,他又继续为中央图书馆编选《玄览堂丛书》的续集、三集。

这些工作,都是有意义的,应该做的,也是他乐意做的"本行"。而且,这时的国民政府当局,至少教育部当局,对他还是挺器重的。然而,他真的能够一直这样子做他的"本行",或平静地脱离政治而埋首于书山之中了吗?

四六 别无选择

1945年的8、9月间,天气很热。他在庙弄的老家还来不及收拾,平时用的书之类又有不少在居尔典路。所以,他除了常常回家以外,仍一个人住在那以前蛰居的小楼上。不过,现在可以不必对外保密了。于是,就像过节一样,一批又一批的朋友,有本来在上海的,更有不少是从内地新来的,川流不息地来拜访他。大多数是第一次来参观"虎窟"之旁的他的隐居之室。为了证明自己在蛰居期间曾无师自通地学会了一套"烹饪术",他还常常硬拉朋友留下,亲自下厨,做不少菜,让大家来分享和欣赏他的"手艺"。

季琳和端毅也来了好几次。他们打算办一个综合性周刊。这个主意最早是由季琳提出来的,这时刘哲民和钱家圭二人愿意在经济上资助。季琳原先想取名叫《自由中国》。但眼看抗战虽然胜利,中国却仍在强国纵横捭阖的外交棋局中,处于当筹码和被牺牲的地位;日军正在准备撤离,像马蜂倾巢,但他们蓄意将大批武器交给国民党军队而不给共产党军队;重庆的接收大员刚来上海,已经传出不少丑闻。总之,中国有何"自由"可言?这个名称显得有点嘲讽意味了。季琳打算就索性叫《周报》。他们带着一大堆办刊物的设想与问题来找他,当然是向他这位老前辈来讨教和请求支持的。

他听了非常高兴。很自然地想起自己和秋白等人在"五四"时办《新社会》的劲头。那时比他们现在还年轻得多。他赞成叫《周报》,因为这个名称妙在既具体又抽象,没有什么特殊色彩,内容又可不受拘束,且这两字平仄协调,叫得响。至于具体内容,他也非常同意季琳他们提出的把重点放在反映战后人民普遍关心的事情上。他认为当前首先要谈的,应是如何处理伪币、如何惩处汉奸等等问题。这些问题不是都与"政治"密切相关吗?他不是刚刚产生过少管政治、只做"本行"的想法吗?是的。但那是一时的牢骚语,只要一涉及每个老百姓都切身有关的问题时,他早就忘了自己发过的牢骚了。他总是本能地站在最大多数的老百姓的一边,为他们说话的。他一口答应将源源不断地为《周报》撰稿。他说他写了一篇《论新中国的建设》,但还想再改改;现在想写的,是一篇《锄奸论》,写好就可交给《周报》;同时,他还告诉他们,自己已开始写《蛰居散记》,如果需要的话,可以给《周报》连载。两位青年朋友喜出望外,高兴得真想跳起来拥抱他。

不久,《周报》便于9月8日创刊,成为战后上海乃至全国新创办的第一份综合性周刊。从第一期起,即连载他的《蛰居散记》。这些1940年代后期最优秀的系列散文,随之感染了国内广大的读者,甚至感染了日本的读者。后来,日本的安藤彦太郎和斋藤秋男两位青年,还直接从《周报》上翻译了这部《蛰居散记》,由日本著名的岩波书店出版,成为彼邦一本畅销书,内山完造先生还专门发表了题为《心如刀绞》的读后感。

《周报》第二期,便以头篇地位发表了他9月7日写的《锄奸论》。这成为战后他发表的第一篇"政论"。他慷慨激昂地写道:

> 我向来不喜欢打"落水狗"。但关于"奸""伪"一类的东西,却不仅仅是"狗",有许多至今也还不曾"落水""遭祸",还是趾高气

扬,行若无事;甚者,摇身一变,俨然以"志士"的姿态出现,依然粉墨登场,袍笏彰身。他们不配作"狗"。狗还有些狗气;不疯,不咬人;主人穷了,还恋恋的不忍舍去。他们是什么东西,简直想说不出一种适当名词来譬喻之。他们是为虎作前驱的"伥";他们是蝗虫;他们是"野狼"。他们是民族的败类,人群的渣滓,乘着整个民族在苦难中的机会而反做着升官发财的勾当。他们不知道什么叫"正义",什么叫"民族",什么叫"国家",什么叫"廉耻",什么叫"人格";这一切与他们无缘。他们只知道个人的享受。"荒淫与无耻"便是他们的全部的功业。……

为了民族的光荣,我们必须肃清这些败类!

为了保持今后民族的安全与清白,我们必须肃清他们!

我们要肃清荒淫与无耻的集团!

    他指出这是一个"集团",极有深意。他认为:"如果不彻底地来一次肃清、清算运动,我民族的前途依然是十分的暗淡无光的;我们这一次的胜利,依然是不能算是彻底的。"因此,"我们肃清败类,便是刮去腐肉,滤去污血,求民族血液的永远清新洁净!这是超出于报复与惩戒的消极意义以上的事。"文中并认真地提出了如何确认汉奸,如何划分汉奸的种类、等级,以及关于处罚的轻重与方式等等意见,写得就像制定文件一样慎重、严密。后来,他还在《周报》上发表了《汉奸是怎样造成的》等文章。端毅后来回忆说:"这几篇文章发表后,据我所知,颇有人辗转讽示,威胁利诱,要他笔底留情。西谛不为所动,一笑置之。"

    他的《论新中国的建设》,文字虽不很长,但经过多时思索,终于在9月10日和11日的《文汇报》上作为"专论"发表。他指出:我们是胜利了,整个世界的和平基本实现了,紧接着胜利之后,应该是建设工作的开始。但是,中国的建设工作应该有几个先决的条件:

第一,应该速以政治的方式,恢复国内的和平;

第二,应实行民主政治,从速颁布宪法草案,允许人民以言论、集会、身体的自由;

第三,应把党、政、军分开来;"军队"是绝对地属于国家的,"政治"是专家的工作,"党"应该以理论来争取民众。

这就是他当时的"政见"。国内的政治和建设,会不会照他说的这样发展呢?他其实并不知道。他只是满怀爱国激情,从工业、农业、交通、金融、商业、文化、军事、社会事业、其他等九个方面,分别提出了自己的见解与建议。最后,他写道:

建设,建设,建设!
建设现代的科学的伟大的新的中国!
新的中国在努力建设里发展着,充实着,成为和平世界中光荣而伟大的一个主要的分子。

在季琳他们筹办创刊《周报》的同时,伯昕也多次来找他。这位已故韬奋的亲密战友,以其卓越的战斗的本领和事业的才能,在抗战胜利前就已在上海创办了通惠印书馆,为现在在上海迅速恢复生活书店作好了准备。为了继承韬奋当年办《生活》周刊的光荣传统,伯昕特来商请他这位韬奋的老友出马,来主编重办一份周刊。当然,名称不再叫《生活》了,便决定叫《民主》。因为他们都认识到,胜利后国内的首要问题,是实行民主政治。他当然明白办这个刊物的本身,就是参与了政治活动。他义不容辞地挑起了重担。为办理登记,他出面向国民党中宣部张道藩疏通。国民党故意刁难,好容易内政部批准后,上海当局又迟迟不发给登记证。于是,他们便将内政部发的"京沪警字第68号"登记证印在《民主》的版权页上先行出刊。而伯昕又先后给他配备了几位得力的编辑,像蒋天佐、艾寒松,实际都是中共党员;还有董秋斯,后来也入了党。不久,胡绳也从后方来到上海工作。胡绳也是书店的地下党负责人。后来,他们还聘请沈钧儒、沙千里、史良、闵刚侯四位名律师担任《民主》的法律顾问。

《民主》经过紧张、周密的筹备,于10月13日正式创刊。创刊号上,发表了他在4日写的《发刊词》,声明该刊是一个"无党无派","没有任何军队或政党的支持"的刊物。当然,这样说是为了合法斗争的需要;他虽然确实是"无党派"人士,但《民主》周刊实际是受中共的支持的。《发刊词》坚定地表示要代表全体人民的利益,毫不含糊地为民主而斗争。创刊号上,还发表了他在6日写的《走上民主政治的第一步》,指出在国民党军队接收了敌占区后,第一步就应该恢复人民的自由权,而不是现在的戒严、搜查和压迫。《民主》就这样以斗争的姿态出现了。《民主》每周的出版日,与《周报》是同一天。他几乎每次都同时在两个刊物上发表文章。《民主》《周报》,加上10月3日创刊的《文萃》周刊,时人称为三大民主刊物。

但《民主》表面上却是由"民主周刊社"发行,不暴露与生活书店的关系。不论人事、编辑和对外,都是独立的。这样,它可以投身于第一线,勇敢作战,万一受到反动派的注意和迫害,也不至于直接牵涉到生活书店,以便保存实力。很显然,这是伯昕和他继承了愈之当年提议将《生活》周刊与书店分开独立的斗争策略。而且,不久事实就证明了这个策略是很英明的。

说到愈之,自从日本投降后,他更加想念这位挚友。愈之一直在南洋一带从事抗日斗争。在他蛰居期间,曾在开明书店见到过愈之用化名寄来的一张明信片,表明是平安着,大家都非常地想念和欣慰。战争结束后,从内地传来消息,说愈之已在南洋病故了。圣陶他们主编的《中学生》,还在7月1日为愈之出过一期纪念专号。他极为震惊,但是总不相信,心中但愿这只是"海外东坡"之谣。他祈祷着愈之的安健,又在忧惧的心情下,在9月22日写了一篇《忆愈之》。他不愿意用"悼愈之"这样的题目(后来,证明那确实是误传)。他更决心用实际行动向愚之学习。

这时,夏衍来到上海,立即会见了他。夏衍从重庆出发前,领受了周恩来的指示;同时,又带来了中华全国文艺界抗敌协会(文协)致郑振铎等人的《慰问上海文艺界书》和《调查附逆文化人的决议》等文件。在慰问书中,高度赞扬"八年以来,诸位先生在敌人包围之中,继而在敌人的直接的屠杀威胁之下,不屈不挠,备尝辛苦,为中华民族保存了崇高的气节"。并表示"中国人民以诸位为光荣,中国文艺界以诸位为骄傲"。文协还委托他和广平、健吾三人,在上海负责领导调查附逆文化人的工作。夏衍在与他的多次谈话中,分析了战后的形势,传达了中共的方针、路线、策略等,使他觉得眼睛更明亮了。

10月20日,在《民主》《周报》《文汇报》《建国日报》等报刊上,同时发表了由他领头共二十四人签署的《上海文艺界复中华全国文艺界抗敌协会书》,表达了久被隔绝、非常想念的心情和团结战斗的决心,并及时地建议:中华全国文艺界抗敌协会既已取得合法地位,现在只要省去"抗敌"二字(简称仍是"文协"),便可继续领导全国文艺界从事建国工作,名正言顺。(后来,文协接受了这一提议。)复信中还表示,调查文化汉奸的工作已在着手进行。

又过不久,苏北解放区作家也给以他为首的上海作家写来了热情洋溢的慰问信。其中说:"我们简直不能想象,你们这几年是怎样坚持过来的。在暗无天日的暴敌统治之下,你们像一盏孤灯,独守在漫漫的长夜,不顾一切地面对生命的与生活的血淋淋的威胁,为民族为文化保持了崇高的气节与传统!"读到这样的慰问信,他很感动。他感谢同志们、朋友们的赞扬和鼓励。但暗无天日的暴敌统治已经过去了,同志们、朋友们所赞扬的荣誉与光荣也已属于过去,现在,新的斗争已经开始了。

而且,这个斗争,决不仅仅只是同汉奸集团的斗争。他已认识到,汉奸的产生决不是偶然的,而是整个官僚政治的产物。因此,他在10月5日就写了一篇政论《专家政治与官僚政治》,指出:"中国要完成建国的大业,首先第一事便是要打倒官僚主义。中国要走上现代国家的大道,首先第一事也便是要铲除官僚主义的遗毒。"他这里所说的"官僚主义",与我们今天使用这个词的意思不同,实际指的是官僚政治、官僚资本主义。他后来又写了《论官僚资本》等文,分析了中国官僚买办资本主义的罪恶历史,指出了官僚资本在抗战中的反动作用。这是对国民党右派的深刻揭露。事实证明,国民党右派就是一个荒淫无耻的集团。经过八年抗战,其本质并无什么改变。他们在"接收"后的所作所为,很快使得老百姓大失所望,并继而越来越对立。而他的立场和感情,是与广大人民一致的。针对国民党的政治专制、物价飞涨等问题,他写了很多抨击文章。而且,经常是同时在《民主》《周报》等刊的显著地位发表政论文章,十分引人注目。他不仅像一个隐蔽多时而突然跃出掩体的战士,而且一下子就冲到了最前线。

当然,他也没有因此便放弃了他的"本行"。除了整理图书等工作外,他又邀请健吾一起筹备创刊大型文学月刊。10月6日,他在家里请客,除健吾外,还请了一樵、默存、辛笛、西禾、季琳、端毅等人,商量创办文艺刊物的事。他提出叫《文艺复兴》,大家都说好,有气魄,也有深意。他便撰写了《发刊词》,从敌伪时期的"窒塞"说起,说到欧洲文艺复兴,说到晚清民族主义的觉醒,说到"五四"新文学运动,有声有色,铿锵有力。他指出:"抗战胜利,我们的'文艺复兴'开始了","文艺当然也和别的东西一样,必须有一个新的面貌,新的理想,新的立场,然后方才能够有新的成就。"他认为,文学工作者不仅要继承五四运动以来未完成的工作,而且还应该"配合着整个新的中国的动向,为民主,为绝大多数的民众而写作"。他强调"文艺是不能脱离了社会而存在的"。该刊后于翌年1月10日正式创刊,成为当时国内最重要的大型文学月刊。默存的名作《围城》,就是从第二期起在该刊上连载的,轰动一时。

10月14日,全国文协在重庆召开理监事联席会,会上决定要在上海成立分会,并决定委托他与丐尊、广平等人筹备。20日,文协在重庆又召开记者招待会,负责人老舍宣布总会将移往上海,并已委托郑振铎等人着手准备。他不负同人的期望,挑起了重担。在他的联络发起下,很快起草了分会的会章、宣言等。12月14日,《申报》报道《文协分会即可成立》:"由正统派文坛宿将郑振铎祭酒"。17日,在金城银行七楼召开文协上海分会成立大会。他任大会主席,并首先讲话。他总结了上海作家在战争期间如何经受了巨大的锻炼和严峻的考验,并指出现在内地已有夏衍、许杰等十几位作家到上海来,还有大批的作家要来,上海即将再次成为全国文坛的中心,中国文艺界应该继续团结一致,为建设新中国而奋斗。他还谈了分会的工作任务和目的等。会上通过了要求当局迅速开放言论自由、保障作家权益、组织特别委员会检举汉奸文人等三项提案。会上,他当选为分会理事。24日,理事会又推选他为五个常委之一,并兼总务股主任。实际上,他是分会的"祭酒"。

《大公报》于11月1日在上海复刊。从第一天起,开始连载发表他的《求书目录》。先是他写的长序,连载八期,回忆了自己在"孤岛"时期为什么要组织抢救文献和如何抢救的过程。接着,便连载发表从1940年初开始的有关"求书"的日记。日记原拟发表至1941年底,但后来因故仅发表了一个来月即停(后曾拟在商务印书馆出版单行本,亦未果)。但即使这样,也深深地感动了当时的读者。不少读者撰文说,"实在太使我们感动了"。"他为什么这样苦心孤诣地求书,一言以蔽之,他要在兽性横行的黑暗时代,发扬人性,以促光明之日的早临"。"这八年是一段潜伏时期,假使还有什么文化可言,那只是御用文化,奴役文化,荒淫与无耻而已;然而,庄严的工作者随在皆是,振铎先生就是其中的一员"。"振铎先生是逆流中的一根无形的砥柱,寓有为于无为之中,表现了中国文化人的真精神"。

就在他这样热烈地呼唤"民主",积极为"文艺复兴"而工作的时候,国内的政治局势却越来越令老百姓惴惴不安。10月10日国共双方经过四十多天艰苦谈判而签署的《国共代表会议纪要》(即"双十协定")的墨迹还未干,即被国民党染上了血迹。他们频频向共产党的解放区大举进攻。11月17日,他在《民主》周刊上发表政论《我们反对内战!》,指出:"谁继续内战,……谁阻碍了和平、建国的大业,谁便要为国民们所共弃!"24日,他又在《民主》上发表《我们的主张和态度》,指出:"目前最迫切的问题,莫过于制止'内战'。"全国各地各界,都发动了反内战运动。"不要打啊!""中国人不打中国人!"这样的呼声响彻城乡各处。

但是,反动派是利令智昏的。他们往往不管人民的呼声,无视民心的向背。12月1日上午,昆明的国民党反动军警竟袭击云南大学、西南联大、师范学院等学校,撕毁师生们要求停止内战的壁报、标语,殴打因反内战而罢课的学生,并开枪、投掷手榴弹。中共地下党员、青年教师于再和三名学生惨遭杀害,二十余人受伤。这就是震惊全国的"一二·一"惨案!是战后国民党制造的第一起大血案!近十年前,北京发生"三一八"惨案,鲁迅先生曾称之为"民国以来最黑暗的一天";现在,目睹这一惨案的闻一多,又称这"一二·一"为"中华民国建国以来最黑暗的一天"。一多又说,"四烈士的血是给新中国的历史写下了最初的一页"。"一二·一"事件,擦亮了全国很多人的眼睛。"一二·一","一二·一",就像声声号令,整齐了国统区人民迈向民主斗争的战场的步伐。

他自然也不例外。在《民主》第十期上,立即发表了关于"一二·一"事件的消息,刊登了沫若、茅盾等人在内地发表的声援昆明学生的声明。他自己也发表了《由昆明学潮谈起》,再次表示反内战、争民主的决心。同期《民主》上还发表《昆明"民主周刊社"来信》。原来,在昆明也有一份同名周刊,为中国民主同盟云南支部所办,其中主持者除一多外,还有他当年在北平清华大学的学生吴晗。这次来信就是吴晗写的,向他通报情况,并向他致敬。

此时,上海的国民党当局已加紧对民主运动的迫害。他于12月8日在该刊上发表《我们的抗议》一文,强烈抗议反动当局没收《民主》《周报》等刊物。就在这样严峻的斗争形势下,他与夷初(马叙伦)、伯昕、广平、乔峰、朴初、景耀、洁琼、季琳、林汉达等人(大多是《民主》《周报》两刊的主要撰稿人),以及部分由王绍鏊联系的工商界爱国人士(绍鏊是中共地下党员),筹备发起"中国民主促进会"(民进)。民进于12月30日正式成立,随后他被推选为理事,并与夷初一起起草了《中国民主促进会对于时局的宣言》。这是民进成立后发表的第一个政纲性的文件。

民进成立后,即成为一个政党性质的革命团体,紧密配合中国共产党,站在人民大众的立场上,展开了有组织的斗争。在民进成立后不久,他在参加《文汇报》召开的一次座谈会上,便谈了民进的宗旨和自己的态度。他说,自己一贯是主张不做官、不谋名的,也不想参与"政治",只希望能安定下来看点书,或是写点东西。"但是,现在的事实如此,也就不得不做点份外的事。这是关系千百年的大事,谁又能视若无睹?"

现实生活的大手,就这样轻轻一推,他便再次义无反顾地走上了新的政治斗争的前台。正如不久后日本的《中国评论》杂志上说的,他是被推上抗战胜利后中国知识分子"最高峰之一人"(须田祯—《郑振铎与"政治和文学"》)。

是的,他别无选择。

四七　白热化的斗争

严寒中,迎来了1946年的元旦。这天,他在上海《大公报》上发表了一篇《寒夜有感》。文中写到了当时的阶级分化,贫富悬殊,指出:"阶级似乎分别很显明:统治的人物是那么穷奢极欲地在活着;其余的一大群的最大多数的人物,自薪水阶级到卖气力的人,全是受苦的人……"那么他,自然只能是属于后者一边的。此刻,他在想,这新的一年将是怎样的一年呢?

在新年前夕,他曾在《民主》上发表过一篇《迎中华民国三十五年》。他想,"民国"成立三十四年来,有几年是真正称得上"民国"的?他只祈望新的一年是一个和平年,民主年,不再有血腥,不再有内战,不再有种种的不法的反民主的行为。当时,美国总统杜鲁门刚刚发表过所谓对华政策宣言,也表示希望中国国内停战,并召开各政党会议进行合作,还派"特使"马歇尔来华"调处"国共关系。于是,他与夷初等六十余人联名写了一封《给美国人民的公开信》,同时发表于年末的《民主》《周报》上,呼吁美国人民支持中国实现和平。

1月5日,教育部秘书黄如今在上海给还在重庆的教育部长朱家骅写信,密告:"职于前月廿八日赴沪视察,……辅导委员会委员马叙伦、张凤举、郑振铎诸先生正酝酿发表宣言,请美军退出中国,勿干涉我内政。昨日多方设法打销,恐难有效果。本部派沪工作人员如慰堂、凤虎、荣权诸兄,均不知此种举动之发展,且消息亦由职告之。……关于马等宣言事,请急电顾局长、蒋特派员(前日已赴杭,已见面)、李震东兄,设法打销。如与马等有深交,可电其赴陪都一行……"翌日,黄回南京后又发特急密电致朱,内容相同。朱在9日收到密电后即给潜夫、誉虎发急电。朱在黄信上又批:"一、速电顾[一樵]、蒋[慰堂]、李[震东]与许[潜夫]先生等,迅予设法。二、另电吴雨生[绍澍]兄。"所谓郑振铎、马叙伦等酝酿发表宣言,即去年年底已发表之《给美国人民的公开信》。所以几天后潜夫、誉虎回电就说:"早经发表,无法挽回。且三君子[按,即郑、马、张]主观及自信力皆强。……再,以前各日报及杂志中披露文字已指不胜屈,此后或更胜于前也。"也就是说,连潜夫、誉虎也感到,当局如果再这样下去,人们的反对将越来越强烈。

在中共的提议下,1月10日国民党方面被迫在停战协议上签了字,而政治协商会议(后称"旧政协")也于同一天在重庆召开。他感到形势似有好转的可能,一连在《民主》上发表《勖政治协商会议诸君》《再勖政治协商会议诸君》,再次要求停止内战,实现民主,保障自由,肃清贪污等。当然,他知道要达到这些目的,需要进行无畏的斗争。他继续撰写了不少抨击反动势力的文章。

13日,他在《大公报》的"星期论文"栏发表了《敌伪的文物哪里去了》,揭露了大量事实,抨击国民党当局监守自盗的丑恶行为。同日上午,上海各界人民代表数千人在沪西戈登路(今江宁路)的玉佛寺大雄宝殿前的广场上,举行为去年"一二·一"惨案中殉难的于再等四烈士的公祭大会。会后群众自发组织示威游行三小时,被认为是"五卅"后二十年来上海最大的一次示威游行。他因故未出席公祭大会,但仍与宋庆龄、柳亚子、马叙伦、沙千里、许广平、金仲华等人作为大会主席团成员,并列名于《上海各界公祭于再先生祭文》。他还是"于再先生纪念委员会"的二十名赞助人之一。应于再亲属之约,他还撰写了一篇慷慨激昂的《悼于再先生和昆明死难同学》。他写道:"于再先生和诸位同学的死,死得凄惨,然而并不是白死,不仅不足以抑止民主运动的发展,只有更加激怒了许多国民们,使他们更认识清楚他们要走的路。""我们并不退却半步;我们的责任只有更加重。'人生自古皆有死',死是不足令志士们恐惧的!"

19日,他在《民主》上发表《锄奸续论》,矛头直指国民党当局,揭露他们姑息养奸的行径。他愤怒地说:"这是什么一个乌烟瘴气的世界呢!""我们觉得'天理、国法、人情',在今日似乎都有些颠倒!"由于他主编的《民主》发表了大量这样的战斗文章和说理文章,不仅启发了广大群众的觉悟,鼓舞了他们的斗志,甚至还教育了一些误入歧途或在国民党机关中工作的人们。就在这一期以及后面几期《民主》上,便发表了好几位参加了三青团的或当警察的人的来信,表示读了《民主》以后有所觉悟。一位三青团员说:"我每期都一字不漏地仔细读贵刊。我从贵刊里,知道建设民主政治的重要,成立联合政府的迫切。……我的血也沸腾了。"

重庆的政治协商会议,是在全国人民强烈要求和平民主,中共和其他民主党派作了坚决斗争,以及国民党发动全面内战尚未准备就绪的形势下,蒋介石被迫同意召开的。蒋介石还在开幕词中许下四项诺言,即保障人民自由、保障各党派合法地位、实行普选和释放政治犯。但其实,就在政协开会期间,蒋介石还在密令其军队迅速抢占战略要地,美国也在偷偷运送国民党军队到内战前线。会议刚刚开罢,2月10日上午,重庆各界民众在校场口广场集会举行庆祝政协成功大会,便有国民党当局指使的特务、暴徒冲上主席台,疯狂地殴打李公朴、郭沫若、沈钧儒、施复亮等爱国人士。

消息传到上海,民进立即于11日晚在爱麦虞限路(今绍兴路)中国科学社召开会议。他也参加了。与会的四十三人联名发电报,慰问沫若等在校场口事件中流血受伤的人员;同时,又向国民党政府发了抗议电。就在这会场上,他极其欣喜地见到了刚刚从重庆回到上海的圣陶。两位老友分手至今已有八年多了,互相都时刻挂念着对方,现在又在这激愤的会场上紧紧握手,并共同签署上述电文。这表明这两位老友又将并肩携手一起投入新的斗争了。17日,中国民主同盟、民主促进会、民主建国会等三十多个团体又在八仙桥青年会联合举行欢迎政协民盟代表、中国人民救国会主席沈钧儒茶会。到会四百余人,他为主席团成员。圣陶日记:"会终通过联名致书于蒋氏,严办教场口惨案,实施其四项诺言。又,要求上海当局撤销戒严令,停止推行保甲制度。又,劝市民拒填保甲户口表。"

他为《民主》写了《民权到底有保障没有》的政论,愤怒地说:"政治协商会议刚刚闭幕,和平建国纲领刚刚公布,墨沈还没有干,而政府所在地之重庆,竟发生了这样有组织的可怕的凶殴惨剧,凡关心中国前途的人恐怕没有一个不悲愤欲绝的!"他指出:"这个惨剧并不是偶然的事件,只是一连串的无数同类事件中最严重的一个。"他正告反动派:"这种捣乱和破坏的行为是十分幼稚可笑的,徒增极大多数的国民们的憎恶、反感和愤怒而已。""四万万五千万人们的悲愤是无可抵御的!"

天气还很冷,然而斗争则分明已趋白热化了。他毫不畏惧,一篇一篇的政论,如同炮弹一样连续发出。请看——

2月23日,他在《民主》上发表《论官僚资本》,指出:

官僚政治使中国永远走不上现代国家的大道上去。同样的，官僚资本也使中国的经济建设，永远地走不上现代经济生活的大道上去。

要中国实现经济的民主，要中国发展国家工业和民族工业，要中国经济生活现代化，都非打倒官僚资本不可。

他分析了中国官僚资本的历史与劣迹，提出"必须首先扑灭那些疯狂似地投机的官僚资本和一切官僚资本家"，并进而指出："至于治本的方法，当然要经济民主化，政治民主化，官僚制度从根本上消灭。那么，所谓官僚资本便也会跟着消灭，决不会再行作祟了。"

3月2日，他在《周报》上发表《论民权初步》，号召争取民主，保卫民主。"我们一丝一毫也不让步，不退缩。对于应该享受的国民权利，我们必须不折不扣地享受到！谁侵犯了我们应享的国民权利，即使是其中极小的一部分，我们也非控诉、抗议、争斗不可！"他谈到了重庆的校场口事件，说："将来，也许要变本加厉，从打人进到了杀人，从铁尺拳脚进到了手枪及机关枪，也说不定。"后来的事实，证明他是不幸而言中了。他还谈到最近他的信件便有被拆检的痕迹，他编的刊物发行常常受阻等违反民主、侵犯民权的事。尤其是强烈抗议国民党当局继续厉行保甲制度，认为绝对不能允许保甲制度再存在下去。他说："如果'和平建国纲领'不是一纸空言的话，我们根据了这纲领，有充分的权利要求立即废止这侮辱人民，违反民主精神，和侵犯人民权利的保甲制度。"

3月30日，他在《民主》上发表《我们要求民主的选举》，揭露上海所谓的市参议会的"选举"，根本不是民选的，而是对民众加以种种的限制，对参加过"伪政府"、"伪组织"的人员则百般宽纵。他号召："有良心的市民们必须拒绝参加这样的非民主的选举！"同一天的《周报》上，他又发表《"物不得其平则鸣"》，谈物价飞涨问题，揭露那批操纵物价的家伙"但求一家笑，不闻满路哭","他们无论在大后方,在沦陷区,无论在抗战时,或胜利后,其手法是永远不变的;那墨漆黑的心永远是墨漆黑的!"他号召:"'物不得其平则鸣'!这不是一个小问题,大家必须要考虑,要解决这问题的!"

4月5日,他在《民主》上发表《从接收说到官规与军纪》,以大量的事实,揭露国民党官规与军纪败坏到了极点,以至明目张胆地监守自盗,其中还提到一批文物、图书的下落不明。他无比愤怒地说,这样的情形"在哪一国,在哪一时代,曾经发生过?""这是一个什么世界,这是一个什么强盗的行为呢?""官规和军纪败坏至此,究竟是谁的责任呢?"他深刻地指出:"已经腐烂了的东西,要它复原,绝对地做不到。"

4月13日,他又在《周报》上发表《怎样处置汉奸的财产》,再次揭露国民党当局侵吞应该属于国家、人民所有的汉奸财产。特别是,再次提到了那些珍贵文物图书,指出:"中国的博物馆和图书馆都还在萌芽时代,正在惨淡经营之中。这一批汉奸的文物图书恰足以补充其一部分的需要。所以必须特别注意,以期无漏无偷地全盘拿出来分配。"由于他对国家的珍贵文物、图书的情况比较了解,揭出不少例子加以追问,这使得那些吞占者大感头痛。

这时,从邻近上海的南通,又传来骇人听闻的消息。3月18日,南通民众为呼吁和平,欢迎"三人调处小组"(即国民党代表、共产党代表和美国特使)而举行游行。游行后即有人被绑架,接着全城特工大举捕人。3月25日,南通《国民日报》记者孙天平也被绑架,数天后在河中发现尸身,手脚都被铁链紧缠,并缚以巨石,眼鼻均被挖去,惨不忍睹!他看到有关报道后,悲愤到了极点。4月13日《民主》上,即发表他的《南通血案抗议》。他写道:

> 蒋主席四项诺言还未完全实行,而各地方的暴行却层出不穷。这有民主的倾向么?在民主的国家里会有如此这般的种种的怪现象发生么?继昆明惨案、校场口活剧之后,近来又有南通血案发生。这血案的情形,极为严重。这是谋害!这是屠杀!这是无耻

的无法无天的可怕可惨的行为!

他说:"这是什么世界呢?我们疑心这是地狱里的新闻,不是来自天日清朗的人世间的!""把人民的性命视同儿戏,要捕便捕,要杀便杀,这是什么一个时代"!"这是超出于兽性的残酷绝伦的举动!是'人'恐怕便不会做得出来的"!而在同期刊物上,他又发表时评《将怎样应付这微妙的时局》,揭露国民党"正在使用各种的方法和会议,想要推翻或变更政治协商会议的结果",并庄严表示:"我们不惜呕出心肺来,为国内的团结、和平、民主而致力,而工作。"

4月20日,他又为南通血案在《民主》上发表《为正义与人道而呼吁》。他写道:

"正义"到了什么地方去了?所谓"人道",到底有没有这东西呢?

是人间还是地狱?

为什么如此的黑漆漆地不见一丝的亮光,一点的火星呢?

我们到底是在"人"之中走呢,还是生活在"群鬼"的世界里?

他认为,"不要以为这只是他们的事,一个小城的事;这事,可以降临到你的身上,我的身上,大家的身上;也可以在几个大都市里发生,甚至可以在这个国际大都市里发生。"因此,"我悲愤,我哭泣,我呼号!我从来不曾这么激动过!这么伤感过!"

这样激烈的战斗,已经近乎肉搏了。他毫无畏惧,他认为自己应该说话,应该挺身而出。4月15日,《联合日报晚刊》创刊(不久,改名为《联合晚报》),他应邀为该报主编副刊《文学周刊》。他写了周刊的代发刊词《文艺作家们向哪里走?》,指出:革命的文艺作家们既然"在黑暗中生长,便应该在黑暗中争斗下去。他们不能逃避!"在20日他为老友丐尊等人主编的《国文月刊》写的《记吴瞿安先生》一文中,他称赞在抗战期间逝世的友人瞿安(吴梅)是一位追随革命的慷慨激昂的人,并再次指出:"凡是一个性情真挚、坦白的人,殆无不是走在时代之前或与时代一同迈步前进的。"不料,他刚刚写好此文交去,23日,丐尊竟在忧愤中病逝了。丐尊临终前曾悲怆地对圣陶说:"'胜利',到底啥人'胜利'?——无从说起!"这句话说出了当时绝大多数老百姓的心里话。国民党腐败、专制、凶残的面目,越来越清楚了。他们肆意要发动内战,人们在胜利初期的一点喜悦心情至此已被冲得一干二净。他非常悲痛地参加了丐尊的治丧委员会,并写了《悼夏丐尊先生》一文,说丐尊是"需要由叹息、悲愤里站起来干的人",并认为丐尊如不死,"可能会站起来干的"。而他自己,不正是在站起来干,并以自己的行动号召更多的人站起来干的吗!

五四运动二十七周年的纪念日又到了。在前一年,文协把这一天定为"文艺节"。在这天前后,他又写了《迎"文艺节"》《前事不忘——记五四运动》《论"文艺节"》《五四运动的意义》《五四运动的精神》等一系列文章。他以一个"五四"老战士的身份,反复指出:

> 我们要记住:文艺运动和民主运动是分不开的!争斗正在进行着!文艺作家们要奋身地投入这个争斗中,为人民的一员,为民主运动而不停息地争斗着!
>
> 我们纪念五四,我们不要忘记了五四运动所要求而今日仍还没有完全达到的两个目标:"科学与民主"。我们现在还要高喊着,要求"科学与民主"!

就在这时,5月5日,上海各报披载上海市警察局又订定了一种所谓"警员警管区制",即由一个"特别挑选出来的"警员,负责"管辖"八十至一百二十户,或四百至六百个居民,可以随时"访问"各户,"以明了各户详情,警民打成一片,俾宵小无法匿迹"云云。并宣布将于6月1日起实施。这完全是一个加强法西斯专制的反动措施。《民主》和《周报》等刊带头掀起反对浪潮。他立即在《民主》上发表了《人权保障在哪里?》,表示"狂热的愤怒"。他指出,这一反动措施"其实是要把秘密警察随时随意地闯入民居之举,成为公开化、合法化了而已"。他并斥问当局:"到底是谁想出来这种'统治'妙法?是否要在上海市先试验一番看?"他警告反动当局:"俗语有云:'自扳石头自压足。'老百姓们恐怕不会愚笨到如此!民怨沸腾之后,必定会有一个后果的!"为了让更多的市民了解这一反动措施实行后将使人们遭受怎样的苦难和压迫,他又赶写了一篇小说《访问——一个未来的故事》,发表于《联合晚报·文学周刊》上,把这一迫在眉睫的"访问"制度的灾难提到每个读者面前,从而起到强烈的宣传作用。在遭到人民强烈反对后,有关当局居然还举出国外的情况为"依据",警察局长并宣称:"将不畏任何阻碍,决付诸实施。"他又写了《把"主人"当作了什么人?!》等文,揭露了这些"新官僚们的心狠手辣,较旧官僚们为尤甚。敢作敢为之风,较之旧官僚们尤为利害",号召人们决不能"无抵抗地听任其妄作胡为到底"。在全市人民群情激愤的抗议声中,气势汹汹的反动派最后终于不敢公然推行这项反动法令。

  这时,在全国范围的内战越打越烈,形成"关内小打,关外大打"的局面。他则在《民主》以及《周报》上,从5月下旬不间断地发表《不要再打下去了》《赶快和平协商吧》《武力能解决问题吗?》《国是问题的前瞻》《是对立还是合作?》等文章,坚决反对国民党的内战政策,并预言其必然灭亡的可耻下场。这时,画家司徒乔回到上海,他与司徒已有八九年未见面了。这次司徒留着大胡子,他简直认不出来了。抗战期间司徒颠沛于粤、桂、湘、鄂、豫五省,画了七十多幅难民图。他看了带来的其中十几幅画后,鼓励司徒办一个画展。他写了《看司徒乔难民图》,不仅从艺术性、思想性的角度对画作了高度评价,而且还指出:"是人间的地狱,是地狱的人间,且让在朝诸公,家里雇用着七八种厨司的诸公,看看有动于中否。"还说:"我在做梦,几场的噩梦,内战再打下去,我们也便是他们[按,指画中的难民],他们便是我们的一面镜子。"

6月4日上午,全国文协上海分会和诗歌音乐工作者协会上海分会在辣斐剧场举行"诗人节"聚会,他任大会主席。警察局政治处特务张玉廷潜往探听,今在上海市档案馆可看到其密报:"参加人数约千余人,大都系青年学生。首由郑振铎致开会词,后由田汉、茅盾、郭沫若相继演讲,语多加强民主之宣扬,不外讽刺社会、抨击政府……"当时,他又和夷初等上海各界人士共一百六十四人联名致蒋介石、马歇尔及各党派,呼吁停战和平。他对操纵、支持国民党发动内战的美帝国主义的面目认识得更清楚了,对于共产党领导的革命武装力量必将取得最后胜利更加坚信不疑。6月22日的《民主》上,特地刊出了一张《中国现势图》,实际上是告诉蒋管区的人民:解放军已经解放了北方半个中国,人民武装力量是不可战胜的!

上海十万群众23日上午在北火车站举行反内战、反美国干涉中国内政的示威集会,并欢送夷初、洁琼等十人作为上海人民的代表赴南京请愿。国民党方面百般破坏,当列车开到镇江时,便被国民党事先组织的所谓"苏北难民"阻挠约两个小时。当傍晚七时左右列车开进南京下关车站时,一批国民党特务和所谓"苏北难民"便一拥而上,进而拳打脚踢,大肆行凶。夷初、洁琼等人都被打伤,还有代表被打得昏死过去。时称"下关惨案"。消息传到上海,他立即写了《我的疑问》,发表于《文汇报》;同时,又写《悲愤的抗议》,发表于《民主》。他说:"大家心里都是雪亮的。也无须乎说穿什么。如今正有人要战争,要在战争中取得什么。"又说:"我们悲愤!我们不想落泪!我们的泪已经为愤怒之火所灼干了!"他警告说:"玩火者必自焚其身。人民们只有口,只有笔;但到了人民们悲愤到不能用口和笔来奋斗的时候,那情形是很可怕的!"30日,《文汇报》发表《上海文化界反内战争自由宣言》，共二百多人签名，他当然也在内。他们的正义斗争，延安新华社都作了报道和声援。

但国民党当局拒不理睬人民的要求和警告，自恃武力强大，又有国外反动势力撑腰，从6月26日起对中原解放区大举进攻，悍然发动了全面的内战。7月上旬，他与陶行知、沈钧儒、郭沫若、马叙伦、王绍鏊、许广平、田汉等人，联名致函美国人民，吁请美国人民阻止美国政府的援蒋反共政策。全国各地，掀起了更强烈的反内战、反独裁运动。而反动当局则更加紧了血腥镇压。7月11日，李公朴在昆明惨遭暗杀。公朴比他小三四岁，抗战前在上海就认识了，一起参加过救亡运动。想不到在重庆校场口被打以后，竟被国民党特务用美制无声手枪暗杀！他悲愤不已，正想写一篇悼文，报纸来了，一翻开来，又触目惊心地看到友人闻一多于15日在昆明被国民党特务军人用冲锋枪扫射而亡的消息！他觉得简直已经无法用语言文字来表达自己的愤怒了！他立即为《民主》写了一篇《悼李公朴闻一多二先生》，激昂地说：

这是什么一个世界！"打"风之后，继之以政治暗杀，显见得手段之日益残酷。凡有点正义感的人，凡肯说几句公平话的人，凡能替老百姓们传达其痛苦的呼吁的人，恐怕都难免有"危险"。然而，"暗杀"能够阻止有正义感的人的发言么？"暗杀"能够吓得退从事于民众运动或政治工作的人么？这正如要用武力来解决中国问题一样，明显的是不可能！

"民不畏死，奈何以死惧之！"凡有坚定的信仰和主张的人，生死早已置之度外。他们不会怕死贪生。对他们，"暗杀"的阴影，只有更增加其决心与愤怒，丝毫不能摇撼其信仰。正如战争，前面的人倒下了，后面的人绝对不会停步退却的，反因战友的死，而更燃起了向前冲去的勇气。

同时,他又应中共主办的《群众》周刊之邀,另外又写了一篇《悼李闻二先生》。17日,他参与起草了全国文协总会致国民党元老于右任、邵力子两先生的电报,对李、闻血案表示最强烈的抗议。19日,他与沫若、雁冰、愈之、洪深、圣陶、乔峰、广平、田汉、靖华、巴金、胡风等人致电联合国人权委员会,强烈控诉国民党反动派杀害李、闻二先生的滔天罪行。21日,文协又召开临时大会,圣陶主持,他和沫若等人讲话。他指出:"阻止惨案只有用群众的力量,并向国内国际作宣传。"大会最后通过了文协为李、闻惨案告全世界学者文人书,和文协为李、闻惨案宣言两文件。24日,他又出席文协欢迎新到上海的会员的会议。李何林刚从昆明来,专讲李、闻惨案详情,声泪俱下。大家闻之义愤填膺!可是,美国国会的反应却是于7月16日决定,将二百七十一艘军舰送给国民党军队,实际是支援蒋介石打内战!

正当大家因李、闻两先生被害而沉浸在悲愤之中时,又传来一个痛心的消息:著名民主战士、人民教育家陶行知不幸于25日因脑溢血而逝世!行知仅长他四岁。他深知,行知的死是与李、闻惨案的刺激有关的,加上数月来因愤于国民党的反动行径,奔走抗议,过度劳累所致。因此,可以说行知也是间接死于反动派之手。其实,行知也早已上了国民党特务的暗杀名单。但行知说:"我等着他第三颗子弹!"而就在这同一天,他的另一位仅长他八岁的老友柏丞也逝世了。柏丞当时没有公开参加民主运动,一般人也不了解柏丞逝世的原因,但是他心中是非常明白的。柏丞在抗战胜利后从福建建阳回到上海,计划恢复暨南大学。柏丞又首先想到要再聘请他担任重要职务(同时也仍要聘请予同、剑三、谷城、耀翔等进步教授),并与他多次商量。不料,国民党当局早就对他忌防在心,柏丞的这一计划自然触怒了他们。于是,教育部便突然下令柏丞离开他心血灌注的暨南大学,改任徒有其名的英士大学的校长,实际是变相撤职。柏丞身体本来不好,加上这一打击,竟一病不起!一天内痛失两位好友,他心中的悲痛可想而知。他为两位友人都写了悼文。行知和柏丞的大殓都在26日举行,他分身无术,只能去一处，便参加了在中国殡仪馆举行的柏丞的大殓。

李、闻惨案，使全中国人民的愤怒达到了顶点，也使极大多数的人们彻底明了了是非。而他在这时的斗争，更达到了舍生忘死、随时准备牺牲的境界。在人们的心目中，他就是活着的闻一多。当时《大公报》记者彭子冈采访了他在北平的友人沈从文。"我没有像振铎和一多那样做，我想，"从文用手指着自己的前额画了很多圈圈，诚恳地说，"便是因为我能承受生活上的一切压力，反抗性不大，这或许是弱点。"正是一多和他发出的光亮，使从文照见了自己的弱点。而从文把他的名字放在业已献出宝贵生命的一多的前面，极充分表明了从文对他的钦佩。

这时他的心情，真像他在9月6日《文汇报》上发表的《论不法与贪污》中说的："我愤慨！我发怒！我要大声地控诉！每当一清晨在太阳光下看日报的时候，我便变得异常的神经质的，不愉快，而且容易生气。大大小小的事，差不多没有一件使人高兴的。每一天总有出人意料的新鲜出奇的事打击着你。"他继续写着激烈的政论和时评，如《争取民权！保卫民权！》《日本投降以来的中国政局的清算》《文化正被扼杀着》《全面内战爆发了！》《论联合政府》《谈"和""战"关头》等等。他主编的《文艺复兴》封面原先用米开朗基罗的《黎明》，后改成同一画家的《愤怒》，再后来索性改用戈雅的《真理睡眠，妖异出世》。这也表达了他的悲愤心情。

但他同时又是非常清醒的。这时，吴晗从昆明回到上海，首先便去看他。他对吴晗说，《民主》已随时可能停刊。斗争更艰苦了。他有时还应邀秘密地去马斯南路（今思南路）的"周公馆"（即中共代表团上海办事处），听周公（恩来）、董老（必武）讲政治形势，讲斗争策略，更坚定了他的斗志。早在6月间，《民主》和《周报》《文萃》《人民世纪》《昌言》等刊，都刊出沈钧儒、沙千里、闵刚候、史良四位律师任法律顾问的公告。但反动派仍经常加以没收，禁止寄发。8月24日，《周报》被迫停刊，他在停刊号上发表了抗议文章。《民主》受到多次警告，甚至收到查禁的命令，但他仍坚持出下去，决心战斗到最后一刻。敌人的黑名单上,已经写上他的名字;无声手枪正在暗中瞄准着他。他是知道这一点的。而中共地下组织,也在暗中保护着他。就在他家附近,便有中共同志日夜在提防着。这个他却未必知道。

《民主》第五十期于9月28日刚刚出版,便被当局强行没收三千余册,捆载而去。在10月10日出版的《民主》第五十一、二期合刊上,他发表了《重行申明我们的态度和主张》,又发表他与沫若、雁冰、亚子、乔峰、广平等三十九人署名的《我们要求政府切实保障言论自由》,强烈抗议当局查抄进步刊物。但是,国民党军队在11日攻占了张家口,达到它向解放区全面进攻的顶点。蒋介石为其"胜利"冲昏头脑,于12日悍然宣布召开伪国大。国民党已不需要任何"民主""自由"的伪装了。14日,上海市警察局便公开下令禁止《民主》等刊物。19日,当局又出通告禁止报贩出售《民主》等刊物,还派人到《民主》总经售处抢去七百多本,抓了不少经售的报贩。于是,他们在10月31日坚持出了终刊号(第五十三、四期合刊)一厚册。首篇为他写的《我们的抗议》,激愤地说:

> 我们很痛心,本刊竟被迫不能不和亲爱的读者们暂时告别!在这一个年头里,本刊随了胜利而诞生,而随了胜利感的幻灭而生生地被扼杀,这正象征着中国的前途的危险与黑暗。
>
> ……
>
> 我们希望与亲爱的读者们的告别是暂时的。我们不相信,这样的局面会长久地保持下去的。
>
> 但有一分力量,一定要发一分光。我们并不退缩,也不灰心绝望。
>
> 本刊虽然被生生地扼死了,但永远不死的是她的精神。她虽被扼死,但不会是没有后继者的。我们尽有可以说话的地方。
>
> 她会复活的!凤凰从火焰中重生,那光彩是会更灿烂辉煌的。

在终刊号上,还发表了夷初、吴晗、圣陶、耀宗、亚子、田汉、寒松、许杰、稷南、森禹、秋思等友人的抗议文字。其中蒋天佐以"贺依"笔名写的《"吟罢低眉无写处"》,提到了《民主》的巨大影响:

> 广大的读者群是如何和它起了心的共鸣!全中国的每一个省份都有许多人在热烈盼待邮局检查下的脱险者,许多偏僻乡村奇迹般流传着它的踪迹,许多青年冒着戴大帽子的危险偷偷买了它偷偷地阅读,南洋的华侨响应它爱护它,美国的华侨也订阅它而且把它的文章和漫画在中文刊物上加以转载,这一切,使它的敌人震怒欲狂,却也恐惧得发抖了。那不是几个书生的勇气而已,不是书生们的正义和真理而已,而是中国人民的心声呵!它发自人民之心而又入于人民之心了。

《民主》被禁止后,没有再复刊;从火焰中"重生"的,将是整个中国。《民主》已经教育启发了千千万万群众,光荣地完成了历史使命。国民党反动派的面目已经彻底暴露,已经彻底失去了民心,但它们却还在自鸣得意。美国"特使"马歇尔和"大使"司徒雷登先是在8月10日发表联合声明,宣布"调处"失败。到1947年1月8日,"调处"的戏最后演完了,"特使"先生也回了国。2月28日,叶剑英率最后一批中共代表团人员回延安。国民党以为胜利必将属于自己。然而,旧政权的被推翻、被唾弃只是一个时间的问题了。中国人民的笔杆子的批判,已取得伟大的胜利;接着,主要是靠枪杆子的批判了。斗争更加白热化,人民的愤怒,主要是通过解放军的枪炮口去喷发了!

他暂时失去了几乎所有能发表政论、时评的阵地。悲恨不已,忧愤攻心。11月初,他竟得了伤寒,病倒了。朋友们都很焦急。9日,圣陶等人都去看望他。他需要休息一下。特别是,当无声手枪正在暗中向他瞄准待发的时候,暂时隐蔽一下、转移一下,更是必要的。人民需要他在关键时刻挺身而出,人民也需要他在胜利即将来临之前保存自己。

四八 转入另一线

就像他在尽力从事文化工作时,并不曾完全脱离政治活动一样;当他在全身心投入政治斗争时,也并不曾完全停止文化学术工作。不过,自创办《民主》周刊以来的一年多时间里,他确实主要忙于民主运动,很少有空跑旧书店,也很少编印出版学术著作。他写了大量的政论、时评,而有关文学、学术方面的文章写得很少;即使写,大多也是因为有关友人的催促邀稿。例如,1945年11月,曹聚仁主持的《前线日报》从江西上饶迁到上海出版,周予同应邀主编该报副刊《书报评论》。在19日出的《书报评论》第一期上,他便应予同之邀发表了《跋〈心史〉》,论述了传世宋末爱国诗人郑思肖《心史》一书绝非有些人妄称的"伪书",同时高度赞扬了郑思肖坚贞的民族气节,"一字一语,均含血泪"。在夷初主编的《昌言》和他自己与健吾主编的《文艺复兴》等刊物上,还发表过《黄鸟篇》《作俑篇》《伐檀篇》等"古史新辨"论文,其中略有一点"借古讽今"的内容。《黄鸟篇》一篇,还译为英文,由默存发表于《书林季刊》上。在他主编的《联合晚报·文学周刊》上,发表过两篇关于民间文艺的论文。除这些以外就没有了。这在他这一年撰写的大量文章中,所占比例是很小的。

然而,自1946年秋反动当局严令禁止《周报》《民主》等进步刊物后,却等于"赐"给他将主要精力转向学术写作的机会。

约10月间,他又去旧书店走走,见某杭州书贾携来古书多种。随手翻翻,忽然有一本明代蓝格抄本《录鬼簿》跳入他的眼帘!他一阵激动,思绪一下子回到了十五年以前……

前面提到过,1931年8月中旬,他正打算离开商务印书馆到北平去工作,而在北平图书馆工作的友人斐云却南下访书来了。于是他顿发豪兴,决定与斐云一起乘船去宁波,因为他们共同的朋友隅卿,不久前刚从北平回故乡宁波避暑读书;同时,他们还想能登上向往已久的宁波著名藏书楼天一阁,去一览珍刊秘钞之书。不料海上正刮台风,船不能开,于是便从陆上去。乘火车去杭州,转绍兴,又独雇一辆大汽车去宁波。一路为书而去,连西湖、鉴湖这样的名胜也无心游览。到了宁波,隅卿喜出望外,把臂欢谈,随即捧出家藏秘钞数册,都是有关小说、戏曲方面的罕见资料与掌故类书。他与斐云心花怒放,赶紧作了笔记。隅卿得知他们想登访范氏天一阁,便终日为之奔走,谁料竟未成功。原来范氏有严格的族规,为保护图书,不是晒书之日即使族中子孙也不得登楼观书。那几天连日阴雨,当然更不能勉强了。于是,他们便遍访宁波其他藏书家。几天之内,看了冯孟颛、朱鼎卿、孙蜗庐诸家藏书。孟颛收藏清代著名文学家姚燮(梅伯)稿本甚多,他从孟颛处抄得姚氏《今乐府选》,极为得意。后来即据此写出《姚梅伯的〈今乐府选〉》一文,纠正戏曲研究家钱南扬的错误。鼎卿收藏戏曲书也不少。蜗庐平时藏书甚秘,而这次他们来访,则慨然出其佳品。

那天,蜗庐正在自家门口晒书,三位书痴一到,就发现有令他们惊喜的两种海内孤本。一是明代白绵纸刻本《女贞观重会玉簪记》,其木刻插图极为精美,使他捧在手里舍不得放下。(后来,此书在抗战期间流出于上海书市,他看到后无力购买,被森玉之子徐伯郊购去;却不料到后来1958年初,他竟从上海古籍书店以人民币四百元购得此书。近三十年梦魂相思,此书几经辗转,终于到他之手。而他不幸牺牲后,此书即由他家属捐献,入藏北京图书馆善本特藏部,终归全民所有。——这是后话。)

另一种令他爱不释手的,就是明代蓝格抄本元人钟嗣成《录鬼簿》(附《续录鬼簿》),一望而知为范氏天一阁故物。这是极为罕见的有关元明戏剧的史料,尤其书后所附未详作者的《续录鬼簿》更是从未听说过的秘籍。书中共记载了从金代到元代的杂剧作家二二三人及四九六种杂剧的名目。

这真是太有用了！他惴惴然表示希望能借走细看，蜗庐竟慨然应允。于是其他书便无心观赏，回到隅卿家，隅卿特地叫人在楼下装了一只一百支光的大灯泡，三人当夜便在灯下分头抄写，共费一夜和一上午的时间，第二天就将书归还了。（这部三人合抄的《录鬼簿》，后来由北京大学影印出版，从此方广为学界利用。）

而隅卿、蜗庐均已相继逝世了……

"郑先生，这部书是我专门为您留着的！"书贾殷勤的招呼，使他顿时从回忆中回到现实。现在，他手里捧着的，正是十五年前所见之海内孤本《录鬼簿》。他惴惴然问："要多少钱？""六十万！"他实在一时拿不出这么大一笔钱，但书贾坚持不肯让价。他知道，值。只要一松手，很可能以后就永远无缘见到此书了。他紧紧捧着，低头默默读起钟氏的序文："人之生斯世也，但以已死者为鬼，而不知未死者亦鬼也。酒罂饭囊，或醉或梦，块然泥土者，则其人与已死之鬼何异？"是啊，当今那些暴君、贪官、特务、流氓，不都是些"活死人"吗？然而，"天地开辟，亘古及今，自有不死之鬼在。……余因暇日，缅怀故人，门第卑微，职位不振，高才博识，具有可录。岁月弥久，湮没无闻，遂传其本来，吊以乐章……"说得何等好啊！他一阵激动。对！凡是对国家和百姓有贡献的人，不论其地位多么低微，都是不死的！这样好的书，能不买下吗？他终于答应了书贾。

他是借了债买这部书的。

他立即写信将此事告诉在北平的斐云。斐云同样激动，回信说值得写一文记之。于是，他于10月28日写了一篇《明钞本〈录鬼簿〉跋》，发表于《北平图书馆馆刊》和上海《文艺春秋》杂志上。这是他这一时期发表的第一篇学术文章。

除了写文章外，他要为中央图书馆继续编选影印《玄览堂丛书》的续集。还有，他编选的《中国版画史图录》，从1940年起，陆续已印好四大函十六巨册；接下去，再印一二函，就大功告成。这些尚未干完的工程已经够大的了，但是,他还想同时进行新的大项目。有一个宏伟的计划,在他心中已经酝酿了多年,那就是编印一部《中国历史参考图谱》。

早在中学时代,他就对历史很感兴趣,但对历史书有文无图的现象不满意。在1920年代发表的《插图之话》一文中,他明确地指出插图有"补充别的媒介物(如文字)的不足","表现出文字的内部的情绪之精神"的作用。他在二三十年代出版的著作,如《俄国文学史略》《太戈尔传》《文学大纲》《近百年古城古墓发掘史》《中国文学史(中世卷第三篇上)》,以及译述的《恋爱的故事》《希腊神话》等等,便都是带有插图的。至于《插图本中国文学史》,那就更不用说了。

而他更一直感到学习历史尤其需要有图谱作为对照、参考。从自然环境、历史人物、历史事件、历史现象,到历代建筑、艺术、日常用品、衣冠制度等等,都是非图不明的。而有了图,便可以省却了很多说来说去还说不明白的文字。在抗战时期,出于爱国心理,他不曾买过一册日文书;刚胜利后,他因参加接受敌伪文化单位,为避嫌疑,仍不买日文书。而这时,接受工作早已结束,他见书店里堆着不少日本书,便也随手翻翻。一次,他看到日本著名的"东洋文库"的主持人石田干之助编的《东洋历史参考图谱》,觉得有用,便买了下来。他翻了一遍又一遍,看到其中有些关于中国历史的图片是自己以前没见过的,有些是被外国人掠走的中国文物、图书,也有不少图片及其说明搞错了,更不用说还遗漏了很多他认为不应缺少的内容。这时,他久蓄于心的一个想法更强烈了:为什么不自己来编一部这样的参考图谱呢?中国历史参考图谱,是应该由中国人自己来动手编的!作为一个有爱国责任感的文史工作者,他听到了历史的深沉的呼唤。他一直认为,历史教育也就是爱国主义教育,热爱祖国历史的人是不可能不爱自己的国家的。因此,他深深知道编这样一本图谱的重要意义。

他打算根据最可靠的田野考古发掘、专家著作以及参考各种现有图录等等来编纂成书,以可信有证的实物图像、史迹名胜、陵墓碑版、美术工艺及历代的衣冠风俗的图画等等，呈献于读者之前，并附以自己的说明文字，使中国历史成为形象的凸现。他和一些朋友、出版家商谈这件事。首先想找大出版社出版。1947年1月8日，他到商务印书馆，交去了他写的《拟编〈中国历史参考图谱〉说明》。然而，到14日上午，商务印书馆上海办事处负责人李伯嘉便来找他，说明新任商务总经理兼编审部长朱经农不想出版，而打算改出世界名著等。（16日，经农和伯嘉还特地到他家商谈，决定印行《世界文学名著》等书，他也无私地表示了支持。）商务既不能出，于是他又赶紧再写一份计划书，14日下午便交到开明书店去。开明后来也未接受。此外还有生活书店，9日上午，胡绳到他家访问时，他就提过此事；17日，他又去找伯昕，未遇，便留下了他写的计划和说明。生活书店后来也未能接受。总之，他们决不会看不出此书的重大意义，而主要因为成本巨大，在经济上难以周转。大出版社也有大出版社的难处。

然而，他不灰心，决定自行集资，另找一家小出版社试试。此时，有两位年轻的友人出了较大的力。一位是前面提到过的方鹤亭，"孤岛"时期他在社会科学讲习所的学生，中共地下党员。鹤亭活动能力很强，又很尊敬他这位老师。1941年2月鹤亭结婚（女方也是讲习所学生），还邀请他做证婚人。另一位是前面也提到过的刘哲民，此时是晋成钱庄老板兼上海出版公司经理。已经停刊的《周报》和还在艰苦维持的《文艺复兴》，都是由上海出版公司出版的。鹤亭和哲民等又分别动员了一些朋友来帮忙。例如，鹤亭便拉来了以前社会科学讲习所的另一位同学贾进者。进者出身于一个很富有的资本家家庭，自己也当小老板；但自"孤岛"时期参加讲习所以来，追求进步，资助革命事业，并且就在今年光荣地参加了中国共产党。此时，进者便提供了一笔资金。加上其他友人，如予同、健吾、辛笛、伯郊等，也各有钱出钱，有力出力，组成了一个"中国历史参考图谱刊行会"。1月23日中午，他请刊行会同人在晋隆饭店聚餐，商谈图谱事，决定立即进行。

他有远见，知道国民党统治区的货币还将大大贬值，因此，决定先投入大量资金购买一批以后印书用的纸张,同时,又购置了大量编书要用的各种中外文书籍和图谱。加上他以前已有的有关的书,他的书房便成了一个规模极可观的中国历史图书资料室了。短短几个月间,他搜集的有关考古学、历史学的文献与图籍,尤其是日文的和英文的,可以毫不夸张地说,是大江以南最丰富的一个书库!

他开始编一本《图谱》的样本,先交付印行,以便争取预约。他还亲自设计了《图谱》的宣传广告,交给《大公报》等报登载。29日晚,他到河南路580号晋成钱庄,由哲民请刊行会同人吃饭,商谈《图谱》事。这时,已集资二千万元。2月1日起,《图谱》广告开始在报上登出。这一天,他为《图谱》写了序,指出:"史学家仅知在书本文字中讨生活,不复究心于有关史迹、文化、社会、经济、人民生活之真实情况,与乎实物图象,器用形态,而史学遂成为孤立与枯索之学问。论述文物制度者,以不见图象实物,每多影响之辞,聚讼纷纭而无所归。图文既不能收互相发明之用,史学家遂终其生于暗中摸索,无术以引进于真实的人民历史之门。……有盗掘古墓者,于金玉宝物则取之,于有关考古之小器物,不为世重者,则尽弃之。学者则唯知注重有款识之器物,而遗其重要图纹、形态;于碑版塑像,亦往往仅传拓其文字,而忽视其全形与图型。在此种非科学之发掘与整理之下,古之遗物,被毁弃者多矣。……近二三十年来,考古之学大兴,我国乃渐有科学方法之发掘。而法、英、日诸学者,亦多专门之著述。时则地不秘宝,古藏大启,古器物、古文书大出不穷。……加之以近代印刷术之进步,凡昔人所未得一睹之宝绘墨迹,鼎彝瓷皿,石像泥俑,壁画零缣,亦悉得传其真相。……惟考古图版之书,多至千百,卷帙繁重,每非一般学者力所能致,且亦不能尽致。历史教学诸君亦尚有墨守旧规,未窥新地者。余因发愿纂辑《中国历史参考图谱》一书,化繁为简,取精撷华,俾人人皆能置此一编,而亲炙于古人之实际生活。虽非专家之作,或可先为入门之助。倘与[予]当代历史教学诸君,有微末之贡献,则余所殚之心力,为得偿矣。"2日,他在日记中写道:"诸事皆已解决,只待编辑付印之工作矣。此后,当埋头于此。"从此,他便以惊人的勤奋精神,拼命的干劲,来编这样一部巨型图籍了。

《图谱》的第一种最后编好了,交给负责拍照影印的钱鹤林。他编的预约样本也印好了。他十分高兴,杯酒自劳,喝得微醺。3月9日中午,他把沫若、予同、伯祥、谷城、伯赞等著名史学家友人请到家里来吃饭,把工作进展情况向他们通报,大家都为他取得的初步成绩兴奋不已。他除了谦虚地请他们提意见、出主意以外,还请他们为即将问世的这一《图谱》写几句推荐词。这些史学家,以严谨的对历史负责的态度,以深刻的史识眼力,热情地答应了。

3月中旬,《图谱》第一种最后印好。下旬,他为搜集资料,特地去南京,访问中央研究院历史语言研究所及中央图书馆等处。史语所所长孟真比他大二岁,是在五四时期就在北京认识的老朋友。但此时孟真已是"国民参政会"参政员和"制宪国民大会"代表。他希望得到孟真的帮助,能看一看有关考古资料并拍摄若干实物。谁知对方表面上客气,实则推托拒绝。他后来对吴晗说起此事,气愤地说:"你看,发掘经过多少年了,自己不研究,也不许人家研究,不止是资本垄断了,连学术也垄断了。这就是国民党!不如此又怎么叫国民党呢?"说完,他又笑了,接着说:"总有这一天,这些被长期封存在库房里的资料会重见天日的,会有这一天!"不过,他这次在史语所认识了比他小十二岁的青年考古学家夏鼐,从此结成忘年好友。说起来,他们还是温州同乡,夏鼐在读小学时就因看《儿童世界》而仰慕他,记住了他的名字;而他在清华大学当教授时,夏鼐是历史系的学生,虽然没上过他的课,但在校园中是见过面的。更想不到的是,再过两年多,夏鼐还成了他的得力助手。此是后话,先按下不提。

在4月出版的《文艺复兴》和5月1日的《大公报》上,都刊出了著名史学家对《中国历史参考图谱》的极为精彩的评介。我们且摘录部分内容于下:

王伯祥："左图右史,自来为读书者所艳称。良以考古鉴往,必资实证,非徒沾沾于名物之训诂,或愐想于典章制度之沿革,遂能集事也。长乐郑西谛先生有鉴于此,慨然以编订巨任自肩。集材审释,多历年所。……上起邃古,下逮清末,举凡有关史迹、文化、社会、经济、人民生活之真情实况,与夫实物图像、器用形态诸端,靡不博采慎择,粲然大备。手此一编,了如指掌。昔之空羡结想者,今乃咸得思接千载之真乐。其有功于学术,岂仅远绍渔仲之绝业而已者哉!"

郭沫若："中国人谁都应该研究中国历史,要研究中国历史,最好是参考图谱。郑振铎先生以献身的精神编纂这部《中国历史参考图谱》实在是一项伟大的建设工程。这是应该国家做的工作,而郑先生以一人之力要把它完成。每一个中国人,凡有力量的都应该赞助他这项工作。"

周谷城："十年以前,我读 Rene Grocett 所著《东方文化论》的中国之部,见其插图之多而且精,极为佩服。自己便计划编著《中国文化史》。后以图不易得,至今未能开始。今见振铎兄的《中国历史参考图谱》,觉得他所录的,正是所要用的,非常高兴!他将所收图谱,依时代之先后印出,直是一部最美丽之中国文化史,其用岂仅参考已耶!"

翦伯赞："郑振铎编撰《中国历史图谱》,我认为是中国史学界的一件大事。根据我个人研究历史的经验,图谱之于史实的究明,较之文字的纪录,更为确实可靠。因为文字只能给与吾人抽象之概念,而图谱则能给与吾人以具体之形象。……我以为郑撰此书,与其称之曰《中国历史图谱》,不如称之曰《绣像中国史》。同时,我还要着重地指出,这部书的出版,是中国金石图谱第一次的通俗版。从此以后,中国的古器物图谱,便会从有闲阶级的玩赏品,一变而为人民大众学习历史的宝典。后来的历史研究者,亦将藉此而获得事半功倍之效。我相信,有了这部书,中国的历史,便会从纸上浮凸起来,甚至会离开纸面,呈现出立体的形象。"

王国秀："……郑振铎先生搜罗历代有关史迹、文化、社会、经济之真情实况,纂辑《中国历史图谱》,实为我国历史学放空前的光彩。他使历史教学者脱离暗中摸索的苦闷,使读历史者能发生极大兴趣。我以为最低限度,所有国内学校,所有图书馆,都应置备这样有价值的历史图谱。"

王庸:"《中国历史参考图谱》,以征信的实物图像,活龙活现地表现中国人民史,实为我国学术界空前巨构。这样伟大结实的书,也非要精深宏博的学者兼藏书家如郑先生来编不可。这是研究中国历史者最需要的书,也是学校和图书馆必备之书;而一般读者,对着这部大书,像对着大海,可以看见历史壮阔的波澜,听得历史的潮音。"

丁山:"当此毫无学问兴趣的人,垄断文化事业,且有学术欲望的人,绝无购书能力的漆黑一团学术气氛中,郑振铎先生编著这部《中国历史参考图谱》,其勇往的精神,值得我们书生辈崇高的钦佩!此书取材之宏,撷选之严,说明之允,印刷之精,当然可推为抗战胜利以来第一部史学巨著!也可赞之为国史学界的新曙光!这里虽只为国史作了片面的写真,确可考见国家文化记载史活的全面。手此一编,读史者对于文字不会再有模糊影响之叹了!艰巨的工程,伟大的贡献,将来国史学者要有猛晋,总不能离开这座坚贞的基石。"

贺昌群:"古称左图右史,图以示空间,史以示时间,时空相交而成人事。求时间于空间之外,求史事于图谱之外,不可得也。郑振铎先生著《中国历史参考图谱》,聚此数千年之古文物以及山川胜迹,关系吾国历史文化之巨者,取精用宏,搜之成辑,以嘉惠士林,使读者浏览斯图,则可了然吾国历史文化之变迁,掬数千年悠久之时间与数万里广袤之空间于盈盈几案之上,从事之为劳,而展读卧观之为逸也。振铎先生二十年来于元明小说戏曲之精刊孤本、版画图像之影印,已尽流传之功。其为人勤奋勇迈,富于热情,凡事有'知其不可而为之'之概,孤踪独造,其学富则淹博,故能六辔在手而卒底于成。他日读斯图者,当知盘中餐,粒粒皆辛苦。"

周予同:"振铎是我们的朋友中生命力最充沛的一位。他有想头,也有傻劲。他时常有将全生命贡献给值得贡献的事物的心。近十年来,他将生命毫无顾惜地耗在'笺谱''版画'的搜集与印刷上,最近更耗在《中国历史图谱》上。这都是近于'前不见古人,后不见来者'的傻工作。然而在这工作的背后,似乎藏着'怆然而涕下'的感伤。这社会,这民族,这国家,只会使有傻想头和傻劲的人这样地做。写到此,我只好掷笔三叹了!"

吴晗:"……郑西谛先生积数十年的搜藏,汇集历代有关人民生活的图录及实物拓片,精选复制,从石器时代的石器,陶器,到铜器,甲骨,周、秦文化遗物,流沙堕简,乐浪漆器,武梁刻石,北魏造像,正仓唐器,敦煌遗书,宋元书影,名画,以及工艺美术,名人画像墨迹,举凡一切可以代表各时代生活文化特征的,辑为《中国历史参考图谱》。取精用宏。有了这个工具,几乎把历史拉回到现实来。如对古人,相见古代历史,不再是文字的讲授,而是目睹的实验的学问了。这部空前巨著的出版,不止填补了学术界的缺乏,而且也开辟了新史学的道路,滋育下一代人的历史兴趣,为中国人民史的写作,奠下新基。……"

向达:"……西谛的新著《中国历史参考图谱》出版了。这是近五十年来中国历史研究的又一新页,将中国历史知识,无论是旧有的或新发现的,予以普遍化和大众化,使历史成为一有生命有人性的科学,而不再是禁闭在深宫,只供一些大人先生欣赏赞叹、拍案叫绝的玩物。……西谛的兴趣是多方面的,戏剧小说版画以及好书,几乎无一不爱。他自己爱这些东西,希望别人也爱这些东西。二十年来以一穷书生忍饥耐寒,收书印书,遭逢大难,孜孜不倦,无非为此。普遍化与大众化,这是他的心愿。他所刊布的东西,往往印量甚大,所以他所得到的批评,也因此褒贬不一。但是他所凭者不过一手一足之烈,对于知识的公开与传播,他已尽了他的责任。我们回头看看那些所谓执掌文衡的阀阅,他们作的又是些甚么呢?因此,对于这样二十四辑的大书,除去兴奋,除去赞叹,我们还能说些甚么呢?"

顾颉刚:"这二三十年来,常常看到日本人印的古物、古迹、书画等图册,……这回郑振铎先生发起编辑《中国历史图谱》,分代分辑为之,要在一年之内,辑印出二十四辑,可说是中国学术界稀有的事。从此以后,先民遗迹,便若网在纲,有条不紊,各各得着它应占的地位。可是遗迹是搜罗不完的。我希望郑先生编成这二十四辑之后,再来收集材料,将来二编、三编……编下去,做出超越日本人的成绩,为我中国人吐一口气。"

这些评语写得何等地好啊!是的,他即使转移到另一线,也仍然是以一种将全生命贡献给值得贡献的事业的精神来工作的!

四九　全生命贡献

他最初的计划,《中国历史参考图谱》从1947年3月开始出版第一辑后,应该每月出两辑,这样,二十四辑在一年内完成,至1948年2月就出齐了。而且,一开始他就知道每一辑的编选工作及撰写说明的难易程度是各不相同的。有几辑的材料掌握较多,自己也较熟悉,就相对比较容易;有几辑,如上古、殷商时代等,由于自己对甲骨学造诣还不够,还想争取得到中央研究院史语所提供实物照片等,就得多下功夫。因此,他并不是按时代先后顺序,从上古、殷商、周代……这样出书,而是先从资料较多、相对比较易编的几辑入手。这样,到5月,陆续顺利地编定出版了秦、隋、唐、五代、宋、辽等六辑,每辑各附有说明一册;然而,接下去这一工作却停顿了下来。原因很多。

首先,是因为觉得搜集材料越来越难。他要求每编一辑都必须尽可能全面地掌握每一时代的文献、参考图籍、现存古物等等,但未编的几辑他感到资料还不全。又由于当时市面上缺乏照相底片和印刷条件的落后,必须从原资料中剪下图片,拼成图版,然后用湿片土法摄影,所以参考图籍必须自备。但当时物价上涨,图书很贵,外文图书更贵。一部英国优氏藏画藏磁目录,索价即在二千元以上,因为确实有用,他只能咬牙购下。他甚至还举债购书，但负债也是有一定限度的。且不少书仓促间又难以买到。他想到有些单位去借书或去拍摄资料，又常常受到刁难。

其次，是因为这本身是一项难度很大的研究工作。例如，他原先没有专门研究过甲骨文、青铜器等，这时却不得不抱着郭沫若等人写的专著和外国学者的有关论着下死工夫啃读。这虽然是他感到十分兴奋的事，同时也是很费时间、很费精力的。而且还要写说明，有时还必须加以考证、辨析，这也是急不出来的。出了上述六辑，以后他又付印了好几辑，即因说明没写好而未发行。

再次，是因他一个人实在忙不过来。除了编选、撰写说明以外，从剪贴、编排一直到贴号码、试印样等，他都事必躬亲。除了有时候一位青年谢辰生，以及他家里人帮忙贴贴号码外，都是他一个人干。而珂罗版印刷，又全是手工，受天气、油墨配料等影响，常常需要返工。另外，他在编印这部大型图谱的同时，还得兼顾《文艺复兴》的编辑（虽然健吾分担了很多工作），以及继续编印《玄览堂丛书》续集和《中国版画史图录》等。

总之，这个原计划到1948年2月完成的工程，一直到年底也仍只发行了四分之一；接着又因政局的变化，他于1949年2月离开了上海。（后来，《历史图谱》到1951年3月才较圆满地完成了。此是后话。）

然而，上面所说的种种，还不是《历史图谱》延迟出版的全部原因。还有一个更为重要的原因，是他在当时又以极大的精力另外编印了好几部同样辉煌的大型图集。这是他驰神旁骛、心不专一吗？不，不能这样说。因为这几部图集也都有不得不出的理由。这虽然影响了《历史图谱》的按时完成，但他却是作出了更伟大的贡献，创造了更惊人的奇迹！那是他"自找苦吃"，克服了无数难以想象的困难，耗费了无法估量的心血，在当时那种艰苦的条件下创造的奇迹！那几本大型图集，差不多是在1947年同时编选、同时印行的。我们先说《西域画》。

前面说过，他在编《历史图谱》时，搜集了国内外大量的参考图书。其中有几本书,记载了或透露了斯坦因、伯希和、勒科克(汉名李谷克)、格鲁威特尔、鄂登堡、哥司罗夫、大谷光瑞等外国人,在二十世纪初以来从我国西北等地掠去了大量文物,包括绢本或纸本的古画以及壁画等等。有的书上还将这些画印了出来。他看了这些古画的照片,一方面为先人们高超的艺术才华而无比激动,另方面又无比痛恨帝国主义的"探险家""考察团"的掠夺和国内当局者的腐败无能。他想到,还有很多同胞都还不知道这些西域古画之被劫,或者虽然听说了却还不曾看到过图片呢。因此,自己有责任作些介绍,以引起国人的注意。再说,经过世界大战的滔天浩劫,还不知道这些古画是否仍安然无恙呢!他在编《历史图谱》时,因限于体例,不能多量选用,所以,他就决定另外专门搜集、影印一本《西域画》。

在5月15日出版的《历史图谱》第十三辑所附的广告上,他即以"图谱刊行会"的名义预告:不日将印行"两大巨著",第一部就是《西域画》,并说明这是《域外所藏中国古画集》之一,还预告将每月印行一或二辑。然而,由于种种困难,经过半年多的苦心经营,至这年10月才印成《西域画》的上辑。他并为之写了八千字的长序和二万字的说明,不仅阐述了西域画的艺术、文物价值,而且揭露了帝国主义者的强盗窃贼行径。上辑出版后,读者反应强烈,纷纷支持他的这一工作。西北文化协会还专门派韩德溥、杨同芳两人来,与他商谈另出回文版之事呢。而在编印《西域画》的同时,他又以极大的精力编印另一部大型图集,那就是他以"图谱刊行会"名义预告的另一部巨著:《中国古明器陶俑图录》。

明器,又称冥器,指古代专为伴葬而制作的器物;陶俑指陶土烧制的人型,另外还有动物型,也都是伴葬用的。他为编《历史图谱》,也买了好几部有关中国古墓出土的明器、石俑、陶俑方面的书,引起他研究的兴趣。他想,笨重的石俑很难搜罗,而那些陶俑、明器之类,比较小,较易得到,当时的古董市场上就常见有买,有的还是新近出土的"生坑"。他认为这些古物也是宝贵的文物和艺术品,不能让它们随便流出国外。于是,从1946年秋冬起,他便开始收购这类古物。当然,这类东西的售价也很昂贵,常常一件陶俑的价钱,可以抵一二个月的生活费用。但他又像当年抢救古书一样,不顾一切地东借西凑地搜购着。

几个月后,便聚俑一室。窗前桌面橱顶地上,都摆满了俑。有立者、坐者、舞蹈者、奏乐者、武装者、胡服者、骑射者、旅行者等等,众态毕具。还有马、牛、龟、瓦屋、磨、桌椅等等明器。由于其中兵士俑、骑马俑和陶马、陶车甚多,朋友们戏称他是"招兵买马"。从颜色上看,又有黑泥白彩、红彩、绿彩、三彩、白泥画彩等等。从时代上看,自汉至唐都有。尤其是六朝小俑数十件,最为精巧。从这些陶俑、明器上,可以看到古代衣冠文化的真相。而塑造得或十分精致,或十分浑朴,生动活泼,正是我国雕塑史上的重要实物。尤其令他高兴的是,他收集到的某些俑器,在罗振玉的《古明器图录》和日本人大村西厓的《支那美术雕塑篇》、滨田耕作的《支那古明器泥像图说》、大冢稔的《支那古明器泥像图鉴》等书中,都未见有相似者。

他了解到,如同西域画之被窃或流失出国一样,在英、法、美、日等国的博物馆里,也有着大量的中国古陶俑明器。听说在加拿大多伦多的某皇家博物馆里,仅唐三彩一项,便有几十匹之多,陈列了好几个大玻璃橱!而在当时我国国内反而不多见,各公私所藏罕有超过二三百件的。他又感到一阵心痛!于是,他一方面负债累累,发愤收购;另一方面,从1947年5月8日开始,像以前撰写《求书日录》一样,开始撰写《看俑录》;同时,又准备编印一部《中国古明器陶俑图录》。在上述广告中,又注明这是拟编的《中国雕塑史图录》之一。而在5月23日他的日记中,又拟改称为《陶磁图录》。由此更可见他的雄心壮志!

6月17日,鹤亭带来一位摄影师朱伯申,开始在他家拍摄陶俑、明器。一直忙到7月初,才拍完。在这半个月里,他一直陪着摄影师,一起研究最佳拍摄角度和光线强弱等问题,并且亲自将这些宝贝玩意儿小心翼翼地搬上搬下,忙得不亦乐乎。照片冲洗出来后,当然就是挑选和拼排图版了。

《陶俑图录》一书的图版样张,到10月底便印好了,但他的说明文字还没写完,另外他还打算写一篇序文。他想把这些排印好后,再正式装订出版。然而,他当时又忙于编印其他书籍,此书既已印好图版,就告一段落,暂时搁在一边,只是自己装订了几本先睹为快。不料这一搁,到1949年初他离沪之前,甚至到他1958年逝世之前,竟一直没有出版。(幸运的是,这批印张后由鹤亭等交给上海图书馆顾廷龙,完好地保存了下来;直到1986年,由上海古籍出版社整理装订出版,总算完成了他的宿愿。)当然,他原先设想中的《中国雕塑史图录》或者《陶磁图录》的大计划,更是因环境与条件的限制,没能实现。然而,那部《域外所藏中国古画集》的大计划,却终于奇迹般地实现了。这个,我们放在后面再说,先说说另一本唐宋名画集的事。

当时,他在编印《西域画》等书时,是常常同森玉、葱玉(张珩)这一老一少两位文物书画专家商量的。森玉比他年长十七岁,而他又比葱玉大十四岁。葱玉出身于浙江吴兴有名的南浔四大富家之一,国民党要人张静江即其叔父。葱玉虽然是个公子哥儿,喜游戏赌博;但家学渊源,从小耳濡目染,对古书画的鉴定很有眼力,家中祖传和自己收藏甚富,名之曰"韫辉斋"。抗战中,他即为公家收买过韫辉斋的藏书。这时,葱玉被一家银行所累,不得不将家藏一批唐宋名画割爱出让,将款交给其五叔张启隆,以理清那银行的债务。他知道这情况后,心知这批画的极其重要的价值,但却实在不可能把它们买下来,因为那价钱是几万美金。而当时国民党当局正在全力打内战,有钱的私人也无心付如此高价来买这些,于是便只好眼睁睁让张启隆携往美国去变卖了。楚弓未能为楚人所得,他心里实在是悲痛极了!

还在抗战时期,他就曾建议葱玉将这批画摄照影印出版,以化身千百,供学人研究、画家观摩。如今,葱玉被迫将画出卖时,想起了他的话,便全部摄了照片。于是,他便接过这些照相底片,亲自挑选纸张和印工,要把它影印出来。他取书名为《韫辉斋藏唐宋以来名画集》,并于7月7日为之作序。他在序中提到:

今世能识古画者鲜矣。无论以骨董为业者,惯于指鹿为马;即收藏家亦往往家有敝帚,珍之千金。尝见海外所藏我国画,大半皆是泥沙杂下,玉石不分;而论述我国艺术史者,每采及不知所云之下品与赝作,据为论断源流之资。夫真伪未辨,黑白不分,即便登座高谈,其为妄诞曲解可知。我国艺术之真谛,其终难为世人所解乎?有心人能不怃然忧之!予既印行《中国版画史图录》二十余册,一扫世人仅知有芥子园、任渭长画册之感;乃复发愿,欲选刊海内外所藏我国名画,抉别真伪,汰赝留良,汇一有系统之结集,以发时人之盲聋,而阐古贤本来面目。唯此是扛鼎之作,予一人之力万万不足以举此。居常与徐森玉、张葱玉二先生论及之,皆具同感,且力赞其成,遂议合力以事斯举。二先生学邃见广,目光直透纸背,伪赝之作无所遁形,斯集信必有成矣。全书卷帙浩瀚,未易一时毕功,乃以葱玉韫辉斋所藏为第一集。

由此可见,在"图谱刊行会"的任务以外,他还有意编印一套卷帙更为浩瀚的有系统的历代名画集,而以葱玉此书为"第一集"。当然,这一理想在当时更难实现了。除了葱玉这"第一集"外,后来也未见再出。葱玉此书至11月底印成,在当时算是印得非常考究的,四开本,有精装、平装二种。精装本用夹贡纸珂罗版精印,织锦封面高背装;平装本用宣纸印,柿青纸面双丝线装订。这样大的开本,当时国内极为罕见,足见他对出版这部"扛鼎之作"的磅礴气度,同时也表达了他对国宝外流的深深痛惜。

由于这本《唐宋以来名画集》的出版,他便更迫切地感到应该尽快把《西域画》,进而把《域外所藏中国古画集》出齐。因为,这一方面是记录过去被掠夺、被盗卖的史实,可以提高人们对帝国主义及国内腐败当局的认识;同时,更可以使人们增强对祖国伟大艺术作品的爱护心和保卫意识。因此,在愤激的心情下,他便于1948年1月和3月间,将《西域画》的中、下二辑印了出来。这便把英、法、德、俄、日等帝国主义者们怎样在我国西陲等地恣意掠夺我们先人的艺术品的无耻面目完全暴露出来了。

在此同时,《域外古画集》的其他各辑,也先后开始编印。1947年12月15日,他拟写了一份《征求合资影印〈域外所藏中国古画集〉启事》,反复阐述了影印这部巨著的意义所在,恳切号召同情者予以支持。启事发出后,读者们理解了"域外"两字的深刻用意,热烈地支持他。很多识与不识的穷朋友,勒紧裤带,省下带着体温的钱交给他,鼓励他完成这一伟大的工程。例如,老友绍虞就在1948年1月24日亲自交来"合资"款八百万。他在日记中激动地写道:"他肯加入,诚为不安!为什么老是穷朋友肯帮忙呢?……感甚,几出涕!盖及时之助,较之八千(万)、八万(万)尤为得力也!"

正是广大读者和友人的大力支持,使他在极其艰苦的条件下,顺利地在1948年间把这部共二十四辑、难度不小的《域外古画集》完整无缺地影印了出来。这可说是一个奇迹!这部书,也可说是一部真正的奇书!全书内容如下:

一、《西域画》,共三辑;

二、《汉晋六朝画》,共一辑;

三、《唐五代画》,共一辑;

四、《宋画》,共三辑;

五、《元画》,共三辑;

六、《明画》,共三辑;

七、《明遗民画》,共二辑;

八、《清画》,共四辑;

九、《续集》,共四辑。

以上,每一辑为六十页到六十八页,全书共一千五百来页,真是一部巨著!而从汉至清,每一个时期都有的那么多的古画,怎么会流到"域外"去了呢?这部巨著的出版,便把这一触目惊心的事实告诉了每一位读者,促使每一个中国人深思!

在谈到他编印这么多书的时候,我们可千万不要忘记那是一个怎样的年代啊。当时,国统区的物价,就像断了线的风筝,向高处乱飞。老百姓简直没法活下去,知识分子的生活也极端艰苦。例如,1947年5月上旬,杭州、无锡、合肥、上海、南京等十多个城市,便相继发生了"抢米"风潮。而5月20日,南京、上海、苏州、杭州等地学生六千多人,在南京举行了"挽救教育危机联合大游行",天津学生也在同日游行,均遭到国民党军警特务的镇压。他这时不在学校任教授,在有些教授朋友们看来,他的日子似乎还好过一点。性喜幽默的默存便巧借了《论语》中的话对他说:"师也过,商也不及。"意思是说,他当时的日子比当教师的好一点,但比不过商人(原文"师"、"商"是两个人名)。对这样的雅谑,他只能苦笑笑。其实,他过的也是捉襟见肘的日子。在他的日记中,便经常记着债主接踵上门讨钱,他绞尽脑汁与之周旋,甚至被迫外出躲债的事;也常记有妻子因家里快开不出伙而与他争吵的情形;更经常记载他深夜为考虑经济问题而辗转难眠。但是,他还是坚持着要把这些书编印出来。1948年元旦,他在《新民晚报》的《夜光杯》副刊上发表了一篇《迎一九四八年》。他写道:"在最艰苦的境地里,在最困难的生活里,工作和希望应该是默默地在发展着。生命是不断地除旧布新的。有生命力的人永远是滋生崛长着的。"

由于环境和条件的艰苦,他有不少出书计划都没有最后完成,或者竟是未出娘胎便夭折了。上面说过的《中国历史参考图谱》只发行了四分之一,他与森玉、葱玉打算编印的历代名画只出了一部《韫辉斋藏唐宋以来名画集》,《中国雕塑史图录》或《陶磁图录》只印出《中国古明器陶俑图录》一种的图版等,都属于没有最后完成的;此外,他还有很多的撰著出版计划就根本没法实现。例如,1947年4月23日,他在日记中记:"晚餐后,阅书,忽动写《两汉艺术史》的念头。即拟一计划。"5月16日记:"看书,对于《人民生活史》的写作,颇有兴趣,惟作画者无人耳。"5月23日记:"又拟编《世界美术丛书》，不知如何忙得过来？"7月5日："方行来，谈甚久，计划为沫若出考古丛书事。"据鹤亭后来回忆，当时他还指示身边的年轻人说："秋白烈士的遗著，决不能让其就此湮没。你们年轻人，可以多跑跑图书馆去找。不仅已结集的，还有很多发表在报刊上没有结集的文章。凡是能找到的应先把它收集起来。"他还将秋白的几个不为人知的笔名告诉他们。后来，鹤亭把已收集到的秋白遗文列了个目录送给他看。他便邀请沫若、雁冰、戈宝权及鹤亭等人到他家吃饭，提出编辑秋白文集的计划，并把上述目录请大家看。大家一致认为是件好事，要他再具体规划，并谈到初步分工，如俄文部分由宝权负责等。他后来认真地撰写了编辑出版计划，还个别征询了意见。还有，据圣陶日记，这年6月，他还曾与友人昌群计划合写《中国文化史》；7月，又与友人计划编辑出版《刘大白全集》。但所有上述这些计划，都只是美好的计划，在当时均没实现。他还曾想把在抗战期间就打算进行的《中国百科全书》的编写工作抓起来，并重拟了计划书。但最后仍是无法实现。他只得将这份计划书送给哲民作个纪念，并希望将来有一天也许会派上用场。

未能最后完成计划的，还有一部《大同文学丛书》。1946年7月13日《文汇报》报道，当时他与沫若、雁冰、圣陶、洪深等五人组成该丛书编辑委员会。该丛书将包括文学各部门，理论、创作、翻译都收，注重学术性与时代性，以十二册为一集，每册自五六万字至二三十万字。出满百册时另出纪念专册。可见这也是他参与的一项大的出版规划。8月26日，《文汇报》又报道该丛书第一集已决定选题，9月间即将出版他的《劫中得书记》及雁冰、洪深、萧红的书。但承诺出书的"大同书店"却办不下去了。到11月，友人另行组织"大地书屋"，仍想出这套丛书（改名为《大地文学丛书》），但后来也仅出了雁冰和洪深的两种便结束了（他的那本，直到1956年才由上海古典文学出版社出版）。

然而，克服重重困难陆续出版的丛书，却也有两种。一是1946年上海出版公司开始出版的《文艺复兴丛书》。《文艺复兴》是他与健吾主编的，这套丛书当然也是他参与指导和主编的。该丛书收入了师陀的《果园城记》,季琳、师陀改编的高尔基剧本《夜店》,吴祖光的《后台朋友》,端毅编的《鲁迅全集补遗》,广平的《遭难前后》,杨绛的《风絮》,师陀的《历史无情》等;最后一本是他的《蛰居散记》,出版时已是1951年了。其中的《夜店》,他曾写过推荐文章;《鲁迅全集补遗》,在编辑中得到过他的大力帮助;《遭难前后》,则有他写的充满激情的序言。还有一套大型的美国文学翻译丛书,在他的主持下,最后比较完满地出版。此事要回溯到抗战胜利之前。

先是在抗战末期,当时在重庆的美国驻华大使馆文化参赞费正清,提出了由中美双方合作编译一套系统介绍美国现代文学的丛书的设想,由中方组织翻译,美方负担部分经费,交中国的出版社出版。费氏是向龚澎、徐迟等人提出来的。龚澎是《新华日报》记者、中共驻重庆代表团的秘书。她将此事向有关领导汇报后,也得到了支持。不过,后来日本一投降,大家都忙着更要紧的事,此事便无从谈起了。1945年底,费氏调到上海,任美国新闻总处处长。他早就认识费氏这位著名汉学家,此时,又常与费氏在某些文化界聚会的场合上相见。费氏对那套丛书的设想仍念念不忘,便又向他提了出来。他觉得这对加强中美两国文学交流很有好处,应该加以支持。于是,他找夏衍商量研究后,通过新闻记者兼美国文学研究者冯亦代转告费氏,要费氏正式向文协上海分会提出。费氏照办了,而作为文协上海分会负责人的他,也就成为此事的中方主持人,开始物色翻译人员和挑选准备翻译的作品。然而,当时美国政府对华政策急剧向右转,热衷于扶蒋反共,连费氏也不得不于1946年6月挂冠归国,回到哈佛大学当教授去了。不过,在沫若设宴为费氏饯行的聚会上,费氏仍向他和夏衍等人提到翻译美国文学丛书一事,说回国后还将致力于此。

这样,一拖拖到1948年初,费氏联系到了美国洛克菲勒财团的资助。于是,中方的编译工作便正式上马。在他的主持下,成立了上海、北平两个编委会,委员有他、夏衍、默存、亦代、佐临、健吾、辛笛、徐迟(以上上海),马彦祥、焦菊隐、朱葆光(以上北平)。由他和亦代开出选译书目。原计划共译二十种;后来,他于1949年2月匆匆离沪,临走前还特地交代赵家璧必须出好这套书;3月,由家璧主持的晨光出版公司一次出版该丛书十七种、十九册(后又有一种于1950年8月补出)。可以说,是较好地完成了原订计划。只是在出版前出于某种考虑,临时将书名改为《晨光世界文学丛书(美国之部)》。

这套丛书所出各书均编有号码,安排先后具见匠心。如第一种是亦代译的《现代美国文艺思潮》,属于文学史论;接着是焦菊隐译《海上历险记》、毕树棠译《密士失必河上》、朱葆光译《珍妮小传》,为长篇小说;再有马彦祥译《康波勒托》,为中篇小说,罗稷南译《漂亮女人》、焦菊隐译《爱伦坡故事集》、吴岩(孙家晋)译《温士堡·俄亥俄》、马彦祥译《在我们的时代里》和《没有女人的男人》,为短篇小说集;徐迟译《华尔腾》,为散文集;袁水拍译《现代美国诗歌》、高寒(楚图南)译《草叶集》、简企之(荒芜、朱葆光)译《朗费罗诗选》,为诗歌集;荒芜译《悲悼》、石华父(陈麟瑞)译《传记》、袁俊(张骏祥)译《林肯在依利诺州》、洪深译《人生一世》,为戏剧集。这样,各个文学门类都有了代表作。至于原作者,既有老一代的朗费罗、爱伦坡、惠特曼、马克吐温等,又有当时较年轻的海明威、德莱塞、奥尼尔、萨洛扬等。而译者,又都是有经验的翻译家和研究者。因此,他的这番匠心实在令人佩服。这样比较完整而有系统的介绍一个国家一个时代的文学代表作的成套丛书,可以说是我国外国文学翻译史上的一大盛举。这套丛书对我国读者认识美国的历史、社会与人民的思想,都能起一定的作用。但是,他却来不及在书前写一篇序言,书上也没有印他的名字。家璧后来说:"这套丛书,事实上应当写上'郑振铎主编'五个大字。"

他是这样地以全生命奉献着、工作着!但是,正如鲁迅和他都非常喜欢引用的苏联作家爱伦堡的名言说的:"一方面是庄严的工作,另一方面却是荒淫与无耻!"这时,他虽然不能以尖锐的政论、杂文来同那些荒淫无耻者作短兵相接的搏斗;但是,他仍然以自己的庄严的工作,来尽可能地阻止那些荒淫无耻者的卖国行为。

1947年春,他得到一个可靠情报:乘着内战方殷,有些达官贵人搜刮了大量文物、珍宝,并正勾结古董商人,将这些东西集伙装箱,运到美国去出卖。已经运出不少,而现在又有一批价值约几十万美元的文物装箱待运,正在和海关讨价还价中。他一听,急得不得了。因为如果让这批文物继续流出,将是国家的极大的损失!4月16日,他给南京中央研究院史语所所长孟真写信:"兹有要事,请兄注意及之。微闻近来古董贩子出国者不少,……甚疑彼辈必携有重要之文物。近又有……拟携带一批古物,赴美展览。势亦将一去而不复返。又有张叔勤(静江先生之侄)者,去年回国,在沪搜罗铜器、石刻、绘画、陶俑近一百箱。闻'货'已运走,人尚在此,犹在四处打听东北内府古物之下落,拟大量收购。此诚我民族不肖之子孙也。不知'古物保管会'及古物出口条件对于此辈有无丝毫发生效力之处。彼等神通广大,必有能力偷运出口。知兄深爱国宝,……盼能在京设法加以阻止。弟与森玉先生已设法在此间先行与海关接洽。恐已无及,但亡羊补牢,似尚未晚。古物不亡于抗战之时,而散于胜利之后,我辈何以对先哲在天之灵乎?弟拟写一文,痛斥此辈,已约数友同写。盼兄亦能加以制裁也。……此间好物不少,惟苦于财力不够耳。有无办法可想?"他打电话请各位朋友到家商量,焦急地问大家在海关里有没有朋友可托。可是,友人们大多与海关不熟;再说,即使那儿有朋友,但那些达官贵人、古董巨商都互相勾结,想捞一笔横财远走高飞,也不是一般的朋友关系所能阻止的。他又想起当年与广平等人阻止鲁迅遗书出售时,曾动用了舆论的力量,很有效果。这次,看来也只有借助舆论,把内幕揭穿,也许可以使他们有所顾忌而打消这笔肮脏的交易。他便通过哲民,找了与哲民较熟的国民党中央社驻沪采访主任兼《中央日报》(上海版)采访部主任沈业儒。沈君对他雅慕已久,便于17日上午去他家访问。他热情接待,说明情况,晓以大义。第二天,该报第四版上就发表了一条消息《大批古物偷运出口》：

> [本市讯]据可靠方面消息,若干古董巨商,现正在北平、上海等地搜集我数千年来之历史文物,运往美国出售,以套取美金外汇。闻二三日前,又有极名贵之字画、石刻、古铜、陶器、古瓷、陶俑等一百余箱,自沪偷运出口。按古物出口,海关早悬为禁例,故彼等于启运前,极为秘密,并利用种种关系偷运出口。现本市关心文物之士,已联络古物保管委员会及海关,设法加以阻止,以免我国重要文物流落于外邦。

从文字上看,这很可能即出自他的手笔。这则消息表面上只谴责"古董巨商",实际上谁都明白这类事与"当官的"是分不开的。而且,援用了海关已有的"禁例",同时又给海关当局留下了"面子",加上这则消息又是发布在冠冕堂皇的"党报"上的,所以就终于阻止了一大批珍贵文物的出口。他焦虑了好几天,当听到这一消息时,心中悲喜交加,无法形容。5月25日,他在《大公报》上发表了一篇散文《一边是严肃的工作》。这个题目,就出自爱伦堡的名言。而他,就是在荒淫无耻包围之中的一个真正的严肃的工作者!

五〇 乘风破浪行

在他把主要精力从政治斗争转到学术、出版工作之时,整个中国两大阶级的武装集团的金戈铁马的厮杀正在进行,革命的航船继续不停顿地乘风破浪驶向光明的前方。

他自然没有自外于这个时代,也没有忘记自己的责任。

1947年1月,他借评论健吾的剧本《女人与和平》,撰文指出,每个人应该"面对着血淋淋的现实",并预言:"最寒冷的严冬终于是要过去的。可怕可恨的战神,绝对地不会老在人间作祟的!"

4月21日,他在《文汇报》上发表《从〈艺术论〉说起》。托尔斯泰的《艺术论》是这时刚刚病逝的老友济之在五四时期翻译的,那时即由他作序并交给商务印书馆出版。这时,他又想起了此书,并指出:"时代进步了,五四时代的那份幼稚的见解是不会再出现的了;然而,那份傻劲,那份勇气,那份辨别是非黑白的正义感,那份主张人道主义的精神,却是很可宝贵的东西。在今日争取民主、自由的青年人里,这一股劲儿和正义感,依然是存在着的。这是中国的光明的力量之所在。"

济之是3月2日因脑溢血逝世于沈阳的。抗战胜利后,济之依然生活贫困,身体又不好,但为了一家人的衣食,只得孤身一人去东北中长铁路理事会总务处去当处长。事务极繁琐,业余又要拼命翻译心爱的俄国文学作品,终于在贫病交困中死去,年仅四十九岁!济之与他同龄,比他还小一个月。4日上午,他惊闻济之的噩耗,伤心之极。济之夫人向他哭诉:"济之孤独地死在那里,没有一个亲人,入殓时不知穿什么衣服,有没有好好地成殓?"说着,便大哭起来。他伤心得连泪水也灼干了,一句安慰的话也说不出来。他为济之遗属向各方友人募集了一点钱,还为济之写了沉痛的悼文和传文。4月5日,文协在静安寺为济之举行公祭,他送去了挽词:"呜呼济之,君不能死,而乃竟死,死不瞑目!君文豪雄,君性讷朴,今之善人,谦退恭肃,埋头著作,卑斥征逐,劳碌一生,译文千轴,天乃不佑,何夺之速!遗稿满案,何人可续?上有老父,下有幼子,君竟死矣,何以养育?呜呼济之,死不瞑目!"他还为济之的遗稿联系出版社。他又为济之译的《卡拉马助夫兄弟们》作序,说:"如今是老友凋零,地山、六逸,相继成了古人,济之也已抛掉了一切而去。而大雾弥天,白昼如夜,环境之糟,有过于三十年前,菊农与予亦均已无复少年时代的好心情了。然姜桂之性,尚未稍变。则也可以自慰而慰故人于地下了。"

多么可贵的"姜桂之性"!

为纪念"五四"和第三届文艺节,5月初他在《大公报》和《评论报》上发表《迎文艺节》,指出:"凡是一个作家,决不能无视绝大多数人民的痛苦的;决不能自外于这个苦难时代的苦难的。""为了中国,为了中国的人民们,应该把我们的武器——笔,充分地使用着,击退这个可诅咒的时代,打开一条光明的大路。不容情地和黑暗与愚昧与封建势力作战,直到了黑暗与愚昧与封建势力倒在地下,直到民主与科学的新中国的实现。"

他又在女作家凤子主编的《人世间》月刊上发表了一篇《党与群》。这是他在十分激动的心情下写成的,憎爱立场十分分明。他指出:"一个为人民而奋斗的""真正的政党","有她的鲜明而坚定的主张,不屈不挠地为她的主张而争斗的勇气。她不是一群私人们为了个人的功名利禄而组合的。她是为了人民们的利益,为了国家民族的解放与自由而组织起来的坚固的集团。她为了主义,为了主张,而与不同主义,不同主张的敌党不断地作着争斗。她要求全民众的支持与拥护。她是维持全民众的福利的。"而与此相反的"党",他认为实在"不配称为一个真正的政党",不过是"以个人利害为基础的""乌合的一群"。他指出:"那分野是很显明的:凡一心为国为民,而无丝毫权利欲者,乃是真正的党。凡以利禄相结合,相勾引,便是'群',不是'党'——虽然在表面上也挂着××'党'的名义。"这篇文章,把他对中国共产党和国民党的认识,鲜明地表达了出来,实在难能可贵!

10月10日,中国人民解放军总部发表宣言,正式提出了"打倒蒋介石,解放全中国"的伟大号召。整个战争即将进入势如破竹的阶段。但是,垂亡的政权决不会甘心失败;而且,却还会有奇异的想头。1948年元旦,蒋介石发表广播讲话,竟声称将在一年内消灭共军主力。而就在同一天,我们的传主在《新民晚报》发表一则短文《迎一九四八年》,意味深长地说:"冬天来了,春天还会远么?"在这新年的第一天,他在日记中还记了这样一大段话:

  少航来,谈甚畅。他说,近有许多人,心已死尽,仅存口与生殖器尚在活动耳。因相与慨叹纵欲者多而好事者少。不仅乾嘉诸老之风荡然,亦若光宣民初之好事者亦绝无。新官僚与流氓文化、买办资本三位一体,便演至"天理、国法、人情"俱丧尽斩绝之境。资本主义社会自有其道德与文化;我们这个社会,则不古不今,非农、非商、非工,大家相"攘夺"、相掠取,恬不知耻。人人均为极端的个人无政府主义者。为所欲为,无所约束。纲纪法守,一切不顾。所谓"青黄不接"之时代是也。穷则变,变则通,将必有不同之时代接踵而起也。

他分明已经看到了这个"不同之时代"之即将来临!

在这样的黑暗与光明交替的时刻,有威望的好人最容易遭害,更需要警惕。年前的11月9日,生活在极度痛苦中的女作家白薇,从苏州写长信"致郑振铎、张西曼、洪深、郭沫若、茅盾、田汉、陈子展、曹靖华、楚图南、适夷、阳翰笙、于伶、穆木天、任钧、臧克家、安娥、赵清阁、彭慧、刘海尼、赵景深、葛一虹、魏猛克、柳亚子诸先生",倾诉自己的思想。在这么长的一大串著名人士的名单中,他被白薇列于首位,充分反映了他在文化界的崇高威信。当然,反动派也对他非常注意。(白薇该信后以《想·焦·狂》为题,由任钧加了题记,分八次连载发表于1948年2月9日至22日《新民晚报·夜光杯》上。)1月20日上午,他阅读报纸,忽见季茀(许寿裳)先生18日在台湾被暗杀的消息,不禁极为惊愕与悲痛!季茀是鲁迅的老友,他以前在北平工作时季茀还曾请他吃过饭。一年前,季茀曾应广平之邀在他主编的《民主》周刊上连载发表《亡友鲁迅印象记》。这样一位好好先生,只是多讲了几句鲁迅,竟遭如此毒手!

过了几天,30日,他从前的学生小徐从杭州去无锡,路过上海时,在火车站给他打来电话。多时未见,他有些话要讲,便匆匆围了围巾、戴上帽子,即赶去车站。到了那里,送小徐上车,说话间忘了看表,火车竟开动了。于是索性送到无锡。当夜,他住到这时在江南大学任教的友人王以中家里。他们借酒浇愁,大发牢骚,以中借着醉意竟然将炭炉都踢翻了。由于他匆匆离家时忘了打招呼,一夜未归,引起亲友惊慌,还以为遭了不测。伯祥、予同等友人经过商量,决定赶紧在报上发布他"失踪"的消息。直到第二天他回到家里,大家才松了一口气。他当然遭到了家人和友人的责怪,而送到《正言报》《益世报》去的消息也来不及撤下来。2月1日,这两张报纸上都登载了:"文学家郑振铎,于昨日突然失踪,迄今尚未归家,其家庭已报警局,请求查访其下落。"不少朋友看到报纸,赶紧来打听,才知是虚惊一场。第二天,森玉特地从南京赶回来,也打电话来问,并说南京的友人见报后个个急得要命,慰堂就要偕同陈雪屏(早年也曾参加文学研究会,时为国民党的青年部部长)赶来上海营救。他知道有这么多人,包括在国民党里当高官的某些朋友,都在关心着他的安全,心中极为感激;同时又深深地为自己的冒失行为而内疚不已。

这个消息甚至远传香港和国外,例如,2月7日香港《华侨日报》的"本报特讯",就登出了《郑振铎突然失踪》;同日香港《工商日报》的"本报特讯",也登出了《郑振铎在沪失踪》;13日泰国曼谷《全民报》的"本报特讯",又登出了《名作家郑振铎突然在沪失踪》;3月6日,新加坡《风下》周刊的"国语课本"栏刊载郑振铎的《海燕》,后有"作者生平",其中特地提到"近在上海失踪";直至3月14日,马来亚槟榔屿《现代日报》社的《现代周刊》发表的嘉龄《郑振铎与陈小航》一文,第一句话也是:"据说作家郑振铎在上海失踪了!"可见,一是当时中国的政治环境确实恶劣,二是有很多人确实十分关注他的安危。

"五四"纪念日又快到了,《大公报》社邀请他和乔峰,任之(黄炎培)、耀宗、体兰、杨晦等人,召开时事座谈会,题目是《德先生与赛先生》。但他因故未去。5月1日,该报记者唐振常特地再来采访他,因为他是"五四"老战士,谈这个题目不能少了他。他又一次讲了这样的意见:"民主和科学,是五四时《新青年》叫出的,到现在已经卅年了。……民主基础一定建设在平等上,如果有一个或几个特权阶级的存在,什么民主都谈不到了。这种特权阶级,从袁世凯这种政府起,到军阀混战时代,一直到现在,都还存在的。……这样的情形,离开真正的民主政治,恐怕还有十万八千里路远。……政治不民主,科学的发达也是不可能的。"这段话,后发表于5月3日该报。

而就在5月1日,中共中央在纪念国际劳动节口号中发出了"各民主党派、各人民团体、各社会贤达迅速召开政治协商会议,讨论并实现召集人民代表大会,成立民主联合政府"的号召。一切进步的人们,当然也包括他,都从中受到了极大的鼓舞。中国民主促进会与其他各民主党派、人民团体一起,立即致电中共中央,表示拥护。

5月4日那天,《新民晚报》上发表了他纪念"五四"的短文《"人"的发现》。文中再次指出:"'五四'到今日,已经三十年了,固然不能说没有什么成就,而无知的封建的非人的阴云,还重重叠叠地弥漫在天空。有'人'格,有'人'味儿的中国人,还该一息不懈地争斗下去,直到扫除尽了一切非'人'的东西为止。"同日,全国文协出版了"文协十周年暨文艺节纪念特刊"《五四谈文艺》,在卷首《我们的话》专栏中,发表了四十四位作家的短论,他被排在第一位,再次讲了相似的意见。

在这前后,《新民晚报》记者刘岚山又到他家来采访。那天,他正在整理陶俑,于是他便谈到国民党当局一向不关心文物的保护和研究工作,也不帮助有心从事这一工作的研究者;更有甚者,还默许、怂恿、甚至参与文物的盗卖外流。"简直是民族文化的大罪人!"他愤愤地说。这句话,在记者后来发表的《从文学转到考古的郑振铎》一文中,照录不误。

此时,全国掀起了抗议美帝国主义扶植日本的运动。6月初,上海几百名文化界、工商界知名人士联合发表宣言,其中当然有他。北平也爆发了反对美帝扶日的游行。他的老友佩弦也积极参加了斗争,并在北平著名教授抗议美帝扶日政策、拒领美援面粉的宣言上签了名(当时,北平当局为笼络大学教授,给他们发一张配购证,可以用较低的价钱买到美国面粉)。佩弦知道,拒领美国面粉,每月就损失了六百万法币,对家里的生活影响很大。但佩弦说:"我仍决定签名。因为我们既反美扶日,就必须从自己做起。这虽然只是精神上的抗议,但决不应该逃避个人的责任!"在上海的他,看到了佩弦的签名,感到非常激动和欣慰。

不料,8月12日,佩弦即因贫病交困而逝世了!他闻讯后,悲痛欲绝。佩弦只比他大一个月还不到啊!他除了立即向北平发去唁电外,又与圣陶等人商议了要为佩弦搜集遗著出版的事。当时,他正在编《文艺复兴》的"中国文学研究号"。这是继1920年代他主编《小说月报》时编过的中国文学研究专号和1930年代主编《文学》月刊时编过的同名专号之后的第三个同名专号。他在14日为这个专号上册写的《题辞》中悲痛地写道:"正当本册付印时,我们得到了朱自清先生的噩耗。这似一声霹雳,把编者震得呆住了。朱先生对于这个'专号'帮助极多。他是编者三十年来的好友,研究的方向相同的很多。他的逝去,不仅是青年们失去了一个良师,中国文坛里失去了一个巨人,中国文学研究者们失去了一个好的指导者,同时也是苦难的中国,失去了一个最有良心的好人和学者!谨以本'专号'献给朱先生之灵!"

他写了一篇《哭佩弦》,追忆了佩弦认真、持重、艰苦、正直的一生,指出佩弦近年"在走上一条新的路上来了。可惜的是,他正在走着,他的旧伤痕却使他倒了下去"。他又写了一篇《悼朱自清先生》,再次指出佩弦是认真、严肃、感情极丰富的人,"他是在跟着'时代'走的。虽然他并不站在'尖端',但他是以认真而严肃的态度在虚心地学习着的"。30日,他参加了上海举行的追悼会,并送了挽词:"呜呼!君虽死于病,实死于贫与愁,一代学人竟贫愁以死。君不负所学,国实负君,呜呼!"

这是抗战结束后,继老友公朴、一多被杀,丏尊、行知、柏丞、济之病逝之后,又一次使他痛心不已的事了!

这时，吴晗在北平中共地下党的指示下，秘密潜至上海，准备转道香港，再去解放区。吴晗一到上海，就去找他。他又用电话通知几位密友，到家里吃晚饭。他知道，两年前吴晗从上海去北平后，一直是中国民主同盟在北平的负责人。这次又知道，原来佩弦签名的那份宣言就是吴晗起草的。对自己以前的这位学生，他感到十分佩服和欣慰。他与吴晗也商议了为佩弦出版遗著之事。

吴晗本来想第二天就乘飞机去香港的。不料当天的报纸上登载了买机票须凭照片的消息。看来敌人加强了控制。他们一起研究了这一新的情况，决定让吴晗在上海多留几天，再请地下党组织想想办法。他谆谆嘱咐吴晗千万不要在公开场合露面，并要各位朋友严加保密。一次，他陪吴晗去买钢笔，店里问要不要刻上名字，吴晗说要，拿过纸刚想写"吴"字，他立即抢过笔，代写了"辰伯"（吴晗的字）二字。吴晗立刻意识到自己太大意了。

他知道吴晗躲起来等待通知，不能外出活动，必然十分忧闷，就把自己编印的《明季史料丛书》、《玄览堂丛书》续集等书送给吴晗，让吴晗闭门读书。吴晗本是明史专家，也就怀着感激的心情细细地阅读起他在忧患时期历尽艰辛编印成的这些史书了。10月初，他还应高祖文之招，约了圣陶、予同、鼎昌（黄裳）等人，陪吴晗去苏州游玩了两天，让吴晗散散心。当时许杰在苏州社教学院上课，也同车而去。在苏州，他们还晤见了吴觉民，和许杰在社教学院的同事马荫良、戴敦复。不久，在组织的安排下，吴晗取道天津去了解放区。

这时，辽沈战役正在胜利进行，东北全境即将全部解放；紧接着，淮海战役又将全面展开。中国革命的航船，正以比人们预料的要快的速度，破浪前进！就在这时，9月20日，中共中央密电香港分局和上海局（刘晓、刘长胜），提出再邀请参加新政协会议的名单，其中有他的名字。

10月间，他又去了一次南京，找了夏鼐等人，主要仍是为搜集编印《中国历史参考图谱》的资料。此时，南京国民党首府已陷入恐慌混乱状态。11

月17日,他致蒋复璁信中便提到:"前次有将'善本'寄放半山园中央博物院之说,敝意颇以为不可。盖该院地址似较荒僻,远不如'朝天宫'之谨慎也。曾和森老[徐森玉]仔细谈过,古物和'善本',均利于'分',不利于'合',似不宜集中在一处。民族精神所寄托之物,绝对的应该妥筹善策,不能听任其再有罹劫之虞。……敝意不妨选最精者装箱,存放安全之地。或即设法运沪存放亦可。……闻中央研究院古物,孟复先生并不想动,亦不装箱,自亦有其理由。……弟日夜思维,总觉得对于已集中之国家民族的精神所寄之物,必须策其万全!中心至感痛苦。"可见他为鼎革之际国家珍贵文物、善本的安全问题忧心忡忡。11月下旬,中央研究院史语所便开始将古物装箱,中央图书馆也开始将善本装箱,准备运往台湾。12月5日,他在给夏鼐的信中又说:"古物古书,在南京者'身份'极重。故宫所藏,固为流传有自之'国宝',即研究未竟之'生坑',未为世人所知者,亦复极多。不知作何打算?弟耿耿不寐,殊为焦虑。为安全计,也说不上有什么好办法。弟总以化整为零之策为妥当。但因不愿说话,也未便有所主张。弟所怕者,唯以'北京人'之覆辙为虑耳。"

这时,国民党当局正让森玉紧急鉴定故宫内的古物,分为各种等级,以便抢先把一级品运往台湾,其余来不及就放在后面。森玉便根据他多次谈话和写信的指示,有意不将某些重要文物标为一级,终于机智地保留下来一些珍品。12月13日,森玉致台静农信提及南京"衮衮诸公妄以台湾为极乐国,欲将建业文房诸宝悉数运台,牵率老夫留京十日,厕陪末议。期期以为不可,未见采纳。昨托病回沪"。森玉反对文物运台,显然也是受他的影响。后来,森玉又拒绝去台湾,留在了大陆。他因而对森玉更为尊敬。而中央图书馆的那批宋元善本,终于被国民党当局用军舰等分三批运往台湾,总计六四四箱,十二万一千三百多册,其中极大多数是他与文献保存同志会的同人们在抗日战争期间抢救下来的。慰堂也去了台湾。好在这批珍贵的书,现在仍藏于祖国的宝岛台湾;而当时还在上海法宝馆里整理装箱的一批书,由于他有意拖延着不往南京运，最后都留在了大陆的图书馆里。

12月7日，国民党政府宣布迁逃台湾。这时，白色恐怖更加严重了，居住在上海的爱国人士随时有被疯狂的国民党特务杀害的危险。不久，中共地下组织派同志来通知他："党决定请您撤退到香港，再转道北上，去参加即将召开的中国人民政治协商会议。请作好准备，出发时间等候通知。注意保密！"该同志还说："党了解您为编印书籍，欠了不少债。我们替您还吧！"他激动得热泪盈眶，说："现在正是解放战争的关键时刻，一分钱都是很可宝贵的，我怎么忍心接受党的这笔钱呢？"他坚决谢绝了，随后卖掉了几部心爱的古书作为盘缠。

1949年元旦，新华社播发了中共中央主席毛泽东写的新年献词《将革命进行到底》，向全世界和全中国宣告了中国人民解放军即将渡江南下，解放全中国。8日，国民党政府竟向美、英、法、苏四国要求干涉中国内战，即遭四国政府拒绝。14日，毛泽东发表《关于时局的声明》，揭露蒋介石《新年文告》中的假和平阴谋，提出与国民党谈判的八项条件。2月1日，北平和平解放，平津战役胜利结束。就在这样的形势下，他的南下日期越来越近了。

他一次次找友人谈话，讲析国内外局势，安排交待有关工作。例如，他找家璧谈了一次话，重点了解《美国文学丛书》的出版情况，嘱咐家璧必须将这一工作善始善终做好，不可失信于外国友人。他说，虽然美国政府帮助蒋介石打内战，但中美人民的友谊是长存的，美国当局的反华政策肯定要失败。他还说，这套丛书所收的美国作家，是经过大家一起研究挑选的，大多比较进步，作品是健康的，具有各自的价值，所以应该按原计划出书。家璧提出，想把《美国文学丛书》的原名换掉，改用《晨光世界文学丛书》的总名（家璧此时主持的出版社叫上海晨光出版公司），而把这套书称为"美国之部"，以便今后继续出版其他各国的文学丛书。他考虑了片刻，觉得在当时国内反美情绪特别高涨的情况下，家璧提出要换书名，是可以理解的；再说

"晨光"一词很好,晨光马上就要来了。因此,他便点头同意了。但他要求家璧在书前印一篇《出版者言》,实事求是地把中美双方合作编译的经过扼要说明一下,刊出全体编委的名单,并将曾经出力的美方人士都写进去。家璧当即拟了初稿请他过目,他略作修订,又在美国友人名字前加上了费正清博士,说:"这套丛书如能与中国读者见面,费正清是功不可没的。"

他还找家晋谈了一次话。那天家晋到他家,指着书房里到处堆放着的陶俑、马和骆驼等,说:"我看到这些,会想起'大漠孤烟直,长河落日圆'这样的诗句……"他莞尔微笑,似乎也听到了北方原野上的萧萧马嘶声。然而他说:"陶马,大多不是奔腾的马。唐朝曹霸、韩干画的,倒是战马。杜甫诗中也有写战马的。"于是,他微微闭起眼睛,就像在课堂上一样,给这位从前的学生吟诵了起来:"竹披双耳峻,风入四蹄轻。所向无空阔,真堪托死生……"接着,他郑重地嘱咐家晋要好好保管好那把法宝馆书库的钥匙,有空时要常去那儿看看门窗上的封条。他没有明讲他即将远行,只是意味深长地说:"最近,我重读了何其芳的《画梦录》。丁令威化鹤归来,城郭已非;将来我倒想重写这个故事。化鹤归来,城郭焕然一新……"

他又约健吾来家里,对健吾说:"《文艺复兴》的中国文学研究专号的下册,要克服困难把它印出来。这样,《文艺复兴》这杂志就告一段落了。以后,这杂志可能要请你和端毅来主编;但什么时候再出,现在还说不准,也许很快。"健吾表示明白他的意思。他又知道健吾最喜欢外国文学名著,就让健吾在自己的藏书中任意挑选几本留作纪念,但只说是因为自己将要出卖的缘故,并不讲自己马上要远行。健吾挑了几种,其中一部是很珍贵的1911年版的散慈玻芮的《批评文学史》。打开一看,扉页上有"雁冰手持"的签字,字体异样隽秀,下面还有雁冰的印章。这分明是他从雁冰那儿借来或讨来的。健吾转过身问他:"这书也可以拿吗?"他笑了,说:"送给刘西渭,雁冰兄也一定心甘情愿!"刘西渭是健吾写文学评论时用的笔名,在文坛上很有名。

鹤亭来看他,是知道他要去解放区的。在话别之时,鹤亭忽发现桌上有一张他写的已团皱的字幅,便随口问了一声:"这是最近写的?"他说:"还是去年冬天信手所写。"鹤亭早就请他写过字,只是因为太忙,一直还没写。此刻行将分别,鹤亭便请他把这张字赠送留念。他说:"这本来是想写给自己挂在座右的,又经涂改,像个草稿,怎么能送人呢?还是改天另写吧。"鹤亭一看,字幅中写的是龚自珍的诗句"狂攂文献耗中年",两边题着这样一段文字:

予性疏狂而好事,初搜集词曲、小说、弹词、宝卷,继集版画,皆世所不为者也。抗战中为国家得宋元善本、明清精椠一万五千余种。近则大购自置东西文美术考古书二千余种,复集汉、六朝、唐俑五百许品。心瘅力竭,劳而不倦,而意兴不衰。其将摩挲古书、古器物以终老乎!诵定庵此语,深喜之,爱书置座右,以自劳焉。

鹤亭读罢,深受感动,说:"草稿别有意义,请送给我吧。以后您有空时,再为我写一幅别的,当然更好,那么我就是'双丰收'了!"他笑笑,也就让鹤亭将这张团皱了的纸当宝贝似的拿去了。鹤亭还好讨走了这一张字,因为后来全国解放,大家都非常忙,写字之事便无暇提起;而他后来又牺牲了,鹤亭也就只有这幅字留作珍贵的纪念了。后来,他的老友、书法家绍虞看了鹤亭珍藏的这幅字,认为:"铎兄不爱书法,顾其所为书,瘦硬天成,自远流俗,因知书以人重,人以品重。此书率意而作,不衫不履,绝无媚熟之态,则其书亦不可及已。"

此时,他还与默存、端毅、辛笛、靳以、嗣群、哲民等等朋友分别谈了话。

2月14日下午二时左右,他接到正式通知:船票已定好,明天出发!他便心情激动地整理了一下前几天已经开始准备的简单行装。又想起了什么,赶紧在书桌上写了好几封信。其中,他写给哲民的信上便说:"兄得此函时,弟已乘舟破浪南行矣。"更充满信心地说:"大约相见期不会太远。"他再次托付哲民有关《中国历史参考图谱》及《文艺复兴》出版方面的事。他谆谆告诉哲民:将来私人钱庄很难发展,只有出版事业才有前途。他对上海出版公司的发展方向又作了很多指示,并提议由健吾、嗣群、靳以、端毅、辛笛等人组成编辑委员会。他自己虽然离开上海,当然仍负主要责任。

第二天一早,临出门前,他又觉得言犹未尽,赶紧又给哲民写一信,提议上海出版公司的编委会内再增加季琳、鼎昌、巴金、西禾等人。随后,他向老母、妻儿一一告别,冒着严寒,携带女儿小箴一起赶去码头,在地下党同志的接应下,登上了盛京轮。

19日上午,船到香港太古码头。前几天已到那里的老友圣陶,及傅彬然、章士敏(雪村长子)等开明书店的朋友都到码头来接他。短别重逢,倍感亲切。香港气候温暖,犹如暮春;而友情更是温馨。他被安排住到九龙饭店,就在圣陶房间的右面。两位老友又日夕相处了。中午,伯昕特地挑了一家福建菜馆,为他父女俩洗尘,圣陶等作陪。接着,在香港逗留的一个星期内,他访问了在港工作或比他先到的夏衍、翰笙、空了、云彬、适夷、仲华、季琳、萧乾、以群、伯郊、曹禺等友人,还曾参加过好几次座谈会。

他还时时挂念着在上海的朋友。他给家晋写信,叮嘱他:"只要活得下去,那批图书无论如何要保护好!"他又给哲民写了两封信,再次告诉哲民钱庄业没什么前途,希望在出版事业上多费些力气。他给起潜写信,希望能鼎力相助《玄览堂丛书》三集的出版之事,如不能续印下去,则只是将已印成的装订出版也可以(后来,到1955年,南京图书馆即把已印成的三十二册装成两大函出版了)。他在香港听到外国和台湾放出的风声,说要邀请默存、季康两位去教书,他赶紧给默存夫妇写信,劝他们留在国内,等待解放。默存夫妇本来就打定主意不走,得到他的信后,更坚定地留下来了。他还给中共中央山东分局写信,请他们转给老友剑三,要剑三去解放区参加革命。剑三收到后,即持信去解放区,但因反动军警戒备森严未能去成,返而作《几度》

《迎春》两诗以明志。他还给健吾、端毅等人写了信……

即将北上了！25日，为保证安全，香港地下党方面又安排他与圣陶等搬到一个名叫"大中华旅馆"的旧式旅店，并嘱咐不要随便外出。那儿房间较小，他父女俩与彬然合居一间。翌日晚，地下党又派人将他们的行李秘密运上轮船；同时，再次将他们转移到"大同旅馆"夜宿。那是一个更僻静简陋的小旅店。27日，地下党方面来人，要求他们化装。只有云彬，因为冒充庶务员，仍穿平日衣服外；大多数人都得装扮成船员模样，改穿中式短服。他与圣陶等人都换了装，但总觉得有点别扭，相互对视，不禁想笑。三时许，地下党李实（罗雁子）同志来，带圣陶夫人与小篯等女客，以搭客身份先上船。他与圣陶等人到夜晚九时许才动身。行前，所有名片、印章、信件、书籍等可能暴露真实身份的东西，都已由李同志从行李中取出，藏到船上的秘密地方。第一批五人刚下渡船，即有巡警二人前去查问。他与圣陶等人见状，马上避而不前。等巡警走了，才迅速上船。渡船开约一刻钟，到达一艘挂着葡萄牙国旗的大货轮上。等最后一批人安全上船，已是十一点钟了。此时，他才知道这行"特殊乘客"共计男女老幼二十七人，为香港地下党组织秘密运送"特殊乘客"北上以来人数最多的一次。

28日上午，李同志又来，一一盼咐如有人盘问应如何应答等事。直到中午近十二时，轮船启航离港，大家才松了一口气。开行一小时后，大家集中起来开会，他才知道极大多数人都是熟识的。年龄最大的，是七十四岁的陈叔通，其余依次是马寅初、包达三、张䌹伯、柳亚子、郑佩宜（柳亚子妻）、胡墨林（叶圣陶妻）、叶圣陶、张志让、宋云彬、郑振铎、傅彬然、沈体兰、邓康、王芸生、徐铸成、曹禺、赵超构、刘尊棋、冯光灌、郭瑛莹、吴全衡、方瑞（曹禺妻），以及达三的女儿启亚、他的女儿小篯和吴全衡（胡绳妻）的两个儿子伊朗、锦州。锦州年最幼，仅一岁。冯、郭、吴三位女士，是北上参加中国妇女第一次全国代表大会的代表。王、徐、赵、刘四位名记者，当时被称为"新闻界四大金刚"。大家相约，每晚在船上开会，学习与娱乐相结合。

"六十三龄万里行,前途真喜向光明。乘风破浪平生意,席卷南溟下北溟。"六十三岁老诗人亚子先生,首先吟诵了这样一首诗。他连声叫好。乘风破浪,席卷沧溟,也正说出了他的平生壮志!圣陶也写了一首诗送给大家:"南运经时又北游,最欣同气与同舟。翻身民众开新史,立国规模俟共谋。篑土为山宁肯后,涓泉归海复何求。不贤识小原其分,言志奚须故其羞。"他对圣陶诗中的"同气与同舟"一句,最为感动。叔通、志让、云彬也都写了诗。他认为自己写旧体诗的功力没有他们好,所以虽然默吟了,终于藏拙而未出示。

　　最有诗情的亚子先生,又为船上每一位同行者,包括一岁的孩子,各写了一首诗。其中写他的是:"旧学新知各有闻,郑郎玉貌气干云。哂园遗著疑真伪,异见还应考订勤。"所谓"哂园",即清初史学家温睿临;"遗著",指温氏撰有五十六卷《南疆逸史》。九年前,当亚子在"孤岛"上海闭门研究南明史时,他曾将自己珍藏的温氏该书钞本借给亚子,亚子极为感激,认为"这是何等伟大的收获"。三年前,应景深之约,他又在新复刊的《青年界》杂志上发表了《跋五十六卷本南疆逸史》。现在在船上,亚子又与他讨论起此书,虽然彼此观点不完全一致,但亚子认为值得继续考证。亚子为小箴写的诗是:"谢絮陈椒重小箴,郑家娇女嗣清音。最难慈父还兼母,体贴长途宛转心。"也写出了他的一片爱女深情。

　　他想起了自己在抗战时期抄写过的鲍照的《拟行路难》诗,更想起了唐代大诗人李白的名句:"行路难,行路难,多歧路,今安在?长风破浪会有时,直挂云帆济沧海!"是啊,现在一切"歧路"都过去了,一切困难都不在话下,他已乘上了时代的航船,直挂云帆,驶向光明,扑向新社会!

第十章　火中凤凰

五一　新生的太阳

在船上,他天天很早就起床,眺望那东方喷薄而出的朝阳。他的胸中,回荡着老友沫若在二三十年前写的著名诗集《女神》(其中有的诗篇还是经他之手发表的呢)中的一些诗句:

青沉沉的大海,波涛汹涌着,潮向东方。
光芒万丈地,将要出现了哟——新生的太阳!

出现了哟!出现了哟!耿晶晶地白灼的圆光!
从我两眸中有无限道的金丝向着太阳飞放!

太阳哟!你请把我全部的生命照成道鲜红的血流!
太阳哟!你请把我全部的诗歌照成些金色的浮沤!

啊,解放区就在前面。沫若,已先期到了那边。新中国,就像朝阳,即将从大海上升起!就像当年沫若诗中说过的那样,多灾多难的祖国,即将像自焚的凤凰,从烈火中得到新生!

在海上航行了整整五天五夜。至 3 月 5 日下午,船靠上了山东解放区烟台市郊的一个码头。据船员说,昨夜在海上突遇国民党军舰盘问,因此故意改道,佯作向朝鲜行驶,以致多费了一二个小时。但当时他正熟睡,竟不知道这一险情。此时,大家看见岸上站着全副武装的英姿飒爽的解放军战士,终于有了安全感,禁不住一阵欢呼!他紧紧拉着小篯,淌下了激动的泪水。

徐市长和贾参谋长特地从市区赶来迎候。他们又带来一个好消息:国民党军舰重庆号的爱国官兵,冒着危险,毅然起义,已经成功,并从上海开来烟台!大家不禁热烈鼓掌。吃罢晚饭,他与圣陶等人去浴室痛痛快快地洗了一个澡。为防国民党空军的袭击,他们当夜借宿在郊区一个外国人的别墅里。

第二天,中共中央华东局秘书长郭子化、宣传部副部长匡亚民等前来慰问。亚民说起自己从前曾是圣陶在上海景云里的邻居,因此见过圣陶与他。这样便更觉亲切了。休息一天后,当地部队用好几辆军用吉普(都是从蒋军那里缴获的)送他们,经莱西,于 9 日夜晚到达潍坊。潍坊往西的胶济铁路已通,10 日便坐火车到青州。青州当时是中共中央华东局暨华东军区司令部的所在地。华东军区政治部主任舒同、山东军区司令员许世友等首长来迎接。他忽看见当年曾参加创造社和左联,后来投笔从戎的朋友彭康,两人激动地握手。彭康此时是中共山东分局宣传部长。彭康告诉他,他在香港写给剑三的信,已经妥善地转去了。他感到十分欣慰。

在青州停了三天。除了出席欢迎会,应邀讲话,检查身体等等以外,令人难忘的是还参观了解放军官(即蒋军投降、被俘军官)教导团,与正在那里学习的原国民党山东省主席、第二绥靖区司令官王耀武等人谈了话,还见到了被俘战犯、国民党徐州"剿总"副总司令杜聿明。同行几位长者忍不住痛斥了杜氏,杜氏则低头带笑,听之而已。

13 日晚,又坐火车向西。这回条件好了,是卧车。他父女俩与圣陶夫妇四人一厢。第二天凌晨到济南,休息,参观。再上车,天晚到桑梓店。前方铁路被炸毁,尚未修复,于是改乘汽车,一夜颠簸,天亮赶到德州。休息一天,再乘一天汽车到沧州。这一段汽车路可真艰苦,亚子先生所乘那辆还翻了车,差点出事呢。

到沧州后,先住招待所。后知天津方面已开来专车,于是便上火车夜宿。仍是卧车,与圣陶夫妇同厢。第二天,又在卧车内休息了一天。入夜,有从石家庄来的人上车。不久,车又开了。他一看,其中有邓颖超和杨之华。邓大姐前些年在上海的群众大会上曾见过好几次;其实,早在"五四"时期他们就曾在陶然亭一起开过会的。之华则已二十多年不见,如今也渐渐老矣;惊喜之间,他不免想起之华的爱人、他的老友秋白烈士。新中国即将诞生,更不应忘记烈士的功绩。他又想起当年送秋白去苏俄时自己写的诗句:"汽笛一声声地吹着,/车轮慢慢地转着;/你们走了——/走向红光里去了!……"如今,自己正乘着火车,在解放了的土地上行驶,开向红光普照的北平城——他与秋白最初结识的地方。第二天上午 10 时许,终于到达刚刚和平解放四十几天的北平古城。

古都的第一任人民市长叶剑英将军亲自到车站相迎。衡山、夷初、沫若、愈之、广平等人也都来接站。他未见雁冰,一问,原来正在患感冒。他最高兴的,是见到了已十年相违的老友愈之。他想起自己曾听说愈之已"病故",在且忧且惧的心情下写过《忆愈之》一文,现在见面提起此事,两人更是哈哈大笑。

他又来到北平了。离第一次来,已经整整三十多年过去了。祖国发生了翻天覆地的变化,他也成了五十开外的人了。他永远不会忘记这次重来的日子——正巧是"三一八"。二十三年前的这一天,正是在这座古城里,发生了血腥的屠杀,鲁迅悲愤地称为"最黑暗的一天"。而他当时,则写了《春的中国》,指出:"这种的大惨杀事件,非惟不足以阻止我们的前进,且更足以使我们明白我们之益不可不努力,……大残虐的发生,便是预示着大变动的将实现。"如今,大变动实现了!今天,是最光明的春的一天!他心中充满了诗情,而同来的亚子老诗人写的诗,也抒发了他心中的诗情:"和珍女士牺牲日,鲁迅先生愤慨时。谁遣独夫专杀戮,难忘鲜血早淋漓。旧新军阀传衣钵,解放人民建鼓旗。掘墓鞭尸公论在,休将宽纵误悲慈。"

他们一行都被安排在六国饭店住宿,他从来没有住过这样舒适的饭店。第二天,他便拜访了雁冰、沫若、周扬等人,了解到当前文艺界的一个重要工作是筹备好第一次全国文学艺术工作者代表大会。还知道了各国进步团体和人士正准备在巴黎召开世界和平大会,中国文艺界也将推派代表前去参加。他见沫若、雁冰、周扬他们都忙得不得了,并都热情地要他赶快参加工作,分挑担子。他真想大声吟诵陆游的诗句:"丈夫五十功未立,提刀独立顾八荒。京华结交尽奇士,意气相期共生死……"他觉得自己应该马上站到应站的岗位上去。

晚上,叶剑英、李维汉(罗迈)、齐燕铭等人为他们一行设宴洗尘。罗迈比他大二岁,早在1920年代末、1930年代初,就曾任中共江苏省委和上海市委的组织部长,此时任中央城市工作部部长和统战部长。三年前,他在沫若家里,听过罗迈作的秘密报告。燕铭则比他小九岁,抗战胜利后曾任驻南京中共代表团秘书长,也到上海"周公馆"工作过,他也见过面的,现在是中央城工部和统战部的秘书长。今天,是第一次与这些长期关怀他的中共的领导同志痛痛快快地面对面畅谈。白天,他曾在《北平文化界声讨南京反动政府盗运文物宣言》上签了名,该宣言随即在北平各报发表。关于南京政府盗运文物一事,他是最清楚,也是最愤怒的了。在宴会上,他又向罗迈等领导同志提了此事。

当时,大批解放区的和国统区的革命文艺工作者从全国各地陆续汇集北平。由于他与圣陶的到来,20日晚便在北京饭店召开了全国文协理事、监事会议,决定马上与解放区的华北文协召开联席会议,筹备新的全国文艺界协会。22日,联席会议召开,推选了中华全国文学艺术工作者代表大会

(文代会)的筹备委员。他和圣陶当然都是。会上,又推选中国文艺界出席世界和平大会的代表,他和沫若、靖华、田汉、洪深、曹禺、艾青、丁玲,及美术家悲鸿、古元,戏剧家程砚秋、舞蹈家戴爱莲等十二人当选。

他当然不仅是个作家,而且还是一个学者。因此,23日,他又去北京饭店参加了全国学术工作者协会的理事会。会上,又推选出学术界出席世界和平大会的代表,邓初民、马寅初、翦伯赞、侯外庐等四人当选。第二天,他出席了文代会筹委会。又出席了准备参加世界和平大会的代表会议,会上决定了以沫若为代表团团长,刘宁一、马寅初为副团长,代表团共四十人。

25日午饭后,忽被通知在六国饭店大厅内集中开茶话会。开始大家不知何事,等坐下后才被告知,今天下午中共中央和中国人民解放军总部将从河北平山县西柏坡村迁至北平;同时,毛主席、朱总司令、周副主席等,将在北平西苑机场举行盛大的阅兵式。大家听了,雀跃欢呼,纷纷要求前去欢迎。而有关方面早已想到了,并作了安排。于是,大家兴高采烈,驱车出西郊。抵机场后,只见戒备森严,部队早已整整齐齐排列于四周,武器大多是从蒋军那里缴获的美式装备,战士们岿然挺立,如同长城,好不威武!各界群众代表来了成百上千,大家喜气洋洋。到五点左右,军乐队奏起了雄壮的乐曲,只见毛主席等一行的车队风尘仆仆地开到了!欢迎的人们尽情地高呼口号。他个子高,嗓门大,挥动着双手,有生以来从没有这么忘情地兴奋过。他看到敬爱的领袖下车后,同沫若、任之、叔通等少数几位站在前排的代表一一握手后,又向所有来欢迎的人们频频招手致意,然后又登上军车,徐徐绕场一周,检阅无限忠诚的人民的军队。他目睹这一切,心潮澎湃,觉得真是极其庄严、意义深长的时刻!

到北平才十一天,几乎没有好好休息过,他又要留下爱女远行了。他是作为即将取得全国胜利的中国人民的代表,去法国巴黎出席世界和平大会。他感到无比的光荣和自豪。回想起二十多年前,他曾因躲避反动派的迫害而去过巴黎,不禁感慨万千。行前,周副主席亲自过问他们的行程、行装和健康状况等，为了防御途经西伯利亚时的严寒，特地指示为代表们每人做一件皮大衣，而且还是轻柔暖和的貂皮。这也是他第一次有了皮大衣，真感到暖到了心窝里。29日下午，代表团乘火车离开北平，行程是从满洲里出国，由陆路横穿苏联，经莫斯科再转巴黎。车站有盛大的群众欢送队伍，女儿小箖也在里面。火车到天津，又是人山人海的欢迎和欢送的队伍。他忽见到又一批刚从香港北上的人士，其中有伯昕。伯昕给他带来好多信，都是家里和朋友们从上海寄香港转给他的。

第二天下午四时许，火车到沈阳。下午吃晚饭时，他见到了英勇起义的"重庆号"邓舰长。到哈尔滨是第三天上午10时许，车站上又有盛大的群众欢迎大会。代表们下车，在这里办理护照。这时，他看到了十多年未见面的丁玲，非常高兴。丁玲当时就住在哈尔滨，所以她接到要去巴黎开会的通知后，就等在这里直接上车了。

4月3日，他们在满洲里换乘国际列车，入苏联境。至11日下午，到莫斯科。在那里，他访问了西蒙诺夫等苏联作家。接着，又乘火车去捷克斯洛伐克，于17日上午到达捷首都布拉格。中国代表团受到了兄弟的捷克人民的热烈欢迎。他还去访问了1930年代就认识的著名汉学家普实克。代表团原打算先派几位代表打先锋去巴黎，随后全体赴会。不料，当时的法国政府很不友好，有意阻拦，对风尘仆仆为和平不远万里而来的中国人民的代表提出种种无理要求，限制他们只准八个人入境。中国代表团举行了记者招待会，拒绝了法国政府的条件。

他重访巴黎的愿望不能实现了。世界爱好和平的朋友都同情中国。没有中国代表的参加，世界和平大会就失去了光彩。于是，大会筹备委员会郑重决定：大会一分为二，于20日上午在巴黎和布拉格同时召开！中国代表团全体出席设在捷国会大礼堂的会场。沫若与约里奥·居里、阿拉贡、法捷耶夫等著名人士同被选为大会主席团成员。22日，沫若代表中国代表团在大会发言，并向巴黎会场播送，各国朋友热烈鼓掌。

23日上午开会时,代表团得到了中国人民解放军三十万大军发起渡江战役的好消息;同时,又得知长江上的英国军舰紫石英号等向我解放军开炮的坏消息。他的心情,真是且喜且忧。然而,近中午时,会议主席忽宣布解放军已占领南京的特大喜讯。全体代表,不管是中国人还是外国人,立即起立欢呼,热烈拍手。解放军如此神速、如此伟大的胜利,极大地鼓舞了全世界一切爱好和平的人们。外国朋友纷纷向每一个中国代表握手拥抱,每一个中国代表都流下了眼泪。他从来没有比这时更感到做一个中国人的自豪和幸福!下午开会时,有一队捷克青年忽拥入会场,致词后,向中国代表敬献鲜花,与中国代表热烈拥抱接吻。他再次感动得热泪涟涟。晚上,当他已经睡下后,又忽闻街上不断地高呼着"毛泽东!毛泽东!!"原来,又是兄弟的捷克人民赶到中国代表团所住的旅馆前来欢呼。

大会至25日胜利闭幕。会议通过了宣言,并决定建立常设委员会并设立国际和平奖金。大会结束后,他们又应邀参加了布拉格举行的群众大会。群众的情绪热烈万分,时时高呼口号。散会后,争与中国代表握手。27日,他去查尔士大学,参加该校授予沫若名誉博士学位的仪式。他还抓紧时间,参观了几处博物馆。29日上午,乘飞机离开布拉格回莫斯科。这是他一生中第一次坐飞机。

代表团在莫斯科休息、参观了好几天。他尤注意参观列宁博物馆、列宁图书馆和其他博物馆。他们参加了在红场举行的国际劳动节庆祝大会和阅兵式,见到了斯大林。他们拜谒了列宁墓,瞻仰了列宁遗容。5日,他应莫斯科大学的邀请,去那里作了讲演。他还抓紧时间,为何理翻译的《西游记》写了一篇序。他又和马寅初、翦伯赞、丁玲、古元、徐悲鸿、李德全、钱俊瑞、卢于道、葛志成、王刚等人乘火车去列宁格勒,参观了两天,于8日中午回到莫斯科。10日一早,代表团乘飞机离开莫斯科,到赤塔后换乘火车,于12日入国境。

祖国人民像欢迎凯旋的英雄一样,欢迎代表团归国。一路上,在哈尔滨,在长春,在沈阳,锦州、唐山、天津等地,都有成千上万的群众举行欢迎大会。每次沫若都少不了要上台讲话,嗓子都讲哑了。他也上台讲过话。

25日下午五时许,代表团回到北平。车站上有很多人在欢迎。他一看,小箴也来了。快两个月未见,他真想念女儿啊!但来不及说几句话,代表团又马上坐汽车直奔天安门广场。那里有十万人的群众大会正在等着他们呢!周恩来、林伯渠、董必武等领导同志也等在那里。叶剑英市长讲话后,即由沫若、寅初、奚若等人讲话。散会时,已暮色苍茫了。他幸福地与周副主席紧紧握手,亲切交谈。当晚,周副主席在北京饭店设便宴招待代表团成员。席上,周副主席谈笑风生。忽有人提到传说张学良将军被害的消息,虽然后来查明这个消息是假的,但当时却引起了周副主席的不安,那愉快的面色顿时消失了,疑虑和痛苦涌上了眉梢,又粗又黑的双眉紧紧地皱了起来。只听得周副主席沉重地说:"我们不应该让张群跑掉。不然,可以拿他来交换张学良将军。"(当时报载,张群是乘最后一班飞机逃走的。)他强烈地感到,周公是一位感情极为丰富而深沉的人。对一切为人民做过好事的人,周公都怀着深刻的忆念。他望着周公,心中洋溢着无比崇敬的感情。

他不由得想到自己,觉得自己为人民做的好事并不多。在这离开北平的两个月时间里,不,在2月15日离沪以来的三个多月时间里,他时时刻刻受到党的无微不至的关怀、人民群众的热烈欢迎、解放军战士的保护、国际友人的尊敬。他为此深感不安和惭惶。他认为自己没有什么重大贡献,受到这样的厚遇,是有愧的。然而,值得自慰的是,自己毕竟是一直跟着党走的。这条路走对了。现在,自己多少年朝思暮想的一个新的中国——新生的太阳——马上要升起在东方的地平线上了!一定要更努力地拼搏,贡献,把自己的全部生命和智慧奉献给新生的太阳啊!

五二 投身开国大业

回到北平的第一天,在北京饭店吃好晚饭,一回到六国饭店,他便遇见了相违八年的阿英。两位老友热烈地拥抱。他关切地询问阿英 1941 年底全家从上海到苏北根据地以后的情形。阿英说,到苏北不久,就得知陈毅军长设想要在洪泽湖附近建立一个文化根据地,因为那里比较安全,"那时,我们曾商量想把你也请来噢!"他忙抱歉说:"我知道,我知道,在你去苏北之前,我就收到过陈毅同志和少奇同志的亲笔邀请信的。可是,那时我在上海没法脱身啊!"此刻,他们又都想起了陈毅正在指挥千军万马围攻大上海。其实,这时解放军已经进入南京路,只有苏州河北一小块地方还剩下一些蒋军在负隅顽抗而已。

当他问到阿英最喜欢的儿子,那位当年阿英常常派来向他请教、与他联系的英俊而有才华的二十岁刚出头的钱毅时,不料阿英却悲痛地告诉他,钱毅在两年前因为掩护战友,断后作战中不幸被俘,已经壮烈牺牲。他的心里顿时充满了无法形容的酸楚!他想起,阿英在参加新四军前夕编写《晚清戏曲录》时,就是由钱毅帮助校勘,并拿来请他写序的。他再一次痛感,革命的成功,就是靠了千千万万像钱毅这样的共产党员和革命者的生命换来的啊!阿英说,从那时起自己就取了个斋名叫"思毅斋",还为钱毅作了一副挽联:

浴乎仁,游于义,当年熟读《南冠草》
不负国,不亏党,今朝重谱《正气歌》

抗战胜利后,阿英曾任中共中央华东局文委书记和大连市委文委书记。今年 4 月中旬调到天津工作,六天前到北平来参加文代会。阿英说,最近有一批在东北解放后缴获和搜集的文物运到天津。说到文物,他们才从沉痛的心情中解脱出来。他说,两个多月前,当他刚踏上山东解放区的土地时,在莱西三李庄就发现共产党的基层机关曾在战火中抢救了不少文物。其中有城子崖出土的一具黑陶,上有文字,他认为当是与甲骨文同时之珍贵古物。在潍坊,在青州,他发现都有干部专门负责文物保管工作。这是他以前没有想到的!在青州,他与圣陶等人还专门听华东局干部吴仲超谈文物保护工作之情况,觉得头头是道,十分佩服。(他当然更不会想到,仲超后来会担任文化部部长助理、故宫博物院院长兼党委书记等,成为自己的亲密同事。)

"在战火纷飞之中,我们党还这样关心、爱护文物,真令人感动!"他对阿英说。

"是啊,振铎兄。在解放东北时,我军还缴获了一批被溥仪随身挟逃的清宫国宝呢!在部队中,我和一氓一谈起文物、古籍,便常提到你。一氓是有心人,已收了不少好书好东西,什么时候我们一块去看看?"阿英更动情地说:"你知道吗,早在新四军时期,陈军长就要我在打仗时沿途搜集文物古籍,还访求古本《红楼梦》。当他得知镇江图书馆有一批图书移至新四军所属兴化县城时,立即命我赶赴兴化,终于追寻到一部木版《红楼梦》。在解放战争期间,陈老总在戎机政务之余,专门对搜集和保存文物作了部署,要战士挖战壕时如发现出土文物和南下沿途收缴的文物,全部上交,不准损坏。并责成'三野'负责文教的李亚农掌管此项工作。战士们忠诚地执行陈老总命令,把青铜器、陶瓷器、玉器、书画等文物由班及排地逐级上交,由亚农集中保管,随大军转战南北。例如,1947年冬,我军在山东同蒋军作战时,收集到明代天启皇帝'赐'给赵南星夫妇的一轴'诰命'和赵氏的铁如意一柄。陈老总认为是重要文物,后来他到延安党中央开会时,亲自将这两件东西交给了董老。"

"是著名东林党人赵南星的遗物吗?太好了,太好了!"他从激动又渐渐转入沉思,说:"阿英兄,这次我在苏联,在捷克,都参观了他们的博物馆。他们的党和人民,在革命胜利后也比较重视文物保护工作。我们国家,经过多年战乱,文化财产损失惨重!现在,全国即将解放,我们是不是应该及时向党中央谈谈文物的事?……"

"振铎兄,我也正这样想呢!"这两位无比热爱祖国文物的老友,越说越投合,"不过,今天时间太晚了,你刚刚回来,还没休息呢,改日再谈吧。"

隔了一天,他们又详谈了一次,都认为应该建立专门的全国性的文物机构。阿英因为有事要回天津一次,便要他先起草一个计划,等自己回来后,直接找周副主席研究。5月31日,他又与阿英谈了一次。6月7日下午,周副主席在筹划开国大事的难以想象的忙碌的时刻,专门招阿英进中南海,听取了阿英和他的建议,并作了重要的指示。阿英当晚即向他作了传达,使他极为振奋。

这是新中国文物事业的最初规划!这也是新中国开国大业的一个组成部分!周副主席的心,是与他们相通的。此事后来与毛主席一谈,马上就定了下来。

其实,在日理万机、包括继续运筹帷幄、指挥南方千军万马作战的毛主席、周副主席的脑海中,也已考虑到这一工作了;甚至在他们的心目中,已经酝酿过主持这方面工作的人选了。据说,早在1945年7月,黄任之与褚辅成、章伯钧、冷遹、左舜生、傅斯年等几位"参政员"访问延安时,任之曾向周公提到南方文物多,应如何保护处理之事,毛主席便在一旁说:"文物的事情问郑振铎好了。"当时,任之便因此暗暗认定:"郑振铎是共产党!"还曾悄悄地将此事告诉过森玉呢!

当然,实际他到现在还不是党员。但他像一个党员一样地工作着;党信任他,让他承担一系列重要的任务。他5月回到北平后,即被华北人民政府任命为高等教育委员会委员。该委员会开始研究、制定新中国的各项教育制度和课程设置(中华人民共和国成立后,这些都归教育部主管)。6月15日,他出席了在中南海勤政殿隆重举行的新政治协商会议筹备会第一次全体会议。出席会议共一百三十四人,毛主席致开幕词。19日闭幕,设立各筹备小组,开始紧张的筹备工作。他被分在第六小组,组长马叙伦,副组长叶剑英、沈雁冰。该小组负责拟定国旗、国徽、国歌方案。他同时又参加第二小组的工作,该小组负责起草中国人民政治协商会议组织法。此外,他还积极参与文代会的筹备工作。6月25日,他写了《文代大会的前瞻》,回顾了"五四"以来新文学运动的发展历程,阐述了即将召开的首届文代会的历史意义。7月1日,他作为发起人之一,在北京饭店参加了"新史学研究会筹备会"成立大会。他被推选为常委。会议认为,全国史学工作者应该团结起来,从事新史学的建设工作。会议通过了筹备会的组织章程和"中国新史学研究会"暂行简章,并决定迅速筹备召开全国史学工作者代表大会(两年后,研究会正式成立,改名为"中国史学会"。在成立大会上关于筹备工作的报告,是他作的)。

中华全国文学艺术工作者代表大会在党中央的直接关怀下,7月2日在北京隆重召开。出席代表共八百二十四人,是有史以来文艺工作者最盛大的一次聚会。他作为南方代表团团员、大会代表资格审查委员会委员、大会主席团成员、大会常委主席团成员的资格出席大会。朱总司令代表党中央在开幕式上讲话。6日下午,周副主席作政治报告,详细阐述了三年解放战争的情况,并阐述了文艺界的团结问题、为人民服务问题、普及与提高问题、改造旧文艺问题、全局观念问题、组织问题等。他听得津津有味,但却不得不与乔峰等人先出会场,因为他们应董老与薄一波、聂荣臻之招宴,要赶到北京饭店。此宴为纪念"七七"抗战,到者二百余人。董老与聂将军致辞,李济深亦发言。七时席散。后来,他听说周副主席讲了约六个小时,而在快要讲完之际,毛主席突然亲临会场,并作简短而有力的讲话,说:"同志们,今天我来欢迎你们。你们开的这样的大会是很好的大会,是革命需要的大会,是全国人民所希望的大会。因为你们都是人民所需要的人,你们是人民的文学家、人民的艺术家,或者是人民的文学艺术工作的组织者。你们对于革命有好处,对于人民有好处。因为人民需要你们,我们就有理由欢迎你们。再讲一声,我们欢迎你们。"全场欢声雷动。他听了传达后深深体会到,这是党对文艺工作者最大关怀的表示。他在想,自己是否够得上"人民的文学家"的称号。在会场上,他曾为女作家凤子在记事本上题写了这样的话:"文艺境域至今而最广,……从前是有所不为,今日必须想到该怎样做的问题。"

他也在会上发了言,对 4 日雁冰作的《十年来国民党反动派统治区革命文艺运动总报告》作了重要的补充。他从编印《鲁迅全集》说起,主要谈了"孤岛"上海的文艺运动及其成果。由于这些都是他亲自参加的(而雁冰当时不在上海),所以如数家珍。大会于 19 日闭幕。他被选为中华全国文学艺术界联合会(文联)全国委员会委员。接着,出席文联全国委员会第一次会议,他又被选为全国文联常务委员和福利部负责人;同时,又被推选为文联系统出席即将召开的全国政协的代表。他又出席了中华全国文学工作者协会(即作家协会)成立大会,被选为作协全国委员会委员、常务委员和研究部负责人。

8 月 29 日,华北人民政府高等教育委员会组织专家数十人参观该委员会所属故宫博物院、北平图书馆、历史博物馆、北平文物整理委员会等单位的陈列预展,征求意见。他与范文澜、裴文中、王冶秋等相继在座谈会上发言,探讨了今后博物馆、图书馆的发展方向问题。(在中华人民共和国成立后,这些单位和工作都归属中央文化部文物局,由他直接负责领导。)

9 月 17 日,他出席新政治协商会议筹备会第二次全体会议。会议决定将"新政治协商会议"改称为"中国人民政治协商会议"。审议并基本通过了《中国人民政治协商会议组织法草案》《中国人民政治协商会议共同纲领》《中华人民共和国中央人民政府组织法》等三个文件。

经过筹备会的充分准备,21 日下午七时,中国人民政治协商会议第一届全体会议在中南海修整一新的怀仁堂隆重开幕!出席这次会议的有中共和各民主党派、各人民团体、解放军、及其他各方面的代表共六百六十二人。他是其中光荣的一名正式代表!政协代表的广泛性,充分体现了全国人民的意志与要求,因此,它具有代表全国人民的性质,宣布执行全国人民代表大会的职能。

他坐在会场,全神贯注地聆听着毛主席致的开幕词。"占人类总数四分之一的中国人从此站立起来了。""我们的民族将再也不是一个被人侮辱的民族了,我们已经站起来了。我们的革命已经获得全世界广大人民的同情和欢呼,我们的朋友遍于全世界。"当他听到这些庄严的话的时候,眼镜后面早已因泪花而模糊一片。他再也坐不住了,站起来热烈鼓掌。全场都站起来了。

就在毛主席致词的时候,驻守北平的中国人民解放军炮兵部队五十多门山炮,奉命发射了二十八响礼炮。隆隆的炮声,像阵阵春雷,轰响在北平的上空,回响在会场。他知道,在国外的庆典上,一般最高礼仪是二十一响;今天怎么二十八响?哦!明白了。不久前刚刚庆祝过中国共产党成立二十八周年,新中国是党领导人民经过二十八年的奋斗得来的。二十八响,就是对这二十八年斗争的礼赞!鸣炮之后,天空骤然下了一阵急雨,瞬息之间,星星又在蓝天上眨眼睛了。他不信神,但他宁愿相信这是百万烈士在天之灵洒下的欣慰的热泪。后来,毛泽东写诗说:"忽报人间曾伏虎,泪飞顿作倾盆雨。"

大会开至 27 日,经过充分讨论,一致通过了《中国人民政治协商会议组织法》《中华人民共和国中央人民政府组织法》等重要文件,并决定:国都定于北平,并自即日起改名为北京;纪年采用公元;以《义勇军进行曲》为代国歌;以五星红旗为国旗。他想起了,当年与鲁迅先生合编《北平笺谱》,鲁迅说用"北平"二字可以表明时代。真的,"北平"的时代已过去了,新的"北京"时代到来了!

30 日是大会最后的一天,主要进行两项选举:一是选举中国人民政治协商会议第一届全国委员会委员;一是选举中央人民政府主席、副主席和委员。在这次大会上,很多代表——他当然也是一个——强烈要求为号召人民纪念烈士,鼓舞后来者,应在北京建立一座人民英雄纪念碑。党中央欣然采纳了代表们的意见,大会通过了建碑的决议和毛泽东亲自撰写的碑文。这时已近黄昏,大会工作人员正在紧张地对选票进行统计和唱票,尚未能马上揭晓,乘此空隙,大会全体代表六七百人,乘车直赴天安门广场,举行"人民英雄纪念碑"的奠基典礼。大家要赶在开国大典之前,邀请为国捐躯的八百多万英灵一同来分享胜利的喜悦。

只见天安门广场已打扫得干干净净,城楼也修缮一新,城楼前新树起一根二十多米高的白色旗杆。他明白,明天,那上面就将升起一面五星红旗。天色已不早了,秋风萧瑟,六百多人齐刷刷肃立,毛泽东、周恩来、朱德、刘少奇、陈云等中央领导人站在最前面。周恩来致词后,大家脱帽默哀,然后聆听毛泽东用那湖南口音一字一顿地朗读了三段庄严的碑文:

三年以来,在人民解放战争和人民革命中牺牲的人民英雄们永垂不朽!

三十年以来,在人民解放战争和人民革命中牺牲的人民英雄们永垂不朽!

由此上溯到一千八百四十年,从那时起,为了反对内外敌人,争取民族独立和人民自由幸福,在历次斗争中牺牲的人民英雄们永垂不朽!

他站在队伍中,望着领袖们和各单位首席代表一一执铣铲土,望着天安门城楼,望着四周飘扬的红旗,感到浑身在震荡!他想起了,三十一年前,就在这广场上,守常先生发表了《庶民的胜利》的演说,预言"试看将来的环球,必是赤旗的世界";然而,先生却在二十二年前就壮烈牺牲了!他想起了,前几天,就是鲁迅先生的六十八岁诞辰;先生要是能活到今天,该是多么兴奋!他想起了,五四运动时,秋白和他等,曾多次到这里集会,游行,讲演;两个月前,他还专门写了一篇文章,回忆这位为中国革命献出了年轻生命的挚友!他想起了,一个多月前,是老友贤江逝世十八周年,他和夏衍、之华、一氓、雁冰、圣陶、乔峰、予同、雪村、云彬、汉年、梓年等友人,都写文章悼念这位革命的先驱者！他还想起了韬奋、公朴、一多、行知……，他还想起了比他年轻的也频、王进、陈明、钱毅……！他仿佛看到，此刻，他们都聚集在暮色苍茫的云端，欣慰地俯视着广场这庄严的典礼……

典礼结束后，大家回到怀仁堂。大会一直开到子夜，在暴风雨般的掌声中，宣布了一百八十位政协第一届全国委员会委员，他就是其中的一位；更宣布了毛泽东当选为中央人民政府主席，朱德、刘少奇等六人为副主席，周恩来等五十六人为政府委员。大会在毛泽东主持下举行闭幕式，朱德致闭幕词。最后，军乐队高奏悲壮激昂的代国歌《义勇军进行曲》。

第二天，10月1日，就要举行庄严的开国大典。午后，他怀着无比激动的心情，第一次登上天安门城楼。放眼望去，满目是香山红叶般的色彩，广场上到处是红旗和鲜花。抬头看，重檐上悬挂着八个特大的红宫灯，黄色的流苏随风飘拂，无比庄重热烈。他又看到金水桥前那高高的白色的旗杆，那是工作人员用三根粗的自来水铁管拼接起来制成的。他听说，在昨晚他们为纪念碑举行好奠基礼回去以后，天安门上的工作人员对自己设置的电动升旗装置进行最后一次调试。谁知第一次国旗竟停在中间未上去。工作人员急得不得了，一直干到天亮，才解决了其中的技术问题。而他，却生发出一种诗意的想象：他觉得那第一面五星红旗有灵，那是有意定在半旗位置上，向刚刚由毛主席铲土祭奠的几百万英灵致敬。他眼前不由得又浮想起守常、秋白等人的亲切的面容……

近三时，以毛主席为首的中国人民的领导人（除了少数几位因在前线指挥作战而未到外）登上城楼，军乐队立刻奏起了已经响遍全国的陕北民歌《东方红》的乐曲，全场一片欢呼。三时正，大典开始，中央人民政府秘书长林伯渠宣布："请毛主席升国旗。"全场肃立，军人们都举起右手敬礼。他聆听着军乐队奏响雄壮激越的国歌，礼炮又轰鸣二十八响。他注视着由毛主席按动电钮而飘扬着冉冉升上旗杆的五星红旗。眼泪又一次夺眶而出。这是他也参与讨论、选定的国歌和国旗啊！他感到无法形容的幸福与自豪！

在他眼里,旗杆上飞舞着的国旗,似乎化作一团鲜红的壮丽的火焰;那金赤的羽毛,灿烂辉煌的新生的凤凰,终于在鲜红的火焰中腾飞而出!他又一次在心里放吟起沫若在《女神》中的诗句:

我们更生了!/我们更生了!/一切的一,更生了。/一的一切,更生了!/我们便是他,他们便是我。/我中也有你,你中也有我。/我便是你。/你便是我。/火便是凰。/凰便是火。/翱翔!翱翔!/欢唱!欢唱!……

接着,由毛主席宣读《中华人民共和国中央人民政府公告》。全中国和全世界,都听到了这位伟人发出的气壮山河的声音,知道了中国人民已经挺直了腰杆!再接着,盛大的阅兵式开始了,他第一次见到那么整齐雄壮的步伐,那么多从敌人那儿缴获来的新式武器,真是神旺气壮,热血沸腾!他聆听着朱总司令宣读的《中国人民解放军总部命令》,从来没有比今天这样更深切地感受到人民革命力量的伟大。城楼上,广场上,几十万人的掌声、欢呼声像波浪一样,一个高潮叠着一个高潮。他整个地陶醉在这个千载难逢的盛大节日中了。

第二天,北京又召开中国人民保卫世界和平大会。他是大会主席团成员。大会发表了宣言,并选举了中国保卫世界和平大会全国委员会委员。他是委员之一。

9日,他出席政协全国委员会第一次会议。会议选举毛泽东为全国政协主席,周恩来等五人为副主席。他被任命为政协文教组组长。当时的政协同时又行使现在人大的职责,文教组组长是很重要的一个职务。

21日,中央人民政府政务院宣告成立,政务院总理周恩来报告各部门组织问题。沈雁冰担任中央文化部部长,他则被任命为文化部文物局局长。11月1日,正式走马上任,开始工作。

后来，有人私下议论，认为解放初他只当个局长，实在是有点委屈了，与他的政协文教组长的身份也不大配。再看他的一些老朋友，不少都是部、署级干部。然而这些官大官小的事，他根本没心思去做那种"横向比较"。据知情者说，中央最初酝酿、协商各部门人事职位时，本来是安排他当副部长的。但当时规定部、署一级的干部是一正二副，他看到有一位长期参加革命的从延安来的党员同志还没有落实职务，便主动提出自己不上。所以，他这位局级干部实际仍享受副部级待遇。（过了没几年，第一届人大召开后，他就被周总理任命为文化部副部长，那是后话。）

11月11日，政务院举行第五次政务会议，决定组织华东工作团，由董必武副总理任团长，南下接收已由南京、上海、杭州等地军管会接管的前国民党中央党政机关的人员、档案、物资等，决定哪些机构及人员迁到北京，哪些图书、物资、档案运到北京，以及留在地方的人员、档案、物资如何处理等等。他担任工作团的文教组组长。这是建国初的一件大事。也是他第一次在董老直接领导下工作。12月上旬，他便随团南下了。他是在上海迎来1950年代的最初日子的。他辛勤、紧张地工作到1950年1月底，才返回北京。新华社北京2月2日电讯报道："中央人民政府政务院指导接收工作委员会华东区工作团，经月余的工作，已初步完成上海、南京、杭州等地前国民党政府中央各机关、人员、档案、图书、财产、物资的接管事宜，现该团已由南汉宸副团长率领返抵北京。团长董必武副总理则已于去年十二月十六日因公先返北京。华东区工作团系于去年十二月十日在董必武、南汉宸正副团长率领下抵南京，先后在宁、沪、杭等地接管各种档案、图书、仪器共达六千余箱，处理原属前国民党政府中央系统各机关的旧工作人员达二千零四十七人……"2月10日下午，政务院召开第十九次政务会议，华东区工作团南副团长作了关于该团工作的报告，该团任务宣告完成。

五三　一展平生志

　　文物局最初的办公处,设在北海的团城。那是一个多么美丽、可爱的地方啊! 循磴道而上,站在四千五百平方米的团城上,凭着城堞垛口,美丽的北海公园、白塔、五龙亭尽收眼底,举世闻名的书城北京图书馆近在咫尺,还可眺望中南海、紫禁城和景山。团城上古树参天,婆娑苍翠。尤其是一棵金代的桧子松,展开了天然华盖,浓荫宜人。团城是世界上最小又最美的砖城,是画中之画,诗中之诗。而同时,它本身又是世界上最可宝贵的文物单位。那承光殿、古籁堂、余清斋、镜澜亭等,无一不是珍贵的古建筑。玉瓮亭内藏有一元代玉瓮,是用整块墨玉雕成的珍品。尤其是承光殿中供奉的一尊高一米半的羊脂玉佛,洁白无瑕,色泽清润,形象优美,是价值连城的国宝。可恨的是,玉佛的左臂曾在 1900 年被帝国主义八国联军用刀砍伤,留下永不消失的伤痕! 这也好,让每一个来参观的文明人,都记住帝国主义的无耻与野蛮! 然而,把这样一个本身应该重点保护的文物单位来用作办公处所,毕竟是不很合适的。但建国初期,千头万绪,他知道国家有困难,一时又找不到合适的办公楼;好在文物局的人,都懂得如何保护文物,只要当心一点,先在这瑞安顿下来再说。(多年后,文物局还是搬走了。)

　　现在,他的局长办公室,就在承光殿左侧的古籁堂。他每天赶到这里来上班。他明白自己肩上的责任的重大,同时又深深感到自己是幸福的中国人中间最幸福的一个。他平生最钟爱的,无非是书,是文物,是文化艺术,是历史古迹。没想到,现在就让他来主管全国这方面的工作。不仅全国的博物馆、艺术馆、重要的古迹名胜和有关考古研究单位等等,都归他领导;而且,全国的图书馆、藏书楼等等,也在他的负责范围之内。过去,他最痛恨反动当局不爱护祖国的文物、图书,不重视考古工作,听任珍贵文物、古籍的毁坏与外流,甚至监守自盗;最鄙夷那些不学无术,垄断资料,或者玩弄古董,还有自己不研究却妒忌别人研究的人物。那么，现在世道变了，一切都掌握在人民的手里了，一切以人民的意志为意志，他有职又有权，理应把工作做好。

他要宣传党和政府的文物保护政策，起草新中国的文物、古籍保护条令供党中央、政务院采纳；他要首先制止文物、善本古书的外流和破坏现象，警告那些出卖国家文物、珍本古书的败类；他要筹建全国性的考古研究所，组织领导新中国最初的科学发掘工作，争取打它几个漂亮仗；他要清理博物馆、图书馆的旧家当，开展陈列，提供阅览；他要提出第一批全国重点文物保护单位的名单，请政务院审查后正式公布；他还要考虑加强和扩大新中国的文物图书工作者和考古工作者队伍，培养新的接班人……。对这一切，他胸有成竹，是懂行的，不然党和人民不会将这副担子交给他；但同时，他又觉得不很懂，要摸索。不过他决心努力学习，团结同志，鼓励和发挥专家们的积极性，出色完成人民交给的任务。

一切待从头收拾。一切可大展鸿图。

既然党这样信任他，调动了他爱好文物、图书的积极性；那么，他在党的领导下，也要千方百计去调动全局以至全国的文物、图书专家的积极性。他在这方面做了很多卓有成效的工作。

他很尊重局里的党员副局长王冶秋同志。冶秋比他年轻十来岁，建国前并不认识，但冶秋在1920年代参加过新文学社团未名社的活动，后来曾写过《新文学小史》《唐代文学史》，可说在文学方面也是有造诣的。对于文物工作，虽然刚开始时谈不上是专家，但冶秋在1930年代就曾帮助鲁迅搜集南阳汉画像石刻拓片，可见也是早就有兴趣的。特别是，冶秋在1948年底，就在解放区的河北良乡，参与筹备北平解放后的文物接管工作，任北平文化接管委员会的文物部副部长。就在本书传主到达北平时，冶秋他们刚刚胜利完成对故宫博物院、北平历史博物馆、北平图书馆、北平文物整理委员会等的接管工作。

冶秋还是一位具有传奇色彩的老革命,早在十六七岁时就入了党,在家乡组织过武装暴动,坐过反动派的监牢。1940年任冯玉祥将军的秘书,在党的隐蔽战线做统战工作。特别是秘密地做军政情报工作多年,机智勇敢,出生入死,曾官至国民党军的少将参议呢。此时,冶秋仍常常穿着解放军的军服,佩带着一把漂亮的银灰色的左轮手枪(至1959年才上交)。

冶秋的儿子王可后来回忆说:"冶秋很庆幸能够辅助年长自己十一岁的著名学者郑振铎先生工作,……在处长和干部选用上,听从郑先生的推荐与选择。当时,文物局的三个主要业务处是:图书馆处、博物馆处和古物处(即文物处),郑先生曾分别致信邀请向达、王天木和夏鼐执掌上述三处,但均被婉拒,后改由三位专家彭道真、裴文中和张珩任职。"

其实,他最早想邀请的,是那位与他父亲同龄的老专家森玉。他还亲自为其布置了办公室,特地安排了一张贵重的紫檀木写字台和坐椅,以示求贤尊老,虚席以待。在他一再热情邀请下,森玉曾经答应了。1950年4月19日,他给森玉的信中极为高兴地写道:"请先生担任文物处处长事,月初即已由文化部通过,惟办事手续极为迟缓,到昨天下午,正式通知方才送来。……但因手续上的程序关系,先生的北上任职,必须经上海市人民政府的同意。请和亚农兄仔细的一谈为盼(如亚农不便面谈,请尹默先生和他一谈如何),只要他没有问题,不强留先生,即可。市府方面,已由文教委员会去公文了。我们知道先生允许北上的消息,极为欢跃!天天在盼着先生能够早来!……先生的住宅,有无问题?要不要代找?……觉明听说先生先生来京,他也高兴非凡,也可以就图书处处长之职。许多谈得来的朋友们聚在一起,实在是人生难得之乐事也!此间气象一新,情形至可兴奋。……我们计划:俟先生到后,拟作东北考古之行,要仔细的考察辽阳的汉墓(壁画极多而精)和若干的辽墓。想先生闻之,亦必为之心动也。……盼能早日命驾北上!"可惜森玉最后还是因种种原因离不开上海。但他仍几乎每年要请森玉到北京去一次,以便当面请教。而他到上海时,更少不了去拜访森玉。他还多次写信给当时担任华东文化部文物处副处长的端毅,要端毅好好向森玉请教、学习。1958 年 10 月 16 日,森玉到北京,他亲自去车站迎接,陪森玉到下榻的故宫招待所,谈了很多话,还请森玉到他家吃晚饭;而第二天他就要出国。(谁知他不幸一去不回,森玉就在北京参加了他的治丧委员会,痛哉!这是后话。)

他非常尊重局里那些从旧社会过来的学有专长的知识分子,注意发挥他们的作用。他特别重才。王可后来回忆说:"当时文物处集中了一批党外专家与学者,如人们戏称为'五大公子'的张珩(张静江侄子)、罗福颐(罗振玉之子)、傅忠谟(傅增湘之子)、徐邦达(号称徐半尺)、万斯年,以及谢元璐、陈明达等,还有两位业务秘书:郑先生的助手谢辰生和梁思成先生的助手罗哲文,可谓人才济济。"这"五大公子"之首的张珩,就是前面写到过的那位解放前的公子哥儿兼文物收藏鉴定专家葱玉,此时年仅三十七岁,由他大胆吸收进文物局工作。为什么说"大胆"?因为葱玉不仅出身于大地主家庭,而且其刚刚死去的叔父张静江还是蒋介石聘任的"总统府资政"。这在特别看重"家庭成分""社会关系"的当时,是需要有一点魄力的。(而且,后来乡下有关部门曾要划葱玉为地主成分,征求本书传主意见时,他主张只划葱玉母亲为地主。)葱玉刚到北京时,吃住都在他家里。他任命葱玉担任文物处副处长,让其在书画鉴定方面充分发挥了特长。葱玉平生第一次成为国家干部,精神焕发,后来还毅然报名去西南参加土改,积极改造自己。他后来又提拔葱玉担任文物出版社副总编辑。(可惜葱玉于 1963 年得肺癌英年逝世。)

他热情动员著名学者向达(觉明)来负责图书馆处,后来虽然因故没有成功;但著名学者王振铎(天木)还是担任了博物馆处的处长。他尤其想动员他的忘年交夏鼐(作铭),来负责文物处和有关考古发掘的工作,此事更有点"一沐三握发,一饭三吐哺"的味道。早在文物局创建之时,他就在 1949 年 10 月 30 日给夏鼐写信,指出解放后"文化将以北京为中心,文物也将以北京为中心",因此,"我们都极希望兄能北来!""中国考古工作的前途,希望太大了。渴望我兄能够前来领导这个工作"。他恳切地请夏鼐"即日北上,主持'古物处',为考古发掘工作的领导者"。还设身处地地为夏鼐着想:"古物处的设立,主持者固然免不了有些日常行政的事,但大体上,希望兄来任处长,再找一个副处长帮你忙,你就可以不必多管行政的事,并不妨碍兄的研究工作也。只要主持大体就可以了。"他并询问夏鼐:"副处长及其他人员,兄有可推荐的没有?并请布置一下。"更强调说明:"此非一人之私愿,实国家文物百年大计之所系也。"夏鼐当时考虑在浙江大学工作;但他指出,在大学工作,"不如主持全国考古大计之对国家民族更有贡献也"。

他又给夏鼐写信,指出文物局是一个"空前的组织",亟需网罗专家,把它办好,"对于国家文物的前途,大为光明"。他又为夏鼐描绘了近期内考古、文物工作的诱人蓝图:景县的封氏十八乱冢,是六朝文化的精华;辽阳的汉墓,有壁画的不少,已知两墓的壁画极精细而重要,远在日人发表的《营城子汉画》之上,更比通沟的高丽壁画富于中国情调;还有辽代的壁画坟,在东北也随处可以遇到;汉的画像石,也想大规模地搜罗一下;武梁祠要好好整修一下;云冈、龙门、敦煌……无数的工作等着有志者去做。他问夏鼐:"兄闻之,有动于中否?""兄能放弃了考古的事业么?"

然而,当时夏鼐因种种原因,暂未接受他的邀请。他除了表示失望外,仍派陶孟和、王天木等人去做说服工作,并请觉明也去信动员。他又亲自去信,严肃地说:"现在,为学问者,已不可能如前之牢守门户,必须将所得公之于工农大众。似此革命,已为极温和的。然究竟是革命;一切均已不能墨守从前之习惯。"再次恳切地说:"望兄为了国家的文化前途计,能毅然北来,共同工作。盼甚,感甚!""弟非为个人计,为一局计,实为大众的利益着想也。弟生平不惯做行政事,但今日为了人民,为了国家民族,也不能不努力地做些事。且既做了,则必须做好。"

当他参加中央的华东工作团到上海时,还给在杭州的夏鼐写信,再次表示:"弟等盼兄北上,如大旱之望云霓!"他说:"将来集合'志同道合'的朋友们在一起,一定可以有很大的成绩做出来的。"还表示他在经费与工作条件方面一定尽量设法,并尽量照顾夏鼐已有的志愿与课题。他还提到,刚刚成立的中国科学院以后在考古工作方面也将与文物局密切合作。

在他的反复动员下,夏鼐深受感动,终于决心北上,但流露了想到科学院工作的意思。他在结束华东工作团的紧张工作,即将回京前夕的1950年1月25日,给夏鼐写了一信,说只要夏鼐北上,在哪里工作他都没意见。"科学院方面,考古工作亦将进行。最近一二年,也许不过'少试其技';到了三五年之后,工作一定可以大为展开。人民的力量是无限量的巨大的。"他确确实实完全是从国家的考古事业出发考虑问题的,毫无个人私利夹杂其间。然而,事情巧得很,后来当科学院郭沫若院长等人筹备成立考古研究所时,又请他来兼任所长。这样,他便提议请夏鼐当副所长。6月20日,新华社公布中央人民政府政务院第三十三次政务会议通过任命的名单,其中考古研究所所长是郑振铎,副所长是梁思永和夏鼐。

6月27日,他为夏鼐向院方申请了一笔旅费,请夏鼐先抽空来北京一次,"所务会议要等兄来才能开,有关下半年的计划,必须兄来才能商定。"在这样真诚的心的呼唤下,夏鼐终于在7月10日到团城向他报到。他热情地欢迎这位比他小十二岁的专家。夏鼐后来回忆:"那天他正从局中一个会议散会出来回到他的办公室。……我那时政治觉悟不高,一见面便先向他提出我自己想不担任行政工作,想推辞掉副所长的职务,专搞研究员的工作。他听后便笑了。那时他还没有戒烟,一面谈话,一面不断地把香烟一根接着一根燃点起吸着,他推开桌上待他批阅的公文,隔着桌子向我说:'不用提了。党这样重视我们,信任我们。我们还能推辞吗?你是知道的,我也是生平不惯做行政事的人,现在还当这里的局长呢!'我隔着桌子朝他看去,在他的眼镜的后面,光彩炯炯的一对眼睛,正透过眼镜的玻璃,透过眼镜前面的香烟所散发的白雾,和我的眼光相接触。我低下头来,深惭自己虽比他年轻十几岁,干劲比他差得太远了。从此后,我便不再提辞去行政职务的事了。"由于夏鼐的到来,他便于 8 月正式创建成立了考古研究所。副所长梁思永也是他提名的,是梁启超的儿子,比他小六岁,早年在美国哈佛大学研究院攻读考古学和人类学,1930 年代也曾在前中央研究院历史语言研究所工作。后来,这两位副所长不仅都作出了杰出的贡献,而且政治觉悟大大提高。可惜思永中年病逝。而夏鼐则在 1959 年,他逝世一年后,光荣地加入了中国共产党。

还有他的一位多年的朋友,水平很高的版本学家,我们在书中曾多次写到其人,这里却姑且要"为尊者讳"了。此人是他家常客,有时看到他新买的珍本、孤本,便爱不释手,常常要借回去"鉴赏"几天,他也总是答应的。也有朋友提醒他说,对此人要有所警惕,因为在"书"的方面,此人品行有点"不端"。他也没有太放在心上。谁知在"三反"运动中,果然查出了问题,此人在其任职的北京图书馆内偷了不少很珍贵的古籍,被群众作为"老虎"揪了出来。此人在坦白问题时,同时也交代偷过他的书。原来其窃书手法十分"高明",此人把他的书借回去后,便把封面换到自己的另一本版本价值不高的同名书上,再"还"给他。他却因大意而蒙然不觉。直到这次"东窗事发",北图领导把此人的事情向他作汇报时,他才大吃一惊,连声叹道:"荒唐!真是荒唐透顶!"

此人被"揪"出来后,紧张万分,甚至想自杀,还给上海的森玉写信求救。几天后,他去北图检查工作,并看望了正在审查的此人。一见到他,此人竟然立即双膝下跪,痛哭流涕,苦苦哀告:"我实在对不起您!请原谅,我太爱书了,看到好的版本就想占为己有。请宽恕我吧!"他的心就不免"软"了下来。赶紧扶起此人说:"我的书,倒问题不大。老朋友了,就是送给你也可以的。"又严肃地说:"但是,你这毛病一定要改!公家的书,一定要彻底坦白清楚!"此人连连点头,又哽咽着说:"单位里可能要送我去劳改,我一家老小以后的生活怎么办呢?"他便安慰道:"先别想得那么多,好好交代问题,彻底悔改,重新做人!要相信组织,我也会去说的。"后来,他又托朋友开导此人,还找了有关领导,说此人是难得的人才,送去劳改未免太可惜了,是不是作降级处分,继续留用。他的话当然管用,北图后来就是这样办理的。此人偷去的书倒一本也没有卖掉,当然全部退还(包括他的书)。从此,此人"夹着尾巴做人",他也继续与其交游。此人再未重犯错误,努力工作,为国家鉴定和采购了大量珍本,并最终成为国内外公认的古籍版本顶级专家。

对于社会上热爱祖国文物、图书的人士,他都以最高的热情欢迎他们。他本来就与很多藏书家、文物收藏家、鉴定家、以至古董商、旧书贾等相熟悉,现在,这些人仍愿意来找他,他就团结他们,教育他们,鼓励他们为国家捐献。这方面的故事就更多了,我们将在下一节《化私为公》中详写。他还不辞辛劳,经常在全国各地调查视察文物图书工作,这些我们也将在后面《南北奔波》一节详写。

他辛勤地做着很多开创性的工作。后来,在他牺牲后,冶秋曾多次写诗说,"九载辛勤筹划忙","规划苦君常不眠"。文物局刚成立的时候,他就针对当时华东等地盗墓风甚嚣尘上的情况,立即制订了《古文化遗址及古墓之调查发掘暂行办法》;针对当时文物、古书仍有偷运出国的情况,及时制订了《禁止珍贵文物图书出口暂行办法》等等。这些文件均上报中央人民政府,由政务院明令颁发,有效地保护了国家的文物文献。1950年6月6日,他以文物局长的身份发表讲话,要求全国人民和各有关部门注意保护文物古迹,制止一切损害文物古迹的行为。讲话由新华社向全国播发,《光明日报》《进步日报》等报刊纷纷刊载,产生很大的影响。他还亲自打报告,要求有关领导部门将政务院颁发的各项保护文物、图书、古迹的法令编入全国土地改革运动的学习文件之中。他又召集海关总署、邮政总局等单位的有关负责人多次开会,商议文物出口鉴定问题,制定了《文物出口鉴定委员会暂行组织条例草案》等文件。

1950年1月,他主持创刊了《文物参考资料》月刊。这是新中国的第一本文物专刊。刊登有关文物政策的规定、会议、文章、讲话,有关文物的消息报道,有关文物的学术论文等等。后来,该刊越办越好,更提高了学术性,插图也印得很精美,改名为《文物》月刊。1951年12月,他主编创刊了《中国考古学报》;至1953年3月,改名为《考古学报》季刊,仍由他任主编。该刊主要刊载田野考古发掘和调查的报告,有关考古学的理论文章和专题研究论文等。1955年1月,他又主编创刊了《考古通讯》双月刊,性质与前者相近,该刊后改名为《考古》月刊。由他开创的《文物》与《考古》两份刊物,成为中国最权威、最精彩的文物考古专业刊物,深受国内外学术界重视。(后来,1960年代中期,各种学术刊物因"文革"而停刊;而至1972年,在郭沫若提议下,得到周总理、毛主席批准,这两份刊物成为全国最早复刊的学术专刊。)与此同时,在他的亲自筹划下,1957年1月正式创办了国家级的专业出版社——文物出版社。

在图书馆工作方面,北京图书馆(今改名为中国国家图书馆)近在咫尺,他关心、指导最多。从该馆领导班子的配备到各项重要规划,他都直接预闻。凡有接收捐献或收购到的重要善本,都首先转给北图庋藏。直到最后,他光荣牺牲后,家中所有藏书也是捐献给北图的。至于原中央图书馆,他还曾任过它的"中文部总纂";蒋堂去了台湾,大批善本书也被运去了,留下的图书和人员等,解放初由他随同华东工作团接收,改建为南京图书馆,他仍然非常关心它的建设。只有上海,这么大的一个城市,直到解放初还没有一个大型的公立图书馆和博物馆。他在1951年4月7日致端毅的信中便说:"此事必须早日办,上海市实在不可一日无图书馆、博物馆也。"后来,他多次到上海视察、商量、督促,在上海市人民政府的领导下,终于办起了图书馆和博物馆。他还向上海市领导推荐过好几位图书馆和博物馆方面的高级人才。此外,全国出版总署图书馆、中国国家版本图书馆等的建立,他也都是费了心血的。在1950年,他还领导成立了一个图书分类法工作小组,参加者有于光远、王重民、向达等人,甚至革命老前辈徐特立也被他请来参加了座谈,终于制订出新中国第一份比较科学的图书分类法。他还在1954年亲自主持了全国第一届公共图书馆工作人员训练班。

在博物馆工作方面,他也做了大量工作。故宫博物院原有的精品,很多被国民党当局运到台湾去了;但故宫本身,他们是运不走的。他为保护修缮故宫,充实馆内藏品,整理宫里文物,争取故宫流失文物回归等等,殚精竭虑。故宫博物院的陶瓷馆,是以他捐献的藏品为基础开始创办起来的,这在后面我们还将详说;而绘画馆的创办,其镇库之宝,多是解放后从东北、京津等地收购到的原故宫佚散之画和他领导的一个香港秘密收购小组抢救来的画,这个我们也将在后面详述。他还参加了中国历史博物馆、中国革命博物馆、自然博物馆等的筹建指导工作。他亲自召开有关博物馆事业的会议,讨论了新中国博物馆的任务,博物馆与文化馆、科学馆等的区别与分工,国立博物馆的分布与博物馆人才的培养等重要问题。他还提出了筹建民族博物馆的建议,亲拟了《兄弟民族文物征集范围草案》等文件。他关心上海博物馆的建设,上面已提及;而上海鲁迅纪念馆的筹建,是他与冶秋在1950年7月27日打报告请周总理批准的,"鲁迅纪念馆"五个字也是他请总理写的。另外,绍兴鲁迅故居的修复和纪念馆的创建,也是他亲自指示的。他还多次主持召开全国博物馆工作会议,举办有关培训班。

他指挥了新中国初期最大的几次文物实地调查和田野考古发掘。如组织雁北文物调查,后来发表了建国后这方面第一个科学报告《雁北文物勘查团报告》,他亲自撰写序言。还有山西、山东、东北、西南等地的文物调查,也大多在1950年就完成了。在田野考古方面,解放初只是"小试其技",伟大的成就当然还在后来;但在1950年,他就派夏鼐等人在河南辉县等地进行了较大规模的发掘,两年后第一次找到了比安阳殷墟更早的商代遗址。

为了培养新中国的考古人才,缓解专业人员紧缺的状况,在他领导下,由考古所、文物局和北京大学联合,1952至1955连续四年,每年举办了一届"全国考古工作人员训练班",每届三个月。聘请第一流专家系统地进行课堂教学和指导田野实践。每一届开学时,他都亲临讲话。四届训练班共培训了三百四十一名学员。这是新中国第一批系统接受考古训练的人员,在此后相当长一段时间,这些人员是全国各地考古工作的骨干力量,被盛誉为中国考古界的"黄埔四期"。这为在全国范围开展大规模考古工作打下了坚实的基础,也为后来大学的文博专业教学和技术人才培训提供了良好的范例。另外,当时文物局还委托北京市文物整理委员会举办了几届古建筑保护工作培训班,也取得良好的效果。

他认为,新中国的文物工作,应该有与旧中国完全不同的认识与方式。那就是不能把文物、图书看作孤立的脱离人民群众的东西,而是必须把它们和人民群众的实际生活联系起来。不能把博物馆、图书馆办成静止的消极的文物、图书的保存单位,而是应该打开大门,面向群众,为他们服务,对他们进行宣传和教育。因此,他便特别重视举办有关文物、图书的展览会。早在文物局刚刚成立之际,他就向周总理呈送了故宫博物院初步陈列方案。总理作了重要批示;根据这批示他决定将文物局的"古物处"改名为"文物处"。这一字之改,便是意味深长的。

当爱国人士开始纷纷向国家捐赠文物、图书时,他更觉得应该举办展览会,一方面让大家观赏,一方面也是对捐献者的宣传表扬,同时又可以教育更多的人来关心文物、图书工作。1950年初,皖北刘肃曾捐献了重要文物虢季子白盘,他欣喜欲狂,特批大米五千斤赠刘氏,并将该盘划归故宫博物院珍藏。沫若亦大喜题诗相赠:"虢盘献公家,归诸天下有。独乐易众乐,宝传永不朽。省却常操心,为之几折首。卓卓刘君名,诵传妇孺口。可贺孰逾此,寿君一杯酒。"须知,这是迄今所知传世最大的西周青铜器,体积之大出人意料,乃清道光年间出土于陕西,其上有铭文一百十一个字,记述了西周时一次重大的战争,为极其珍贵的史料。军阀混战与日寇入侵时期,刘氏家族将此宝深埋地下,拒绝外人重金收买;现在,他们将它献给人民政府。他特于3月3日在团城承光殿主持了一次内展,董老、沫若、雁冰、夷初、叔通、文澜、唐兰、马衡等首长、老友都兴致勃勃地来观看了,他亲自接待。这样的小型展览,一年总要办好几次。每当他布置下去,局里的干部就打趣说:"我们局长又要献(显)宝了!"

为了庆祝建国一周年,他同时组织了两个大型展览。一个是应苏联方面要求举办的"中国艺术展览会",他亲自撰写了展览会的前言,先于8月初在故宫博物院试展初选的中国古代艺术品一千二百余品,广泛征求意见,审定后再运往莫斯科,于10月1日在特列甲科夫美术馆隆重开幕,受到苏联人民的热烈欢迎。这也是新中国第一次在国外成功举办的艺术展。另一个是在团城承光殿举办的"庆祝国庆文物展览",主要内容是文物局成立一年来新收文物的一部分,以及雁北文物勘查团的发掘所得等。预展时,李济深、蓝公武、彭真、邓拓、柳亚子等著名人士前来参观。

1951年4月10日,他主持的"敦煌文物展览"在历史博物馆举行预展,有政府各机关首长及艺术、文物工作者二百多人参观;13日起,正式对外开放。共展出近千件壁画、摹本,其中有汉壁画与六朝彩画墓砖摹本,以及被帝国主义掠夺而去的敦煌壁画、文物的照片等等。这次展览轰动了整个京城。他还在《人民日报》等报刊上发表了《敦煌文物展览的意义》,使这次展览成为爱国主义教育的课堂。

这年6月,苏联列宁格勒大学东方图书馆向我国归还了被帝俄掠夺去的《永乐大典》残本十一册,由他经手接收并转拨北京图书馆。8月中下旬,在他指导下,北图举办了"《永乐大典》展览"。除展出苏联归还的这十一册外,还有他经手接收的商务印书馆董事会捐献的二十一册、天津藏书家周叔弢捐献的一册,加上北图原藏的一百十册中的一部分,并附以仍流失在各国的部分《大典》的照片等。他又在《人民日报》等报刊上发表《关于〈永乐大典〉》,指出《大典》的毁失是帝国主义掠夺我国文献、文物的一个典型例子。这个展览会有八千多人参观,大家深受教育。

当时,他还领导、组织过"社会发展史陈列"、"清代革命史料陈列"、"兄弟民族文物展览"、"中国印刷发展史展览"、"中国印本书籍展览"、"楚文物展览"等等,不能一一细说。特别是1954年5月至11月,在故宫博物院午门大殿举办了"全国基本建设工程中出土文物展览",共展出文物三七六〇件,展出近半年,观众先后达十七万余人,极大地增强了人们在基本建设中必须注意保护地下文物的认识。而毛主席也在百忙中抽空,于5月17日下午、19日下午、20日下午,四天之内三次悄悄地登上紫禁城,兴致勃勃地观看这个展览会。主席注意不打扰观看的群众,甚至连他也未能每次陪同。这使他深受鼓舞和感动!

当然,他也是在办这些展览会中不断提高自己的认识水平和工作经验的。在1950年,故宫博物院曾办过一个"帝农生活对比陈列":一边是皇帝穿的锦绣龙袍,吃的山珍海味;一边是农民穿的褴褛衣衫,吃的窝窝头和观音土之类。意在通过对比进行阶级教育。他当时也认为这样展览很有意义。然而,后来陈毅和刘伯承两位当年叱咤风云的司令员来故宫参观,看到后笑了。他们说,皇上么,孙中山先生已经把他打倒了。老百姓也知道皇上比他们吃得好穿得好。其实,故宫本身就具体而形象地说明了封建制度、封建皇朝是怎么一回事。太和殿,皇帝一年之内难得有那么一两次在那里举行朝会大典,却造得那么大;军机处,相当于咱们的政务院,应处理日常军国大事,房间却那么小。至于太监住的地方,你们现在改成厕所了?这些事物的本身,就已经很说明问题。老百姓来这儿,是想看看金銮殿究竟有多高大,有多少根柱子,皇帝的宝座是啥样子,三宫六院又是啥样子,等等。老百姓看了,就会想到很多问题。听了两位首长讲的,他觉得开了窍,体会到这才是真正的历史唯物主义和深刻的阶级观点。既然认识到过去的肤浅,那个"帝农生活对比陈列"便撤消了,故宫东路等仍按照原状陈列的方案也就定了下来。

他全心全意地为人民工作着,不知疲倦,不计个人荣辱得失,敢于负责,敢于建议,敢于抵制他认为不符合人民利益的事情。例如,洛阳市要开展大规模建设,那本来似乎不属于他的工作范围。但是,他在1954年初,召集纺织部、卫生部、水利部、机械部等单位的有关领导和专家开会,共同讨论如何配合洛阳的城市建设,保护和勘察地上地下的文物。4月份,便由考古所、文物局、北京大学和洛阳地区文物部门联合组织工作队,在洛阳西郊进行了有计划的勘察工作,发现了汉河南县城;同时,又对洛阳东郊的汉魏故城进行了勘察。由于他的远见,抓得及时,避免了大量文物古迹方面的损失(后来,他又亲自去洛阳视察,我们将在后面说)。他当时在全国科技普及协会举办的"基本建设科学知识讲座"上,亲自讲授《基本建设人员应有的古文物知识》,另外还发表了《在基本建设工程中保护地下文物的意义与作用》等论文,举办了有关展览会。他的这些卓越工作,影响深远,实在造福于子孙后代。

1954年6月,他遇到了一个意想不到的问题,北京市政府有人提出要拆除团城!当然,那是有来头的,也不是没有理由的,因为团城在金鳌玉蝀桥东堍,汽车从文津街开来,或者从中南海出来,往东行驶,必须经过该桥,而从桥上下去时,与团城距离太近,一不小心就容易撞上去。那里又是中央首长经常开车经过的地方,所以有人认为必须牺牲团城。然而,我们在前面已经说过了,团城是多么美丽、珍贵的古迹!而更严重的是,团城当时还是文物局的办公地,正是文物局提出了全国文物保护单位的名单和条例,如果连自己所在的团城都没能保护住,那么今后还怎么去要求各地保护古迹、古墓、古建筑以及其他历史文物呢?团城上的人们一片苦恼。他首先想到了以前的学生、老朋友吴晗,当时是北京市副市长。"吴晗是搞历史的,怎么也不为团城说句话呢?"其实吴晗也很着急。中央首长的安全当然是要紧的,但团城也是需要保护的,怎么办呢?大家手足无措,他却苦苦思索想到了一个主意,但自己作不了主,只有找周总理了。他对周围的同志说:"只要把周总理请到团城上来看一下,团城就一定保住了。"大家不知道他究竟怎样想的,但看着他很有把握的样子,心里增添了希望。

站在团城上,可以看见中南海。每到晚上,只见中南海的灯光仿佛繁星灿烂。大家都知道周总理每天工作到深夜。午夜以后,众星逐渐暗灭,只剩下少数几颗仍在那儿亮着。大家便猜想那是总理办公的地方。自从要拆除团城的消息传出来以后,文物局好几个同志晚上在城头徘徊,遥望中南海那不灭的星星,盼望总理会来解决问题。他的面子好大,真的把日理万机的总理请来了。一天凌晨,总理从中南海来到团城,听他的汇报和建议,看一下那殿堂曲廊、假山古树,又亲自观察桥堍城下的交通形势。总理笑了。霞光满城,终于作出了决定:保护团城原状,不损害它的一砖一瓦一树一石;拆除束缚住马路的金鳌和玉��这两个牌楼,大大放宽桥面,使之向南扩张,悬空占用中南海的一些空间。——要这样动工,当然只有总理才能作主。而这样一来,自西向东的车子在桥上下来时,便有了充分的回旋余地,再也不会有撞到团城上去的危险了。他开心地笑了。总理不仅解决了团城存亡的具体问题,而且在保护历史文物与规划城市建设方面作出了统筹兼顾的范例。周总理后来还立下规矩,各地在基本建设中凡涉及到古建筑之类的,都必须与有关文物保管部门商议进行。

还有两件事可以一说的。一是你如果现在到北京的陶然亭公园游玩,一定可以见到古色古香的云绘楼、清音阁两组建筑,再走近一看,墙壁上还嵌有他在1954年11月8日亲笔书写的一块小石碑,说明这座别具一格的古建筑本来是在中南海里的,建于清朝乾隆间,现迁移至此,"这是把古建筑迁地重建的创举","全部保存原来形式及装饰"。为什么要迁地重建,我们还不大清楚,估计是因为中南海内部要另建楼房吧。总之,这一古建筑的得以保全,为名园更添风采,是与他的工作分不开的。而他的这一(也许还是唯一的)被勒石的手迹,也将永远给后人留作纪念。还有一件事是,1955年10月,由吴晗联合郭沫若、沈雁冰、范文澜、邓拓、张苏打报告给政务院,要求发掘明十三陵中的长陵。这六位都是国家重要干部(张苏是人大常委会副秘书长)和著名学者,也都是他的好友。他们的报告得到了政务院的同意,但他和夏鼐却不赞成六人的报告。他主要是担心,一旦开掘,墓内长期处于严密封闭状态下的文物突然改变了原先的环境,将极易毁坏。他知道,即使在当时世界上技术最先进的国家,如何妥善地保护和复原大批出土文物,也是一个大难题。据说他除了与六人争论外,也慎重地向周总理提出了不同意见。后来,因长陵范围太大,难以发掘,另行试掘定陵。1956年5月,由夏鼐等人主持定陵发掘,一年后取得了很大的成功。但也有极其沉痛的损失,如很多随葬的织物、木俑等等都立即风化、变色了。他与夏鼐在痛心疾首之余上书总理,请求立即停止再发掘帝陵。周总理马上批准,并通令全国。定陵也就成为建国后唯一主动发掘的帝陵了。而定陵出土的一些文物,在后来发生的"文化大革命"中又再次遭到了破坏。据说吴晗在文革初曾含泪对夏鼐说:"到现在我才明白,当初是老郑和你对。你们比我们看得远。"由于以上两件事情,笔者尚未能见到原始档案,不了解更多的细节,所以就不多写了。

新中国的文物、考古事业,党中央挑选他作主要负责人,真是知人善任;而他,确实也没有辜负这一重托。

五四 化私为公

1950年9月18日,他写了一份关于新中国一年来文物工作的内部总结报告的提纲,其中有《一年来人民捐献中央的文物、图书的统计》一节,有如下的数字和事例:

(一)图书 三万零一百八十册

(二)古物 二千一百九十一件

由于人民对于中央人民政府的爱戴与信赖,一年来将其私人所藏的文物、图书捐献出来的很多。其中,以刘肃曾捐献的虢季子白盘、朱桂莘捐献的岐阳王世家文物、熊述匋捐献的鄎原钟、张子厚捐献的汉石羊、张伯驹捐献的宋人尺牍、赵世暹捐献的水利文献、傅忠谟捐献的宋元明刻本及抄本、常熟瞿氏捐献的宋元刻本、翁之熹捐献的明清抄校本书籍等尤为国之重宝。化私为公,得为人民所有,实为从来未有之举。其他,华东、西南、东北各地区人民捐献的文物、图书,尚有不少,未能列举。

在10月31日写的发表于《文物参考资料》的文章《一年来的文物工作》中,他又写到这些,说:"这是打破了旧的地域的、私有的观念的一个时代。一切是归人民所有。归了人民所有,便可以人人都见到,且能充分的发挥其应有的作用。"他举的人们捐献的例子,与上面的报告提纲说的差不多,并指出:"这是一个过去梦想不到的大时代,人人为公,没有一点私心、偏见。这样的一个大时代,才能使从事于文物工作者们彻底的肃清了过去的观念和态度,积极地、全心全意为人民大众而工作,而服务。"

他提到的这些"化私为公"的事例,都是他亲自经手的,有的还是他亲自发现或动员捐献的。每一个事例都是动人的故事。人们捐献文物、图书,当然是出于对共产党和人民政府的爱戴与信赖,同时也正是与他的"没有一点私心、偏见","积极地、全心全意为人民大众而工作,而服务"的热诚态度和很高的个人威信分不开的。

例如,上面提到的常熟瞿氏捐献宋元刻本一事,就是他在参加华东工作团到上海时顺便做的一件工作。据常熟曹大铁回忆,解放初政府令地主纳粮缴税,当时,张葱玉家在常熟有收租田一万亩,首先完纳;瞿氏在常熟也有收租田三千余亩而无现金,正在发愁。葱玉从常熟缴完税回上海后,他邀葱玉到庙弄的家里聚餐,那天工作团团长董必武也在,他就引葱玉介绍于董老。席间,葱玉谈起瞿氏近状,并请他及在座的斐云设法帮助。他们便想到了以卖书献书抵献粮的办法,并当场得到董老的首肯。瞿氏三兄弟当时住在上海,书也藏在上海,于是,他就在百忙之隙去看望了瞿氏兄弟,并参观了他们家祖传的藏书,动员他们卖书献书于国家。

瞿氏祖上因在清嘉道年间收藏古铁琴一张、古铜剑一柄,故称铁琴铜剑楼。琴本身其实是木质的,但外包铁皮,相传是唐代遗物(后来瞿氏三兄弟也把它捐给了北京图书馆);剑则在咸同年间已经失去,亦不知是何代古物。铁琴铜剑楼藏书在清末即与聊城杨氏海源阁、杭州丁氏八千卷楼、湖州陆氏皕宋楼,被人并称为四大藏书家;但藏书家傅增湘则认为:"吾国近百年来藏书大家,以'南瞿北杨'并称雄于海内,以其收藏宏富,古书授受源流咸有端绪。若陆氏之皕宋楼、丁氏之八千卷楼,乃新造之邦,殊未足相提并论也。"铁琴铜剑楼藏书保存五世,历年逾百,就经历之久而言,仅次于宁波范氏天一阁藏书;而精品之多,实解放初海内私家藏书中最完整的宝库。

瞿氏一家爱书如命,但又有爱书人的美德。菊生先生影印《四部丛刊》《续古逸丛书》《百衲本二十四史》时,瞿氏兄弟之父瞿启甲都慨然出借珍本。如《四部丛刊》已出版的书中,就有出自其家的八十一种,约占丛刊全部的六分之一,为采自私家藏书之首。启甲在抗战期间 1940 年忧愤去世时,即遗命三子:"书勿分散,不能守则归之公!"他与瞿氏一家早已熟识,抗战时期他在"孤岛"上海为国家收购图书时,就曾购买过一些瞿氏藏书。抗战一胜利,8 月 24 日,他的日记中就记载了他去看望瞿凤起,"知虞平静"。虞就是常熟,可知他是特意去了解铁琴铜剑楼藏书的安全情况。瞿氏兄弟久已佩仰他的学识和爱国精神,这次在他的热情感染和鼓励下,便慷慨化私为公,毅然将一批珍贵的宋元刊本及抄校本五十二种、一八一六册捐献给国家,同时将另外一批善本共三〇二种作价归公。作价部分共三千万元(当时一万元等于后来的一元),沈雁冰部长回电说只拟出一千六百万元,然而他知道三千万元其实并不多,而且他已与瞿氏谈妥,未便再贬价,就毅然承担责任,仍以三千万元购下。这是新中国成立初期较早、较大的一次善本图书捐献和收购,当时《人民日报》等作了报道,影响很大。

他代表政府,在上海接受了他们的捐献与出让,并于1950年1月11日亲笔写了褒扬信,称赞瞿济苍、旭和、凤起三兄弟"此项爱护文化、信任政府之热忱,当为世人所共见而共仰"。还殷切地表示"并盼其余尊藏全部,将来能够在双方协议下,陆续价购归公,以免散入私人手中"。后来,瞿氏兄弟正是照此办理的。根据他的意见,铁琴铜剑楼善本全部归藏于北京图书馆。一年后,当上海要正式创办市图书馆和博物馆时,他还特地给陈毅市长等人写信,推荐了"遂于版本目录之学"的济苍、凤起两兄弟。(上面提到的比常熟瞿氏铁琴铜剑楼历时更久的宁波范氏天一阁藏书楼,后来也在他的动员之下,由范氏捐献给国家,由政府管理。这个,本书将在《南北奔波》一节里再写,且按下不表。)

上面提到的张伯驹捐献宋人尺牍,人们了解得不多;最传为美谈的则是翌年伯驹捐献《游春图》一事。伯驹与他同年,早就认识。伯驹生于官宦世家,其父张镇芳曾任河南都督。伯驹曾与东北大军阀张作霖之子张学良、清恭亲王奕訢之孙溥侗、曾任民国"大总统"袁世凯之子袁克文一起,被人称为"民国四公子"。但人多未知,伯驹后来还有过革命经历。1947年6月,伯驹在北平参加中国民主同盟,曾任民盟北平临时委员会委员,参加北大学生会助学运动、反迫害反饥饿运动、抗议枪杀东北学生等活动。伯驹收藏古代书画,初时出于爱好,后以保护重要文物不外流为己任,自云:"予生逢离乱,恨少读书,三十以后嗜书画成癖,见名迹巨制虽节用举债犹事收蓄,人或有訾笑焉,不悔。"伯驹经手蓄藏的书画名迹,见诸其《丛碧书画录》者,便有一一八件之多,被称为天下第一藏。抗战时期,1941年,伯驹曾被汪伪汉奸匪徒韦江魂绑架,危及"撕票"时,犹传出话来:"宁死魔窟,决不许变卖家藏书画!"那时,伯驹妻子潘素(字慧素)找本书传主求援,他即鼎力相助,当成自己的事来办,不但慷慨解囊,而且通过舆论界向歹徒施加压力。伯驹脱出樊笼之后,曾同慧素一道登门道谢。

那件隋代大画家展子虔的《游春图》,长二尺有余,运笔精到,意趣无限,原是从故宫散失的国宝。1946年,该画出现在北平的古玩市场,伯驹知道后,先是建议故宫博物院买下,并表示自己"愿代周转"。但故宫博物院说没有经费。眼看国宝可能流出国外,伯驹便动用自己的名望和关系,竭力阻止古董商人欲卖给洋人的企图,并决心自己买下。原主玉池山房老板马霁川张口便要黄金八百两,后来好不容易谈到二百二十两,但伯驹手里也没有多少钱,便毅然将自己在北平弓弦胡同的一所宅院(据说是清宫太监李莲英的旧居)卖掉。该豪宅占地十五亩,富丽无比,有四五个院子,果树、花草什么都有,还有好几个客厅、长廊。伯驹原本十分喜爱这个宅院,但为了购买《游春图》,便将它以二万一千美金卖给了辅仁大学,再换成黄金二百二十两;不料那老板又称黄金成色不好,要再追加二十两。伯驹无奈,又由深明事理的妻子变卖陪嫁首饰,硬是凑成二百四十两,方才获得此画!这使得伯驹从豪门巨富一下子沦为举债度日。但伯驹毫不后悔,并名其书斋为"展春园",自号"春游主人"。据说名画家张大千原先也想收买此画,因见伯驹态度如此坚决,只好作罢。又听说后来南京总统府秘书长张群愿以黄金五百两向伯驹求让,伯驹亦一笑拒之。

  1952年春的一天,他又一次登门拜访伯驹。伯驹夫妇已经听说他不辞辛劳、到处奔波,将一件又一件文物珍品收归国家的故事,还未等他谈到《游春图》,就主动先开口了:"铎兄老友,如今是人民的国家,我珍藏的《游春图》也该交回人民的手中啦!""好,好,"他微笑着点头,"我们商议一下这件事。"伯驹说:"还有什么要商议的?"他诚恳地说:"世人皆知,《游春图》是伯驹兄用一座豪宅换来的,当年如不是您收下来,早就流落异邦了。它倾注了您大半生的心血。目前国家虽不富裕,但总要给些报酬吧!"可是伯驹却说:"东西在我手里,就是在国家的手里,我怎么能和国家分你我?我一定上交国家,无偿捐献!"他激动地握住伯驹的手久久不放。两人都从对方的含泪的眼睛中读到了理解和信任。后来,伯驹写了一封信,说:"予所收蓄,不必终予身为予有,但使永存吾土,世传有绪,则是予所愿也!今还珠于民,乃终吾夙愿。"伯驹将此信和《游春图》,还有唐伯虎的《三美图》真迹及其他几幅清代山水画轴一起送到了他的办公室,又表示坚决不要报酬。但他一定要由文化部奖励其人民币三万元,伯驹推辞不得,就收下了。

还值得提到的是,1956年,在国家号召人民购买公债时,为了支援国家建设,伯驹夫妇又毅然决定将自家宝藏的其余珍贵字画捐给国家。那天,夫妇俩携带珍品驱车去文化部他的办公室,伯驹对他和其他同志说:"我一生所藏真迹,今日尽数捐献国家!"就这么一句极其朴实的话。在场之人无不激动得热泪盈眶。后来,国家奖励伯驹夫妇二十万元,但他们分文不收。他们所捐献的是中华民族的国粹,是无价之宝,是无法用金钱计算的啊!7月,文化部长雁冰亲自签发了褒奖状:"张伯驹、潘素先生将所藏晋陆机《平复帖》卷,唐杜牧之《张好好诗》卷,宋范仲淹《道服赞》卷,蔡襄自书诗册,黄庭坚草书卷等珍贵法书等共八件捐献国家,化私为公,足资楷式,特予褒扬。"

我们再讲一些上面他的报告中没有提到的后来与他有关的化私为公的故事。

1951年春,他正在上海视察、调查。一日,忽收到圣约翰大学校务委员会副主任潘世兹的来信。他与世兹不熟,对美国用"庚款"办的这所教会学校(此时已被人民政府接管,后于1952年秋该校各院系分别归并于其他大学)也无甚好感。这次到上海调查研究,世兹也在座谈会上积极发言。他知道世兹是已故潘明训(宗周)的儿子,而明训他是认识的,乃有名的藏书家,宝礼堂的主人。何称"宝礼堂"?乃因其藏有原曲阜孔府传家之宝、海内孤本宋刊《礼记正义》。清代大藏书家黄丕烈(荛圃),聚书上万卷,但所藏宋版不过百余种,即自号"佞宋主人",又自称"百宋一廛"("廛"是房屋的意思);而明训藏书数量不算多,却也有宋版百余种,可与黄氏相埒,故宝礼堂又名"今世百宋一廛"。要知道,我国虽然唐代已有雕版印书,但唐和五代刻本仅有极少存世残本,且多已流失国外;宋刻本质量精美,传世也极稀少,明清时书贾即已按页计值。如今的海内外任何大图书馆,如有宋版,均列为特藏中的特藏、善本中的善本。而明训不吝巨价,多年搜购,竟藏有宋版一百十一部,元版六部,又都是内容重要的书,能不令人惊讶!

他还深喜明训具有藏书家的美德。如那本宋刻《礼记正义》,明训认为应该让广大研究者和读者也有研读和观赏的机会,便耗资巨万,将书拍照,照原样精工雕版,印成百部,装帧也照旧,分赠各大图书馆。明训还在1939年刊印《宝礼堂宋本书录》四卷,公开自己所有的珍藏。该书录由菊生先生编撰并作序,刚印好,明训便去世了,该书录由其家属封存,仅送了极少几位知友。他因不认识世兹,便托菊生先生去要,不料竟未得到。后由书贾李紫东把自己的一部送给了他。他觉得卷帙浩繁,披览不易,曾于1941年10月29日手录其目为一册,以便自己经常翻查。可见他对此重视的程度。

明训忧愤逝世后,1941年7月,他写信报告慰堂,并与森玉先生一起去潘家看过两次书,确认其重要价值。他建议慰堂转请庚款董事会总干事杭立武给卓有同(杭氏老同学、潘氏姻亲)写信,请有同从中帮忙。他还把自己整理的宝礼堂藏书简目寄给慰堂。他又与柏丞、咏霓先生联名写信对重庆有关当局说:"此批书非同小可,诸股东注意及之,诚我国'文化'前途之大幸也!"可惜他正在与重庆方面及潘家商谈中,太平洋战争就爆发了,此事当然进行不下去了。宝礼堂藏书后来全部移往香港秘藏,据说还是通过一艘英国军舰秘密运去的。一直到1947年9月,有同又告诉他,宝礼堂藏书有出售意,价钱为五十万美元。他又立即给慰堂写信,询问中央图书馆能不能与北平图书馆一起凑钱购下。但这时国民党正热衷于打内战,当局不可能拿出这样的巨款来买书。

新中国成立后,世兹便考虑将这批珍贵古书运回来。不料,宝礼堂藏书存在香港的消息被泄露了,有美国人通过关系找上门来,仍欲以美金五十万元购之。但世兹却不想卖了。因为世兹曾于1930年代留学英国剑桥大学,历游伦敦、巴黎、华盛顿等地,目睹那些地方的图书馆、博物馆里收藏中国图书文物之多,颇为心惊,愤愤于帝国主义的强取豪夺和国内奸人的盗卖。世兹后来又读过他的《劫中得书记》《求书日录》等文,深受教育。世兹不愿让祖上留下的书卖到国外去,便给他写信,表示愿意将这批国宝献给新生的国家!

  他读完此信,不禁流出了激动的泪水。多么好的知识分子,多么好的公民啊!信是写给自己的,但这不仅仅表明世兹对自己的信任,更是对党和政府的拥护。而只有人民的政府,才能得到人民这样的爱戴啊。此事必须妥善办理,万无一失地将书运回。他立即约世兹面谈,并决定马上回京向上级汇报并作安排。6月7日,他专门设宴请了世兹,还有友人丁惠康医生、"铁琴铜剑楼"瞿氏三兄弟等其他捐献文物、图书的人士。负责华东、上海文物图书工作的黄源、森玉、端毅、起潜等人应邀作陪。

  翌年,为庆祝第三届国庆节,他在北京图书馆主持了"中国印本书籍展览",展出的宋刊本共二百二十种,其中选自"宝礼堂"的就约占了三分之一。他特邀世兹夫妇作为贵宾来京参观,并代表文化部给世兹发了奖状和奖金。他极高地赞扬了世兹的爱国精神。世兹后来担任了复旦大学图书馆副馆长和上海市人民代表。1958年,世兹又将其父精印《礼记正义》时的枣木刻板一千块,献给了上海市文物保管委员会,北京的中国书店又用这些木版重印了此书。中美建交后,世兹还把《宝礼堂宋本书录》送给美国总统,以促进两国文化交流。这些都是后话了。

  1951年春,他在浙江视察文物图书工作时,又偶然得知宁波有一位姓李的藏书家藏有明刊原本《天工开物》。他立刻觉得这是一个重大的消息。《天工开物》为明末宋应星所撰,实为一部明代科技百科全书。该书初刻后一百多年,始有石印本,但已非原貌。他知道此书原刻本极罕见,国内原有的一部可能已被运往台湾,日本尊经阁藏有一部,此外就遍访不得了。因此,如能把此书找到,对于研究者,特别是研究我国自然科学史的人来说,大有用处。他千方百计找到了关系,并且到宁波找到了李家,可惜重门深锁,主人离家已久。据说人在上海,他又赶到上海去打听,终于历尽曲折,被他找到了这位李庆城。

庆城原是"萱阴楼"后人。其家藏书,为原天一阁、大梅山馆、抱经楼、墨海楼等所流出者,故颇有佳本,但却不甚为人所知。李家不仅有初刻《天工开物》,还有明抄《明实录》、《国榷》,以及不少方志、词曲等等,都有极高价值。他听了庆城的介绍,不觉大喜。而庆城被他这样一位大干部、大学者几经周折、专程来访的一片热情所感动,决定一举将二千八百余种、三万余册、分装成二三六箱的家藏古籍,全部献给国家!他在上海又亲自代表国家有关部门,对庆城作了褒扬,并将这批珍贵图书全部转存北京图书馆。他看到庆城有爱国心,又对书目文献有专长,便给端毅写信,请华东文化部文物处给庆城安置了工作。

这次在浙江视察时,除了宁波萱阴楼李氏藏书外,他还联系和动员了海宁蒋氏衍芬草堂和海宁濮桥朱剑心的藏书及文物的捐献。他在给浙江省文教厅厅长刘丹、副厅长俞仲武和浙江图书馆副馆长徐韬的几封信中,反复叮嘱要善待这几位先生,强调他们"化私为公和热爱、信任人民政府的精神,极可钦佩","他们信任人民政府,我们也信任他们。不仅藉以鼓励后来的捐献的人也"。他还在上海多次宴请李、蒋、朱等先生和瞿氏兄弟等,并请有关文物图书部门的领导作陪。可以说,正是他的卓有成效的工作和身传言教,很好地体现了党和政府的政策,很大地鼓励了那些捐献的人。

又如张菊生先生,此时也将自己十几年前收得的《翁文端公日记》原件二十五册交给他,入藏北图;还曾以商务印书馆董事会的名义,捐赠涵芬楼旧藏《永乐大典》残册。菊老又写信给他,捐献家藏清初文学家的屏条、书轴等文物多种,如清初龚鼎孳、孙承泽为其先九世祖书写的屏条,明遗民澹归和尚为其先八世祖及七世本生祖书写的屏幅等。尤其是把家传三百年的先九世祖张惟赤于清初顺治甲午科顺天乡试中举时所得"鹿鸣宴杯盘",作为"国家数百年来典章之遗器"交给他,捐献给国家。1951年,在南京发现宋代著名女诗人李清照的丈夫赵明诚与她合著的《金石录》的初刻三十卷本，发现者是菊老早年任南洋公学(交通大学前身)校长时聘任的教习赵从香的儿子赵敦甫。敦甫专程来沪请菊老鉴定，菊老欣然题记："孰知三十藏本尚存天壤，忽于千百年沉霾之下，灿然呈现，夫岂非希世之珍乎!"菊老大喜若狂，还特地邀请冒鹤亭等友人来寓所共赏奇宝。随后，敦甫面呈正在上海的他，献给国家。此事也颇曲折，又在当时轰动一时(据说，著名记者兼学者张友鸾、张慧剑、鼎昌等，还专程从上海到南京了解情况)，故值得记上一笔。

原来，敦甫就是上面他的工作报告中提到的捐献水利文献的赵世暹(敦甫是其字)，又号琴城赵二，江西南丰人，居南京。敦甫是有名的水利学家，也是藏书家，尤以收藏水利文献著称。《金石录》初刻本原为南京甘氏津逮楼藏书。1951年春，甘氏旧宅卖给了某军事学院，因书太多，搬运不便，甘家决定由甘汶去请姻亲卢冀野帮助处理。冀野是本书传主的老朋友，懂书。不料冀野抱病在床，不能来，遂介绍书商马兴安上门看货议价，同来的还有敦甫和绸布商朱某。其时甘汶不在家，他们径自挑书，以每斤二角近于废纸的价钱购去。甘汶回来后便觉不妥，追到马家，在《金石录》上看到宋代年号"嘉祐"二字，由于甘汶没有学识，误记为明代的"嘉靖"，遂告诉冀野。冀野病重，也未加注意，只说"嘉靖年间的书不算珍贵"，甘汶也就不再深究了。然而，敦甫等人回去检看《金石录》时，敦甫发现书中夹有签条，文曰"此书版本绝佳，疑是宋版"。至此，马、朱二人方知乃是"瑰宝"，于是他们为争夺此书而吵架。敦甫就说，这部书应该交给郑先生，捐给国家。这样，由菊老题记后，由他亲自带回北京，交北京图书馆珍藏。他表扬了敦甫等人，甘家与马、朱等人的纠纷也不复存在了。后来，甘家还索性把所剩书籍、刻版、框架等装了三卡车，都捐献给了南京图书馆，受到政府的表彰。

他是6月13日上午返抵北京的，16日下午，故宫博物院院长马衡就到文物局来看他。马衡在日记中记道："西谛甫归自上海，曾到宁波了解天一阁情况，见到冯孟颛等人。谓朱鄂卿在上海亦曾见到。此次自沪秘籍有北宋龙舒郡斋本《金石录》三十卷,自来未见著录,有唐伯虎印,惜遭水渍为美中不足耳。"后来,他在《人民日报》上发表专栏文章《漫步书林》,在《余象斗:列国志传》一文中谈到从废纸堆里抢救古籍,还特意提到"南京赵世暹先生曾从论担称斤的旧书里,获得了宋刻本的《金石录》三十卷的全书"。

天津著名藏书家周叔弢,建国后多次捐献珍本图书,也都是与他联系的。至今周家还珍藏着1951年他亲笔写的《褒奖状》:"周叔弢先生将所藏《永乐大典》一册捐献北京图书馆,化私为公,足资矜式,特此褒扬。"又珍藏着1952年9月15日他致叔弢的信:"葱玉、斐云回京,将来先生捐献之善本图书,琳琅满目,美不胜收。北京图书馆增加了这末重要的一批'宝藏',不仅现在的'中国印刷发展史展览'大为生色,即将来刊印《善本书目续编》时,亦足令内容充实丰富,大为动人也。敬代人民向先生致极恳挚谢意!"这次叔弢捐献的善本计七一五种,二六七二册,是他特派葱玉、斐云去天津接受的。他后来又热情地邀请叔弢来京参观北京图书馆举办的"中国印本书籍展览"。

1952年11月4日,文化部收到天津刘少山捐献的一批善本,其中包括宋刻《楚辞集注》及《百川学海》。此事亦由他经手。最先,是少山叫女婿贾铤(时在中央统战部工作)代为写信联系献书事。他见信后大喜,亲笔回信,还特意"画龙点睛"地提及《楚辞集注》和《百川学海》两种孤本,大概是生怕少山不舍得捐出这两部精品吧。少山看信后大笑,说:"郑局长真正内行也。"遂将包括以上两种珍本在内的共二十六种四百二十七册古籍全部捐于国家,亦归北京图书馆保存。后来他与少山见面,感谢少山。少山说:"我不过是抛砖引玉罢了。"他高兴地说:"那你这块砖,也是汉砖了!"少山所捐宋刻《楚辞集注》后又由他安排影印出版。那就是二十年后1972年中日建交时,毛泽东主席作为国礼赠送给日本田中角荣首相的影印本。此是后话了。

戏剧家吴祖光在新中国成立初,从香港回到北京,就与父亲吴瀛商量,怎么安置父亲几十年颠沛流离中保全的一大批珍贵字画文物。父子俩都是他的朋友,当年他在北平出版《插图本中国文学史》时,其中有关文物的插图就都是当时在故宫工作的吴瀛帮助提供的,他后来又喝过祖光与吕恩结婚的喜酒。因此,父子俩立即想到了他。祖光就到团城向他报告,请他到家里来鉴定。第二天,他就偕同唐兰到了吴家。吴瀛当时已半身瘫痪,不大能说话,但头脑清楚,见到他极为高兴。祖光后来回忆说:"郑、唐两位大师十分兴奋,啧啧赞赏不置。郑先生对我说:'这是一笔巨大的财富,经过兵荒马乱,居然保存至今,实在难得。'他问我是否与父亲商量过,需要国家付出多少代价来收买?我没有和父亲商量过,也根本没有想到要国家付出代价的问题。我立即回答说:'是无偿捐献。不要任何代价。'"吴瀛也满面笑容,连连点头。他激动地握着吴老的手,代表国家谢谢这对父子。后来,故宫博物院派人到吴家点收,计字画、刻竹扇股、铜器、瓷器、玉器、石刻、石砚等共二四一件。

1952年,著名企业家无锡荣德生(荣毅仁的父亲)将大公图书馆全部藏书及所藏字画、碑刻、铜器、矿石捐献给国家,也是通过他的。今存他致森玉、端毅的信,即指示华东文化部与荣先生接洽、受理。这样的例子还有不少,就不多写了。这里倒想提到画家黄永玉1993年在香港《明报月刊》发表的《大胖子张老闷儿列传》。那虽是小说,但其中写到建国初期徐悲鸿和本书传主有关捐献古画的一段故事,当是永玉亲见亲闻,且还有点别样的意义。

悲鸿是他的老朋友了。早在1926年悲鸿还没有出大名的时候,他就在《小说月报》上发表过悲鸿的画《狮》,并作题记:"悲鸿君新自欧归,所作工力沉着,承示名作数幅,兹先刊此幅,以介绍于国人。"不久前,他和悲鸿都作为中国出席世界和平大会的代表,朝夕相处了两个月。永玉写到的那天,悲鸿和振铎在一次文物书画展览会相见,悲鸿再次提到自己珍藏的《八十七神仙卷》。"怎么又提那画?我说过,那绝对不是唐人吴道子的,是宋人的东西,"他说,"不过,宋人画也非常了不起呀,悲鸿!""话说过太多,不说了,"

悲鸿有点激昂,"我告诉你,振铎,只要你说一句'是吴道子的',我就把它捐给故宫博物院!"他一愣,低头从眼镜上框向悲鸿凝视了许久,但最后还是微笑着说:"悲鸿啊,捐不捐,由你自己决定;但它绝对不是吴道子的!"说罢竟飘然而去。永玉小说中写道:"这把张老闷儿看傻了。张老闷儿心头颤栗起来。一种高兴混合着伤感:'这两个人!这两个人!瞧这气派!这真诚!这深度!这孩子似的任性!……文化界,是该多些这类丘比特式的巨人的!'"丘比特不是希腊罗马神话中的小爱神么?怎么成巨人了呢?永玉肯定记错了。不过,本书传主和悲鸿,则正可称为中国文化界的巨人的。

其实他岂会不知道,《八十七神仙卷》是悲鸿一生最为珍视之物,上面还钤盖着"悲鸿生命"的印章呢!那是抗战初期悲鸿去香港举办画展时,由他的老友地山介绍,从一位收藏中国文物书画的德籍妇人那里,花了巨款,又加上悲鸿自己的七幅画作,才换来的。后来,悲鸿国内国外到处颠沛流离,始终都带着它。在云南昆明时,一次为避日机空袭而去防空洞,此卷竟被小偷从寓所盗走。悲鸿为此还生了一场大病,并从此种下了高血压的病根。(悲鸿最后也是因为此病而逝世的!)后来总算找了回来,但又付出更大一笔巨款,外加上几十幅悲鸿的画作!著名画家张大千曾为此卷题跋,说"非唐人不能为",还说:"曩岁,予又收得顾闳中《韩熙载夜宴图》,雍容华贵,粉笔纷披,……盖并世所见唐画人物,唯此两卷,各尽其妙。"著名画家谢稚柳也为此卷题跋,认为"为晚唐之鸿裁,实宋人之宗师也",也说:"宋以前惟顾闳中《夜宴图》与此卷,并为稀世宝。"(值得一提的是,那卷《韩熙载夜宴图》,后来也是由他指导香港秘密收购小组向大千收购回来了,他还专门为它写过文章。)据说大千认为《八十七神仙卷》可能是唐代画圣吴道子的粉本,但题跋中没有这样写。

他当然知道此画的价值,但却不能因为希望悲鸿捐献而答应悲鸿的"条件"。他在为人和为学上,都是耿直的。其实,他最了解悲鸿,他相信悲鸿最后还是会把这一国宝献给国家的。不幸,1953年9月26日,悲鸿因高血压脑溢血突然病逝,夫人廖静文便根据其生前意愿,将此画及悲鸿所有藏画(包括自作)全部捐献给国家。静文是将家里全部钥匙送到文化部,交到雁冰和他的手上的。后来,他还委托刘哲民在上海用珂罗版印行《八十七神仙卷》,说:"这个画卷至少是宋代的作品,很精致,应该好好的印。"后又因技术原因,改在北京印出。翌年,悲鸿纪念馆建成时,静文又亲自来请他去主持开馆仪式。

上面他的报告中提到的敦甫捐献水利文献,后来还有故事可说,虽然这故事已经逸出本节要写的"化私为公",但那也是他与捐献者为保护国家文献作出的重大贡献,所以还是在这里附带一说。1952年9月14日,他又接到远在南京的敦甫的来信,向他紧急报告:听说北京市宣内小市出现永定河档案许多,后又出现冀鲁晋水利卷宗,建议文物局收购保存。他极为重视这一情况,立即先后派局里干部傅忠谟(前面提到过此人也是善本书捐献者)、罗福颐前往调查,查得西城抄手胡同文学斋书店确有此事。随后,该书店向他交来有关水利工程档案共十二捆,二五五斤,文物局即付款购之。据查,均为敌伪时期之档案,乃此时水利部工作人员作为废纸售出者。他马上与水利部部长傅作义面谈,要求注意追查。傅部长立刻派水利部工作人员五人,23日到文物局抄录了这批档案目录。他又于翌日写了《为紧急收购与收集旧档案致文化部的报告》,指出:"此事关系重大,必须追究卖出档案的责任所在。一则,各部档案,均有重大的文献和史料价值;二则,实际上是尚需查考的;三则,敌伪时期和国民党统治时期的档案,有关人事方面的,必须加以保存,以便追查线索。如卖出或毁烧了事,殊有湮没证据的嫌疑。……请我部即行呈报文委转呈政务院,将此事作为'内部通报'……提高警惕,以免再蹈覆辙。"

1954年春,他在参加"全国人民慰问人民解放军代表团"到福建慰问子弟兵时,还抽空去泉州看望了一位中学普通教师吴文良。那是因为此前他在北京,曾收到过文良寄去的有关泉州古代石刻的文章,引起他的高度重视。泉州从宋元时代起,就是中西海上交通名城,那里的古代石刻大多是中外文化交流的重要史料,有不少还是用古代"洋文"镌刻的呢。所以,这次到福建,他便特意去看望了这位教师。文良完全没有想到他这位大学者、大干部会亲自上门来看他,受到极大的鼓舞,便激动地把自己历年苦心收集的古代石刻原物及拓片一一捧出来让他鉴赏,并当场表示要把这些珍贵文物全部献给国家。

后来,在这年10月16日,他亲自书写了《褒奖状》:"吴文良先生爱护祖国文化遗产,以三十年心力搜集的有关中外交通史料泉州石刻一百五十四方捐献国家,特予表扬。"再后来,中国新闻社向国外播发了文良捐献的新闻,影响很大,特别是东南洋各国的华文报纸,纷纷披载。他还鼓励文良对这些石刻资料深入研究,并介绍文良与沫若、文澜、夏鼐、尹达、梦家这样的大学者通信,还帮助文良编著了《泉州宗教石刻》一书,于1957年8月在科学出版社出版。该书八万余字,附有近二百幅珍贵图片,采录了宋元时代外国人遗留在泉州地区的伊斯兰教、基督教、婆罗门教、摩尼教等宗教建筑遗物和墓葬碑刻,上有古阿拉伯文、古叙利亚文、古拉丁文等,是研究中外交通史、宗教史、华侨史、外侨史、民族史、艺术史和中亚古文字的极其珍贵的资料。今天的读者,有谁能想到,在这本书中还凝聚着他的心血呢?但熟悉他的字的人就会看出,该书封面便是由他亲自题签的。

1956年2月29日,在京参加全国考古工作会议的江苏省文化局副局长朱偰在日记中写道:"上午乘电车赴东四头条文化部访郑振铎副部长接洽公务,余允将家藏善本、孤本捐给北京图书馆,以报国家对先君地下矣。"这最后一句话在文字上有点欠通,大概因为朱偰的心情过于激动了。三天前,朱偰的日记便写道:"郑振铎允为部函四川文化局助葬先君,极感。"原来,朱偰的父亲就是朱希祖(逷先),近代著名史学家、北京大学历史系首任系主任,同时也是二十年代初文学研究会的发起人之一,是他三十多年前的老友了。逷先于抗战后期1944年7月逝世于四川,灵柩一直暂厝于重庆郊外歌乐山向家湾,这成了在南京的朱家后人的一件大心事。1950年10月,柳亚子与朱偰商议,希望将遏先生前所藏南明史料捐给国家。朱偰慨然应允,亲手装成五大箱交予亚子,同时便表示希望政府能帮助迁葬其父。亚子答应向有关方面反映。那年11月10日朱偰日记写道:"上午修书柳亚子,催请向周恩来办交涉运先君灵柩,并引吴梅村诗句云'巫峡巫山惨淡风,巴州迢递浮云碍。寒日何人酬一樽,登高断肠乌蛮塞'以动之,柳固诗人,想能体谅也。"据说当时亚子联络了叶恭绰等人联名上书,然而一直未有下文。直到此时,他了解了情况后,便热情地答应和冶秋商量,将以文化部和文物局的公函出面向四川方面联系。这令朱偰极为感动,就主动向他表示要捐献"家藏善本、孤本"。不过,当时这些珍贵的东西并不在南京,而是在香港的朱偰的姐姐朱偀家中。朱偰便致信朱偀,并由其母亲签字认可,要求姐姐捐献出来。5月15日朱偰日记:"修书致北京(文化部)文物局王冶秋局长,正式捐献(1)明抄宋本《水经注》,(2)《鸭江行部志》,(3)宋本《周礼》,(4)王渊花鸟画轴长卷。"(朱偰没有直接写信给他而写给冶秋,是因为他当时正离京在外地视察。)后来,遏先的旧椁因年久腐朽,不堪长途运送,故由重庆市文化局在当地先举行火葬,然后于6月26日寄送至南京。

本书前面写过他在抗战末期曾因生活所迫而卖书的伤心事,这里,却可补写两段令人高兴的结尾呢。

前面写过,他在卖给张叔平一批书之前,曾特地奋力写了三千余言书目长跋,除了说明这批书的性质外,主要乃表明得来不易,隐含希望得主珍惜,勿使散佚之意。后来,1948年冬,这批书又经过书贾韩士保之手,转售予天津藏书家"荣先阁"的李文衡。文衡久仰他的大名,但与他不认识。读了他的长跋后,深受感动。文衡后来回忆说:"1948年冬,韩君持《纫秋山馆行箧书目》一册来。云郑振铎先生亟需旅费,愿以此册所有书出让。书目后有长跋,全册为郑先生手书。询以所需之数,当即照数赠送。三日后送书来,每部书末有郑先生手书'长乐郑振铎藏书'七字。读跋文后,深知郑先生求书备极辛苦,常常节衣缩食以购书,真是难能可贵。"但韩士保当面告诉本书笔者,是张叔平托其卖这批书的。(本书传主此时如要筹旅费也不须卖这么多书。)因此,看来是有人(韩或张)借了他的大名再来转卖的(这样可以好卖一点)。然而文衡受他的爱国精神的教育,一直把这批共二百三十二种书,包括他写的书目与跋文,好好地珍藏着。到1952年,文衡把这些珍贵的书,连同他亲笔写的书目和跋文,完整地捐献给了重庆市图书馆,至今宝藏在那里。这真是一则感人的书林佳话!据文衡老先生告诉笔者,这件事本书传主是不知道的。

他的另一批通过辛笛卖给金城银行总经理周作民的书,当时也附有他奋力写的二千余言书目长跋,备述搜集之甘苦,讽示得来之不易。作民读后,也深受他的爱国精神的感染,也很讲信义,一直将这批书妥善保藏着。1951年,作民从香港回北京,任全国政协委员;1955年作民逝世,其家人便遵照遗嘱把这八百四十七种书全部献给了北京图书馆!这又是一则书林佳话。此事从未见本书传主提及,可能他也是不知道的。不管他是不是知道,以上两批书之得以"化私为公",都是与他的爱国精神感人之深分不开的。

当时通过他捐献或转交文物的,还有中央领导人。这当然更是对他的工作的巨大支持。1951年2月13日,董必武副总理就派人将所保管的明熹宗给赵南星夫妇的"诰命"一轴及赵氏"铁如意"一柄交到他手上。董老在给他的亲笔信中,说明这些文物是1947年冬,解放军在山东同国民党军作战时,收集到的。陈毅当年在羽书旁午之际,还从《代州志》等古书中查到并摘录了有关这两件文物的史料,这次董老也随信抄录交来。老一辈革命家热爱祖国文物的精神,令他深受鼓舞。(可以一提的是,那件赵南星的铁如意,曾经也是常熟瞿氏铁琴铜剑楼的藏品。)

而在这年年底,毛主席也派人送来明清之际大学者王夫之的一件墨宝,并亲笔写信给他:"有姚虞琴先生经陈叔通先生转赠给我一件王船山手迹,据云此种手迹甚为稀有。今送至兄处，请为保存为盼！"主席给他来信时，他正在印度访问。回国后见到此信，非常激动。他深知主席酷爱书法，因而这位湖南乡梓前辈的法书必然更是主席喜欢的；但是主席仍将友人赠送的这件珍贵文物归公。而且，主席信中还亲切地称他为"兄"。他的心中涌过一股热流。看着主席潇洒的字迹，他深感这封信本身就是一件无价的墨宝。他爱不释手，但觉得不能藏为己有。后来，这封宝贵的信交给了中央档案馆保存。

他自己也捐献了文物。以前，因为力量有限，他除了曾收藏不少陶俑明器外，很少收购其他古物。担任文物局长后，为遵照"瓜田李下"的古训，他决定从此自己不买文物，不买字画。（他这样一带头，一开始就在文物局形成了一条不成文的规矩。后来，文物局便规定干部私人都不收藏文物。一直到现在，国家文物局的干部守则中仍然正式规定文物工作人员不得收藏、买卖文物。）他还决定将解放前节衣缩食、东借西凑、耗费了无数心血和金钱买下来的一大批珍贵的陶俑明器，统统捐献给国家。

1952年6月16日，他给周恩来总理写信，并附呈自己以前编印、未正式出版的《中国古明器陶俑图录》一部。他向总理谈了祖国的"雕塑艺术，其重要不下于绘画，而汉唐之石雕和陶俑，流出国外者尤夥"，介绍了自己"自一九四七年春天到一九四八年冬天两年之间，在上海购得汉魏六朝隋唐俑凡四五百件"，"其中有绝精者，足为我国雕塑艺术的最好的代表作"。"近见首都各博物院，内容极为空虚，雕塑尤少"，"因拟将个人收藏的全部陶俑（其中有一部分为唐三彩盘），贡献给中央人民政府，俾能放在各博物院里陈列；一方面补充其'不足'，一方面也提供了研究古代社会生活及衣冠制度的最真实可靠的材料。"他还很不好意思地向总理说："我这些陶俑都还保存在上海寓所中。如果政府肯接受我的捐献的话，希望能够装箱运京。陶俑的包装是很麻烦的事，……这笔费用，相当的大。我个人是负担不起的。还有几件很精美的俑，因为当初借款之故，还押在他处，此次亦拟赎回，一并运京捐献。很盼望政府能够给我若干奖金,俾能清偿我的债务。"周总理于 18 日在此信上批示:"送郭[沫若]副总理、周扬副部长商办。"并指示要帮助他偿还那些债务。还指示说:"如陶俑确需收藏,今后国家也应该注意收购。""对郑先生的好意应予鼓励。"

这样,这年 9 月,他的大批陶俑明器,均从上海装运到北京。故宫博物院今存《1952 年局拨郑局长捐献文物》目录单,共计五十九页,最后一页有"以上 59 页共 655 号计 655 件于 1952 年 9 月 14 日提取讫"字样。此后,他又向故宫博物院捐献了两件南宋时期的泥塑罗汉像,故其捐献文物总数为六五七件。后经鉴定,其中三分之一为国宝级文物。故宫博物院即以此为基础,专门新成立了一个陶瓷馆。他的捐品后来陈列展览,轰动一时。以故宫宫殿之宏伟,陈列这些小小的"千军万马"、骆驼、仕女之类,竟然并没有大小不称之感觉。这完全是因为这些陶俑大多确实是艺术珍品的缘故。你可知道,其中有些陶俑,共三箱,还曾远越海峡到台湾去展出过呢。据慰堂回忆:1948 年 3 月,"教育部组织文化宣慰团,派我担任团长,邀集中央图书馆、中央博物院筹备处以及沪上收藏家,各选择所藏图书文物精品,运抵台湾,在省立博物馆举行文物展览,以宣扬祖国文化。……展览三周后返回南京。台湾受日本军阀统治达五十年之久,本省同胞于光复后首次欣见祖国文物,实具有重大意义。"这些文物,如果任意拿出几件到现在的古玩市场上去拍卖,那价钱将是令人不敢相信的。另外,他珍藏多年的大型汉砖等,也捐赠给了新成立的上海博物馆。

当然,他拥有的最多的"宝贝",就是那些书,其中有不少古籍珍贵版本是非常"值钱"的,也可称作文物。但那是他须臾不可离的东西,也是他工作中必需之物。不过他也想到了,以后也要全部献给国家,不留给子女。他多次这样说过,在给友人的信中也这样写过。后来,在他不幸牺牲后,他家人也是遵照他的这一意愿做的。这个,我们就放在本书的最后说了。

五五　国宝的回归

连他自己也没想到,在人民已经当家做主,新中国自豪地挺立在东方的时候,他却还需要请人秘密地在港、澳等地收购祖国的文物,甚至还要组织一个秘密小组来做国宝回归的工作。

历史的车轮刚刚进入 1950 年代,他就从多种渠道得到情报:香港市面上出现了不少珍贵文物和图书。本来,在香港这个远东资本主义的自由港,古董市场历来生意兴隆,不足为奇。不过,现在的情况显然更为复杂。据说,一些大古董商都在私下窃窃咬耳朵,货色却难得看到,而开价之高则令人瞠目结舌。森玉先生的儿子伯郊,在广东银行香港分行当经理,获得消息甚多。伯郊家学渊源,从小受森玉的熏陶,对古籍、字画的鉴定亦颇有眼力。他是看着伯郊长大的,三年前伯郊在上海结婚,他还去喝了喜酒。因此,他便请伯郊密切注意,随时向他通气。而因银行业务关系,伯郊常常来往于广州、香港之间。

他一开始便意识到:莫非有故宫佚出的国家珍宝?后来的消息越来越证实他的判断不错。原来,早在清王朝覆灭之后,被各朝皇帝吞没和秘藏于清宫的历代珍贵字画、书籍、器物等,就有不少失散出来。其中,有的被王公太监盗卖,有的被废帝溥仪偷携至天津。伪满洲国成立时,日本关东军参谋长吉冈安直又把溥仪存放在天津的部分文物运到了长春伪宫。抗战胜利后,国民党在东北大打内战,这批国宝再次遭到散佚和损坏。随着国民党政府在大陆的败退,一些官僚、大贾携带一些文物逃亡,又流散到香港和台湾。流散到台湾的,多年后有的被当局收购,存放在台北另建的故宫博物院;而流散在香港的故宫珍宝及其他珍贵文物,因处境动荡不定,已引起一些外国机构和藏家的暗中觊觎。例如,据说美国人侯某便是很活跃的一个,携带大批美元,不时穿梭于香港和美国之间,到处探询存宝人员,随时准备攫之以去。

已经站起来了的中国人民,难道能再眼看着自己祖宗遗存下来的宝物不断流落到异域去?必须及时组织抢救,将损失减少到最低程度!作为新中国的第一任国家文物局局长,他感到浑身热血沸腾。他想起了十来年前在上海秘密组织"文献保存同志会"的事。那时主要是抢救珍本图书,未及其他文物,只是很偶然地捎带为国家收购过一点铜器等。因为当时受各种条件、精力的限制,而且向国民党当局要求拨款也不是一件容易的事。现在,情况有了根本的变化。虽然,新中国刚刚建立,百废待兴,财力非常有限,人民生活相当艰苦;但政府是人民的政府,自己就是政府的公职人员,是主人翁啊!

他可以作主从文物局的经费中拨出一点款,汇给伯郊托买一些文物、图书。不过,他觉得这样做还不行,必须有一个通盘的计划,于是和沫若、雁冰等磋商了这件事,他们都深有同感。据有关资料说,1951年3月,文化部便正式打报告给政务院总理周恩来和文化教育委员会主任郭沫若,申请从国家总预备费中拨出专款,用于在香港抢救文物。日理万机的总理立即同意秘密进行这一工作,并且批示:必须购买真正有历史价值的文物。他领会,这就是必须真正"识货",不能买那些意义不大的"古玩",更不能买赝品假货。人民的血汗钱,一分也不能乱花。这一光荣而艰巨的任务,自然便主要落到了他的肩上。

1951年9月,他参加以丁西林、李一氓为正副团长的中国文化代表团,出访印度、缅甸。代表团于10月5日到达香港,住了四、五天。就在这时,有一个惊人的消息传入他的耳朵:举世闻名的故宫珍品"三希"中的"二希",在香港有可能被拍卖流失去海外!关于这两件稀世国宝,我们得从头说起。

原来,"三希"之名出自清朝乾隆皇帝。乾隆以同时占有晋代大书法家王羲之的《快雪时晴帖》、王献之的《中秋帖》和王珣的《伯远帖》三件宝贝而自鸣得意,珍视异常,并在养心殿的西暖阁专设"三希堂"而藏之。其实,后来的文物专家作出鉴定:《快雪时晴帖》并非羲之真笔而为唐摹,《中秋帖》也是宋人米芾临本,只有《伯远帖》为晋迹无疑。当然,尽管如此,这三件法帖仍属极其罕见的艺术珍品,为国宝级重要文物。

清朝覆亡后,《快雪时晴帖》收藏于故宫博物院(后于1949年被国民党当局运往台湾);而其余"二希"则为废帝溥仪派人偷携出宫,卖给袁世凯的差官郭葆昌了。1937年春,郭葆昌将"二希"搭上其他四幅书画,欲以二十万元出卖,因抗战爆发而未果。抗战胜利后,郭葆昌已死,其子昭俊又欲以三千万联币(合黄金千两)出卖"二希",后因国民政府行政院长宋子文看中,郭昭俊便将"二希"贿送于宋。而宋子文则以公家名义"奖"给郭十万美元(表面理由是郭捐献给故宫博物院一批古瓷),并任命郭为中央银行北平分行襄理。未久,这一秘闻泄漏,宋子文害怕舆论,只得将"二希"退还于郭。北平解放前夕,郭昭俊携"二希"去香港,抵押在某英国银行。现在眼看即将到期,如无钱赎回,则将被拍卖……

说实话,他对书法一道,本来不是非常精通;不仅如此,他还曾有过一种见解:"书法不是艺术。"1930年代前期,他在北平任教时,有一天,在友人梁宗岱的家里聚会晚餐,他还和友人们热烈地辩论过书法是不是艺术的问题。向来总是"书画"同称,他却反对这个传统的观念。朋友多不赞成他的这一看法。有的说,艺术是有个性的,中国字有个性,所以是艺术。又有的说,中国字有组织,有变化,极富于美术的标准。他却极力地批驳他们,说:"中国字有个性,难道别国的字便表现不出个性吗?要说写得美,那么,梵文和蒙古文不也是写得十分匀美的吗?"这样的辩论,当然是不会有什么结果的。不过,那天同桌十二人,倒有九个反对他,只有芝生(冯友兰)同意他的观点;另外,佩弦则一声不响,最后说只同意他一半意见。这场友好的争论,他和他的朋友都一直记得,绍虞直到晚年向学生谈到书法时,还提到他的这一"偏见"。当然,他的看法后来似乎也有所转变,也许倒接近于佩弦的观点了:"说起来,字的确是不应该成为艺术的;不过,中国的书法,也有它长久的传统的历史了。所以,我对铎兄的说法,算是半个赞成的吧。"

如今,他又温馨地回忆起当年的这场辩论。然而,个人爱好和国家利益不是一回事,艺术和文物也不是一回事。在他得知有关"二希"的情报后,崇高的责任感驱使他立即向国内报告;同时,他又指示伯郊马上与郭氏商谈,稳住郭氏,并向银行转期三个月或半年,等待内地汇款抢救。他知道,本年度内文化部恐怕难以支付这笔巨款。但是,这是紧急情况啊,他相信周总理是会采取措施的。果然,在总理亲自关心和决定下,国家不惜代价购下了这"二希",归藏于故宫博物院。此举后来成为新中国重视文物的一则著名的嘉话。

然而他当时却还不知道此事的结果。因为他于10月7日随代表团乘船离开香港,直到12月9日访问印度结束后,到达缅甸首都仰光时,才接到伯郊的信,才知道冶秋、马衡、森玉等人曾亲往澳门,又在广州坐镇,指示胡惠春(关于此人,下面还会写到)、徐伯郊等人在香港与债权人波哥(英教士)及物主郭氏谈判,后以近四十九万港币购下。这时,他胸中悬挂多时的一块石头才算落了地。这也是通过在香港的伯郊为国家所做成的第一笔"大生意"。他在给哲民的信中自豪地说:"凡是'国宝',我们都是要争取的。"他回国后,又知道周总理于11月5日曾作了如下重要的批示给马叙伦(政务院文化教育委员会副主任)、王冶秋(文物局副局长)、马衡(故宫博物院院长),并告薄一波(政务院财政经济委员会副主任、财政部部长)、南汉宸(中国人民银行行长):

> 同意购回王献之《中秋帖》及王珣《伯远帖》,惟须派负责人员及识者前往鉴别真伪,并须经过我方现在香港的可靠银行,查明物主郭昭俊有无讹骗或高抬押价之事,以保证两帖顺利购回。所需价款确数,可由我方在香港银行与中南胡惠春及物主郭昭俊当面

商定,并电京得批准后垫付,待《中秋》及《伯远》帖运入国境后拨还。以上处理手续,请与薄、南两同志接洽。

代表团这次访问结束后,于1952年1月10日到达香港,13日回到广州。本来,他应该随团一起乘粤汉线北上,不经过上海的。但是,前面写到过的那批存放在香港的宝礼堂藏书,因数量较多,又需世兹亲自去港办理,所以至今尚未完全办妥。于是,他与伯郊研究后,便到上海专候这批书运到,然后由他亲自带到北京去。当时,书有好几箱,体积较大,火车上按规定不许随身携带,要当行李托运。他觉得不妥,坚持要亲自携带。有人劝他乘飞机走,他惊骇地大嚷起来:"绝对不行!绝对不行!万一飞机失事,这些书就完了!"书完了,当然人也完了;但是他却只讲书不讲人,足见他热爱这些回归的国宝,胜过自己的生命。后来,据说还是他向上紧急反映,由政务院出面直接命令铁道部,将这批书作为特件,由他亲自携带,安全运京。他将这批书划归北京图书馆珍藏。

1952年7月30日,他为自己新近购得的袁励准的《中秘日录》一书作题跋,写到:"予方从事于搜集溥仪携出故宫之书画,得此足资稽考。"这指的就是他正在领导的通过在香港的伯郊秘密为国家收购从故宫散出的文物的工作。8月,伯郊又回广州,他急忙于25日寄去一信,说:"香港来信及托陈君葆先生带来的信都已收到了",指示伯郊:"所有在港要收购的文物,请统计一下……并请分别'最要的'、'次要的',以便一次请求外汇。……陈仁涛的古钱,如能在九十万港元左右成交,决当购下。……回港后,请和张大千多联系。凡在美国的名画,还有在日本的,最好通过他的关系能够弄回来。这是一件大事。盼他能够努力一下也。《晋文公复国图》乃卢芹斋之所藏,均盼能弄回国来。此事甚为重要,且须机密。请和朱市长谈谈。能直捷和大千公开的谈,并托他(鼓励他)努力于此举否?"这是现在保存下来的能看到的他给伯郊写的关于在香港为国家收购文物、善本的最早的一封信。

（其实，如上所述，伯郊的秘密收购工作从去年就开始了。可惜这以前的信我们未能看到。）因为此信内容非常丰富，涉及不少人物，这里需要作一点讲解。

信中提到的陈君葆，我们前面已写到过几次，是与他同龄的香港著名学者、爱国人士。亚子先生曾以萧何、苏武、马融、阮籍、孔璋等汉魏晋唐名人来比拟君葆，足见其人卓荦不凡。君葆1930年代初起即任职于香港大学，长期担任港大的冯平山图书馆馆长。抗日战争时，他为国家抢救古籍，寄到香港后就是寄存在冯平山图书馆的。君葆当时还担任宋庆龄领导的"保卫中国同盟"的对外宣传工作。抗战胜利后，因在日据时期妥善保存善本古籍及有关档案，君葆还曾获英皇颁授的O.B.E.勋衔。1950年9月23日，他与叶恭绰联名致信君葆，要求把一部分仍存在冯平山图书馆里的原中央图书馆的书运至北京。信中说："许[地山]先生故后，由先生保管多年，我们心里非常的感谢！" 11月，君葆把这批书共九十种分三箱妥善运到了北京。1951年5月1日君葆日记载："今晨蒋复璁冒雨来，问及中央图书馆的书，我告诉他去年北京有信来取，已照点交了，并且也有了回信作收据了。他听完便说，这就好了。"大陆解放后，君葆还多次率香港师生北上观光，有一次还专门带一批英籍教授赴京参观，并受到周总理的亲切接见。君葆每次赴京，都来看他。在秘密为国家收购文物的工作中，君葆也出过大力。

信中提到的陈仁涛，比他年龄小，原为上海富商，经营房地产及银楼等业，号金匮室主，平时喜好收藏，精于金石文字。因得张䌹伯的指导而爱上古币，于是广事搜罗，收藏渐富。陈氏与䌹伯情谊甚深（一说是䌹伯的干儿子）。旧中国的钱币收藏界，最著名的人物为东丁（福保），南张（叔驯），北方（若），西罗（伯昭）四大家。1934年春，由䌹伯介绍，陈氏出价十余万元购得方若旧雨楼全部藏泉。䌹伯曾有一段文字记述："陈子才智过人，雄心勃勃。即得方藏，意犹未足。近年所收钞版、钱范以及金银铜币,增益奚啻倍蓰,足为原藏生色。学识鉴别与时俱进,异日成就,未可限量。"张、方、罗、陈四家之藏,陈氏已占其二。至1940年代后期,陈氏已收集到当时我国最完备的一批古币,其中不少是硕果仅存的稀世珍品。例如北魏天兴七年金质方孔钱,宋"行在会子库壹贯文省"铜钞版等。陈氏在《金匮论古初集》中曾自述:"余嗜古成癖,从事弥勤,孜孜矻矻二十余年,无论金石、瓷玉、泉币、书画,凡见闻所及确信为至精至稀之品,而可以货财相市者,辄不惜重价,多方访求,务期致之而后快。日积月累,所聚益夥"。"盖余之收藏货币最富,自周逮明清以至现代凡金属之铸,钞券之行,莫不粲然大备。"香港学者徐镕观看过陈氏藏泉后评说:"金匮室所藏历代货币,多逾万种,孤品尤夥,皆故宫之所未备。"上海解放前夕,陈氏离沪赴港,金匮室珍藏亦编号集箱运出境外。陈氏这批古钱币,大多为䌷伯经手收集,有些还属陈、张二人共有,䌷伯占股十分之一。䌷伯名晋,解放前曾任明华银行总行经理兼青岛分行经理,业余致力古钱收藏,很有研究,曾参加过上海西人泉币会、中国古泉学会、中国泉币学社,并编辑过《泉币》杂志,有大量的泉币研究文章与著作问世,是中国泉学的资深专家。前面我们写到过,二年前他与䌷伯同船从香港北上参加革命。䌷伯现在北京任外交部专门委员。

　　信中提到的张大千,比他小一岁,是具有世界声誉的中国画大师。大千先后与齐白石、徐悲鸿、黄宾虹等国内各绘画大师及国外大师毕加索交游切磋,功力自不一般。除绘画外,大千对诗词、古文、戏剧、音乐以及书法、篆刻等无不涉猎,同时也是文物收藏家。1945年抗战胜利后,大千由成都飞赴北平,于当年底以五百两黄金的巨价,收得《韩熙载夜宴图》,为此舍弃了在北平买一座旧王府安家的打算。接着,大千又以黄金一千多两的高价,在北平、上海等地收得了五代南唐大画家董源的《江堤晚景图》《潇湘图》,以及清宫旧藏的北宋黄庭坚书法《张大同手卷》,南宋张即之的大字书法《杜律二首》等等。在大千的这些宝贝中,以五代南唐画院侍诏顾闳中所作《韩熙载夜宴图》最为名贵,它距今已有上千年的历史,堪称一流国宝。大千 1951 年夏到香港,后又去台湾、日本等地旅游。由于大千以前曾担任过故宫博物院的国画教授,与同在故宫任职的森玉先生交情很深,因而大千与伯郊也熟识。在港期间,大千同伯郊时相往来,谈笑甚欢,把伯郊当作知心朋友,无话不谈。朝鲜战争爆发后,香港经济一落千丈,各种政治势力复杂,社会很不安宁,许多有钱人都想到海外去。大千当时也准备离开香港,率家移民到南美去。

信中提到的卢芹斋,出生于 1880 年,浙江湖州人,为极有名的国际文物贩子。卢氏早年被家里送到法国寻找商业机会,1902 年在大清帝国驻巴黎的大使馆,结识了张静江。张也是湖州人,出身豪富,又懂文物,那时在使馆做商务工作。张建议卢开一个古董行,并表示也可以参股协助。之后,由张父出资三十万,卢与张合作在巴黎设立了通运古玩公司,主要经营茶叶、丝绸和古玩,生意兴隆。之后又设来远公司,在英国、美国以及中国国内开设分号。没想到卢氏这个不到二十岁的小子,在短短几年内变成国际知名的大古董商。卢氏后以较高的文物知识和商业眼光逐渐征服了巴黎人的品味,经手的很多古董由死变活,由冷变热。卢氏在古董行呼风唤雨,一言九鼎,又和北京、上海古董行的大贾结成圈子,成立了中国近代最有名的私人文物进出口公司"卢吴公司"。卢氏长驻巴黎,英语好的姚叔来驻纽约,上海的吴启周、北京的祝续斋给他们进货。货物集中在上海,再由吴启周往巴黎或纽约发出。这是一家最早、最大、时间最长的文物出口公司。有人认为,解放前我国流出海外的一大半古董是经过卢氏之手的。自 1915 年起,卢吴公司向美国出口文物长达三十年,其中国宝不计其数!卢氏最为人痛恨的一笔生意,就是倒卖"昭陵六骏"中的二骏"飒露紫"和"拳毛䯄"。卢氏当然内心很虚,晚年在一篇文章中不得不承认,"我的确感到非常的羞辱,因为我是使这些国宝流失的源头之一";但又自辩,"我们唯一感到可以欣慰是:这些文物没有一件不是在公开的市场上与其它买家竞标得到的"。1957 年,卢芹斋死于瑞士,是为后话。因为张大千以前同卢氏私人交情不错,因此本书传主很希望能通过大千的关系,把卢氏的收藏给购回国来。

信中提到的朱市长,名朱光,1906年生,广西博白人。朱光1927年参加广州起义。1928年夏到上海,入上海艺术大学学习(因此朱光对艺术不是外行),并先后任共青团上海法南区街道支部书记、闸北区委书记、上海艺术大学支部书记。1930年转入中国共产党,9月起任中共淞浦特委委员、上海文委左翼戏剧联盟支部书记、党团书记,参与领导上海左翼戏剧运动(因此他可能早就认识朱光)。1932年2月,朱光被派到鄂豫皖革命根据地,后参加红军长征。解放战争时期,朱光在东北工作,任中共长春市委书记等职,参加接管长春的工作。因此朱光对伪皇宫文物失散一事也十分了解。新中国成立后,朱光任中共广州市委副书记兼广州市副市长。朱光是本书传主在南方抢救、保护文物的重要助手。

这年年底,伯郊又回广州。他在12月15日去信:"接电话,知已回穗,甚以为慰!港汇四万元,已于前日汇交朱市长。请你和朱市长商定:是否可即汇给胡惠春兄,以清此帐,同时并托他将存港各画,托妥人带穗否?你可以暂时留穗……许多时候以来,你替国家办事,迄未支付分文,我们甚为不安。拟按月补送薪金……又陈澄中的善本是否可购?陈仁涛的古钱究需若干?并乞告知,以便事前筹款。"

这里的胡惠春,上面写到的周总理的批示中也提到过。惠春是他的朋友,比他小十三岁。其父胡笔江曾任中国交通银行上海分行经理,又为中南银行的创始人之一,任中南银行总经理。1938年胡笔江所乘客机,被日军误为孙科坐机,遭到截击。遇难后,毛泽东、朱德、彭德怀皆送花圈挽联,毛泽东、朱德在挽联中称其为"金融巨子"。惠春在1945年被故宫博物院聘为专门委员会委员,瓷器收藏大家,所藏精品沪港收藏家无出其右者。1950年,惠春又被陈毅聘为上海市文物管理委员会委员。后移居香港。惠春斋名"暂得楼","暂得"一词出于王羲之《兰亭集序》"欣于所遇,暂得于己,快然自足"，可见其襟怀。（惠春在1950年代和1980年代两次把珍藏的瓷器共三五九件捐赠给上海博物馆。）他在给伯郊的信里，称惠春和君葆是"可靠之人"。

信中提到的陈澄中，比他大四岁，号清华，湖南祁阳人。陈氏以银行业起家，喜收古籍善本，受南海宝礼堂潘氏影响，尤嗜宋元珍版。陈氏藏书称"郇斋"，外面知者不多，但行家间早就有"南陈北周（叔弢）"之称。所藏宋元版书、明抄黄跋的善本等，亦有百余种。其中尤以宋代世彩堂廖莹中刊刻《昌黎先生集》《河东先生集》，为极其珍贵罕见的善本，纸莹墨润，神采奕奕。后人仅见明复刻本，即大为推重，何况其祖本！其中《河东先生集》一书，原为宝礼堂珍藏，因潘明训与陈澄中是好友，又不忍心让这韩、柳二集分离，乃让归陈氏，使二者合璧，一时传为书林佳话。1949年，陈氏夫妇携部分珍贵藏书定居香港。此时，传言陈氏将出售藏书，并有日本人意欲收购的消息。他立即通过伯郊，并会同香港《大公报》费彝民社长，与陈氏洽商，直到1955年才成功地购回了"郇斋"所藏的第一批善本。其中就有著名的宋世彩堂刊《河东先生集》《昌黎先生集》。这在下面还要讲到。

此信要伯郊暂时留在广州，不回香港，等候他的指示。因为这次要有大计划了，但他暂时还不便在信中向伯郊透露。

23日，他又给在广州的伯郊写长信，首先提到伯郊来信拟购的张大千藏画《林泉清集》，疑是伪品，"万不可要"，必须换另一幅《修竹远山》或其它。又指示："希望能在穗稍住几时，因有许多事正在决定阶段也。如赴港，又要接头不上了。"信中又一次提到陈仁涛的古币和陈澄中的善本，说"必须收得"。此外，又提到了对周游、王南屏、王文伯、王季迁及卢芹斋等藏家的藏品的收购方案。最后说："你在港的工作，是肯定的有很大的成绩的，我们都很感激你！为国家、人民争取到已流出国外的'重宝'，这是一件大工作。尚恳能多多努力，获得更大的成功！"

此信提到的藏家中，颇有几个也可一谈的。如王南屏，当是他认识的人。南屏要比他小二十六岁,在上海长大。十六岁时入无锡国专学习哲学,两年后转往上海复旦大学攻读国文。二十岁时同时获无锡国专和复旦大学的学位。还在大学读书期间,南屏就开始在叶恭绰指导下收藏书画,并得到大收藏家庞莱臣的指点。南屏斋号"玉斋"。1949年后,南屏迁居香港,继续收藏书画,后成为胡惠春发起成立的香港最重要的文物收藏鉴赏家组织"敏求精舍"的会员。1981年,谢稚柳在香港讲学时,南屏向稚柳提出要把多年珍藏的宋刻《王文公文集》和王安石真迹《书楞严经旨要卷》捐献给上海博物馆,但提出一个条件,要允许其在上海家中收藏的一批明清字画二百件出境。后来国家同意了这个条件。南屏在1985年去世后,这两件国宝终于回归祖国。该《王文公文集》不仅本身是海内孤本,而且其纸页背面皆为宋人书简及宋代公牍真迹,共七百多通,是极其珍贵的历史资料和书法作品。此是后话。

信中提到的王文伯,是香港劝业银行的老板,徐志摩曾称其是银行家中有趣之人。1922年,王文伯曾与蔡元培、王宠惠、罗文干、汤尔和、陶行知、王伯秋、梁漱溟、李大钊、陶孟和、朱经农、张慰慈、高一涵、徐宝璜、丁文江、胡适等联名在《努力周报》《晨报》及《民国日报》上发表胡适执笔起草的《我们的政治主张》。因此,他也可能早就认识了。

信中提到的王季迁也是他当认识的,比他小九岁,字己千,取"人一能之,己千之"之意。季迁苏州人,名门之后,为王鏊第十四代嫡孙。自小家学熏染、练字习画,早年师从苏州大收藏家、画家顾麟士,1920年代到上海成为吴湖帆的弟子。1930年代曾应邀出任伦敦中国艺术国际展览会筹备委员会顾问,后又与德国孔达女士合著《名清画家印鉴》,并任上海美术专科学校教授。1947年,季迁移居美国。季迁熟谙画史,亦能泼墨挥毫,因此其收藏的起点也是比较高的。所以,他在信中说:"王文伯、王季迁之物,均极佳,可收,且必要收。"还在这句话边上加了圈。

26日,他又给伯郊去信,再次指令:"因为有许多事正在商议、决定阶段,所以希望你能够在穗稍留,等候决定。"信中再次提到大千藏画《林泉清集》不能要。又提到元末画家"王蒙的《葛稚川移居图》,系在孙煜峰手中,可不必和陈仁涛谈",也"不能作为国外收购之物"。孙煜峰比他小三岁,江苏江阴人,解放前曾任闸北水电公司总经理、裕康房地产公司董事长。从1930年代起收藏文物。解放后任公私合营上海市房地产公司副经理。煜峰所藏的这幅王蒙画极为名贵,后来就在他的指示下捐入了故宫博物院。煜峰后来还先后五次向上海博物馆捐献了书画、青铜器、陶瓷器等文物六百多件,其中有不少稀世珍品。此外,煜峰还曾向南京博物院、广东省博物馆、辽宁省博物馆等捐赠过文物。

30日给伯郊的信中,他还是说"明年收购的意见,正在交换中","请在穗稍住若干时,待我们有所决定后,再定行止为荷"。再次提到大千藏画《林泉清集》不能要。又说:"香港的市面不好,正是收购的大好机会。惟仍必须十分的机密,十分的小心慎重,以免有坏人钻空子。"反复叮嘱:"处处要防备,处处要妥慎,绝对不能有一点疏忽。一不小心,就容易出乱子,实在不大好办。一切务请请示朱市长后再办为要!"还兴奋地说到:"庞虚斋的藏画,已全部收购,剔除伪品之外,尚有三百多件,诚为大观。得此,明清画家们之精品,已略具规模矣。故宫的绘画馆,明年国庆节必可开幕。当为国内最完备之一美术馆也。"他提到的庞虚斋,字莱臣,浙江南浔人,1864年生,全国解放前夕逝世。庞氏出生富裕,在家乡经营庞滋德国药号和庞怡酱园,又发起组建了"浔震电灯有限公司",被誉为"浙江民族工业的开创者"。庞氏又在上海开办龙章造纸厂,在苏州和杭州等地开设典当行,并拥有大量的房地产业。这是庞氏成为书画大藏家的物资基础。庞氏为自己的藏画编印过《虚斋名画录》《虚斋名画续录》等书。

一直到1953年3月27日,他才在给伯郊的信中正式说明这么久一直要其留在广州待命的原因,是"正在与有关方面商谈","如何在港组织一个小组,来主持收购,如何把已购之物带穗等等"。他再次明确指示:"我们的收购重点,还是古画(明以前)与善本书,因其易于流散也。至于古器物,像铜、瓷、玉器等,除非十分重要的,均可暂时不收。……现在首先要解决的问题是陈仁涛的一批古货币。""至于书画方面,……最重要的是陈澄中的书,务请能设法购到国内收藏,重要者已仅此一家矣。"

4月8日他致伯郊(在广州)的信中又说:"关于收购文物事,我们已有通盘计划,正在呈请批准中,大约不日即可批准"。"收购事,拟成立小组,由兄负责接洽、鉴定并议价事,由中国银行沈经理及温康兰二位负责付款等事;由你们三人成立一个小组。如此可省责任过重也。温康兰同志处,已由廖承志同志通知他。沈经理处,最好由朱副市长通知一下。温康兰同志如何和你接洽,可先和广州的华南统战部长饶彰枫同志联系。"28日致伯郊(在广州)信中又指示:"朱光同志明后天就回穗。一切当由他面谈……收购小组,你到港后,请即着手组织起来。……凡从日本来的东西,都应收。这是十分必要的。其次,凡有被美帝垂涎欲购之可能的,也必须先购。"

由此可见,香港秘密收购小组是在他的提议下,经过周密研究,于1953年4月正式经中央批准成立的。(以前一些谈论此事的文章,都把时间讲错了。)他在信中写到的廖承志,是中共中央统战部副部长;饶彰枫,是中共华南局统战部副部长;沈经理名镛,是香港中国银行高级人员中唯一的中共党员(副经理),当时的政治身份是保密的。可见此事中央通过组织系统有条不紊地作了布置。饶彰枫在1930年代就在上海参加中国左翼作家联盟,后一直在广东、香港一带从事抗日救亡运动和地下党工作,与愈之、夏衍等人都极熟悉,他也可能早就认识。沈镛则1930年代在上海的中国银行总管理处工作,并积极参加救亡运动。抗战时去香港,还业余从事爱国话剧活动,并和冯亦代创办《戏剧与电影》杂志,介绍大后方的抗日戏剧与电影活动。抗战后期,沈镛还在重庆和亦代、徐迟等人创办美学出版社,主要出版沪港撤退到重庆的进步作家的作品。由于沈镛参加过上海的救亡运动,而且亦代、徐迟等人又都是他的好友,因此他可能也早就认识沈镛。据伯郊说,沈镛后来为文物回归,默默地做了很多工作,从未有人提起过。

他在3月27日的信中,还向伯郊详细介绍了陈仁涛所藏古币的价值和来历。他说他专门问过纲伯,了解到这批古币原先大多由纲伯经手收集,陈氏以前托纲伯出售时只索价港币七十万元(有信为证);现在,陈氏与伯郊议价,却要九十万。因此,他指示伯郊:只好推翻此议,以前价七十万为准;如不行,就暂时搁一下。他强调指出:"否则,我们凭空多出了二十万,实在交待不过去。我们必须对人民负责。"他还提到,从目录看,重要的古币都在;但是,以陈氏之狡猾,能不能保证不以假换真呢?因此,为了负责,必须先将古币运到广州,验明无误后再付款;万不得已,只好在澳门进行(因为香港潜伏的国民党特务较多,不易保密)。或者先将款提存某银行,双方签字为凭,待验明后才由双方签字提款。他这样慎重,完全是出于对国家高度的责任心。另外,他深知伯郊在书画鉴定方面比较内行,而在古币方面则把握小些,所以不得不更细心一点。

其实,据君葆日记,去年9月伯郊就请君葆帮忙出面为国家收购这批古币了。因为不想让陈氏知道是国家要买,怕陈氏因此抬价,便请君葆来作买家的代表。另外,购买所需外汇,内地一时还未能汇到,而这里却不得不先给陈氏一笔款以坚定其信心,而且这批东西也是押在银行里的,拿出来也要费手续。所以此事是先由几个香港朋友凑了五万元给陈氏,随后又添了若干千,才谈定的。君葆日记中说:"计八箱,洋洋乎巨观哉!""要统通看完了非一日不可办。"

他在3月27日的信中谆谆勉励伯郊:"一切均请兄努力!兄为人民争取了不少极重要的东西,功在国家,不仅我们感激你而已。这个工作,虽是麻烦,但成绩是很大的,效果是很大的。务望继续努力,不怕麻烦。为人民服务,必应全心全意地;革命工作就是麻烦的事。不遇到困难,而能立即成功的事是很少的。越有困难,越能增加考验的机会,越可加强信心也。"他又提及"兄的善本,也请能一并见让——如果愿意的话。"(后来,伯郊的善本书也以半捐半卖的方式归了公。)信的最后,他又提到"明天有一个小展览会陈列宋徽宗及马麟等画,一定可以大博好评也。"这些画就都是从香港买回来的。

4月8日,他在信中又提到:"张大千的《修竹远山》何时可取回?他已否回港?盼他能够回国来。"后来,伯郊把他的这一热情邀请传达给了大千。大千对他的关心、慰问非常感动。尽管出于种种原因,大千没有回国,但却把自己最心爱的五代《韩熙载夜宴图》、董源《潇湘图》、北宋刘道士《万壑松风图》等一批国宝,还有以前收集的一些敦煌卷子、古代书画名迹等珍贵文物,共仅折价二万美元,"半送半卖"给了国家。这批文物皆由伯郊和他经手,回到祖国的怀抱。当《韩熙载夜宴图》等回国之后,他非常高兴,当即在故宫举行了"特展",各界人士参观此展,一时轰动京城。他还为《韩熙载夜宴图》写过文章。大千赴南美阿根廷侨居后,还想方设法在法国、日本等地购买过一些珍贵文物,转卖回国;同时又利用自己的关系与影响,向卢芹斋等人做了工作,也争取到不少好东西。

据伯郊回忆,后来伯郊还曾被他召到北京,他和沫若、雁冰、徐冰(全国政协秘书长)在南池子的欧美同学会小礼堂专门设宴请伯郊,听取伯郊的汇报,并正式代表政府委托伯郊在香港组织收购小组为国家秘密收购文物、古籍。在快要吃饭的时候,忽然周总理也亲自来了,亲切地对他和伯郊嘱咐了几句话后,因为还有事情,连饭也不吃就又匆匆走了。总理在百忙之中的亲切关怀和重视,使大家深受感动。伯郊听说,总理事先曾专门向他询问过伯郊的详细情况,他向总理拍了胸脯,总理便放心地点头了。

伯郊等人在香港的收购小组,一直在他的直接领导下卓有成效地秘密工作着。如1955年3月初,他从国外访问回到香港,5日日记即记有:"未出,看书及字卷,甚佳。"这"书及字卷"就是香港收购小组在他指导下为国家购买的文物。伯郊还时常回来当面汇报请示,他也经常通过朱光、沈镛、新华社驻港办事处等给伯郊以指令。有时候,他直接寄信给在香港的伯郊,便采取用"地下工作"的方式。例如,今存1953年7月31日一信,便是署用"玄览"这一抗战时期他曾用过的化名,当然更不用公家信笺,信中语句亦较隐晦,如说"赵佶的《四禽图卷》务盼能够为先生所有","来信所提王诜、钱选、王蒙、方从义、张礼孙、郭天锡、王冕、宋艳艳所画,均不可靠,万不可收入尊藏","陈澄中氏的善本书,先生如得之,即可成一大藏家,似必须以全力进行"等等,用的都是为私人购藏出主意的口气。

今存1953年8月29日一信,也是这样署"玄览"假名的。信中提到"古币款,已汇上。请即与沈君办理手续。"又提到"陈君的宋元善本事,已进行否?究竟需要多少钱?恳即办为荷。"香港收购小组成立后做的最大的"生意",就是这样两笔。一就是陈仁涛的"古币",计我国历代各地发行的金、银、铜币,以及纸钞和钞版等,共一万七千余件,经过反复谈判,最后以八十万元港币成交。运回北京后,成为迄今为止最完整的中国历代古币精品。二就是陈澄中的宋元善本,经过两年多的艰苦工作,最后也以八十万元港币收归国有,藏于北京图书馆。由于此批善本书的回归,他在1955年5月28日给菊生先生的信中说:"从此,善本图书的搜集工作,除了存于台湾及美国者外,可以告一阶段了。"

收购小组一直工作到1955年夏,以收下陈澄中的善本书为标志,基本结束。在历时四年多的收购工作中(前二年未成立小组),政府专项拨款就有数百万港币之多。除了"二希"、陈仁涛古币、陈澄中古书等这几笔最大的"生意"外,还收购了不少故宫流失的古代名画,如唐韩滉《五牛图》、宋赵佶《祥龙石图》、宋马远《踏歌图》等等,均为我国艺术史上的珍宝。这些名画中的一部分,被他选进他主编的《故宫博物院藏中国历代名画集》等书中。有的如《韩熙载夜宴图》等,他还专门在杂志上撰文作了介绍。但是他从未透露过这些名画都是在他秘密领导下费尽心血收购来的。关于香港秘密收购小组一事,更是长期不为人知。现在虽然知道了一些,但仍然非常不详细。因为基本的档案、文件还没有披露。伯郊保存下来的他的有关信件,我们也只看到十几封,很不全。而更遗憾的是,以前的整理者(刘哲民)不懂装懂,竟把这些信件的系年全部都搞错并搞乱了。因此,要全面叙述这段长期被埋没的故事,是十分困难的。以上所写,虽然已经十分曲折,但今后有关档案、文件披露后,还得重写。我们盼着这一天。

然而,他却一贯乐于为人民默默无闻地奉献,乐于为子孙后代去努力做自己应该做的事。他的心中充满了无限的幸福感和自豪感,因为他觉得只有新中国,才能使那么多国宝失而复归。这是奇迹啊!

五六 南北奔波

新中国各方面的建设热气腾腾,日新月异。在首都工作,而且近邻中南海,他感到分外幸福,何况还经常有机会见到主席和总理。他觉得浑身舒坦,精神愉快。但他并不只是安坐于京城的办公室里。

他差不多每年都要到各地去视察、调查。五十多岁的人了,到处奔波,似乎一点也不觉得辛苦。他主要是考察各地的文物、图书工作,但有时则是为了其他种种工作。因为他不仅仅是文物局局长、考古所所长,而且从一开始就是全国政协委员和文教组组长;1954年全国人民代表大会召开后,他又一直是人大代表,同时又被任命为文化部副部长。另外,他还是中国最高学术机构中国科学院的哲学社会科学部常务委员、国务院科学规划委员会委员兼考古学组组长、中国科学院文学研究所所长,等等。人民赋予他的职责,国家交给他的工作,需要他经常南北奔波。

新中国刚成立,他便参加以董副总理为团长的华东工作团,任文教组组长,于1949年12月上旬赴南京、上海等地工作。这在前面已提到过了。在上海时,他住在百老汇大厦(不久改名上海大厦)十三层,从窗口便可以俯瞰全市,尤其是黄浦江外滩的全景。他在这个城市工作过二十多年,还是第一次住得这么高,看得这么远。他负责接收了前国民党政府教育部、卫生部、中央研究院、新闻局等等单位在上海的全部机构、物资、档案、图书等等。尤其是当他从当年帮助他整理图书的家晋手里拿回法宝馆的钥匙时,真是悲喜交集。

"郑老师,"家晋还是这样恭敬地叫他,"自从您走后,我遵嘱常到法宝馆那儿看看,半屋图书安然无恙。后来,徐森老曾带来您的老朋友谢仁冰先生和一位名叫章文彩的先生来找过我,谈过这批书的事……"

他笑了。是的,仁冰是他在商务印书馆的老同事,长他多年,此时任商务经理;那位章文彩,原来就是仁冰的儿子,原名谢启泰,当时是中共香港工委书记;现在呢,就是中华人民共和国的外交部副部长章汉夫同志。当时,正是他向党组织报告了这批珍贵图书的事,"章文彩"才来找家晋作布置的。"可是,"他又愤愤然对家晋说,"真是可恶!听说南京方面后来是用军舰把最重要的一批善本书运到台湾去的呀!都是我们在抗战时为国家买的,其中还有你们在法宝馆亲手整理后寄去的呢。——幸亏后来我们整理好也不寄去了!"他庆幸,终算还保留下来这一大批书。其中的珍本,后来全部入藏于北图。

他这次在南方辛勤工作了一个多月,于 1950 年 1 月 29 日回到北京。

1951 年 4 月 14 日,他又动身南下。在上海略住几天后,便由端毅陪同,去浙江各地视察文物、图书保管情况。据当时从上海陪同前去的端毅回忆,他们在杭州稍住,便往浙江图书馆看望鲁迅以前的同事张宗祥,往文物保管委员会看望马一浮,鼓励这两位老先生为新中国的文物、图书事业贡献力量。后至绍兴,主要是视察并研究鲁迅故居的保护和维修。又在余姚住一晚,即到宁波视察了好几天,主要是视察天一阁。他见该阁楼房亟待整修,当即与范氏族人、该市文化界人士和领导同志举行座谈,就修缮楼舍、充实设备、加强保管等问题进行了研究。后来,他还几次来天一阁视察,并就其性质、保护方法和任务等作出重要决定。1953 年 6 月,他在一则批示中还提出:"天一阁为我国现存最早的图书馆,必须像保护敦煌千佛洞一样的来保护它。"而他在这月底回到上海后,又在上海忙了一个多月,主要以全国政协文教组组长的身份,从事调查研究工作。

他仍住在上海大厦。5月2日下午,他在所住的十六层召集上海文学界人士共三十八人开座谈会。许杰、罗稷南、靳以、刘大杰、全增嘏、郭绍虞、陈麟瑞、方令儒、陈望道、徐中玉、陈伯吹、李健吾、魏金枝、李青崖、季琳、端毅、施蛰存、余上沅、严独鹤等人先后踊跃发言。谈他们关心的稿酬问题、教育问题、党员与非党人士的关系问题等等。来的人中,有不少是他多年老友,其他也都是认识的,大家畅所欲言。

3日晚上,他又在十六楼召集上海美术界人士二十二人开座谈会,陈烟桥、孙雪泥、朱锦江、郑午昌、张乐平、特伟、洪荒、赵延平、吴耘、杨可扬、蒋玄怡、陶谋基、钱君匋等人相继踊跃发言,谈了美术方面的工作问题,也谈了党群关系等问题。他虽然不是美术家,但对美术雕塑很内行,尤其对中国古代绘画、版画极有研究,所以这批画家与他也是比较熟悉的。

4日下午,他又召集上海科技界人士二十人开座谈会,沈克非、朱恒璧、吴学周、卢于道、刘人寿、赵祖康、周仁、朱冼等人踊跃发言,谈医务工作、党群关系等等。而赵祖康,是国民党逃离前夕的最后一位上海市"代理市长",现在则心情振奋地为人民服务了。

9日,他在乐义饭店楼下,召集上海的图书、文物界人士开座谈会,发言者有徐中玉、阮学光、金则人、陈世襄、顾廷龙、章景琛、舒新城、杨宽、白蕉、童养年等。这些人也大多是熟人。晚上八时,又在上海大厦十六楼召集上海高教界人士二十三人开座谈会,潘世兹、胡文耀、欧元怀、顾树森、周谷城、顾执中、廖世承、王国秀、笪移今、陈石英、褚葆一、顾毓琦等人相继发言。带头发言的世兹,后来便向国家捐献了宝礼堂藏书。

10日下午,他又参加上海市人民政府为他举办的工商界、教育界人士的座谈会。王芸生、周予同、廖世承、卢于道、吴蕴初等人先后发言。23日下午,上海市政协为他举办了市政协各委员会召集人座谈会,有熊佛西、王芸生、周予同、谢仁冰、沈志远、荣毅仁、胡子婴、吴学周、马纯古、方明、徐永祚、严谔声、刘靖基、胡厥文等,先后向他汇报情况。27日晚、29日上午等,他又分别参加了一系列座谈会。31日下午,他在上海大厦十六楼召集华东和上海文化部门的领导干部开会,先后有李亚农、徐平羽、吴仲超、于伶、戴白韬、冯定、黄源、陈同生等人发言。

以上这些座谈会的发言,他都认真地记在他的工作手册上。这里举出这么些人名,便是为了说明他调查、联系的面有多么广,工作有多么认真。31日晚上,他召开一次会议(对象不详),总结自2日来各次座谈会反映的问题,谈了自己的看法,标志着他在上海的调查工作告一段落。此外,他在17日晚举行宴会,招待捐献文物、图书的李庆城和朱剑心。森玉、端毅、徐平羽、沙文汉、徐韬、朱鹓卿、秦康祥、徐伯郊等人作陪。6月7日晚,他又设宴招待捐献文物、图书的潘世兹、丁惠康、瞿济苍三兄弟,黄源、森玉、端毅、钟林、起潜等作陪。6月10日晚,他举办告别宴会,邀请望道、黄源、仲超、平羽、于伶、白韬、同生、亚农、森玉、汝醴等华东文化部的负责干部。11日晚,乘火车离沪返京。这次离家两个月,工作紧张,收获不小。加上9月份后又出国奔波,他这一年有近一半时间不在北京。

1954年2月,他又参加以董老为总团长的"全国人民慰问人民解放军代表团"。他是福建人,所以被分派率队到福建各地去慰问解放军。而当时的福建,是防备台湾国民党军队骚扰大陆的最前线。他不辞辛劳,下连队,上海岛,慰问亲人子弟兵。由于缺乏资料,我们不了解具体的详情。只知道他曾去过空军2740部队、海军0938部队,代表全国人民向"最亲爱的人"致了热情洋溢的慰问词。他写的两份慰问词,至今保存在他的遗稿中。

在福建慰军时,他还做了很多其他的工作。例如,他曾去泉州看望一位中学教师吴文良,这我们在前面已经说过了。他还一路顺便看望了福建的文艺工作者和文物、图书工作者,抽空作了不少报告。今从他的工作手册中,就可看到他在3月12日,在某地作了关于文艺创作问题的讲话,计分四个问题：一、体验生活与写作问题；二、如何描写、歌颂英雄人物问题；三、文艺工作者如何配合总路线、总任务问题；四、继承民族文学遗产问题。29日，他又在某处谈京剧问题：一、历史与历史剧；二、京剧舞台上如何创造历史人物；三、今后的倾向和改革。4月2日，他还在福建某地作了关于文物工作的报告。他觉得慰问解放军、视察文物、作文艺工作报告，这些都是他份内应做的革命工作，是不分彼此的。

他于4月中旬回到北京。奔波了一个多月，他觉得收获很大，在给友人的信中曾表示可以好好写几篇文章出来。可是一回到北京，立即又忙于各种工作，无法一一写出。一直到三四年后，他才应《人民日报》之约，写了一篇散文《移山填海话厦门》，记述了他这次因慰军而去厦门时的见闻，歌颂了厦门军民移山填海建筑与大陆相连接的大堤的英勇精神。

他的儿子郑尔康，在纪念他牺牲二十周年时发表的《勤奋、俭朴、不断前进的一生》一文中说："记得1955年秋，父亲患了严重的痔疮，脓血不止，无法坐在椅子上，医生再三劝他休息，他却从委托商店购买一只橡皮圈垫在椅子上继续工作。直到医生和组织上强令他休息，他才勉强去香山疗养。到了香山，他仍然天不亮就起床工作，日暮黄昏时才放下笔……"然而，这年11月中旬，他却作为全国人大代表，又风尘仆仆地去江苏省视察工作、听取汇报了。（而且，从6月下旬到9月上旬，他一直是在外出差和出国！）这次与他同行的人大代表和政协委员还有好友圣陶和至善父子、伯昕、绍鳌、和杨卫玉、王学文、王新庄等人，因此是非常愉快的。从他的工作手册上的记录可知：21日上午，他在江苏省人民委员会礼堂听取关于该省农业问题的报告。22日上午，又在那里听取该省有关工业问题的报告。24日，他们离开南京，继续到苏州视察。我们没有看到他视察苏州的记录，但圣陶日记及陪同视察苏州的朱偰日记中有比较详细的记载。江苏的同志还安排他们到太湖里面的洞庭东西山农村参观了一下。一年后，他在为（明）王世贞等人撰写的《笠泽游记》一书题写的一则跋文中曾这样描写："予去冬游洞庭东西山,甚得山水之趣。从龙头寺到包山寺十里之间,皆梅林也。如遇花时,一白如雪,芳馨触鼻,必大胜邓尉之梅。东山之滨更多荷田,荷叶田田绵延数十里,若遇盛夏,荷花大开,则其清芬远送,必更令人心醉。惜皆未得其时。"在"未得其时"之时,仍能想象其更美丽的风光,这就是大作家的本领。在游包山寺时,圣陶日记记:"附近高树参天,有樟树、榆树、长松。山门前有唐会昌时之经幢,皮日休、陆龟蒙二人之诗均提及此寺。入寺,憩于其方丈,曰大云堂。楼上有《嘉兴藏》,据振铎云,其《又续藏》中颇有明末遗老之作。振铎为此而来,翻阅久之……"

12月3日他们从洞庭东山坐船回苏州时,曾经经过石湖。他早就读熟了南宋诗人范成大的《石湖居士诗集》,因而一直向往这个"人以地名、地以人显"的石湖。他站在船头,尽情观看,石湖虽然比太湖小多了,但他凭文学家的眼光,看出它风景幽美,充溢着水乡湖田情趣。湖心有一个小岛,岛上还残留着许多东倒西歪的太湖石。他又凭文物考古工作者的眼光,看出它是一座古老园林的遗迹。果然,八百多年前,这里就是与陆放翁、杨万里同被称为"南宋三大诗人"的范成大的故居。人称范成大是田园诗人,其作品中歌咏石湖风土人情的诗不少,有一些同情于农民被剥削的痛苦的诗尤为难得。他自然问起了范氏祠堂等文化古迹的情况。当地人告诉他,苏州园林处已经有一个维护、复修的计划了;而且,他们正在修筑一条从苏州到东山的公路,以后来这里就不必走水路花上一二天时间了。他高兴地接受了他们殷勤的邀请,答应等公路建好后再来看看。3日晚上回到苏州,第二天上午他抓紧时间和圣陶去老作家周瘦鹃家访问,参观周家精致的庭园和盆景,对瘦鹃的盆景艺术表示赞赏和鼓励。当晚,他就坐火车回北京了。6日上午,他回到家,天气已经很冷了。

严寒的冬天刚刚过去,1956年3月中旬,他又与王冶秋、石兴邦等人去西安等地视察文物、考古、图书工作。21日下午,他赶到临潼县东、骊山北麓的秦始皇陵视察。在陵前,他看到农民在掘土,碎砖破瓦堆弃于旁。他随手拾起几块大瓦残片,便可合之以成半角。只见瓦纹奇诡,前所未见,的确是秦皇陵寝所用之瓦当。他觉得真应该好好搜集,加以研究。如再加上周代、汉代的瓦当,可以好好编出一本书来的。兴邦后来在《难忘的怀念和追思》中回忆说:"解放后,最早提出要挖秦始皇陵的是西谛先生,他有些浪漫主义,在考古所的学习会上,我们给他提意见,说他是好大喜功。他笑着说他觉得《史记》记载秦陵里面的水银河、天象图,如能挖出来一定是很有意思的。这次去秦陵参观,情绪特别高。正好在这个时候,当地群众修田取土时,将陵北基址挖了出来,露出一米多高的砖墙,和七排整齐的五角水道,残砖碎瓦,撒掷遍地,使人见了又惊又恼,急令停工并埋好。陕西出土那件最大的葵纹大瓦当,就是这次我们在这里的瓦堆中采到的。"然而,兴邦说的本传传主"最早提出要挖秦始皇陵"的说法似不可信,因为这未见任何记载,没有任何佐证。也许只是他开玩笑随便说的吧?证诸几个月前他不赞成发掘长陵的立场观点,兴邦的说法也极可疑;而且,这次已经"将陵北基址挖了出来",他也是"又惊又恼"的啊。兴邦说的"急令停工并埋好"的人,除了本书传主,还能是谁?

他当时没有料到,在他离开这个世界十多年后,1974 年 3 月,在这里仍由掘地挖井的农民杨志发等人发现了兵马俑坑。随后,在他生前灌注过巨大心血的我国考古科学工作队的发掘下,出土了陶塑的六千兵马,气势极为宏伟,被全世界公认为"世界第八奇迹"!而原有的世界七大奇迹,现除了埃及的金字塔尚留人间外,其他都已不复存在了;而且,埃及的狮身人面像雄伟固然雄伟,但可惜只有一座,而我们的兵马俑,成千上万,千姿百态!可惜他没有能看到;但是,他当时就向这里的负责同志和文物管理委员会的干部反复强调,这里的地下蕴藏着丰富的文物,必须注意保护。

他对陕西省文管会、图书馆、博物馆的干部们作了报告。又对考古研究所西安工作站的同事以及黄河水库调查组的同志讲了话。除了表示慰问之意外,他对如何保护西安的地上地下文物等作了重要指示。他又视察了大明宫、含元殿、省图书馆等处，还抽空去逛了逛旧书店。

他给考古所写信，告诉留在家里主持工作的夏鼐，陈毅副总理也刚刚去过西安半坡村，参观了发掘中的新石器时代遗址，慰劳了考古工作队的同志，并作有重要指示。陈副总理主张立即把遗址保护起来，并在旁边修建一座博物馆。他感到十分兴奋，并向夏鼐等人提出了具体落实的措施。两年后，那里终于建起了"半坡博物馆"。

他在西安视察，只觉得这里的每一寸土，每一个清池的遗迹，都可以有诗一般美丽的故事给人传诵。没有一个城市比西安更为显著地糅合着"古"与"今"的了。点缀在这个新的工业大城市里的，是处处都可遇到的赫赫有名的古迹、古墓、古文化遗址。从新石器时代的仰韶文化起，中国历史的整整大半部，就都曾在这个大都市里演出过。它就是历史的自身，就是历史的具体例证。这些，都应该很好地保护起来，让"古"与"今"更好地结合起来，让那些名胜古迹、文化遗址给我们的人民和子孙后代来参观，欣赏，思索，研究。而他，正是为了这些在辛勤地工作。

他在旅途中感冒了，但只是吞几片药片坚持。26日午夜，他乘火车往东，到另一座古城洛阳视察（冶秋、兴邦似未同行）。那里有周代的王城，汉代的东都，直到诗人白居易、史家司马光他们的遗迹。他顾不得休息，第二天便视察白马寺、周公庙等处。在周公庙他看到一面出于唐墓的古镜，令他心动魄荡，觉得比日本正仓院所藏的唐镜更为精美。他又到龙门去参观石窟佛像。他认为那是值得住在那里八月、十月，甚至一年、两年，写出几本乃至几十本专书来的一个伟大的古代艺术宝库。但其中已有一些佛像被帝国主义者盗去，至今留着斧凿的痕迹，令他悲愤不已！他又渡洛河，过枣园，到朱圪塔村，去调查那东汉时代的太学遗址。据说，那太学最鼎盛的时期，曾有六万多学生。那么，恐怕世界上再没有比它规模更宏伟的大学了。下午，他又去一家倒塌的砖瓦厂去视察。原来，这家厂的地下，周、汉、宋墓密布。一受大批砖瓦堆积的压力，即纷纷下陷，以至砖厂只得停工。他看了觉得十分痛心,严肃地批评了有关单位和负责人,指出这是"古"与"今"同受其害的盲目地搞建设的典型,责令他们好好记取教训。

当时,我国的第一拖拉机制造厂(后以生产"东方红"拖拉机而驰名)曾选址于洛阳的西工区,他听说后坚决反对,因为他知道那是周王城遗址的所在地。在他的坚持说服下,后来拖拉机厂便移址涧西。近年,我国古都学会副会长叶万松研究员感慨地说:这开了个好头,后来厂矿大都建在了涧西。不过,后来洛阳市还是把行政中心落在了那里,如今更发展成整个洛阳的中心区域;然而,现在发现许多建筑底下竟然压着周王陵遗址!"那时候,连郑振铎也还不能断定哪儿是周王陵呀!"叶万松回首往事,感慨万千。庆幸的是,毕竟周王城遗址基本上被后来的"王城公园"给整体保护了下来。

30日上午,他又从洛阳到了郑州。郑州是殷的故都。下午,他就偕同当地文化局长陈建中等,到白家庄去视察那里新发现的一段殷代的古城墙。这段古城遗址,是相当于西方荷马史诗所歌咏的特洛伊古城的,是相当于古印度的摩亨杰达罗遗址的。在中国,恐怕是一座最古老的城墙的遗存了。但已被盲目破坏得很厉害。他当场指示,现存的这几十丈长的古城墙,是绝对不允许再有任何破坏了,必须立即采取有力措施积极地、周到地保护起来。接着,他们又到郑州文物清理队,去看仓库和陈列室。他表扬了清理队取得的成绩。

第二天上午,天下起了蒙蒙小雨,但他还是执意要到某建筑工地去视察新发现而未保护下来的几个殷代遗址。他在思考:为了建筑一家饭店,一个招待所,一座办公楼,甚至只是为了盖一间厨房,而乱动土木,大量毁坏殷代文化遗址、居住遗址,乃至极为珍贵的殷代制造骨器的工场、冶铜工场等等,这岂是可以容忍的!不可能再在别的地方见到或找到的比较完整的殷代的冶铜工场、骨器工场,从此永远地消失无踪了!就在眼前,就在这一时代,从地面上消失了!这悲愤岂是用言语能形容的?他站在殷代的这个文化遗址上,眼睛里几乎落下泪来。我们的古文化遗产确实是无比丰富的,但是岂容败家子的糟蹋和无知者的破坏？他反对随便发掘十三陵,其中一个原因就是他认为,现在我们全民的文物古迹保护意识和保护手段,都还没有达到应有的水平,那么,还不如让它们留给我们的后代再去发掘。周总理的心是与他相通的。现在,他又深自斥责:只怪我们没有坚决执行国家政策法令,只怪我们过于迁就那些过分强调不大重要的基建工程的重要性,而过分轻视或蔑视先民的文化遗存物的人的主张！所有造成这种不文明的毁坏,我们是至少要负一半以上的责任的。当天晚上,他与陈局长等人彻夜长谈。大家都表示有决心和信心,也有责任和义务来做好文物保护工作。

4月1日,他又有点腹泻,伤风也好像还没有全好,但仍坐火车赶到开封去视察。一下车,便急切地去省博物馆参观。它是全国出土文物最多、内容最丰富的大博物馆之一。接着,又与博物馆工作人员开座谈会,讨论陈列方式等等。在夕阳斜照里,又匆匆逛了一下旧书店。晚上,观看了根据朝鲜古典文学作品改编的豫剧《春香传》。

第二天一早,他就赶去视察那有名的铁塔。那是北宋遗物,高十三层,巍然耸立。其实铁塔并不是铁的,而是迄今所知最高的一座以琉璃砖建成的大建筑物,琉璃釉深褐如铁色,故俗称铁塔。塔的上层有被日寇炮火击中的痕迹,但并未影响它的坚然挺立,他感到这象征了我们这个伟大的民族。塔旁,有一个八角亭,藏有宋金时代铜佛一尊,重十多吨,亦为珍品。接着,他又到龙亭、山西会馆、繁塔、古吹台、大相国寺等古迹去视察。当天下午,便乘火车去徐州。一早,他抓紧时间给故宫博物馆的仲超、陈乔写信,谈这次视察所见所思,请他们做两件事:一、多做龙门石窟雕像的石膏模型,指出"这是艺术界的一件大事,不仅为故宫陈列之用已也！""做这一番工作,功德无量。万不可只做自己一时陈列所需要的东西,而忽视了长远之计。"二、考虑在兰州设故宫博物院分院,指出"重要的古文物宜于分散,不宜过分集中。""要分些藏到别的地方去,'以防万一'。""请和冶秋同志及部长们谈谈,如何？"在徐州住了一天,视察了有关古墓、遗迹等,他又转而南下上海。

4月5日上午到上海,上海文化局副局长陈虞孙来接。又住上海大厦。刚放下行李,他就不顾旅途劳累,要求去鲁迅墓和韬奋墓前献花,因为今天正是清明节。第二天上午,他由文管会的沈之瑜陪同,视察了成立不久的上海图书馆,以及合众图书馆、科学图书馆、人民图书馆等处。下午,又偕之瑜到徐家汇天主教堂图书馆视察。这几天,他连续奔波,又患了腹泻,且泻后流血甚多,痔疾又复发了。但他仍没有好好休息,还抽时间到静安寺东庙弄老家去整理自己的藏书,寻找一些以前搜集的版画史资料,准备回北京后写文章。

10日下午,又乘车去杭州。晚上,浙江省省长沙文汉就来找他谈工作。当夜,他又去访云彬、黄源等当地文化部门的负责人,交换了不少意见。和他们一起商议了浙江省的文物保护单位的名单,准备加以颁布。第二天起,他便在杭州的各名胜古迹处视察,总的印象是比较满意的。于是,13日又去绍兴,省文化局副局长许钦文陪同。

上午九时半到绍兴,下车后稍事休息,就去鲁迅故居视察,并作出了重要决定:应充实绍兴鲁迅纪念馆,以新台门、老台门及鲁迅读过书的"三味书屋"为一个保护单位,老台门也立即进行收购。他还亲自设计了布局,除了鲁迅故居、百花园等遗迹要整修保护外,还要修建招待所、陈列馆等。中午即去大善寺。下午又视察禹陵、府山、快阁、兰亭及市内的青藤书屋、沈园等等。简直没有一刻休息。晚上回到招待所,十分疲乏;但是,县长又来找他谈工作了。他们还着重谈了今年10月要举行的鲁迅逝世二十周年纪念的事。

14日一早,又去宁波。途经溪口时,他要去山上视察雪窦寺。正当中午,烈日下走了一个多小时山路才到,然后再沿山路下来。他记得自己已经有三四十年没有走过这么远的山路了。但亦不以为苦。直到下午三时半,才到宁波。这时又饥又渴,又热又累。可是车开到地委招待所,说是事先没接头;开到专员公署,也说没接头;再找到市人大,还得转到卫生院去住。钦文颇为自己事先没有接洽清楚而深怀歉意,但他这位"上司"却没有半句怨言。而且,只稍许坐了一会,五时许即去天一阁视察。他当场作了重要决定:一、这是一个最古老的图书馆,应严格保护原貌,现在设在里面的古物陈列所应迁出去;二、这是一个历史文献性的参考图书馆,应以收藏有历史性的重要图籍为主;三、注意防火,工作人员的住宅应离得更远些;四、应开展孤本的影印工作,包括出版《天一阁丛书》和摄制缩微胶卷;五、动员范氏捐献给国家,由政府管理。

第二天,16日一早,又去天童寺视察,又是步行走山路。一天在外奔波了十二个小时。他早就想访问此寺,因为他知道日本僧千光,在宋孝宗时曾来过,并运巨木助修;又有日本僧道元,在宋宁宗入中国,两登天童,事长翁净和尚,成为日本曹洞宗之祖。明弘治初,日本画家雪舟亦曾住天童三年,然后入京。当天他给妻子君箴写信,说到"我所以不辞跋涉要到这里来,目的就是为了要查雪舟和天童的关系"。然而看了寺里保存的资料,千光、道元均有记载,独雪舟一字未及,甚为失望。17日,又去天台山视察另一个向往已久的国清寺。他很早就听说寺内有梵文的贝叶写本,抄的是古印度诗人迦梨陀娑的名剧《沙恭达罗》云。他晤见了主持澹云和尚,询及寺中藏经,却道并无梵文者。他大为失望。后澹云又说高明寺有之,乃派人去取。他心悬悬然恐怕其无有。晚餐后取"经"者回,果然是梵文的贝叶经,甚古老,题"七种灌顶格"。他不知是何经,只能猜想或竟是《沙》剧的残本吧? 他在天台过夜,第二天早上,到吃早饭时,大家没看到他,还以为他连日跑山路,累了,还在睡着。谁知他早就起身了,只是为了让陪同他的钦文等人再多睡些,有意不开房门,一个人在里面静静地写东西。大家看到他这样辛勤地工作,无不为之感动。

18日中午,回到杭州。他又抽空逛旧书店等。20日,又游了玉皇山、凤凰山。他的所谓游、逛,其实也是一种视察工作。21日上午,他在省人大会堂向三十多位干部作了《民族文化遗产的发掘问题》的报告,共谈了二三小时,听者津津有味。余森文、夏承焘、邵裴子、宋云彬、张宗祥等著名人士都来了。23日晚,离杭回沪。这次他在浙江视察二星期,真是紧张辛苦。据钦文后来回忆:"在排视察的日程时,帮我做接待工作的施科长惊异说,'怎么郑部长这样熟悉我们浙江的文物!'哪里有北宋的古塔,哪里有五代的寺院塑像,哪里有南宋的碑石,哪里有晋朝的经幢,他头头是道。有些地方我们还没有明确究竟是怎样的,他指点得一清二楚。"

回到上海的第二天,他又视察了革命纪念馆、渔阳里团中央旧址、中山故居、上海博物馆等处。25日,又视察鲁迅故居,并对上海市文物、图书工作者作报告。26日,视察豫园、城隍庙……。他没有一刻不是在工作。以后的几天,还与巴金、周而复一起去常熟参观;与鹤亭等一起去昆山视察,与巴金、而复、述之、鹤亭等一起去嘉兴一游等等。至5月12日,离沪北上。他还准备到山东视察一番。

13日晚八时多,火车到济南。老友剑三(时任省文化局局长)亲自来接。第二天即视察山东省博物馆,游千佛山。第三天又乘火车去曲阜视察,当夜返回济南。第四天16日一早五点钟就起来写讲话稿,下午对山东省文化干部作《农业的社会主义高潮与文物保护工作》的报告。他即使在外作报告,也是每到一地都根据当地具体情况重新起草稿子的。而5月17日他一回到北京,下午夏鼐就在考古所看到他了(见夏鼐日记)。

在这两个月内,他的足迹踏遍了陕、豫、沪、浙、鲁五省市的主要文物古迹点。他是这样忘我地不知疲倦地工作着啊!

只过了半年,他再次风尘仆仆地南下了。这回是为纪念孙中山先生诞辰九十周年,他参加以朱德副主席为团长、李济深为副团长的共三十八人的中央谒陵代表团,于11月12日到达南京。下午,即晋谒中山先生陵墓,同时他们又去廖仲恺先生和邓演达先生的墓前祭扫。代表团活动结束后,他本也想随着大队人马回京,而且他还有一点伤风感冒,但想到本来也还是想要南行一次的,如果再一来一去,又得白费三天时间,且浪费了公家的往来车费,因此便决定留下来,继续在南京、扬州、苏州、上海一带视察一番。

他在南京视察了三天。由江苏省文化局副局长朱偰陪同视察了南京被拆的城墙,还视察了南京博物馆(共两次)和南京图书馆。本书前面写到过,朱偰是他的老友谒先之子,解放前就写过《金陵古迹图考》等书。朱偰坚决反对拆除六朝古城墙以垫马路,和他的看法是一致的。这次他就和朱偰一起去汉中门外看了石头城最近被拆去的一段,共表惋惜。不料,后来朱偰竟因此而蒙冤,被打成"右派",那是后话。16日上午,他去镇江,视察了招隐寺。他认为大胜金山寺和焦山寺,只可惜知道的人不多。在路旁,还察看了朱元璋的墓。中午,到扬州,下午即去文管会,去看最近从明代嘉靖古墓中出土的《孝经》,居然纸墨如新,很觉惊喜。他还视察了何秋涛故园、棣园,又一次视察了朱元璋墓、招隐寺等。18日中午,到苏州。

在苏州他停留了一星期。下车未久,即去视察孔庙、玄妙观等。以后还参观了私人藏书,参观了农村人民公社等。他没有忘记一年前对当地主人邀请他再去访问石湖的应诺,24日上午,又去石湖视察了一下。那天下午回到苏州,又去周瘦鹃家参观了盆景,这是他第二次去了,他再次认为很好,应该设法帮助之。在苏州时,他还与专区颜主任、李市长等畅谈了有关工作,还视察了有关血吸虫防治的工作。

25日下午,他到上海,虞孙来接,仍住上海大厦。稍微休息后,他就又去旧书店看书了。这回,在上海又住了一星期。他在之瑜陪同下,再次视察了豫园、历史文献图书馆、上海博物馆、鲁迅纪念馆等处。还视察了近郊的真如、南翔、松江等处。他参加了有关昆剧的座谈会,作了《有关发扬昆剧的三个问题》的讲话。又出席了上海市第二届公共图书馆工作会议,并讲了话。有一天,他一早起来,想起了在苏州未及多谈"破布废纸生产合作社"的事,赶紧再给苏州李市长及苏州文化局局长范烟桥写信,要他们办理;并且还给江苏省文化局挂了长途电话谈此事。他是不是管得太宽了?不,因为他在视察中发现那些废纸造纸厂的原料中,有一些是有用的古书。他觉得此事必须抓一下。这天,他又到神州造纸厂调查。

12月3日,他又去杭州视察,共六天;其中5日一天,去绍兴往返,为的是再次视察鲁迅纪念馆。在杭州期间,他不仅视察了孔庙等处,还调查了华丰造纸厂。他应邀对一千多位浙江省文艺界人士作报告,题目是《民族文艺遗产的保存与继承问题》。他还到浙江美术分院召开了座谈会。8日夜,乘火车回上海。

这次在江、浙、沪三地,他都调查和发现了废纸造纸中存在毁坏古书的问题。因此,10日上午,他便亲自到设在上海的全国供销合作社总社的废纸收购处,与他们谈话,以引起他们的重视。下午,轻工业部的造纸厂管理所派来一人,他便偕往虹口、长宁等区的造纸厂去调查。当天晚上,他又与而复一起去见中共中央华东局第一书记柯庆施,谈话中也着重提到了古书当废纸的事。正是在他的不懈努力下,引起有关领导和部门的重视,这类现象后来才大为减少。

这次他在南方紧张地视察了一个月,于12月13日夜九时左右,冒着严寒回到北京家里。然而,第二天他就到文化部上班,下午就主持刘芝明副部长的报告会了。他是这样忘我地不知疲倦地工作着啊!

转眼间,1957年的春天又来到了。在这个后来被称为"不平常的春天"里,他又率领一个全国政协视察团,去西北视察。团员有翁文灏(副团长)、狄超白、刘思慕、何遂、王历耕、陈调甫、邹秉文、资耀华、杨公庶、蔡方荫等,还有秘书张丰胄及孙裳。4月17日出发,18日深夜到西安。第二天一早,副省长和统战部长就来找他了。一谈起工作,他便精神焕发,一无倦意。作为全国政协视察团团长,他什么汇报都得听。副省长着重反映的是三门峡水库问题。他觉得副省长关于水位不能一味上升的意见很有道理,答应回京后一定要仔细地向有关部门反映。上午,他带领团员冒着风沙登上鼓楼、大雁塔等古迹;下午,又去半坡遗址。他看到博物馆的楼房已盖好了,心里真高兴,便指示有关人员应立即充实陈列内容和恢复遗址原貌。视察团里,大多数人对文物、考古是外行,他这位团长便主动地担当起讲解员的工作。他这位"高级讲解员"讲得太精彩了,大家听得津津有味。以后的参观,几乎都是这样。

20日上午,他感到身体不适,闹肚子,因为连续几天实在太紧张。但他仍坚持到省政协、省政府等处拜会。又参观了省博物馆,看了碑林,发表了不少指导意见。下午,听取谢副省长和各部门负责人的工作汇报,内容有水土保持工作、移民工作、教育工作、文化工作、卫生工作、政协工作及工业情况等等。其中不少工作与他的业务是无关的,但他都认真地作了记录。一个下午共听十个专题报告,其工作之辛苦是可以想象的。

接着,便主要是视察古迹文物,以及与省领导座谈,对省博物馆、图书馆人员作报告等等,这里不一一细写了。只说22日下午,他到考古所西安工作站去慰问,见到许多新出土的精美唐俑,高兴极了。想起自己十年前编印《中国古明器陶俑图录》时,哪里能得到这么多有确切出土地点和确切年代的陶俑呢?而且,他认为这些不仅是研究唐代陶俑的绝对可靠的基础,更可以根据它们来考证传世的其他很多失了群的未知年代的陶俑的年代。这对历史研究、雕塑史研究等,都是极有价值的。因此,他指示应把这些唐俑摄照出书。他还在极辛苦的视察工作期间,起早摸黑,于24至26日写成一篇《陕西省出土唐俑选集序》。在他的大力支持下,这本选集于1958年5月由文物出版社出版。

视察团后来又分开活动。部分团员去陕北等地视察,他则于26日夜带领部分团员离西安赴兰州。即使在火车上,他也勤奋工作,读了他的《汤祷篇》一书的校样。27日深夜到达兰州,甘肃省长邓宝珊亲自来接。第二天一早,他又精神抖擞地工作了。连续几天,无非又是听汇报、视察等等,不待细说。而他还在这样忙的日子里,竟写好了《中国古代版画丛刊初编的总说明》,寄到上海古典文学出版社去。还有一件有意思的事,在视察热电厂时,他见到副总工程师的面貌很像友人默存,一问之下,原来正是钟书的堂弟钱钟鹏!

五一劳动节那天,他又与何遂、资耀华、蔡方荫、张丰胄五人,加上当地陪同人员,乘二辆轿车、一辆吉普,离兰州去敦煌。过黄河,经武威、张掖、酒泉、安西、玉门等地,至5日晚上才到。旅途辛苦,一路视察,不待细说。

敦煌千佛洞,他心向往之者久矣,这才第一次得遂心愿!他见到了献身于敦煌艺术的友人、敦煌文物研究所所长常书鸿。行装甫卸,他便要书鸿带他们去古洞窟巡礼。在夕阳的黄金光里,他们看壁画,看塑像,一阵又一阵地惊叹、欢呼,沉醉在敦煌艺术之中,忘却了一路的疲劳。其实,他的身体并不那么好。在6日的日记中便记着:"便血。自己颇为害怕,疑是肠出血。连忙找医生看了,说是痔血,没有内伤。吃了些止痛药片,略见瘥。持杖行、立、时复作痛,盖是捩筋也(因坐车过久之故)。"从这天起的三四天日记,他每天都写了数千字,详细记载各洞窟的情况,还有查阅《敦煌县志》的摘钞,甚至还绘有图画,如数家珍,简直如同一份份考古勘测报告书。

6日当夜,他就给很多朋友写信,说:"'百闻不如一见',见到了才知道其弘伟,美丽。"是的,试想,千佛洞何止"千佛"?洞窟上下五层,高低错落,鳞次栉比,南北长达三里多。尽管曾遭到帝国主义分子和国内奸人的多次破坏,但现存自北魏至元代近千年间各代壁画和塑像的洞窟仍有近五百个,壁画四万五千多平方米,彩塑二千四百多尊,唐、宋木构建筑五座,莲花柱石和铺地花砖数千块。这真是一个由绘画、雕塑、建筑构成的辉煌的艺术宝库啊!其中塑像,最高的有十丈,小者仅三寸,无不栩栩如生。其中壁画,如按二米高排列,可构成二十五公里的画廊!怪不得他在给友人的信中说:"要细看,得住三年!"

然而,他们只能在这里住四五天。除了参观、视察外,他在敦煌文物研究所召开了三次座谈会,亲切慰问各位同志,详细了解包括生活方面在内的各种情况,作了不少指示和安排。他的这次亲临视察,给研究所的同志极大的鼓舞。临走前,应书鸿的要求,他为研究所作了一篇很长的题词,其中说:

……走马看花地看了四天,尚未能及其半。千年之美,毕集于斯,诚可谓为民族艺术的大宝库也。研究民族艺术的人,如不到这里来细心学习,至少是一年半载罢,则决不能说是已经明白了中国艺术的优良传统。每一个洞窟的壁画,每一尊丰满圆润的塑像,乃至佛的背光,金刚座的饰图,供养人的大小画像,无不足令人欣赏无已,站在那里,久久地走不开去。若移任一洞窟的壁画到任何一地去,将无不会大为哄动,成为一城一省之绝大骄傲。某一个地方如果存在着像这里所有的任何一堂唐宋塑像,则也将立即成艺术家巡礼的一个中心了。这,使我们不能不羡慕住在这里的同志们的大好幸福。然千佛洞乃是戈壁滩上的一个绿洲,四十里内外无人烟。研究所的同志们在此坚守岗位,努力工作,获得巨大的成绩,这又使我们不能不对他们艰苦卓绝的精神,致以衷心的钦佩,并加以恳挚的慰问。

他又特意为常书鸿等个人也题了词:

　　常书鸿、李承仁二同志,同心协力,在大戈壁沙漠的一块小绿洲上,为继承、发扬祖国的艺术的优良传统,而艰苦地奋斗了十五年之久。其苦心孤殖[诣],与热爱祖国的艺术的精神,至可钦佩!敦煌千佛洞之能有今天的辉煌,和他们的努力是分不开的。……谨志数语,以颂他们的功德。

5月10日一早,他们沿原路返回,至12日下午回到兰州。第二天,他便与甘肃省政府有关领导座谈,交换意见。第三天,乘火车回北京。16日下午约四点钟回到离开一个月的家里。然而,他不顾旅途劳累,当夜便偕妻子应邀出席中印友好协会成立五周年的国事活动(因为他是中印友协的理事),至十一时才回家。而第二天一早,他便到部办公;下午五点,应邀出席挪威大使馆举办的国庆招待会,见到周总理,略略作了视察的汇报。七时,又到国际俱乐部,举行酒会欢宴来北京参加中缅友好协会成立五周年庆祝活动的缅中友协代表团,并致辞(因为他是中缅友协的会长)。他是这样忘我地不知疲倦地工作着!

但是,谁能想到,这次西北视察,竟是这样一位精力充沛、热情洋溢、生龙活虎的人在国内的最后一次长途奔波!

五七　中外交流

> 建国以来频远出,亚欧名都留行踪,
> 论学谈艺致互益,睦谊敦交亦一功。

这是在本书传主牺牲后,他的老友圣陶写的悼诗中的两句。在新中国最初九年中,他除了经常南北奔波、视察外,还多次领命出国,作文化交流工作。

在1950年代初,我国和一些亚洲国家的航空、交通事业还很落后,我们国家的经费也很有限,出国访问是一件很辛苦的事。例如,他访问印度,去的路上就花了一个多月。不仅国内坐的是火车(从北京到广州);而且从香港到印度是乘船,先往南绕过马来半岛,穿过马六甲海峡,再北上到达缅甸的仰光,然后再继续开船往西到达印度的加尔各答港,最后才坐火车和飞机到达印度首都新德里。这样的辛苦奔波,决非现在那些想方设法花费公费出国玩玩的官儿们所能想象。

1951年那一次,是他在新中国成立后的第一次出国访问,代表团团长文化部副部长丁西林,其人还是物理学家;副团长李一氓,人还称其为经济学家;团员有郑振铎、前北大历史学教授陈翰笙、小说家刘白羽(兼代表团秘书长)、清华哲学史教授冯友兰、清华物理学及应用数学教授钱伟长、中央美院画家教授吴作人、北大经济学教授狄超白(兼代表团副秘书长)、北大东方语文学教授季羡林、电影导演戏剧家张骏祥、北师大中国文学教授叶丁易、中国红十字会总会副秘书长倪斐君(兼代表团副秘书长)、敦煌文物研究所所长常书鸿、中央音乐学院上海分院教授周小燕。除上述十五人外,尚有翻译等工作人员六人随行。任务是去印度、缅甸访问,并举办有关中国文化艺术的展览和进行文化交流。代表团于9月20日晚从北京出发,沿京汉线南下,22日上午到汉口,下车游了一下东湖。傍晚7时摆渡过江(当时还没有大桥),再从武昌乘粤汉线继续南下。他觉得沿途风景甚佳,而更高兴的是,自从他从香港赴解放区、从北平赴捷克开会以来,已好久没过这种较长期的"集体生活"了。

24日晨,车抵广州,住沙面胜利大厦。在这里他们要住一星期,等待办理签证等手续。此时广州解放时间不长,国民党的飞机有时还来骚扰,特务活动也时有所闻,他们若出门都有保安人员跟随保护。他又抓紧时间视察了那里的文物、图书工作;还抽空写了《伟大的艺术传统图录序》,给上海的哲民多次写信,谈编辑此书之事;还给思永和夏鼐写信,谈考古所的工作。10月2日,离广州去香港,又有四、五天的逗留。他们住在半山腰的一座别墅里,背山面海,风景极佳。但他无心玩赏,主要向伯郊等人了解文物流失到香港的情况,尤其是设法赎回"二希"国宝,这在前面已经写过了。

10月7日,乘英轮"桑哥拉"离港。一路颠簸,后来又换飞机,不及细说。直到29日,代表团才到达新德里。这是新中国成立后访问这个南方大邻国的第一个正式的文化代表团。印方十分重视,把他们作为贵宾,安排住进总统府。总统和总理都出来亲切接见。正巧,他们到达的第二天晚上,恰逢印度传统的燃灯节,十分热闹,很像中国的除夕夜。11月4日,中国文化艺术展览会开幕,由我驻印度大使袁仲贤将军主持。代表团在新德里忙于出席各种欢迎会,访问了多所大学,参观了一些古代宫殿、寺院等。本书传主 6 日乘火车(一部分团员 12 日乘飞机)南下,12 日抵达西部大城市孟买。他们曾经过猛虎出没之区,可惜不曾见到虎。曾骑在象背,游历古堡。又见到阿育王所建的塔,和藏着目连"舍利"的塔。还游过回教的"皇冠宫",纯以白色的大理石筑成,在月下望之,一片洁白,叹为观止。到达孟买后,他们又受到成百上千的印度人的欢迎。各群众团体竞献花环,他的脖子上被挂了二十多个! 他深深体会到印度人民对中国人民的友情。代表团在孟买也举办了展览会,他还应邀讲话。而他最兴奋的,还是 16 日乘飞机去海得拉巴,并去文达雅山中参观阿旃他石窟。

那是千年前古代印度佛教信徒瞻仰的圣地;中国著名的佛教学家玄奘法师,也在公元七世纪时来过这里。后来,因为人世和自然的变迁,这个石窟也就隐没在丛莽野林之间,不为人知了。直到 1819 年才被人发现,成为了研究古代印度人民的生活及印度艺术的宝库。那天,他们在印度考古学家查克洛瓦博士的陪同下,参观了整整一天。他认为那些壁画是世上不朽的杰作,人物的姿态与身体画得生动极了。眼波若流,口吻若语,浑身若有血肉,抚之若有温暖。那些雕刻也极生动,把坚硬的岩石凿成活活的形象了。他知道这些印度佛教艺术,对多国有极深的影响。此时,他还未去过敦煌千佛洞,但知道千佛洞更远为宏伟辉煌;而敦煌与阿旃他显然有因缘关系。更令他感慨的是,阿旃他与我们的敦煌一样,它的雕塑与壁画也遭到过帝国主义分子的盗窃和破坏。他对印度朋友表示了同仇敌忾的感情。

代表团文艺组几人又于 21 日去了印度的东南港城马德拉斯,在那里举办了展览会、茶会等,作为组长的他又应邀讲话。他们又去了印度最南端的特里万德鲁姥,然后于 28 日回到新德里。再到印度东部大城市加尔各答。12 月 9 日,从那里乘飞机去缅甸首都仰光。

在一个半月前,他们乘船经过仰光时,曾逗留五六天,他天天上岸去玩过。但当时不算正式访问。现在,代表团又受到了缅甸政府和人民的盛况空前的欢迎。这也是新中国成立后第一个访缅的文化代表团。缅甸有很多华侨,主人特意安排他们住在仰光郊外的一家华侨别墅中,风景清幽。旁有一湖,水光照人如镜。他在中国大使馆内见到了国内很多友人的来信,又知"二希"国宝已在总理特批下收归国有,不禁大喜。代表团在仰光举办了中国文化艺术展览会,第一天参观者即有三万多人。他们还举行电影招待会,放映曾在国际电影赛会上荣获特别荣誉奖的《白毛女》。忙碌了几天后,又于14日乘飞机去缅甸南掸邦访问了三天,并放映《中国民族大团结》影片。17日,去中部城市曼德勒访问,在那里住四天,也举行了展览,第一天参观者就超过万人。返回仰光后,28日代表团结束印缅之行,乘"新地亚"船,取原路回国。

此次中国文化代表团在印度访问四十一天,在缅甸访问十九天,曾在两国主要城市展览了中国古代的和现代的艺术品、敦煌壁画摹本,和反映新中国建设成就的图片等等,深深吸引了两国人民,总计参观人数有二十几万,可谓盛况空前。他们还和两国的文化官员、学者、艺术家多次接触,加深了相互了解,增进了友谊,取得了预期的成绩。而对他来说,在参观许多文化古迹时,增长了不少见识,学到了不少东西。他还买了不少重要的考古报告和美术书刊,在归来的船上,便设想着自己要编一部《世界美术全集》的书呢!但回国后,他又觉得这批珍贵资料对新成立的中央美术学院来说,一定更加需要。于是他就通知该院图书馆馆长常任侠,请任侠来挑选。任侠1952年2月27日日记:"赴文物局访郑西谛,为图书馆选购自印度带来的艺术书籍。"任侠从他那里选购了五十三种,内容包括印度、希腊、罗马、蒙古、波斯、英国、孟加拉国等国不同历史时期的绘画、雕塑、宗教艺术等等。其中如印度的《Ropam》(东方美术季刊),即使在印度也很稀有。任侠后来在《冰庐失宝记》中说:"郑振铎兄出使印度,辛苦搜求,竟得一套。我同他商量,连同《山奇》(San Chi)、《阿旃陀》(Ajanta)等英国所刊巨著,均归本院图书馆。承他慨允,建成这一善果。"羡林后来回忆:"我们全团十几个人就马不停蹄,跋山涉水,乘船、乘汽车、乘火车、乘飞机,几乎看尽了春、夏、秋、冬四季风光,享尽了印缅人民无法形容的热情的款待。我不能忘记,我们曾在印度洋的海船上,看飞鱼飞跃,晚上在当空的皓月下,面对浩渺蔚蓝的波涛,追怀往事。我不能忘记,我们在印度闻名世界的奇迹泰姬陵上欣赏'琼楼玉宇高处不胜寒'的奇景。我不能忘记,在缅甸英莱湖上,看缅甸船夫独脚划船。我不能忘记,我们在加尔各答开着电风扇,啃着西瓜,度过新年。一想起印缅之行,我脑海里就成了万花筒,光怪陆离,五彩缤纷。……我们代表团自始至终,都是能和睦相处的。我们团中还产生了一双情侣,后来有情人终成了眷属。可见气氛之融洽。在所有的团员和工作人员中,最活跃的是郑振铎先生。他身躯高大魁梧,说话声音宏亮。虽然已经渐入老境,但不失其赤子之心。他同谁都谈得来,也喜欢开个玩笑,而最爱抬杠。团中爱抬杠者,大有人在。代表团成立了一个抬杠协会,简称杠协。大家想选一个会长,领袖群伦。于是月旦群雄,最后觉得郑先生喜抬杠,而不自知其为抬杠,已经达到抬杠圣境,圆融无碍。大家一致推选他为杠协会长。在他领导之下,团中杠业发达,皆大欢喜。郑先生同芝生先生年龄相若,而风格迥异,……郑先生开玩笑的对象往往就是芝生先生。然而芝生先生总是微微一笑,神色不变……"

1952年5月12日,中缅友好协会在北京成立,他担任会长。同月16日,中印友好协会在京成立,丁西林任会长,他任理事。他担任这些职务,显然与他曾经辛苦地访问过这两个国家有关。

1953年秋,他又有华沙、维也纳之行。当时,中国保卫世界和平大会(简称"和大")全国委员会和世界保卫和平大会理事会等,决定在全世界举办纪念屈原、哥白尼、拉伯雷、马蒂等四位世界文化名人的活动。他受波兰和大及作家协会的邀请,代表中国和大及作协,前往华沙参加屈原纪念会。11月12日中午,从北京动身,乘飞机经蒙古、苏联往波兰。同行只有朱世纶一人。世纶比他小九岁,他以前是否认识世纶我们不知道,但世纶是肯定知道他的。世纶1925年参加五卅运动,1927年加入共青团,1931年赴法留学并入党,曾任巴黎华侨党支部书记、旅法华侨反帝大同盟书记。1938年回国,到重庆《新华日报》社工作。抗战胜利后在上海参加筹建《新华日报》总社,1947年去延安到新华社工作。建国后在开封任市委宣传部长、市文教局长。一年前调任中国人民抗美援朝总会宣传部副部长。

14日上午,到达莫斯科。为换乘飞机,需等两天,他便得到了与友人、时任中国大使馆文化参赞戈宝权畅述的机会,还参观了莫斯科的历史博物馆。16日中午,飞抵波兰首都华沙,曾大使来接。下午便赴屈原纪念会,作为贵宾坐在主席台上。先由波兰某汉学家略谈纪念屈原的原因,接着便由他报告屈原的生平及纪念的意义。听讲者对这位不远万里来自屈原的祖国的大学者,表现了极大的敬意。最后,还举行了音乐晚会,有著名诗人和演员朗诵中国民歌和屈原的诗。他代表中国和大送礼品给波兰和大。散会后,他又应邀去作家俱乐部晚餐,又代表中国作协送礼品给波兰作协。

第二天起,他在一位名叫魏连斯基的波兰朋友的陪同下,进行参观。华沙古城,原是文艺复兴时代的杰作之一,是一座文化名城。但是,在第二次世界大战中,法西斯纳粹匪徒施行了令人发指的破坏。人口损失八十万,住房烧毁四分之三,工厂炸毁五分之四,古迹也损坏五分之四……。战争已结束多年,但仍能见到很多废墟和荒地。破坏之烈,触目惊心。不过,波兰人民正在努力建设,要恢复得比战前更好。他曾去凭吊建立在被毁的原先犹太人居住中心的一座纪念碑,只见一面雕刻着起义者勇敢赴敌的群像,一面雕刻着殉难者英勇就义的群像。波兰朋友介绍说,这块黑色大理石,原本是纳粹从丹麦运来,打算用来建造一座希特勒的"纪功碑"的,没想到却被波兰人民派了相反的用场。

在三天的参观中,他去了集体农庄、农业学校、汽车工厂、博物馆等处。在参观国立华沙博物馆时,他特别注意他们的陈列方法和布置,以便回国后介绍给同事们参考。波兰人民对中国人民十分友好,有几次他遇到会说中国话的波兰人高呼"中华人民共和国万岁"等口号。有一次他走进一家咖啡店,一位波兰工程师竟同他热烈拥抱,连声高喊"兄弟!兄弟!"并说"兄弟一词,包含一切!"

这时,世界和大即将在奥地利的维也纳召开理事会。中国和大派出了代表团,共十八人,团长是雁冰,副团长廖承志。他与世纶作为已在国外的"特邀代表",前去参加会议。20日晚,他与世纶乘火车离开华沙,第二天上午经过捷克境,晚上到达维也纳,已是万家灯火了。与雁冰等人在这里重逢,大家都很高兴;但雁冰正忙得不亦乐乎,也未能多谈。倒是作为代表来开会的一氓,来找他畅谈了一个夜晚。

23日下午,大会正式开始。有居里的总报告,以及其他各国代表的报告。中国代表是24日上午发言的。27日由雁冰主持会议。28日大会结束。这次到会共五十九国代表三百多人,规模不小,再次表达了世界人民反对帝国主义和要求和平的决心。

大会结束后,东道主又安排游了一次山。12月2日中午,代表团乘火车离开维也纳,经匈牙利去苏联。经过布达佩斯时,黄镇大使及中国留学生代表前来迎送。5日,代表团到莫斯科,宝权等来接,住苏维埃旅馆。为等飞机票,他在莫斯科又滞留了五天。乘此机会,他又参观了各个博物馆,访问了莫斯科大学、高尔基文学研究所等。他仔细地看,认真地做笔记,尽可能吸取一切对中国的博物馆、图书馆和文学研究所建设有用的经验。他还与苏联著名汉学家费德林等多次交流,并去瞻仰了列宁和斯大林的遗容。9日中午,他又去访问高尔基文学研究所。下午,与苏联朋友研究屈原剧的演出事,解答他们提出的各种有关问题。中午,得悉明天第一批回国名单中没有自己,他颇感失望,因为想早日赶回去过生日,但他为此又在日记中作了自我批评:"可见心情还不能完全恬淡,还不能完全听从分配也。虽无名利心,尚有计较心,这也是很不好的。'闹情绪',是革命工作干部所不应该有的。"可见他对自己的要求是很严的。晚上,费德林又来找他,并说要翻译他的《插图本中国文学史》,明年就可出版。(但此事后来似乎未果。)10日下午,他乘飞机离开莫斯科,于12日晚上回到离开整整一个月的家。老母妻儿高兴极了,因为再过几天就是他的五十五周岁生日。

在参加中国文化代表团访问印度、缅甸三年后,1954年,他又一次奉命再访这两个南方邻国。这次,他以文化部副部长的身份担任中国文化代表团团长,副团长则是不久前从中共华东局统战部调往北京担任中国人民对外文化交流协会副会长的周而复,秘书长为楼适夷。这一次代表团的人员比三年前一次要多得多,共有六十七位;平均年龄也轻得多,大多是青年。因为这次的主要任务是艺术表演,团员有知名的舞蹈家戴爱莲,京剧演员李少春、袁世海、叶盛章、李和曾、张美娟、黄玉华等,声乐家蔡绍序,国乐家卫仲乐、孙裕德,导演吴谨瑜和女声独唱家周碧珍、董爱琳、黄虹等。这也是新中国最早派出的这样大的文化代表团。

代表团仍是先坐火车去广州。11月21日深夜从北京出发,23日上午到达汉口,于黑丁等来迎接。他去游了黄鹤楼、武汉大学和东湖。第二天,继续乘车南行,25日上午到广州,孟波等来迎接。在广州逗留一个星期,他看望了冯乃超、韩北屏、杨骚等文学界朋友,同时又视察了广州图书馆和岭南文物宫等处。这次,他在广州图书馆中看到了宋淳熙己酉年刻的《杨诚斋集》,极为兴奋,确认这是宋版中的孤本!更令他感慨的是,此书原是流到日本而又流回广州的,而广州图书馆的工作人员竟是从论担称斤的"废纸"中发现并抢救下来的!他觉得此事很典型,他要写文章提醒全国各地的文化工作者注意在"废纸"中抢救古籍。后来,这本《杨诚斋集》根据他的指示转送给北京图书馆珍藏。

12月3日,代表团到达香港。伯郊来谈,自然主要商量的是在香港收购文物图书之事。此时,大规模的秘密收购工作已近尾声,为国家减少了很多损失。5日,乘飞机离开香港到仰光。6日下午,飞抵新德里。印度总统代表阿南德上尉,和欢迎中国文化代表团的中央招待委员会主席、尼赫鲁总理的女儿英迪拉·甘地夫人,一起来迎接。他在机场向欢迎群众发表了热情的演讲。甘地夫人陪同他到总统府。他仍被招待住在总统府(团员们则安排在另外的旅馆)。

第二天,他去甘地墓献了花圈,拜访了总统、副总统、总理及教育部长等。印方并在总统府花园举行招待会,总统、副总统、总理及教育部长等均出席。代表团也举行了记者招待会。9日,代表团举行访印首场演出。英迪拉·甘地夫人致欢迎词,他也讲了话,气氛极其热烈。代表团在新德里一连演出四个晚上,他每次都出席并讲话。中国艺术家的精彩表演,令印度观众如痴如醉。白天,他又参观了不少博物馆及文化古迹,仍由查克洛瓦博士陪同。他还到广播电台向印度人民讲了话;又看了不少印度的音乐舞蹈表演。13日夜,代表团乘火车离开新德里,到达亚格拉。

他们参观了著名的泰吉皇陵等后,继续乘车南下。第三天,到贾尔冈后,又换乘汽车去参观阿旃他石窟、阿罗拉高大的石刻佛像等等。这些名胜古迹,代表团中当然只有他一个人在三年前就来过;而且,包括而复在内,大家对印度古代艺术、考古都几乎一无所知。但在他一路热情、详细的介绍下,年轻人都从新鲜惊异渐渐地变为浓厚的兴趣。他们都感谢这位知识渊博的团长,在海外为他们上了一堂堂精彩的艺术、历史课。而他自己觉得,这一次的参观虽然比上次更匆忙,但印象仍是深刻而新鲜的,就像再读一遍"不厌百回读"的好书,对自己不是无益的。

他对代表团的工作抓得很严。除了演出,他要求团员们认真观看印度艺术家的表演,把这也当作工作对待。17日到达孟买后,当晚看印度节目,第二天晚上便开始演出,又是一连四个晚上,他都出席并讲话。白天,则仍是参观、交流等。代表团去象岛参观石窟,他也是旧地重游了。27日中午,到达南部马德拉斯城,主人又安排他住进三年前住过的那间房间。代表团在那里也作了四场表演。1955年的元旦,他和同志们是在马德拉斯度过的。在这里,又欣赏到了很多节目。他开始想,应该让团员们尽可能学会一点,好带回祖国去演出。

1月4日下午,他们乘火车沿印度东海岸去加尔各答市。在火车上,甚至天还未亮,窗外就有印度民众高呼欢迎他们。代表团于6日中午到达,查克洛瓦博士也从新德里赶到,陪同他参观各博物馆。7日晚,我国驻加尔各答总领事馆为代表团举办大型招待会,许多曾经访问过中国的印度人士穿上中国服装,带着妻子儿女来会见他们,和他们愉快地交谈。曾在一年半前访问过中国、与他见过面的印度著名戏剧家萨钦·森古普塔和他紧紧握手,说:"终于把你们盼来了!"曾在1924年和泰戈尔一同到过中国的老教授卡利达斯·纳格,则为中国人民的伟大胜利和中印两国人民的友谊而祝贺。9日起,代表团又一连演出了四场,最后一天12日晚的告别演出,观众竟多达三万人。13日晚,加尔各答华侨七千余人在兰济体育场举行盛大集会,许多侨居在噶伦堡、大吉岭等地的侨胞也特地乘火车或飞机远道赶来参加。他向侨胞们介绍了祖国建设的成就,并接受了侨胞们献的锦旗。锦旗上写着"宣扬祖国文化,加强中印友谊"。代表团专门为侨胞们演出了精彩节目。17日他们又乘车去巴浦尔,参观印度伟大诗人泰戈尔的故居,和他创立的国际大学等。作为1920年代中国第一本泰戈尔传记的作者和泰氏诗歌最早的中译者之一,他受到了最尊敬的欢迎。20日上午,代表团乘飞机离开印度,欢送场面又是非常热烈。三小时后,便到了缅甸首都仰光。

　　在仰光,他们又受到了热烈的欢迎。缅甸文化部长、宣传部长等,和中国姚仲明大使、华侨代表等共二千多人迎候在机场。他在鲜花的簇拥中讲了话。到仰光后的开头两天,他忙于拜访缅甸总理、外交部长等,并出席各种招待会。23日,是中国传统的除夕,代表团刚收到国内寄来的《中缅友好歌》,便赶紧排练起来。他也与青年人一起学着唱。晚上,全团在大使馆吃年夜饭和联欢。

　　24日,代表团在仰光首场演出,缅甸总统、总理等都来了。他讲了话。原定观众六千,实际到了二万以上。观众情绪极为热烈动人。第二场演出时,缅甸总理再次来观看,可见其热情与激赏。为了满足友好的仰光观众,代表团不辞辛劳一共演出了六场,超出了原定计划。他也每次必出席并致辞。另外,27日还专门为华侨演了一场,到场华侨超过万人。华侨代表徐四民在演出前致辞,感谢祖国的文化使者。他在答辞中则勉励华侨团结互助,尊重当地法令和社会习惯,并和缅甸人民友好相处。会后及第二天,更有不少福建老乡来找他,并热情邀请他去参观华侨子弟学校。

2月2日晚,他们在仰光举行最后一次演出。除演出中国的歌舞和戏剧外,还演出了刚刚学会的缅甸的歌曲和古典舞蹈,受到了缅甸观众惊喜狂热的欢呼。5日上午,他们乘飞机北上,到缅甸中部古城曼德勒,又受到热烈欢迎。代表团在那里演出了四场,并参观游览和观看了缅甸歌舞。14日,回到仰光。16日晚,缅方举办送别宴会,欢送中国文化代表团。他致词说,我们深信在和平共处的五项原则的指导下,中缅两国文化交流必将进一步发展和巩固两国间的友谊。这种友谊在今天特别重要,因为它是保卫亚洲和世界和平的重要力量。他并把深受缅甸民众喜欢的中国荷花舞的服装道具一套赠送给吴努总理,由都妙意代表接受。缅甸这两大城市,他也是旧地重游,在参观各文化古迹时,他也当了"高级讲解员"。缅甸华侨中,有不少是他的福建老乡,来找他的很多。他出席了好几次华侨的欢迎会,并挥笔题了不少词。20日下午,他率代表团乘船离开仰光。3月7日,回到广州。

他这次率团出国,在印度访问了一个半月,在缅甸访问了一个月,再次广泛接触了两国领导人和人民群众。在这两个国家的六个大城市里,代表团正式演出了二十六场,数十万观众为中国表演艺术而倾倒。他们播下了友谊的种子,圆满地完成了祖国人民托付的任务。而且,在他的鼓励下,团员们还主动学习印、缅歌舞,在国外时就放弃休息进行排练。在回国的船上,他热情地为团员们讲《红楼梦》,讲希腊神话。到广州后,代表团还为广东的领导和观众作了汇报演出。3月下旬,代表团载誉回到北京。4月14日,他在《人民日报》上,以"访问印度缅甸中国文化代表团团长"的名义,发表了《走向和平大道》的文章,向全国人民汇报了两个多月的访问的经过和取得的成绩。

周总理对他们出色的工作极为满意,要代表团在京好好休整,等待指示。4月间,周总理和陈毅副总理去印度尼西亚出席亚非二十九个国家首脑举行的万隆会议,共同倡导和平共处五大原则。周总理等回国后,印度尼西亚总理又来华访问。为进一步加强中国和印度尼西亚之间的友好关系,周总理又命他再率中国文化代表团原班人马去印尼访问。

代表团于6月10日离开北京,先坐火车到昆明。在昆明滞留了十几天,他除了视察文物工作外,还写了好几篇文章。24日中午,乘飞机中途抵达缅甸仰光,在姚大使陪同下拜访了缅甸代理外交部长、文化部长、宣传部长等人。印尼驻缅大使馆临时代办在25日下午举行茶会,招待中国文化代表团。缅甸宣传部长也在晚上举行了招待宴会。26日晚,他们从仰光飞抵印尼首都雅加达,黄镇大使同机到达。印尼人民及华侨热烈欢迎飞渡大海,跨过赤道,不远万里而来的第一个大型的中国文化代表团。第二天,他与而复等便在黄大使陪同下去拜访印尼有关部门的长官。这次出访,代表团的目的更明确了:不仅要送去中国歌舞艺术节目,而且要尽可能学会几个对方的优秀节目,带回中国。主人对此极为赞赏,答应一定尽力协助。

29日晚,代表团在总统府的国家宫里进行彩排预演,印尼文化局长等官员和很多演员、工作人员便赶来观看,坐得满满的,并赢得一阵又一阵的掌声和欢呼声。7月1日晚,他与而复在印尼文化局长及黄镇大使陪同下,去十年前苏加诺宣告印尼独立的独立宫拜访苏加诺总统。在亲切交谈后,陪同总统去国家宫观看代表团的首场演出。印尼总理和所有部门的官长几乎全都出席了。其他也都是知名人士。共一千五百人。在他在致词中强调指出,在具有历史意义的万隆会议和中国、印尼两国总理发表联合声明之后的这次访问,是具有重大意义的。演出开始,首先是合唱《中国印度尼西亚友好歌》。而当演员用印尼语高唱《印度尼西亚独立歌》时,更博得全场喝彩声。演出共三个半小时,从总统、总理到全体观众都兴致勃勃地观看,无一人感到倦意。

7月2日晚,印尼方举办民间歌舞晚会招待中国文化代表团。中方全体出席观看,黄大使也应邀作陪。他非常欣赏丰富多彩的印尼歌舞,特别是那些从遥远的苏拉威西省、帝汶岛和其他一些地方选出来的歌舞。例如流行在苏门答腊中部的伞舞,叙述新娘和新郎在举行婚礼之后,在明朗的阳光下快乐地打着伞旅行。他当场就指示团里的歌舞演员要学一下。在西爪哇流行的假面具舞中的女主角的精湛舞技,也受到了大家的热烈鼓掌。印尼著名作曲家埃米尔·帕沙里布在去年访问中国时所作的新乐曲《长江日出》,描写了中国"五一"节时欢乐的秧歌舞和作者对长江、西湖和其他地方的壮丽景色的爱慕。一曲既终,暴风雨般的掌声经久不息。演出结束时,他们都到台上同全体演出者热烈握手。

3日晚上,代表团在市立剧院举办首场公演,观众爆满,很多人没有坐位便站着看。中国歌舞演员的精彩表演征服了这个千岛之国的国民。第二天晚上,又公演一场,也是十分成功。由于印尼有很多华侨,5日,在当地政府协助下,又特地举办了"雅城侨总欢迎祖国文化代表团联欢晚会",来聚会的华侨共五千余人。当地侨领发表了感人的欢迎词,他也心潮澎湃地代表祖国人民讲了话。会上不仅代表团表演了精彩节目,华侨也登台作了演出,气氛极其热烈。

应苏加诺总统的邀请,代表团于6日上午去茂物访问"总统别墅"。总统说:"你们在国家宫的首场演出,已经轰动了整个印度尼西亚。你们已获得巨大的成就与光荣,连我也很愿意成为你们团的一分子。"总统还说:"我国各地人民都写信给我,要我邀请你们到他们那里去访问演出。这说明了不仅印度尼西亚首都雅加达的人民对你们是友好的,而且全印度尼西亚的人民都是欢迎你们的。"他感谢总统说的这番热情的话。接着,进了茶点后,演员们为总统表演了几个节目。其中有一个是刚刚学会的印度尼西亚的伞舞,虽然动作还有点生疏,但得到主人的热烈鼓掌。"怎么这么快就学会了?"总统惊喜地连连说,"跳得好!跳得好!"

7日晚,代表团在雅加达举行最后一场公演。由于预料一定有很多观众来观看,索性就在独立广场上搭了一个戏台露天演出。果然人山人海,欢声雷动,据保守估计就有五万观众。他与台下的群众坐在一起,充分体会到友谊和艺术的伟大力量。

这以后代表团的有的活动和行程,由于缺乏记载和报道,本书只能据已知的情况,不无遗憾地作跳跃式叙述。

7月23日,他又率领代表团乘飞机从印尼泗水到达爪哇岛东面的著名的"诗之岛"峇里进行访问。晚上,在峇里岛南部大城邓巴刹,第一次看到了世界闻名的峇厘舞。第二天上午,到达狄打岗加,乃一位逊王的别墅,由逊王陪同看小孩表演宫廷舞。下午,到革隆公的一个故宫,看面具舞剧。晚,回到邓巴刹,又看东峇厘舞。27日,从邓巴刹动身到新额拉惹(即狮王城)。一路上风光极为秀丽,远远的看到有一泓湖水,又经过一座焦黑的寸草不生的火山。其最高之地,称金打曼尼,意即极乐世界。过此,即北部峇厘了。省长公署,即设在新额拉惹城。29日晚,在新额拉惹,峇里的欢迎委员会主席、奴沙藤加拉省文化局长在省长官邸举行招待会,欢送中国文化代表团。省长夫人代表该省人民以峇里的艺术品赠给中国文化代表团。他在致答词中对主人的盛情招待和峇里的杰出艺术家们的演出表示谢意。招待会后,印尼的艺术家们又表演了舞蹈和音乐。节目中竟然有在峇里流传了几个世纪的关于中国的梁山伯与祝英台故事的歌曲。他虽不懂其歌辞,而甚惹乡情。他们在峇里共住了八天,作了三场演出,同时应邀观摩了五次峇里艺术家的演出。代表团的演员们在他的指示下,学习了不少峇里舞和音乐。他和部分团员还参观了峇里博物馆、美术展览和一些寺庙。

代表团下一个访问地点是苏门答腊的棉兰。他们在棉兰也住了一星期,举行了四场公开演出,轰动了这个苏门答腊北部最大的城市。前往观看演出的约有六万人,占棉兰人口的百分之十以上。他们的演出受到观众和棉兰十几家报纸的一致赞扬。北苏门答腊省省长说:"中国文化代表团的演出是完美的。表演、化装和服装都配合得非常和谐,并且是非常悦目的。"

8月9日,代表团在中苏门答腊省省会武吉丁宜访问和演出。这是他们在印尼访问和演出的最后一个城市。中苏门答腊省省长观看了演出,并且在演出结束后举行招待会招待他们。省长说:"中国艺术家的演技和音乐是十全十美的,演出的成功简直不能用言语来形容。中国文化代表团的访问无疑地促进了两国人民相互之间的谅解和友谊。"他并且希望他们以后再来访问和演出。作为中国文化代表团团长的他致答词,对中苏门答腊省政府和人民的热情招待表示感谢。在招待会上,主人以招待贵宾的传统礼节隆重地招待他们。两个青年男子带着十个穿着光彩夺目的民族服装的姑娘走向代表团团员们的面前。这两个青年男子手里捧着上盖彩带满盛着槟榔的盘子,请团员们用手单击盖着槟榔的彩带。

中国文化代表团于10日和11日分两批乘飞机离开武吉丁宜,回到印尼首都雅加达。11日上午,他和而复到茂物总统行邸向苏加诺总统辞行。黄镇大使、钟庆发参赞陪同前往。苏加诺还把印尼的民族乐器安格隆送给代表团。13日上午,他和而复在黄镇陪同下,又拜会了印尼副总统哈达,向他辞行。还拜会了印尼第二副总理兼文教部代理部长。中午,他们又访问了印度尼西亚大学,在那里举行了一个赠书的仪式。他代表中国文化代表团,将他主编的一百二十四册的《中国古本戏曲丛刊》第一集赠给印尼文教部。他在仪式上说:"在我们中国,人们非常喜爱戏剧,并且十分重视古典戏剧。希望这套戏剧选集将有助于促进中国和印度尼西亚之间的文化交流。"晚上,印尼文教部举行宴会,欢送中国文化代表团。印尼第二副总理兼文教部代理部长、文教部秘书长、许多印尼政府官员和文化界人士以及各国的驻印尼使节和外交官员出席了这次宴会。他致辞,为代表团在访问印尼期间所受到的友谊盛情和殷勤款待向印尼总统苏加诺、印尼政府和人民表示感谢。他说:"中国文化代表团访问演出的成功是同主人们的帮助和照顾分不开的。印度尼西亚人民的热情、智慧和勤劳以及他们对殖民主义的憎恨和对和平的热爱,给中国文化代表团留下了深刻的印象。代表团一方面把中国的艺术介绍给印尼,一方面也借这一机会向印尼艺术家们学习了歌唱和舞蹈。这是在将来进行更多的文化交流的良好开端。这种交流将进一步促进两国之间的相互了解和友谊。"17日是印尼独立日十周年,代表团被热情邀请参加了庆祝活动后再回国。庆祝典礼上午在独立宫前举行。出席庆祝典礼的有印尼总统苏加诺、副总统哈达、内阁各部部长、武装部队军官、国会议员和各国外交使节。中国文化代表团作为贵宾参加了庆祝典礼。

他们在印度尼西亚一共访问了近两个月。入国境后又是坐火车回北京。他直到9月4日才回到家。这一年,他两次出国,11月后又去江苏视察,一年中倒有一半时间在外奔波,实在是太辛苦了!

代表团回京后,曾在国务院小礼堂的舞台上,向党和政府的领导人作了汇报演出,其中还包括从三个国家学来的节目。周总理看后非常满意,特地指示要把这些节目保留下来。一些外地的演员也因此而留在了北京。从这时起,《啊哟妈妈》《梭罗河之歌》等三国名歌在我国流行甚广,便都是他们出访时学来的。后来,亚洲一些国家的音乐舞蹈节目积累得越来越多,又根据总理的指示,成立了著名的东方歌舞团。一直到今天,该团的节目深受中国人民和世界人民的欢迎。因此,从某种意义上说,真可以称他是东方歌舞团的第一位团长呢。

9月15日新华社发了电讯:"应邀赴印度尼西亚访问的中国文化代表团全体人员,在印度尼西亚作了为时一个多月的访问演出后,已分批回到北京。这个代表团在印度尼西亚首都雅加达演出后,曾到日惹、峇里、棉兰、泗水等城市进行友好访问和演出,总共演出三十一场,观众达四十多万人。苏加诺总统曾观看表演并接见了团长郑振铎、副团长周而复及主要演员。代表团在访问期间曾向印度尼西亚的艺术家们学习了很多印度尼西亚各民族古典的和民间的舞蹈、音乐节目。"10月20日,他听了周总理关于对外文化艺术交流的重要讲话。总理指出,文化代表团载誉归来,要冷静地想一下长期的任务,要继续从人民性和民族形式方面努力,要高举和平友好的旗帜、民族独立的旗帜、民主自由的旗帜、社会主义的旗帜。同时,陈毅副总理也讲了话,谈了热爱文化事业、培养新生力量以及改造世界观等问题。他认真地作了笔记。他正是照着总理和副总理的这些教导去努力做的。

1957年9月,他又率领一个中国文化代表团去保加利亚。这个代表团却很小,除了团长他以外,一共只有三个团员:作家季琳、文物工作者武伯纶(陕西省文化厅长)及我驻保大使馆文化参赞王一达(已在国外)。这次任务也较简单:为纪念中保文化合作协定签订五周年,应邀访问和参观。9月3日上午,从北京乘飞机出发,途中在莫斯科逗留一二天,6日中午,到保加利亚首都索非亚。9日,便是保加利亚的国庆节——解放十三周年纪念日,代表团观看了在季米特洛夫墓前举行的庆祝活动。最先是军队阅兵式,然后是群众游行。而走在最前面的,是雄风不减的当年游击队的老战士。他看得好激动。接着,他们在索非亚参观了各个博物馆、图书馆、文学研究所等,还去其他城市参观,也参观了农场。21日,乘飞机到东部海港城市瓦尔纳访问。由于连日奔波,他颇感身体不适,又有腹泻;但他还抽空为上海古典文学出版社写了《中国古代版画丛刊总序》,还接受当地记者的采访。25日中午乘飞机回到索非亚,翌日与保文化部副部长谈了今后文化交流方面的事,如保方希望中国的国画、版画等能去办展览会,盼望中国杂技团等去演出,还希望互相交换图书、古币等。28日下午,中国大使馆为他们举办了招待会;夜,保方举行了较隆重的庆祝保中文化合作协定签订五周年纪念大会。

在这次访问中,季琳24日的日记记下了一个小故事,但可由小见大:"我捡了两块略具画意的石头,带回作为此游的纪念。这种石块,遍地皆是,我当着东道主信手拈来,根本不以为意。事后西谛委婉地批评说:'这是不应拿的。'西谛耿介,一丝不苟,更视历史文物一草一木如拱璧,我只有自惭粗忽而已。"

访保任务完成后,季琳回国,他于29日又乘飞机去捷克斯洛伐克首都布拉格,应捷科学院的邀请,讲学一个月。中国大使馆葛参赞和捷著名汉学家、老友普实克来机场迎接。八年后重游此地,他很兴奋。翌日上午,捷科学院东方学研究所女汉学家米列娜又带他去见普实克,商妥了讲课的安排。其实,昨天从机场到旅馆的路上的汽车里,他就已谈好了在布拉格讲学与活动的计划。他准备作《中国小说八讲》,具体的课题及时间安排是:

一、古代的神话与传说(3日)

二、唐代传奇文与变文(7日)

三、宋元话本(8日)

四、三国志演义与水浒传(14日)

五、西游记、金瓶梅及其他(15日)

六、三言、二拍及其他(17日)

七、红楼梦、绿野仙踪与儒林外史(21日)

八、晚清的小说(24日)

这些,都是他研究了几十年的东西,历历如数家珍。他在旅馆里,在手头没有什么参考书籍的情况下,编写出了提纲。课堂设在东方学研究所的最大的一间房间里,每次都挤得满满的。来听讲的人,不仅仅是东方学研究所里的汉学家,还有查理大学语言学院学汉语的大学生,和中国留捷学生。他只是偶尔看一眼那几页提纲,便能滔滔不绝地讲一下午,那里面包括着许多卓越而独到的见解,还有许多外国朋友从未听说过的资料。他的渊博知识和记忆力令外国朋友惊叹不已。每次讲课都超出了预定的时间,还有很多人提出各种各样的问题,都得到了他明确而细致的答复。

除了讲学外,他还要参观各个博物馆、画院、古遗址、古建筑等等,还在米列娜的陪同下到捷克南方去旅行了一次,还要看望中国留学生等等,日程排得紧张又紧张。但是,在刚讲完第三讲时,他忽然接到大使馆转来的中国科学院的两份急电，说原定由中国科学院派人来捷科学院考古研究所作有关中国考古工作的学术报告，但国内一时派不出合适的人来，便希望他辛苦一下，捎带完成这个任务。而且，国内已通过大使馆与捷科学院商量过了，捷科学院考古所当然非常欢迎他这位中国的考古所所长、第一流学者亲自来作高水平的报告。这在他思想上是毫无准备的，现在的中国文学的讲学任务已经安排得十分紧张，而且他紧接着还有访苏讲学的任务，不能延长在捷的滞留日期。这是一个额外而他又认为是份内的工作，也是一个艰巨而他认为是光荣的任务。他二话没说，便接受了下来。这样，他又决定了在22日、31日增加两次在捷考古所的科学报告。而且，他又是在手头没有现存资料的情况下作准备工作的，其辛苦自不待言。好在新中国的考古工作，他是再熟悉也没有了。

就在这样紧张的工作中，他还由米列娜陪同，在25日乘飞机去捷东部斯洛伐克参观。他访问了斯洛伐克科学院和斯洛伐克作家协会，巡览了那里发现的最有名的古迹，并在捷最高的塔特拉山上作短暂的休憩。那里景色优美，空气清新，云雾缭绕，气氛肃静。26日中午，他乘车经过一个山村，听见那里飘扬着民间音乐，又有形状特别的木头房屋，便停下车来微笑着鉴赏那富有民族风格的建筑。原来，屋里正有一对新人在举办结婚仪式。一位参加婚礼的农民透过窗口发现了他，便以斯洛伐克人天赋的热情，邀请他走进这宽敞而古老的房屋，并请他坐在新娘的对面——那是他们认为最尊贵的座位。所有这些朴实的山民并不知道他是一位国际著名的大学者，他们表现出来的热情只因为他是从遥远的中国来到他们这小山村的客人。主人们给他斟酒，大家齐唱传统民歌。他也一再向新郎新娘敬酒。当米列娜说出他的高贵的身份时，大家更是喜出望外，新娘激动得流下了眼泪。这时，屋外又响起动人心弦的音乐，舞会开始了。新娘没有先请新郎，而是邀请他第一个和她跳舞。大家跳啊，唱啊，充满了友爱的气氛。他的告别简直没法结束。按照当地的礼节，新娘从筵席上选出了礼物送给他，还有一瓶葡萄酒。每个参加婚礼的人都把随身带的照片、绣花手帕等送到他的汽车里。新娘的父亲送给他一根雕花红木手杖。可是他因毫无准备,没有合适的东西回赠。汽车开走时,农民们还在后面高喊:"欢迎您以后再来!"

他在29日晚返回布拉格,31日作完最后一次考古报告,光荣地完成了特加的任务。捷科学院院长兹德涅克·尼耶德利院士紧紧地握住他的手,深深感谢他如此辛苦地为捷科学院作了这样精彩的学术报告。而当天下午,他便乘飞机离开布拉格,夜九时许,到达莫斯科。临走前,他还给那远方的小山村的新娘新郎写了一封热情洋溢的祝贺信和感谢信,还托米列娜转交他赠给他们的一份薄礼。他把自己的一片赤诚的心,留在了捷克斯洛伐克友好的人民之中。

自1949年以来,莫斯科是他来过多次的地方了。然而这一次却不同,因为正是十月社会主义革命胜利四十周年大庆的前夕,市内一片节日气氛。特别是,他到后的第三天,11月2日,毛泽东主席也率领中共中央代表团来到这里。6日,他作为贵宾,被邀请列席苏联的最高苏维埃会议。下午,又在克林姆林宫聆听毛主席的讲话。他兴奋之至。第二天,他出席了在红场上举行的纪念大典,观看了阅兵式,并遇见了也来苏联参加庆祝活动的老舍、巴金、广平、艾芜、梅兰芳、钱俊瑞等人。中午,出席苏联科学院举办的宴会,他并即席讲了话。当夜,他便给妻子和友人写了很多封信,谈自己参加十月革命庆祝活动的激动心情。

他在苏联科学院中国研究所的讲学,题目仍是《中国小说八讲》。他到莫斯科后仅隔一天,11月2日上午,便开始讲。一星期讲四个上午。虽然不必重新拟订提纲,但在两星期内讲完,工作之紧张可想而知。他在莫斯科的讲学,同在布拉格一样,获得很大的成功。苏联第一流的汉学家,如费德林、艾德林、索罗金、李福清等等,都怀着尊敬的心情来听他讲。15日,结束最后一讲后,当夜他便由艾德林、索罗金,以及于光远、刘导生陪同,匆匆乘火车去莫斯科西北的列宁格勒。因为他听苏联友人说,在那里藏有一万多卷敦煌卷子和一万多卷西夏文佛经。他早就知道沙俄时代的"探险队"从我国攫去不少文物、文献,但没想到有这么多。

16日上午到达列宁格勒后,他顾不上劳累,中午便赶到东方研究所,查阅敦煌卷子。他只匆匆翻阅了工作人员拿出来的几十卷敦煌卷子,就发现有两卷《维摩诘经变文》,是以前国内的研究者所未知的。他还想再看别的东西,但人家下班的时间到了。

第二天是星期日,东方研究所不开门,于是他便去冬宫博物馆。谁知那里收藏的中国古文物更多。他经过整整一天的初步调查,认为最惊人的,有三大宝藏:一是帝俄时从敦煌劫去的壁画及塑像,数量不下于伦敦所藏,一直不为国人所知;二是从黑水城发掘劫去的西夏文和汉文的经卷,佛教和道教的绘画、版画,以及古代家具、衣履等等;三为从新疆劫去的壁画、塑像等等,数量亦不下于英、德两国所劫去者。在铜器群里,他发现有一只金银错的鼎,上面还嵌有松绿宝石。馆方认为它是明代的仿古之物,故陈列在明代文物中。他一见大惊,心知这远是明代以前之物。而馆方又说,在库房中还有不少同样的东西呢!

他又惊,又喜,又悲,又愤,复杂的心情难以言表!这些明明大多是从中国劫去的文物,理应归还真正的主人;但是,他又不好将这话向热情的"老大哥"说。他研究中国古代版画史,早就知道沙俄"探险队"在黑水城发掘劫去一幅金代版画《四美人图》,这次果然看到了,那班姬、飞燕、昭君、绿珠四美人,刻得多么精致工细而有神啊!可惜流落到异国他乡!而昭君当年出塞,也仍是在中国版图内啊!他研究中国民间文学,又早就知道有一部《刘知远诸宫调》,也是出土于黑水城,被沙俄"探险者"拿到冬宫去了。早在二三十年代,他就曾托老友济之在彼邦寻访,后来看到过照片,现在总算看到了原物。原书正在装裱,他就在装裱台上翻了又翻,看了又看。这是中国最古的一部刻本诸宫调啊!在中国,像这样的金代刻本也很少见。他心中真是又高兴又惆怅。他的难以掩饰的感情,肯定给"老大哥"留下了深刻的印象。值得一提的是,大概与他的大"面子"有关吧,第二年 4 月,这部伟大的民间文学的杰作《刘知远诸宫调》的原书,连同另一部彩绘本《聊斋图说》,由苏联对外文化委员会代表苏联政府赠还给中国政府和人民。而由他代表中国文化部出面接收,并转拨北京图书馆珍藏。他并为之写了一篇跋文,还将此书影印出版。这是后话了。

且说第三天,一早,他又赶到东方研究所,继续看敦煌卷子,共看了二三百卷。因为已答应要为东方研究所及列宁格勒大学作《中国文学史的分期问题》的学术报告,讲完还要受招待吃午饭,所以下午的时间只有两个小时左右了。其实他也没心思吃饭。他放弃一分一刻的休息,又拼命地看了二百来卷。这些,还都是对方事先挑选出来的东西,他想,未被挑选的还不知道有什么宝贝呢!但仅就他看过的卷子,就有不少惊人的东西,如有《庄子》《文选》《孝经》《论语》《左传》《老子》等抄本残卷,还有王梵志的诗等等。他目不暇给,手不停抄,可惜又已到了人家下班之时,天色也已黑了,只得恋恋不舍地离开。19 日,他又抓紧时间去查阅了一天。当夜,不得不乘夜车赶回莫斯科。因为,原定 20 日一早就要乘飞机去高加索访问。

他在列宁格勒如此拼命地、忘我地查阅、抄录敦煌文献,实是继 1910 年张元济后,刘半农、胡适、向达、王重民、姜亮夫和他自己在欧洲访读敦煌文献之后的又一个壮举!而他实是查阅俄(苏)藏敦煌文献的第一位中国学者。他当时将所见情况写信告诉国内的森玉、端毅等人,实是我国关于俄(苏)藏敦煌文献的最早的具体的报道。

回到莫斯科后,他被安排在 21 日中午乘飞机往南方高加索去旅行。下午,到达格鲁吉亚首都第比利斯。23 日,又乘火车往南去亚美尼亚首都埃里温。还曾乘车去城东几十里外的赛凡湖游玩。湖水清澈见底,群山四绕,山阴积雪甚厚,山南则一片碧绿的草木,衬以蓝天,色彩极为丰富。他在湖旁的快餐店里还品尝了湖鱼的美味。因为讲学和查访文献两件大事都已完成,所以他如卸重负,轻松了许多。然而,其实游览也不那么轻松,因为他又提出希望参观很多考古发掘地和古文化艺术的遗址遗物。他还到过两个大画家的家里,仔细鉴赏和研究他们的作品及藏画。28日,他返回莫斯科。

在这两个多星期的旅行中,艾德林和索罗金一直陪着他。后来,艾德林回忆说:"郑振铎一分钟也不肯闲着。他参观博物馆和研究所,提出无数总是重要和深刻的问题,……凡是我们所到的地方,凡是他提供帮助的地方,他处处总是吸取能对他在祖国所从事的工作有所裨益的经验。在列宁格勒,他观察怎样修复湿壁画,目的是为了把这个方法应用到敦煌石窟里去;在亚美尼亚,他探问寺院的屋顶怎样防备上面长出树木来。只要有机会能看到新的东西,他都感到快乐。……他说,他希望在中国建立这样一所博物馆,里面能搜集欧洲各个世纪全部优秀的绘画的摹本和雕刻的复制品,让中国青年能够知道全世界的艺术……"

在他即将回国前夕,忽得悉莫斯科文学出版社将要出版俄文版《瞿秋白选集》。他十分高兴,又十分怀念牺牲已二十多年的老友秋白,竟在难以想象的忙碌紧张时刻,为选集赶写了一篇感情热烈的序文。文章写好的第二天,12月1日,他便登上图104飞机回国了。2日晚,他回到离开了三个月的北京。一到家,就与等在那里的何其芳、罗大冈商谈文学研究所的工作,又与张葱玉商量考古研究所的工作。第二天一早,放弃休息,即到文化部办公。晚上,赴紫光阁,出席周总理招待各国工会代表的宴会,同时也匆匆向总理汇报了三个月的访问经过。第三天上午,他便在文学研究所作报告了。

他是这样忘我地为祖国、为人民、为世界进步文化事业工作着!

一年以后,1958年10月17日,他再次肩负着祖国的重托,率领一个文化代表团出访阿富汗、阿联。又是乘坐苏联的图104客机。可是,令人无比痛心的是,这一次他还没来得及接受热切地等待着他的西亚和北非人民献给他的鲜花,便永远地离开了这个他无限热爱着的世界(关于这,我们将在本书最后一节再讲)。他,这位中国人民的文化使者,是牺牲在自己的岗位上的。

他把自己的一切,献给了世界和平事业和文化事业!他在他到过的世界上的所有地方,留下了他的一片赤诚的心!

五八　漫步书林

他的公务实在太忙了,但是他毫无怨言,甘之如饴,精神焕发,乐在其中。因为,他知道自己干的工作,是为人民服务;也因为,他干的是他最热爱、最有兴趣的文化工作。他的工作当然不是全都充满"诗意",也不免杂务琐事,案牍旁午,文山会海……;但他决不会变成一个"俗吏"。一个重要的原因,是他始终没有离开书:看书,写书,审书,编书,出书,买书,访书……。他的公务,有的就是与书有关;他在公务之余,更是把几乎全部的时间直接或间接地花在书上。1957年春节刚过,他给森玉写信说:"假期中,只是读书,不曾写什么。感到读过的书实在太少,即名目很熟的书也没有好好地读过,但开卷则必有得,亦以此自喜。'学然后知不足',的确,人人非刻苦用功不可。全靠聪明办事,必至误事。天天劝人读书,听得进这'忠言'的有几个人呢?"

晋人王徽之暂借他人空屋,便令种竹。人问:"临时住住,何必这样麻烦?"徽之摇摇头,指着竹子说:"何可一日无此君?"宋人苏东坡也说:"可使食无肉,不可居无竹。无肉令人瘦,无竹令人俗。人瘦尚可肥,俗士不可医。"那么,对他来说,不可一日无的,当然是书了。宋人尤袤曾云:"饥读之,以当肉;寒读之,以当裘;孤寂而读之,以当友朋;幽忧而读之,以当金石琴瑟也。"他在忧患年月固然如此,而在幸福时代仍是爱书。

他坐拥书城,汗牛充栋。家里,办公室里,到处是书,书,书。一般人面对那么多的书,可能会有一种压迫感。然而他在1956年,却为《人民日报》开了一个很轻松的富有诗意的专栏——《漫步书林》。"朝骋骛乎书林兮,夕翱翔于艺苑"(韩愈句)。这一节,我们便谈谈他公务以外的与书有关的事情。

早在全国刚刚解放的时候,商务印书馆为适应新时代,更好地为文化事业服务,打算成立一个出版委员会。菊生先生于1949年11月3日给在北京的雁冰写信,想请雁冰来担任这个出版委员会的主任。雁冰考虑之后,于14日回信,建议转请他来担任,并提到商务欲出《新民主丛书》等事,均"已商诸振铎兄,甚为赞同。如何约稿,何日期得半数等等,振铎兄均胸有成竹"。菊老得信甚喜。怎能忘,近三十年前,菊老与梦旦先生进京访贤时,就认识了他。也和他的推荐有关,他们大胆起用雁冰全盘改革《小说月报》。不久,又由雁冰的大力怂恿,他也进了商务。从此,商务在新文化运动中起了不小的作用,大多与他和雁冰等同事作出的贡献分不开的。如今,菊老再次请贤,这实在是具有历史意味的。然而,此时雁冰和他都实在太忙了。再说,作为国家公职人员,也许也不便去当时尚属私营的商务担任职务吧。所以,他后来也未去担任这一主任。不过,作为一个老编辑,一个爱书人,他仍然尽可能地帮助商务印书馆,贡献一份力量。

而这时他关照最多的,是上海出版公司。上海一解放,他于6月1日便给哲民、端毅去信,指示:"此刻出版公司应做的事,是出书。"并在"出书"二字下加了圈。接着,又去信反复指出:新中国刚刚成立,民营出版业大有可为。他并具体指示出版公司的"中心拟放在历史、考古、美术及文艺方面"。他还建议恢复《周报》与《文艺复兴》两个杂志,并开始为刊物在北方组稿。哲民来信说,大家一致希望由他担任出版公司的董事长;他回信说明自己在文化部任公职,不能兼任此董事长,只是做一名普通董事即可。并说:"所有上海方面来拉弟的事都已辞去。但上海出版公司的事弟绝不推辞。编辑方面的事也可做。"再次指出:"关于出版计划,弟稍有腹稿,着重在美术、考古及历史、辞典、字典方面,且可与新华、三联不发生冲突也。"

后来,恢复刊物之事因故未成,他便把主要业余精力花在解放前仅发行四分之一的《中国历史参考图谱》上了。这件事,对他来说一直是一个沉重的"债务"。1949年底,他参加华东工作团回到上海时,与哲民等人仔细商议了续编历史图谱之事。此时首先遇到的严重问题,是缺少资金。原先所聚集的钱,都用完了。刚解放,有钱人隐藏都来不及,谁肯再出巨资?正在他感到困难之际,中共中央华东局机关报《解放日报》社伸出了有力的支持之手,社长恽逸群提出可由党报贷款。原来,逸群与他早就认识,当逸群还在苏北解放区苦斗时,就知道他在上海编印历史图谱之事,十分关心这部巨著;另外,逸群与哲民在抗战时期也曾在《华美晨报》同事过。《解放日报》社党委决定,以订购历史图谱三百五十部的形式,预付人民币一亿五千万元(当时一万元等于后来的一元)。由陈虞孙代表报社,刘哲民代表历史图谱刊行会,签订合约。他在给哲民的信中高兴地说:"由逸群兄帮忙,得以解决,很感谢他。"

对他来说,还有一大困难是,他的公务实在太忙,编书全得靠晚上和假日。再说,他当时在北京的住处还不宽敞,很多参考图书如运来也没处放,还存在上海老屋,所以查找资料很困难。但他发扬拼搏精神,克服种种困难,在1950年整整一年中断断续续、锲而不舍地编着,连1951年春节的三天假期也全用上了,终于到这年春天,将这二十四辑的巨编的最后一册编好付印。5月11日,他写了长篇跋文,历述此书编选的全过程。他说:"原来想在一年之间完成的工作,竟花了四个年头的时间才做完。对于读者们竟失了信用三年!这是我万分抱歉,万分不安的!"其实,这又怎么能怪他?他又说:"但这三个年头的迟延,也不是完全没有补偿的。在这几年里,我见到的东西更多了,得到的资料也更丰富了。有许多过去不能得到、不能见到的东西,差不多都可以得到、见到了。最可惜的是,近五千箱的最重要的艺术品,最珍贵的出土文物,最有价值的历史文献,都被蒋匪帮在解放前盗运到台湾去了。在其中,有无数材料可以补充这部《图谱》,有不少材料是从来不曾'见过天日'的,如今都暂时没法收入了。但新近出土的文物,最近发现的文献,却是尽可能地把它们收入。"最后,他指出"像这样的一部书乃是属于人民的,也是现在所正需要的",因此,"应该依靠大家的力量,使它更完美,更正确,更妥善,更无错误"。

历史图谱终于以完整的面貌出现在世人的面前。共二十四辑,八开图版六一八页,共收图片三千多幅,真是皇皇巨编。他以渊博的学识,多方搜集了有关仰韶、小屯文化,安阳甲骨,商周铜器,西陲汉简,乐浪漆画,武梁刻石,北魏造像,正仓唐器,敦煌壁画,宋元书影名画,明代刊本瓷皿,清朝画像墨迹,以及各时代有关生活文化、工艺美术、建筑衣冠等等的照片图像,从好几倍的资料中,花了多少不眠之夜,取精用宏,披沙简金地一页页编成这部巨著。而且,据哲民说,在图谱刊行会解放前的银钱支付帐上可以看到,他没有领取过编辑费用和其他任何相当费用,完全是不取报酬,枵腹从公。

这以后,他又多次提出要根据新见到的资料,对历史图谱作修订和续补,并已列出具体续编的计划。可惜,因为工作太忙等等原因而未果。另外,解放前出版的六辑,他都写了《说明》,另行单印,附入每辑内发行;后来出的十八辑,他却一直没有时间续写《说明》。1952年3月上海《大公报》的《读书与出版》专栏发表读者来信,催问历史图谱的文字说明为何迟迟不出。他见报后,深感不安,立即写了《〈中国历史参考图谱〉说明将继续出版》的答复,发表于该报。然而,最后他终于还是没有能完成这个他想完成的任务,主要是他实在没有时间。

当然,除了他确实太紧张以外,也因为他的脾气还是同以前一样,每编一部书实际上是当作从事一项学术研究来对待的,而在研究中不断地又有新的课题在前面呼唤着他,于是他便在基本完成一项课题,甚至在还没有完成的时候,便急急地投身到新的研究中去了。这也许是他的一个缺点,然而,这也不正是他的可爱可敬之处吗?这次,在历史图谱还没有最后编印完成的时候,他又开始设想编印另一部图集《伟大的艺术传统图录》了。

先是在1951年春,《文艺报》半月刊邀请他为该刊写《伟大的艺术传统》的连载文章,并挑选一些艺术珍品的照片供该刊作附图用。他认为这是一个很有意义的题目,虽然很忙,仍欣然答应了。4月13日,作《〈伟大的艺术传统〉序》,后刊于25日《文艺报》,序中说:"我们叙述这样的一部中国艺术的简史的时候,时时双眼都涌现着泪珠,不由得不更增强了对帝国主义者侵略的反抗与憎怒,不由得不更加深了对祖国的热爱。……热爱祖国的伟大的艺术传统,也就是热爱祖国,也就在进行着爱国主义的教育。"

写完序后第二天,他动身到上海等地视察和调查。在上海时,他与哲民谈到了编写《伟大的艺术传统》的事。最初,他与《文艺报》商定要附上较多的图版,甚至最好是以图版为主、文字为辅;但该刊因为印刷技术上的困难和篇幅的限制,只选用了他交去的照片的很小一部分,一些比较精细点、复杂点或大一点的图片,都没能用上。而且,刊物出来后一看,图版印得很模糊。而他认为,要讲艺术史,没有图是不行的。为此,他决心要专门编印一部艺术图录。5月16日,他在上海写给哲民的信中便说:"《伟大的艺术传统图录》预计销路不会少,请积极进行借款筹印。"

他的想法得到《文艺报》社与上海出版公司的支持,于是,他便开始了这一新项目的工作。他在《文艺报》上登了广告,并通过政务院文化教育委员会,让洪深负责的对外文化联络事务局预订了五百部,又通过黄源让华东军政委员会文化部预订了一百部,还争取了其他各地各单位及个人预订了一些。这样便基本解决了资金上的问题。他便苦心孤诣地编起来了。

他决定在编这本《艺术图录》中,除了实在不得已的非重复不可的图片以外,尽量不收《历史图谱》和《域外古画集》中已经收过的画,而努力精选一般人不易见到的艺术珍品。一些重要的但人们熟知的艺术品,则准备在将来出《伟大的艺术传统》一书单行本时,作为插图印入本文中。他自己给自己出难题。这样一来,劳动难度和劳动量当然增加了不知多少。

正在这时,他又受命参加中国文化代表团,于9月离京出访印度、缅甸。行程约需三四个月。为了不让出版公司停工待稿而失信于预约者和读者,他在出国前的百忙之中拼命工作,赶编成《艺术图录》前七辑以及说明文字,托人从北京带到上海。而《艺术图录》的序言,则是9月28日在广州等候签证及船票时赶写出来寄往上海的。他在序中说:"在中国的伟大的艺术传统里,重要的作品,是取之不尽,用之不竭的。新中国的艺术家们在从事于'推陈出新'的工作时,必须取精用宏。把伟大的艺术作品,尽多尽快地供给他们,并且大量地流通出来,是有其必要,有其意义的。在创作民族形式的艺术上,更有其重要的作用。"

他在一路上,包括在国外,不断地给哲民写信,指示有关艺术图录出版的事。他并计算了每辑出版的日期和自己在国外的日程,希望哲民将最先出版的几辑寄到他即将到达的地方,以便早一点看到样书。12月9日,他在仰光的我国驻缅大使馆里看到了寄去的前三辑,并得知读者反应很好,这才放下心来。1952年1月他回到广州后,给哲民写信,自豪地说:"《图录》的印行,实为解放后伟大的创举。其重要性将会有人认识的。"

回到北京后,各单位正在进行"三反""五反"运动。他在运动之暇,还是专心一意地编着这本图录。一直到这年5月,他在19日写给哲民的信中说:"《图录》的编辑工作,今天上午已经是'功德完满'了!心里很高兴!"7月10日,他又重写了序言,除了感谢出版者刘哲民、摄影者钱鹤龄、珂罗版制版印刷者戴圣保、彩色版制版者鹿文波等人以外,还感谢了王世襄、徐邦达、张伯驹、惠孝同等人给他提供了珍贵的资料。图录原先他想请周总理题签,后因总理实在太忙,便改请沫若题签了。直到8月,出全了最后一辑。共十二辑,图版一五八页。

《艺术图录》的编印与《域外古画集》《历史图谱》相比,一是得到了更多的公私藏家的支持。除了他在重写的序中感谢的几位著名收藏家以外,再如上海某位姓魏的收藏家藏有元人王蒙的名画《青卞隐居图》,过去是连看也不让人看的,更不让出门,这次听说是他编书要用,连忙在大雨天坐了车涉水送到照相馆摄影。其次,此书总的来说,未延误预定出版日期,于公司信用大有好处,而且印刷精美,众口交誉。还有,此书的说明文字也是写全的。只是，最先撰写并准备出单行本的《伟大的艺术传统》，最后只写到《两汉的艺术》而未能写下去。

在《艺术图录》还未出全的时候，他又向哲民提出已在心中酝酿选编一部规模更为宏大的《世界美术传统图录》的计划。同时，由于当时国内艺术文物不断有新的发现，加上香港秘密收购小组的重要收获，他觉得《艺术图录》有出续集的可能与必要，并已经多次制订出续集的计划与目录，寄给了哲民。另外，他还打算把解放前出过的五大辑的《中国版画史图录》，再编印出一个第六辑来。

而在这时，他又考虑到北京作为全国文物工作的中心，亟须成立一家专门印刷出版文物、艺术图集的出版社。第一步，先要成立一个故宫博物院印刷部。因此，急需珂罗版印刷的专业工厂与人才，而当时的北京却没有。在上海，也只有鹿文波的开文制版所、戴圣保的申记印刷所和胡颂高的安定印刷所三家技术较好。这几家私人制版所和印刷所，都与他非常熟，而且十多年来差不多主要正是靠印制他编的图籍来维持和发展业务的。这次他打算续编《艺术图录》以及《版画史图录》等等，当然也得靠他们印制。但是，他觉得国家的需要是第一位的，因此便不考虑个人的计划，而是积极动员开文、申记两家连同设备迁到北京，归入国家编制（安定则留在上海，归入上海出版局）。这样一来，他的《艺术图录》的续集等计划，便主动放弃了。

鹿文波等人对他的话，当然是听从的。迁入故宫博物院后，为国家印制了不少精美图籍，深得国内外称赞。在故宫博物院印刷部等的基础上，他又亲自参与筹创了国家级的文物出版社，更出版了大量第一流的图书。因为这些属于他的"公务"，此处便不多说了。

他解放后在上海出版公司除了出版自己编选的上述两种图籍外，更指导该公司出版了很多好书，使这个小出版社为新中国的文化事业作出了不小的贡献。著名的有：影印了《鲁迅日记》、方志敏《可爱的中国》等手迹；出版了端毅等人编的《鲁迅全集补遗》《鲁迅全集补遗续编》，重印了瞿秋白编的《鲁迅杂感选集》,以及鲁迅编的《死魂灵一百图》《引玉集》《柯勒惠支版画集》等等。这些,他都从中出了力,作了指导。该公司解放前开始出版的《文艺复兴丛书》,这时又收入了他的《蛰居散记》。1953年,他还让公司为人民文学出版社代为影印《楚辞图》和《楚辞集注》。前一书是他亲自编选的;后一书过了十多年,当日本国的田中首相第一次访华,中日两国恢复关系的重要时刻,毛主席将这部由本书传主撰写跋文的《楚辞集注》影印本,作为国礼送给了田中首相。

他又曾向出版公司提议影印秋白的手迹和鲁迅的书信,后因故未成。他还向该公司先后提过自己的一系列编撰出版计划,除了上面说过的《世界美术传统图录》等以外,还有如1952年1月他给哲民信中提到:"我想到:中国四大发明,都应该有专史:《火药史》《指南针史》《印刷史》《纸张史》,都可以找到专家来写。将来还可以出版《服饰史》《建筑史》《舟车史》《染织史》《陶瓷史》,等等。每种均应附图甚多,且均可以分若干册出版。此事,公司大可以做也。"他并提出他可以参加《印刷史》等的写作。1952年7月,他又向哲民提出拟编《中国绘画史参考书目》,或《伟大的艺术传统参考书目之一:绘画部分》,或叫作《伟大的艺术传统附编之一:中国绘画书录》。他并提出:"关于参考书目,亦尚有《陶瓷书录》《建筑书录》《雕刻书目》及《美术工艺书录》等。销路未必太好,但是有用处的长期性的书也。"1953年11月,他在华沙访问期间,还草拟了打算撰写的《汉代的艺术》一书的提纲。同年12月,在莫斯科访问期间,他又拟了欲编《汉代的绘画》《汉代的雕塑》及精选重编《域外所藏中国古画选》等计划。以上这些书虽然后来都未能完成,但我们可以看出他的一番雄心壮志和对上海出版公司的关爱。

随着社会主义改造运动的发展,在1952年初,他给哲民的信中已多次指出:上海出版公司必须打算"改为'合营',或与其他出版社合并。私人出版事业,将来是不应该有的"。后来,出版公司合并于上海新文艺出版社(今上海文艺出版社前身)。他在原公司的"股份"之类,当然也就全部上交给公家了。不久,上海新文艺出版社的古籍编辑组又独立出来,另外成立了上海古典文学出版社(今上海古籍出版社前身)。哲民便调到古典文学出版社工作。而被他招到北京文物局工作的家晋,因为想回上海,又想搞文学,此时便从北京调到上海新文艺出版社工作了。家晋和哲民都向他组稿,因此,从1956年起,他又经常与上海这两家出版社联系,出版了一些书。

他对自己的旧作要求很严。当家晋向他提出重印他以前的作品时,他回答得很坚决:只同意重印《取火者的故事》和《桂公塘》。这两本小说集最鲜明地反映了他当年追求革命、反抗黑暗的进步倾向。新文艺出版社尊重他的意见,后来便在1956、1957年重印了这两本书。另外还重版了他以前翻译的泰戈尔的《飞鸟集》,那是因为他过去的外文系的学生家晋对这本书太喜欢的缘故。他为此重作修订增补,并写了《新序》。

哲民向他组稿时,他记起了在抗战时期写的《劫中得书记》一书,在胜利后曾由出版社排印成版,原拟收入《大地文学丛书》中的,后因故未出版。他觉得值得出版,便将纸型找了出来。同时,又写了一篇长长的《新序》,并且将《跋脉望馆钞校本古今杂剧》《清代文集目录序》《清代文集目录跋》等三篇在抗战时期写的重要文章增加进去,使这本书的内容更充实了。此书于1956年10月由上海古典文学出版社出版,封面请老友剑三题签。接着,他又将自己在解放前陆续写成的"古史新辨"类论文《汤祷篇》《玄鸟篇》《黄鸟篇》《释讳篇》《伐檀篇》等,编了一个集子,名《汤祷篇》,请老友予同写了一篇序,交该社于1957年6月出版。(可惜的是,此书还漏了一篇《作俑篇》。)那以后,他还为该社编了一部《中国古代版画丛刊》。此书的出版过程中,曾起过一阵风波。这个,我们放在下一节里讲。

他对自己长期工作过的上海出版界,是有感情的。而那两家出版社,又多次热情邀稿。因此,1957年他曾多次给他们写信,提出了一系列的出书计划:

他想将解放前写的日记和《求书日录》等整理出来,编成一本《访书日

记》,甚至还设想此书用木刻形式出版;

他想重新修订解放前写的《近百年古城古墓发掘史》,拟改名为《十九世纪古城古墓发掘史》出版;

他想把解放后写的文艺杂论,编成《艺林杂话》一书,并附以插图出版;

他想把解放后发表的散文、游记等,编成《到处是花是春天》一书出版;

他想把已在报刊上连载发表的《考古游记》《漫步书林》继续写下去,写成两本书,并附以照片、插图出版;

他想把自己以前已经译了一部分的弗雷泽的名著《金枝》继续译完,或请家晋续译后出版;

他想根据自己国外访问的详尽日记,写出几本异国游记的书出版;

他还想……

他的这些愿望是美丽的,他的这些计划大多又并不是很难办到的,不少已有成稿或打好了基础。可是,因为工作太忙,又因为"反右"斗争等常常开会,很难得有整段的时间,加上他又突然牺牲,这些美好的计划最后都未能实现。

除了在上海,他还在北京也重版或新出了不少书。《中国俗文学史》,1954年由作家出版社(当时是人民文学出版社的副牌)根据商务印书馆的纸型重印。以前所译泰戈尔诗《新月集》,经过修订增补,并写新序,于同年由人民文学出版社重版。《插图本中国文学史》,经老友任叔认真重读,提出意见,他略作修订,于1957年12月由作家出版社重版。(没想到的是,这两本文学史的重版,给他带来很大的麻烦。这个我们下一节再说。)他在解放前出版的论文集《中国文学论集》《痀偻集》《短剑集》《困学集》,及编就未出版的《秋水集》等,他不打算照原样再出版了,便将其中的一些论文,加上未收入上述集子的论文,选编成《中国文学研究》,分为"古代文学研究""小说研究""戏曲研究""词曲与民间文学研究""中国文学杂论""中国文学新资料的发现"等六卷,共分三大册,于1957年12月由作家出版社出版。这部集子虽然还漏收了他的不少重要论文,但基本上反映了他解放前在中国文学研究中所涉及的各个领域及其所达到的水平。他在解放前译述的希腊罗马神话传说《恋爱的故事》和《希腊神话》,也略作修订,改名为《希腊罗马神话与传说中的恋爱故事》和《希腊神话与英雄传说》,于1958年分别由作家出版社和人民文学出版社重版。

他在1950年代初编的《敦煌壁画选》,由北京荣宝斋多次木刻套色水印出版。而他在解放前与鲁迅合作编印的《北平笺谱》和《十竹斋笺谱》,也都由荣宝斋重印,他都新写了序文。他与张葱玉、徐邦达合编的《宋人画册》,1957年由北京中国古典艺术出版社出版。书中的序言和说明都是他写的。此书在出版时曾有人很有意见,说是他用了他主持的从香港购回的宋人画,为此他还作了检讨。此书三十二年后再版,荣获莱比锡国际图书艺术展金奖。这是他身后获得的荣誉了。

他还在1952年编了一部《中国古代木刻画选集》。后又于1956年写出了该书的文字部分《中国古代木刻画史略》,即我国第一部高水平的版画史。由于这是他一生中写成的最后一部奇书,书稿后来又有过奇异的经历,这里有必要较详细地写一写。

前面说过,从1920年代起,他就立志研究中国历代版画。鲁迅在给他的信中曾语重心长地指出,如果只印版画图谱,"有图无说,非专心版本者莫名其妙,详细之解说,万不可缺也"。鲁迅实际就是殷切地希望他进而撰著一部"万不可缺"的《中国版画史》。鲁迅和他自己都很清楚,这部专史的最合适的作者,非他莫属。然而由于种种原因,他时写时辍,这个计划一直没有完成。1952年9月6日,他在给哲民的信中提到:"又在写《中国古代版画》一文,写好后,也当寄上。如果不在'人民美术出版社'印出,则当交'[上海出版]公司'印出也。"一篇文章,不投寄给报刊发表,而是要在出版社"印出",可见篇幅不小。这应该是他再一次启动撰写版画史了。不过他太忙,这次又没有写完。后来,在1956年写的《中国古代木刻画选集序》中他说:"我便于1952年里,费了五个多月时间,从《中国版画史图录》里,选出了有代表性的作品三百多幅,又加上补充的木刻画二百多幅,编成现在这个样子的《中国古代木刻画选集》。因为关于'史'的部分,迟迟未能写成,所以一直搁置到现在……"

1956年春,他到上海视察,工作十分紧张,然而从4月7日起,他还抽空到"庙弄"老家整理自己的藏书及笔记,主要目的就是搜寻撰写版画史的材料。4月10日,他又去浙江视察,23日回沪后又时常回老家理书,他的日记中常有"理书弄得双手乌黑,甚累"这样的话。劳动节那天,他理书时疲劳之极,后来洗澡时竟然在浴缸里睡着了。而5月19日的日记载:上午"八时许,到庙弄。整理抽屉,忽觅得徽派刻工姓氏录一小册,大喜不禁!此录已觅之数年未见,因之,版画选未能出版。现既得之,就可入手写'史略'了"。这里提到的,就是我们前面写到过的1931年8月他在宁波马廉家抄录的《明代版画刻工姓氏录》。10日日记又载:上午"八时许,到庙弄。在乱纸堆里和抽屉里,发现了不少关于版画史的材料和稿子,很高兴"。可见,那以前,他确实已经写过不少草稿。

他在外奔波视察了两个月,直到5月中旬才回到北京。由于找到了以前搜集的有关材料及初稿等,这次他便下决心要把久蓄于心的版画史写出来。8月,他很难得地有了一个避暑休养的机会。(这些年,他的痔疾非常严重,经常大出血,领导上也劝他休息。)6日,他至青岛,初住文登路甲6号,后住黄海路某号。但他并没有真正地休息。25日,他给哲民的信中说:"青岛风景甚好,我所住的地方,窗外即是大海,终日夜可听到涛声,小园里满是松树,清幽之至。故在这里倒能够写出不少东西来。《版画史》的'史'居然也在此二十天之内写成了。近二十年未能完成之作,居然在这个短短的时间之内完成之!其为愉快,更何如也!"如今的中国版画史研究者,应该感谢并瞻仰青岛这个地方啊!

10月29日,他给哲民的信中说:"《版画史》已交给人民美术出版社印了。"当时,出版总署副署长兼人民美术出版社社长萨空了,正是他的女婿。然而,这封信里说的可能还只是版画史的图的部分吧。因为1957年1月2日,他的日记中又写到上午"将《版画史》的注释加以补充",晚上也在"整理《版画史》注"。1月5日,日记又载:"连日在整理《版画史》。即将付印。一上了手,就觉得有不少问题,处处得查书、找书,花的力气还要不少!"这里又一次写"即将付印",实际上又没有成为事实。直到8月31日,我们在他的日记中又见到:上午"八时,到部办公。整理《版画选集》的稿子。接电话,说要提早一天即三号走,弄得手忙足乱"。他是把版画史作为版画选集的一册来编的,因此这里说的整理稿子可能还是指版画史。他在9月3日离京出国工作,一直要到12月2日才回北京。而9月1日日记载:上午"整理《古版画选》稿";"下午继续整理《版画选》稿;夜"继续整理稿件"。9月2日,上午仍是"理稿",直到晚上,才"将《中国古代版画选》整理好。午夜十二时,空了来,即交给他"。而翌日清晨7点10分,飞机就起飞了! 看看这些日记,他是如此忘我地、认真地工作啊!他为这部包括版画史在内的书,倾注了多少心血啊!9月11日,他在保加利亚首都索非亚,还给人民美术出版社写信,谆谆关照:"这类书,本身就是艺术品,在造纸、印刷方面,都必须事前考虑周到,甚至必须试印若干次再做决定。……印刷单色的,最好用珂罗版。……如有问题及印样,请于九月三十日以前,寄保加利亚索非亚大使馆转,在十月二十日以前,寄捷克普[布]拉格大使馆转。"足见他对此书是何等的重视!然而遗憾的是,这部书又一次搁浅未印!

这到底是什么原因? 详情至今扑朔迷离。据说与当时"反右"后的政治形势有关。又据说在"文化大革命"中,在批斗该出版社的"走资派"和"反动权威"时,还把这部书稿作为"大毒草"拿出来示众,并将其烧毁了!

然而,幸运的是,冥冥中竟如有神护!就像他特别崇敬的南宋爱国诗人郑思肖在《心史》的自跋中说的那样:"此书虽曰纸也,当如虚空焉,天地鬼神不能违,云雾不能翳,风不能动,水不能湿,火不能燃,金不能割,土不能塞,木不能蔽,万万无能坏之者!""文革"结束后,先是在1980年,找到了《中国古代木刻画史略》的后半部(七至十二章);1983年1月,又再次神奇地找到了《史略》的前半部(一至六章)及《中国古代木刻画选集》的画稿。据说,这部《史略》是他人的抄稿(如此看来,很可能不是他的定稿,而手稿确已被毁掉了),而版画部分则是已印制成的大小统一的样张(看来确实曾经"付印"过)。而这些稿子在当时怎么保藏下来的,由于年代已久,连空了等人都记不得了。

1985年2月,《中国古代木刻画选集》终于由人美社正式出版,共一大函九大册,其中第九册即《中国古代木刻画史略》。此书问世后,立即引起轰动。日本日中艺术研究会便在东京的中国文化学院召开两次学术会进行热烈研讨,并决定特派该会事务局长三山陵女士到北京向出版社赠授"版画史出版功劳"金杯奖。授杯仪式于1985年9月17日在北京国际俱乐部举行,中外众多贵宾出席,中央级新闻媒体均予以报道。而日本该研究会仍感意犹未尽,1988年冬,他们再次在北京友谊宾馆,再向已故的他(由郑尔康代表)敬赠金牌一枚。1986年,此书在莱比锡举办的世界最佳图书博览会上,被授予"世界最美图书奖"。这又是他的身后荣誉了。

另外,在1950年代中后期,他业余从事的最浩大的编辑工程,除了大型丛书《中国古代版画丛刊》外,还有《古本戏曲丛刊》,我们都放在下一节再讲了。

1958年6月10日,就在京、沪两地的大报上均出现点名批判他的文章(此事也在下一节详述)之际,他在1920年代就相识的老友适夷来到他家,代表人民文学出版社来正式约请他编选多卷本《郑振铎文集》和四十年创作选集。这当然在他心情郁郁之时给他带来了喜悦。第二年就是五四运动四十周年了,他知道,这是文艺界老友新朋对他这位"五四"老战士莫大的信任和尊重。当时的出版界,是很讲究"级别"的,似乎有未见文的规定,不像后来那样,什么人都可以出文集或选集。人民文学出版社是全国最大的文学出版社,像《鲁迅全集》就只准在该社出。可以为作家出"文集"的,当时也几乎仅此一家;而被该社列入"文集"的,当时只有沫若、茅盾、秋白、圣陶、巴金和他这样寥寥数大家。其他能列入"选集"的,也都是著名作家。从这一点来看,该社对他这位"五四"以来一直奋战不息的老作家的地位,是认识得很清楚的。这当然与该社当时由雪峰、任叔、适夷等真正的"内行"先后主持工作有关。

他接受适夷交来的任务后,马上就自己动手编了起来。然而,谁也没有料到,当文集第一卷出书时,他却再也不能看到了!更令人料想不到的是,过了几十年后,还有自以为是"内行"的人,摆出"权威"面孔,胡说"郑振铎是甚至连二三流作家都算不上的"!其实,这不过是证明说此话的人自己实在太无知了而已。

当然,即使在他生前,也并非什么人都那么尊重他。1953年,他为配合世界和大理事会和中国和大理事会纪念世界文化名人屈原逝世二二三〇周年的活动,在百忙中创作了一篇历史小说《汨罗江》,于5月中旬投给北京某家全国性的文学刊物。没想到,他这个老作家写的这篇水平并不低的作品,却碰到了政治思想和业务水平、鉴赏能力太低的编辑,遭到了退稿的处理。他在与而复见面和通信时谈到此事,情绪激动,可以说是愤愤不平。后来,还是在1957年发表于上海巴金、而复他们刚刚创刊(他也列名于编委会)的《收获》杂志上。这件事颇影响于他的创作情绪。本来,他还准备写《愚公移山》等历史小说,就没写下去。

他准备写的《考古游记》一书,已完成的单篇有《长安行》《春风满洛城》《郑州,殷的故都》《金梁桥外月如霜》等四篇,记述了1956年他在西安、洛阳、郑州、开封视察文物的经过,均发表于他主编的全国政协内部刊物《政协会刊》上。可惜他未能继续写下去,这是一本别具一格的游记。1957年,他又应《人民日报》之约,开始写《风土小志》专栏,先后写成并发表了《石湖》《移山填海话厦门》等篇,还有一篇《苏州赞歌》,他寄出后却又给报社打电话说不要发表,因为他忽又觉得文中没有更多地反映"大跃进"。当时写文章的人,常常是这样小心翼翼,怕一不小心就犯了什么"错误"。后来,这篇文章还是在他牺牲后,报社的编辑把它拿出来发表的。前面提到的他想写的《漫步书林》一书,也是在《人民日报》上开辟的专栏,是读书札记类的散文。他写了十来本古书的札记后,索性写起有关古籍保管、整理方面的专论来了,一连写了《谈买书》《谈访书》《谈整书》《谈分书》《谈印书》等等。在当时极"左"风越刮越厉害的时候,他发了很多"不合时宜"的议论。大概就是因为"不合时宜"吧,这本书后来也没写下去。

此外,他还为自己不断增加的藏书,抽空写了大量当时并不准备发表的题跋。内容极丰富,学术价值高,文笔也很生动。有时一天就写七八篇之多。

他还有一系列的写作、出版计划,除了前面已经提到过的以外,他在书信、日记、题跋中还表示过想编印出版《中国版刻图录》《历代碑刻图录》《秦汉瓦录》《古本散曲丛刊》《清儒考证笔记索引》《历代重要学者题跋集》等等,其中有些是他打算领头的集体项目,他都已经组织了或考虑了参与人员的班子。这些项目,很多到今天还没有人做过,而如果有人提出申报,则都是可以列入国家重大社科项目的!他个人还准备撰写《唐诗版本考》《中国小说八讲》《中国戏曲史》等等。其中很大一部分,已经开始搜集资料,甚至有的已经写了一些初稿了……

书,书,书!他的一生就是为了书!他的赍志而没,实在是书林的最大的损失!是所有读书人的最大的损失!

五九 "白色大旗"?

相传是春秋时宋玉所作的《风赋》中的这样一些名句,是他早就诵熟了的：

> 夫风，生于地，起于青苹之末，侵淫溪口，盛怒于土囊之谷，缘泰山之阿，舞于松柏之下。飘忽淜滂，激扬熛怒，耾耾雷声，回穴错迕，蹶石伐木，梢杀林莽……

宋玉描写的，是自然界的风如何从小到大，从飘忽到摧厉的过程；同时，他也知道宋玉其实又是在喻指社会上、政治上的风，不然，赋中也就不必分什么"大王之雄风"、"庶民之雌风"了。

不知怎地，大概从1958年春天起，他有时会默诵起《风赋》中的这些句子。因为，就在他满怀豪情、忘我工作、努力撰述之时，感觉到不知何时起从"左"边不时吹来一阵势头不小的"风"，使他在春天里也感到一丝寒意。较明显的一次，是在他编的《中国古代版画丛刊》开始问世的时候。

最初，大约在前年(1956年)年末，他在上海视察文物图书工作时，曾与古典文学出版社提起过想编辑出版一套《中国古代版画丛刊》的事。本来，"版画丛刊"这个名称，最早是鲁迅在1930年代与他通信中就已提出来的，但当时只出了《北平笺谱》和《十竹斋笺谱》两种，而且后一种在鲁迅生前也未出全。后来，他又曾编印过《中国版画史图录》，但那是从古代带版画的图书中选出来的零缣片页，只是"窥豹一斑"，如欲求其全，必须重新计划编辑。他的设想非常宏伟，因为在他看来，今天值得复印、使之流传的有版画的书，总共约有五百种以上。不过，设想过于宏伟便近乎空想，于是，他于1957年1月从自己的藏书中先挑出十九种版画书，加上从北京图书馆借出的一种，亲自交给来京组稿的哲民带回上海，并带去先出版这套版画丛刊的"初编"计划，共三十六种，约九十余册。以后争取每年印行一编或两编。

在哲民回上海那天，阿英和路工去旅馆看望哲民。阿英看到了版画丛刊的计划和那批带回上海的书，高兴地认为这部丛刊的完成将是中国版画史上最珍贵的一部大书,也是以后不可再得的。哲民路过南京时,南京图书馆的版本专家陈方恪(陈寅恪的弟弟)也认为,只有郑先生才能收藏这些不可多得的版画书。哲民回到上海后,出版社经过认真研究,正式列入了计划。于是,他在4月视察西北的途中,抽空写好了《中国古代版画丛刊》初编的说明。9月,又在访问保加利亚的紧张间隙中,在瓦尔纳市的黑海海滨的狂风海浪怒号的夜晚,写了该丛刊的总序,并为最先印的三本书《历代名人像赞》《圣迹图》《忠义水浒传插图》分别作了跋。今年1月,在访问保、捷、苏三国回来后,又抓紧时间为《天竺灵签》一书写了跋。而同时,出版社又以他写的《中国古代版画丛刊总序》《编印中国古代版画丛刊初编说明》《中国古代版画丛刊初编目录》等,加上从初编所收的各种版画书中选出了十多页版画,编印成一本样本,线装一册,送给有关单位与读者,也让他送给有关学者、友人,以争取预订数目。

这种出书前先印样本的做法,本来是解放前他在出版巨型书籍或图册前常用的有效方法。例如,他在出版《文学大纲》《插图本中国文学史》《世界文库》《中国版画史图录》《中国历史参考图谱》等书时,都曾先出过样本。但没想到,这次可招来了麻烦。5月22日晚上,齐燕铭到他家里,给他带来几句要紧的话,使他颇吃一惊。

前面说到过,比他小近十岁的燕铭,在建国初担任中共中央城工部和统战部的秘书长,是他刚到北平的第二天就会见的中共方面的干部。后来,他担任全国政协文教组组长,燕铭任中共中央统战部副部长等,大家都很忙,但在工作上是时有来往的。早在1930年代,燕铭就曾在北平中国大学等校教过中国文学史、文字学等课,也曾撰著过《中国文学史讲稿》《中国戏曲史讲稿》等,可惜均未写完出版;参加革命后,燕铭在延安马列学院工作时也曾有志继续撰著《中国文学史》,又可惜因要从事其他工作而未果。尽管如此,燕铭可以说是与他有着共同的爱好,碰在一起谈起话来自然就更投合了。而他们接触比较频繁,主要是从去年(1957)开始的。

去年1月,他根据1956年底全国政协常委会第三十二次会议的决定,主持创刊了全国政协的内部刊物《政协会刊》。接着,他便在去年4月出版的该内刊上发表了经过多时慎重考虑而写成的《整理古书的提议》,正式提出了必须重视古籍整理,必须校勘、标点《二十四史》《十三经》等重大建议。要是更往前说,他在此前发表的《漫步书林》等文中就已经提出了这些事情;1952年1月19日,他在致森玉的信中就提出"承前启后,今正其时。……《全宋诗》《全明曲》亦可着手。《十三经》《廿四史》之类,也必须加以整理。……必可完成许多伟大的工作也。"他实是解放后第一个提议校点《二十四史》《十三经》的人。要是再往前说,八年前(1950)3月12日宋云彬日记中就已记载:"中午在松公府北大孑民堂聚餐,应振铎之邀也。振铎发起组织古典文艺整理委员会,邀余参加。"(那次会周扬等人都应邀参加了。)他实是解放后第一个提议组织队伍整理古籍的人。他的这些重大建议这时引起中央领导的高度重视,总理指示国务院科学规划委员会立即把这一工作抓起来。去年6月30日,燕铭、周扬、任叔、吴晗、黄洛峰、金灿然、林默涵等人齐聚他家,开会研究成立一个全国性的古籍整理出版规划小组(隶属于国务院科学规划委员会)。总理本来考虑要他全面负责,但又知道他工作实在太忙,分身无术;最后便决定由身边的燕铭来负责,燕铭当时任国务院办公室副主任。而古籍规划小组下分文学、史学、哲学三组,则分别由郑振铎、翦伯赞、潘梓年任组长。可见他仍是承担了重要的工作的。1958年2月9日,在政协礼堂正式召开了成立古籍规划小组的会议。

因此,这天晚上燕铭到他家来,他热情地招待着,以为又是来与他商量古籍规划方面的事情的。然而,燕铭的神情却似乎有点拘谨,坐下后向他轻轻地说:"振铎,上面有人吹风了。你要谨慎哪,当心大字报轰到头上来!"

他一听,有点儿吃惊。最近,各机关正在搞"双反"运动,考古所、文学所、文物局和文化部机关,都贴出了很多大字报。光考古所,在3月中旬就已贴出一万七千多张。然而,所谓"双反",是"反浪费、反保守",虽然有的大字报也涉及到他,但总的说来与他搭不上多少界。虽然他对这种大字报铺天盖地,越多越好的做法有点儿想法,但那是上面号召的,他也必须参加和支持,因而他也曾分别到考古所和文化部都去写了大字报。

现在,出了什么事呢?原来,就因为那版本丛刊。那有什么问题呢?燕铭帮他作了"分析":出版社第一本已印成的《天竺灵签》是什么书?不是地道地道的迷信占卜之书吗?还有那《历代名人像赞》,大多是歌颂封建帝王将相的;《圣迹图》,则是宣扬"圣人"孔子的……。在现在印这样的书,还能没"问题"吗?

啊哟,要这样抓起辫子来,可真是太容易了!他当然绝无意于宣扬这些书中的封建思想糟粕。他印它们,主要是着眼于书中的"版画"啊!当然,同时还可以从这些版画中窥视当时时代的生活的若干方面。关于这些,在他写的序与跋中,不是说得清清楚楚的吗?例如那本《天竺灵签》,他收藏了宋版、明版各一部。那本宋刊,虽然有点儿残缺,但他认为"世所传宋本版画书多不足信,此独为真确宋本无疑,天壤间孤帙也。"他曾请著名版本学家森玉先生看过,森玉用工整的楷书题写了封面,鉴定为:"宋刊本"、"纫秋馆铭心绝品"。把自己珍藏的"铭心绝品"拿出来献给版画研究者,又有什么错呢?他有点儿紧张,又有点儿想不通。燕铭则表示是能够理解他的。从燕铭的暗示中,他猜想,那大概是康生或陈伯达他们提了意见?

"中央同志"的意见,是应该认真考虑的。反正这部丛刊也还没有印好,还来得及采取措施。第二天,5月23日,他便立即给上海古典文学出版社发了一封急信,说:"关于《古本版画丛刊》事,顷有中央同志提意见,必须立即加以补正,为要!"他在这句话的最后十个字下,加了着重号。接着又提出:"一、凡未曾付印者,应立即停止付印。二、凡已付印者,应尽量少印。三、全部已印者,均作为'内部参考资料',不广泛发行。关于《天竺灵签》一书,尤要作为严格控制的'内部参考资料',如未发出者,请勿发。……"

羊未亡而补牢,这总该没事了吧?于是,他又埋头于繁忙的工作之中,除了下班后不免想想这部版画丛刊如何加以"补正"以外,便没将此事多放在心上。谁知,6月2日,上海的《文汇报》上却发表了署名"王天心"的《选择影印古书的目的要明确——对〈天竺灵签〉〈历代名人像赞〉的意见》,批评他重印这些书是"厚古薄今"倾向的一种表现。接着,7日,北京的《光明日报》更辟了专栏《评郑振铎编的两种古代版画》,发表了署名"王琦"的《不应为"古"而影印古书》,和署名"张若"的《"古"就是好吗》等文。

他在版画丛刊的总序中说过,印这套书是为了把古代版画的优良技术传统介绍出来,供现代的版画家借鉴;同时,还可以提供一些封建社会生活的史料。这样的"目的",能说还不"明确"么?谁说过"古就是好"这样的话,谁又"薄"了"今"呢?再说,先印这样两本书,也并不是表明他最喜欢这两本,只是因为这两本刊刻的年代较早,总得按年代先后编印,才能看出版画发展的历史不是?也总得等全套书印出,或者看一下全套书的目录,才可作批评吧?最奇怪的是,这两本书压根就没有到书店发售,连他自己也刚刚才得到前一种样书,这几位批判文章的作者又是根据什么写文章的呢?

其实,明眼人一看就知道这是有"来头"的。不然,南北两份大报同时批一位部级干部,那是不可思议的。他陷入了沉思,眼前不由得浮现出康生、陈伯达的既儒雅温文、又高深莫测的面容……

说实话,他一直对他们这两位党内高级干部中的大知识分子十分敬重。康生与他同年,其实他们早在1920年代就见过。当时,他在上海大学教过书,而康生及其妻子曹轶欧则在那里读书。现在,他未必记得这位当年叫张云(或张溶)的学生;但康生则不可能忘记这位当时已鼎鼎有名的老师的。至于陈伯达,要比他小五岁,也是福建人,早年曾在上海立达学园附近的劳动大学读书。当时是否见过他,不得而知;但很早就知道他这位同乡学者的名字,是肯定的。解放初的那几年,他好几次在旧书店遇到他们,知道他们也喜欢古书,就更觉得亲切了。例如,去年有一天下午,他到中国书店挑书,恰逢燕铭、邓拓也在,同时还遇见康生和陈伯达。就私交来说,康生与他更为密切。康生住的地方离他家不远,他曾多次到康生家看书,看古物,甚至还带过友人路工、斐云等人去康生家里作客。就在今年的大年初一,他就带斐云一起去康生家拜过年。而康生,也多次来过他家,甚至有时在半夜里还跑来与他大聊其天。康生收藏了不少有关《西厢记》的版本,他还借过;而康生借他的书则更多了。他还曾把自己解放前编的早已绝版的《韫辉斋藏唐宋名家画集》等赠送给康生。

不过,接触多了,他便隐隐感到康生他们与陈毅、一氓,还有在主席身边工作的田家英这样的党内大知识分子有点儿不一样。(家英要比他小二十三岁,他们主要也是在北京旧书店买书时熟悉起来的。他还将自己与鲁迅合作复刻的《十竹斋笺谱》送给了家英。)康生他们虽然对古代文化也很有兴趣,但老是摆出比什么人都要"革命""正确"的面孔。比方说吧,今年2月正式成立国务院古籍规划小组,最后一天由康生来作总结报告,康生大讲当前古典文学的讲授与出版的"无原则性","大是要不得"。令人听了有点提心吊胆。3月,在国务院科学规划委员会第五次会议上,陈伯达提出了所谓"厚今薄古"的口号;接着,报纸上便出现了实行"厚今薄古"与批判"厚古薄今"就是思想战线上"灭资兴无"的伟大斗争的提法。他记起自己在抗日战争时期抢救古籍时,曾根据杜甫的诗句刻过一方印章:"不薄今人爱古人"。他认为古籍整理工作者的正确态度,当然不应该薄今,但也不必薄古啊。但他对报刊上的这些新提法,还不敢随便发表意见。而老友予同,则在5月号《学术月刊》上发了一点"微词",认为"薄古"不能成为"废古"(后来,予同为此而大吃苦头)。现在,批判《版画丛刊》的"理论根据",不就是所谓"厚今薄古"吗?那么,还要不要"批判继承"呢?他有点困惑。然而,陈伯达是6月1日刚刚创刊的党中央机关刊《红旗》杂志的总编,是"理论权威"啊!对其振振有词又咄咄逼人的"理论",他觉得颇难琢磨。

他不禁又联想起了影印《古本戏曲丛刊》的事。

最早,在1950年代初,他与商务印书馆谈过,希望他们继承张菊老影印

《四部丛刊》的伟业。到 1953 年春,他们才同意这个计划,来同他商量首先影印些什么。他说,还是先印戏曲吧。他一向认为,中国戏曲在人民群众中有广大深厚的基础,为人民所喜闻乐见。没有一种文学样式比戏曲更接近人民。从宋、金时代开始,整整的八百多年间,单有名目可知的剧本就至少有四千多种。然而,过去所谓的"正统"文人,却是看不起戏曲的,目为不登大雅之堂的东西。但历史上毕竟有好些人作过搜集、整理和刊印工作。《永乐大典》里就收有杂剧九十九本、戏文三十三本。《古今杂剧三十种》有元代刊本。明代李开先自夸所藏为"词山曲海"。山东于氏、山阴祁氏、沈氏等都搜集整理了大量剧本。特别是常熟赵氏脉望馆,搜集的元明杂剧在三百种以上,终于在 1938 年被他发现并抢救了下来,这在前面已说过了。明代还有《杂剧十段锦》《古名家杂剧选》《杂剧新编》《阳春奏》《盛明杂剧》等戏曲书刊行,而以臧氏《元曲选》百种和毛氏汲古阁的《六十种曲》最流行。只是到了清代,则结集刊印之举寂然无闻。三百年来,仅黄文旸等曾在扬州略作过一点整理工夫而已。清末民初,贵池刘世珩始复炽刊印古剧之风,友人吴瞿安、陈乃乾等也刊印了一些,他自己则更影印了《清人杂剧》初、二集共八十种,明传奇六种等等。但除了抗战时期在他参与下商务印书馆排印出版的《孤本元明杂剧》以外,其规模始终没有明人臧氏、毛氏两家之大。而现在的戏曲家和戏曲史研究者,要想找一本古剧的书,非常非常之难,即使像《六十种曲》这样的书也不易得。因此,他想有系统地影印古剧,汇集数千百种的书于一集,并完全保留原来面目,岂非一大快事?

他的想法得到商务印书馆的同意后,便邀请各方专家来商议。森玉、斐云、阿英、觉明、惜华等老友,还有他以前的学生吴晓铃等人都极为赞同,梅兰芳、程砚秋、张光年、马彦祥、宋之的、洪深、杜颖陶等人也都纷纷表示支持。于是,便以他和斐云、惜华、晓铃等人组成《古本戏曲丛刊》编刊委员会。实际上,他亲自担负起全部编集之责,其他人不过是出藏书、备咨询和提建议、供参酌而已。1953 年 11 月,他在维也纳参加世界和大时,抽空写了该丛刊的序言初稿;后在翌年2月重写,并发表于《光明日报》新创刊的《文学遗产》副刊第一期上。

他的整个计划是,征集北京图书馆、北京大学图书馆等公私家所藏,并联合国内各大学、各图书馆、各戏剧团体和戏剧研究者们,集资影印,每集印六百部,作为"内部参考资料"。初集收《西厢记》及元、明两代戏文传奇一百种,二集收明代传奇一百种,三集收明清之际传奇一百种,这都已定好目录了。四、五集以下则收清人传奇,或更将继之以六、七、八集,收元、明、清三代杂剧,并及曲选、曲谱、曲目、曲话等有关著作。若有余力,当更搜集若干种重要的地方古剧,再编成一二集出版。如此,期之三四年,当可以有千种以上的古代戏曲供给今人作为研究之资,作为推陈出新的一助。这个计划当然是极其宏伟的,远远超逾了臧氏、毛氏那些先人们。

《古本戏曲丛刊》的初集于1953年8月付印,翌年2月便出版,共十二大函一百二十册。二集是1954年9月付印,翌年7月出版,又是十二大函一百二十册,序言是他在出国途中于昆明赶写的。这两集出得很顺利。三集于1955年10月付印,规模也是十大函一百二十册,却拖到1957年2月方出,速度明显慢了下来,印数也降到了四百多部。他在第三集序言中透露,已经有人从"根本上"对此编印工作"有了意见"。而第四集,他于1957年10月编好付印,到现在还没有出版消息,但他听到一些嘀咕声更大了,无非是"没什么必要"啦,"没有意义"啦,"群众不需要"啦,等等。他知道这都是顺着风说的风凉话。他打算在为第四集写序的时候,顺便答复一下这些嘀咕声。

"树欲静而风不止。"近年来,他常听见有些人喜欢引用这句出于《韩诗外传》的古语。现在,他也分明感到了一阵不大不小的风。他又反思了解放后在历次运动中自己的表现。"三反""五反"这些运动,与文化界关系不大,但他都积极参加了。1951年批《武训传》时,他因未看过这部电影,再说他也正在上海各地紧张地调查视察,所以未写文章。1954年秋,忽然发起了批评俞平伯《红楼梦研究》的运动,他颇有点意外。平伯是他的老友,是他要平伯进文学研究所工作的。平伯进所后,又是他建议平伯继续研究《红楼梦》的。他还把自己珍藏的"程甲本"首三十卷残本送给平伯作研究。(由于此本特别珍贵,后来"文革"中还被康生拿去,钤章"珍藏"呢;2003年,此本被拍卖,嘉德公司估价百万元!)平伯如有错误,自己当然也有份,所以他虽然也参加了文联主席团和作协主席团召开的有关会议,但未曾写什么批评文章。不过,他以中国作家协会古典文学部负责人的身份,主持召开过《红楼梦》研究座谈会。在开场白里,他把那场批评说成是对大家提高政治觉悟都有好处,大家都要改变旧思想,从而无形中减缓了对平伯的冲击力。他又点名要吴组缃第一个发言,组缃当作是学术讨论,就对平伯的《红楼梦研究》提了几点意见,又对李希凡、蓝翎两位的文章也提了些意见。不料当场就有人狠狠地批评说,这是在唯物主义和唯心主义激烈战斗的时候,站在中间向两边打枪。会议休息的时候,组缃问他,这是怎么回事,是学术问题还是政治问题?他也只能笑着说:"你年轻的都不知道,我哪里知道。"不久,他又率团访问印、缅去了,也就不管了。(后来,1956年文学所评职称,他坚持主张评平伯为一级研究员。全所一共只评了三个一级,另两个是钱钟书、何其芳。)

紧接着,全国又进而掀起批判"胡适反动思想"的高潮。他与胡适也是老朋友了,不过对其后来的政治倾向是不赞成的。由于他正在印、缅访问,所以未参加那场声势浩大的批判。不然的话,全国那么多知名学者、教授都写了批判文章,是肯定也少不了他的。1955年批"胡风反革命集团"掀起高潮时,他又正赶上要出国访问印度尼西亚。他以前与胡风接触不多,如要说对胡风不好的印象,也就是鲁迅说过的此人易招怨家,有点神经质,文学理论上有些拘泥,写的东西不够顺畅等等。然而,看了那公布的三批材料,他大吃一惊,加上《人民日报》又专门向他组稿,于是他便在出国途中,在昆明赶写了一篇《人人要搜索每一个阴暗的角落》,表示自己坚决与党中央在政治上保持一致。

去年初夏开始"反右"斗争,声势更为浩大。他曾在一届人大四次会议上发言,题为《党和政府是怎样保护文物的?》,从党和政府极其重视文物工作的角度,批判了"右派"言论,后被发表在《人民日报》上。此外也没有写什么。从7月开始,他应邀列席中国作家协会党组扩大会议,批判丁玲、陈企霞、冯雪峰等人。他一开始觉得企霞态度较老实,雪峰的检讨也"颇为动听",丁玲则吞吞吐吐。到8月14日,夏衍作"爆炸性发言",揭发雪峰1930年代的"反党活动",适夷当场大哭,他受到很大震动。他觉得文艺界的斗争真复杂,很多事情自己并不了解。他想,自己只有一种选择,便是站在党的一边。16日,他也发了言,讲了解放前党对自己的关怀帮助,并表示:"我虽然还不是一个党员,但一向是和党站在一起,走在一道的","除了党的工作和事业之外,我不明白还会有什么可关心的!"后来,《光明日报》一再向他索稿,他便将这一发言稿修改后交去,题为《把一切献给党》,文中指出三点:一、"不允许在党内搞什么小圈子,闹什么独立王国等一类的把戏";二、反对"恃'功'而骄,以'老资格'自居,以'功臣'自居";三、"党是严肃的,但也是温暖的"。如果同当时的其他一些批判文章比一下,显然他的态度是属于温和的,是诚心希望雪峰、丁玲他们"过好关"的。但没料到,"右派分子"越抓越多。有的朋友被划成"右派",是十分出乎他的意料的。如8月2日,他去文学所,参加了批判"右派分子"陈涌的会;9日,他去考古所,又参加了批判"右派分子"陈梦家的会。好在不久,他又要出国三个月,也就暂时不去管这些了……

他在头脑中回顾了这一幕幕。显然,在这一场场斗争中,他主要是"跟"。在某些人的眼里,这肯定是"不积极"的。现在,是否又有人想把"风"吹向他了?他虽然也有点儿紧张,但想到最后,心中还是坦然的。他相信党,又觉得自己思想上、认识上也确实可能有问题,需要批评与帮助。他总是往好处想。

6月15日晚上,他到文联大楼,看昆曲研习所的彩排,又遇到了康生。相互点头打了招呼,好像什么事都没有发生过。22日,他参加国务院各部委机关干部共二百三十多人的劳动大军,赴十三陵水库工地义务劳动。总理特地请他与夏衍等人同乘一辆车去。一路上,总理与他谈了不少话,主要是文物考古工作方面的。他的心情畅快极了。7月4日,古籍规划小组开会,他作了题为《古旧书籍发行工作的意义、方针、任务、政策》的报告,阐述了自己的看法。陈毅也来开会,并讲话鼓励大家不要菲薄或不安心自己的工作。他听了以后,心中犹如流过了一阵暖流。阳光明媚。他照旧努力地、忘我地工作着。

然而,真是"树欲静而风不止"。这时,经济建设领域搞"大跃进",思想文化领域也搞"大跃进",并开展"大批判"。8月30日,《人民日报》发表题为《学术批判是深刻的自我革命》的社论,号召在高等院校大胆发动群众,帮助资产阶级学者们进行学术思想批判。本来,对旧的学术思想进行批判、帮助是应该的,必要的;但是,发动一批所知不多或相当幼稚的学生,不分青红皂白地群起批判几乎所有的著名学者,其效果究竟又怎样呢?9月14日,在《光明日报》的《文学遗产》上,突然发表了署名"北京大学中文系二年级一班瞿秋白文学会"写的整整一版的一万三千字长文《评郑振铎先生的〈中国俗文学史〉》。他震惊了!

这些年轻的大学二年级学生是否知道,《文学遗产》,是从第一期起便得到他支持的学术专版?瞿秋白,是从五四时期起就是他的老战友?而现在,这些都成了"批判"他的"对立面"?但他仍然努力往好处去想。他在日记中这样写道:"《光明日报》的《文学遗产》上,今天刊出了北大学生的瞿秋白小组的对我的《俗文学史》的批评,十分地尖锐。这是'一声大喝',足以使我深刻地检查自己,并更努力地改造自己的。是痛苦的,但也是一帖良药。"但这是怎样的"一帖良药"呢?该文说他的《中国俗文学史》不是一部学术著作,而只是"一堆混乱的资料","大量贩卖胡适那套货色,对我国民间文学进行了极大的歪曲和污蔑"。说是他"站在封建士大夫与资产阶级立场上,从形式主义出发,把大量统治阶级的作品混进民间文学,并大加捧场,同时对民间文学却大加排斥,或把它的价值贬低"。说他"对劳动人民及其作品","抱着固定的阶级成见",或以"资产阶级低级趣味评头品足"。对他在书中将中国俗文学作品与外国某些作品进行比较研究的方法,说是"迷洋迷外",并说他"是个民族文化的虚无主义者","实质上是服务于帝国主义向外侵略的行动"。总之,说他这部书"是彻头彻尾的伪科学","成为统治阶级服务的工具"。因此,"必须冲破资产阶级专家的迷障,攻破一切资产阶级伪科学的堡垒,拔掉白旗"。

他成了"白旗"!成了"服务于帝国主义……"!

与此同时,这个"瞿秋白文学会"又在本年人民文学出版社出版的《文学研究与批评专刊》第四辑上,又发表了《郑振铎著〈插图本中国文学史〉批判》、《〈中国俗文学史〉批判》等上万言长文,也都是这样的论调,什么"反动的世界主义","为帝国主义的文化侵略服务"等等,这里便不必多摘引了。而这两篇文中更明确地说:"郑振铎先生诚然是中国文学史研究者中的一面白色大旗",高嚷要"拔掉郑振铎先生这面白色大旗"。同一年,该出版社又出版另一个高等学府北京师范大学中文系以学生为主"集体"编写的一部《中国民间文学史》,在此书的"导言"部分竟花了五六万字的篇幅来专门批判他的《中国俗文学史》!当然,此书及其"导言"他在生前未必能看到。而他领导的文学研究所,也有几名青年研究人员"集体讨论写作"了一篇二万言长文《评郑振铎先生的〈插图本中国文学史〉》。这篇大作,发表在以他为主编的《文学研究》季刊第三期上。而这期刊物出版时,又附了一个《悼念郑振铎先生专辑》。因此,他当然也就未能拜读了。

且说《光明日报》发表批判他的整版文章后的第二天晚上,他应邀去北京饭店,出席沫若主持的为庆祝国际学联第五届代表大会胜利闭幕的酒会,见到了周总理。不知怎地,他突然好像非常内疚似的,又好像有很多话想向周总理倾说。但总理对他依然是那样热情、亲切、理解、信任。他感到一阵温暖,便什么也不说了。

他照常勤勤恳恳地工作着。

在《光明日报》发表那篇万余言批判文章后的第十天,9月24日上午,他到雁冰家,在那里开了一次针对他的会。出席的是文化部的正副部长、党组书记、部长助理以及文物局局长。他认真地、恳挚地记下了同志们对他的批评。我们现在照原样抄下一些,隐去姓名,让读者自己去判断这些批评哪些是公正的,哪些是过头的,或是违心的。

×××:"……买书,有毛病。所有好的版本书全给郑定了,买去了。老没有回音,不知要不要。拆城墙,什么都不能动。是可以保存一点点。近来有人批评《俗文学史》及《插图本文学史》。对于马列主义没有系统研究过,就是资产阶级的学说也没有好好地研究过。既不知此,也不知彼。年轻人的见解,是很敏锐的,对于我们都有很大的帮助。用自我批评的神气,写文章,更加可以深刻些。三足猫。"

×××:"爱护祖国文物,有些地方过分了。……有些偏向,偏爱,引起反感,对文物反而得到相反的结果。太和殿为中心,两庑亦作陈列,郑反对。有些影响。关系有些不好。……在你的旗帜下,专家们觉得什么都不能动。故宫冷冷清清。"

×××:"……厚古薄今的思想很严重,对革命文物重视不够。……名利思想比较严重,编书不够慎重,编得比较潦草。抄落了一页。跋和序,写得比较多。……跟北京图书馆抢书,总是不大合式[适]。大家意见很多。……利用资料的方式有些不恰当。东北的画,做了插图,人家有意见。好像有些不正常。《宋人画册》事,稿费归三个人分。很容易引起别人的意见。取得第一手资料。……相交这么多年,很容易发火,很容易弄僵了。脱口而出,照办也不好,不照办也不好。工作态度,作风不够民主,容易冲动,商量比较少,不好商量。不接受意见。"

×××：……（基本重复上述批评，如利用资料上的问题、作风不民主、说话较随便等。当时看郑振铎笔记时未摘录，此处无法引录。——本书作者。）

×××："属于敢说，敢干，有好处，有优点。……从实质上讲，资料带有垄断性质，占有性质。成'癖'等于占有欲望。有权威、专家思想。……北大学生，不搞这些，不会翻身。……文化部负责人，说话不得体。有与文化部对台之概。看得不全面。有一种对立的情绪。"

×××："政治上一般靠拢党。在民主革命时期一块儿工作。在政治上讲，是在进步方面。工作方面，事业心很强。有话便讲，心不留话。缺点方面，一，主要问题，旧知识分子，改造不够。……患难朋友，工作成绩还是主要的。应该站在党的方面，解释问题。在政治上看，是弱了。……厚古薄今问题，是一个典型。从政治上考虑这个问题。不是促进派，是促退派。癖好：太爱夕阳了，的确近黄昏了。……长期跟着党走，有偏差，人家跟着走，就有问题了。……工作中要照顾一个问题：在国际上有一定影响，怎样正确地发挥影响。很多专家受你影响。成为头子，一言一行，人家看着做的。发言可要注意。不仅影响国内，而且影响国外。怎样发挥正确作用？通过你团结专家们走向社会主义道路上去。应当是一个政治家。"

这天，他在日记中是这样写的：

> 八时半，到沈部长住宅，漫谈我的思想、工作作风等。先由我自己检查，说明自己是一个半封建、半殖民地社会所产生的典型的知识分子，有许多缺点。欢迎同志们多提意见，多帮助。发言者，有茅盾、吴仲超、王冶秋、徐光霄、刘芝明诸同志，最后由钱俊瑞同志作总结发言。光霄和俊瑞二同志的话，极为尖锐，但也最击中要害。我表示愿意大力地改造自己的思想，改正自己的作风。十二时半，散。下午，整理自己的思想，下决心不再买书，并清理积欠，

作为改造思想的基础。书籍亦是"物质基础"之一也。

当天夜里,他到对外文委开会,讨论由他担任团长的即将赴阿富汗王国和阿拉伯联合共和国的中国文化代表团的组织、方针及任务。第二天中午,他受陈毅的邀请,携妻子君箴到中南海紫光阁,参加饯别缅甸大使的宴会。热情豪爽、具有儒将风度的陈老总向他频频举杯。这时,他心中曾经有过的一些紧张、忧闷乃至委屈之类,又都抛向不知何处去了。晚上,又到对外文委,参加赴阿富汗和阿联的中国文化代表团的第一次会议。9月30日晚,他出席了周总理举行的国庆招待会。国庆节,他登上了天安门观礼台(西二台)。10月3日,出席缅甸大使的告别酒会,再次见到陈毅副总理。8日上午,他到文学研究所的"学术批判会"上去作检讨。他在日记中写道:"说到十一时半,还觉得不深不透,并表示要求大家大力帮助。"就这样,他一方面接受批判,一方面一如既往地积极做着他所负责的工作。被批判的人与批判他的人,似乎都把这种未必科学的批判视作是神圣的理所当然的事。

10日上午,他又去文学所参加批判会,正开始发言,忽接到对外文委打来的电话,陈副总理在外交部要接见即将出国访问代表团,于是他只好向同志们抱歉离席。13日上午,他又去文学所继续接受批判。他在日记中写道:"关于学术思想的批判,是十分重要的。有批判,才能提高。"他还在工作笔记中记录了吴、曹、范等人对他的批判,这里就不引用了。17日,他便登上飞机出国,谁知这一去便没再回来。

他确实是虔诚地、真实地接受一切人对他的种种批判的。在临出国前的15日,他在致老友耀翔、俊英夫妇的信中说:"这几个月来,简直是一日千里地在进行'革命'。这个革命的确是最后的彻底地消灭资产阶级的个人主义向共产主义飞跃前进的一个大革命。没有一个人会不加入这个运动里的。曾说'一天等于过去二十年'。照现在的飞跃情况看来,简直是'一天走着一百年的道路'……我们能够及身地看到并进入共产主义社会,这是多末兴奋的事啊！"并托转交致予同信。在致老友予同的信中他又说："我们从半封建、半殖民地社会里出身的人，一身的灰尘，一脸的污垢，如不扑洗干净，将怎样地进入这个新社会里去呢？我正在彻底地批判自己的思想、作风和工作方法。我想，每一个人都应该如此。经过一段痛苦的检查，以后，一定是愉快的新生也。"然而，他毕竟承认那是"痛苦"的一段经历。他的检查十分诚恳，留下了讲稿，也留下了别人的记录稿；不过，他再诚恳，也没有无原则地承认自己是所谓的"白色大旗"！

六〇 灿烂的结笔

"我走了，这次是真的走了。"1958 年 10 月 17 日下午，他对老母、妻子说了这最后一句话，便匆匆走了。

那一天凌晨，他起得比平日更早，又同平日一样匆匆记了前一天的日记：

> 十月十六日（四）晴。冷。六时半起。八时许，到部办公。写《古本戏曲丛刊序》一篇。十时，到美术展览馆，参加尾形光琳画展的开幕式。十一时半，到百货公司购物后，回。理发。下午三时许，到新宅。四时半，到东车站，接徐森老。遇斐云、仲超、全新诸同志。他住在故宫宿舍。谈了好一会，即偕他和斐云到寓便餐。八时许，他们别去。整理东西。十时许，沐浴。即睡。

他提到的《古本戏曲丛刊序》，即该丛刊第四集的序，他一直写到下午才写好。在这篇序中，他再次强调这是供专家研究需要的少量印行的内部参考资料，不过是代替"钞胥"之劳而已。但是，他写了这样一段话：

像这样范围狭窄得只是供应专家们研究参考的书籍的印行,在此时有没有这个必要呢?普及是当前的最主要的任务。但普及工作的本身就在不断地提高。"在普及基础上的提高"、"在提高指导下的普及"是原则性的指示。看不到广大的人民群众的文化科学事业的迅速向"提高"发展,就如同忽视广大的人民群众的文化科学的普及运动浩浩荡荡的进军的绝大的气势一样。广大的人民群众一旦掌握了文化科学之后,便会立即向"提高"发展的。运动不可能在原地踏步不前,而是永远地前进,再前进的。所以,在"普及"的同时,"提高"并不能加以忽视。它们是车的二轮,鸟的双翼。有矛盾,但会迅速地统一,而且必须统一的。我们不能说,印行少量的这类戏曲集子便是"提高"工作之一。但不可否认,乃是为"提高"的研究事业准备的条件之一。

这段话,在现在看来,也许并没有什么特别"精彩"的地方。但要知道,这是他在当时思想文化领域里"左"的压制越来越厉害的情况下久蓄于心、有感而发的。他纯熟地运用辩证统一的观点,雄辩地回答了那些动不动就用"厚古薄今"等大帽子压人的人物的诘难。这便成了他一生中写的最后一篇文章,也是他最后一次对古典文化遗产问题发表了自己的看法。当天下午,森玉和斐云到他家吃晚饭时,他亲手将这篇序文交给斐云,请他帮助誊清一遍后付印。因为他时间实在太紧张,写得潦草了一点。(后来,在他牺牲后,为了纪念他,斐云决定不重抄付排,而是把这篇遗文照手迹影印在这部丛刊的第四集的卷首,并悲痛地写了一段说明。第四集在这年年底出版后,接下去的几集便遥遥无期了!)

日记中提到的尾形光琳,是日本江户时代杰出的市民画家和工艺美术家。这次在北京举办画展,是为了纪念尾形三百周年诞辰。他去参加这个开幕式,也就成了他对美术事业的最后一次关照。日记中提到的"新宅",在宝禅寺街,地方相当大,里面还有池廊亭榭,但已很旧了。本来是清朝某王爷的故居,据说后来在日本侵华战争时期曾经成为女魔王川岛芳子的司令部,还在里面杀过人;又听说解放前夕曾借给某电影公司拍过电影,名叫《十三号凶宅》。因此有的干部不愿搬进去住。他倒没有这些忌顾。只因为他的书太多了,原来住的地方实在放不下,所以有关方面安排他搬到这里。这时,他已请工人在修整,并开始将自己的藏书搬运到这里来。他还曾顺路带伯祥、平伯等老友来这里看过,并指着宽敞的大厅对平伯说:"以后,这里可以借给你们昆曲社来开曲会。"他本来准备从国外回来后,就把家正式搬到这新居来的。但他一去竟没有回来,也就谈不到搬家了。

写完日记,他又匆匆给上海的友人靳以写了一封信:

靳以兄:

我就要动身到阿富汗去访问。是经过苏联。先到莫斯科,再转塔什干,然后换机直飞卡布尔。麻烦的是,四季的衣服都要带齐。虽只有三天的途程,却似整整地过了一年。我很抱歉,这些时候都没有替《收获》写稿子。这次出去,一定会替她写些什么。听巴金说,你的血压颇高。我很不放心!千万珍摄为要!家宝也是整年地在病着。中年以后,便不能恃强苦干了。体力劳动,可能是例外。农村中为什么少有高血压的患者呢?工厂里为什么少见患高血压的工人呢?可见用脑过度的人是会容易患这个病的。你到了工厂,千万要放下"写作"什么的心肠,只是完全地成为一个普通的劳动者,按照厂规做工,可能会治疗好你的病呢。唐弢、柯灵是否都到了工厂或农村去?罗荪的近况如何?只有深入工农之间,才会有创作的源泉。否则,写出来的东西,乃是无根之木,无源之水,乃是虚伪不实的。全民在党的领导下,一日千里地向共产主义前进,我们将怎样赶得上呢?将怎样站在这个时代的前头呢?文

艺在这时代最能,且最应该发挥宣传、鼓动的作用。得写点什么出来才好呢!大约年底可回。回后,盼能来信。致

敬礼!

弟　振铎启
10月17日

我到塔什干时,茅、周、巴他们想早已走了。如果提前几天动身,就可以见到了。

这是他一生中的最后一封信。信中说的知识分子全都下厂下乡当"普通劳动者",是当时提倡的做法,而他是真诚地赞成的。他关怀着友人的身体状况,但又觉得去锻炼锻炼也许对健康有好处。(他不会料到,只过了一年,比他小十一岁的靳以竟然就是因为高血压脑溢血而病逝了!)他要靳以千万放下"写作"的心肠;但他自己,却老在考虑"得写点什么出来才好呢"。他还想到,如果提前几天动身,就可以在苏联的中亚地方的塔什干,与老友雁冰、周扬、巴金他们相见了,因为他们正在那里参加亚非作家会议。然而,如果他真的提前几天动身,那就不仅仅是可以在国外见到友人而已,而是可以完成使命,平安地回到祖国的怀抱,和所有在国内盼望他归来的亲友相见了……

那天早上,他大口大口地吃完简单的早餐,便向老母、妻子告别,由儿子尔康陪送到了机场。可是那天天气不好,雾太大了,机场宣布航机暂停起飞,等候通知。于是,他和代表团的其他同志,只得各自回家。他笑嘻嘻地对家人说:"老天爷留我在家多呆会儿。"下午,他在家里接到可以起飞的通知,尔康却已去学校上学,不能再送他,他便又再次跟老母、妻子等人告别。"我走了,这次是真的走了。"他微笑着说。他经常因公务出差,家人早就习惯了,但谁也没有料到这一次竟是生离死别!他走的时候,离六十周岁生日还差两个月,家人估计他赶不回来过生日,就在前几天预先为他祝了寿。那天他喝了不少绍兴酒,醉了……

他曾经给诗人朋友克家写过这样一幅字：

苦哉远征人，飘飘穷四遐。
南涉五岭巅，北戍长城阿。
深谷邈无底，崇山郁嵯峨。
奋臂攀乔木，振迹涉流沙。
苦哉远征人，拊心悲如何！

克家后来忘了这是他在什么时候写的，为何而写的；也不知道是抄的什么时候的哪一位古人的诗作，似乎不像是他的自作。但是，题款上写着"克家先生正"，那么，好像还是他的作品了？其实，这是从晋代诗人陆机的《从军行》中摘录的。这首诗，充满了悲苦之情。似谶句？是预言？当然，他的这次出国，是领受党和政府的光荣任务，是为了中外人民的友好和文化交流而"远征"的。他还要去阿富汗看巴米扬大佛（如今已被塔利班炸毁了），去阿拉伯联合共和国（今埃及）看金字塔等等，考察古代丝绸之路的种种遗迹。他决不会感到"苦哉"，在他的心中是充满期待、兴奋和喜悦的。但是，他这位"远征人"竟一去不返了，而且，去的地方要比"五岭"、"长城"遥远得多！

20日，清晨，人们忽从中央人民广播电台的早新闻节目中，听到这样令人震惊的消息：由北京飞往莫斯科的客机途中失事……我国文化代表团团长郑振铎等同志不幸遇难……。当天的《人民日报》，在头版右下角，用黑框发布了这样两条消息：

[新华社19日讯]10月17日，由北京飞往莫斯科的图104客机一架，在楚瓦什苏维埃社会主义自治共和国的卡纳什地区失事。乘客和乘务员全部牺牲。乘此飞机的有我国前往阿富汗和阿拉伯联合共和国访问的文化代表团团长郑振铎，副团长蔡树藩，团员马

适安、阿不都热合满、谭丕谟、刘仲平、林立、姜燕、陈重华、钟兆榕等十人,以及对外贸易部和外交部的出国工作人员肖武、李福奎、孙瑛璞、宁开逸、陈朔、刘崇富等六人。

同机遇难的还有到我国访问后回国的外国友人和离华返国的外国专家四十九人。

我国各有关部门得知此噩耗后,已分别由部门负责人亲向我国遇难同志的家属吊唁和慰问。我国有关部门并致电应邀到我国访问后同机殉难的外国友人的所属团体和家属,向他们表示深切的吊唁和慰问。10月18日,苏联外交部第一副部长库兹涅佐夫接见我驻苏大使刘晓,10月19日,苏联驻中国临时代办安东诺夫拜会我外交部副部长曾涌泉,通知了上述不幸消息,并请向我国遇难同志的家属转致吊唁和慰问。

[新华社19日讯]塔斯社莫斯科18日讯:苏联部长会议就图104客机失事发表公报如下:

今年10月17日,由北京往莫斯科正常航线飞行的图104客机一架,在楚瓦什苏维埃社会主义自治共和国的卡纳什地区失事。飞机由于失事炸毁,乘客和飞行人员全部牺牲。

为调查事故的原因组成了政府委员会,委员会的成员有赫鲁尼切夫(主席)、日加列夫、鲁金科、杰明捷夫、伊瓦舒京和列季泽。

委员会的成员已飞往失事地点进行调查。

"楚瓦什",一个中国人非常陌生的地名,在莫斯科的正东面,是俄罗斯联邦的一个较小的自治行政区;"卡纳什",更是连在我国出版的最大的世界地图上也找不到的小地方。飞机确实是在"正常航线"上飞行,卡纳什离这班飞机的终点莫斯科只有一千多里路了;而离他的亲爱的祖国的首都北京,已远隔万水千山，直线距离也早已超过万里之遥了。喷气式飞机，仅仅只需要几十分钟，就可以到达莫斯科机场。然而，天哪！为什么？为什么在那时飞机会失事？

据他的朋友、作家徐迟后来在《徐迟散文选集》的后记中说，是"飞机进入了垂直气流，超过了它的突风负荷"而失事的。他的另一位朋友、著名科学家竺可桢在11月4日日记中分析得更详细："上月17日图-104飞机失事，由于天气在10月中旬，莫斯科以东的欧洲有巨大气旋；同时乌拉尔东有巨大的高气压。17日那天高空有强烈南偏西风，最大40米/秒，天气恶劣，高层云（Ast），北风6级（N6），下面有层积云（Stcu），雨大云厚。失事区是最大风速，乱流最多。图-104因此失事……"而苏联的政府委员会的调查结果，我们的报纸后来没有报道。直到四十年后，苏联也解体后的1998年6月10日，《俄罗斯报》发表了纳塔利娅·亚奇缅尼科娃写的《生命的最后两分钟》（中译文载诸《参考消息》），从中我们知道了更多的细节："1958年10月17日大约21时，库兹涅佐夫机长驾驶的图-104稳稳地飞行在一万米的高空。……过了喀山，离终点越来越近，再过一会儿，就到莫斯科上空了。这时机长突然听到莫斯科伏努科沃机场调度员的声音：'莫斯科有大雾，不能降落。'机长再次与地面联系：'请允许我们飞莫斯科。我不能让飞机降落在别的地方，我要保证乘客安全。'但调度员不愿意冒险，他不容商量地说：'请飞斯维尔德洛夫斯克机场降落。'图-104似乎很不情愿地慢慢开始转弯。就在这时，异常情况发生了。似乎有一只无形的巨手用铁钳夹住飞机使劲往上抛，这种抛力那么大，数吨重的庞然大物像球一样被向上抛了2000多米。飞机剧烈地抖动着。机组人员弄不明白发生了什么事，机长只有一个念头：无论如何也要把飞机拉平。他和领航员阿尔乔莫夫一起拼命握住操纵杆，可是无济于事。操纵杆已经失灵。这时飞机又开始不受控制地向下俯冲，而且几乎是垂直下落。机长试图放慢下落的速度，但是飞机还是径直冲向铁路旁的几根电线杆，巨大的冲力使机身断成两截。机组人员和100

名乘客的尸体散落在半径近两公里的地面上。后来才知道,这场生死搏斗只持续了两分钟。库兹涅佐夫在距地面1.3万米的时候就开始详细向地面报告飞机的遭遇。他不断报告飞机的高度、速度、倾斜度……飞机和地面几乎一直保持着联系,直到飞机坠地。机长的最后一句话是:'永别了,亲爱的,我们完了。'……分析资料证明,图-104失事是因为陷入了巨大的上升气流,而且落到了气流中心……"

其实,即使知道再多的细节,对我们来说都是没有什么用的,只是更加悲哀。反正,我们从此失去了一位不应该这么早就失去的可敬可爱的人!

出师未捷身先死,常使英雄泪沾襟……

巨大的突然而至的悲痛,击中了无数颗善良的心!

最早知道这一不幸消息的我驻苏大使刘晓,也是他的一位好朋友。不必说最近几年他访问苏联,以及访问波、保、捷等国来去经过莫斯科时,每次都曾兴奋地见面交谈;就在去年5月,他们还一起陪同苏联伏罗希洛夫主席游览过长城呢;即使解放前,尽管接触不多,刘晓也早就很熟悉他了。"四一二"事变前后,刘晓就在上海从事党的地下工作,读过他和愈之等人的致国民党的公开抗议信;抗战爆发后,刘晓又一直是上海地下党的领导人之一;解放战争后期,党中央邀请包括本书传主在内的参加新政协会议的名单的密电,就是中央发给刘晓和刘长胜的;上海解放后,刘晓为市委第二书记。而现在,这样一位仅仅比自己大十岁的好同志,还有其他十几位好同志,包括与自己一起参加过二万五千里长征的老红军蔡树藩同志,都牺牲了。(树藩早年是安源煤矿童工,1920年代初参加革命,在战斗中伤残成为"独臂将军",曾任陕北工农民主政府内务部部长,时任中共中央候补委员,国家体委副主任。)刘晓的心里,是多么地痛苦啊!

一份加急电报传到了中南海。日夜操劳、几乎一刻也不休息的周总理,一下子怔住了!同样,毛主席、董老、陈老总等等中央首长,也震惊了!两天前(16日),毛主席刚刚在给秘书田家英的信中,还提到过他的名字呢!(因为主席想向故宫博物院借阅历代草书名迹,以为此事可能要通过他办手续。)

陈毅第一个赶到他的家里,淌着眼泪紧紧握住他的老母和妻儿的手,表示最沉痛的哀悼,并带去了毛主席和周总理的亲切慰问。九年前的一个晚上,从南方作战前线赶回北平参加第一届政协大会的陈老总,曾在一氓的陪同下第一次到他家访问。陈毅提到自己早年在他主编的《小说月报》上发表小说的往事,又讲到解放军进入大上海时,多年在战火中收集、保管的文物已有整整两卡车之多。(后来,陈毅命令军管会,把两卡车文物移交给文管会,共计二八五三件,成为上海博物馆最早的一宗奠基性藏品。)他对陈老总简直钦佩得五体投地,相见恨晚,有谈不完的话。他们谈呀谈呀,竟一直谈到第二天天亮。想不到陈老总这次来,再也听不到他的爽朗的笑声了。握着悲痛欲绝的他的老母亲的手,陈毅又想起,自己对老太太的福建菜慕名已久,遇到他就开玩笑说:"你还欠我一顿饭呢。"现在他却一去不返,再也不能与他把杯畅饮了!

他的老友雁冰,19日早晨从塔什干飞回莫斯科时,突然知道了这一噩耗。当天夜里,雁冰住在乌克兰旅馆的二十七楼,倚窗遥望,灯光闪烁,风雨凄迷,怎么也没法平静下来睡觉。于是,淌着眼泪写了八句诗:

惊闻星殒值高秋,冻雨飘风未解愁。
为有直肠爱臧否,岂无白眼看沉浮?
买书贪得常倾箧,下笔浑如不系舟。
天吝留年与补过,九京料应恨悠悠!

直肠、白眼、买书、作文,写出了他的个性。所谓"补过",当然是指通过这次对他的"批判",来认真清理和纠正以前的不正确的思想与学术观点。这也正是他自己的非常诚恳的想法。但是,后来的读者一定会想:他究竟有什么"过"呢？即使有一些不成熟、不正确的思想、观点，能称为"过"吗？当然，他如果九京有灵，是绝不会责怪老友用了"补过"这样一个后人认为过头的词的。因为老友自己大概也觉得自己应该"补过"的。雁冰后来又写了一篇悼文和一首悼诗。雁冰另一首诗是在追悼会后写的：

紫光一别隔重泉，沪渎论交四十年。
风雨鸡鸣求舜日，玄黄龙战出尧天！
红先专后曾共励，绠短汲深愧仔肩。
酹酒慰君唯一语：钢花灿烂正无边！

沫若这时正在朝鲜访问，得知噩耗后也陷于极度悲哀之中。这个结识了近四十年的老友，这个年轻时曾与自己打过"笔仗"的诤友，这个在许多领域与自己有着相同爱好的学友，如今就这么突然地去了？沫若悲痛了两个星期，才写了一首《悼郑振铎同志》：

万里乘风八月槎，惊传瞬息坠天涯。
同行英杰成雄鬼，一代才华化电花。
人百其身如可赎，天原无眼漫兴嗟。
好将群力追前驺，读破遗书富五车。

这是所有悼诗中写得最好的一首。由沫若这样的一代才华来赞誉他为"一代才华"，这可不是一般的赞誉之词啊！

另一位挚友一氓，此时也正在国外，刚刚担任中国驻缅甸大使才几个月（而他，正是中缅友好协会会长）。听到这一惊人的消息后，一氓含着眼泪回想着从五卅运动时认识他以来的交往，特别是建国以来常常与他，还有阿英等人，一起在琉璃厂等处买书、甚至争书的情景，不禁拿过案头的两册明万历刻本《海内奇观》深情地抚摸着。《海内奇观》是明人杨尔增编的概述国内山水名胜的一部书，附有不少插图。他爱好版画，两册中的一册便是他以前的珍藏，还是在日本侵华的劫火中抢救下来的。另一册则是一氓自己的珍藏，可惜有缺页；虽曾借阿英所藏的一册抄补，可仍未补全，因为阿英的藏本也是残缺的。今年夏天，当他知道此事时，便微笑着不无得意地找出自己珍藏的这册完整无缺的《海内奇观》交给一氓，让一氓随身带到仰光去。他说，一个远离祖国的人，是更需要看看这样描绘祖国山水的书的。可一氓也知道，这是他的心爱之物，所以说好只是借。如今，书在人亡，睹物伤情！一氓用颤抖的手，抄补了自己那册中的缺页，然后便将亡友的书寄还给亡友的家属，还在自己的那册书上写了三则跋语，以寄托对亡友的哀思。

巴金也是19日早晨乘图104式飞机从塔什干飞到莫斯科的。20日午后，索罗金告诉巴金，有一架从北京来的班机失事了；接着，诗人萧三轻轻告诉说，振铎就在这架飞机里。巴金一阵眩晕，不愿相信这是真的；同时，也不愿让代表团其他人知道这一不幸的事情，因为他们正在办理飞机票登记手续，仍将乘这种型号的飞机回国。但是巴金心里悲痛极了。将近三十年的友谊，怎么能不伤心啊！隔了一天，巴金写信给妻子萧珊说："……心里非常难过，至今还像做梦一样。我离京前还见过他，他找我在康乐吃了一顿饭。他告诉我十月初要来莫斯科，说到我们也许会在这里见到……但是现在……然而我想到他，总不相信他会死，他的生命力那么强。……靳以一定很难过。"巴金还写道："希望消息不确，人名也可能弄错的……"同日，萧珊也写信给巴金说："昨天我读到郑振铎飞机失事的消息，当时我拿报纸的手都发抖了……"

20日晚上，莫斯科召开了欢迎中国作家的一个群众大会。来宾席上，冰心坐在巴金的边上。巴金一直视为大姐的冰心，是振铎"五四"时代结交的最老的老友之一，对她可不能相瞒。于是巴金低下头，轻轻地对冰心说："告诉你一个不幸的消息，你不要难过！振铎同志的飞机失事，18日在喀山附近遇难了!"冰心的脸上,顿时失去了笑容,失去了血色。如果不是在开会,她一定会惊叫起来!她悲痛地想起,就在二十天前,在天安门国庆观礼台上,矮小的她和高大的他站在一起,一面观看游行队伍,一面谈话。他说,他要带一个代表团到阿富汗、阿联去;她也说,她要参加一个代表团到苏联去。"你不是喜欢我母亲做的家乡菜吗?"他笑着对长乐同乡冰心说,"等我们都从国外回来时,我请你和文藻到我家去饱餐一顿!"当时,哪里会想到这就是他对她说的最后一次的充满了热情和诙谐的话呢?尽管雁冰、巴金、冰心强压悲痛,不把这件事声张出去。可是,代表团的同志们在一两天里就从各种不同的来源知道了这个消息。大家都沉浸在哀雾之中。

而复这时也正在国外访问,而且是在从阿根廷的布宜诺斯艾利斯飞往巴西里约热内卢的班机上,从刚刚收到的新华社英文通讯稿上,得知这个不幸的消息的。这个比他小十五岁的作家和干部也愣住了,像痴呆了一样。飞机在急速地飞翔,往事也飞快地在眼前再现。三四年前,他们曾一起率团访问过印度、缅甸、印度尼西亚三国,曾多次同乘一架飞机;现在,也仿佛他就在身边,然而机舱里是再也不会看到他的身影了。含着热泪,而复在飞机上就匆匆写了一篇《怀念郑振铎同志》。

在国内的周扬、夏衍等老友,也在广播电台发布消息之前,便已知道了这个噩耗。19日,在北京车站,吴晗忽然遇见了夏衍,只见夏衍脸色苍白,神情恍惚,低声对吴晗说:"告诉你一个不好的消息,振铎死了!"这句悄悄话,对吴晗来说,简直是晴天霹雳!一时被震惊得什么话也说不出来。周扬这时则沉痛地对中宣部文艺处处长林默涵说:"前一阵对振铎的学术的批评,我心里很不安,本想等他回国后当面解释,让他不要放在心上。可是现在已经不可能了!"后来,"文化大革命"结束后,第一个想到应该纪念本书传主逝世二十周年的,就是吃尽苦头刚刚恢复工作的周扬。

更多的友人,是在20日从广播、从报纸中知道这一悲痛的消息的。他最知己的老友圣陶,习惯于每天一早听广播。那天早上,听到这个不幸的消息,一家人便全怔呆了。圣陶想到,两人的最后的亲密交往,是今年 6 月在十三陵水库工地劳动后的浴室里,只有他们两个人,就像小孩子那样赤裸裸相对,边洗澡边笑谈。早在三十多年前,他写过一首小诗《赤子之心》赠给圣陶:"我们不过是穷乏的小孩子……";而圣陶当年为他与妻子君箴合作译述的童话集《天鹅》写序,也称他是永葆童心的"大孩子"。现在,这个可爱的大孩子将再也见不到了!良久良久,《文艺报》社的负责人打来电话,要圣陶写点哀悼文字,圣陶便含泪写了一首诗《悼振铎先生》:

广播发今晨,惊闻君殒身。
论交将卅载,违面未兼旬。
举国红花遍,大同嫩蕊新。
前途殊胜境,遗恨莫由亲。

圣陶觉得,自己的笔从来没有这么笨拙过,这首诗实在写得不能满意。第二天,索性又写了一首长诗,方觉得表达出自己的伤悼心情于万一:

国庆观礼记相逢,语我不久将御风。
运行修聘君常事,岂意巨劫值高空!
伤心不独悼老友,尤为社会惜贞忠。
忆昔日寇侵大陆,君居孤岛守固穷。
潜身陋巷避侦伺,日食第将山芋烘,
隐护人才兼文物,逆知大势变必通。
四九年初迎解放,图南北运意气雄,
海天啸歌动俦侣,青衮驰骋明双瞳,
此身愿为人民献,此心益坚党是从。
建国以来频远出,亚欧名都留行踪,

> 论学谈艺致互益，睦谊敦交亦一功，
> 归来抵掌陈所历，听者颔首皆动容。
> 呜呼振铎我老友，焉知君命倏尔终！
> 曩尝作词寿五十，祝君文史益精工，
> 君今六十气尚盛，我乃悼君抒哀衷。
> 呜呼振铎我老友，北望双眸泪雨蒙！

他的老友伯祥，更是记住了 20 日这天一早的时刻——5 点 45 分，中央人民广播电台的播音中，突然播出了这样令人惊愕的消息。像触电一样，伯祥的鬓发根根直立，全身震荡得几乎透不出气来！伯祥大他七八岁，近四十年来，相处如兄弟，但他却戏唤伯祥叫"伯翁"，而且居然在朋友中叫了开来。现在，伯祥的耳边还似乎响着他那"伯翁""伯翁"的亲切呼唤，人却永远不回来了！

他在考古所的主要助手夏鼐，身体不好，被他逼着住到了小汤山疗养院去休养。那天早上，夏鼐戴上矿石收音机的耳机收听新闻以解闷。不料突然间听到了这个消息，眼泪顿时就涌了出来。想不到虽然年纪比自己大十多岁，但如此生龙活虎般精力充沛的他，竟是这样像流星一样地从空中突然消逝了！夏鼐拿起笔，想在病床上写一篇悼念文章；然而因为过度悲伤，病情加重了，只写了一段，便写不下去，被医生禁止。这篇悼文，是一年以后才完成的。

他的另一位最亲密的老友愈之，这天刚好从南方出差了一个多月回到北京。跨进家门，还没来得及松弛一下，便先取过当天的报纸看了一下标题。于是，愈之便放声大哭了！十多年前，当国内误传愈之已在南洋病故时，他曾沉痛地写了一篇《忆愈之》。后来，他又将此文作为附录收于《蛰居散记》一书中。在送书给愈之的时候，他笑着说："一个人能够在生前读到追悼自己的文章，愈之，你是唯一的一个了！"然而现在，竟轮到愈之来写文章追悼他,而更伤心的是他却永远不能读到了!

　　在上海的俊英,当时正随华东师范大学中文系师生赴嘉定县徐行公社劳动,忽从一位老师处听到这个消息,当时就一阵眩晕。哲民此时已成"右派份子",那天也正在郊区颛桥的田头挑土劳动,骤然从有线广播中听到这个消息,两腿顿时发软,再也挑不动了。辛笛,那天参加万人检查团,也在上海市郊农村,忽从广播中听到此消息,乍惊乍疑,便立即设法与市区的靳以通了电话。而靳以在电话里哭着说:"我今天刚刚收到振铎出发前寄给我的信……"

　　在香港的君葆,也在这天获知了噩耗,伤心之极。过几天,在26日的日记还写了一个梦:"昨夜梦见郑振铎,他到了我们家里来看我,我招呼了他到读书室——也就是现在的卧室所改换的——来坐,不知怎的风风雨雨从两面的窗吹进来,并且漏水,我急着把窗门关起来,但雨仍飘进来。他坐在大书案的椅子上谈话,神态有点仿佛在团城的文物局看见他的时候的模样。过了一下,我招呼了他吃点东西,他拿着一碗看来是饭但也像是鱼丸沙河粉一类的东西,我说:'这太简慢了,真对不起!'他答道:'这尽够了,而且也很不错!'忽然,惊醒了,却真的外边在下着秋夜的雨,虽然不大。"28日,君葆日记又载:"写好了《悼念郑振铎先生》一文,亲自送到《文汇报》羊璧处去转给吴其敏,在路上忽然想起最末一句不大稳,因又在信封上写上了几句话,请他为改正……"

　　在杭州的瞿禅,这天在报纸上突然看到这条消息,也震惊了,不由得想起少年时同在永嘉小学读书的岁月,又回忆起抗日战争时在上海屡承其以词书借校的往事。去年,他来杭视察时曾一晤,不意遂成永诀!解放初,他还曾数次向中国科学院提议,请调这位词学专家来文学研究所专门从事学术研究,去年亦尝在院务会议上提出。只是由于瞿禅在杭工作的学校不肯放人,协商调动没有成功。直到本月8日,中国科学院发出由院长沫若署名的通知书,聘请瞿禅为文学研究所兼任研究员(主要参与由他主持的大型

《中国文学史》撰写工程）。14日瞿禅刚刚收到聘书，还来不及向他这位所长报到，想不到……

还有，在北京的森玉、老舍、平伯、任叔、朴初、颉刚、胡绳、燕铭、其芳、冶秋、云彬……，在上海的绍虞、予同、景深、季琳、端毅、家晋……，在杭州的钦文、黄源、徐微……，还有远在南方的朱光、伯郊、泉州某中学的老师、福建海防部队的战士……，远在西部的敦煌文物研究所的专家、半坡博物馆的工作人员……，一切熟悉他的朋友、同志，无不感到锥心般地悲伤！更有无数的从他的著作中了解他的读者，也陷入了哀悼之雾中！

不仅在中国，在巴黎、伦敦、莫斯科、布拉格、新德里、仰光、华沙、维也纳、雅加达、索非亚等等他去过的远方城市里，也有数不清的人们在为他哀悼！上到总统、主席、总理、外长……，下到卢森堡博物院看门的老头、阿旃他石窟的讲解员、峇厘岛上的民间舞蹈演员、斯洛伐克山村的一对结婚刚刚一年的年轻夫妇……，还有他这次准备第一次去的尼罗河之滨、帕米尔之巅，全世界一切爱好和平、爱好文化的人们，都同声致哀！

在祖国的南方宝岛台湾，也有几个人带着也许是惊愕，也许是惋惜，也许是幸灾乐祸的心情，发表了几篇《郑振铎死于非命》一类的文章。

当然，那些等着他回来，准备进一步发动对他的更激烈的"批判"的人，那些认为只有把他当"白色大旗"拔掉自己才能"翻身"的人，此刻也怅然若失了。而那位康生，却立即对本书传主的秘书下令：凡是郑振铎办公室的只字片纸，都全部搜集起来，交到有关地方去。不知此刻康生动的是什么脑筋。那些写过文章说他是"为帝国主义的文化侵略服务"的大学生，此刻也许感到一阵内疚吧？而更没想到的是，陈老总竟跑到北京大学来找学校领导，也找那几位"瞿秋白文学会"的同学，厉声问："谁让你们批郑先生的？"还说："郑先生死不瞑目！"那几位大学生耷拉着脑袋，害怕极了。然而，这时他要是能够回来的话，一定会笑着拍拍陈老总的肩膀，说："您别发那么大的火，同学们也是好意么……"

最震动的单位大概还数科学院文学研究所。24日瞿禅日记写道:"得陈友琴复,……谓文研所开第五次批判郑振铎学术思想时,即郑飞机失事之日。"友琴是文研所的中国古典文学研究人员。瞿禅后在翌年4月写的《京游旬记》中又说,4月8日友琴当面告诉他:"振铎飞机失事那天,文学研究所正为他开第四次批判会,噩耗传来,全所震惊,吴晓铃痛哭失声。"不管是第四次还是第五次,反正这样的批判会是开不下去了。然而,所内人员写的已经付印的几篇批判他的"檄文",还是发了出来。原先他任主编的《文学研究》,还特地赶编了一期悼念他的专号;但在同期刊物上,就有两篇批判他的文章来不及撤下。四十多年后,一位批判文章的作者在晚年写的《困学纪程》中,回忆了当年的情况:"因为当时正开展'拔白旗、插红旗'的运动,对一些著名学者都要批评。例如有一次,《文学研究》要组织人写一篇文章批评郑振铎先生的《插图本中国文学史》,说是我们的所长,所以本所刊物非表态不可,叫我去写。只给我一天多时间。……郑先生那部书共四册,连看一遍也得好几天,再说我的水平怎么批得了这样的巨著。可在那时,想推辞是办不到的。我勉强答应了,刚坐下来看书,行政科就来通知所有的团员和青年都去给中关村附近的树木打药灭虫。我实在没时间,可也不得不去。刚干了不到十分钟,编辑部一位同志从这里走过,又把我叫回所去赶写文章,还批评我不配合。我那时真不知道怎样办才好。回到所里,赶了一个通宵,勉强把文章写完交稿。这种文章自然谈不上什么学术水平。更不巧是文章发出去不几天,郑先生就在出访阿富汗途中飞机失事遇难。编辑部来不及抽稿,不少同志还说我批得'右'了。文章有问题,我自然有责任。但这篇文章确实不是我自己要写的,我也不能对所有的论点进行仔细思考。这种根本不可能做好的事,我现在想起来不该答应。"我们今天当然不能责怪这位作者。当时的情形就是那样的可笑。

他的被人大批特批的《中国古代版画丛刊》,出版社在他牺牲后硬是把"初编"给印了出来;不过数量已经比他原先的计划减少了一点。因为主编者逝世,后来当然更未能继续编印下去;但令人欣慰的是,《圣迹图》《历代古人像赞》等,还是收在这套书里,对那些批判者作了无言的回答。

不是连在文化部领导班子的会上,大家都批评他买书吗?不是连他自己,也承认了私人藏书是应该"改造"的"物质基础之一"吗?现在,他的家属却想起了他生前多次说过的话:"我死后,这些书全部要献给国家。"于是家属们决定把这近十万册他耗费了无数心血的书,连同装它们的书橱、书箱,一起捐献给他生前倾注了很多心血的北京图书馆。有的书店找上门来,说愿意以平均每册四元,共四十万元的巨款,全部收购他的藏书。但他的家属说了他生前说过的话,书店的同志感动极了!北京图书馆的同志,以难以形容的心情,接受了他的这笔无比丰厚的遗产,以"西谛书库"专室储之,后来还编印了《西谛书目》。——这,就是对批评他所谓"垄断性质"、"占有欲望"的最好的回答。

那些说了过头话的同志,应该惭愧了……

20日,北京公布了郑振铎、蔡树藩等十六位同志治丧委员会三十八人名单:陈毅、贺龙、郭沫若、陈叔通、包尔汉、廖承志、张奚若、沈雁冰、丁西林、王冶秋、卢绪章、齐燕铭、刘芝明、陆平、何其芳、何锡麟、萧三、吴冷西、陈克寒、陈垣、陈忠经、苏灵扬、屈武、马寅初、荣高棠、徐森玉、夏衍、黄中、章汉夫、曾涌泉、张杰、张苏、张劲夫、张致祥、楚图南、蔡廷锴、钱俊瑞、萨空了。

21日下午,文化部和对外文委先举行了追悼会。

23日下午,考古所全体在京同志集会追悼他。牛兆勋介绍了他的生平,尹达讲话,夏鼐因住院未能参加。

26日下午,牺牲同志的遗体在苏联当地火化后的骨灰,苏联方面特派专机由热沃隆科夫空军主帅护送回北京。中国方面派空军政委、副司令员吴法宪前去迎接。他的老友雁冰等人在机场迎候。北京机场秋风萧瑟,红旗低垂,花圈咽鸣。他的骨灰盒由老友夏衍手捧,率先步出机场。

30日深夜,日理万机的周总理失眠了!半个多月后的11月17日,总理在给夫人邓颖超的信中写道:"有一夜激于志愿军的感人战绩,又临纪念郑振铎、蔡树藩等遇难烈士大会前夕,思潮起伏,不能成寐,因成歪诗一首,送给陈总校正,仍感不能成诗,遂以告废。"四十多年后,我们看到当年《人民日报》副刊编辑袁鹰的回忆:"一个下午,总编辑吴冷西来电话要我到他办公室,交给我一份稿件",就是周总理写的这首诗,说第二天见报。"我接过读了一遍,是一首感情真挚深沉的绝句,过去很少见到周总理的诗作,又是悼念老友的,尤为难得"。袁鹰回到自己办公室,刚考虑如何排版,"冷西又追来电话,叫我带了总理原稿再到他那儿去。我以为大约要改几个字,不料冷西接过原稿,就说:'总理刚来电话,说先不发表了。''为什么呢?''大概还要修改吧。'我怅然若失,只好回办公室。这时才想起刚才满脑子只顾考虑版面安排,仓促间竟没有记住全文。此后,这首诗再没有发表过,至今湮没无闻,每一想起,就追悔莫及。"啊,周总理写的悼念本书传主的诗,因总理自己觉得不好而"告废",我们将再也看不到了吗?真是太遗憾了!然而,万分庆幸的是,2008年初在纪念总理逝世三十二周年的日子里,本书著者忽在网上竟然看到有文章披露了这首诗!诗题为《欢迎和追念》。诗序曰:"正值欢迎志愿军胜利归来兴奋之余,又临追念前往阿富汗和阿联文化访问遇难烈士大会前夕,思潮起伏,长夜难眠。念及毛主席整风思想中忠于人民、提高风格、献身海外、战胜自然诸义,因成俚言四句。我不能诗,专此聊以寄怀。"诗云:

粉身碎骨英雄气,百炼千锤斗士风。
走石飞沙留侠迹,上天入地建奇功。

诗末题"一九五八年十月三十一日五时"。此时离遇难烈士追悼大会已不到四小时,敬爱的总理还没有睡觉!而总理致陈老总的信也保存下来了,老总还在信上批字:"人民日报:总理的诗即发表 陈毅"。

31日上午,在首都剧场举行了隆重的追悼大会。会场四周摆满了首都各界、各有关部门和遇难同志生前友好赠送的花圈,充满了肃穆气氛。台上,悬挂着十六位烈士的遗像,他与蔡树藩的像挂在中央。九时,追悼大会开始。在沉重的哀乐声中,陈毅、沫若、雁冰、奚若等领导人缓步走到遗像前,敬献花圈,然后率领全场一千四百多人默哀悼念。在悼念大会召开前,陈毅就曾几次亲临会场作布置和审查,使烈士家属激动不已。参加追悼大会的还有彭真、薄一波、包尔汉、叶季壮、周扬、廖承志、章汉夫和有关方面负责人。

张奚若在会上致悼词,沉痛地说:"郑振铎、蔡树藩等十六位亲爱的同志和我们永别了。他们共同的高贵的品质,是对祖国的社会主义建设和对世界和平事业无限忠诚,并不懈地进行着忘我的劳动。这种高贵的品质是我们学习的榜样。"

他的生平事迹,是由近四十年情同手足的雁冰来报告的,这真是再合适没有了。曾涌泉报告了蔡树藩的生平事迹。楚图南报告了其他十四位同志的生平事迹。

大会宣布,在十六位同志遇难以后,治丧委员会曾收到了国内外各方面的唁电、唁函二百二十四件。对于许多国家和外国友人的来电来函,周总理、陈副总理兼外交部长、以及我国有关部门已分别复电答谢。

来参加追悼大会的,还有中国人民志愿军代表团王平将军和部分团员。还有驻我国的许多外国使节和外交官员。

追悼大会在十时结束。中午,十六位牺牲同志的骨灰被护送到八宝山革命公墓。他的骨灰盒仍由老友夏衍手捧。在沉痛的哀乐声中,十六位烈士的骨灰盒安葬在一处。在那里,后来立了一座高高的碑,正面所镌的十六个字是陈毅副总理书写的:

郑振铎蔡树藩等十六位遇难同志之墓

上面镌有铁锤镰刀的党徽,还有和平鸽和地球。背面,是一篇长长的铭文,上方也刻着党徽。碑文如下:

由郑振铎、蔡树藩同志率领前往阿富汗王国、阿拉伯联合共和国访问的中国文化代表团十人和外交部对外贸易部的出国工作人员六人,在一九五八年十月十七日从北京乘飞机赴莫斯科途中,于十八日因所乘飞机遭遇到不可克服的气候原因,不幸失事,郑振铎、蔡树藩等十六位同志全部遇难。

郑振铎、蔡树藩等十六位同志是为增进中国和亚非各国人民之间的友谊、中外文化交流、经济合作和保卫世界和平的崇高的任务而牺牲的。他们当中有的长期参加革命,对革命有过卓越的贡献,或者在文化、学术方面有着重要的成就,有的是杰出的社会活动家或者矢忠于革命事业的优秀干部,他们对祖国社会主义建设和保卫世界和平事业表现了无限的忠诚和忘我的劳动,直至贡献出自己宝贵的生命。

遭难同志的精神永垂不朽!

碑文的最后还镌刻了遇难的十六位同志的名字。他与这些同志一起,长眠于青松翠柏之中了。

他在十八年前,曾与老友、史学家予同,在日本特务的魔掌的阴影下,讨论过"人生的结笔"这一严肃的问题。现在,他的结笔,是灿烂辉煌的!

他像一只金色的凤凰,在烈火中获得了永生!

翱翔!翱翔!

歌唱!歌唱!

跋《郑振铎传》

郑尔康

丁亥年新春我在上海过年,忽接到福康兄电话拜年,并欣悉他近年重新修订的《郑振铎传》已基本完成。他又热情地要我为此书写上几句话。我想起,自己曾应福康的要求,为初版《郑振铎传》写过一篇跋文。那已是十五年前的事了,也是新春佳节,我在北京,也是忽然接到福康从沪上打来的长途电话,喜闻他构思多年的关于先父的文学传记已成初稿;又过了约半年,收到他的来信,告知书稿修订完毕,殷殷要我为它写一篇序。记得当时正值盛夏,上海处于百年未遇之持续奇热中,我们在北京也苦于无处避暑,而我知道福康当时身居没有空调的斗室,一定是挥汗如雨,奋力拼搏。这使我和家人非常感动,我虽笔拙,也不敢推辞。只是考虑到阅读文学传记的诸君,也许不喜欢一开头就读枯燥乏味的序文,因此,当时我就写了一篇跋。

十五年了,时间过得真快!如今我又重读了自己写的那篇跋文,觉得其中很多话如今仍然值得再向读者一说。原先那篇跋,开头就引了一句《红楼梦》里的诗:"十年辛苦不寻常。"现在,则是"二十五年辛苦不寻常"了!——早在二十五年前,福康便以研究郑振铎五四时期文学思想的优秀论文,获得我国改革开放以来第一批授予的文学硕士学位。后来,他以锲而不舍的治学精神,又以研究郑振铎与新文化运动史为课题,获得了文学博士学位。1988年,书目文献出版社出版了他的近六十万字的《郑振铎年谱》,

得到学术界的高度评价。1991年,商务印书馆出版了他的近五十万字的《郑振铎论》。1994年,北京十月文艺出版社又出版了他的近五十万字的《郑振铎传》。这样,福康早在十多年前,便以拥有一百五十多万字的关于郑振铎的谱—论—传,精心构筑了他的"三位一体"的系统学术工程了。(而其实,据我所知他最先完成的,还有一部五十万字的《郑振铎研究资料》。此书原本列为国家七五社科规划重点项目的子项目,遗憾的是后来因有关审读人员长期拖延而未能出版。)通过以上简单的介绍,我想读者便已明白,那本十多年前出版的《郑振铎传》决不会是率尔操觚的泛泛之作了。

果然,《郑振铎传》在初版的翌年,就荣获首届中国优秀传记文学奖。记得那次全国共有十二部作品获奖,福康的书排在《我的父亲邓小平》《心灵的历程》(刘白羽自传)等名著后面,名列第六。颁奖大会是在北京人民大会堂隆重举行的。再后来,1998年,福康此书又荣获第二届全国高等院校人文社会科学研究成果奖,颁奖大会也是在北京人民大会堂隆重举行的。可以说,福康第一次出版的这本文学创作《郑振铎传》,就已经是一部名作了。然而,又有多少人知道在他获奖的风光的背后,默默地付出了多少心血!

我在原先的跋文中就说过,从福康的上述撰著历程看,我觉得他是在干一桩一般人不愿干的"傻"事——他放着很多"捷径"不走,还偏从明知读者很少的书(资料、年谱、论)搞起,走的是最艰难的一条路。我知道,很早以前,就在他读硕士研究生时,就曾有出版社邀请他写《郑振铎传》了。但是,他并没有草草动笔,而是先踏踏实实地编撰资料和年谱,接着,又以一部洋洋大观的论著把自己的研究工作推上了更高的层次。这样,在有了扎实的史料考证和坚稳的理论研究这两大基础以后,他才着手写传。而如今,在过了十五年后,他又不愿意将原书简单地付诸重印,而是又花了一年多时间,认认真真地作了一次修改。我想,这种一丝不苟、呕心沥血的学风和创作态度,在当今传记文学作者中,恐怕是不多见的吧?

最初,曾有人对福康说:你已经出了年谱与论著,对郑振铎的研究也就做得差不多了,何苦老"泡"在一个课题上呢?而福康却自有他的考虑。他当时对我说,非得再好好写一本《郑振铎传》不可,原因有二:一,他认为郑振铎是中国新文化史上取得令人惊讶的成就和起过罕见的关键性作用的屈指可数的文学巨匠之一;然而现今的研究界、评论界对郑振铎的冷落也是令人惊讶的、罕见的。因此,必须好好地加以宣传和介绍,而传记文学的读者面显然要比年谱和论著大得多。二,他觉得他的那本《郑振铎论》主要论述的是郑振铎在文学领域的贡献,而对郑振铎在艺术史研究和文献学、历史学、考古学、编辑学、民俗学、博物馆学、图书馆学等等诸多领域的成就,几乎未能提及。当然,这些在《郑振铎年谱》中均有记载,但限于体例,年谱只能作些简略的记载,其细微情节均未能生动反映,这使福康很有"意犹未尽"之感。因此,他决意要写一本传,尽其所掌握的丰富材料,畅述其未尽之言。

福康当时的这些想法,我深有同感。记得很早以前,我第一次带他去拜访先父最亲密的老友叶圣陶先生时,叶老伯就颇为动情地说,他常常在想,应该有人为"铎兄"写一本传记,这对帮助人们了解"五四"以来的新文化运动大有好处。叶老伯还认为,写"铎兄"的传记用不着什么夸张手法,只要求内容翔实,他那充满激情和活力的品格就足以使读者受到感染了。后来,我去请叶老伯为先父的一部选集写序,他老人家又特意将这些话写进了序文中。叶老伯还曾跟我提到过福康,认为福康是写"铎兄"传的合适人选,话语中流露出他老人家的期望。不仅如此,由于年纪太大了,叶老伯早已谢绝为人题字,但后来一听说希望为福康写的"铎兄"的传记题写书名,便表现出义不容辞的态度,欣然提笔,此情此景令在座者无不为之感动!

我觉得,福康没有辜负叶老伯的厚望。他的《郑振铎传》和其他有关郑振铎的书问世后,对读书界和研究界提高对郑振铎的认识有很大的作用。2000年,北京大学老教授严家炎先生在为一位香港学者关于郑振铎文学思想研究的书所写的序文中,就这样指出:"可惜长时期里,我们对郑振铎的研究比较少。直到[一九]八十年代至九十年代,才有陈福康先生等为此倾注大量心血,作出显著成绩。"我是严先生这句话的见证人。然而,福康不满足于已取得的成绩。现在,他除了将《郑振铎年谱》又作了重大的补订外,还对《郑振铎传》也作了修改,使之更加完美。这不仅是他对自我的超越,也是我们整个郑振铎研究工作的新的重要成果。

我在原先的跋文中说过,我觉得此书文字朴实无华,忠于史实,并时有生花妙笔,读来感人。如其中《一部奇书》一节,甚至披露了连先父本人生前都一直被蒙在鼓里的一段曲折的故事,实在令人拍案称奇!读到这一节,人们一定会一再地为郑振铎那炽烈如火的爱国精神所激动,同时,也会为福康那扣人心弦、充满激情的文字所感染。记得我本人也曾写过这段故事,然而由于自己掌握的材料不如福康那么全面,同一情节,觉得与他的文字相比,自叹弗如矣。而这样的例子,在本书中可说是俯拾皆是。福康常自谦地说,他只是一个研究者,当有人称他为作家时,他总是说"我还不够资格";而我认为,要写好一个著名学者的文学传记,就必须由兼备研究专家与作家双重资格的人才能胜任。事实证明,福康写此书是成功的。本书谈到了那么多文坛掌故,读来引人入胜;难得的是,在书中涉及到古籍版本、文物考古、木刻陶俑、希腊神话、元明杂剧等等很容易使一般读者感到深奥枯燥的地方,福康却能写得深入浅出、下笔有神,使读者感到韵味无穷,益人心智。我想,这完全是由于他多年努力,博采众书,不断扩大知识领域,这才在撰写郑振铎这样一个渊博学者的传记中能够做到得心应手、挥洒自如。

我还曾指出,本书所描述的,处处忠于史实,不空发议论,也几乎无虚构,可说无一事无出处;又只管秉笔直书,见棱见角,不为尊者讳。为全面描述传主的一生,作者敢于涉及一些"禁区",包括传主的读书、写作、交游、嗜好及至恋爱及私生活的某些鲜为人知者。总之,作者是立体地描述传主,并且始终是将传主置于整个新文化运动中来展开叙述的,因而涉及面之广,提到的著名历史人物之多,是同类作品所不多见的。作者运用他的笔,达到了通过一个人,可以看到一个时代、一个世界的目的;他达到了叶老提出的,可以帮助读者了解整个新文化运动的要求。在当代传记文学作品中,本书无疑达到了一个较高的水平。

现在,我觉得十五年前自己讲过的这些话,都还很合适,只是现在此书的质量则更进一步提高了。这里我可略作一点介绍。修订本中随处可见的作者的文字修改不说,仅从章节看,初版共五十八节,修订版就增加了二节(共六十节,倒恰好是先父享年之数)。其中《家世之谜》一节,所用的一些史料就是近年新发现的。原先,令人遗憾的是连我们家人对祖上的家世也缺少了解,我的祖父、曾祖父的名字,本来连我也不知道。后来,主要靠福建长乐首占乡乡亲们的辛勤努力,才把这个"家世之谜"基本破解了。(当然,福康也多次写信催询、参与考证。首占的乡亲们也参考了他的《郑振铎年谱》。)福康添写了这一节,就是非常必要的。其中写到的他发现在先父的藏书中有先父的曾祖母的诗集的细节等,令我深感兴趣。另一节《化私为公》就更生动了,写的是建国初期先父为国家的文物收藏工作做出的重大贡献。本来,这一贡献在初版中也是写到的,但新添的这一节的内容则全是新的,而且主要写的是在先父辛勤工作和人格魅力的感召之下,一些收藏家捐献文物的故事。有的史料是近年在国家文物局尘封的档案中新发现的,如先父写给周总理的关于捐献自己解放前收购的陶瓷、明器的一封感人肺腑的信等等。至于初版原有的章节,有些作者也作了重大的增补。如《一个同志会》中,就增写了从台湾找得的郑振铎抗战时期写给重庆当局的关于抢救祖国文献的工作报告及密信等档案,极其难得。又如《国宝的回归》一节,作者在对郑振铎有关信件的写作年代作了精确的考证后(以前的系年全被人搞错了),对建国初期有关秘密抢救流失在香港的文物的过程作了更符合事实的描写。

总而言之,我相信,修订本《郑振铎传》定会赢得更多的读者的青睐;我还深信,有些读者会因此而再去阅读作者经过修订的《郑振铎年谱》和《郑振铎论》,并进而对研读传主的著作产生浓厚的兴趣,从而促进福康所倡议的"郑学"的研究。我想,这也正是福康所期望的。

最后必须一提的是,本书修订版本来是能在先父郑振铎诞生一百一十周年和牺牲五十周年的时候出版的,那样更有纪念意义。但由于某出版社的年轻编辑,未经征求作者意见,悍然代为大作修改,在作者一再要求下见到付印校样时,发现已经面目大变,甚至整章节地被删除。于是作者悲愤难已,无法接受,只好在最后关头被迫终止出版。所幸现在在上海外语教育出版社社长庄智象先生的帮助下,本书得以在该社出版。我,并代表本书作者,向著名的上海外语教育出版社和庄先生等人致以深深的谢意!

2007 年 3 月初稿,2008 年 10 月修订于玄览堂

著者修订说明

本书2009年出版修订本时,著者曾对1994年初版本作了大量的订正增补。仅字数就多了约八万字。这次乘收入本书系重新出版的机会,著者又认真地修订了一次。除了改正个别错别字和少许不够确切的叙述,在文字修辞方面再作润色以外,主要是添写了不少故事细节。因为毕竟时间又过去了七年,著者一直没有停止过对郑振铎的研究,其间又发现了不少新史料,有的就新写进了本书。虽然这次所添字数不算很多,但无疑更增加了生动性和真实性。现在记得起来的,就有例如关于郑振铎出售《大藏经》,抢救《脉望馆抄校本古今杂剧》,重庆杂志报道他在四马路上与汉奸"赛跑",香港报道日本宪兵搜查寓所,香港、泰国、新加坡、马来西亚等地关注"失踪"事件等等的故事情节。这些新添加的内容都是以前人们不知道的,甚至也都是连郑振铎本人和其家人都不知道的。

本书著者一直认为,传记作品必须以大量故事细节为支撑,而且必须是非虚构的故事细节。对传记写作的理论与实践,本书著者都有所思考和探索。这部书写得怎么样,著者自己是很有自信的,但最终的权威评论者还是历史和读者。如今,传记研究很受人重视,专门的研究中心就看到过好几家,很希望他们对本书剖析评骘一番。

著者可以问心无愧地说,对本书的撰著和修订已达到"呕心沥血"的程度。其修订工作一直坚持到付印前的最后一次校样。在这方面,他要最深切地感谢本书的责任编辑李振荣先生!李编辑是他遇到过的所有责编中最负责任、最信任著者的责任编辑!

2016 年 11 月写于初校样后

图书在版编目(CIP)数据

郑振铎传(修订本)/陈福康著. —上海:上海外语教育出版社,2017
(郑振铎研究书系)
ISBN 978-7-5446-4536-2

Ⅰ.①郑… Ⅱ.①陈… Ⅲ.①郑振铎(1898-1958)-传记
Ⅳ.①K825.6

中国版本图书馆 CIP 数据核字(2016)第 270238 号

出版发行:**上海外语教育出版社**
（上海外国语大学内） 邮编: 200083
电　　话: 021-65425300（总机）
电子邮箱: bookinfo@sflep.com.cn
网　　址: http://www.sflep.com.cn　http://www.sflep.com
责任编辑: 李振荣

印　　刷: 上海中华商务联合印刷有限公司
开　　本: 700×1000　1/16　印张 43.75　字数 564千字
版　　次: 2017年11月第1版　2017年11月第1次印刷
印　　数: 1 100 册

书　　号: ISBN 978-7-5446-4536-2 / K・0088
定　　价: 98.00 元

本版图书如有印装质量问题,可向本社调换